国学经典文库

图文珍藏版

五千年风云变幻　八万里驰骋纵横

中华宫廷秘史

孙桂辉⊙主编

线装书局

目　录

明宫秘史

第一章　大明皇帝篇 ……………………………………… （3）

朱元璋称帝前的四大谜团 ……………………………… （3）

朱元璋为何传位太孙 …………………………………… （12）

朱允炆为什么会削藩失败 ……………………………… （15）

建文帝失踪案 …………………………………………… （17）

永乐皇帝的生母是谁 …………………………………… （24）

明成祖为什么要清洗后宫 ……………………………… （26）

永乐皇帝为何实行"瓜蔓抄" ………………………… （28）

明成祖为何大杀旧臣 …………………………………… （30）

明成祖为何迁都北京 …………………………………… （32）

明成祖为何五次北征 …………………………………… （35）

明成祖暴死榆木川之谜 ………………………………… （37）

仁宗猝死之谜 …………………………………………… （40）

宣宗登上宝座,疑团种种 ……………………………… （42）

宣宗皇帝为何英年早逝 ………………………………… （45）

英宗"夺门之变"内幕 ………………………………… （46）

代宗是被英宗杀害的吗 ………………………………… （50）

宪宗为何迷恋方术 ……………………………………… （52）

宪宗是怎么死的 ………………………………………… （54）

宪宗"恋母情结" ……………………………………… （57）

孝宗一妻(皇后)之谜 ………………………………… （63）

国学
经典
文库

明清秘史

一

武宗是如何即位的 …………………………………………………… (64)

武宗的淫荡生活之谜 ………………………………………………… (66)

武宗因何而死 ………………………………………………………… (68)

世宗是如何继位的 …………………………………………………… (70)

嘉靖朝"大礼议"内幕 ……………………………………………… (72)

嘉靖因何去世 ………………………………………………………… (75)

穆宗是如何继位的 …………………………………………………… (77)

穆宗朝中的首辅之争 ………………………………………………… (79)

穆宗之死的内幕 ……………………………………………………… (82)

十岁继位的万历皇帝 ………………………………………………… (84)

万历朝的立储之争 …………………………………………………… (87)

光宗是如何继位的 …………………………………………………… (90)

光宗是吃"红丸"死的吗 …………………………………………… (91)

熹宗为何如此沉迷于木工 …………………………………………… (94)

熹宗之死 ……………………………………………………………… (98)

崇祯帝继位后为何杀魏忠贤 ………………………………………… (100)

崇祯为何死也不南迁 ………………………………………………… (102)

崇祯因何剑伤长平公主 ……………………………………………… (104)

崇祯帝自缢万岁山 …………………………………………………… (107)

第二章　皇后妃子篇 ………………………………………………… (110)

朱元璋为何如此敬爱马皇后 ………………………………………… (110)

徐皇后为何要劝成祖生息 …………………………………………… (113)

胡皇后含怨让位 ……………………………………………………… (117)

万贵妃为何能独霸后宫 ……………………………………………… (119)

方皇后被活活烧死之谜 ……………………………………………… (122)

懿安皇后下落之谜 …………………………………………………… (126)

周皇后为何自缢身亡 ………………………………………………… (129)

历史上的"刘娘娘" ………………………………………………… (131)

"浣衣皇后"王满堂 ………………………………………………… (133)

第三章　太监宫女篇 ………………………………………………… (136)

二

王振如何苦心经营获宠信 …………………………… (136)

命运坎坷的郭氏 ………………………………………… (140)

纪氏因何而死 …………………………………………… (141)

客氏因何获熹宗宠信 …………………………………… (143)

一手遮天的大太监汪直 ………………………………… (145)

曹吉祥政变是怎样破产的 ……………………………… (147)

"立地皇帝"刘瑾因何被诛 …………………………… (149)

郑和六下西洋始末 ……………………………………… (151)

第四章 王侯将相篇 …………………………………… (154)

胡惟庸如何靠相术悦太祖 ……………………………… (154)

开国功臣徐达之死 ……………………………………… (156)

刘伯温为什么不愿当宰相 ……………………………… (159)

李善长真的谋反了吗 …………………………………… (161)

杨士奇是一位贤德的宰相吗 …………………………… (164)

戚继光真的斩子了吗 …………………………………… (167)

清官海瑞的另一面 ……………………………………… (170)

宁折不弯的薛瑄 ………………………………………… (172)

严嵩为什么能够步步高升 ……………………………… (174)

扳倒严嵩的徐阶 ………………………………………… (177)

嘉靖为何要罢海瑞的官 ………………………………… (179)

宁折不弯的高攀龙 ……………………………………… (182)

杨涟因何弹劾魏忠贤 …………………………………… (184)

李自成下落之谜 ………………………………………… (187)

清宫秘史

第一章 大清帝王篇 …………………………………… (193)

努尔哈赤为何也姓佟 …………………………………… (193)

努尔哈赤为何虎毒食子 ………………………………… (195)

努尔哈赤为什么对弟弟下毒手 ………………………… (197)

国学
经典
文库

明
清
秘
史

三

努尔哈赤死亡真相…………………………………（199）

皇太极怎样登上汗位…………………………………（201）

皇太极之死…………………………………………（203）

顺治是如何继位的…………………………………（205）

顺治帝为何废后……………………………………（207）

顺治帝是否真的出家当了和尚……………………（209）

顺治临终遗诏说了什么……………………………（211）

康熙为什么六下江南………………………………（214）

康熙晚年为何两次废嗣……………………………（215）

雍正是否改过遗诏…………………………………（218）

雍正为何密用和尚参政……………………………（220）

说不尽的雍正之死…………………………………（221）

乾隆为何替雍正平反………………………………（224）

乾隆的生母是热河宫女还是皇后…………………（226）

乾隆为何六下江南…………………………………（229）

乾隆为什么要编《四库全书》……………………（231）

乾隆立太子始末……………………………………（233）

"十全老人"为何九进孔府 ………………………（236）

乾隆为何禅位于嘉庆………………………………（238）

嘉庆为何遇刺………………………………………（240）

嘉庆猝死是怎么回事………………………………（243）

道光是怎样当上皇帝的……………………………（247）

咸丰皇帝是怎样继位的……………………………（250）

咸丰帝为何与臣子争风吃醋………………………（253）

咸丰皇帝为何英年早逝……………………………（254）

"同治"的年号是怎么来的 ………………………（256）

同治选后为何惹来麻烦……………………………（259）

同治皇帝死于天花还是梅毒………………………（261）

同治临终遗诏为什么被慈禧撕毁…………………（264）

光绪帝曾经险遭废黜………………………………（265）

国学
经典
文库

中华宫廷秘史

光绪到底是正常病故还是为他人所害 ……………………（266）

宣统哭着进的紫禁城 ………………………………（271）

宣统被驱逐出宫始末 ………………………………（271）

溥仪葬在哪里 ………………………………………（273）

第二章　皇后妃子篇 ………………………………（275）

富察氏为何死于儿子之手 …………………………（275）

大福晋为什么被殉葬 ………………………………（277）

为何姑侄同侍皇太极 ………………………………（279）

太后下嫁是真是假 …………………………………（282）

海兰珠为何宠冠后宫 ………………………………（288）

顺治的表妹皇后为何被废 …………………………（290）

董鄂妃是董小宛吗 …………………………………（291）

乾隆孝贤纯皇后之死 ………………………………（293）

乾隆那拉氏皇后为何削发 …………………………（299）

历史上的香妃 ………………………………………（304）

慈禧为何得到咸丰皇帝的宠爱 ……………………（307）

咸丰帝宠幸的"四春娘娘"揭秘 …………………（308）

丽妃是被害死的还是病死的 ………………………（309）

慈安皇太后是慈禧害死的吗 ………………………（310）

慈禧西逃途中秘闻 …………………………………（312）

珍妃为何得到光绪的宠爱 …………………………（315）

慈禧太后是如何虐待光绪皇帝的 …………………（318）

隆裕皇太后是庸才吗 ………………………………（320）

珍妃坠井真相 ………………………………………（323）

紫禁城"四妃之首"瑾妃 …………………………（327）

末代皇后的爱恨情仇 ………………………………（328）

"老佛爷"称呼由来 ………………………………（334）

慈禧敛财全曝光 ……………………………………（335）

末代皇太后隆裕 ……………………………………（340）

清朝后妃中的"惟一" ……………………………（343）

国学经典文库

明清秘史

五

后妃嫔贵怪异事 …………………………………………………… (344)

第三章　太监宫女篇 ………………………………………… (349)

太监怎样净身 …………………………………………………… (349)

清宫太监私生活 ………………………………………………… (352)

顺治朝太监偷妃子 ……………………………………………… (355)

太监声刘与印刘 ………………………………………………… (357)

小太监内宫遭残害 ……………………………………………… (358)

光绪贴身太监与子母石 ………………………………………… (361)

安德海是怎样当上总管太监的 ………………………………… (362)

安德海为何被诛杀 ……………………………………………… (364)

李莲英为何获得慈禧的宠信 …………………………………… (367)

李莲英是真太监还是假太监 …………………………………… (369)

李莲英怎样与珍妃结怨 ………………………………………… (371)

李莲英为何不得善终 …………………………………………… (374)

小德张是怎样成为慈禧身边红人的 …………………………… (376)

小德张如何促成清帝退位 ……………………………………… (378)

哪些人才能当宫女 ……………………………………………… (381)

清宫宫女的命运 ………………………………………………… (382)

伺候过老佛爷的缪氏和李氏宫人 ……………………………… (384)

寇太监死谏西太后 ……………………………………………… (387)

第四章　王侯将相篇 ………………………………………… (389)

什么是"铁帽子王" ……………………………………………… (389)

郁郁而亡的肃亲王豪格 ………………………………………… (392)

顺治为什么清算多尔衮 ………………………………………… (393)

阿济格谋政未成死于狱中 ……………………………………… (395)

鳌拜被除始末 …………………………………………………… (397)

一字不识的总督 ………………………………………………… (402)

弘皙发动的政变为何流产 ……………………………………… (404)

纪晓岚如何巧骂权贵 …………………………………………… (406)

和珅为什么深受乾隆帝宠爱 …………………………………… (408)

国学
经典
文库

中华宫廷秘史

福康安是乾隆的私生子吗 ………………………………………………… （410）

六世班禅为何突然死于紫禁城 …………………………………………… （412）

方伯谦被杀是罪有应得吗 ………………………………………………… （415）

林则徐突然死亡的原因 …………………………………………………… （417）

亲王受封统丐帮 …………………………………………………………… （419）

曾国藩想过拥兵自立吗 …………………………………………………… （420）

权臣李鸿章是如何与洋人打交道的 ……………………………………… （422）

六品官请杀李中堂 ………………………………………………………… （424）

左宗棠因何遭冷遇 ………………………………………………………… （426）

邓世昌是怎么殉国的 ……………………………………………………… （427）

康有为是否图谋围园杀后 ………………………………………………… （429）

从"廉洁亲王"到复辟先锋 ……………………………………………… （432）

谁"害死"了袁世凯 ……………………………………………………… （436）

国学经典文库

明清秘史

中华宫廷秘史

明宫秘史

孙桂辉⊙主编

线装书局

第一章　大明皇帝篇

朱元璋以布衣的身份参加义军,最终脱颖而出,以至定国大明,随之朱氏一族统治中国,历经十六帝,至崇祯帝殉国,帝业长达近三百年之久。朱元璋和他的子孙们创造了一幅波澜壮阔的明朝画卷。但是,在他们共同写就数百年辉煌壮丽的历史乐章、绘成斑斓多彩历史画卷的同时,也给我们后来的人们留下了无数难以索解的历史奇谜。

朱元璋称帝前的四大谜团

一、出生、长相之谜

对于朱元璋的出生、长相传说颇多。

朱元璋的父亲朱五四的祖籍是沛县,后来,因为生活困难,朱五四的祖先就把家从沛县迁到了句容(今南京市句容县)。同样是因为生活困难,朱五四一家被迫再次流浪,先流到灵璧(今安徽灵璧县),后流到虹县(今安徽泗县),最终流落到距濠州城(今安徽凤阳)不远的孤庄村。

朱五四一家祖祖辈辈四处颠沛流离,到头来,自己连一分田地也没有。好在定居孤庄村之后,先是两个女儿相继出嫁,家里少了两口人吃饭,接着是儿子重六和重七渐次长大,都能干田地里的庄稼活了,所以,朱五四一家的光景略好了一些。

这一年是公元1328年,当时,元朝皇帝叫图帖睦尔,史称元文宗。他做了大元帝国的第十一位皇帝,并改元天历,公元1328年也就成了天历元年。

在这一年朱五四的妻子陈二娘又生了一个娃娃,这个娃娃就是后来成了大明开国皇帝的朱元璋。

关于他的出生有许多传说,在《明实录》和《明史》中均有记载,说陈二娘怀孕的时候梦见一神送给她一粒放在手中闪闪发光的药丸,她吞服下去,醒来之后,口里仍残留香气。

陈二娘生肚里的这个娃娃的那天夜里,朱家三间茅草屋的上空,祥云缭绕、霞光普照,四方邻里还以为朱家遭了火灾,纷纷拎着水桶赶来,赶到一看,才知是陈二娘生娃娃,虚惊一场,再看朱家三间茅屋的上空,祥云也没了,霞光也没了,只有黑漆漆的一片夜空。四方邻里交头接耳,无不惊叹万分。

一些史料还说得神乎其神,说朱元璋出生时,"屋上红光烛天",皇觉寺的和尚看了大吃一惊,以为是失火了,第二天才知道是朱元璋出世;传说,朱元璋出生后,多日不肯吃乳,父亲在求医途中,遇一僧人对他说:"不需找医,今夜子时,自然会吃的。"说后僧人忽然不见。夜半子时,小儿果然开始吮乳。更神的是,后来江淮大地上流言四起,盛传要接新天子,朱元璋好奇,也站在一块石碑倒地的石龟背上眺望远方,石龟居然向前爬了十几步!

显然,这些传说是在极力神化了朱元璋。撰史者显然认为明太祖为非常人宿命,是乃真命天子,天生异禀,卓尔不凡。

实际上,朱元璋出生于一个普通贫寒的农民家庭,他的祖先几代都是穷苦的农民,他的出世也没有给家里带来什么好运。

他出生时,父亲朱五四开着豆腐坊兼租种地主土地,勉强维持生活。当他出生以后家里如履薄冰,他给地主放牛以维持家计,不几年又遇灾荒瘟疫,其家只剩下他和二哥两人相依为命。由此可见,朱元璋并非天生异禀。最惨的事莫过于朱元璋父母死后无处可葬,无物可裹,仅以一席卷之。他在《太祖文集》里说"朕昔微寒,生者为衣食之苦,死者急无阴宅之难。"这事令多年后已作为皇帝的他仍挂记于心。这在《大明皇陵之碑》也有相似的记载:"我何作为,百无所长。依亲自辱,仰天茫茫,既非可依,侣影相将。"

朱元璋并非一异星,但是,朱元璋确实是后天秉异,他靠后天的奋斗创造了神话,他从一游僧到吴王,再到后来的明皇帝,推翻了统治中原百年的元朝,朱元璋的确可称得上是雄才伟略,天地人杰。

对于朱元璋的容貌，我们今人已无法看到，惟有借助留存下来的各种画像发挥想象和史学家的只言片语来进行推测。朱元璋的相貌，《明史》上用了美好的字眼，往正面里描写，说是："姿貌雄杰，奇骨贯顶。志意廓然，人莫能测。"可以想象，他的头顶骨大概特别凸出，构成一种倔强（"雄杰"）的形象；而精神状态方面，则是不拘常规，爱做就做，所以"人莫能测"。这正是打天下的性格。

对于其相貌怎样，有一则故事则说得更详尽一些。明太祖朱元璋生前有两张主要画像流传至今，但形态各异。如今这两张画像一张保存在北京故宫博物院；一张悬挂在南京明孝陵的享殿内。

朱元璋的两张画像为何形态各异？在民间有个传说故事。相传朱元璋登基后，诏传天下丹青妙手，为自己画像。第一位被召进宫的画师，对坐在龙椅上威风凛凛的朱元璋，悉心描摹，画得惟妙惟肖，不但形似而且神似：黑黑的大脸，额头和太阳穴高高隆起，颧骨突出，宽阔的下巴要比上颚长出好几分。大鼻子，粗眉毛，一对眼睛鼓鼓的，放射出冷酷凶狠的光芒。朱元璋看后，龙颜大怒，双手

据说是朱元璋真实面貌的画像

将腰间的玉带直往下按，据说这是朱皇帝要杀人的习惯性动作。画师吓得魂不附体，也不知出了什么差错，跪倒在地不停地磕头，口中连声说："皇上圣明，皇上圣明！"只听得朱元璋大吼一声："来人，给我拖出去！"就这样，画师被砍掉了脑袋。

第二位画师被召进了宫里，画得更加用心，将朱元璋的像画得惟妙惟肖，但同样被拖出去斩首了。

于是又召见第三个画师，画师闻召，如五雷轰顶，不知所措。他担心自己有去无回，惶惶然去找一位智者以求对策。智者说"前两位画师之错不在不像，而在于太像了。"画师不解，智者又说："当今皇上从小逃荒乞食，种地放牛，做和尚，所以面目黧黑，土斑累累，相当丑陋。但他却不愿画出他的真

明宫秘史

容,如果画师技法高明,画得神态逼肖,皇帝能高兴吗?杀死两个画师,如灭两个蚂蚁耳!"画师闻言,出了一身冷汗,忙求教。智者又言:"画时有三点要谨记:一,见面镇静,凝神而细察;二,多描摹汉、唐明主之画像;三,落笔求神似,掩小疵。"于是,第三位画师悟出了前两位画师被杀的奥秘,在描摹时只是脸型的轮廓有些像朱元璋,但却画得满脸和气,在慈祥仁爱中,又显得威严沉稳。朱元璋

朱元璋

看后,龙颜大悦,重赏了画师,并诏谕将这幅画像摹写了许多本子,分赠给诸王和公主。

这位画师几天后兴高采烈地来谢智者,于是,智者又让画师画出了明太祖的真容。画师秉烛夜毫,只见"朱元璋端坐在一张便椅上,头戴软方巾,长脸隆额,眉眼吊竖,眼神炯炯发光。蒜头大的鼻子,鼻孔微翘,两只大耳朵几乎垂到肩。特别是那张阔嘴,几乎把脸切开,下巴比上颚长出好几分,稀稀疏疏的胡须。整个脸型就像是一个横摆着的立体"山"字,脸色黧黑,布满大小土斑,神情既威严沉着又丑陋凶狠。

今天我们分析各史,可知朱元璋面貌大致如下:朱元璋长着高额头,粗眉毛,高高的颧骨,大眼睛,大鼻子,大耳朵,下巴比上颚长出好几分,整个脸型从侧面看如一横摆着的立体型山字,脑盖门上一块骨头突出,像个小山丘。虽不好看,但整体很匀称;其身材高大,肩宽体健,威武沉着,可称得上骨骼奇俊,不同凡响。而从留传的画像及文字的描述来看,两者哪一个比较真实,如今已难以辨别。

朱元璋小时候并没有显示具有独特的天分,他与别的小孩略有不同的是,他十分调皮,鬼点子多,敢说敢做,比较讲义气。小时候替田主看牛放羊,最会出主意闹着玩,别的同年纪甚至大几岁的孩子都听他使唤。最常玩的游戏是装皇帝,他把棕榈叶子撕成丝丝,扎在嘴上做胡须,找块破水车板顶在头上算是平天冠,让孩子们三跪九叩头,同声喊万岁。

他在众牧牛童中,成了领袖。有一天,大家忽然饿了,时候早又不敢回

家。朱元璋出主意,杀了田主的小牛犊,生起火来,一面烤,一面吞。不一会儿,一条小牛犊只剩一张皮一堆骨头一根尾巴了。小牛吃了,如何去见田主?大家面面相觑,想不出主意,乱成一团。元璋拍胸膛说我一个人认了,大家不要着急。他把小牛犊皮骨都埋了,拿土把血迹掩盖了,把小牛尾巴插在山上石头缝里,对主人说,小牛钻进山洞里去了,怎样拉也拉不出来了。主人不信,去看,那牛尾居然摇动,只得信了。原来山神、土地都来帮助这个未来真主,使牛尾摇动。这是小说所写,但小说竟也有所本,是根据《龙兴慈记》而来。

朱元璋却由此深深得到伙伴们的信任,认为他敢作敢为,有事一身当,于是,大家心甘情愿把他当作小头目。

出家、云游之谜

朱元璋很忌讳别人说他出身低贱。特别忌讳说他当过和尚,和尚的特征是光头,剃掉头发,因此,不但"光""秃"对他是犯忌讳的,就是一个"僧"字他也很忌讳。那么,他到底是否当过和尚?又为什么要做和尚呢?

朱元璋小时多病,他的父亲想送他出家,母亲陈氏不肯。到了 17 岁那年,他的父母和三个兄弟都不幸相继去世,他变得孤苦伶仃、无依无靠,穷苦不能自立。在这种饥寒交迫的情况下,朱元璋想起父亲曾把自己舍身给皇觉寺的长老高彬做徒弟的事,就到皇觉寺,找高彬。和尚在元明时也可算是一个不错的职业,不再是吃斋修行的男性僧徒。加入和尚这一群体的大都是穷苦人家养不起送来的孩子;当朱元璋一提要到皇觉寺来,寺里长老觉得多一个行童,佛堂上打扫之类的零碎活就不用雇工干了,而朱元璋年轻,正好当个劳力使用,就收留了他。

于是,朱元璋到皇觉寺出家当了一名小沙弥。他剃了光头,穿上破衲衣,但是没有受戒,实际上是当了老和尚的小仆人。每天扫地、上香、打钟击鼓、烧饭洗衣,累得晕头转向,有时还不免受老和尚的训斥。在寺院里,朱元璋的地位比长工都低一等。在《龙兴慈记》里就记载,一次朱元璋已经受了满肚子的气,但在伽蓝殿里又被伽蓝神的石座绊了一跤。朱元璋气得就用笤帚使劲打了伽蓝神一顿。又一回,大殿上供的大红蜡烛让老鼠给啃坏了,朱元璋又挨了一顿批。朱元璋想伽蓝神是管殿宇的,管老鼠是他的分内工作,却害得他挨骂,越想越气,就讨来笔,在伽蓝神的背后写上了"发配三千里",意思是让菩萨到三千里外的荒芜之地去充军。

不久,灾情愈来愈严重,皇觉寺也维持不下去了,当家和尚就把寺里的许多和尚,一个个打发去"云游"。朱元璋也踏上了云游的道路。

龙兴古刹

朱元璋云游四方的三年,对他一生影响极大。三年来,他历经安徽、河南邻接地区的名川大邑,到处乞讨,受尽风霜之苦,但同时也了解到民间疾苦。在外游历,接触各种各样的人多了,接触社会上各种现象多了,世事洞明,人情练达,加上朱元璋本身的特殊性格,决断敢为,于是,他成为一个大有条件闯世界、创大业的人。

朱元璋回忆他云游四方时期也曾说:"众各为计,云水飘扬,我何作为,百无所长。依亲自辱,仰天茫茫。既非可依,侣影相将,突朝烟而急进,暮投古寺以趋跄,仰穷崖崔嵬而倚碧,听猿啼夜月而凄凉。魂悠悠而觅父母无有,志落魄而佯佯。西风鹤唳,俄渐沥以飞霜,身如蓬逐风而不止,心滚滚乎沸汤。"

朱元璋那时连经也不会念,更不会做佛事,但他也只好装着个和尚的样子,一顶破箬帽,一个木鱼,一个瓦钵,背上小包袱,拜别了师父和住持,硬着

头皮,离开了家乡。他四处飘游,到合肥,折西过固始、信阳,又转北而去汝州、陈州,东向鹿邑、亳州,就这样过了3年,回到了安徽皇觉寺。

这三年的流浪生活,朱元璋游遍淮西一带大都名邑,熟识了这片地区的河流、山脉、地理,尤其这一地区的人情、物产、风俗,使他见了世面扩大了眼界。

当时,正是元末农民起义风起云涌的时候,农民起义队伍的早期领导者之一——彭莹玉,当时就在淮西一带利用宗教秘密进行宣传和组织农民活动。彭莹玉所崇奉的神叫弥勒佛和明王,他宣传说:天下将要大乱,等弥勒佛和明王出世,穷人就有出头之日了。与此同时北方秘密宗教白莲教的首领韩山童,也进行同样的宣传。白莲教、弥勒教和明教原来是三个不同的教派,这时逐渐掺和起来了,教徒大多数是穷苦的农民、小手工业者、城市贫民以及游民。在三年云游中,朱元璋目睹国事日非,人民生活日益恶化,也了解到一些弥勒教等在下层群众中进行的活动,预感到弥勒教宣传的天下大乱的时候快要到来了。就在这个时期他接受了新的思想,加入了秘密组织。开始结交朋友,物色有志气、有胆量、敢作敢为的好汉,为日后成就重大事业奠定了基础。

由于朱元璋少年时当过和尚,因此有关他与和尚关系的传说和故事也比较多,如有一次他带兵渡江时,有人对他说:"欲定天下,碧峰和尚不可不见。"朱元璋到宣州,去看碧峰禅师,只见他跏趺危坐,不理不睬,朱元璋于是生气地怒叱他,碧峰禅师叱声以对,朱元璋手握宝剑,怒容满面喝道:"你曾见过杀人的将军吗?"碧峰禅师也大声地喝道:"你曾见过不怕死的和尚吗?"朱元璋看这和尚如此威武不屈,即以礼相见。碧峰禅师答礼后,徐徐地说了一句:"建康有地可王。"据说,后来朱元璋建都南京,就是受了碧峰禅师的暗示。

另外,据说峨眉山有两个和尚,一个叫宝昙禅师,另一个叫明济禅师,少年时都曾与朱元璋一起在皇觉寺当过小沙弥。朱元璋当上皇帝后,知道了他们的下落,特召进京。宝昙见诏,便打点行囊,匆匆随钦差入宫,朱元璋与他重逢,喜出望外,劝宝昙说:"师父黄卷青灯,委实清苦,不如弃山进宫,共享荣华富贵,以乐天年。"宝昙奏道:"贫僧早已六根清净,万象皆空,圣上心有好生之德,僧只有菩提之树,愿赐予清净禅院,为圣上祈万年之福!"朱元璋见状，只得从其夙愿，拨银为其重建光相寺。

明济和尚却是另一种态度，他在皇觉寺时与朱元璋两人，一个是火头僧，一个是司水和尚，职务相近，他深知朱元璋的为人，心想："朱元璋已为万民之尊，可出身寒微，怕人知其底细，于己不利，莫非是召我进京，诛杀以灭人口！"便从龙兴寺逃往峨眉山后牛心寺避祸，并改法名广济，从此隐姓埋名。朱元璋派人查访到他，广济先是装疯卖傻，后又以生病为由，辞谢京都之行，终年缄默。

投军之谜

对投军这一事件，也许是朱元璋一生中做出的最重要的选择。朱元璋"一浮云乎三载，年方二十而强"，到皇觉寺，他过着做一天和尚撞一天钟的生活。但自云游回寺后，他的心却已被寺外的繁华世界所吸引。1348 年（元至正八年）年底，朱元璋回寺后"立志勤学"，读书、结交朋友。1351 年（元至正十一年），全国性的反元大起义开始了。这一年，元顺帝下令征发15 万民工，来修复黄河故道，监工官吏克扣口粮，虐待民工，民工怨声连天。河南、河北等地广大人民生活在水深火热之中，他们除了反抗，已没有别的出路。韩山童和教内另一首领刘福通，在韩的家乡广平府永年县（今河北永年）乘机发动起义。起义军共推韩山童为明王，他们用红巾裹头，因此称红巾军。不料起义那一天，被永年县官带兵进行突然袭击，韩山童被捕遇害。后来就由刘福通辅佐韩山童的儿子小明王韩林儿，指挥红巾军打仗，各地农民纷纷举旗起义，响应红巾军，朱元璋的家乡也闹腾了起来。

元末时，红巾军等各路义军突起，元统治者惊恐万分，钟离县是濠州州治所在地。2 月 27 日夜里，定远人郭子兴和孙德崖等人率领一支几千人的农民队伍，冲进州城，杀了州官，占领了濠州城。元将彻里不花率领官兵前来镇压，不敢同起义军开战，却经常捉拿老百姓充作被俘的红巾军，向上级邀功请赏。这样一来老百姓人人自危，许多人索性投奔濠州城内的起义军。

当官军在乡间乱捕百姓时，朱元璋想，老呆在寺院里，随时有被官军抓去杀头的危险，与其等死，不如去参加红巾军。一件偶然的事情，更加快了朱元璋投奔义军的进程。一天，他幼时伙伴汤和捎来一封信，说他已经做到义军的千户长了,劝他也去加入。虽然朱元璋看完之后,把信烧了,但厄运还是降临了。他的同房师兄偷偷告诉他,有人把他看义军信的事要向官军告发,朱元璋一听,慌忙跑回村,找到从外乡回来的周德兴商量,在被迫无奈之下朱元璋才决定投奔义军。于是就投奔了郭子兴。

朱元璋投奔义军确实是被逼无奈,他自己多年之后也认为他是选择了一条最艰难的路程,也正是这条荆棘满途的路把他送上了皇帝的宝座。这一年,朱元璋25岁。后来朱元璋继承了郭子兴的霸业,把那些据地称雄为帝为王的陈友谅、张士诚、徐寿辉、明玉珍、韩林儿等一一消灭了。

入赘之谜

朱元璋一个平常士卒,为何被郭子兴看中,选为女婿呢? 这还得从朱元璋投军说起。

元至正十二年闰三月初一,朱元璋到了濠州城下。因为当时濠州被元军重重围困,所以当一个穿着极其破烂的和尚要入城时,被守城巡逻哨探误认为是奸细,用绳索捆了,派人报告郭子兴,请令旗要杀人。郭子兴听了缘由,觉得蹊跷,于是骑快马赶到城门口。只见一个个子高大,长得怪头怪脑的丑和尚,五花大绑,捆在拴马桩上。衣服虽然褴褛,露出的肌肉却很结实,眼睛里充满着火气,神色镇定,毫不害怕。郭子兴心里已有点喜欢,下马问明底细,知是孤庄村来的,入过教,是汤和写信叫他来的,和红巾军中好些弟兄都有来往,就喊人松了绑,遂收为士卒。朱元璋在后来写《皇陵碑》时还记着这件事"既起趋降而附城,几被无知而创。少顷获释,身体安康。"

朱元璋这就算当上了兵,除去和尚装,系上红头巾,穿上战服,便整日跟弟兄们上操,练习武艺。由于他体格好、记性好、见识广,才十几天就已成为队里的拔尖人物。几次出城哨探,他计谋多,有决断,态度沉着,临机应变。每次打仗都非常勇敢,无论遇到何等强敌,他总是奋不顾身,冲锋陷阵。每次出去,总是立了功,不损伤一人一卒,喜欢得连队长遇事也和他商量了。不知不觉过了两个多月。一日郭元帅带着亲兵出来巡查,经过朱元璋的营房,全队排成一字向主帅行礼。朱元璋身材高大,排在队头,于是郭元帅顺便问起这怪和尚的表现,大家都纷纷夸赞。郭子兴大悦,把朱元璋调回帅朱元璋在帅府里鞍前马后，十分勤快。他有勇有谋，身先士卒，立下不少战功。每次得到战利品全献给元帅，得到赏赐，平分战友。他又认识一些字，队伍上的书信、布告都要他解说。几个月后他在军中有了很好的名声，以至于郭元帅也当他心腹之人，共议军事了。朱元璋本身表现得不错是他和郭子兴能结翁婿之亲的一个缘由，而当时军中的情况也令郭子兴不得不找一个得力的帮手作为贴己之人，就和夫人商量要招赘他做上门女婿。

朱元璋平白地做了元帅的娇客，前程有了靠山，更何况元帅是主婚，自然满口应承。而郭子兴也为自己找了一个得力助手，各得其所皆大欢喜。

朱元璋娶的这位夫人即是后来相夫得道、教子有方、母仪天下的马皇后。马皇后并不是郭子兴的亲生女儿，她是郭子兴的第二个夫人张氏抚养的一个孤女，其父原是郭子兴的生死之交，人称马公。本与郭子兴共举义旗，不料先死，留下孤女，托付郭子兴。郭子兴十分感念，待之甚好。于是为她招上门女婿，以便照应。

郭子兴选朱元璋为婿，可以说有伯乐之识。朱元璋为郭子兴立下了汗马功劳，使他多次化险为夷，救其于危难之时。

朱元璋的夫人马氏，也就是历史上有名的大脚马皇后，是他完成帝业的坚强后盾和贤内助。后来郭子兴听信谗言，猜忌朱元璋，将他关押起来，恰逢当年收成不好，因此朱元璋时常挨饿。为此马氏曾偷偷将滚热的烧饼藏在衣服内给他送去，结果烫伤了皮肉。她在郭朱二人中间调和，终使嫌隙得释。连年激战之时，马氏带领将士的妻子制军鞋、战袍，鼓舞士气。当陈友谅率军猛扑而来的时候，她又将后宫的财物捐献出来，奖赏前方作战的将士。朱元璋后来杀戮渐重，无人敢劝，马皇后及时劝谏，因此很多人得以保全。有人传言参军郭景祥的儿子想要杀父，朱元璋要杀掉他。马皇后劝说道："景祥止一子，人言或不实，杀之恐绝其后。"这样朱元璋才没有下旨，后来经过调查，果然是冤枉。

朱元璋为何传位太孙

朱元璋当了皇帝后，马上做了一件正确的事和一件错误的事，正确的一件是马上立了长子朱标为太子,这样就可以在一定程度上避免他的儿子们因为争夺皇位而明争暗斗。他办的错事就是大杀功臣之后,把他的儿子们全封为王,让他们手握重兵,镇守边地。朱元璋的本意是效仿汉高祖刘邦众封王以屏卫汉室的做法,让他的其他儿子代替天子去抵抗北边如狼似虎的蒙古人的侵扰。但是他却忘了,刘邦封王的后果是发生七王之乱,差一点就动摇了汉朝的四百年基业。他以为立了太子,又封了王,朱氏天下从此就可以万世一统了。

朱元璋对太子寄予了很大的希望,从小就对他进行特殊教育,给他请了全国最好的老师,负责教授他的学业和武艺,朱元璋自己也常常耳提面命,教导太子为君之道。太子未满二十岁时,朱元璋就已经让他试着处理政事作为训练。通过这种种培训,太子不负众人的厚望,无论为人还是处事都很符合一个帝王的标准,可以预见将来会成为一代明君。可是老天偏不如人所愿,洪武二十四年时,朱元璋派太子巡视关中地区。这一来一去就是三个多月,政务繁多,旅途劳累,加上太子的身体本来就不太好,结果朱标一回到京城就病倒了,在床上躺了几个月后居然就此一命归西了。这对朱元璋来说可是一个致命的打击,本来还神采奕奕、丝毫不见老态的皇帝一下子就衰老了许多。一想到自己已经六十五岁了,眼见寿不长远,太子却在这时命丧黄泉,不由得老泪纵横,痛哭失声。有一天,他又想起太子,悲痛难忍,就在群臣面前大哭了起来。大臣们不住劝慰。翰林学士刘三吾劝道:"皇上不要过于悲伤了,太子虽然不幸去世了,但是您的皇孙不是已经长大了吗?他可以即位,天下不会因为没有太子就大乱的。"朱元璋一听确实如此,他也感到老是这么伤心下去也不是办法。他渐渐老了,说不定哪天就会突然死去,眼前的当务之急就是再确定一个皇位的继承人,以避免因为太子去世而引起国家的动荡不安。关于这个问题,其实他也考虑了很久。他总觉得太孙朱允炆的个性懦弱,遇事优柔寡断,一直担心他不能承担起治理国家的重任。他的几个年纪较长的儿子其实都很有才能,在边地镇守边疆都立下了很大的功劳,随便哪一个其实都可以被立为继承人的,但是朱元璋还是对他们感到不太满意。为了镇守边疆,当初对他这些皇子们的教育是比较偏重于武力和军事的,文化素养的教育就相对的不太受到重视,而要成为一个帝王,光会打仗是远远不够的。而且这几个儿子同样镇守边关,功劳都很大,要立哪一个呢？无论立了哪一个，朱元璋都怕会引起其他人的不满与反对。他虽然比较喜欢第四个儿子燕王朱棣，但是如果立了燕王，又如何向二子、三子交代呢？最后，出于对太子朱标的感情，也由于朱元璋一向信守儒家的伦理道德传统，坚持立嫡立长的原则，他还是决定立朱标的儿子朱允炆为皇太孙，成为自己的接班人。他认为这个决定既符合传统的习惯，又可以抚慰他的丧子之痛。由于皇太孙的年纪还小，还可以再进行教育和训练，这位垂垂老矣的皇帝重新又振作起精神，开始对他的新继承人进行培养。一直对觊觎皇位的燕王知道了父亲的这个决定，大失所望，也从此埋下了日后谋反的祸根。这一年，被立为皇太孙的朱允炆刚刚年满十岁。

朱允炆一生下来就有一些身体上的缺陷，外貌不太好看，头盖骨又偏又歪。朱元璋一开始是不怎么喜欢这个孙子的，常常摸着他的脑袋叹气说："怎么长得像半边月亮呢？"但是后来为了训练孙子，朱元璋总是把朱允炆带在身边。时间长了，他发现这个孩子非常聪明，又很喜欢学习，看过的书几乎能过目不忘，而且心地宽厚，虽然年纪还小，但是隐隐间似乎已经透出一股帝王的气概。所以朱元璋也慢慢地开始喜欢上这个孙子了，尽心尽力地想为这个孩子安排好将来的一切。他知道宋濂的弟子方孝孺学问很好，但是为人有些骄傲，就把他派到太子的府里去当教习，还很高兴的对孙子说："我有一个很好的人才送给你用。这个人才学很好，就是有点傲气，我先压他几年，等你当了皇帝就正好可以用了。"又有一天，朱元璋和朱允炆在一起聊天，朱元璋对孙子说："现在边关上有你的叔叔们镇守，不怕有什么事情，边关有事，也由他们去应付，将来你只要在朝中作一个太平天子就行了。"朱元璋本来的意思是说他已经为孙子将来登基当皇帝打点好了一切，因此感到很得意。不料朱允炆低着头沉默了一会儿，没有说话，然后抬起头来问道："如果叔叔们对我有异心，又有谁来对付呢？"这一问，出乎朱元璋的意料之外。他听了也不由得一呆，想说话却又没开口，竟也沉默了好大一会儿，才问道："那你说如果发生了这种事要怎么办呢？"朱允炆回答说："先用仁德去收服约束他们；如果不起作用，就要削夺他们的封地和军队；如果还不行，就要征伐他们。"朱元璋听了只是默默点了点头，什么话也没说。不知这位纵横驰骋了一世的皇帝此时心中是什么想法，是否已经预见到在他百年之后，他的子孙之间必将有一场血腥的厮杀呢？

洪武三十年五月,朱元璋和大臣们在朝上议事后,回到后宫,觉得有些疲倦,就躺在床上想稍微休息一会儿。可谁知这一睡就再也没有醒过来,这位劳累过度的开国皇帝就这样在睡梦中走完了他不平凡的一生。按照他的遗诏所写,由皇太孙朱允炆继承皇位。他似乎在死前已经感觉到他的子孙们将有一场争斗,因此在遗诏中特意规定各诸侯王都不准擅离封地回京城吊唁。但是这一规定并没有能够阻止他死后不久爆发的燕王谋反的战争。

朱允炆为什么会削藩失败

公元1398年,朱元璋死去,朱允炆即位,因为他的年号是建文,所以习惯上称他为建文帝。建文帝朱允炆是明太祖朱元璋的孙子,他是明朝的第二个皇帝。

朱元璋即位之初,就确立了皇位嫡长子继承制,立了马皇后所生的长子朱标即建文帝的父亲为太子,并花了大量心血去培养这位未来的储君,这位太子在史书中被描述为仁孝、温和而有儒士风度。可惜的是,这位饱学的太子在他37岁的壮年就突然去世了,这让朱元璋非常伤心,之后他又立了朱标的长子朱允炆为皇太孙,准备让他将来继承大统。

朱允炆本性慈善,崇尚文治,向往儒家的仁政。明太祖朱元璋以武力夺得天下,自然而然地形成了用武的局面。洪武时,大都督府的左右都督都是正一品,都督同知也是从一品,而六部尚书却只有正二品。《大明律》中还明文规定,文官不许封公侯,因此朱元璋的主要谋士刘基仅仅得封"诚意伯"。而武将得封公侯者甚多,称王者也不少。在这种局面下,文官在朝政中的地位也就可想而知了。建文帝即位后,一改尚武的风气,大力加强文官在国家政事中的作用,将六部尚书升为正一品。同时,大开科举考试,并屡次下诏要求荐举优通文学之士,授以官职。建文帝身边几个被委以重任的大臣都是饱读诗书的才子,如齐泰、黄子澄、方孝孺。正是因为建文帝所依赖的大臣多为这样的文人,所以人称新朝廷为"秀才朝廷"。

太祖朱元璋以刚猛治国,乱世用重典,法外用刑情况严重。建文帝对于祖父重典治国所造成的恐怖气氛,深有体会,登基后就着手全面改革洪武吏治,力图创造出祥和的氛围。即位仅一个多月,他就下诏宽刑省狱,纠正了一大批洪武时期的冤假错案,受到牵连的无辜官吏得以恢复职位,被流放异乡的人也得以返乡。据记载,建文朝监狱里关押的犯人比洪武朝减少了近三分之二。

年轻的建文帝书生气十足又温文尔雅,但是他的性格腼腆,也不像他的父亲那样是从小在战火中锻炼出来的,所以缺乏做皇帝必备的勇敢和决断力,他又是匆忙之间被立为储君,并没有多少实际治国经验。不用说和朱元璋相比了,就是比起他那些雄才大略的叔父们来,他也没有那种坚定的自信和强大的控御能力。不过因为他从小受到完整的儒家教育,自身也具备着温和的性格,所以使得他能真正关心祖父实行的高压政策对百姓生活的影响,他衷心向往的是实行理想的仁政。在仅存的几种留下了他治国痕迹的史料中,都同样记载了他作为一个守成之君,努力改变和缓和祖父所施行的严刑暴政所采取的措施。

在所有的事情中,处置最不得当的就是削藩的问题。本来朱元璋派自己的儿子到各地为王,是为了让他们做皇室的屏障,抵御外部侵略或是镇压内部叛乱。但是因为这些藩王被赋予了极大的权力,手中握有重兵,很快就成了新皇帝的心腹之患。建文帝还没有即位的时候,就已经开始为这种严重的状况担忧了。那时候黄子澄就用西汉景帝平定"七国之乱"的事安慰他,说他才是皇朝正统继承人,根本不必害怕。等到他登上皇位时,朱元璋的二子秦王、三子晋王已经相继死去,四子燕王朱棣就成了皇室中最年长的人了。而且他的封地在北边,扼守防御蒙古的第一线,位尊权重,实权最大,所以他也就成为新皇帝潜在敌人中最具危险性的一个。

建文帝和他的三个亲信大臣商量后,得出的一致意见就是要迅速削藩。这个决定本来并没有错,错的是他们选择的削藩方式。就在建文帝登基的这一年,刚刚处理完朱元璋的丧事,他就派出一支军队去奇袭周王朱楠的封地开封,并把周王逮捕,废为平民后发往云南。这种像对付叛逆一样的严厉手段使所有的藩王都大吃一惊,心里全都非常惊恐。随后,建文帝又找各种理由处置了岷王、湘王、代王,撤消了他们的封国,有的被软禁,有的被废为庶人。这种急风暴雨式的处置方式使封地在北京的燕王也感到胆战心惊,深知自己也离那一天不远了。

燕王朱棣本来就怀有异心，又听从了僧人谋士道衍和尚的劝告，终于下决心铤而走险。可是他又需要时间进行准备，不可能立即起兵。令人疑惑的是建文帝对燕王的处置上表现出了意料之外的优柔寡断。他派人去监察燕王的行动。燕王就装作精神失常，装疯卖傻、胡言乱语。建文帝得到这样的回报，心里更加犹豫。在此之前他用严厉的手段处置那些藩王，是因为那些藩王确实有一些或大或小的过错，使他师出有名。可是燕王却没有被他抓住什么把柄，反而因为镇守边疆为国家立有大功。这时又见燕王生病，心里更加不忍，对燕王的处置也一直迟迟没有决定。就在他还犹豫不决的时候，燕王却已经开始在自己王府的高墙深院中训练士兵，制造武器了。后来，在燕王几次请求之下，建文帝居然放回了燕王留在南京做人质的几个儿子。燕王这时再也没有后顾之忧了，甚至还高兴地振臂高呼："天助我也！"建文帝的这种妇人之仁被后代的史家们评为最愚蠢的举动。

燕王在做好一切战斗准备之后，于建文元年（1399 年）七月公开发动叛变，率军南下，打着"奉天靖难"的旗号，以"清君侧"为名开始了他的篡位行动。建文帝到这时才如梦初醒，可是一切都已经来不及了。

建文帝失踪案

当燕王朱棣攻下南京后，建文帝的下落成为人们关注的焦点。燕王是以"清君侧"为名起兵的，谁都看得出他是要夺江山的。当李景隆和谷王打开金川门，朱棣却发现找不到建文帝的影子。建文帝的下落也成为争论不休的一大历史疑案。

建文帝的结局到底怎样，众说纷纭，莫衷一是，成为明史第一谜案。因为建文帝在太祖严苛统治之后，力行宽政，所以他的遭遇引起了无数人的同情，在各种野史、戏剧里可以看到人们无尽的猜测和演绎。

近人孟森等学者持建文帝自焚说。《太宗实录》中记载，燕王进入金川门后，建文帝也想出来迎接燕王，然而又自叹道："我何面目相见耶！"于是与皇后一起闭宫自焚。朱棣看到宫中火起，急忙命人前来抢救，可惜没有来得及。从灰烬中找到建文帝烧焦的尸体，燕王朱棣不胜悲戚，抚尸痛哭，说他

只是前来帮助皇帝学善,你又何必自寻死路呢?事后,朱棣备礼以葬建文帝,遣官致祭,辍朝三日。以翰林侍讲王景建议,葬以王礼。各省募兵闻惠帝已死,各自解散。皇帝的第二个儿子朱文圭当时只有两岁,他和皇帝家中幸存人员一起被生擒,虽幸免于死,但和家人一起被长期监禁,直到1457年,他56岁时才重获自由。

南京明故宫

燕王继位称帝后,以"天子礼"葬建文皇帝。但是建文帝是不是真的被烧死,很多历史学家都不能肯定。他们认为,这种说法很可能是朱棣及其手下人制造出来的,因为只有说皇帝及其长子已经死去,朱棣才能在名分上承继大统,坐上皇位。有学者指出,即使在《明史》中,各个篇章对建文帝死于火焚的记载也各有差异。

《成祖本纪》记载:"宫中火起,帝不知所终。燕王遣中使出帝后尸于火中。"《太宗实录》记载:"上望见宫中烟起,急遣中使往救,至已不及,中使出其尸于火中,还白上,上哭曰,果然,若是痴呆耶!"《补本》中记载,"棣遣中使出后尸于火,诡云帝尸,越八日壬申,用学士王景言,备礼葬之"。

上述后一种记载指出,并无建文帝尸体,找到的只是皇后的尸体。朱棣曾指天为誓,说他要仿效"周公辅成王",帮侄子建文帝治理天下。果真如此,就该先弄清建文帝下落,生见其人,死有其尸。可是,破城第二天,他就匆忙"即皇帝位",给人的印象是,朱棣有意弄假成真,将皇后尸体冒充建文之尸尽快埋葬,使建文旧臣放弃反抗,树立自己的地位。

至于,朱允炆果真是与马皇后一起投火自焚而死了吗?明成祖朱棣心中也是将信将疑的,或者怀疑的成分居多,他之所以听从臣下建议,以王礼葬了那火中的尸骨,无非是想使惠帝的支持者绝望罢了。朱棣在位的二十多年中,关于惠帝的下落,民间虽然有很多传说,而文臣史家,格于文禁,记载罕传。仁、宣以降,有关的记载渐渐多了起来。

关于建文帝出亡说

天顺、正德朝之后,严峻的政治环境有所好转,关于建文帝出亡说的史料开始多起来。万历二年十月,12 岁的神宗曾向张居正问及建文帝下落一事,张居正回答:"国史不载此事,但先朝故者相传,言建文皇帝当靖难师入城,即削发披缁,从间道走出,后云游四方,人无知者。"可见首辅张居正也倾向于建文帝出亡之说。值得注意的是,民间传闻已经入天子耳中,而且这时谈论建文帝出亡已经不再是禁忌话题。关于建文帝出亡一事,谷应泰《明史纪事本末》中的记载最具有代表性。他认为建文帝并未自焚,而是在大臣的保护下由密道逃出南京。

建文四年夏六月乙丑,帝知金川门失守,长吁,东西走,欲自杀。翰林院编修程济曰:"不如出亡。"少监王钺跪进曰:"昔高帝升遐时,有遗箧,曰:'临大难,当发。'谨收藏奉先殿之左。"群臣齐言:"急出之!"俄而舁一红箧至,四围俱固以铁,二锁亦灌铁。帝见而大恸,急命举火焚大内,皇后马氏赴火死。程济碎箧,得度牒三张,一名应文,一名应能,一名应贤。袈裟、帽、鞋、剃刀俱备,白金十锭。朱书箧内:"应文从鬼门出,余从水关御沟而行,薄暮,会于神乐观之西房。"帝曰:"数也!"程济为帝祝发。吴王教授杨应能愿祝发随亡,监察御史叶希贤毅然曰:"臣名贤,应贤无疑。"亦祝发。各易衣披牒。在殿凡五六十人,痛哭仆地,俱矢随亡,帝曰:"多人不能无生得失,有等任事著名。势必穷诘;有等妻子在任,心必萦系,宜各从便。"御史曾凤韶曰:"愿即以死报陛下!"帝麾诸臣,大恸,引去若干人。九人从帝至鬼门,而一舟舣岸,为神乐观道士王升,见帝,叩头称万岁,曰:"臣固知陛下之来也。畴昔高皇帝见梦,令臣至此耳!"乃乘舟至太平门,升导至观,已薄暮矣。俄而杨应能、叶希贤等十三人同至。

上面这段文字的真实性的确让人有所怀疑,可谷应泰讲得栩栩如生,令人真假难辨。建文帝到底是自焚而死呢,还是由密道逃离南京?史学家对此各持一说。既然建文帝有可能逊国出亡,他又去了哪里呢?综合各种资

明宫秘史

料,有如下几种说法:

其一,逊国为僧,云游四方

正如《明史纪事本末》记载,建文帝从南京逃出后,带着杨应能、叶希贤、程济两比丘一道,隐名易服,云游天下。学者根据地方志、遗迹、遗址等资料考证,认为建文帝曾流亡于云南、贵州、四川、湖北、江浙、广东等地,《明史纪事本末》说他为逃脱追捕,"西游重庆,东到天台,转入祥符,侨居西粤,中间结庵于白龙,题诗于罗永,两入荆楚之乡,三幸史彬之第"。

西南数省,留有很多有关建文帝的遗址和传说。徐霞客在《徐霞客游记》中记载有建文帝曾在贵州白云山修行时遗留的遗迹:"有巨杉二株,爽立磴旁,大合三人抱;西一株为火伤其顶,乃建文君所手植也。再折而西半里,为白云寺,则建文君所开山也;前后架阁两重。有泉一坎,在后阁前槛下,是为'跪勺泉'。下北通阁下石窍,不盈不涸,取者必伏而勺,故名曰'跪',乃神龙所供建文君者。中通龙潭,时有金鲤出没云。由阁西再北上半里,为流米洞。洞悬山顶危崖间,其门南向,深仅丈余,后有石龛,可旁为榻。其右有小穴,为米所从出流以供帝者,而今无矣。左有峡高进,而上透明窗,中架横板,犹云建文帝所遗者,皆神其迹者所托也。"

另传说湖北、湖南、四川、贵州、云南、广西等地都有他的足迹,又曾在各地寺庙留驻,如湖北武当山、广西横州南门寺等等。

其二,北京西山老僧说

传说后来至明英宗正统年间,有一位老僧往见广西思恩州土官岑瑛,自称为建文帝,蹉跎岁月,希望返回朝廷,安享晚年。岑瑛急忙报告巡按御史,驿送赴京。途中,老僧赋诗云:

沧落江湖四十秋,归来白发已蒙头。

乾坤有主家何在,江汉无情水自流。

长乐宫中云气散,朝元阁上雨声愁。

新蒲细柳年年绿,野老吞声哭未休。

老僧至北京后,朝廷派当年侍候过惠帝的尚膳监太监吴亮前去辨认。老僧见到吴,说:"你不是吴亮吗?"亮说不是。老僧道:"有一次,我在便殿用膳,弃肉一片于地,你伏地舔食之,怎么说不是呢? 听说老臣杨士奇尚在,能让他出来相认吗?"吴亮复命,明英宗确认老僧即惠帝,命迎入西苑居住。

中华宫廷秘史

后来惠帝老死,葬于西山,不封不树。

　　这是历史上流传较广的关于建文帝出亡的故事。事实是那和尚不是明惠帝,而是一个假冒者。据《明英宗实录》记载:正统五年(公元1440年)十一月,有个老僧,年九十余岁,从云南来到广西思恩府,对人说:我就是建文帝,张天师说我有四十年苦,现在为僧期满,应返回邦国,以享天年。思恩府士官岑瑛感到事关重大,将老僧及其徒抓了起来,送交总兵官柳溥,械送京师。英宗命大臣会审。开始时,老僧坚称自己即建文帝,并说自己年纪大了,希望归葬于祖父陵旁。审案的一位御史突然从旁边问他有多大年纪,老僧说有九十多岁,廷臣诘问道:建文帝生于洪武十年,至今应为六十四岁,怎么会有九十多岁?老僧无言以对。最后,老僧不得已交代了自己的来历。原来,老僧名杨行祥,河南钧州人,洪武十七年度牒为僧,游历两京及云、贵、广西等地,听熟了惠帝出走的一些故事,在同伴怂恿下前来冒充。明英宗下令将其囚于锦衣卫,不久死于狱中,同谋僧12人全部谪戍辽东边卫。

北京西山一角

　　其三,漂洋出海,去了南洋

　　有传言建文帝泛舟出海,去了南洋,并在某个小岛上过着自食其力的恬然隐居生活。当时中国去往南洋的人很多,据说张士诚失败后,他的一些部下就逃往南洋,拓荒移民。近人有人考证建文帝避难泉州开元寺,并在开元寺扬帆出海,最终隐居印尼苏门答腊岛东海岸,然而没有更多的证据,仅仅是猜测而已。明成祖朱棣担心建文帝纠集当地的中国人,或者是以宗主的身份号召南洋诸国兴兵。因此很不放心,特意派遣郑和数下西洋,一为宣扬国威,一为追踪建文帝。据《明史》载:"成祖疑惠帝亡海外,欲踪迹之,且欲耀兵异域,示中国富强。永乐三年六月,命和及其侪王景弘等通使西洋,将士卒二万七千八百余人,多赉金币。"在郑和的船队里,还有一部分是锦衣卫,专门负责侦缉。至于是否探知建文帝踪迹,就不得而知了。

由于多少年来,人们对明惠帝寄予深切的同情,而且惠帝逃亡之说也并非是全无踪影的空穴来风,所以这方面的传说和记载才会越来越多。事实上,查阅有关建文帝流亡的历史记载,可以看到,时间越晚,记载越详,而杜撰伪造的成分也就越多。

近年来有报载,有一位林国恩先生经过 9 年研究,破译了贵州安顺的"红崖天书"。这是当地崖壁上一块长 10 米、高 6 米,用奇特的铁红色颜料写成的文字,似篆非篆,多年来无人能识。林国恩认为"天书"成书约在 1406 年(明永乐四年),是逊国的建文皇帝颁发的讨伐燕王朱棣篡位的《伐燕诏檄》。全文直译为:"燕反之心,迫朕逊国,叛逆残忍,金川门破,杀戮尸横,罄竹难书,大明日月无光,成囚杀之地。须降伏燕魔,作阶下囚。丙戌(公元 1406 年)甲天下之凤凰(御制)。"如果译文准确无误,就能证实建文帝朱允炆确已逃出,并图谋恢复。这又与《明史纪事本末·建文逊国》中所载建文帝的一首诗相印证:"风尘一夕忽南侵,天命潜移四海心。凤返丹山红日远,龙归沧海碧云深。紫微有象星还拱,玉漏无声水自沉。遥想禁城今夜月,六宫犹望翠华临。"《伐燕诏檄》和这首诗,都是建文帝复辟心态的直白!

兰州大学历史系公维章博士从民国《创新渭源县志》中找一条资料:"靖难之役"后,建文帝逃亡到了青海瞿昙寺。《创新渭源县志卷 9》"艺文志"中,《五竹寺记》载:"建文于夏六月庚申十三日未时,由癸门出,比时愿扈驾车 22 人,节(郭节)其一也。君臣奔窜崎岖,昼伏夜行。历滇南、巴蜀,建文至乐都瞿昙寺。"该文所载建文帝君臣出亡路线及出亡青海瞿昙寺的情形,与当时的历史背景十分相符。据史料记载,瞿昙寺建立初期就与明皇室建立密切关系。永乐以来,明朝历代帝王多次给瞿昙寺赐匾、修佛堂、封国师、赐印、派大臣等。

公维章认为，南朝刘宋时期，已开通从南京历巴蜀、河湟至于阗的所谓"丝绸南道"，"靖难之役"后，燕王率军南下，北方道路被封，建文帝只有向南方逃窜，辗转云贵、巴蜀，最后选择西北边荒的河湟地区作为落脚点，是极有可能的。

近人在考察建文帝下落方面取得了突破性成果。《文汇报》编辑徐作生原是学历史出身，他利用记者的方便条件，曾去南京寻访建文帝遗迹，后又赴北京多方考证。后来，徐作生数次去江苏吴县窑山和穹窿山一带进行实地勘访，在此找到了建文帝出亡的遗迹、遗物，例如雕龙柱础、御池、御池桥、神道、方台等。他以文献材料结合自己实地勘访的结果，连续写成两篇论文，在学术界引起了普遍的重视和赞同。他经过 7 年的努力得出结论：当年建文帝出亡后，曾藏于江苏吴县窑山普济寺内。不多久姚广孝归隐禅寺，在姚广孝的监护下，建文帝隐匿于穹窿山皇驾庵，直至 1423 年（永乐二十一年）病死于此，葬于皇驾庵后的小山坡上。作者的结论与胡濙向明成祖的回报恰相吻合。因此可以得出结论，建文帝没有死于火，而是逃亡在外了。

有人则认为建文帝在四川平昌佛罗寺躲藏过，并病逝于此，葬于寺后山坡上。建文帝之所以选择佛罗寺，是喜欢这里偏僻难寻，不容易被发现。因他常常面向京城的方向暗自哭泣，后人就把佛罗寺改称望京寺。

另外，近几年有人自称建文帝后人，献出《让氏家谱》，称建文帝通过地道逃离南京，假扮僧道，云游各地，后隐居于武昌，死后就葬在武昌洪山。当然，这一说法还有待于进一步的验证。

对建文帝出亡谜案的解释、传说、附会决不是上面列出的几种，有许多凄美的故事在许多书籍、口头上流传开来，而且也必将流传下去。当然，建文帝的结局到底怎样，谁也没有确凿的证据，成为中国历史上一个难以解开的谜团。

不过，也有一些历史学者认为，建文帝自焚身亡是事实，因为当时燕军兵临城下，把紫禁宫团团围住，建文帝想逃也来不及，更何况经考查也无鬼门、御沟逃路。建文帝深知他的四叔是个贪权无厌、残暴无情的武夫，落在他手里绝无好下场，不如以死了之。朱棣也绝不会让建文帝活下去，否则他就不能当皇帝。但朱棣为了不留下"杀侄夺位"的名声，故意苦心寻找建文帝下落,留下了历史疑案,这可能是朱棣的计谋。

那么,靖难之役以后,惠帝究竟下落如何呢?确是一大未解之谜。

永乐皇帝的生母是谁

明成祖朱棣,即历史上的永乐皇帝,是明朝的第三个皇帝。他是朱元璋的第四个儿子,在朱元璋即位不久就被封为燕王。朱棣勇武善战,十八岁以后受太祖之命就国北京,手握重兵,和秦王、晋王等一同成为明王朝北边抵御蒙古人入侵的钢铁长城,深得太祖的喜爱与信任。据说,在皇太子朱标病死以后,朱元璋还曾经考虑过把燕王立为太子,这给了雄心勃勃的燕王一个极大的希望。可是,朱元璋在选择继承人的问题上最终还是遵从了礼法的传统,立朱标的儿子朱允炆为皇太孙,在他死后即位当了皇帝。燕王十分不甘心皇位就这样被年幼的侄子夺去。建文元年,他以"清君侧"的名义举兵谋反,一直攻打到南京城下,逼得建文帝闭宫自焚,这才如愿以偿的登上了觊觎已久的皇位。因为他是用武力夺取政权,当时的许多人非常不满,称他为"燕贼"。于是永乐皇帝开始大规模篡改洪武、建文两朝的历史档案,希望能为自己的即位找到合理合法的依据。就是因为他如此胡改一通,给后世留下了无数的谜团。例如永乐皇帝的生母是谁?这样一个看似简单的问题,今天的人们也并不能给了出一个准确的答案。

关于永乐皇帝生母的第一种记载,也是明朝官方史料所认为的,是太祖的高皇后马氏。《明太祖实录》说:"高皇后生五子,长懿文皇太子标,次秦愍王,次晋王(木冈)次上,次周定王(木肃)"肯定朱棣是朱元璋第四子,为马皇后亲生。《明史·成祖本纪》也说:"文皇帝讳棣,太祖第四子也,母孝慈高皇后。"与前说如出一辙,但是由于朱棣曾经大肆篡改史料,许多学者都不相信正统史书上的这种记载,一生致力于明史研究的吴晗先生,认为其中有篡改之词,不能信以为真。而且更令人疑惑不解的是,有些史籍却说马皇后并非生五子,只承认四子朱棣与五子周王为马皇后所生。如《皇朝世亲》说太宗与周王为高皇后所生,而懿文太子、秦王、晋王为妃子所生。《鲁府王牒》也说:"今鲁府所刻玉牒,又以高后止生成祖与周王。"然而,《皇朝世亲》

与《鲁府王牒》皆已早佚,这个说法难辨真假。从朱元璋遗留下来的言行准则中,我们能够明确地知道他立太子的标准是"立嫡立长",并且在给他的子孙们留下的训言中对此也有明确记载。如此看来,说早死的懿文皇太子并不是马皇后所生恐怕立不住脚的。相应的,人们就更加质疑成祖是马皇后所生的事,也许正是这位皇帝想抹杀建文即位的合法性,使自己成为已故老皇帝的嫡子与长子,才使出这样的手段。

关于成祖生母的第二种说法是达妃说。黄佐的《革除遗事》说,懿文、秦、晋、周王均为高皇后所生,而太宗(朱棣)为达妃所生。王世贞的《二史考》也曾引用此说。但是,后人分析黄佐把明成祖说成是达妃所生也是别有用心的,不足为信。清代史学家朱彝尊就认为,黄佐的书对建文帝下台表现出非常明显的同情,而对明成祖夺权大加贬斥,明显有个人感情色彩,所记之事难免"虚传妄语"。

第三种说法是成祖为太祖的蒙古妃子所生。这种说法来自《蒙古源流》的记载,认为明成祖是元朝的最后一个皇帝顺帝的妃子瓮氏所生,是元顺帝的遗腹子。这个妃子是蒙古的一个部落首领瓮吉喇特托克托之女,名叫格呼勒德哈屯。元顺帝逃离北京都城时,她被朱元璋的军队俘虏,并被朱元璋纳为妃子。这时候,她已经怀胎七月,被俘虏后不到三个月就产下一子,就是明成祖朱棣。这种说法一看就令人觉得十分可疑,当时明太祖已经坐拥天下,他怎么会看上一个怀胎七月大腹便便的元妃呢? 即使他真的对这个妃子发生了兴趣,以朱元璋多疑的性格,怎么可能把她"越三月而生"的皇子当作己子又委以重任呢? 这恐怕是蒙古人编造出来的一出离奇故事,以此来证明元王朝的血脉犹在吗! 当然也有另一种听起来较为可信的说法,它承认朱棣是明太祖的亲子,母亲仍是元顺帝之妃。又说因为永乐皇帝生母这种特殊的身份,而没有被列入祖宗祭祀的神庙中,而是隐其事,"宫中别有庙,藏神主,世世祀之"。说得很是传神,煞有其事似的。

第四种说法是硕妃说。持此说者,有何乔远的《闽书》,谈迁的《国榷》、李清的《三垣笔记》等。近人傅斯年、朱希祖、吴晗等也赞同此说。他们的根据是《南京太常寺志》,认为明成祖的生母是硕妃。按照《太常寺志》的记载,以明孝陵奉先殿的陈设为旁证,奉先殿中间南向列太祖、马后两神座,东边排列的是诸妃神座,西边则独列硕妃神座。按照封建王朝的传统,后妃地位最尊的是皇后,其次就是继位皇帝的生母,在明十三陵中到处可见一帝二后的墓葬形制。奉先殿祭祀神座如此排列,无疑表明了硕妃是成祖的生母,所以才得到如此的尊崇。这个推测是合情合理的。许多清代的学者也肯定了这种说法,还有人进一步考证说硕妃是高丽(今朝鲜)美人。但是这种说法仍然有着模糊不清的地方。首先,有关这位硕妃的记载历史上从无其他记录;第二,作这部《南京太常寺志》的嘉靖时的进士汪宗元,他生活的年代距成祖生年已经间隔了一百七十多年,他的材料从何而来? 是否准确? 还有一点可疑的是,这种说法仅见于《太常寺志》,为何别的史书从无相似记载? 这些都是我们不能完全回答出来的。如此看来,由于成祖蓄意篡改史料而造成的生母之谜,也只能随着时间的流逝而被历史湮没了。

明成祖为什么要清洗后宫

明成祖是明代最具有雄才大略的皇帝,而且野心勃勃的想把明王朝建立成世界帝国。为此在他当皇帝的二十几年时间里,几乎都是在带兵征伐中渡过的,就是死,也死在了回师的路上。也正是因为如此,明王朝在他的统治时间里无论是版图还是国力都达到了巅峰状态。这些当然都是成祖的功绩。但是相反的,成祖也有一些不为人知的行径,他对顺服于自己的属国态度十分蛮横,曾经多次明目张胆地向当时归顺明朝的朝鲜国王索要高丽美女,以供自己享乐。朝鲜国王对此很愤怒,但是又不敢反抗,于是只好多派送美女给他。这些朝鲜籍妃子在明朝的宫廷中也极为受宠。但是由于这些朝鲜妃子的到来,也在宫廷中引起了一阵阵的腥风血雨。永乐八年,宫中就曾经发生了一起诛杀朝鲜妃子的大清洗事件,明成祖朱棣几乎杀光他的朝鲜籍妃子,株连此案被杀者达三千人以上,而事情的起因仅为一个妃子的死。

这个妃子是个朝鲜人,死后被谥为"恭献贤妃权氏",生前被宫人称为"权妃"或"权美人"。这权氏长得如花似玉,却又不同于中原美女,别有一种迷人的异国情调,而且又善吹玉箫,所以深得朱棣宠爱。《明宫词》曾赞她:"琼花移入大明宫,旖旎浓香韵晚风,赢得君王留步辇,玉箫嘹亮月明中"。据《明太宗实录》记载,永乐八年,权妃随明成祖朱棣北征,却是天妒红颜,年纪轻轻的就病逝于途中,葬在峰县。

那么,权妃之死是怎样惹出了宫廷喋血惨案的呢?据朝鲜史籍记载,有两种说法:《李氏太宗实录》说是"吕氏谋杀案",《李氏世宗实录》则说是"吕氏诬告案",哪种结论更为可信呢?

一是吕氏谋杀说。

《李氏太宗实录》十四年(即明永乐十二年)记:吕婕妤与权妃本来都是朝鲜人,一同来到明廷。但她见权妃得宠,非常嫉妒,于是勾结宦官,从一银匠家里弄来砒霜,趁机放入权妃喝的茶里,结果使权氏在随征归途中病逝。这事干得十分隐蔽,本无人知晓。一直到永乐十一年,两宫宫婢因吵嘴泄密,才真相大白。明成祖痛失爱妃,

明成祖朱棣

在暴怒之下,对吕婕妤及其宫人、宦官进行了残酷的报复,尽杀吕婕妤及后宫之人。从这段实录看,权妃是被吕婕妤亲下砒霜毒死的。事实清楚,不容置疑。

二是吕氏诬告说。

《李氏世宗实录》是根据明成祖死后遣送回朝鲜的一位朝鲜妃子的乳母金黑的口述记载的。据说,权妃死后,吕婕妤为泻私愤,诬告说一个姓吕的宫嫔把毒药放在茶中毒死了权妃。她的私愤是因其想与吕姓宫嫔结拜为姐妹遭到拒绝而生恨。然而明成祖当时正在伤痛之中,又听到这种密告,竟不问青红皂白,当时就诛杀了那个吕姓宫嫔及宫人、宦官多达数百人。那个吕婕妤因为达到了目的而非常得意。但事后不久,她的报应就来了,她与宫人鱼氏私通宦官,被人发觉,无颜而自缢。明成祖又大发淫威,亲自审讯,查知了吕嫔的死纯属冤枉,更加暴怒,凡是与此事略有牵连的朝鲜籍的妃子都被处死,株连此案被杀者达三千人以上。就连宫妃的佣人也被抓起来,直到成祖死后才释放。依此看来,由吕氏造成的谋杀案就被说成是成祖制造的冤案了。

那么,成祖的宠妃权美人究竟是被谋杀的,还是自己病死的呢? 宫廷的斗争本就阴暗诡秘,这个问题恐怕是无论如何也弄不清了。我们只能说,权妃即使不是被人谋杀,恐怕也是活不久的。一个生活在皇帝后宫的女人,一旦受宠,将要面对的就是千女所指的怨恨,难免会感到忧惧。但如果不受宠,她将要面对的则是终生的孤独与寂寞。无论是走哪一条路,皇帝的女人们也逃脱不了红颜薄命的命运,她们恐怕是封建王朝的女人中最为可悲可怜的了。

永乐皇帝为何实行"瓜蔓抄"

　　明成祖夺了侄子建文帝的江山之后,自己登基作了皇帝,就是历史上有名的永乐皇帝。他知道自己做皇帝名不正言不顺,生怕拥护建文帝的大臣们起来反对自己,所以攻破南京后的第一件事就是列了一张黑名单,让手下去按名单抓人。

　　建文帝的重臣齐泰、黄子澄是成祖号称"清君侧"发动反叛的借口,成祖的名单上第一个就是他们的名字。南京城破之后,他们先后被抓,由成祖亲自审问,这两个人都抗辩不屈,被永乐皇帝下令同时磔毙。还有兵部尚书铁铉,被抓到南京,觐见新皇帝时居然背对着皇帝,不肯行礼,也不肯说话。成祖命令两边的人抓住他,让他回身正对着自己,可是铁铉大力挣扎,说什么也不肯回过头来。成祖暴怒,命人将他的耳朵、鼻子割下来,上锅蒸熟了,硬是塞入铁铉的口中,还问他味道怎么样? 这可真是亘古未有的残忍刑罚。铁铉却忍住剧痛,反而大声回答说:"这是真正的忠臣孝子的肉,味道怎么会不好呢?"成祖更加生气了,喝令手下当场就把他凌迟处死。眼见着自己身上的肉被一片一片的剐下来,铁铉竟然到死还是骂不绝口。成祖这时好像被气的失去了人的理智,非要看到铁铉向自己屈服不可。铁铉这时已经死了,成祖还命人搬了一口大锅放在殿上,里面盛满了滚烫的热油,把铁铉的尸体扔了进去,就见尸体立刻就被炸成了焦团,这时成祖才命人将铁铉的焦尸朝向自己坐的龙椅摆放,可是不知是不是铁铉的灵魂未散,尸体始终反身向外,不肯正对着殿上。后来两边的人用铁棒夹住了残骸,举着他让他面向

殿上，成祖这才笑道："你现在终于肯来朝见我了吗？"话还没说完，就见锅中的热油飞溅而起，烫伤了那些用铁棒架住铁铉尸身的人的手足。那些人见了这种可怕的情景，都立刻扔下棒子退在一边不敢上前了，铁铉的尸身仍然反立如前。成祖这时也不禁为这种情况弄得大惊失色，实在没有别的办法，只好命人将尸身安葬了。其他在名单中的官员还有户部侍郎卓敬，有副都御史练子宁，礼部尚书陈迪，刑部尚书暴昭、侯泰，大理寺少卿胡闰，苏州知府姚善，御史茅大芳等，都被陆续地抓来，面对新皇帝残酷的手段却没有一个人肯屈服，结果都备受荼毒，不是被打掉牙齿，就是被割了舌头，也有的被截断手足，都受尽酷刑而死。等杀了这些人以后，成祖还是不满意，又怕被他杀死的这些人的亲属要向他报复，所以决心要斩草除根，于是这些人的亲属也都相继被杀了。这之中，死的最惨烈的要算是当时著名的文士方孝孺，他的倨傲态度彻底激怒了本就嗜杀的成祖，最后被灭十族。其他不在名单之内的官员像修撰王艮、王叔英，都给事中龚泰，都指挥叶福，衡府纪善周是修，江西副使程本立，大理寺丞邹瑾，御史魏冕等人，在燕王攻城时，都守节自杀。在这些以身殉国的人中，最奇怪的是一个东湖樵夫，谁也不知道他的姓名，只见他每天都背着木柴到城里来卖，从来都是口不二价。这时听说了建文帝自焚而死的消息，竟然趴在地上大哭了起来，柴也不要了，直接投湖自尽。不得不让人感叹就是如此小民也深知忠义二字。

　　建文帝这些忠诚的大臣中还有一个像战国时的义士荆轲一般的英雄人物，就是左佥都御史景清。这个人平时倜傥洒脱，但最注重名节，燕王攻破南京即位以后，听说了他的名声很大，就让他官复原职。使大家都意料不到的是，他居然毫不推辞的就接受了新的任命。那些以前就认识他的人都大惑不解，也有人在一边偷偷的嘲笑，说他言行不一，贪生怕死，他也毫不为意。后来，宫中的钦天监夜观星象，发现天象有了异变，这在古代可是一件大事。负责的官员马上向皇帝报告了这个情况，说是有一颗星星发生异常现象，发出耀眼的红色光芒，而且直朝帝星而来。成祖听了这话心里也很害怕，所以对身边的人都很留意。这一天，他上朝的时候，远远的就看见景清穿着一身大红色的衣服迎面走来，心中马上就起了疑心。果然在殿上朝见时，景清忽然一跃上前，冲向坐在龙椅上的皇帝，成祖心中早有准备，马上起身闪开，命令身边的护卫将他拿下，一搜身，果真藏着一把利刃。成祖震怒地质问他想干什么,景清慨然答道:"我本来想为先帝报仇,可惜没有成功。"成祖大怒,命人把他的皮剥下来,悬挂在长安门上示众。有一天成祖出巡,正巧路过了长安门下,本来吊在城门上的皮,竟然自断绳索,扑向成祖。成祖很是诧异,命人一把火把皮烧了。可是这天夜里,成祖刚刚睡着,就梦见景清手中提着一把长剑向他走来,他马上惊醒,心中惊恐不已,第二天一上朝,就命人把景清夷灭九族。以上这些死难的建文帝的遗臣都是忠臣义士。因为这一年是建文四年,岁在壬午,所以就叫作壬午殉难。

成祖对这些不肯向他屈服的人既恨又惧,所以加重对他们的刑罚,不但官员本人惨死在各种酷刑之下,而且辗转牵连,凡是和这些人有一点关系的人就统统被杀。成祖的这种做法被称为"瓜蔓抄",被无辜株累的人非常多,不但是亲戚朋友子弟同学被杀,就连犯人的左邻右舍也逃不了死罪,甚至有时整个村子的人都被杀光了。从此以后,建文帝的旧臣,除了归附新皇帝的以外,其他不愿归降的人都死的死,逃的逃,大多难逃杀身灭门之祸。

明成祖为何大杀旧臣

明成祖夺了侄子建文帝的江山登基作了皇帝,就是历史上有名的永乐皇帝。他知道自己做皇帝名不正言不顺,生怕拥护建文帝的大臣们起来反对自己,所以攻破南京后的第一件事就是列了一张黑名单,让手下去按名单抓人。

建文帝的重臣齐泰、黄子澄是成祖号称"清君侧"发动反叛的借口,成祖的名单上前两个就是他们的名字。南京城破之后,他们先后被抓,由成祖亲自审问,这两个人都抗辩不屈,被永乐皇帝下令同时磔毙。还有兵部尚书铁铉,被抓到南京,觐见新皇帝时居然背对着皇帝,不肯行礼,也不肯说话。成祖命令两边的人抓住他,让他回身正对着自己,可是铁铉大力挣扎,说什么也不肯回过头来。成祖暴怒,命人将他的耳朵、鼻子割下来,上锅蒸熟了,硬是塞入铁铉的口中,还问他味道怎么样? 这可真是亘古未有的残忍刑罚。铁铉却忍住剧痛,反而大声回答说:"这是真正的忠臣孝子的肉,味道怎么会不好呢?"成祖更加生气了,喝令手下当场就把他凌迟处死。眼见着自己身上的肉被一片一片地剜下来,铁铉竟然到死还是骂不绝口。成祖这时好像被气得失去了人的理智,非要看到铁铉向自己屈服不可。铁铉这时已经死了,成祖还命人搬了一口大锅放在殿上,里面盛满了滚烫的热油,把铁铉的尸体扔了进去,就见尸体立刻就被炸成了焦团,这时成祖才命人将铁铉的焦尸朝向自己坐的龙椅摆放,可是不知是不是铁铉的灵魂未散,尸体始终反身向外,不肯正对着殿上。后来两边的人用铁棒夹住了残骸,举着他让他面向殿上,成祖这才笑道:"你现在终于肯来朝见我了吗?"话还没说完,就见锅中的热油飞溅而起,烫伤了那些用铁棒架住铁铉尸身的人的手足。那些人见了这种可怕的情景,都立刻扔下棒子退在一边不敢上前了,铁铉的尸身仍然反立如前。成祖这时也不禁为这种情况弄得大惊失色,实在没有别的办法,只好命人将尸身安葬了。其他在名单中的官员还有户部侍郎卓敬,右副都御史练子宁,礼部尚书陈迪,刑部尚书暴昭、侯泰,大理寺少卿胡闰,苏州知府姚善,御史茅大芳等,都被陆续地抓来,面对新皇帝残酷的手段却没有一个人肯屈服,结果都备受荼毒,不是被打掉牙齿,就是被割了舌头,也有的被截断手足,都受尽酷刑而死。等杀了这些人以后,成祖还是不满意,又怕被他杀死的这些人的亲属要向他报复,所以决心要斩草除根,于是这些人的亲属也都相继被杀了。这之中,死的最惨烈的要算是当时著名的文士方孝孺,他的倨傲态度彻底激怒了本就嗜杀的成祖,最后被灭十族。其他不在名单之内的官员像修撰王艮、王叔英,都给事中龚泰,都指挥叶福,衡府纪善周是修,江西副使程本立,大理寺丞邹瑾,御史魏冕等人,在燕王攻城时,都守节自杀。在这些以身殉国的人中,最奇怪的是一个东湖樵夫,谁也不知道他的姓名,只见他每天都背着木柴到城里来卖,从来都是口不二价。这时听说了建文帝自焚而死的消息,竟然趴在地上大哭了起来,柴也不要了,直接投湖自尽。不得不让人感叹就是如此小民也深知忠义二字。

建文帝这些忠诚的大臣中还有一个像战国时的义士荆轲一般的英雄人物,就是左佥都御史景清。这个人平时倜傥洒脱,但最注重名节,燕王攻破南京即位以后,听说他的名声很大,就让他官复原职。使大家都意料不到的是,他居然毫不推辞的就接受了新的任命。那些以前就认识他的人都大惑不解,也有人在一边偷偷的嘲笑,说他言行不一,贪生怕死,他也毫不为意。后来,宫中的钦天监夜观星象,发现天象有了异变,这在古代可是一件大事。

负责的官员马上向皇帝报告了这个情况,说是有一颗星星发生异常现象,发出耀眼的红色光芒,而且直朝帝星而来。成祖听了这话心里也很害怕,所以对身边的人都很留意。这一天,他上朝的时候,远远的就看见景清穿着一身大红色的衣服迎面走来,心中马上就起了疑心。果然在殿上朝见时,景清忽然一跃上前,冲向坐在龙椅上的皇帝,成祖心中早有准备,马上起身闪开,命令身边的护卫将他拿下,一搜身,果真藏着一把利刃。成祖震怒地质问他想干什么,景清慨然答道:"我本来想为先帝报仇,可惜没有成功。"成祖大怒,命人把他的皮剥下来,悬挂在长安门上示众。有一天成祖出巡,正巧路过了长安门下,本来吊在城门上的皮,竟然自断绳索,扑向成祖。成祖很是诧异,命人一把火将皮烧了。可是这天夜里,成祖刚刚睡着,就梦见景清手中提着一把长剑向他走来,他马上惊醒,心中惊恐不已,第二天一上朝,就命人把景清夷灭九族。

以上这些死难的建文帝的遗臣都是忠臣义士。因为这一年是建文四年(1402年),岁在壬午,所以就叫作壬午殉难。成祖对这些不肯向他屈服的人既恨又惧,所以加重对他们的刑罚,不但官员本人惨死在各种酷刑之下,而且辗转牵连,凡是和这些人有一点关系的人就统统被杀。成祖的这种做法被称为"瓜蔓抄",被无辜株累的人非常多,不但是亲戚朋友子弟同学被杀,就连犯人的左邻右舍也逃不了死罪,甚至有时整个村子的人都被杀光了。从此以后,建文帝的旧臣除了归附新皇帝的以外,其他不愿归降的人都死的死,逃的逃,大多难逃杀身灭门之祸。

明成祖为何迁都北京

中国历史上的皇帝大多数都是从北方起家的,朱元璋却是一个例外。他最初在南京称王,从这里开始逐渐收复了整个中国。所以朱元璋当上皇帝以后,就把他发迹的地方南京定为首都。其实在当时的情况下把南京作为京城是不太适合的,因为蒙古的残余势力退出中原后仍旧保留了很强大的实力,而且就在北方边境上虎视眈眈,随时都准备卷土重来。南京却太靠南,与北方边界相隔千里,一旦有战事发生,住在这里的皇帝无论是想获知战场的情况还是发布命令都不可能及时传达,战争时期贻误了战机就会造成战争的失败。所以朱元璋做这个决定的时候也是很矛盾的,总是拿不定主意。最初他把南京定为临时都城,比较靠北的开封定为陪都,他总是在这两个城市之间不停奔走。后来他又想把他的老家凤阳建成首都,可是不久又放弃了。他还想把首都迁到西安去。这样反反复复地折腾了好多年,直到他的皇位已坐了十几年的时候,他才最终下定了决心,正式确定南京为首都。

北京宫城图

燕王朱棣夺得了皇位以后,就完全没有这种种考虑。他直接下令开始修建北京城,建成之后就马上迁都到那里。至于他要把北京定为首都的理由其实很简单,因为北京是他还在当王子的时候的封地,从他18岁被封到这里作了燕王,许多年来他都一直住在这里,这里的一切他都熟知,这里已经成为他的根。况且,朱棣的皇位是从自己的侄儿手中夺过来的,南京正是建文帝从小生长的地方,朱棣却正好相反,他的一切权力的基础都来源于北方,对南京的一切他都十分陌生,所以他不只是不喜欢南京,而且更需要一个能够保证他的权力固若金汤的首都,北京当然是他的首选。当然也还有一些其他原因。南京也并不是什么都不好,它位于长江下游,是当时全国的经济中心,在经济方面比任何地方都具有压倒性的优势。但是它处在平原地区,远离北方和西部边陲,朱棣认为那里太容易受到攻击,而没有任何可以借以屏障的东西。再有就是出于政治和军事的原因,北京的地理位置优

明宫秘史

于其他一切地方,它既可以成为对付北方敌对势力入侵的堡垒,同时也可以作为皇帝在北方进行扩张性活动的最佳根据地。综合了以上种种理由,永乐皇帝几乎是没有任何疑惑地就作了迁都的决定。

但是,"迁都"说起来只是再简单不过的两个字,实际上要改造北京城却是一个非常艰巨的任务。元代的一些城墙和宫殿虽然仍然存在,但是城市的总体格局却一定要改。初登帝位的永乐皇帝心中正充满着雄心壮志,当然要建设一个能够匹配他这位雄才大略的皇帝的都城。所以一切新工程的设计和施工都必须满足皇帝的要求。与南京城正好相反,北京作为一个政治性或军事性的城市当然是上上之选,但它却从来不是一个好的经济基地,北京并没有足够的物质资料来供应如此浩大的工程,必须依靠从东南各省用船只运送大量粮食和其他物资供应。这种运输的工作是日后国家的命脉,当然不能交给一般人去负责,所以军队也必须改革,担负起这个重大责任。政府的机构也需要做出变动。南京是开国皇帝选定的首都,当然也不能废弃,原有的一切机构设置都要保留,北京则需要重新建立起一套与之相同的政府班子,北京附近地区也要因为首都的变更而随着做出变动。凡此种种,都是复杂而困难的工作,迁都无疑对明王朝具有极为深远的意义。

从永乐皇帝登基的 1402 年开始,北京新都的建设就已经开始了。一直到 1417 年,大部分的宫殿才算竣工完成。以后陆陆续续地又有工程完工。1420 年 10 月 28 日,北京正式被确定为国家的主要都城,而南京则降为留都。随后的三个月中,政府机构也被彻底改组。

新的都城有了,作为一个庞大帝国的首都,当然不能只有政府机构而没有多少居民。早在 1404 年,永乐皇帝就下命令迁当时以经商而富甲天下的山西九个府的一万户到北京居住,以求增加未来首都地区的人口数量,并且还可以同时带动经济的繁荣。永乐皇帝还时常减免京畿地区的赋税,设法使当地的人民富裕起来。对建设新都来说最重要其实并不是城市的建设,而是同时进行的大运河的修复工作。没有大运河这条生命补给线,要把北京建成首都无疑是纸上谈兵。开始几年北京城的建设速度其实很慢。一直到 1415 年大运河主体工程完成以后,物资的运送顿时快了很多,从盛产粮食的长江下游运送粮食到北方更加迅速了。从这时起,新都的经济状况才有了极大的好转,工程建设的速度也快了起来,城市的主体工程在两三年中迅速地完成了。这让永乐皇帝十分高兴,重奖了当时负责建设的官员。

从 1420 年到 1441 年是北京作为主要首都的一个过渡阶段。1441 年以后,作为留都的南京大大丧失了它的政治重要性,大批的宫殿和宗庙从此都被废弃了。虽然它的主要政府机构设置和行政职能都保持不变,但都只限于象征性的意义了。从此时起,北京已经成为国家实际行政中唯一的首都。

明成祖为何五次北征

明永乐八年(1410 年)至永乐二十二年(1424 年)明成祖朱棣曾五次御驾亲征漠北蒙古诸部。

元顺帝逃往漠北后,在洪武三年(1370 年)死于应昌(今内蒙古多伦东北)。皇太子爱猷识理达腊继位,逃往和林(今蒙古人民共和国哈尔和林),史称"北元"。永乐初年,蒙古贵族由于内部互相残杀,所以分裂为鞑靼、瓦剌和兀良哈三部。鞑靼部居住在现在的贝加尔湖以南和蒙古人民共和国的大部分地区;瓦剌部居住在今蒙古人民共和国西部和准噶尔盆地一带;兀良哈部生活在今老哈河(在内蒙古)和辽河流域一带。这三个部之间经常互相残杀,并常常侵扰明朝边疆。朱棣继承了明太祖对待蒙古的政策。他一面与其通好,封蒙古部落酋长为王,赐予金、银、布帛、粮食等物品,争取相安无事;另一方面,如果蒙古贵族无理侵扰,就给予打击。鞑靼部是三个部中最强盛的,本雅失里因此而骄傲,对明朝不友好。永乐七年(1409 年),朱棣派往鞑靼的使臣郭骥被杀,朱棣大怒,决心征讨鞑靼。从此便引起了战争。

永乐七年(1409 年)七月,朱棣命淇国公丘福为征虏大将军,王聪作副手,王忠、李远为参将,率精骑 10 万北征鞑靼。临行前,朱棣特地提醒丘福不要因自己的兵力强盛而轻敌。八月,丘福率军出塞,前锋抵达胪朐河(今克鲁伦河)南岸,歼灭了鞑靼的游兵,乘胜过河后,又俘虏了敌兵的一名官员。丘福不顾诸将劝阻,相信了俘虏的话,并让他作为向导,结果,孤军深入,中了本雅失里的埋伏,导致全军覆灭。朱棣听说以后非常生气。为了消除边患,朱棣决定御驾亲征。

永乐八年(1410 年)二月,朱棣率 50 万大军亲征,并调用武刚车 3 万辆,运粮20万石。沿途每前行10天就存一批粮,以备回返时食用。本雅失里听说明军大举进攻,尽弃辎重牲畜,仅率七骑向西逃往瓦剌部。而太师阿鲁台则向东逃走。朱棣打败本雅失里后,便开始进攻阿鲁台,双方在飞云壑和静虏镇(今哈拉哈河南岸)交战。朱棣亲率精骑冲锋上阵,阿鲁台坠马,然后逃遁。朱棣乘机追击,斩杀无数。这时,由于明军食粮已尽,朱棣下令停止进攻,胜利还师。在这次打击之后,鞑靼部向明朝称臣,每年向明朝进贡马匹。明朝也给予他们优厚的赏赐,朱棣还封阿鲁台为和宁王。

鞑靼被打败后,瓦剌部逐渐强盛起来。瓦剌首领出兵杀了本雅失里,并一再声称要进攻鞑靼。阿鲁台多次请求明成祖出兵攻打瓦剌,为本雅失里报仇。阿鲁台还率余部奔至明长城附近。而瓦剌部不断要挟明朝给他厚赏,并妄想占领明朝的宁夏、甘肃地区,屯兵边境,向漠南进逼。为了满足鞑靼部的请求,更为了明朝边境的安宁,朱棣决定亲征瓦剌部。

永乐十二年(1414年)三月,朱棣率30万大军由京师出发,并让皇太孙随行。四月,在兴和(今河北张北)举行了大规模阅兵式。六月初,前锋在三峡口(今内蒙古多伦西北),击败了瓦剌部游兵。朱棣乘势向西北方向进攻。在忽兰忽失温(今蒙古人民共和国乌兰巴托)遭到了瓦剌军的依山阻抗。朱棣便以精骑引诱瓦剌军离开山势出战,另外部署神机炮及时炮击,自己率铁骑冲入敌阵,杀敌无数,瓦剌军大败。朱棣顺势追击,并分兵三路夹击瓦剌军的反扑,亲率一路精骑再次冲入敌阵,瓦剌军败遁。瓦剌部受此重创,此后多年不敢犯边。第二年,瓦剌也向明朝贡马谢罪。

经过数年的恢复,鞑靼部的势力日渐强盛起来,曾两次乘瓦剌部被明重创之危击败瓦剌部。阿鲁台重新反叛明朝,轻侮或拘留明朝使节,并时常出没塞下,骚扰劫掠。朱棣曾写信劝止阿鲁台,但阿鲁台不听劝告,依旧我行我素。永乐十九年(1421年)十月,阿鲁台竟大举围攻明朝北方重镇兴和,杀了明都指挥王祥。为了打击鞑靼的侵扰活动,朱棣决意第三次亲征。

永乐二十年(1422年)二月,朱棣率大军出征。三月,车驾出北京,主力仍沿故路北上。当大军到达宣府(今河北宣化)东南的鸡鸣山时,阿鲁台听说朱棣亲征,便乘夜从兴和逃跑,避而不战。诸将请求追击,朱棣下令暂不追击。

五月,大军过偏岭(今河北沽源南),举行了阅兵式。朱棣告谕兵将:

"兵行犹水,水因地而顺流,兵因敌而作势,水无常行,兵无常势,能因敌变化取胜者,得势者也。"朱棣还亲自作平虏曲,让将士传唱,鼓舞士气,七月,大军到达煞胡原,俘获了阿鲁台的部属,得知阿鲁台丢马弃甲从阔滦海北逃。朱棣怕重蹈丘福深入陷没的覆辙,便下令停止追击。

在回师途中,朱棣认为兀良哈部是阿鲁台的羽翼,所以选派步骑2万,五路并进攻打兀良哈部。在军队到达屈裂儿河(今内蒙古洪儿河上游支流)时,兀良哈部听说明军前来进攻,便仓皇西逃。朱棣指挥军队夹击围歼,大败兀良哈部。九月初,回到北京。

永乐二十一年(1423年),以为明朝放松了警惕的鞑靼首领阿鲁台,决意率众袭扰明朝边境。朱棣听说阿鲁台又来侵犯,决定再次亲征,八月初,朱棣举行宴会,宴请从征的五军将领。随后举行阅兵式。九月上旬,军队到达沙城(今河北张北北)时,阿鲁台的下属阿失帖木儿率部众降附。十月,明军继续北上。鞑靼王子也先土干率部众前来投降。朱棣立即封他为忠勇王,赐名金忠,其他人也都有赏。十一月班师回京。

永乐二十二年(1424年)正月,阿鲁台又出兵扰袭大同等地,朱棣决定第五次亲征。忠勇王金忠自降明后,多次表示想出兵攻击阿鲁台,愿作前锋效力。朱棣批准了他的请求。四月,在进军的途中,朱棣命令金忠所部捕获阿鲁台部属,听说阿鲁台早就逃走了,就分兵搜抄,也没见到他们的踪影。所以朱棣下令班师。七月,在回师途中经过榆木川(今内蒙古和林西北)的时候,朱棣在军中病死。

明成祖朱棣对蒙古的五次亲征,打击了蒙古贵族势力的侵扰破坏,保障了各民族的安宁,促进了社会经济的恢复和发展,进一步巩固了中央政权的统治地位。

明成祖暴死榆木川之谜

1424年8月12日,永乐皇帝在他最后一次亲自征讨蒙古返回的途中,在多伦以外的榆木川去世,终年64岁。关于永乐皇帝去世的具体情况正史没有记载,只是简单地说他病故。据一些私人的和国外的记载说永乐皇帝在他晚年的时候已经得过几次中风，最后死于此病。也有人说，永乐皇帝自1417年以来就已经部分瘫痪，以致他偶尔不能临朝，严重时竟然持续一个多月。但是他瘫痪的性质不详，因为要减轻病症，永乐皇帝习惯性地服用麝香或樟脑制成的刺激性药剂，以及一些道教的丹药。这种丹药虽然能暂时地减轻他的瘫痪程度，但证明对身体有害，而且长期服用会上瘾；还会导致间歇性地大发脾气。

据说，在永乐皇帝惩处那几名劝阻他征讨蒙古和迁都北京的官员的时候，他很可能就已经受到了这种丹药的影响，致使他大发脾气。一般来说，丹药的作用应该是积累性的；永乐皇帝可能中化学毒性已经好几年了，因为丹药还含有砷、铅和其他金属。所以，当年岁已高的永乐皇帝筋疲力尽地穿过严酷的蒙古平原而又得了一次中风时，他的健康状况已经很差了，所以他的死亡应该是意料之中的事。

当时，永乐皇帝的尸体被立刻装进灵柩运回北京，准备安葬。他的长子朱高炽随后登基成为洪熙帝。尊奉永乐帝的谥号为文皇帝，庙号太宗。他的陵墓称长陵，建造得极为豪华宏伟，以证明他的丰功伟绩。1538年10月，嘉靖帝把永乐帝的庙号改为更显赫的称号：成祖。

长陵棱恩殿外景

回顾起来，嘉靖帝追赠给永乐皇帝的最后的谥号成祖似乎是一个恰如其分的称誉。它很好地体现了永乐统治时期的文治武功。永乐帝被公认为一个多智多谋和精力充沛的征战者，通过他的征剿和对外的远征，完善了开国皇帝朱元璋的丰功伟绩，并使明朝的力量和影响达到了顶峰。可以说朱棣是一个有干劲和献身精神的统治者，他恢复了儒家的治国之术，并重新建

中华宫廷秘史

立起古代的政制；他把帝国南北两部分统一起来从而为王朝奠定了新的基础。

但是，朱棣废除了建文帝的年号，并残酷地清杀了建文帝时代的官员，这都遭到了许多知识分子的激烈反对，而在黎民百姓中普遍存在着种种关于被废皇帝的传说，这也正是老百姓对永乐皇帝不满的表现；永乐皇帝在国内的各种计划和对外的冒险行动都耗费了大量的资金，这引起了官僚集团的强烈不满。

传统的评价并不是公正评价。对评价更有帮助的是应该问一下，永乐时期的一些事件是怎样发展和为什么这样发展的；实现皇帝宏伟事业的费用到底有多大；他统治时期制订的政策对以后明代的历史发展进程产生什么影响。

最重要的是，朱棣作为一个军事统帅而取得了权力，并用武力夺取了皇位，所以他并不认为自己应受任何约束，甚至不受他父亲制定的《祖训》的约束。他不受约束地行使皇权，以实现他的目的。但从长期看，由此形成的战略决策证明并不是成功的。他不但试图由北至南实施统一的统治，以此使边境领土与内地一体化，而且把目光放在本土的边境以外，把他的霸权扩向四面八方。对世界的这种新看法指导着永乐皇帝的对外政策和国内政策。他一旦执行这些政策，就决不后退。尽管永乐帝的国内政策和对外政策存在着种种矛盾，但他仍下决心要完成他的目标，并把各种没有解决的困难留给了他的那些不像他那么有活力的继承者们。

永乐帝的国内计划和对外征战的花费是巨大的，浪费的；它们给国家和黎民百姓造成了异常沉重的财政负担。这些计划的耗费引起了夏元吉和李时勉等朝廷官员的批评，前者反对对蒙古的第三次征讨和郑和的几次远航，后者反对在北京建都。用于这些活动的具体的金钱数额史籍没有记载。

永乐皇帝留给他的子孙的是一项复杂的遗产。他们继承了一个对远方诸国负有义务的帝国、一条沿着北方边境的漫长的防线、一个具有许多非常规形式的复杂的文官官僚机构和军事组织、一个需要大规模的漕运体制以供它生存的宏伟的北京。但是，这些的缔造者——永乐皇帝朱棣，却永远地沉睡在历史之中。

仁宗猝死之谜

中华宫廷秘史

永乐二十二年(公元 1424 年)七月,明成祖朱棣去世。长子朱高炽登位,即明仁宗,改元洪熙。次年五月,仁宗卒,在位不足十月,享年 48 岁。六月,太子朱瞻基即位,是为宣宗。

仁宗去世前三天还"日理万机",他从不豫到"崩于钦安殿",前后仅两天时间。明人黄景昉称仁宗"实无疾骤崩"(《国史唯疑》卷二)。壮年天子,登基未足一年,"无疾骤崩",其中必有缘由。但《明仁宗实录》《明史·仁宗纪》等,皆只字不载其死因。仁宗正当壮年,怎么会"无疾骤崩"? 这不能不引起人们的猜测。

有人指出,仁宗可能死于嗜欲过度。当时有大臣李时勉在仁宗即位不久上一奏疏,说:"侧闻内宫远自建宁选取侍女,使百姓为之惊疑,众人为之惶惑。"因劝仁宗"谨嗜欲"。仁宗览奏后,怒不可遏,即令武士对李时勉动刑,使李险些丧命。仁宗直至垂危之际,仍难忘此恨,说:"时勉廷辱我。"由此可见,仁宗因为纵欲无度,李时勉奏疏触及其痛处,否则不会如此耿耿于怀。继仁宗即位的宣宗皇帝曾御审李时勉,史书记述了这有趣的一幕。

当时有人对朱瞻基(宣宗)说起李时勉得罪先帝的情况,朱瞻基不由大怒,命令使者:"缚以来,朕亲鞫,必杀之。"使者去后,他愈想愈气,又令王指挥前去将李时勉绑赴西市斩首,不必入见。王指挥出端西旁门时,使者正巧带李时勉由端东门入,没有碰上。朱瞻基见到李时勉,骂道:"尔小臣敢触先帝! 疏何语? 趣言之。"李时勉叩头道:"臣言谅圈中不宜近妃嫔,皇太子不宜远左右。"听了这两件事,朱瞻基怒气稍解。李时勉说了六事便说不下去了,让他接着说完,他回答说:"臣惶惧不能悉记。"这时,朱瞻基已怒气全消,"是第难言耳。草安在?"他甚至想再看一遍那份疏草。"焚之矣。"李时勉答道。朱瞻基不由叹息,在他的心目中,李时勉已经完全是一位忠臣了。等到王指挥去狱中提人不见回来复命时,李时勉已冠带立于阶前。

也有人认为,导致仁宗猝死的原因是服用治"阴症"的金石之方,中毒而死。这在明人所著《病逸漫记》中有记述:"仁宗皇帝驾崩甚速,疑为雷震,又疑宫人欲毒张后，误中上。予尝遇雷太监，质之，云皆不然，盖阴症也。"当时治疗此等"阴症"恐无特效良药，使一些奸佞之徒有机可乘。《明史·罗汝敬传》中记："宣宗初，(罗汝敬)上书大学士杨士奇说：'先皇帝(仁宗)嗣统未及期月，奄弃群臣，揆厥所由，皆险壬小夫献金石之方以致疾也。'"可见，仁宗是为了治疗阴症而服用金石之药，最后可能中毒身亡。由于病症比较特殊，正史中也就无法加以记载了。

但是也有一些学者认为，说仁宗贪恋女色，恐怕证据不足。有些史书上记载，仁宗每日勤于政事，建弘文馆，与儒臣谈论经史，终日不倦。后宫除与张皇后相敬如宾外，不恋女色，仅有谭妃一人。

还有一些学者经考察各种蛛丝马迹，指出仁宗很可能是被其长子朱瞻基，即继仁宗登位的宣宗害死的。当然，这种事情史书上是不可能记载的，仅仅是后人的猜测而已。不过仁宗刚刚做了九个多月的皇帝就"无疾骤崩"，实在令人怀疑。

对于仁宗死亡的原因，野史中也有记载：洪熙元年四月初七，是皇后张氏的生日，按照明朝定制，皇后寿诞之日，妃嫔、宫女、命妇等人，都要到皇后面前行礼祝贺。其中一位贵妃郭氏，是明初勋臣武定侯的孙女，入宫后很得仁宗的宠幸，曾先后生有皇子三人。郭贵妃也按照礼仪前来拜寿。可能后妃二人早有宿怨，当郭氏给皇后敬酒时，皇后执意不饮。此时仁宗只好从中斡旋，他从郭妃手中接过酒杯，对皇后说："贵妃敬酒，你还怀疑什么？"于是举杯一饮而尽，当时郭妃大惊失色。

时隔一个多月，仁宗身感不适，于五月十二日病逝，郭妃也自刭而亡。虽然根据野史的记载，仁宗是因后妃的矛盾，误饮毒酒而致死的。而明人祝枝山著的《野记》一书中，也是这样记述的。

按《明宣宗实录》记载：仁宗死后，有五妃殉葬。其中贵妃郭氏曾生育三个皇子，依例不在殉葬范围，但在仁宗死后，也被列为从葬亡妃。不知是《野记》所载毒死仁宗一事确有其事，在官方文献中以从殉掩盖事实真相，还是郭贵妃真的"衔上恩，自裁以从天上"。

宣宗登上宝座，疑团种种

朱瞻基是否是弑父谋位？

　　仁宗生性温厚懦弱，喜读儒家经书，沉静好文，性格与其父很不相同，成祖生前对他大为不满，甚至感到厌恶，只因"礼教"和"祖训"的关系，才立朱高炽为太子，但成祖一直有废朱高炽储位之心。仁宗长子朱瞻基与其父相反，善骑射，谙武事，热衷权利，工于计谋，既有祖父的英武，又有父亲的睿智，成祖在世时，深得成祖赏识。永乐九年，朱瞻基十四岁，成祖更将其册立为皇太孙。此后，成祖无论出征、巡幸，都把他带在身边，以增益见识，开阔眼界。在学业方面，成祖先后挑选了胡广、金幼孜、杨荣等名士为他讲授经史，即便在行军旅之中也不停止。永乐十一年，外藩朝贡，在皇家校场行射箭比赛，年轻的皇太孙出场挽弓搭箭，连发皆中，使人们刮目相看。成祖更是高兴，觉得嫡长孙全然不像其肥笨迟缓、不能骑射的父亲，而很像自己。为了考察这个皇孙，校射毕，成祖当众对他说："今天华夷之人会聚，朕有一句上联，你试着对对看："万方玉帛风云会"。话一出口，皇太孙不假思索，叩头对曰："一统山河日月明"，满场惊叹，成祖更是喜不自胜，深幸皇太孙文武双全，身后有人。

　　朱瞻基一改仁柔怯懦的形象，作为皇位的第二继承人，对威胁其父太子地位的人，采取咄咄逼人的反攻势态。一次，朱高炽奉命带领高煦等人到孝陵去祭奠明太祖。作为太子，朱高炽当然走在前面，但他身体肥胖，脚又有病，虽有两名太监搀扶，仍然极为吃力，有几次差点跌倒。

　　走在他后面的朱高煦，看了太子的狼狈相，不觉笑道："前人蹉跌，后人知警。"此言一出，被讥讽的太子倒没什么表示，而走在高煦后面的皇太孙立即朗声接道："更有后人知警也。"高煦回顾失色，深感在争夺储位的斗争中又增加了一个强硬对手。这个故事与"螳螂捕蝉，黄雀在后"的成语颇相符合，也说明了皇太孙在储位斗争中的地位。据有学者考证，认为永乐十四年

朱高煦谋叛和永乐三十一年朱高燧谋叛，都是由皇太孙朱瞻基一手策划的诬陷，也可见皇太孙的厉害。

朱瞻基精明，深知高煦辈对自己未来继承权的威胁，暗中集结力量，在文武大臣乃至宦官中形成自己的势力。每当太子以柔仁面目出现时，他便以刚健相辅，刚柔相济，使无能的朱高炽在权力斗争的风浪中得以保住地位。

永乐二十二年四月，成祖第五次亲统大军出塞，征讨蒙古阿

明宣宗朱瞻基

明宫秘史

鲁台部。大军出塞，行程刚过半，朱棣突然一改往日作风，还未遇敌，便下令匆匆班师还朝。据说朱棣夜里做了一梦，梦见神人告诉他"上帝好生"，叫他不再出战，因而班师。以成祖驾崩于归途的情况看，实际上可能是由于成祖已经发病，感到自己将不久于人世，急于赶回京师安排后事。七月中，成祖死于归途中榆木川。事出非常，六师在外，随侍宦官马云等仓皇无措，在大学士杨荣、金幼孜等人指点下，秘不发丧。一面遣人随杨荣驰赴京师，密报太子，传遗命太子继位。

本来，汉王朱高煦在京中耳目极多，可是事出非常，待到他得到成祖已死的消息时，朱高炽已在北京即位了，高煦在关键时刻失了一着，虽然愤怒，却又无可奈何。

仁宗在京驾崩，消息走漏得极快。京中耳目众多的汉王高煦闻讯后，首先想到的便是截住远在南京的太子朱瞻基，使他不能还京继位。高煦派出一支精骑，从乐安州出发，准备在途中截杀太子。不料，太子朱瞻基刚刚抵达南京，但对父亲的驾崩却似早有准备，已经间道疾驰，在仁宗死后二十天，他竟从南京赶到了良乡，高煦的精骑竟未能追上他。在那里他接受了继位遗诏，急人京，主持举哀发丧。没等高煦再有动作，朱瞻基就已经在灵前即

位,成为一代赫赫有名的明宣宗了。

这样,从永乐二十二年(公元1425年)七月成祖驾崩,到洪熙元年(公元1426年)六月宣宗继位,不到一年时间,皇位便从祖父传至孙子,以宣宗朱瞻基之果决机敏,处事周全,他的继位也不免留下了种种疑团。

首先,成祖之死,远在塞外,其周围宦官海涛等人及接近皇帝的大学士杨荣、金幼孜等,都是朱瞻基的亲信。根据现有资料分析,成祖临终并未留下遗诏,而且很可能口传了对太子朱高炽极为不利的遗旨,太监们张皇无措,甚至准备代草遗诏,盖上成祖御宝,让太子继位。由于杨荣等人的主持,才传遗命叫太子继位,所"传"的这个遗命显然是杨荣等人的意思。

其次,洪熙元年四月十四日,朱瞻基作为太子,从北京出发,前往凤阳祭祖,而后赴南京。他出发后,仁宗还出京至昌平祭长陵,显然当时并无大疾病。五月十二日,仁宗忽然重病,又是朱瞻基的党羽、宦官海涛受命出京召皇太子还。奇怪的是,朱瞻基竟能在六月三日赶回北京,海涛和朱瞻基往返一共只用了二十天,南北两京往返全程近四千华里,在当时条件下几乎没有可能。因为海涛不可能像传驿讯那样,一到站连人带马换班。何况,以朱瞻基出发时间和里程计算,他须经河北、山东,折入安徽,在凤阳举行祭祖仪式,而后转向南京,以当时日程推算,最快也要到六月中才能到达南京。而他五月末还在南京,六月初就已回到北京,其中显然有隐情。他似乎对皇父之死早有预料,匆匆赶赴南京。他自己在诏书中也提到他这次到南京是"始至遽还,非众所测",简直有些不打自招了。

汉王朱高煦所在的乐安,居于南北两京路上中段的东侧,以他消息之快及路程之短,闻讯立即派出的精骑马队,准备在路上截杀朱瞻基,结果却连这位太子的影子也未追上,更说明了问题。

另一方面,仁宗对这个酷肖成祖而全不类己的太子,一向并无好感,虽然瞻基为稳定他的地位做了很多努力,而父子之间却一直很疏远。仁宗之死,传言纷歧,多与贪恋女色有关,或者说他服用了过量的春药,或者说是"阴症",即行房事后着凉,或误服冷饮所致之绝症。而其亲信宦官海涛等人,早就成为朱瞻基的党羽,这是不是也说明某种问题呢?而《明史·罗复仁传附罗汝敬》中则记载了另一种说法,明确指出仁宗之死,是身染"阴症"后,乱服道家丹药而致死亡的。

于是,有人作了如下的分析和推断,朱瞻基感到父亲派他去南方祭陵的安排,说明父亲与自己的关系正在疏远,朱瞻基开始担心了,于是与亲信定下杀仁宗夺皇位的计谋。朱瞻基于四月十四日离京,随侍仁宗的宦官海涛是朱瞻基的亲信,他按朱瞻基的吩咐,加害仁宗,五月十三日,仁宗卒。朱瞻基离京后,不按日程行进,而是直奔南京。离南京前,南京城中已"传言仁宗上宾",当时北京还未发丧,也无现代通讯手段,为何消息传得如此之快? 可见"仁宗上宾"是在一些人预料之中的。当然。朱瞻基是否是弑父谋位这只能是分析,这一谜团还难以揭开。

宣宗皇帝为何英年早逝

明宣宗是明朝少见的好皇帝,然而,他没做几年皇帝就突然驾崩了。有人说他好色过度而死,但根据现在的史料看,不太像是纵欲过度而死。

宣德九年(1434 年),宣宗三十七岁,这个年龄正是人生黄金岁月。宣宗即位时,已年满二十七岁,正是一个最好的年龄。他不辜负祖辈们的托付,管理国家、处理政治事务,很有条理,这期间天下没有什么重大的事情,可以说得上是国家太平百姓安乐。在他的治理下,社会正在走向繁荣,他的事业也处在辉煌发展的阶段,因此赢得了大臣和百姓的衷心拥护和爱戴。

这年十二月,宣宗突然有病,他病到什么程度史书没有记载,但起初他得病时并不严重,还在处理朝中的政治事务,对具体的事做出决定。不过,众位大臣常常向他问好,但病情也不见有什么好转,却有加重势头。据记载:文武群臣第一次问安是在他得病大约三五天之后,集聚在左顺门跪叩请安。三天后,文武群臣又来到左顺门问安,又过了三天,正巧是立春之日,例行的庆贺礼被取消。宣宗连接受群臣贺春礼也免了,可见他病得不轻。于是,群臣又于立春日来到左顺门,再次向皇帝问安。

宣德十年(1435 年),春节是一年之始,故被人们视为一年中最为重要的节日。这一天,皇宫要举行盛大的祝贺活动,皇帝要上大殿,接受百官的祝贺。但宣宗把这个重要的庆贺活动也取消了,而命百官在文华殿向太子举行庆贺礼。这是一个信号,宣宗的病情已经很严重,但他还可以处理政治事务。

正月初三,宣宗自感自己的日子没多少了,便向文武大臣发出一道旨意:"我的病治好的希望不大了,这大概是上天注定的吧!让皇太子继承皇位,众位王公大臣都必须严守祖宗的家训,各王谨守藩国。嗣君(指皇太子)年幼,惟望皇太后朝夕教诲训导,你们文武大臣尽心辅佐,凡家国重务,必须上禀皇太后、皇后,然后去执行。"

宣宗嘱托完这番遗言之后就归天了,年仅三十七岁。去世以前,宣宗还留下了一份"遗书",向全国颁布,为的是全国上下都能知道,照他的最后一次旨意去办。遗诏的内容,同他临终前的遗言基本一样,宣宗说:"生死是人之常情,寿命的长短有一定的限度。人的生死要符合自然规律,适合的长短也有极限。(这些)都不能违背。他唯一感到遗憾的是,不能继续光大祖辈的宏图伟业,也不能奉养母亲到终年,心里想到这些,即使死了,于九泉之下也不得安宁。"确实,宣宗离开人间太早,刚要想有所作为,却化成泡影,留下了这份由祖辈们开创,由他来守业的巨大的遗产,给了一个还没成年的孩子。

宣宗死后,他9岁的长子朱祁镇继承了大明江山事业,也就是英宗。他给父亲取庙号为宣宗,埋在了景陵。

宣宗去世后,得到了世人很高的评价,说他"心胸开阔,致力于亲孝,与家人相处和睦;朝廷所施行的都遵从法规。特别关心百姓,如果碰到有上报水旱和蝗虫灾害的,便派人前往视察救济。"又说他"爱惜人才,非有大过,常保全之慎"等等。其中难免有溢美之辞,但总的来说,还是符合事实的。

宣宗力行"仁政",有许多可以被称颂的地方,他鼓励大臣们直言劝谏,驭下宽松,表现出了以宽大,爱惜他人为根本的政治思想。但是,也放纵了一些贪官污吏,该处理的不予处理,仅仅批评一番,至多斥责,也就不再追究。惩治坏人不严厉,留下了祸患,是吏治腐败的一个重要原因。

英宗"夺门之变"内幕

明代的历史,从"土木之变"到景帝在位这几年,几乎一直没有平静过,

内忧外患，接连不断。若与其父、祖在位的"仁宣之治"相比较，则更显得动荡。

英宗被俘，也先视为奇货可居，想以此要挟明廷。而明朝这边，在英宗被俘后，于谦等人拥立英宗的弟弟朱祁钰为帝，史称景帝或代宗。经过一番较量后，原本被视为奇货的英宗变成了空质，也先于是有送英宗南归之意。随后，英宗被送入南宫，开始了7年的幽禁生活。7年间，英宗未能踏出南宫半步。名为太上皇，实为囚徒。英宗被幽禁在南宫期间，景帝为了确保自己的地位，防止英宗复位，做了两件事。

一是景帝时时刻刻防备英宗复辟，对英宗严加看管。南宫大门常年紧闭，日常的饮食衣物都是从一个小窗户递送进去。为防止南宫与外面联络，纸笔极少供应。二是谋易太子。景帝登基之时，曾许诺将来传帝位于英宗的长子朱见濬（土木之变时3岁），并立其为太子。但是景帝即位没几年，就想换自己的长子为太子。从景泰三年（1452）四月，千户袁洪知道皇帝想换太子的心思，上"永固国本事"疏，请易太子。景帝十分高兴，下旨臣议。大臣们知事已至此，纷纷表示赞同，称"父有天下必传于子，此三代所以享国长久也"。景帝十分高兴，并于五月初二日，册立朱见济为太子，废英宗的长子朱见濬为沂王。

被软禁在南宫的英宗不仅被同胞兄弟占据了皇位，还被处处提防、严密监视，并且废了自己的太子，绝了后望。

景帝终于登上帝位，这一方面使他志满意得，另一方面，外患频仍，朝内政局一波三折，又使他寝食难安。最令他伤心的，还是太子见济的死，他又没有别的儿子可以继立。起初，皇后汪氏连生两胎，竟都是女儿，使他十分恼恨。后来妃子杭氏生了见济，他便将汪氏废去，立杭氏为后。景泰七年，杭氏又不幸病故。然而，更糟糕的是，在国事烦劳和后宫享乐的双重煎熬下，到景泰七年，景帝的身体状况每况愈下，积劳成疾，而且病势日渐沉重起来。

景泰八年正月，景帝病重，而皇位继承人尚未确定，内廷外朝均十分忧虑。十一日，群臣入宫探问病情，景帝的亲信太监兴安对众人说："诸位都是朝廷股肱之臣，不为社稷大计考虑，天天问安，徒劳无益。"一席话提醒众官考虑确立皇位继承人问题。

皇帝突然得了重病，建储问题又被摆上了朝堂。可众大臣意见并不统一，有的主张复立原来的太子沂王朱见深，有的主张立襄王。突然内宫传来景帝病体好转的消息，于是众大臣准备第二天上朝与景帝商议。但是景泰帝由于大病初愈，第二天早上起床后不久又睡着了。这一觉改变了朱祁钰的一生，也改变了大明王朝的命运，更改变了历史车轮的走向。

群臣没有等到景帝朱祁钰，于是相约明天早朝再来，谁知就在这天夜里，爆发了著名的"夺门之变"，幽居在南宫中的太上皇英宗复辟。次日，朱祁钰被废为亲王，软禁于西内，不久死于永安宫；他为自己营建的陵墓寿陵，被英宗下令拆毁。于谦、王文等重臣被杀，明朝历史上的景泰时期就这样结束了。

"夺门之变"是宫廷政变，它是如何引起的呢？主谋又是些什么人呢？

首先谋划英宗复位的是武清侯石亨。此人在北京保卫战期间立了一定功劳，掌握了部分兵权，爵封武清侯。景泰八年正月，景帝朱祁钰召石亨至病榻前，令他代行郊祀礼，石亨这人野心很大，在于谦掌握兵权的情况下，不免有不得志之感。这时。他看见景帝病势沉重，不觉动了谋取大功的念头。归后，他找亲信张轨、杨善及太监曹吉祥等商量：景帝的病一定好不起来了，现在上下官员都在策划拥立各自尊崇的人为新君，依我看，拥立沂王，不如拥太上皇复位，可以建立盖世之功。他这番话立刻得到赞同。于是，几个人去找英宗旧日亲信许彬。

在徐有贞的策划下，石亨等人分头做了一系列准备工作。首先，由张轨暗中将准备拥英宗复位之事通知南宫，以便英宗有所准备，同时，由太监曹吉祥、蒋冕等人将情况密报孙太后，很快得到孙的首肯。于是决定在十七日以前发动。

十六日晚，徐有贞知道今晚事在必举，为了鼓动人心，他爬上房顶，仰观天象，然后下来对众人说："时在今夕，不可失也。"于是，他与石亨、杨善等人拿出孙太后懿旨，调军向皇宫进发。当夜四更，曹吉祥等人打开长安门，石亨、张轨、徐有贞、杨善等率兵千余人闯入皇城。不等守城士兵有所反应，他们已将城门反锁，并将钥匙投入井中，以防外兵进入，然后直奔南宫。只见英宗一人独自从灯烛中走来，问："你们想干什么？"众人赶紧伏地齐答："请陛下即位。"英宗在众人扶持之下上了车，徐有贞又在前引路，向奉天殿而去。这夜,晴空朗朗,月明星稀,朱祁镇看清了跟前这几位主要人物,问道:"卿等是谁",徐有贞等赶忙各自报了姓名、官职。队伍出南宫不一会儿,就到了东华门。守门者远远看见有支队伍,喝令停止前进,这时,英宗朗声喝道:"朕太上皇也",守门者知是英宗,竟不敢阻挡,队伍顺利进入宫内,拥着朱祁镇至奉天殿,山呼万岁,钟鼓齐鸣。

这时已是正月十七日黎明,群臣正在朝房准备景帝早朝,很多人还在心里想着,今天这次早朝,建储问题肯定将要提出,免不了要有一番争论。忽闻钟鼓齐鸣,一会儿又见诸门大开,十分诧异。就见徐有贞跑来,大声呼喊:"太上皇已经复位了,快来叩贺。"众臣面面相觑,竟是无人敢于反对,稍稍迟疑,大家还是一齐来到奉天殿朝觐英宗,朱祁镇又亲自向大家宣布自己已经复位,今日正午,在奉天殿正式举行登基大典,群臣这才一齐跪下。山呼万岁。

这样,朱祁镇自"土木之变"后,在塞外和归后软禁于南宫,整整当了七年半时间的太上皇,终于重登大位了。这件事历史上称为"夺门之变",也叫"南宫复辟"。当时,宣谕将景泰八年改称天顺元年,英宗成为明史上唯一拥有两个年号的皇帝。据说,景帝在病榻上听说英宗复辟,只是连声说:"好!好!"

英宗复辟以后,首先紧急要办的便是两件事:严厉惩治那些景帝倚信的大臣,以及自己在南宫时曾建议迫害自己的人;同时对"夺门之功"大加奖掖。

根据徐有贞等建议,英宗在登基大典正式举行以前,就迫不及待地下令在朝班中将于谦和大学士王文拿下。因为,于谦在英宗被俘后首先提出"社稷为重,君为轻",又是他,带头拥立郕王为帝,并且在英宗被迎归时表示景帝之位不能变动,英宗对他早已恨之入骨。至于王文,他是景帝的重臣,而且反对过迎太上皇,所以同于谦一起下狱。

随后,升赏与杀罚交织进行,所有参与"夺门"的大小将领以至士兵,以及英宗在南宫时为之说过好话,一律大加升赏,封公封侯,加官晋爵。反之,则下狱的下狱,问斩的问斩,贬谪发配。在复位的第六天,谕令将于谦、王文午门问斩。大臣中内阁首辅陈循及江渊、俞士悦等分别谪戍或革职,景帝重臣为之一空。在内廷,凡在南宫服侍过太上皇的内侍均予升赏,而王诚、舒

良等为景帝出力的太监均被问斩,在内廷杀人竟比外廷还多。

有学者认为,"夺门之变"形式上是拥立一个皇帝,废除一个皇帝,但拥立的是老皇帝,废除的是新皇帝,因而事件背后就蕴含着深意。这起政变与景泰朝后期凶险的政治暗潮有关,也与景帝与于谦的特殊关系有关。石亨、徐有贞和曹吉祥等人发动夺门之变,并不是因为拥护英宗,最根本的原因是与于谦积怨已深,势难并立,为了一己之"私"起而倒谦。而要倒谦,必须先发动政变,废黜景帝。他们完全从私利出发,不顾国家社稷安全。而以社稷安危为己任的于谦对于身边同僚的内心毫不知情,没有任何提防,终被这帮小人所害,令人叹息。

代宗是被英宗杀害的吗

土木堡之变后,为了保住江山社稷,不受俘虏了明英宗的瓦剌人威胁,在皇太后的主持下,由英宗的弟弟郕王朱祁钰即位当了皇帝,即为明代宗,年号景泰,所以也被称为景泰帝,英宗则改称为太上皇。

朱祁钰正式登基称帝后,马上就面临着瓦剌大军兵临城下的威胁。面对内忧外困的局面,他接受了兵部侍郎于谦的建议,决定固守京城。他把于谦升为兵部尚书,让他负责一切抵御瓦剌侵袭的战斗准备。经过整个北京城居民的团结努力,终于打退了瓦剌的进攻,北京保卫战获得了辉煌的胜利。此后,景泰帝对内实行开明政治,广开言路,招纳贤士。当时黄河连年决口,许多沿河百姓都深受其害,景泰帝又采取轻徭薄赋的政策,减轻赋税,赈济灾民,并派出专门的官员疏通河道,修筑堤防,取得了治河的成功。经过了两年的整顿,国家开始出现稳定的局面。景泰帝尤其相信北京保卫战中的功臣于谦,朝廷的许多大事他都能听取于谦的正确意见,作出对国家有利的决定。就比如景泰帝从内心讲十分不情愿接英宗还朝,怕他会影响自己的统治地位。可是在于谦的几次劝说之下,他仍然以国家大义为重,接回了英宗。

景泰帝当皇帝的这几年着实做了一些好事,但是他也做错了一些事。影响最重大的事就是他废除了英宗原来立下的太子朱见深,而改立自己的儿子朱见济为太子。这对一个父亲来说并没有什么错,但是却带来了朝廷政治的不安定因素。他刚一提出这个想法,第一个反对他的人就是他的正宫皇后。他不顾多年的夫妻之情,废掉皇后,改立朱见济的生母杭贵妃为皇后。宫内的老太监们也都不同意,他就赏给每人五十两黄金,希望以此来堵住众人之口。朝中的大臣也都不同意,但是景泰帝仍旧一意孤行,谁敢反对就把谁革职拿问。最后他终于力排众议,把自己唯一的儿子立为了太子。但是他的儿子显然没有皇帝命,被立为太子仅一年就得病去世了。景泰帝没有办法,又不愿重新立英宗的儿子当太子,就只好让太子之位空着。他改立太子这件事在朝中引起了很大争论,几乎没有一个人赞成他的做法。这件事也最被身为太上皇的英宗记恨,时刻不忘夺回帝位。

景泰八年(1457年),久居南宫的英宗盼望已久的机会终于到来了。这时景泰帝身染重病,卧床不起。英宗勾结了宫中的太监曹吉祥和宫外掌管京师守卫工作的石亨发动政变,复辟成功,重新登上了皇帝的宝座。景泰帝一夜之间失去了帝位,被幽禁在西宫里,成了阶下囚,心中怒火难平,病得更重了。可是就是这样,英宗还是觉得不放心,只要景泰帝一天不死,他心里就一天不能得到安宁。他派人去告诉景泰帝,说他已经被废除了帝号,重新恢复他以前的称号。他想尽量刺激景泰帝,加重景泰帝的病,最好能很快地病死才好。可是没想到,景帝的病虽然没有好,但是也没有变坏,在太医的调理之下反而能够坐起身来吃些东西了。英宗见景泰帝似乎一时死不了的样子,心里总是觉得不舒服,总想杀死景泰帝以除后患。

一天早朝后,英宗找来他的一个亲信太监蒋安,小声地交代了一些话,就见蒋安心领神会地马上转身离去了。不久就传来消息说,景泰帝已经病重不治身亡了。英宗这才长长出了一口气,觉得这次终于能够安心坐稳皇位了。那么,景泰帝到底是如何死的呢?他真的是病死的还是被英宗派人所杀?

史书上对景泰帝的死因有两种说法。第一种就是有疾而终说。这种看法认为曹吉祥和石亨之所以敢于发动政变,就是因为这时景泰帝已经病重,眼看就要死了。他们为了讨好英宗,所以才帮助英宗复辟帝位。本来即使不发动政变,景泰帝死后因为没有太子,基本上也可以确定应该是由英宗复位的,他们的这种做法只是为了使英宗可以提前复位,而且从景泰七年

（1456 年）年底开始直至景泰帝去世，皇家的记录中关于景泰帝病重的记载多达 20 处。这些都可以说明景泰帝的病确实日益严重，最后终于不治身亡。这种记载本来已经使事情很明确了，让人起疑的却是英宗的奇怪态度和做法。

英宗对景泰帝的死十分避讳，禁止人谈论这件事。他还拆除了景泰帝生前已经建好的陵墓，改以王礼把景泰帝葬于京西的金山。有人记载，景泰帝下葬之前，被人穿上了沉重的靴子，两腿也被绑在一起。这又是为什么呢？据说这正是英宗命人如此做的。英宗很迷信，生怕景泰帝死后来找他，听说只要给死人穿上沉重的靴子，死人就走不动路了。英宗如果没有做亏心事，又怎么会如此害怕呢？所以关于景泰帝的死一直也存在着另一种说法，就是景泰帝是被英宗派人活活勒死的，这个杀人的凶手正是前文提到过的太监蒋安。英宗总怕景泰帝日后也像自己一样重新复辟，所以先下手为强，派人杀了景泰帝以除后患。

这种说法的证据是明代许多人的书中都十分避讳谈到景泰帝之死，即使有时谈到，也笼统地记载景泰帝"薨"，却从来没有人写出景泰帝因何而"薨"。这种史书中常用的曲笔手法是不是也说明了景泰帝之死另有内幕呢？人们不禁怀疑，英宗复位之初的实录中如此频繁地记载景泰帝病重、"有疾而终"的情况，是不是有欲盖弥彰之嫌呢？就是境外属国朝鲜国的历史文献上也清楚记载了"景泰帝之崩，为宦官蒋安以帛勒死"。这么看来，景泰帝之死应该是被英宗派人谋杀一说更为可靠，只是英宗在位时根本就没有人敢于揭露这个事实，而众多本应如实记载历史的史官也"为尊者讳"，不能也不敢直书其事罢了。

宪宗为何迷恋方术

明宪宗一生干过两件令人费解的事，一件是专情于肥胖的万贵妃，一件是专心于方术。宪宗是怎样迷恋上方术的呢？这里面有三个人起到了重要作用。

第一个是李孜省。李孜省是南昌人，以布政司吏待选京官。当时宪宗

中华宫廷秘史

正在喜好方术,不过还不算太变本加厉。李孜省为了得到宠幸,就学起了五雷法,并结交宦官梁芳等人,靠符箓得到了宪宗的欢心,终于在成化十五年(1479年)做到了太常寺丞,宪宗又赐给他金冠,法剑和两枚印章。李孜省尝到了甜头,更加献上淫邪之术,逐渐掌握了大权,开始在政治上为非作歹了。

李孜省当上大官后,不仅陷害忠臣,还积极为宪宗引荐方士之流人物,结果皇上周围充斥了大批因方术而得进的官员。邓常恩和赵玉芝都懂得方术,累升为太常寺卿。赵玉芝遭母丧时,皇上特赐祭葬,大治坟茔,所用制度超过了其等级。

顾玒靠着扶鸾术,累升到太常寺少卿,他的母亲去世时皇上赐祭葬,还赠给诰命。按惯例,任四品官不到三年的不给赠诰命和赐祭,皇上特许给他了。不久,顾玒升为本寺卿,他的两个儿子顾经和顾纶,也官任太常寺少卿。凌中因擅长书写,供事于文华殿,没几年便升为太常寺卿。也有偶尔因为法术不灵而遭贬的,不过毕竟是少数。有个叫李文昌的,所进的方术试验不灵,被杖打五十而斥还。岳州通判沈政以绘画技巧爬到太常寺少卿,请聚敛天下货财充于内府。皇上发怒了,把他投进监狱,杖打后贬到广西庆远府任通判,人们颇为快意。这些人和李孜省狼狈为奸,大大搅乱了成化朝的政治。

李孜省是在政治上捣乱,宪宗还没有认识到自己的错误。另一个人继晓则是亲手引导宪宗迷醉于方术之中。

继晓是江夏僧人。他以秘术通过梁芳得以进用,被授予僧录司左觉义,后升为右善世,被任命为通元翊教广善国师。他每天引诱宪宗作佛事,在西市建大永昌寺,逼迁民居数百家,耗费国库钱财数十万。员外郎林俊请求斩梁芳、继晓以谢天下,几乎受到严厉责备。继晓担心灾祸及身,请求归家养母,并请求空名度牒五百份,宪宗都听从了。

宪宗初即位时,即以道士孙道玉为真人。后来西番僧人扎巴坚参被封为万行庄严功德最胜智慧圆明能仁感应显国光教弘妙大悟法王西天至善金刚普济大智慧佛,他的徒弟扎实巴、锁南坚参、端竹也失都被封为国师,赐给诰命。他们的服食器用都比拟于王者,锦衣玉食者几乎有一千人。他们取荒冢中人骨的顶骨做念珠,骷髅作法碗。给事中魏元等人恳切劝谏,皇上不听。不久进封扎实巴为法王，班卓儿藏卜为国师，又封领占竹为万行清修真如自在广善普慧弘度妙应掌教翊国正觉大济法王西天圆智大慈悲佛，又封扎失藏卜、扎失坚参、乳奴班丹、锁南坚参、法领占五人为法王，其他被授予西天佛子、大国师、国师、禅师的不可胜计。道士被加以真人、高士之号的也充积于京师。大国师以上赐给金印，真人赐给玉冠、玉带、玉

明代金刚埵铃

珪、银章。继晓尤其奸猾，盗弄威权，他所奏请的事皇上立即依从。成化二十一年（1485年），言官极力论奏继晓之罪，皇上才将他勒令为民，但各番僧仍没有动及。

李孜省和继晓的进用都是得力于同一个人，就是宦官梁芳。梁芳与汪直同时，如果说汪直窃权乱政的话，梁芳则是个十足的败家子。他引诱宪宗大作佛事，起修寺庙，把国库钱财挥霍一空。有一次，宪宗视察内帑，看见历朝历代积累的七窖金银都用没了，就指着梁芳和另一个宦官韦兴说："浪费帑藏，就是因为你们两个人啊！"韦兴不敢回嘴，梁芳辩解说："修建显灵宫及各个祠庙，都是为陛下祈万年之福吗！"宪宗很不高兴地说："我不与你计较，但后来人会和你算这笔账的。"

宪宗的话一点也没说错，孝宗继位之后，听从大臣建议，废黜梁芳，李孜省死在狱中，又把继晓处死，做了件大快人心的事，可是浪费的钱财却再也回不来了，这都是明宪宗好方术带来的后果。宪宗实在难辞其咎。

宪宗是怎么死的

宪宗朱见深身体不错，但是也没能活到四十岁，他的死与他所宠爱的万

贵妃有很大关系。

有一天，宪宗视察内库，发现内库的金银都用光了，他就责备太监梁芳和韦兴，梁芳狡辩说为宪宗盖庙了。其实，宪宗心里有数，一点修建费并不多，主要是他们取悦万贵妃而日进财宝以及中饱私囊贪污了一大笔。因为里面涉及万贵妃，他就不好加以追究。但他生气地打断了梁芳的禀报，说："朕即使现在宽恕了你们，恐怕后人也不会饶恕你们，迟早总要找你们算账的！"宪宗的话使梁芳、韦兴面如土色，惶恐不安。

宪宗一走，梁芳和韦兴立即来到安喜宫找万贵妃禀报。梁芳、韦兴把宪宗视察府库的情况讲完后，梁芳有意蛊惑万贵妃说："皇上所说的后人，不就是指东宫太子吗？倘若将来东宫太子即了位，奴才遭殃不要紧，奴才担心的是贵妃会受到连累。"万贵妃听了不由地倒吸一口凉气，她联想太子朱祐樘对她的仇视，愈发感到事情的严重。自此后，万贵妃一反常态，再也不阻挠宪宗去召幸其他妃嫔了。反而对宪宗说："历来帝王多子嗣者，基业稳固，国家昌盛，否则就会国本不固、危机频致。请皇上溥恩泽广继嗣，以保国祚绵长。"并代宪宗下诏，广选民女，充实后宫。这正中宪宗下怀，此后，后宫频频传来皇子降生的消息。万贵妃自知已不能生子，此举是在无可奈何的情形下谋易太子朱祐樘而做的准备。

虽然宪宗的子嗣多了起来，但是万贵妃一时无法找到废太子的理由以及另立太子的合适人选。梁芳向她献计："皇上如今最钟爱兴王朱祐杬了，只因早已立了太子，不好再改变。贵妃虽然膝下无子，却可以将兴王养于贵妃宫中，再保荐兴王为太子以达到易储的目的。到那时兴王就会对贵妃感恩戴德，待您胜似生母，就可使贵妃无子而有子，照样执掌六宫，何至于受他人之气。"

万贵妃听了梁芳的妙计，连称是个好办法。于是万贵妃在宪宗面前说了一大堆东宫太子朱祐樘的坏话，要求废掉朱祐樘，另立知书识礼的兴王朱祐杬为太子。那些投靠万贵妃的佞幸之徒积极响应，纷纷向宪宗奏章上疏要求废易皇储。宪宗虽然很喜欢邵宸妃所生的皇四子兴王朱祐杬，但对太子朱祐樘却也并无恶意，从无易储的想法。可是向来少有主见的宪宗在万贵妃及其党羽的一再鼓噪下，看到万贵妃态度十分坚决，也就同意了。

宪宗准备易储的决定，遭到许多正直大臣的反对。司礼监大太监怀恩

据理谏争,宪宗恼羞成怒,在万贵妃的怂恿下,把怀恩斥居凤阳(今安徽凤阳)。眼看朱祐樘的太子之位就要保不住了,说来也巧,就在宪宗决计更立兴王为太子的时候,泰山地震的消息报至朝廷,人们传言是老天爷发出的警告。

宪宗一辈子都崇佛道、好方术,对这种自然现象发生所做的附会解释尤其笃信。他连忙到寺庙祈求上天原谅他的过失,并下旨说:"东宫太子之立乃天意,不可违背。任何人不得再提改易储位之事。"

改易太子不成,万贵妃无法咽下这口恶气,却又无可奈何。她知道有朝一日宪宗归天,太子即位,是不会饶恕她和她的家庭及她的党羽的。她变得心情低沉,郁郁不乐,嚣张之势有所收敛。

成化二十三年(1487年)正月十日,安喜宫传出万贵妃暴薨的消息。关于她的死因说法不一。有的说她是谋易太子失败畏罪于宫中自缢而死的,有的说她是突然病发死去的。也有记载说万贵妃身体肥胖,这天她用拂子殴打宫人,用力过猛,盛怒之下,被痰阻塞气绝而亡,卒年59岁。宪宗为了表示对万氏的哀悼,特意决定辍朝7日,按照皇后的葬礼,葬她于天寿山西南,赠她谥号为"恭肃端慎荣靖皇贵妃"。

万贵妃死后,宪宗终日郁郁不乐,还说:"万贵妃去了,我还活着干什么呢?"他说得很准,由于他终日愁闷,终于积郁成疾,还不满40岁的他竟因哀伤过度,一病不起,也于当年八月二十二日死去。历史上贵妃专宠不乏其人,但像明宪宗这样终生宠爱一个比自己长19岁的女子,还为她送了性命的事则是绝无仅有的。

明宪宗去世后,太子朱祐樘即位,史称明孝宗。历经磨难的明孝宗深知匡时纠弊的必要,即位之初就惩治了靠依附万贵妃而贪赃枉法的佞幸无耻之徒。许多大臣纷纷奏章列举万贵妃的残酷恶毒、性循环杀人害命以及其兄弟的骄横霸道。但孝宗仅据事实降了贵妃兄弟的职,降万喜都督同知为指挥使;降万通、万达都指挥同知为副千户,仅此而已,并未做过多处理。孝宗还下旨说,如果追究万贵妃的罪过,就会违背先帝的意愿,他不能做不孝之事,对于有关万贵妃的事情,不再予以追究。也算是万贵妃的福气,不然,孝宗追查起废立太子的阴谋来,万贵妃一家就没有好日子过了。

国学经典文库

中华宫廷秘史

宪宗"恋母情结"

天顺八年（1464）七月二十日，朱见深大婚。朱见深当时婚娶的吴氏，是由父亲朱祁镇选定的。但是，仅仅还不到一个月，吴皇后就被废。取而代之的是王氏，即后来的孝贞皇后。吴氏被废背后的缘由，一直为人所猜疑。一种说法是太监牛玉专恣，讨厌太监牛玉的人想借机夺去他的权柄，故挑动皇帝废后。皇帝自己的说法是吴皇后"举动轻佻，礼度率略"，且可能在册立时牛玉有舞弊的嫌疑。其实，"牛玉舞弊"的说法是不成立的。真正的原因是吴皇后得罪了皇帝宠爱的万氏。

万氏（1430－1487），小名贞儿，本是宪宗的祖母孙太后宫中的一名宫女，诸城人，父亲万贵是县城衙门中的一个小吏，后因犯法被贬戍边。贞儿4岁就选入宫中，长大后选往东宫服侍朱见深。万氏比朱见深年长17岁。朱见深18岁即位以前，就与万氏关系暧昧。万氏与另一个名叫褚五儿的宫女，同被派遣到太子宫中。不料朱见深又与她们亲昵狎近，耳鬓厮磨，打得火热。英宗这次知道后，把万贞儿和褚五儿都召来，每人杖打100大板，褚五儿当场被打死，万氏也被打得奄奄一息。朱见深非常痛心，找来最好的御医给万氏调伤，并用好言好语极力安慰。

朱见深做太子时，万氏虽比他大17岁，但二人情意缠绵、形影不离，凡大小事物，朱见深都听信万氏的决定。万氏虽然貌美聪颖，但为人奸佞，嫉妒猜疑、心狠手辣、阴险恶毒，都集于一身。宪宗朱见深一辈子对万氏都非常宠幸。成化一朝的内宫，基本上是万氏主宰着，进而影响了外廷的政治。朱见深眷恋大他如此多岁数的女人，而且纵容她在宫中横行几十年，两人结下了生死之缘，其原因确是难解之谜。

万氏为人机警，身材丰满，很会迎合皇帝的心意。据说每次皇帝游幸的时候，她总是穿着戎装，骑着马为前驱，或佩刀侍立左右。相比六宫粉黛的柔姿弱态，身着戎装的万氏自然给朱见深一种新鲜感。也许，这是万氏邀宠于朱见深的关键。

朱见深做了皇帝之后，本意是想立万氏为皇后，但宪宗和万氏二人，心里都清楚明白，万氏绝不是做皇后的人选。一则因万氏比宪宗大 17 岁，且英宗早已为儿子选好了三个候选人，最后吴氏册封为皇后。万氏平时横行后宫，无人敢惹，吴氏做了皇后，万氏早已妒火中烧，随时准备寻衅挑起事端。

吴皇后是京师顺天府人，比宪宗小一岁，吴氏"聪敏知书、巧能鼓琴"，仪态端庄，行动举止温文尔雅、落落大方，很得后宫上下的尊重。但是与宪宗举行大婚之后，她怎么也料想不到，竟会夜夜独守空帏。她不能理解宪宗的行为，宪宗由于过早地和万氏生活在一起，对万氏产生了一种无可替代的爱恋和依赖。尽管吴氏年轻漂亮，但宪宗却无法接受她，而且万氏阻止宪宗和皇后亲近。皇后竟遭此冷遇，受尽这般屈辱，心中确实极度悲哀。

而吴皇后的到来，使万氏的皇后梦彻底破灭，情感的压抑和妒嫉，使她产生了一种恶性的变态心理。万氏利用宪宗专宠自己的优势，在宪宗面前百般诋毁吴皇后。以至于变本加厉，步步紧逼。开始时指桑骂槐，后来索性对吴皇后肆无忌惮地大加辱骂。

吴皇后毕竟是六宫之主，母仪天下，竟遭一个无赖宫女的斥骂，愤怒中斥责了万氏几句，谁知万氏居然跳起脚来破口大骂。吴皇后再也按捺不住，命令身边的侍女将万氏按倒在地，杖打了一顿。

万氏长大后从未受过这样的委屈，添油加醋地把吴皇后责打自己的事告诉了宪宗，竟反咬一口，谎说吴皇后容不下她，要死要活地大闹了一番。

宪宗听完万氏的哭诉，深信不疑，他按捺不住内心的愤怒，把皇后传来，不问青红皂白，令宫人把皇后也责打了一顿。不想万氏仍不甘心，宪宗即向万氏发誓，要废掉吴皇后，立万氏为皇后。

万氏于是想出了一个阴险毒辣的计谋，把当初负责选后的太监牛玉打入锦衣卫大牢，用酷刑逼他作出假证，即接受了吴皇后之父吴俊的贿赂，谎称王氏身有瘢痕，吴氏才得以册封为皇后。宪宗得到了牛玉的假口供，立即禀报两宫太后，并提出废掉吴后，经过一番周折，终于达到罢黜吴皇后的目的。可怜吴氏刚刚做了一个月的皇后，就被废除而迁入西宫。从此，只能在寂寞悲苦中度过凄冷岁月。

吴皇后被废之后，宪宗极力在两宫太后面前推荐万氏，竟被二人一口回绝。宪宗虽对万氏情有独钟、爱恋至深，却也无可奈何。只好同意两宫太后

册立王氏为新皇后的决定。

王氏生于正统十四年,江苏江宁人,中军都督王镇之女。她温柔宽忍、淡雅宁静,且聪慧机敏,通晓情理。此时王氏年仅16岁,她因年龄尚小,阅历不深,对吴皇后被废的真正原因并不十分清楚。

王皇后表面上心如止水、不动声色,内心却异常悲痛。万氏深知"有嫡立嫡、无嫡立长"的祖制,如果王皇后生了皇子,或其他妃嫔生育王子,自己的美梦必然破灭。她利用在宫中专宠的地位,绞尽了脑汁,用尽了手腕,千方百计阻止宪宗召幸皇后和其他妃嫔。不仅如此,她还对已经怀孕的妃嫔强行堕胎。

王皇后深怕万氏的妒火烧到自己头上,当宪宗偶而要来召幸的时候,她却胆战心惊,每次都借口身体不爽而推脱过去。由于惧怕万氏,不敢与她争宠,虽然她的皇后地位得以保全,可怜她终其一生也未能给宪宗生下一男半女。

宪宗直到此时仍未生有皇子,私被他召幸的妃嫔宫女有了身孕,被万氏得知,即派心腹送去堕胎药。没有人敢违背旨意,必须吃下去,才不会遭受万氏的迫害。

成化二年正月十九日,37岁的万氏终于生下一子,宪宗大喜过望,立即册封万氏为贵妃,将盼望已久的这位长子封为太子。除在宫中大行庆贺,还派遣官员到全国名山大川专程祭祀,感谢天地,祈求上苍保佑皇子福寿永康。

万氏一人得道,全家鸡犬升天。父亲万贵,从前因犯罪被贬官,如今贵为皇亲国戚,被封为锦衣卫都指挥使。其兄万喜、万通均被封为指挥使,万喜后又进封为都指挥同知。弟弟万达封为指挥金事。

对这位寄于无限期望的皇长子,万氏更像爱护自己眼珠一般,精心呵护。也许是由于万氏作恶多端,报应不久便降临到她的头上,于同年十一月,这个太子还不到一岁,就因病一命呜呼了。

这使得宪宗痛不欲生,万氏更是伤心欲绝。万氏一直未再生育,但在后宫仍旧受宠如前,更加横行霸道。把宪宗牢牢地拴在自己身边,不让宪宗接近皇后和妃嫔,甚至安排自己的心腹太监梁芳等人,昼夜监视宪宗的行动。尽管如此,成化十二年十月,宪宗还是进封万氏为皇贵妃。

宪宗求子心切,心为所动。在英宗为他选择的三个皇后候选人中,有一位柏氏,宪宗暗中临幸了她,柏氏于成化五年四月,为宪宗生下一子。宪宗非常高兴,立即诏告天下,进封柏氏为贤妃,册立刚满月的小皇子为太子。万氏气得肝肺欲裂,又使用阴险恶毒的手段,派人先是害死了未满四个月的太子,接着柏妃也不明不白地死去。

一日,年近30岁的宪宗让太监张敏给自己梳理头发,他不胜哀叹地说:"朕将老矣,却至今尚无皇子!"张敏闻听此言,泣声奏曰:"圣上已有皇子,如今已经六岁了!"张敏方将此事的始末和盘托出。

七年前的一天,宪宗来到内藏库,管理内库的宫女纪氏出来迎驾。宪宗见她美色绝伦,又口齿伶俐,便在内藏库暗地将她私幸。成化六年七月三日,纪氏终于为皇帝生下一个皇子。这事被万氏侦知,万氏盛怒之下,召来太监张敏,命他立即把皇子溺死。张敏深知皇帝正为痛失爱子和柏贤妃而悲伤。至今尚无子嗣,自己怎能忍心再将皇上的亲骨肉毁灭掉呢?况且,手中的小皇子是关乎大明王朝的国本,如果一旦丧失己手,将是千古罪人!思前想后,他将皇子抱还给纪氏,并将母子转移到一处密室,偷偷地躲藏起来。

宪宗听完张敏的述说后,恍然大悟。当即派人前往西宫迎接皇子。纪氏见使者来临,又悲又喜。使者给小皇子穿上红袍,抱上小舆,抬到宪宗面前。宪宗把儿子抱到膝上,见他胎发长垂至地,悲喜交集,哭着说:"像朕,是朕的儿子!"第二天,宪宗颁诏天下,大臣们皆大欢喜,早朝一齐向宪宗道贺。宪宗命内阁起草诏书颁行天下,并封纪氏为淑妃,移居西内。大学士商辂仍担心这位皇子会重蹈皇太子祐极的覆辙,但又不敢明言,只说皇子国本攸系,让母子住在一起,便于照料养育。宪宗准奏,命纪淑妃携皇子居住永寿宫。宪宗还大胆地同其他妃嫔共枕,宫内的妃嫔稍稍放开了一点胆子,那些已经分娩的皇子,陆续报闻。宪宗亲自给儿子取名祐樘,这一天是成化十一年五月十五日。

万氏这时才如梦初醒,一人咬牙切齿,旦夕怨泣。到了忍无可忍的时候,她想出了毒辣的一招,就是将纪氏母子置于死地,先发制人。

六月二十七日这一天,纪淑妃在宪宗住处饮酒进宴,纪妃突感腹内剧痛,告病回宫。第二天,万氏派出御医给纪氏诊治,不多时纪妃就暴病身亡。宫里传说是万氏乘宪宗召见纪氏之机,暗地在酒中下毒,纪氏被毒害。又传闻万氏派出的御医又给纪氏下了毒药,故而医治无效,反倒致使纪氏迅速死去。其时距宪宗见到皇子只有 43 天。纪妃暴死,举朝震惊,群臣纷纷上疏,请求彻底调查纪妃暴死的真正原因,宪宗心里有鬼,明知此事与万氏有关,只好息事宁人,借口纪妃患急病而死。太监张敏知道万氏也不会轻饶了自己,与其被她害死,不如自己了断。可怜张敏忠义天下,最后竟吞金而亡。纪淑妃死后,被谥为"恭恪庄僖淑妃",埋葬在京西金山。

万贵妃还想除去眼中钉朱祐樘。可是她也不是那么容易下手的。周太后为了保护孙儿,命宪宗将朱祐樘交给她,放在仁寿宫抚养。不久,朱祐樘被册立为皇太子。一天万贵妃请祐樘到她宫里去玩,周太后知道她不安好心,叮嘱孙儿,去了之后不要吃任何东西。到了贵妃宫中,贵妃劝祐樘吃饼,桔樘回答说,已吃过饭了。贵妃又劝他吃羹汤,机灵的孩子反问她:"羹中有否置毒?"气得贵妃半晌说不出话来。"这么小的孩子就如此防备我、记恨我,长大后还不知会做出什么事来!"她觉得非下决心逼宪宗易储不可。

这以后,她一有机会,就要求宪宗废掉皇太子朱祐樘,诬称太子如何暴戾,如何矫擅,不如废去,另立邵宸妃的儿子兴王朱祐杬。宪宗初不肯答应,哪禁得贵妃一番柔语,继以娇啼。尽管此时万贵妃已年近六十,可宪宗对她又亲又怕,根本离不开她,怎敢不听从她呢?太监梁芳等人勾结万妃,大肆侵吞内府钱财,害怕将来太子即位后会惩治他们,也帮着万贵妃一起攻击太子。宪宗只得答应了。

第二天,宪宗找司礼太监怀恩商量,怀恩连连说不可,惹得宪宗很不高兴,竟把怀恩贬到凤阳去守皇陵。正想再召集群臣们商议废立之事,忽报东岳泰山发生地震,钦天监正据天象所测,说此兆应在东宫,宪宗以为废太子会惹怒天意,把易储之事就此搁起。这才保住了太子的地位。

宪宗对万氏宠爱有加,于是太监们,包括汪直在内,纷纷投靠在万氏门下,千方百计到民间搜刮珍宝美珠,献给万氏。有时还假托圣上的旨意,到全国各地采办,苛扰百姓。万氏对他们有求必应,使他们能得以青云直上,在朝中形成了很大势力。一些在各省的镇守太监,也都因朝中有人支持,职位居于总督和总兵之上,颐指气使、为非作歹,使得朝廷内外一片混乱。官员无能为力,人民无法生活,而宪宗都不闻不问,只顾和万氏享乐和挥霍。

成化六年,湖北又爆发了流民大起义,以李源、小王洪等人为首,自称太

明宫秘史

平王,活动在湖北、河南、陕西一带,前往投靠的流民达百万之众。朝廷派出20万大军前往镇压,李源等靠山据守,不幸由于山洪暴发,起义军惨遭失败,被斩杀者达两千之众,流民尸横遍野、白骨累累。

对于万贵妃屡次催逼易储,宪宗只是不睬。她费尽心机也无法动摇太子的地位,贵妃挟恨在胸,酿成肝疾,一次怒打宫女,因身体肥胖心脏负荷量大,加上怒气冲顶,竟一口气没有接上来而猝死。宪宗闻知万氏死去,悲痛欲绝,念及年幼时的一段情分,流着热泪说:"万妃一死,朕也活不久了!"他命礼部一切按照皇后的待遇办理丧葬,并辍朝七日,还给万氏加封了荣耀的谥号,葬在天寿山陵区内的苏山脚下。后世称其坟园为"万妃坟",这是十三陵陵园中的第一座妃子墓。

按照明朝的制度,只有皇帝和皇后死后才能葬于天寿山陵区,像万贵妃这样的妃子只能葬在西郊的金山。万贵妃很幸运,死在宪宗朱见深的前面。作为皇帝最宠爱的妃子,她被朱见深安葬在十三陵陵区。今天在定陵西南约2公里处的苏山脚下,有一占地约2万平方米的陵园,即是万贵妃墓。墓碑雕云凤纹,中间一"田"字,既表墓主"万"姓,且寄吉祥之意,真是宠尽于身后! 明末的沈德符曾感叹地说:"妇人以纤柔为主,万氏身体肥胖,与纤弱相反,而获异眷,就像杨玉环得宠于唐明皇一般!"

万贞儿以一个卑微的宫女,半老徐娘之身,为何能一举夺宠,宠冠后宫,做了20多年无名有实的皇后? 在明代,皇帝拥有多位妃子,但真正谈得上爱情关系的却很难得。皇帝的爱情等感情纠葛与家庭结构中的诸多矛盾也导致明代历史的许多戏剧性变化。如朱元璋和朱棣,对正宫皇后感情甚笃,因而在皇后去世之后再也不重立皇后。明宪宗与长他17岁的妃子万贞儿感情甚好,以至得到一生的宠幸,生了皇子后马上晋为贵妃,并且这宠幸不因万贞儿的胡作非为而衰减一分,仅说万妃具有风骚入骨的狐媚手段显然是解释不了的。

万贵妃死后仅八个多月后,宪宗也一病不起,于成化二十三年(公元1487年)八月二十二日去世,结束了自己昏庸淫靡的一生,死时年仅41岁,他迷信僧道、妖人,重用奸宦、佞臣,把天下搞得乌七八糟,朝政日趋腐败昏暗。有人说:宪宗当朝,纸糊三阁老,泥塑六尚书,朝政紊乱,甚至护不了儿子的生死。但从对一个女人持久的感情来说,算得上至情至终。

孝宗一妻(皇后)之谜

中国古代的皇帝,大都三宫六院,嫔妃成群,明代的皇帝尤其如此。但孝宗朱祐樘却例外。有人说,他可能是中国皇帝中唯一实行一夫一妻制的帝王。他的一生中只有一个皇后,而且没有其他的嫔妃。这究竟是什么原因呢?

孝宗皇后张氏,兴济(今河北沧州市)人。成化二十三年(1487)二月,张氏与时为皇太子的孝宗成婚。同年的九月,张氏被正式立为皇后。张皇后在弘治四年(1491)的九月二十四日生下了皇长子朱厚照,即后来的武宗。朱厚照一生下来,面貌非常清秀,孝宗对这个儿子非常疼爱,对于张皇后自然更是宠爱。皇帝、皇后像民间的夫妇一样,每天一同起居。这在封建皇帝的私人生活中,真是少见。

孝宗和皇后形影不离,恩爱有加的情形确实令人难以理解。学者分析可能有以下几种原因:

第一,孝宗幼年为避万贵妃的迫害,6岁以前一直是秘密养育于宫中的安乐堂内。他对于嫔妃之间的争宠吃醋以及随之而来的宫闱斗争,可谓体会深刻,有切肤之痛。所以,这可能是他不愿有过多嫔妃的一个原因。

第二,孝宗本人性格温和,又深受儒家思想的熏陶,对于男女之事没有特别强烈的兴趣,即不爱近女色。除了正宫孝康皇后张氏以外,很少接近宫中嫔妃宫女。历史记载,当时有个大学士万安,在宪宗在世时,曾经百般献媚于万贵妃,后来竟不顾自己大学士的身份,冒认为万贵妃的本家,并自认为子侄之辈,常常将一些奇珍献给万氏以固宠。万安还有一个办法,就是用房中术取媚于宪宗朱见深。他深知宪宗好色的本性,就在社会上广泛搜求,得了不少房中秘方。大约他所进献的这些秘术、药方颇见功效,宪宗常常夸赞他。孝宗即位后,万安为了保住自己在新天子跟前的地位,想把施之于父术转施于子。他亲自将多年搜集的房中秘术奇方工整地抄写成册,由小宦侍放在孝宗极易发现的地方。他想,这位新皇上既年轻,又适值新婚不久,对此一定会很有兴趣。孝宗果然很快发现了那本册子,只见字迹工整,装书

的小匣子也极精致,细阅一下,发现全都是一些不堪入目的房中术。出乎万安意料的是,孝宗对此深感不满,当他看见篇末"臣安进"三字,知道是万安所为,不禁怒起。后来,万安终于被免职了。此事也从另一个侧面说明孝宗对于女色,与明代诸帝确有不同之处。

孝宗之不近女色,大约也跟他的身体状况有关。他的母亲纪妃怀着他时,虽然以"得了怪病"为由骗过了万贵妃,但还是被逼着喝下了一些打胎的药,胎儿虽未打下,却也造成了很大影响。明孝宗一生下

明孝宗朱祐樘

来,头顶上就有一块地方没有头发,就是纪氏被迫喝了打胎药的结果。孝宗出世后,为了躲避万贵妃的耳目,一直深藏西苑的安乐堂中。纪氏奶水不足,太监张敏就用些粉饼一类的东西喂他。这样先天受损,又加上后天营养不足,使得明孝宗后来身体一直不够健康。但这只是根据常理的一种推测。

第三,张后本人的魅力对孝宗有足够的吸引力和约束力。史书上也有说孝宗与皇后张氏笃如民间夫妇,感情很好,似乎亦可能作为孝宗不近女色之一解。更有史家著作中说孝宗"为中宫所制",如此,则孝宗与其父如出一辙,也有个"惧内"的毛病。成化二十三年始成为太子妃的张氏,非但在同年孝宗即位后正式成为皇后,而且集专宠于一身,直到孝宗去世。

武宗是如何即位的

明武宗(1491-1521年)即朱厚照,孝宗长子,母亲为张皇后,弘治五年(1492年)武宗被立为皇太子。据说当年张皇后夜梦白龙入腹而后生下朱厚照,巧合的是武宗的生日也很特别。他的出生年月日时用干支表示正好是:辛亥年甲戌月丁酉日申时。按照时、日、月、年的顺序读恰好与地支中的"申、酉、戌、亥"的顺序巧合,在命理上被称为"贯如连珠",是大富大贵之

兆。

武宗是孝宗的嫡长子,在封建礼法社会中,像他这样的嫡长子是皇位的天然继承人。可以说武宗从一出生就注定了皇帝命。武宗出生后,孝宗十分高兴,给其取名为朱厚照,意思是希望他以后能照耀后世。五个月后,这位小皇子就被立为了皇太子,这位还不知世事的朱厚照对大明朝有着非凡的意义。由于孝宗和张皇后的感情非常好,所以孝宗一直没有选嫔妃,只有五个级别很低的夫人。孝宗一生只有张皇后所生的两个儿子,次子名为朱厚炜,生后不久就夭折了。这样,武宗就成为孝宗唯一的皇子,也就肩负起了传承大明王朝的重任,再加上武宗天生"粹质比冰玉,神采焕发",貌似太祖高皇帝,理所当然的成了孝宗掌心里的宝。朱厚照孩提时性情仁和宽厚,颇有帝王风范。从8岁开始,朱厚照便正式出阁读书,接受宫廷的严格教育。年少时的朱厚照聪明异常,老师当天所授之书次日他便能掩卷背诵。数月之间,他就将宫廷内的繁琐礼节铭记在心。孝宗和大臣们都相信,眼前的这位皇太子将是一代贤君。武宗生而好动,自幼酷爱骑射之术。由于孝宗一心想把他培养成为太祖高皇帝那样的旷世圣君,所以对武宗骑射嬉戏颇为纵容,这也就种下了武宗日后不想当皇帝而想当将军的祸根。

然而这位受到上天垂青的真命天子,却在相当一段时间里受到谣传的"身世隐情"的困扰。从武宗出生那一刻起,关于其生母非张皇后而另有其人的说法就不胫而走。

在民间还有个传说。因孝宗皇帝朱佑樘和张皇后成亲后感情甚笃,"宫中同卧起",其他六宫嫔妃都不能沾孝宗皇帝的一点儿恩泽。但结婚四年后,张皇后一直没有怀孕。这使得孝宗的祖母太皇太后周氏非常着急。于是,太皇太后在皇帝身边安排了两个美人郑氏、赵氏,明确告诉他这是为了让他能有儿子而特意选的。孝宗皇帝对太皇太后的美意不能推托,不得已,幸郑氏有娠,上不知也。太皇太后对此很高兴,可孝宗皇帝却一直感到很惭愧,觉得对不起张皇后。太皇太后说:"后诚以为子,诏天下世嫡,良善。"张皇后听从太皇太后的话,将郑氏郑金莲的儿子当成自己的儿子,这个孩子即后来的武宗朱厚照。所以按民间的说法,朱厚照其实不是张皇后的亲生儿子。明人沈德符曾在《万历野获编》中记录了这件事:"孝康皇后张氏擅宠,六宫俱不得进御。且自武宗生后,正位东宫,再觉蔚悼王薨后,更无支子。

明宫秘史

京师遂有浮言：太子非真中宫出者。时有武城尉军郑旺，有女人高通政家进内，因结内侍刘山宣言：其女今名郑金莲，现在圣慈仁寿太皇太后周氏宫中，实东宫生母也。"这件事情在弘治年间流传很广，后来连嘉靖皇帝都知道了。

至于武宗的生母究竟是谁，是张皇后还是别的宫女，明朝人曾经根据一些蛛丝马迹进行过细致的推测，但谁也没有提出什么令人信服的证据。不过武宗并非张皇后所生这件事的确流传甚广，就连武宗做了 14 年皇帝后，宁王造反时，发布的檄文中还说武宗不是张皇后亲生子，由此攻击武宗。好在武宗及时处死了郑旺这个妖言制造者，迅速平息了事端。

摆脱了身世困扰的朱厚照，终于以嫡长子的正宗皇家血统名正言顺地坐在高高的皇帝宝座上，明朝历史上一位荒淫透顶的皇帝开始了自己为期十几年的统治。

武宗的淫荡生活之谜

武宗是明代最荒淫好色的皇帝，在他的脑子里，没有什么伦理道德、法律规范的约束，他只知道凡是他喜欢的就都要占为己用。在贪图美色这一点上，他的大胆与开放恐怕是中国历史上任何一个皇帝都无法比拟的。

武宗登基的第二年就举行了大婚，册封了皇后和两个妃子。可是他却对这三位正位的妻子并不感兴趣，每天带着手下的太监侍卫到处游玩，玩到哪儿累了，就住在哪儿，一个月回到中宫或东西两宫的时候还不到四五回。据人们猜测，武宗可能并不喜欢以皇后为代表的呆板、端庄、贤淑的大家闺秀似的后宫嫔妃，他喜欢的是冶艳娇媚，多才多艺、放纵大胆的女人。

当武宗对他的后宫妻妾们彻底失去了兴趣以后，他在皇宫之外又建起了一座宏伟高大的宫殿建筑群作他的"新家"，并命名为"豹房"，并用尽一切手段搜罗美人充实他的"新家"。一天，武宗的一个亲信侍卫江彬悄悄向他报告说，后军都督府的右都督马昂，有一个美貌妖冶的妹妹，此时已经嫁给一个军官为妻，而且已经有了身孕。武宗知道了这个消息，淫心难耐，才不管美人是否嫁过人，是否怀了孕呢。他命身边的太监赶快去找这位美人马氏，把她带到自己的豹房新家中侍寝。马氏一到，武宗看的眼睛都直了，就见马氏身体柔弱如柳、丽质天生、千娇百媚,而且又善于骑射、深通音律、能说会道。武宗见状如获至宝,心中大喜,一时宠幸无人可比。马氏的家里人,不论年纪大小,每人都得到了一件武宗亲赐的蟒衣。马氏受宠,宫中最善于见风使舵的太监们纷纷跑去巴结马氏的哥哥马昂,还谄媚的称他为国舅。武宗还赐了一所巨大的宅第给马昂,又升了他的官,马昂一下子变的炙手可热,在京城中的权势无人能比。朝廷中的大臣们见到这种情况,接连不断地上奏折劝谏阻止,可武宗连看都不看一眼。不过,以美色事人的女人总有年老色衰的时候,君王的宠幸肯定不会长久。到了武宗正德十一年,马氏的受宠生活就走到了尽头。武宗因为宠爱马氏,爱屋及乌,把马昂也当作自己的家里人,常常带着几个侍卫,骑着马到马昂家里去喝酒。有一天,两人都喝的半醉了,武宗忽然提出要见马昂的爱妾。也不知马昂是不是因为特别喜欢这个美妾,不想让她被皇帝糟踏,他借口爱妾生病而婉言推辞,就是不愿让美妾出来服侍皇上。正在兴头的武宗大怒,挺身而起,一言不发地离开了,马昂心里非常害怕。果然在这之后,对马氏的宠幸日衰,马昂的得势也彻底结束了。少了一个尤物马氏,武宗又开始觉得非常无聊,不过,他的空虚很快就被另一个女人填满了,这就是刘美人。正德十二年,武宗又一次西巡大同,在偏头关稍作休息,又大索女乐于太原。在召至御前的一大批美女乐妓之中,武宗一眼就发现了刘美人的惊人美色,而且还发现她能歌善舞。武宗召她当场演奏,结果技惊当场,武宗大喜。细加询问之下,才知道这个刘美人是太原乐工刘良的女儿,后来嫁给了晋王府的乐工杨腾为妻。武宗巡幸完毕,又从榆林返回,仍对美人念念不忘,再次召见宠幸她,愈加觉得难舍难分,于是把她一起带回京师。从此,这位色技双绝的美妓就留在了武宗的身边,日夜相伴。武宗和刘美人日夜寻乐,畅快无比,武宗便称她为美人。后来,武宗辟西内腾禧殿,专供刘美人享用。腾禧殿覆盖黑琉璃瓦,俗称黑老婆殿。刘美人独宠专房,和武宗同饮食起居。武宗宠幸刘美人,对她言听计从。左右随从如果触怒了武宗,都要乞求刘美人救命,刘美人往往一笑而解之,众随从便视刘美人为救星,连武宗的心腹江彬等也俯首帖耳,见到刘美人马上顿首叩见,以母事奉,并尊呼为刘娘娘。后来,宁王朱宸濠反,武宗不顾群臣反对,决定亲自率兵去征讨。他先把刘美人移居通州,和她约定,武宗带兵先行,再派人返回来接刘美人随驾同行。临别之际,两个

人柔情蜜意，难舍难分，刘美人取下一簪，送给武宗，作为凭信，半娇半嗔的约定说，"见簪而后赴。"武宗将簪藏在衣中。但武宗在过卢沟桥时，纵马驰奔，簪子不幸失落。武宗吩咐近侍随从四处寻找，几天几夜，毫无踪影。

武宗驰奔临清州，遣中使宣召刘美人南行。中使传旨，刘美人不见信簪，辞谢说："不见簪，非信，不敢行。"武宗见美人心切，没有办法，便独自乘舸昼夜兼行，直奔张家湾，亲自迎接美人。刘美人这才和武宗一同南行。随驾而行的大小官员一早上起来发现皇帝不见了，谁也不知他返回京城去接刘美人，大家都急疯了，到处寻找。武宗却丝毫不知群臣为他如此焦急，返回临清的途中仍然优哉游哉，路上遇到湖广参议林文缵的船，还登舟而入，抢了一个他的美妾走。一行到达扬州，武宗常带数骑游猎扬州城西，并宿于上方寺。刘美人见武宗天天如此，兴致极浓，怕突遭不测，便进谏武宗，武宗于是终止。刘美人于是在扬州名声大噪，都称她为刘夫人。从上方寺到南京，武宗、刘美人所临幸的寺观锦绣，旌旗蔽日，梵贝夹册充盈。凡是武宗的一应赏赐，都写上："威武将军镇国总督及夫人刘氏。"

武宗如此任性妄往，不听劝谏，一心以玩乐为头等大事，结果在南征回程到了清江时，一个人独自划小舟游玩，不幸小船翻覆，武宗险些溺水而亡。岸上的人连忙争相来救，虽然侥幸捡回一条命，但从此身体极为虚弱，常常咯血，没有多久就一命归西了，死的时候只有三十一岁。

武宗因何而死

正德十四年，武宗刚从西北回来后，又酝酿着要南巡，去看一下江南的美丽风光，大臣们当然是极力阻止，但"天要灭曹，非人力能挡"。恰巧这时宁王朱宸濠在南昌起兵反叛，亲征平叛给了武宗一个南巡的名正言顺的借口。但他还不知此去将是他这一生中最后的出游了。十二月，武宗到了扬州，荒淫的本性再次发作。他先是大索美女，而且专要处女和寡妇。武宗身边的太监吴经在武宗之先到达，他先进行了仔细调查，并详细记录下了寡妇及每个处女的家庭住址。武宗到后，他们便在半夜带人手持火把，遍入各家，劫掠处女和寡妇。谁要是藏匿，他们便将房屋推倒，所以无一得脱，闹得

扬州夜半哭喊声远近震动。武宗当然不会放过扬州的名妓,他在扬州遍阅各楼妓女,使得扬州一时间连妇女化装用的胭脂花粉都价格飞涨。真是可叹,荒淫得连自己的身体都完全不顾了。到南京后,武宗按照老习惯先是游乐嬉戏一番,但是此时的武宗已经有些心绪不宁了,首先是在扬州这么一折腾,再加上十几年来过度纵欲,他终于感到了身体上的不适,在游南京时他采取了坐龙舟的方式。其次是,宁王朱宸濠的反叛,暴露出了自己平时的亲信与之有勾结,心里觉得不是滋味。再就是祭祀大典就要临近,一切都需要准备,流民起义又此起彼伏,所以他决定提前回京了。

　　正德十五年(1520年)8月12日,武宗从南京起驾回宫。回去时,由于身体不适仍旧坐龙舟,沿运河北上。经过在龙舟上的几天休息,武宗身体稍有好转,又开始游玩了。先是游瓜州,然后是镇江。25日,从镇江出发,于9月初到达了淮安的清江浦。这是一个以钓鱼和捕鱼而著称的风景区。武宗突然游性大发,不顾大臣劝告,坚决要泛舟于河上。意外就在这时发生了,这位天子正当兴高采烈时,小舟被他一不小心弄翻了,他也随船掉到了水中。虽然左右侍从立即将他救了上来,并解嘲说"龙狎水",但此时已是农历的9月,江北的天气已经转凉,在这样的天气中游泳的武宗一下子便受不了。这也主要是由于他长时间在女色中沉迷,身子已经是外强中干了。武宗就此一病不起,太医们虽然医术高明,此时已无回天之力了,但他们不敢将真实情况告诉武宗,口头上虽说皇上的身体没有大碍,心里都明白他们的首要任务就是用尽全力,将皇上维持到北京。此时的武宗其实也明白自己的状况,情绪有些急躁。这其实还有另一方面的原因,那就是他的后继问题。武宗虽然一生沉迷于女色,可以说是阅女无数,但是直到现在为止,十几年了,也没有任何子嗣。大臣们考虑到这方面的问题,都劝武宗从其他皇室宗亲那里过继一个皇子,等自己有了以后送回去。但是,武宗觉得自己正值年轻力壮,不可能会没有子嗣,而且这涉及他的隐私和面子的问题,就没有同意。武宗的心病更加重了他的病情。10月26日,武宗到达了通州,虽然这里离京城只有不到20里的路程,但皇帝决定在这里先设"行在",之后再回京。此时的武宗开始清醒了,通过这次南方之行,他了解到了自己统治期间的政治腐败,此时他担心北京的政局是否稳定。他先在这里召开会议,并进行了人事整顿,然后才返京。

明宫秘史

到达京城后,由于到了祭祀的季节,这种活动必须由皇帝亲自来主持,武宗勉强参加了。当他行跪拜礼时,伏地不起了,侍从把他扶起来时,发现皇帝已经吐了一大口血。礼仪半途终止,武宗被扶回了豹房。临死前的武宗所最烦恼的事就是让谁来继承他的王位。按照当

康陵

时的规矩,通常有两种方法,第一种就是从自己的兄弟中选一个,第二种是从自己的侄儿辈中选一个过继给自己,然后立为皇太子。武宗倾向于第二种,但这时他已经是心有余而力不足了。他被搁置在豹房中养病,张太后等贵族势力联合起来把持了朝廷的政务,为防止意外,切断了武宗同外界的联系,武宗只能在这里眼巴巴地等待命运的终结。正德十六年(1521 年)3 月的一天夜里,武宗突然病重,在豹房里离开了人世。

世宗是如何继位的

正德十六年(1521 年)四月十九日,荒淫的明武宗朱厚照在豹房去世,享年三十一岁。他一生嫔妃如云,美姬常拥,却没给自己留下一个后嗣。临死的时候,武宗感觉自己就这么去了,对不起列祖列宗,对身边的太监说:"朕的病治不好了,你把朕的意思告诉皇太后,天下承嗣的事情很重要,要她与阁臣好好商量着办吧。以前的事情都让朕给耽误了,与别人无关。"

武宗死后,他既无儿子又无兄弟,明王朝陷入了一个极为危险的大空位时期。究竟由谁来继承大统? 这给文武百官们出了一个大难题。内阁首辅杨廷和已经预料到皇帝死后随之而来的问题,并已做好迎接困难的计划。他在皇帝死前五天同皇太后张氏商量,依照《皇明祖训》,提出:"父死子继,兄终弟及,现在正德皇帝即将大行,没有子嗣,也没有兄弟。按照顺序,孝宗

皇帝的弟弟兴献王的儿子,宪宗的孙子,与吾皇的关系最近。应当由他继承大统。"杨廷和的建议得到了其他大臣和张太后的支持,他所选的兴献王朱厚熜是宪宗皇帝三子朱祐杭的独子、武宗皇帝的堂弟。明正德十四年(1519年),兴献王朱祐杭去世,朱厚熜袭封为兴献王,现在年仅十四岁。但是杨廷和隐瞒了《皇明祖训》中的一些内容,他并没有指出这条规定只适用于正妻的儿子,也没指出任何相反的解释都要受到砍头的惩罚。在明太祖的《皇明祖训》中规定皇帝诸王子正当行为的条款,文字原文如下;"凡朝廷无皇子,必兄终弟及,须立嫡母所生者。庶母所生,虽长不得立。若奸臣弃嫡立庶,庶者必当守分勿动,遣信报嫡之当立者,务以嫡临君位。朝廷应即斩奸臣。其三年朝觐,并如前代。"这段文字明显地指同母所生兄弟,而不是指异母兄弟或堂兄弟。杨廷和和张太后执意要把这个幼小的孩子推上皇位,是有他们的考虑的。

张太后之所以要选择朱厚熜,除了遵循了明朝初年规定的"立嫡以长不以贤,立子以贵不以长"的继承制度外,还是为了取得政治上的主动权,使自己可以以太皇太后的身份把持朝政。杨廷和则是想利用拥立新君的功劳,提高自己在朝廷中的地位和在皇帝面前的威望。但是,他们的这种打算能不能顺利实现,在新君即位以前的这段日子应该怎么应付等一系列问题,对他们来说,是一个严峻的考验。武宗身边得宠的大太监江彬以将军的身份统帅大量军队驻扎在京师,如果他乘机发动政变,后果不堪设想。其他的那些急于保持自己地位的有力人物,也不知道会作出什么事情来。杨廷和和张太后首先借用皇帝的名义颁布了一项诏令,命令皇帝年幼的堂弟朱厚熜缩短为他父亲服丧的时间,并承袭他的兴献王爵位。然后,又在张太后的支持下,戒严京师,以严密的计划剪除了江彬。皇帝死的当天,张太后颁布懿旨,指定朱厚熜为武宗皇帝的合法继承人。据说,在那天,兴献王朱厚熜曾对身边的太监说:"我昨天晚上梦到自己的头发全白了,是个什么征兆呢?"那个太监说:"王的头上添白,是皇,吉兆啊。说不定王爷您要成为天下之主了。"御史毛伯温在觐见他时也说;"我知道这几天,江汉一代星辰为什么这么明亮了。"没想到第二天,京师便传来谕旨,令朱厚熜马上进京,继承帝位。朱厚熜一看自己要当皇上了,乐得手舞足蹈,但是,他毕竟还只是一个孩子,对于当皇帝后的种种危机还是有点害怕,因而,从一开始就有点警觉。

临行前,朱厚熜与自己的母亲蒋氏拜别,蒋氏语重心长地叮嘱他说:"我儿此次进京,入承大统,责任重大,但也不是一帆风顺,你要事事小心,不要随意说话。"朱厚熜辞别了自己的母亲,拜祭了自己的父亲后,在护卫的严密保护下前往京城。为防止有不轨之徒作乱加害,他们的行动做了严密的保密措施。沿途辞谢一切藩王的食物供奉,所行路线由内阁亲自制定。一行人昼夜兼程,用了十几天赶到京城。

但是,朱厚熜见内阁制定的继位程序是要他以皇太子的身份继承皇位,十分生气。说:"遗诏上说要我继承皇帝的位子,但没说要我当皇太子啊。我是先皇的堂弟,怎么能够以皇太子的身份继位呢?"朱厚熜坚决不入城,而是住在京郊,让内阁重新修改继位大礼,才肯入城。内阁想要朱厚熜先由东华门入居文华殿,然后择日登基,朱厚熜坚决不同意,一定要解决了即位的仪式问题才肯进城。杨廷和和张太后万万没有想到一个十四五岁的孩子会如此有心计。皇位问题一天不解决,就多一份危机,容不得拖延时日。后来,张太后和杨廷和没有办法,只好同意朱厚熜的要求,选良辰吉日,由大明门入城,派官员祭告宗庙,然后再去拜谒武宗的灵位,最后到奉天殿,举行继位大典。朱厚熜在和大学士们的较量中获得了胜利,这一场胜利也开始确立他的威信。朱厚熜即位,是为明世宗,年号嘉靖,改下一年为嘉靖元年(1522 年),嘉靖二字取《尚书·无逸》中的"嘉靖殷邦,至于大小,无时或怨。"是安定祥和的意思。明世宗之所以起这个年号,一方面是为了摆脱孝宗的阴影,另一方面是为了显示他励精图治的决心。

嘉靖即位后,诛杀佞臣江彬等,发布诏书,大赦天下,对正德先朝的弊政进行大胆改革,使朝政为之一新,得到朝中诸臣和天下百姓的赞许。

嘉靖朝"大礼议"内幕

明武宗(正德皇帝)一生荒唐放荡,31 岁时即早早病逝,并未留下任何子嗣。按明代"兄终弟继"祖制,武宗的堂弟朱厚熜便成为首选对象,而朱厚熜的父亲兴献王即孝宗(武宗生父)的亲弟弟。

朝廷不能一日无主,由谁来继承帝位,入主大统就成为朝廷一桩非常重大的事件。张太后命阁臣提议继位人选。内阁首辅大学士杨廷和，是官僚士大夫的代表人物。他是成化十四年进士，历任成化、弘治、正德、嘉靖四朝大臣，由于武宗在位时，他对武宗的种种倒行逆施，每每直言进谏，故在朝臣中颇有声誉。杨廷和首先提出立藩王世子朱厚熜为继位新帝。

朱厚熜是宪宗的第四子朱祐杬的长子，朱祐杬是孝宗朱祐樘的胞弟。朱祐杬于成化二十三年封为兴王，藩地在湖北安陆州。正德十四年朱祐杬去世，谥号献，故又称兴献王。朱厚熜是武宗朱厚照的堂弟。无疑是皇位的合法继承人。杨廷和提出："兄终弟及，谁能渎焉？兴献王长子、宪宗之孙、孝宗之从子、大行皇帝之从弟，按序厚熜当之。"

杨廷和的提议，得到内阁的赞同后，启奏皇太后，张氏听后非常满意，因为正合自己的想法。当时朱厚熜只有 14 岁，一个少年顽童，想必不难驾驭，张氏便积极支持他入继大统。

朱厚熜做梦也不会想到，自己小小的年纪，居然不费吹灰之力，便登上了皇帝的宝座，他于正德十六年的三月，在湖北小城安陆，自己的封藩之地，兴奋地告别了汉水江边的故土，来到了北京的皇宫，成为明朝第十一位皇帝。

然而未能料到事与愿违。朱厚熜是一个个性极强，不是任人随意摆布的少年天子。后来发生的一连串事件，也明显看出，他要大权独揽，绝不会做傀儡。由于他是从旁系入继大统，与朝中以张太后为首的皇室勋臣等产生了不可调和的矛盾。当时这种矛盾发生的重要事件就是"大礼议"。

所谓"大礼议"，是朝廷关于世宗（嘉靖皇帝）生父、兴献王的称呼与地位的一场争论。事情是从争议世宗的父亲兴献王应称皇考，还是称武宗的父亲孝宗为皇考而开始的。这个在今天看来毫无意义的尊称问题，而在封建社会却是十分重大的伦理道德的大事，由此而发生了一场旷日持久的斗争。史称这次为了名分问题，君臣相争的事件为"大礼仪"事件，是明嘉靖朝发生的影响巨大的历史事件。

事件的发生是由世宗本人挑起的，他的本意是要尊奉自己的生父。为了给死去的父亲一个至高的封号，于是在他登基后不久，便下诏书命礼部大臣商议兴献王的祭典仪式和尊称问题。不料朝臣的意见发生了分歧，"大礼仪"之争由此开始。"大礼仪"事件分为两派，拥护世宗称自己的父亲为皇

考的一派,称为"议礼派";另一部分朝臣反对世宗称兴献王为皇考,而极力主张称孝宗为皇考,这一派为"护礼派"。

正德十六年五月七日,礼部尚书毛澄在大学士杨廷和的支持下,召集文武大臣商议此事。杨廷和是"护礼派"的代表人物,以杨廷和为首的一些大臣认为,新皇帝应该把他的伯父母(即孝宗夫妇)当作自己的父母对待,而把亲生父母当作叔婶对待。世宗应称孝宗为皇考("皇考"是皇帝亡父的专称),理由是因武宗无子,遵照"兄终弟及"的祖制,世宗才即帝位,故而应称自己的生父兴献王为皇叔父。共有60多位大臣赞同杨廷和的建议,给世宗上疏:"称孝宗为皇考,兴献王及妃为皇叔父母,祭告上笺,称侄署名。"

这种改变父母的建议,世宗当然不能接受,气愤地说:"父母名称,可这般互易么?"立即下诏命令再议。于是也有一些大臣认为,新皇帝从未过继或被立为太子,因此皇族继承原则并不适用于嘉靖皇帝。一时间,两种观点在朝廷中争辩不已,相持不下,仪礼之争的矛盾异常激烈。世宗因群臣大多反对,再加上自己的皇位尚不巩固,只好暂时搁下。

而使事件发生变化的是世宗的母亲蒋氏。大约四个月后,蒋氏自安陆来京,当她听说自己将被当作皇妃而不是太后受到迎接,儿子嘉靖被迫要称她为叔母,于是拒绝进入京城,并要立刻返回封地安陆。她对陪同的朝使说:"你们受职为官,父母都得到封赐,而我的儿子做了皇帝,却成了别人的儿子,我还进京去做什么?"世宗闻报后,涕泪横流,他向太后提出避位,和母亲一道返回安陆。张太后无奈,不得不接受礼部尚书毛澄提出的妥协办法,发布一道懿旨,给予皇帝的父亲、母亲和祖母以帝、后的称号,这时她才同意进入京城。但是,张太后仍旧把皇帝的母亲当作皇妃看待,用皇妃的礼节接待她。

"护礼派"又一次以失败告终,但杨廷和并没有就此罢休。他利用手中的职权,授意吏部,把迎合世宗想法的观政进士张璁,调任南京刑部主事,又把赞同自己意见"兴献王不宜称考"的一批官员,安排到吏部和工部任职。

有学者认为,明代"大礼议"争论的焦点是辨别"统"(王朝世系的合法继承)和"嗣"(家族惯例的血统继承或过继继承)的区别。由于明代皇族继承已经因一系列的叛逆和篡位被弄得很零乱,一些大臣担忧,嘉靖皇帝谋求创立的礼仪将开危险的先例,即允许在皇室合法的顺序中建立一个旁支,这将影响皇帝世系的稳定性。所以，以大臣杨廷和为代表的文官坚持继统兼继嗣的观点，认为嘉靖应该以孝宗为"皇考"。但嘉靖又是兴献王的独生子，如果过继给孝宗，岂非绝了兴献王之嗣？何况让嘉靖绝己父之嗣而为他人之子，在心理上很难接受。所以当礼部告知其廷议结果为"以孝宗为考，兴献王及妃为皇叔父母"时，嘉靖立即表示不能接受。

张璁

也有人认为，"大礼议"之争的结果是专制皇权的复兴。这场争论对明代统治集团影响甚大，因为牵涉到封建皇室和家族继承原则以及统治集团内部的权力争夺，也因此一直为历史学者所关注。

有学者认为，"大礼议"之争实际上是首辅杨廷和为了巩固自己在朝廷中的权力、排斥异己的契机。嘉靖皇帝曾因杨廷和的专横而苦恼，1521 年 6 月，在殿试时，他出了一道追荣本生父母的文章题目，目的是想寻求支持他的观点。但是，没有一个考生敢于反驳大学士们的主张。在此后几个月中，礼部三次呈递有关大礼的建议，皇帝每次都反对。1522 年 2 月，嘉靖皇帝祭天的那天，皇帝母亲居住的宫殿中发生了一场原因不明的火灾，杨廷和认为这是祖先不满于祭祀的安排，尤其是不满于新的称号的明显征兆，乘机向嘉靖帝提出撤销他父母的帝、后称号，这引起了嘉靖帝的不满。

嘉靖因何去世

嘉靖四十五年(1566 年)十二月十四日正午，嘉靖皇帝被侍臣们从西苑抬回乾清宫，还没到晚上，便龙驭归天了。嘉靖皇帝自从壬寅宫变之后，再也不敢住在乾清宫，而是搬到西苑的永寿宫去住，这一住就是二十九年，中间除了俺答汗骑兵围困北京时回过一次宫城外，直到临死才再次回到乾清

宫。对于嘉靖皇帝的死因,自古至今人们一直争论不休。嘉靖皇帝一生崇信道教,为达到长生不老的目的,他整天沉迷于修道炼丹和研究房中术的事务之中,一生中服食的各种各样的丹药难以计数。他早期宠信的龙虎山道士邵元节死后,又宠信邵元节举荐来的道士陶仲文。陶仲文最擅长的就是房中术和炼制丹药,在他的引导之下,嘉靖帝开始在这方面进行长期的修炼。从嘉靖十九年(1540年)开始,嘉靖帝几乎全力以赴地修炼他的仙丹。移居西苑之后,嘉靖皇帝非但丝毫没有收敛,反而更加执迷于此,宣布不问政事,专心炼丹。陶仲文是主张炼丹内服以求长生不老的道士,尤其重视炼丹和服食人工炼制的"金丹大药"。陶仲文为了取得嘉靖皇帝宠信,他首先就是抓住嘉靖皇帝追求长生不老的心理,向嘉靖进献用朱砂等矿物质炼成的"元性纯红丹",并把这种丹药的服食同房中术联系起来。据英国著名的中国科技史家李约瑟说,明代道士所炼的红丸里面含有一种叫秋石的东西。据说秋石是用童男、童女尿炼制而成。实际上是从大量的人尿中提取了一部分性激素,使得红丸具有了相当于春药的功能。但是,由于这种红丸制作的过程中加入了大量的朱砂,从而使它含有高浓度的四氧化铅和天然的三氧化砷,这些物质在一定程度上可以提高性欲,并使人感到轻松和强壮,但是长时期服用则会造成慢性砷汞中毒。嘉靖为了追求长生不老和支撑他荒淫的后宫生活,大量服用这类所谓的仙丹,结果使得体内的毒素越来越多。

明世宗晚年由于长期服食丹药,弄得体弱多病,喜怒无常,经常莫名其妙地大发脾气。世宗越是如此,就越害怕死,对长生之术的追求也就更加疯狂。陶仲文死后,嘉靖为了寻求更为有效的秘方仙术,命御史王大任、姜敬等人巡行天下,访求方士秘术。在他们的引荐下四方术士纷纷入朝录用,还争相进献"仙书"。有个叫胡大顺的道士为了邀功,便伪造了一本《万寿金书》,欺骗嘉靖说是吕洞宾上仙所作,还称吕祖师爷传授给他三元大丹,吃了之后可以长生不老。其实,这些丹药都是用水银加上朱砂等物质炼制而成,含有大量的汞。嘉靖服食了之后,感觉浑身燥热,汗不能发,病情日渐加重。这些道士们还说这是上仙的长生秘术,皇上应该潜心修炼,并鼓动世宗加封自己封号,俨然一个已经成仙升天的道家神仙。

对道家的崇信并没有给世宗带来长生不老,反而使他的身体越来越坏,到了嘉靖四十五年(1566年)十月便已经卧床不起了。世宗感觉胸中烦闷,火不能发,还时常口吐白沫。御医们以人乳进呈皇帝服食,也没有效用,这时竟然还有道士进献用黑铅炼成的"先天王粉丸"。世宗在床上躺了一个多月,到十二月十四日的傍晚便归西了。根据史书记载的嘉靖死前病状为脸色灰暗,四肢麻木,性情暴躁,喜怒无常等特征,他正是因为长期服用这类含有朱砂水银的"仙丹",而造成了慢性砷汞中毒导致死亡。

世宗因为长期服用仙丹中毒而死,享年六十岁。谥钦天履道英毅圣神宣文广武洪仁大孝肃皇帝,庙号世宗,葬于永陵。徐阶等人认为道士王金等人向世宗进献仙丹,造成世宗中毒而死,要将他们下狱治罪。继位的穆宗朱载垕不想让世宗留下一个暴病而死的名声,不让徐阶等人继续追查,对徐阶等人说:"先皇享年六十岁,在位四十五年,已是龙中稀有,驾鹤西行纯属正常。你们就不要再查了,以免有碍先皇厚名。"

明世宗一生崇道,不问世事,使得大明王朝一步步地走向衰亡。所谓千秋功与过,留与后人评。明世宗一生中有一大半的时间都深居后宫,不问朝政,能获得一个"中材之主"的称号也算是不错了。

穆宗是如何继位的

嘉靖四十五年(1566年)十二月,明世宗嘉靖皇帝病死,裕王朱载垕继承皇位,第二年改年号为"隆庆",所以朱载垕又被人称为隆庆皇帝。

朱载垕生于嘉靖十六年(1537年),是嘉靖皇帝的第三个儿子。因为生母杜康妃失宠,他又不是皇长子,并没得到嘉靖皇帝的喜爱。本来,嘉靖皇帝所立的皇太子并不是他,而是他的哥哥皇二子朱载壑。嘉靖十七年(1538年),明世宗诏封只有四岁的朱载壑为皇太子,同时诏封皇三子朱载垕为裕王,皇四子朱载圳为景王。据说,在立皇太子的过程中还发生过一个小插曲,由于他们兄弟三人是同日受封,负责送诏的太监误将册封皇太子的诏书送到了裕王府。这个小插曲后来也经常被人作为裕王当为真命天子的征兆之一。明世宗册立的皇太子朱载壑据说生而灵异,为人谦恭,世宗十分喜欢他,对他精心培养,以备将来继承自己的皇位。谁知这位深得世宗宠爱的皇太子只活了十四岁,便英年早夭。太子死后,皇储问题成了朝臣们关注的一

个焦点问题。按照明朝"立嫡以长不以贤,立子以贵不以长"的继承制度,皇三子裕王朱载垕应当立为太子。但是,世宗皇帝更宠爱皇四子景王朱载圳,一心想立他做太子又怕招致大臣们的反对,便借口道家神仙的言论,说"二龙不可相见",立太子不吉利。群臣们也不好说什么,立太子的事情就被无限期的搁置起来。

到了嘉靖三十一年(1553年),年满十六岁的裕王朱载垕要举行冠礼,并选妃成婚,以表示长大成人。按照明朝的制度,太子同亲王的加冠礼,在礼仪制度方面是有很大区别的。庄敬太子去世以后,按序当立裕王朱载垕为皇太子,但是,嘉靖皇帝另有考虑,坚决不立太子,并下诏说:"二王同体,当各以本礼举行婚冠。其以三月举行冠礼,选婚敕行,并在封国修建府邸。不许违慢。"大臣们没有办法,只好按照皇上的旨意办事。这年三月景王同裕王一同举行加冠礼,并命他们出阁读书。裕王朱载垕出居裕王邸,开始了独立生活。世宗选任翰林院编修高拱为裕王府的讲官,负责辅导裕王读书。朱载垕在裕王邸十二年的生活,使他较多地接触到了社会生活的真实面目,了解到了明王朝的各种矛盾和危机,特别是严嵩专政,朝纲颓废,官吏腐败,"南倭北虏"之患,民不聊生之苦。

在这十二年间,朱载垕几乎每天都在战战兢兢中度过。她的生母杜康妃在世宗皇帝面前失宠,皇四子景王的母亲却很受嘉靖皇帝的喜爱。在封建王朝的后宫中,往往是母因子贵,那只是新皇帝即位之后的事情。其实,皇帝在诸多儿子中选择皇太子的时候,往往是子因母贵。老皇帝除了考虑祖制的继承制度,皇子们的长幼顺序外,往往还会考虑皇子生母的身份。许多皇子会因为母亲得宠于

明·隆庆青花鱼藻盘

皇帝而被立为皇太子。这种事情在明朝历史中并不少见。裕王的担心并不是没有道理,嘉靖皇帝之所以迟迟不立太子,就是有这方面的考虑。他想等待时机打破长幼继立的制度,立皇四子景王为自己的皇位继承者。在嘉靖

朝,得宠的内阁首辅严嵩对裕王也有看法,甚至连裕王每年应该得到的岁赐也不发给他。严嵩对朱载垕十分不放心,有一次,他对裕王府的侍讲官说:"我最近听说裕王殿下对下官有些看法。是因为什么啊?"裕王知道了这件事情之后非常害怕。因为在严嵩当权的时代,嘉靖皇帝几乎事事都听他的,满朝文武大多也都是严嵩的爪牙。严嵩如果想废掉自己的王位,甚至蓄意嫁祸,都是易如反掌。裕王急忙让侍讲官陈以勤带着一千两银子给严嵩送礼,并对严嵩说:"皇上似乎从一开始给皇子们起名字的时候,就预见到后世了。他给裕王殿下起名为'垕';后土也,乃是土地之主,说明皇上心中是想让裕王殿下作天下之主啊。殿下还常说,当朝唯有严阁老才能算得上一个经天纬地的社稷之才。如果他能在皇上身后入承大统,一定不会忘记阁老的提携之功。"裕王讨好严嵩,才打消了严嵩对自己的偏见,保住了裕王的位子。后来严嵩多次在皇帝面前替朱载垕美言,终于使嘉靖皇帝改变了原来的想法。嘉靖三十二年(1553年)九月,嘉靖颁旨,令裕王成婚之后,留京府邸就读,景王离京就藩。诏令虽然下了,景王却迟迟不离京,皇帝也不催责,这说明在皇位问题上世宗仍然是犹豫不决。这年十二月,严嵩对世宗提起立太子的事情,惹得世宗大发脾气,狠狠地说:"今后谁再提立太子的事情,立即处死。"大臣们不敢再提此事。到了嘉靖三十九年(1560年),左春坊左中允郭希颜再次上书嘉靖皇上,说皇储问题关系到国家根本,皇上应该马上令景王离京就藩,并册封裕王为皇太子。嘉靖听了之后大怒,把郭希颜处以死刑。郭希颜的死却使得立太子的问题再次成为大臣们讨论的焦点,嘉靖迫于群臣的压力,只好令二子同时就国。

事情在嘉靖四十四年(1565年)获得了根本解决。景王朱载圳突然在封地暴病身亡,嘉靖就只剩下裕王朱载垕这么一个儿子,皇位也非他莫属了。但是,由于嘉靖皇帝深信道家"二龙不可相见"谶言,坚持不立太子,也不让裕王回京。一直到了嘉靖四十五年(1566年)十二月,嘉靖皇帝病死之后,朱载垕才奉遗诏从封国回京继承大统,并于第二年改年号为"隆庆"。

穆宗朝中的首辅之争

明代内阁中的首辅具有拟旨的特权,品位尊崇,可以经常接近皇帝和裁决机宜,相当于一朝的宰相,因而内阁首辅一职成了阁臣们竞相追逐的目标。明朝一代,阁臣之间为争夺首辅的位子,相互拉帮结派,纷争不休。先是嘉靖朝夏言与严嵩争权,夏言身死,严嵩当权,后来,徐阶又扳倒严嵩,取而代之。

明穆宗即位之后,实行无为而治,将朝中事务完全交付给大臣们处理,自己则深居后宫,肆意淫乐。穆宗对朝政的放手,加剧了朝臣之间的倾轧。

徐阶是前朝旧臣,官居内阁首辅。在嘉靖末年他扳倒专权乱政的首辅严嵩,力革弊政,宽政轻刑,提拔任用正直之士。他十分受嘉靖皇帝的器重,嘉靖死后,是由徐阶负责起草遗诏,因而,徐阶的声望一直很高。

高拱出身于官宦世家,从小便性格高傲,目中无人。嘉靖二十一年(1542年)他考中进士,后来被授予翰林院编修。到了嘉靖三十一年(1552年),裕王朱载垕开邸就学,高拱被选为裕王府的侍讲官。当时,裕王同景王争做皇储,朝廷上下,争论不休。高拱在裕王府中,多次为他出谋划策,为了帮助裕王取得太子之位,多方调护,裕王对他十分感激,引为心腹之臣,同高拱之间的关系十分亲密。当时,正值严嵩专权,朝中官员对他都是退让三分,高拱却丝毫不在意。有一次他甚至用"大鸡昂然来,小鸡悚而待"的诗句,来取笑严嵩的傲慢。后来高拱离开了王府,但是每当裕王遇到事情的时候,仍然派人去请教高拱。景王去世之后,裕王入承大统已成定局,高拱与裕王的亲密关系,使得朝中的官员都争相结纳他。

后来,徐阶继严嵩之后担任内阁首辅,对高拱也赏识,有意提拔维护。嘉靖四十年(1562年),高拱奉命主持科举考试,但是,因为所出的题目中有字触犯了嘉靖皇帝的忌讳,嘉靖以为高拱有意影射他,十分生气,想要把高拱罢官为民,幸亏首辅徐阶出面替高拱辩解,才保住了他的官位。嘉靖四十五年(1566年),徐阶又举荐高拱为礼部尚书兼内阁大学士。但是,高拱性格高傲,看不起徐阶,认为他举荐自己只是为了逢迎将来注定要作皇上的裕王,对徐阶的举荐并不感恩。

高拱为人高傲,十分自负。他进入内阁,发誓一定要一展才华。当时嘉靖皇帝在西苑召见内阁大臣,大臣们都争相前往,把内阁应该处理的事情都耽误了。嘉靖说,你们应该轮流留下一个人在内阁办公才行。徐阶等人为了能够接近皇上,都不愿留下。没想到刚刚入阁不久的高拱却站出来说:

"你们是朝中的元老了，就不用值班了。我与李春芳、郭朴三个人轮流来值就行了。"当时，徐阶在嘉靖的面前十分受宠，朝中的大臣们对他都十分恭敬，就连同他一块入阁的李春芳，在他面前都是唯唯诺诺，恭敬得像个下人一般，不敢随便说话。高拱刚刚入阁，便用话来激徐阶，这使徐阶很不高兴。两个人之间渐渐有了芥蒂。

后来，又发生了一件事，使两个人之间的矛盾逐步激化。这件事情源于吏科给事中胡应嘉奏劾高拱一案。嘉靖末年，高拱因为年过半百仍然没有一个儿子，非常焦虑，就把家搬到了西华门附近，这样他就可以经常偷偷回家与妻妾团聚。有一天，高拱听说皇上病危，他没来得及核实，就急忙把自己班房内的东西都搬了回去。给事中胡应嘉知道了这件事情之后，立即上书弹劾他咒君之罪。高拱听了之后很害怕，幸亏嘉靖皇帝病重，没有机会再追究此事。高拱逃过一劫。高拱以为胡应嘉同徐阶是同乡，这次自己被弹劾一定是徐阶在背后鼓动的结果，发誓一定要报复。嘉靖四十五年（1566年）十二月嘉靖皇帝病死，徐阶受命起草皇帝的遗诏时，只同张居正等人商量，却把整天以新帝心腹自命的高拱晾在一旁，这件事情使得高拱更加怨恨徐阶。

穆宗即位后，徐阶仍然以前朝元老自居，并举荐张居正进入内阁，高拱心中更加不平衡，经常与徐阶在某些问题上作对，两人之间的矛盾达到了白热化。隆庆元年（1567年），胡应嘉被隆庆皇帝借口谪戍，大臣们都以为是高拱在当中作梗，纷纷指责高拱是睚眦小人，并将高拱比作蔡京。高拱十分生气，屡次请求处置这些谣言的制造者，徐阶却置之不理。高拱被迫请求致仕，徐阶也不挽留，高拱更加怀恨徐阶。

有一次内阁开会，高拱公开攻击徐阶说："你在先帝时经常为先帝撰写青词来取宠于先帝。先帝去世之后，你借起草遗诏的机会来排斥我。现在你又发动这些言官来攻击我。你到底是何居心啊？"徐阶并不生气，徐徐说道："人多口杂，我怎么能够结交得过来呢？结交不过来，又怎么能够鼓动他们来攻击你呢？况且即使我结交他们，你不是也这么做的吗？"徐阶还坦白承认写青词的过错，接着反问高拱说："你说我给先帝撰写青词。你不记得你以前在礼部任职时，先帝用密信问我说，高拱上书说，愿意给我撰写青词，不知道他写得怎么样啊。现在，你那封上书还在呢。你又怎么解释呢？"高拱听了之后，顿时傻了眼。这次内阁的争论，徐阶大获全胜。

但是，高拱并没有因此而甘心。他派人搜集徐阶的儿子们在家里横行不法的罪证，把这件事上奏皇上，用来攻击徐阶，还授意他的门生齐康等人一块上书弹劾。徐阶没有办法，只好上疏请求告老还乡。徐阶受到官员们的拥戴，高拱等人攻击徐阶，招致了言官们的一致反对，三月之内弹劾高拱的奏疏就达到了三十多件。高拱没有办法，只好再次请求致仕。这次皇上也不好出面挽留，高拱在与徐阶的争斗中再次失败。

后来，直到徐阶告老还乡后，高拱才被重新起用，逐渐成为隆庆朝中举足轻重的人物。

穆宗之死的内幕

穆宗皇帝即位之后，倚靠高拱、陈以勤、张居正等大臣，实行革弊施新的政策，一改世宗时的弊政，使朝政为之一振。

穆宗首先对前朝弊政进行了大规模的革除，并且为因为忠谏获罪的大臣们给予平反，宣布自正德十六年（1521 年）以后，到嘉靖四十五年（1566 年）十二月以前，因为谏言而获罪的大臣凡是还活着的一律平反录用，或者录用其子孙，已经去世了的给予昭雪抚恤。对于嘉靖末年因为直言进谏而被夺官下狱的海瑞，穆宗皇帝也将其从狱中放了出来，恢复官职，任命他为兵部武库司主事。穆宗又严惩谣言惑上的道士方士，将他们下狱，驱逐，关闭世宗在西苑修道用的大高玄殿、国明等阁、玉熙等宫，罢黜斋醮，停止因斋醮而开征的加派及部分织造、采买，减少宫廷的财政支出，减轻百姓负担。明穆宗自己厉行节俭，从不挥霍浪费。据说：每年穆宗在吃的一项上节省下来的银子就有十几万两。穆宗还免除了天下一年的赋税以及嘉靖四十三年（1564 年）以前地方上拖欠的田赋，制定了"安民生、足国用"的财税政策，对天下的受灾地区进行蠲免救济，减少百姓受灾后的痛苦。针对嘉靖朝以来的土地兼并加速的势头，他制定限田政策，限制土地兼并，对勋戚宗室所拥有的土地酌量删减收回，同时清理官吏豪强们隐匿不报的土地。

穆宗皇帝在清理前朝弊政的同时还制定了一系列的官吏考核制度。对于以前并不在考察之列的王府官员也要定时审核，严厉惩处贪官污吏，提拔廉洁奉公的官员，使得隆庆初年朝廷的吏治为之一新，大有中兴气象。穆宗皇帝的这些措施也赢得了时人对他的称誉。

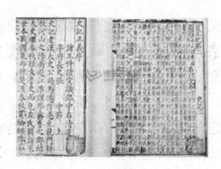

穆宗溢册

在对外关系上，明穆宗对前朝的政策也进行了比较大的调整。明朝曾多次颁布禁止百姓私自下海的命令，致使许多沿海渔民同倭人勾结，成为海盗，危害东南沿海。明穆宗即位之后颁布开关诏令，改变前朝奉行的海禁政策，下诏开关恤商，减轻商人的负担，引导那些身为海盗的商人变盗为商，不仅解决了十几年来的倭寇之患，而且使明朝的对外贸易有了很大发展。在北部边疆，明穆宗一方面调任戚继光、王崇古等名将担任北部边疆守将，加强军队训练，巩固边防。另一方面改变前朝与俺答交恶的状态，采取以和为主的政策。在隆庆四年(1570年)，趁俺答汗之孙投降明朝的契机接纳蒙古来使，处置破坏汉蒙关系的汉奸，同俺答汗议和，封俺答汗为顺义王，缓解了与蒙古之间的矛盾，结束了汉蒙之间长期存在的战争状态。蒙汉双方展开正常的互市贸易，北方边境安宁，边境的汉、蒙人民过上了安定祥和的生活。清朝人魏源曾评价这件事说："不但明塞息五十年之烽燧，且为本朝开二百年之太平。"

穆宗在位期间，明朝没有发生什么大的变故，这也许与穆宗皇帝的性情紧密相关。穆宗做皇子期间，地位没有保障，整天战战兢兢，做事不得不处处小心谨慎，很少张狂，逐渐养成了沉静、仁厚的性格。宫廷政治的残酷也使得穆宗对朝政事务失去了兴趣。他整天待在深宫，肆意享乐，把朝政事务完全放给大臣们去处置。皇帝的宽松放任，使得朝中一时间人才济济，如徐阶、张居正、高拱、杨博、谭纶、戚继

明穆宗

光、李成梁等人。前朝荒废的朝政为之一新,经济上也出现了较大改观,穆宗皇帝致命的一个缺点是他整日居守深宫,即使偶尔召见大臣,也很少发表意见。没有了朝政的压力,穆宗皇帝整天在后宫同妃嫔们荒淫享乐。穆宗三十几岁,正逢精壮之年,后宫的三千佳丽,可以说是正合他意,整天同宫女妃嫔们莺歌燕舞,有时甚至忙个通宵达旦也不觉困乏。大臣们担心皇上的身体,多次上书奉劝他节欲,保重身体。穆宗皇帝认为这是皇帝的私人生活,不听从劝谏。整天没有节制的淫乐,使得穆宗的身体越来越坏。吏科给事中石星担心长此以往终究会危及国家社稷,冒死上书给穆宗说:"治理国家之道,如果不易天天振兴,就会涣散;仁君之治,不奉贤自强,便会一天天消沉。现在陛下整天通宵筵乐,纵情声色,长此以往,天下之事就荒废了。所以陛下应该养精蓄锐,注意保重圣体;效法古先圣贤,亲近朝中君子;广开言路,明察秋毫。"穆宗听了之后大怒,将石星罢官为民,当众廷杖六十,打得石星血肉模糊,昏死过去。内阁首辅徐阶也上书劝谏穆宗,应该注意节欲,保重圣体,穆宗便找借口将徐阶罢官回乡。

长时间的纵欲享乐,终于耗尽了穆宗的精力。隆庆六年(1572,年)三月,明穆宗朱载垕在上朝时突然晕倒,被大臣们急忙扶入宫中调治,休养了二个月后上朝视事,又突然头晕目眩,支持不住而回宫,他自知病情不轻,急召高拱、张居正及高仪三人接受顾命,说:"朕自知病得不轻,行将不起,有负先帝的嘱托。太子年龄还很小,我身后的事就托付诸位了。你们今后一定要尽心竭力辅助太子,直到他长大成人。"高拱等人流着泪叩头谢恩而去。第二天,宫中便传出了皇帝病危的消息,被女色掏空了身子的隆庆皇帝死于乾清宫中,把大明江山留给了年仅 9 岁的皇子朱翊钧,终年 36 岁,谥为"契天隆道渊懿宽仁显文光武纯德弘孝庄皇帝",庙号穆宗,葬于北京昌平昭陵。

十岁继位的万历皇帝

1572 年六月初十的北京紫禁城肃穆庄严。一个身着丧服,表情凝重但仍不乏稚气的小皇帝在接受群臣的朝拜。他仪表高贵,声音发自丹田,深沉有力,并有余音袅袅,但一双眸子仍然闪动着小孩特有灵动与调皮。这个不到十岁的小孩就是明神宗朱翊钧(1563-1620年),明穆宗第三子,也就是日后在位48年的万历皇帝。

朱翊钧有四个兄弟,但大哥朱翊釴和二哥朱翊铃很早就夭折了,只剩他和弟弟朱翊镠。兄弟的零落让朱翊钧毫不费力地成了小储君。贵为皇太孙的他幼时的命运并不好,由于他的爷爷明世宗晚年迷信道教,十分忌讳谈论继承人的问题,有胆敢说和这有关的一个字的人,都格杀勿论,不要说他没有被立为皇太孙,就连他出生的消息,穆宗都不敢向世宗奏报。他出生两个月不敢剃头发,到了5岁还没有起名字。直到他的父亲穆宗继位,隆庆元年(1567)正月初十日,

万历皇帝

大臣上疏请立皇太子。他才有了自己的名字,叫翊钧。穆宗说:"赐你名字,名为钧,是说圣王制驭天下,犹如制器之转钧也,含义非常重大。你应当牢记在心。"隆庆二年(1568年)三月十一日,朱翊钧被正式立为皇太子,正位东宫。

皇太子8岁了,按照传统的惯例,他成人了。在那一年的冬天,他的父亲隆庆皇帝为他举行了象征成为成人的冠礼。他被引导进入殿前特设的帷帐里,按照礼仪的规定更换衣冠服饰,前后三次都以不同的装束出现于大庭广众之中。既出帷帐,他手持玉圭,被引导行礼,用特设的酒杯饮酒。全部节目都有礼官的唱导和音乐伴奏,所需的时间接近半天。第二天,他又出来坐在殿前,以最庄重的姿态接受了百官的庆贺。

几个月之后,纵欲过度的隆庆皇帝龙驭上宾,刚刚9岁的皇太子穿着丧服接见了臣僚。按照传统的"劝进"程式,全部官员以最恳切的辞藻请求皇太子即皇帝位。头两次的请求都被皇太子所拒绝,因为父皇刚刚驾崩,自己的哀恸无法节制,哪里有心情去想到个人名位?到第三次,他才以群臣所说的应当以社稷为重作为理由,勉如所请。隆庆六年(1572年)六月初十日,年仅10岁的朱翊钧即皇帝位,改元万历,以翌年为万历元年(1573年)。

万历是个很早熟和聪明的君主。当他还是小皇太子时就接受了很系统

的教育,穆宗任命一批大臣为教官,辅导他读书。为了尽早让小皇帝担负起治国治民的责任,他的学业比以前更加繁重。他有五个主讲经史的老师、两个教书法的老师和一个侍读,学识渊博的张居正还编订了讲章作为万历的教科书,亲自讲授。

小皇帝学习的地方是文华殿。1572年秋天以后,他每天的功课有三项内容:经书、书法、历史。学习完经书以后,授课老师可以到休息室小憩,皇帝本人却并不能那么清闲。大太监冯保和其他宦官把当天臣僚主奏的本章进呈御览。这些本章已经由各位大学士看过,用墨笔作了"票拟"。在冯保和其他宦官的协助下,小皇帝用朱笔作出批示。

中午功课完毕,小皇帝在文华殿进午餐。下半天的大部分时间都可以自由支配,不过他仍然被嘱咐要复习功课,练习书法,默记经史。小皇帝对这种嘱咐丝毫不敢忽视,因为第二天必须背诵今天为他所讲授的经书和历史。如果准备充分,背书如银瓶泻水,张居正就会颂扬天子的圣明;但如果背得结结巴巴或者读出别字,张居正也立即会拿出严师的身份加以质问,使他无地自容。

朱翊钧学习非常用功。他的母亲李太后教子颇严,一旦皇太子读书不用心,就罚他长跪,有时竟可达几个小时之久。每次有特别有名的学者来讲课,就让小皇子上前求教。遇到上朝的时候,五更就来到他住的地方,叫他起床,命令宫女把还没睡醒的小皇子扶起来,用冷水为他洗脸,然后带着他上朝。由于讲官尽心辅导,李太后严格管教,以及万历本人刻苦努力,朱翊钧年渐长而学愈进。他自己后来也常常十分得意地夸耀说:"朕五岁即能读书。"

在这样严厉的督导之下,万历的学习不断取得进步。他被教导说,做皇帝的最为重要的任务是敬天法祖,也就是敬重天道,效法祖宗。这种谆谆教导在万历身上起到的作用很快就为一件事情所证明。当他登基还不满4个月,天象出现异常,一颗超新星出现。它的光芒照亮了半个天空。这颗被今天的天文学家称为Super-nova或Anno的出现,在当时却被人们看成是上天将要降灾的警告,身为天子的皇帝必须向上天忏悔。年幼的万历得体地处理了这一事情,他赶紧检讨自己的思想、语言和行动,加以改正,以期消除天心的不快。这次"星变"延续了两年之久,皇帝的"修省"也就相应地历时两年,在今后相当长的时间内,他不得不注意节俭,勤勉诚恳地处理政务和待人接物,力求通过自己的努力化凶为吉。

兢兢业业的小皇帝面临的是他父亲留下来的矛盾重重,困难颇多的朝廷。万历的父亲隆庆在历史上是一个平淡而庸碌的皇帝。他在位的五年半时间里,开始还常常举行早朝,但是他本人却对国政毫无所知,临朝时如同木偶,常常让大学士代答其他官员的呈奏。后期的几年里,则索性把这如同形式的早朝也加以免除,极大的助长了大学士争权夺利的风气。穆宗弥留之际,授高拱、张居正等人为顾命大臣,嘱咐他们和内外文武百官一起,协心辅佐年幼的皇太子。但是,先皇尸骨未寒,小皇帝看到的却完全是另一种情景:那些"顾命大臣"不是"协心辅佐",顾及百姓的生死,而是首先顾及自己,相互争夺权力和地位经济和政治方面的问题也堆积如山。面对着这些困难,这个小皇帝没有畏缩不前,为了"皇图永固",他以"少年天子"的气派,牢牢抓住"用人唯我"、生杀予夺在朝廷这根权柄,励精图治,推行新政,开始了他人生最精彩的十年。

万历朝的立储之争

历史学家批评明神宗的一个最常用的话就是以家事误国事。明神宗和朝臣因为国本一事二十几年的对立,极大影响了明朝的日常政务处理,由于立储不顺心,神宗便怠荒朝政,不仅自己疏于政事,就连长期的职官空缺问题也置之不理,使整个政府行政体系几乎形同瘫痪。严重的缺官问题,导致豪强恶霸四处横行,人民苦不堪言。这种环境下,佛教寺产被侵占的情形屡见不鲜,狱讼案件无人审理,公文往来费时,以及官吏与地方强权勾结等问题,使得官司缠讼旷日废时。所谓的立国本,就是指册立太子一事。按说,立太子本是皇帝家事,外人不能也无权干涉,但明神宗朝的所谓"立储之议""国本之争",是一场长达十多年的闹剧。原因起于神宗的皇后没有生下"嫡子",而神宗早年偶然遇上一个给他送洗手水的姓王的宫女,不经意的一次随缘错爱,却给他生下了一个"皇长子"。虽然生了,神宗并不喜欢他,只给他母亲册封为恭妃。过了三年,神宗宠爱的郑妃生下了"皇三子",神宗马上就晋封郑妃为皇贵妃。

　　传说万历皇帝曾在郑贵妃面前立下重誓，一定要设法使她的儿子成为太子。他们曾在大高元殿谒神盟誓，把立朱常洵为皇太子的誓言装入玉盒中交给郑贵妃。这就是所谓的"玉盒密约"。本来朝廷上下就为立太子的事情争论不休，这个传说的出现更是在朝野中引起极大震动，群臣们认为立皇三子是不顾祖宗礼法，为了社稷，就是罢官掉脑袋也坚持要立皇长子为太子。

　　言官姜应麟上疏说："恭妃先生皇长子，反而位居郑妃之下，不合于将来'立储君、定众志'的要求。请降旨首先封恭妃，其次再封郑妃。必须明白下诏，册立皇长子为东宫太子。"神宗看了他的奏疏，立即下旨，说："姜应麟竟然怀疑我，故意检举我来炫耀他的正直，好生无礼！把他下放到边疆去！"这就是神宗与臣下"立储之争"的第一幕。姜应麟被谪，消息传给神宗生母李太后，李太后很不高兴。神宗去拜见母后时，李太后故意问他："外廷臣子们都说该早定长哥为太子，你如何打发他？"神宗说："他是普通宫女的儿子。"太后拉下脸来说："母以子贵，分什么等级？你不也是普通宫女的儿子吗？"（李太后原先也是普通宫女，是因为生了神宗，后来才封为太后的。）神宗惶愧伏地，无以自容。太后把他想"废长立幼"的理由，完全戳穿了。

　　从此，神宗便有了一种心病：他仍然想立郑贵妃生的朱常洵，又不敢拂逆母后，便把"立太子"的事拖着。他想的是：如果皇后死了，那时候把郑贵妃立为皇后，她的儿子就成了嫡子。按"有嫡立嫡，无嫡立长"的祖制行事，也就名正言顺了。可不料皇后一时死不了，而群臣却一次又一次地上疏，请他"册立东宫。"他心里烦得很，因而一遇到臣下"请立东宫"，他就随意地给他们降、调、罚、黜的各种处分。可是，朝廷里的臣子们也怪，一个人受罚，便有三、四、五、六个人来保、救，把这些保、救的人一起罚了，那"请立东宫"的奏疏还是雪片般地往上飞。神宗觉得这些臣子是故意与自己作对。从万历十八年（1590年）以后，神宗开始实行与群臣对抗的"怠工"。这时候，继张居正之后当首辅的是神宗的另一位老师申时行。申时行在张居正被抄家以后，便学了乖，一反张居正"严正"的作风，采取所谓"宽柔任事""调和折中"之道。他看到神宗与群臣的对立已经形成"上下不通气、中外两条心"的情势，便劝神宗不必为这些奏疏动火，可以把臣下的奏疏留中不报，就是搁下

来,不作批示。神宗也渐渐懂得了这些儒生出身的臣子是不怕罚的。你一罚他,就使他成就了"忠直敢谏"的名声。而如果随他们"讽谏""直谏""激谏""死谏",你不理他,别人反而会说皇上"大度"。

由于立太子的问题,朝中有不少人受到了神宗的责罚,不能不怨恨郑贵妃。他们形成了拥立"皇长子"的一派。另外一些人想巴结郑贵妃将来可以捞点好处,形成与郑贵妃声气相通的一派。朝廷里面的"朋党"之间争斗不绝,不择手段。到万历二十六年(1598年),忽然出了"妖书案"。所谓"妖书"就是有人写匿名文章,攻击郑贵妃想夺太子位。直到万历二十九(1601年)年,万历已经四十岁了,再不立太子,如果他一旦宾天,朝廷非大乱不可,于是决定册立太子了。郑贵妃没有忘记当年皇帝立下的誓言,她从锦匣中取出当年万历皇帝写下的手谕,却不料手谕放置多年,早已经被虫蚁咬坏了,尤其是写着"朱常洵"名字的地方更是被蛀成一堆碎屑,在手谕正中开了一个大洞。迷信的万历皇帝不由惊叹说:"看来这真是天意啊!"他终于死了"废长立幼"的心思,不久就下旨立长子朱常洛为皇太子,皇三子朱常洵则被封为福王。立储一事看似铁定,但是朱常洵又迟迟不肯就藩,直到万历四十二年(1614年)才赴封地洛阳,这中间又使得朝臣疑虑纷纷。

内斗一起,不易熄灭。虽然朝臣对于国本的问题基本上都赞成立朱常洛为储,并没有太大的意见分歧,但是朝廷各个派系都想利用这件事打击异己,常常借题发挥,相互攻击,以压制对方。无论是阁臣、言官、太监,为了权力的分配都卷入了这场纷争当中,党争更是无休无止。立储的问题更引发出万历三十一年(1603年)的妖书案、万历四十三年(1615年)的梃击案、泰昌元年(1620年)的红丸案等大案件。妖术反间,诅咒横行,朝野上下一片风声鹤唳。虽然神宗的偏爱与优柔寡断是导致立储问题延宕不能解决的主因,但是群臣对于立储一事的众口嚣嚣,肆无忌惮的指责,也是使神宗恼羞成怒,致使问题更加严重的原因之一。因立储一事而遭谴者、罢者、谪者、杖者、戍者、身亡者,不计其数,可见立储问题对明末政治社会所造成的冲击。神宗朝为"立太子"而发生的政治危机愈演愈烈,终于在他死后发展为熹宗朝"阉党"大杀"东林党人"的"党祸",加速了明朝亡国的进程。

光宗是如何继位的

万历四十八年（1620年），明神宗去世之后。太子朱常洛继位，是为光宗，年号泰昌，是明代第十四位皇帝。朱常洛得以继位的道路十分曲折，要从他的出生说起。

万历九年（1581年），年轻的万历皇帝到慈圣皇太后居住的慈庆宫请安，突然见到了一位颇有姿色的宫女，万历就私幸了她。谁知这名王姓的宫女居然怀了孕，过了不久就生下了皇长子朱常洛。这对长期盼望抱孙子的皇太后来说，可以说是一个天大的喜讯。但是，万历皇帝却嫌宫女的地位低下，不肯承认此事，后来，皇太后将起居注上的记录拿给他看，万历才不得不承认这件事。他并不喜欢王氏，因而十分讨厌这个儿子，对王氏和皇长子十分冷淡，迟迟不肯加封王氏，也不怎么关心朱常洛。

后来，万历皇帝宠爱的郑妃生下了皇三子朱常洵，万历非常高兴，为朱常洵的出生大办喜筵，立刻加封郑妃为郑贵妃。万历皇帝想打破长幼循序，立皇三子朱常洵为太子，遭到了朝中恪守礼法的官员们的一致反对。首先是内阁首辅申时行上了一道《请册立东宫以重国本》的奏疏，请求将皇长子朱常洛立为太子，其他大臣纷纷上书万历，惹得万历十分生气，许多官员因此而获罪。万历的母亲慈圣皇太后支持皇长子朱常洛为太子，有一天，万历到太后的宫中请安，皇太后问他为什么不册立长子常洛为太子，万历说，朱常洛是宫女的儿子。结果惹得皇太后勃然大怒，怒斥道："你不也是宫女的儿子吗？"从此，万历皇帝不敢公开反对立朱常洛为太子。但是借口皇子们年龄还小，等到皇子们长到十五岁再谈册立之事，以此来延迟册立皇太子的时间。万历还迟迟不让朱常洛上学，派人给内阁首辅王锡爵送去一份手诏，说："现在，皇后还年轻，还有可能生育，就不要急着谈立太子的事情了。至于常洛和常洵，可以先把他们分封为王，等将来皇后的消息，再谈立皇储之事也不迟。"其实，万历提出"三王并封"和"待嫡"的建议，并不是真的要等待皇后生子。他就是不想册立皇长子朱常洛为太子。万历的诏书颁布之后引起了朝臣们的激烈反对，他们首先把反对的矛头对准内阁首辅王锡爵，说

他破坏祖宗礼法。王锡爵被逼得没有办法,只好请求致仕还乡。王锡爵辞职之后,大臣们仍然不罢休,反对"三王并封"的奏疏像雪片一样飞来。万历顶不住朝臣们的一致反对,只好打消了"三王并封"的念头。后来,万历对朝中的政务开始采取漠然视之的态度,对官员们请求立皇储的奏折,他既不赞成,也不反对,而是留住不发。大臣同皇帝因为立太子问题一直争论了十五年,到了万历二十年(1592年),在慈圣皇太后的直接干预下,万历皇帝才极不情愿地册立皇长子朱常洛为皇太子。他的几个弟弟也同时受封,皇三子朱常洵被封为福王。

朱常洛当上了太子并不意味着危机的结束。他虽然名义上被万历皇帝立为太子,实际上同太子的待遇相差很远,生活环境比几个弟弟都差很多。万历不但不允许太子进宫请安,对于大臣们请求皇太子出阁讲学的要求也不答应。万历三十九年(1611年),太子朱常洛的母亲王恭妃病重,太子再三请求探视,万历都不允许,到了后来,才允许朱常洛入宫探视。朱常洛知道自己的太子之位并不巩固,一直战战兢兢地做事,在各方面都表现得规规矩矩,郑贵妃一伙人一直抓不到什么把柄。

后来,郑贵妃等人策划了"梃击案",朱常洛在这件事情中的表现令万历皇帝十分感动,他太子的地位也算最终巩固了下来。万历四十八年(1620年),万历皇帝去世,历尽艰辛的朱常洛终于登上皇帝宝座,成了君临天下的帝王。

光宗是吃"红丸"死的吗

梃击太子事件真相大白之后,朱常洛的地位大大提高。一方面,他得到了朝中诸臣的大力支持,同时他还取得了万历的欢心。

明光宗朱常洛历尽波折之后,才坐上皇帝的宝座,但是,长期以来战战兢兢的生活,却使他显得十分虚弱,即使在继位大典这么重要的典礼上,朱常洛也是面色苍白,一脸病态,短短的几个小时的继位大典就把他累得差点晕倒。

朱常洛继位后,按照万历皇帝的遗诏,进行了一系列革除弊政的改革。

第一件事情便是停止矿税，罢黜矿监，停止了一切捐奉，又下诏命内库发银作为军饷犒劳边关的将士，他从内库调拨了二百万两银子，令经略辽东的熊廷弼用来安抚九边的将士。虽然钱很少，用在军事上可以说是杯水车薪，但是这种做法却使得朝中大臣和边关将士都十分感动。内阁首辅方从哲上奏说："在先皇丧礼期间，动用内库之银恐怕不合适吧。"劝说光宗收回成命。光宗认为，以帝王私有的银子来犒劳为国家守边的将士，并不违反孝道礼制，因而坚持原议。光宗还对前

明光宗

朝的朝政进行整理，他首先起用了大量前朝因进谏而得罪皇帝的言官，把他们官复原职，又针对朝中官员严重不足的情况，提拔了一大批中下级官员，补齐了缺员的官缺，使行政的机器得以正常运转。经过光宗一个多月的整治，朝政大为改观。

　　郑贵妃一伙见朱常洛继位，害怕他报复。为了保住自己的地位，她采取了更为阴毒的办法。她知道朱常洛是一个酒色之徒，为投其所好，在太子继位的第二天便挑选了八名绝色美女，并同大量的金银珠宝、珍奇玩物进献宫中。朱常洛在当太子之时，遭受过无数次的屈辱，备受冷落，精神长期处于压抑之中，一旦当上了皇帝，看到连郑贵妃都对他那么好，不免贪淫纵欲，整天在后宫与美女们一起厮混，纵情淫乐。酒色掏身，光宗的身体本来就十分虚弱，又经女色这番折腾，一时间元神大耗，不到半个月便一病不起了。他躺在龙床上，面色土灰，说话都上气不接下气。

　　见皇帝病重，皇帝身边的小太监召御医崔文升来给圣上把脉，光宗本是纵欲伤身，身体虚弱以致卧床不起，崔太医却诊断为肾虚火旺，给光宗皇帝开了一副药性很强的泻药。光宗一夜之间便泄了数十次，精神萎顿不支，口干唇裂，面色青紫，随时都有大行升天的危险。郑贵妃昼夜派人前来闻讯，却不提光宗病情，只是一味催逼光宗封她为太后，光宗无奈，在病榻上诏谕

礼部准备大封,同时,召见群臣交代自己的生后之事,甚至还提到了自己的陵墓之事。说自己不行了,要群臣赶紧立太子是正事,并要皇长子朱由校出来面见群臣。大臣们见皇帝突然病重,都认为是崔文升庸医误人,或另有阴谋,主张严惩崔文升。

皇上病重的事情传遍朝野。一日,首辅大臣方从哲觐见,奏事完毕后,向光宗提起李可灼进献红丸的事情。光宗听了之后,很感兴趣,速召李可灼进宫。李可灼来了之后,为光宗把脉,把光宗的病源和"仙药"的神奇说得天花乱坠。光宗大喜,急切要求李可灼速速服侍自己进药。光宗吃完药之后,顿时感觉浑身舒畅,全身暖润,也不再气喘了,并且想吃东西,说这果然是仙药。大臣们见皇上的病情好转,也都非常高兴,便从乾清宫退了出来,只留了李可灼及几个近侍的太监在身边。光宗皇帝服药后感觉很舒服,怕药力不济,就又向李可灼要了两粒仙药服下。外官派人前来探问皇上的病情如何,李可灼说皇上服药后,病情已经稳定,大臣们认为李可灼为皇上诊病有功,令赏李可灼白银五十两,绫罗两匹。谁知,天还没亮,宫中的太监便急召群臣进宫,说皇上不好了,等大臣们赶到的时候,光宗朱常洛已经一命呜呼了。

光宗从继位登基到突然死亡,满打满算才三十天的时间,成了明朝历史上在位时间最短的皇帝。光宗皇帝的死因也是扑朔迷离,在他死后引发了一场轩然大波,为历史留下了一个千古疑案。

光宗到底是怎么死的? 李可灼所进红丸究竟为何物? 围绕这两个问题大臣们争论不休,相互攻击。有人认为,这件事与郑贵妃有关,光宗两次卧病都是由于进药,两次进药之人又都与郑贵妃有关系。御医崔文升原是郑贵妃的属下,李可灼及引荐之人方从哲也是郑贵妃集团的人。大家认为光宗第一次病重是由于过度接近女色,是纵欲过度,身体虚弱,需要温补之剂,慢慢调养,而不应该使用大泄药物。第二次病重是因为大泄之后,圣体脱水致虚,病中还能召见大臣,病不致死,若用平和的药剂慢慢滋养,自然会好转。李可灼所进的红丸显然是春药一类的助火药,这种药含有红铅,可当时令人感到精力倍增,但是根本上却是要涸泽而渔,对于圣体大虚的光宗来讲,只会加速他的死亡。这件事显然是有预谋的,原本就尖锐对立的两大派展开了激烈斗争。

明宫秘史

拥护光宗的正统派群臣认为要严查此事，势必追查出幕后真凶。拥护郑贵妃的一派大臣们则坚持光宗是病重而死，不是被人谋害，与别人没有关系。两派大臣激烈争论没有结果，由于牵涉到郑贵妃等内宫红人，都怕把事情闹大了不好收场，为平息事态，只好将崔文升、李可灼二人拉来做了替罪羊。判李可灼误用药剂，致使圣上大行，流戍边疆，崔文升发配南京充净军。

"红丸"一案总算草草了解，但其中的疑点并没有弄清楚。虽然并不能肯定地说光宗是被"红丸"毒死的，但很显然光宗的死与郑贵妃等人脱不了干系。光宗皇帝纵欲好色，中了郑贵妃的圈套，最后一命呜呼，也是自找。只是可怜了诸多正直大臣的苦心拥护。到了天启年间，魏忠贤一伙又重提此案，利用它来打击朝中异己，牵连甚广。因为此案而被杀头抄家，流放边疆的人何止数百。一案绵连十几年，当时不查过后查，这也算是明代一朝独有的现象了。

朱常洛做皇帝仅一个月，史称"一月天子"。虽然他做皇帝的时间很短，但是光宗还是做了不少令人称道的事情，只可惜他自己不懂得爱惜身体，结果弄得精力耗尽，英年早亡。光宗皇帝死的时候，他的父亲万历皇帝才刚刚去世一个月，棺椁都尚未下葬，一时间建造两位皇帝的陵寝十分困难。尚且要为光宗皇帝营建地宫，在短期内也不可能完工。无奈之下，只好将景泰皇帝生前为自己修建的景泰陵修葺一番，作为这位短命皇帝的新陵。天启元年（1621年）三月开始修葺工程，当年八月就修建完工，九月光宗入葬，并改景泰陵为庆陵。朱常洛死后，被谥为崇天契道英睿恭纯宪文景武渊仁懿孝贞皇帝，庙号光宗。他一生坎坷，好不容易才登上皇帝的位子，没想到还没到一个月就暴病身亡，命运对人的捉弄真是无常。

熹宗为何如此沉迷于木工

很多人都羡慕中国古代的皇帝有着至高无上的权力和享不尽的荣华富贵。但是，人们却没有看到他们为此也失去了享受平民生活的乐趣。而其实不是每个皇帝都是这样，历史总有例外，明熹宗就是这样一位天子，他以九五之尊享受着普通百姓的生活趣味。那么他是如何做的呢？

明熹宗是明光宗朱常洛的长子，明光宗去世后即位，年号天启。熹宗即位时，已16岁，却从来没有出阁读过书，更没有治理国家的经验。就是这样一位皇帝，在位期间将自己的主要精力都放在了木工上，而将朝政交到了大宦官魏忠贤手里，导致在他当皇帝的七年中，明朝的统治异常黑暗。而他沉醉于自己的生活，对此一无所知。

明熹宗对治理国家丝毫不感兴趣，唯独对制造木器有着极浓厚的兴趣。他心灵手巧，刀锯斧凿之类的木匠活儿，他都亲自操作过。并且他亲手制造的漆器、床、梳匣等，都精巧绝伦。甚至做了很多年的木匠都比不上他。为此，他还非常骄傲。

明代天启年间，工匠们所造的床，不但非常笨重，而且样式普通，用料很多。明熹宗早就发现了这个情况，于是熹宗就自己琢磨设计图样，亲手制作了一张床。这张床，床板可以折叠，携带移动都很方便，而床架上雕镂的各种花纹又使得整个设计美观大方，当时的工匠看了都十分惊讶：堂堂帝王居然也有如此精巧的手艺。

熹宗除了做家具有一套好手艺外，他还擅长用木材做小玩具，他做的小木人，男女老少各具神态，五官

明熹宗

四肢的表情、动作亦惟妙惟肖。他曾派内监拿到市面上去出售，人们都以重金购买，甚至有人要专门定制。

熹宗看到自己做的东西居然这么受欢迎，非常高兴，对木匠活儿更加有兴趣了，往往干到半夜也不休息。另外熹宗对漆工活也很在行，从配料到上漆，都很拿手。他做的木像男女不一，约高二尺，有双臂但无腿足，每个小木人下面的平底处安一卯眼，用长三尺多的竹板支撑着，均涂上五色油漆，竟然栩栩如生，看到的人无不为之赞叹。

明宫秘史

明熹宗最得意的事情就是自己动手制作各种有趣的玩意儿,供自己和他人玩耍。他曾用大木头凿成一个长宽各一丈的方木池,里面注水七分,水内放有活鱼、蟹虾、萍藻之类,使这些东西浮在水面上。再用凳子支起小方木池,周围用纱围成屏幕,竹板在围屏下,游移拽动,这样就做成了水傀儡的戏台。然后在屏幕的后面,命一艺人将他制作的小木人用竹片托浮水上,按照各种设定的情节进行操作,就演出了各种剧目。当时,人们看到这种罕见的东西都非常好奇,明熹宗更是为之得意。

当时宫中常演的剧目有《东方朔偷桃》《三保太监下西洋》《八仙过海》《孙行者大闹龙宫》等,均装束新奇,扮演巧妙,活灵活现。这些剧目不仅看得熹宗如醉如痴,众人也沉迷其中。每到冬季,西苑冰池封冻时熹宗便命一群太监随他一起玩冰戏。他亲自为自己设计了一个小拖床,床面小巧玲珑,仅容一人,涂上红漆,上有一顶篷,周围用红绸缎为栏,前后都设有挂绳的小钩,熹宗坐在拖床上,让太监们拉引绳子,一部分人在上用绳牵引,一部分人在床前引导,一部分人在床后推行。就这样两面用力,拖床行进速度极快,瞬息之间就可往返数里。此外,他还曾用大缸盛满水,水面盖上圆桶,在缸下钻孔,通于桶底形成水喷,再放置许多小木球于喷水处,启闭灌输,水打木球,木球盘旋,久而不息,熹宗与妃嫔在一起观赏喝彩。人们看了也觉得十分的新奇,不禁赞叹:"这个东西真是新奇,第一次见。"

熹宗还喜好另一个比较浩大的工程,就是盖房屋,喜弄机巧,常常是房屋造成后,高兴得手舞足蹈,反复欣赏,等高兴劲儿过后,又立即毁掉,重新照新样制作,从不感到厌倦。但是,他没有意识到这样做是多么地劳民伤财。

熹宗刚刚即位的时候,东林党势力非常大,而且个个都非常地贤明公正。像杨涟、左光斗、赵南星、高攀龙等许多正直之士都在朝中担任重要职务,使得当时的吏治稍显清明。由于杨涟等人在帮助熹宗即位时出了很大的力,因此,熹宗对这些东林党人也是非常信任,言听计从。然而,不久之后熹宗就在宦官魏忠贤和乳母客氏的引诱下完全沉迷于木工制作之中,早把本属于他本分的治国平天下的任务抛到了脑后。结果使得整个朝政大事都落在了诡计多端的魏忠贤手里。

尽管魏忠贤没有读过多少书,但却是个非常善于钻营之人。在进宫不久,他就与熹宗的乳母客氏勾结在一起了。客氏当时在后宫犹如光宗时的郑贵妃一样有着很大的势力。因为朱由校的母亲早逝,由奶妈客氏把他抚养长大,所以,他对客氏产生一种特殊的感情。客氏比熹宗大 18 岁,熹宗即位时 16 岁,客氏已 34 岁,客氏利用照顾熹宗生活的机会,竟与熹宗发生乱伦的不正当关系,熹宗即位后,封客氏为"奉圣夫人"。这在当时的朝廷里,引起了人们极大的不满。

天启元年(公元 1621 年),明熹宗册立张氏为皇后,也听从了大臣们的进谏把客氏迁出寝宫,但因离开客氏后,他时常是寝食不安,别人无法代替,结果又只得召回客氏。而且对于客氏的话,熹宗几乎是言听计从,因此客氏倚仗皇帝为她撑腰,非常地嚣张,目中无人,甚至还暗地里操纵大权。

之后,客氏就找了魏忠贤并与之勾结。他们联合起来,引诱熹宗整天玩乐,让他沉迷于木工世界不能自拔,然后将政事的处理掌握于自己手中。也就在这个时候作为秉笔太监的魏忠贤常趁熹宗引绳削墨、兴趣最浓时,拿上公文请熹宗批示,熹宗觉得影响了自己的兴致,便随口说道:"我已经知道了,你尽心照章办理就是了。"说完,连奏章看都不看一眼。

明朝之前的规定是:凡廷臣奏本,必由皇帝御笔亲批;若是例行文书,由司礼监代拟批问,也必须写上遵阁票字样,或奉旨更改,用朱笔批,也就是所谓的批红。熹宗潜心于制作木器房屋,便把上述公务一概交给了魏忠贤。那么时常这样下去,国家的各种政务的裁决全出自魏忠贤的手,对此群臣也曾发觉,但是即使反对也毫无办法。

在内,魏忠贤把皇帝掌控了,对外,他与朝堂上的一些文臣败类结成联盟,利用掌管东厂之便,在全国范围内残酷地排挤正直的东林党人,屠杀异己,加强对百姓的盘剥。最让人觉得可耻的是魏忠贤还在全国范围内为自己歌功颂德。结果天启五六年间,诬杀了东林党人杨涟、左光斗、魏大中等,并毁天下东林讲学书院。天启六年,命顾秉谦等人修《三朝要典》,为魏忠贤等歌功颂德,且为魏忠贤修建了很多生祠。虽然当时有人心里不从,但是却不敢反对。

就这样,百姓的景况越来越差,由于对百姓的残酷盘剥,当时社会土地兼并剧烈,苛捐杂税繁重,社会矛盾激化,民不聊生,并最终酿成了天启七年的农民起义。而此时的熹宗对此还是无动于衷。

得意忘形的魏忠贤又趁机排斥异己，专权误国，不仅加剧了明朝内部的矛盾，也使国家遭受着严重的边患。当时山海关外，后金政权步步进逼。但在阉党策划下，熹宗又杀了能够正确处理辽东事务的熊廷弼，使辽东战局陷于重重危机。在这样的情况下，大明王朝已经到了灭亡的边缘。

但是可悲的是，就在整个大明王朝摇摇欲坠的时候，一手制造了客魏专政的熹宗皇帝还在后宫玩乐，他不听先贤的教诲专心朝政，而是去学鲁班、学喻皓、学李诫，整天与斧子、锯子、刨子打交道，依然不把国家大事放在心上，成了一个名副其实的木匠、言过其实的皇帝。

熹宗之死

明熹宗从小没有受过很好的教育，他在位期间基本上不过问政事。在即位之初，由于东林党人拥立有功，朝中许多位置都被东林党人占据。如杨涟、左光斗、赵南星、高攀龙等人都在朝中担任重要职务，这一时期的吏治也比较清明。

到了后来，由于熹宗宠信大宦官魏忠贤和乳母客氏，这两个人逐步成为后宫不可一世的力量。他们两人相互勾结，不但祸乱后宫，迫害妃嫔，使得熹宗无后，还利用在皇帝面前的便利，同朝中的奸佞之人相勾结，组成阉党集团。他们大肆迫害东林党人，贪污贿赂，无恶不作，使得熹宗一朝的政治极为黑暗。魏忠贤为了进一步控制朝政大权，不遗余力地引诱熹宗玩乐，使熹宗整日沉浸在木工活之中，将国家大事抛在脑后不顾，成了名副其实的木匠皇帝。魏忠贤依靠手中的权力滥行赐赏，大施刑罚，使得朝政空前黑暗。朝中的正直的大臣，都被他冠以东林党人的罪名惨遭横祸，数以千计的东林党人被杀头、下狱、罢官，就连当初拥护熹宗即位有功的杨涟、左光斗等人也被魏忠贤迫害致死。魏忠贤不仅残酷地排除异己，而且加深了对百姓的盘剥，使得民不聊生，政治极度黑暗。

与此同时，他们还排挤打击边疆的守将，在熹宗面前诬陷忠良，使得熹宗不辨是非，便罢免了"有胆知兵"的辽东经略熊廷弼，致使后金攻陷沈阳、辽阳，辽东局势日趋严峻。后来阉党又进一步进谗言，使得熹宗杀掉了坚持

正确方略的熊廷弼,忠臣良将孙承宗等大臣,后金趁机攻占了辽东的许多要塞,辽东的战局陷于重重危机。

但是,整天只知道玩乐的明熹宗似乎还没有意识到危机的存在,依然在后宫无所忧虑地尽情玩乐。天启六年(1627年),熹宗在宫中的西苑乘船游玩,开始还在浅水处饮酒作乐,后来觉得不过瘾,便让魏忠贤及两名小太监把船划到深处。这时突然刮起了大风,熹宗因为饮酒过度,站立不稳跌入水中。熹宗不会游泳,在水中挣扎了好一阵子,虽然被及时赶来的侍卫们救起,但是因为惊吓过度,大病了一场,从此落下了病根,身体状况越来越差,虽然多方医治,仍然没有什么效用。到了天启七年(1627年),熹宗的病进一步加重。他高烧不退,惧怕寒冷,全身浮肿,御医们想尽了一切办法也没办法使他退烧。熹宗卧在床上脸色青黄,饭也吃得越来越少。对于熹宗的病最着急的要数魏忠贤和客氏两人,他们因为熹宗而得宠,熹宗就是他们的全部靠山,万一熹宗有什么三长两短,他们也没有什么好下场。他们想尽了一切办法治疗熹宗的病。客氏善于烧菜,在熹宗没有生病的时候,最喜欢吃她做的饭,常常称赞她烧的菜为"老太家膳",并列为皇上的专供。熹宗病倒之后,客氏是在做饭上下尽了功夫,每一餐都做得精妙绝伦,希望能够通过进膳来为熹宗补补虚弱的身子。阉党尚书霍维华称他有一种仙药,可以治疗百病。这种药物用五谷佐以人参、鹿茸等珍贵的药物熬制而成,疗效很好。魏忠贤听了之后十分高兴,急忙将这种仙方灵露饮进献给熹宗服用。熹宗开始服用后,感觉清甜可口,十分舒服,便日日服用。谁知服用了几个月以后,竟得了臌胀病,逐渐浑身水肿,卧床不起。

明熹宗躺在病床上,知道自己来日不多。到了八月间,熹宗考虑到自己的身后问题。考虑来考虑去,只有自己的弟弟信王朱由检可以托付大事。熹宗虽然昏庸,但是对于自己的弟弟还是十分敬重,魏忠贤等人几次图谋诬陷信王都被他严加喝斥。他同信王都是自幼丧母,从小一块长大,兄弟两人的感情很好。他知道信王沉静刚毅,通情达理,素有贤王之名。八月十二日,明熹宗召信王觐见。信王来到乾清宫之后,见自己的哥哥躺在龙床之上,气息微弱,全身浮肿,心中很难过,哭着拜倒在地。熹宗用微弱的声音对他说:"我可能距大去之期不远了,身后的事情就托付给你了。魏忠贤等人都是忠臣,你一定要好好重用他们,任用贤良,相信你一定会成为一位有作

为的君主。"熹宗临死仍然认为魏忠贤是忠臣,殊不知他的大明王朝正是毁在这位大"忠臣"的身上。魏忠贤也在考虑今后的应对之策。他们想效仿唐朝搞一个军事政变,异姓称王,但是兵部尚书崔呈秀说,恐怕外边有义兵,事不能成。魏忠贤无可奈何,只好暂时静观事变。

八月二十二日,熹宗皇帝在乾清宫病死,结束了他昏庸的一生。朱由校死后葬于北京昌平德陵,庙号为熹宗,又称为天启皇帝。熹宗在位七年,在位期间整天玩乐,不问政事,使得"妇寺窃权,滥赏淫刑,忠良惨祸,亿兆离心,虽欲不亡,何可得哉?"陷大明王朝于万劫不复之地。

崇祯帝继位后为何杀魏忠贤

明天启七年(1627年)八月,熹宗朱由校病故,其弟信王朱由检继位,次年改元崇祯,是为崇祯帝。

崇祯承接下的是一个烂摊子,朝廷内外都被阉宦魏忠贤及其党羽所控制。当时正是客魏集团活动最猖獗的时期,客氏、魏忠贤互为表里,祸乱后官,把持朝政。魏忠贤的党羽还为魏忠贤建立生祠。最先建生祠的是浙江巡抚潘汝祯,他假借机户恳请,建祠于西湖,建成后上疏,请熹宗赐匾额,熹宗名之曰"普德"。此例一开,兴建生祠立刻成为风气,全国各地都争先恐后地为魏忠贤建生祠,甚至尊贵如楚王也为魏忠贤建起生祠。主持制造生祠的官员不一定都是魏忠贤的党徒,如袁崇焕是明末颇有见识的边方帅才,未必有心投靠魏

崇祯帝

忠贤。只能说,建生祠形成了一种潮流,即使为了自我保护,也不得不随潮

流而动。每建一祠,钱多者用数十万,少者也要数万。所用钱财,不是盘剥民众,就是取自官府。建生祠需要土地,或占民田民墓,或拆民房民舍,无人敢阻拦。魏忠贤亲自提督东厂,锦衣卫官多是他的亲信和党徒。厂卫的主要任务之一是监视官僚系统,魏忠贤专权时代,豢养厂役数百人。许显纯掌镇抚司,每审狱,魏忠贤必派人坐其后,"其人偶不来,即袖手不敢问"。另外,魏忠贤专权期间,还在社会上造成了相互监视的风气,对魏忠贤的不满和抨击还要受到凌辱和威胁,或许是更大的悲剧。魏忠贤本人、他的亲属和党羽,利用一切机会,谋求显赫的地位。阁臣和部院大臣按照常规,可得到公孤加衔,自不必说。像田尔耕加少师兼太子太师,许显纯加太子太保,却是不多见的。魏忠贤的族人中,荫封锦衣卫指挥使的有十七人,他的族孙和姻亲中有多人官至左、右都督及都督同知、金事等。他的侄子魏良卿地位最高,封宁国公,加太师。另一个侄子魏良栋封东安侯,加太子太保,侄孙魏鹏翼封安平伯,加少师,后两人都还是襁褓中的孩子。在名义上,魏忠贤本人除了司礼太监和提督东厂太监职务以外,还进上公,加恩三等。再者有熹宗所赐印鉴,文曰"顾命元臣"。实际上他的权势远不止这些。对他本人有九千岁的称呼,大臣对他的雕像行五拜三稽首之礼。魏忠贤是否有心篡位,这并不重要,他权势的发展,已经威胁到皇权,这一点就足以决定他的命运了。信王朱由检对这一切了然于心,在即位之后,朱由检由信王府搬入大内,竟不敢食用为他准备的膳食,硬是凭借自己从家里偷偷带来的干粮度过了最危险的几天,宫中的险恶可见一斑。

崇祯皇帝即位之初,虽然深恶魏忠贤的专权,毕竟自己羽翼未丰,不敢轻举妄动,于是韬光养晦,等待时机。正值巅峰的魏忠贤没有把这个孩子放在眼里,认为不过是和他哥哥熹宗一样的年轻后生,不会有多大作为。魏忠贤也想要控制崇祯皇帝。据说,他曾进献美女四人,带有香丸一粒,名"迷魂香"。他要把崇祯皇帝变成痴皇帝,但没有得逞。无疑,崇祯登基后,劈面遇到的棘手问题便是如何处置专擅朝政、气焰嚣张的魏忠贤集团。如果听之任之,继续放任他们为非作歹,那么他就可能成为第二个熹宗,当一个傀儡皇帝,这是刚毅自强的崇祯所不能容忍的。崇祯不露声色,以守为攻,采取怀柔和麻痹策略,待政权根基稳固之后步步为营,稳扎稳打,终以漂亮干练的手法解决了客魏集团,其政治手腕之娴熟,行政调动能力之强堪与清圣祖康熙扳倒权臣鳌拜相提并论。崇祯默默地寻找时机,九月,他采取了第一个措施,把客氏赶出皇宫。十月,弹劾魏忠贤和阉党的奏疏突然出现。十一月,魏忠贤被免去司礼监和东厂的职务,谪发凤阳守祖陵。这是一个试探性的决定,没有引起大的骚乱。于是,崇祯皇帝命锦衣卫擒拿魏忠贤治罪。魏忠贤行至途中,接到密报。魏忠贤自知罪恶深重,在途中上吊自尽了。魏忠贤阉党二百六十余人被处死、发配、或终身禁锢。粉碎了阉党,臣民赞颂不已,崇祯进而又下诏撤罢各镇内臣,杜绝宦官乱政之门。崇祯皇帝谈笑间铲除了魏忠贤集团,也一度使明室有了中兴的可能,但是随后的一系列错误使得他最终没有实现中兴的梦想。

崇祯为何死也不南迁

明朝末年,朱明王朝处于风雨飘摇之中,内忧外患的危局使在位的崇祯皇帝急得像热锅上的蚂蚁。此时清军接连攻占了山东、河北的许多州县;张献忠一路沿湖北、湖南夺关占地,准备全面占领四川;更严重的是李自成已西进潼关,占领西安,控制了西北,整顿兵马要直取北京,大有称王建国之势。国家社稷危在旦夕。如果此时崇祯皇帝权衡利弊,当机立断,迁都南京,以期图卷土重来,或许尚可保住江南的半壁江山,明朝也许不会这么快就灭亡。但是崇祯皇帝却迟迟犹豫不决,坐以待毙,终于断送了大明江山,自己也落得了个吊死煤山的可悲下场。

令人疑惑不解的是首先提出南迁之议的不是别人,正是崇祯皇帝本人,那么他为什么又迟迟不肯南迁呢?他是真的不想南迁吗?崇祯十七年(1644年)正月初四,崇祯皇帝急召大学士及首辅大臣陈演、魏藻德、丘瑜等大臣到御书房议事,讨论兵部兵科给事中吴麟征、陕西总督余应桂和蓟辽总督王永吉三人提出的速调吴三桂入京勤王的三道紧急奏折。这本是一个拯救危亡的折中方略,虽然不得不因此放弃山海关,但能避免京城落入李自成之手。然而,崇祯皇帝却踌躇再三,不能当机立断。面对外患,如果弃地守京,就会落下丢失国土的千古罪名;面对内忧,坐以待毙,又会蒙受失政于寇的奇耻大辱。这个两难选择使他犹豫不决,他还一心想作名垂青史的圣君呢！这种失地失国的重大罪名朱由检是不愿意去承受的。他把这个皮球踢给了这些大臣们，试图让大臣们正式提出建议，然后他再顺水推舟作个表态，免得承担责任。可是，这些长期生活在皇帝身边的大臣们个个老奸巨滑，他们早都猜透了皇帝心里打的小算盘，竟无一人站出来表态。崇祯从他们口中得不到自己想要的答案，最后只好决定："早朝廷议公而决之"。正月初九的早朝上，众朝臣展开了唇枪舌剑的争论，莫衷一是。一派主张弃地守京，另一派主张决不弃地，结果相持不下，不欢而散。那么，主张决不放弃一寸国土的臣子们，真的是心口如一誓死报国的忠臣吗？不然。当时的内阁首辅大臣陈演就怀着不可告人的目的。他想：如果自己当廷表态不弃国土，日后就逃脱了丢失国土的罪名。他后来又不公开反对"弃地守京"，则是遵照崇祯皇帝的心思。另外，说不定有朝一日秋后算账，这个刚愎自用又心胸狭窄的皇帝为了开脱自己的罪责会找一个因弃地守京而丢失国土罪名的替罪羊，所以他陈演最好是明哲保身了。试想，这种满脑子为个人打算的人把持朝政，再加上个优柔寡断，只顾虚名的皇上，哪里会定下万全之策呢？退朝不久，左中允李明睿求见崇祯，为崇祯献上南迁之计。此前崇祯曾与周延儒秘密商议"南迁"，并叮嘱不得泄露此消息。这时他却改变了主意，反认为即使弃地也难保北京，大敌当前，应

思宗御押

该效仿晋、宋南迁，以后再图恢复北方，以缓目前之急。实事求是地说，这个消极的应对策略是当时确保朱明王朝的可行之策，崇祯心里也是赞同的。但是，他顾虑重重，认为南迁是丢弃宗庙社稷的大罪，比"弃地守京"更甚，他实在不愿承担这个千古骂名，这个正确的策略便被搁置一边了。

　　同年三月初，李自成农民军势如破竹，攻克了宁武，明军一败涂地，京城已经岌岌可危，崇祯又连夜召诸大臣商议对策。这时，李明睿又奏请南迁。崇祯想，如果没人反对，他就可以下决心南迁了。左都御史李邦华竟提出，皇上应该守京师，让太子下江南。崇祯见自己的如意算盘被打乱，便怒斥

明宫秘史

道:"朕经营天下十几年尚不能济,孩子家做得了什么大事?"众人顿时吓得哑口无言。其实人人心里都明白,皇帝自己本想南逃,却硬要众大臣说出来,死要面子。他们又一想:如果皇上南迁,一些大臣们便会留在京师辅佐太子,变成替死鬼;而那些随驾南迁的人,一旦京师失守,说不定也会因力主南迁而替人受过,这实在是个两面不讨好的苦差事。众人都看透了崇祯的心理,谁也不想背这个黑锅,个个沉默不语。崇祯却不知众人心里想些什么,见无人表态,还连连催促群臣想对策。结果群臣议来议去,还是说不出个所以然来,到了最后,也只是下了个"入京勤王"的圣旨,等待各路大军来京护驾。但是,此后的几天,勤王的军队没到,告急奏折却像雪片一样飞来,如再犹豫就什么都来不及了。李明睿又来紧急求见,力劝崇祯南迁。崇祯皇帝当然想马上南迁,可是他又总盼望着大臣都一致赞成南迁,都来哭求时再半推半就地答应下来,这样虽然仍是不免"弃京南逃"之名,但总还能营造出一种不得已而为之的情景,使人对他这个皇帝的被动无奈深表同情。因此,在形势已经万分危急的关头,他还抱着一线希望,兴许这一次大臣们会众口一词地奏请他南迁。可是他又一次失望了,大臣们来朝见他时,都仍是一副心事重重的样子,全都沉默着,谁也不肯开口。正在僵持之际,又有前方信使来报:"保定失陷了!"这一下,南迁的路被从中掐断,南迁之议已经成为泡影了,局势已无可挽回,农民军占领北京已成定局。

崇祯十七年(1644 年)三月十八日,李自成率领农民起义军攻入北京,崇祯皇帝无路可逃,在紫禁城后的煤山上自缢殉国,统治中国两百多年的明王朝灭亡了。

崇祯因何剑伤长平公主

在民间传说中,有一位武功超凡的独臂女尼,乃是明崇祯皇帝的嫡出长平公主,因为国破家亡,被父亲砍去手臂后流落民间。怀着深仇大恨的公主练就了一身武功,誓要为父母报仇雪恨。人称独臂神尼九难。传说独臂神尼九难收了八个天下无敌的徒弟,其中有个吕四娘。吕四娘是九难的关门弟子,后来潜入深宫,刺杀了雍正皇帝,辗转为师父报了家国之仇。这八个了不起的徒弟,被称为"清初八大侠",真是威震天下!粤剧中有一部极为经典的《帝女花》,讲的也是长平公主的故事。说她在明亡后出家为尼,后来又被清廷找到,要她与驸马完婚。为了让父母能够平安下葬,弟弟们能够被释出牢狱,她答应了这个要求。洞房花烛之夜,长平公主和驸马周世显服下了砒霜,以死报国。这些故事听来虽然浪漫,但毕竟只是传说而已。真实的历史又是怎样的呢?

　　崇祯十七年(1644年)三月十七日的北京城笼罩在一片愁云惨雾之中,人们惊慌地四处奔走,却又无路可逃。李自成的大军就在城外,隆隆的炮声连皇宫深处也听得非常清楚,整个紫禁城连同它里面的人都在风雨飘摇中颤抖。这天夜里,李自成派投降他的明朝太监杜之秩和申芝秀从城墙上吊入城中,一起去皇宫中劝崇祯皇帝主动退位,结果被皇帝大骂了一顿赶了出来。太监们退去后,崇祯皇帝一个人在寝宫里走来走去,可是却什么退敌的办法也没有。正在他焦躁不安的时候,又一个坏消息传来,他所信任的太监曹化淳放弃了守城的职责,打开自己把守的城门,投降了李自成。崇祯听到这个消息,顿时如同五雷轰顶,外城一破,北京再无险可守。崇祯皇帝和太监王承恩来到皇城的高处四下眺望,只见外面到处火光冲天,喊杀声不绝于耳,看起来内城被攻破也只是转眼之间的事了。他呆了半晌,又回到宫中,见了周皇后,才叹了一口气说:"大势去矣。"两人不禁相对落泪。崇祯和周皇后勉强支撑着将三个儿子叫到面前,为他们换上粗布旧衣,让太监将他们送出皇宫逃生。哭成一团的父母不会知道,等待十五岁太子、十二岁永王、十一岁定王的是怎样的将来。周皇后一直陪在他身边默默垂泪,一言不发。等到打发了太子走后,她才过来跪下向崇祯磕头说:"我服侍陛下十几年了,你却从没听我一句劝。现在也没什么可说的了,我也惟有以一死殉君国了。"说完,她就站起来转身回房去了。一会儿宫女出来报告说:皇后已经自缢身死。崇祯听后,呆了一会儿,又说:"好!好!死得好!"崇祯皇帝茫然地在乱成一团的紫禁城里游走,来到了女儿长平公主居住的寿宁宫。这是他最疼爱的女儿,被封为长平公主,今年刚满十六岁。"长平",长长久久地享受太平,这两个字中包含了多少父亲对女儿的爱和希望啊!他本来已经为爱女选了周显作女婿!可是这一切眼看就要成为泡影了。长平公主还在期待能与未婚夫周显相会,像弟弟们那样逃出皇宫,她不愿就这样死去,拉着

传说思宗自缢处

父亲的衣服,涕泪交流地哀求他放自己一条生路。崇祯摇摇头,哭道:"孩子,你为什么要生在我家?"话音刚落,他的剑就向毫无准备的长平公主劈面挥去。长平公主下意识地一避,利剑落下,切断了她的左臂。一声惨叫之后,她倒在血泊中,没有了知觉。失魂落魄的崇祯认为女儿已经死了,没有再劈第二剑。他转身又来到了三女儿居住的昭仁殿,一剑结束了女儿十岁的生命。三公主死后,清廷以其居所为名,追谥她为昭仁公主。他又走向袁贵妃,命她赶快自尽。袁贵妃遵命自缢,不料绳子却自己脱落了。崇祯见状,又挥着手中的剑砍伤了袁贵妃的左肩。第二天,崇祯皇帝朱由检蓬头赤足,自尽于寿皇宫外煤山的一棵树上。太监王承恩从死殉主。那几天紫禁城里乱成一团,谁也没有顾得上去看看长平公主的"尸体"。所有的人来了又去了,她就那么一直躺在冰冷的青砖地上。

五天后,奇迹出现了,长平公主居然苏醒了过来。当她醒来的时候,北京城已经成了大顺国的天下。李自成见长平公主居然死而复苏,感到很意外,将她交给刘宗敏救治。幸好,"大顺"只在北京城里呆了两个月,就结束了它的历史使命。李自成没有来得及带上长平公主,就在清军的追击下败逃远去。清军引兵入关,长平公主成了清廷的特殊"客人"。为了笼络人心,多尔衮下令,五月初六至初八,为崇祯帝哭灵三日,上谥号怀宗端皇帝,后来又改称庄烈愍皇帝。与此同时,将他和周皇后的棺木起出,重新以皇帝之礼下葬,葬在昌平明皇陵区银泉山田贵妃陵寝内,妃陵改称思陵,一后一妃陪着崇祯去往另一个世界。看着父母终于入土为安,长平公主虽然国破家亡,也终于得到了一丝安慰。但是其后她再也没有得到三个弟弟的丝毫消息,与她相依为命只有崇祯的袁贵妃。袁贵妃虽然重伤,最后也像长平那样死而复苏。顺治入关后,将她找到并赡养终身。清顺治二年(1645年),长平公主向顺治帝及摄政王多尔衮上书,说"九死臣妾,踽踽高天,愿髡缁空王,稍申罔极。"她希望自己能够出家为尼,断绝这尘世间的哀伤悲痛。然而,她是先朝长公主,为了让汉人归心,这个愿望,清廷是不会答应她的。不但没有答应,在长平公主上书后不久,顺治帝的诏命就跟着下达了。不许公主出家,而是让她与崇祯为她选定的驸马周显完婚,同时赐予府邸、金银、车马、田地。仅仅过了几个月,长平公主病逝,时为顺治三年(1646年),长平公主十八岁。长平公主短暂的人生就到此为止,她一生没有踏出过北京城一步,而且缠了一双小脚,不可能修习高超武功。传说毕竟是传说,她的一生是辛酸悲苦的一生。

崇祯帝自缢万岁山

明十三陵的西南部鹿马山山麓有一座十分荒凉的陵墓,除了建有一个快要倒塌的石碑外,别无他物。该陵之简陋,甚至使前来参观定陵地下宫殿的人都很难相信这就是明朝最后一位皇帝崇祯帝的陵墓——思陵。

作为统治中国的皇帝,原本应该是高高在上、权倾朝野的。但崇祯从称帝那天起,却没有一天好受过。他求治心切,很想有所作为。但因矛盾丛集、积弊深重,无法在短期内使政局根本好转。他生性刚愎自用,又急于求成,屡铸大错。因对外廷大臣不满,在清除魏忠贤为首的阉党后,又重用了另一批宦官,给予宦官行使监军和提督京营大权。大批宦官被派往地方重镇,凌驾于地方督抚之上。他还派宦官总理户、工二部,将户、工部尚书搁置一旁,致使宦官权力日益膨胀,统治集团矛盾日益加剧。在与后金战争的紧要关头,他中后金反间计,冤杀袁崇焕,使辽东防卫几近崩溃。无奈中,他不断反省,四下罪己诏,减膳撤乐,又在宫中设坛,祈求上天降福消灾。他在对各类神仙失望之余,一度对天主教产生兴趣,召外国传教士入宫讲解教义。崇祯十七年(1626年),明王朝面临灭顶之灾。明军在与农民起义军和清军的战斗中屡战屡败,已完全丧失战斗力。从崇祯元年(1628年)起,在陕北就闹起了农民起义,这使崇祯帝如坐针毡,食不下咽,没有一天不在想着如何"剿匪"。然而,经过十几年,由闯王李自成率领的农民义军却越战越强。到了1644年,李自成亲率40万步兵、60万骑兵,渡黄河,下太原,兵分两路,直抵京师城下。

明崇祯十七年3月17日(1644年4月23日),李自成的义军在隆隆的炮声中加紧攻城。傍晚时分,守城总管、宦官曹化淳打开彰仪门(今广安门)献城投降,义军进占外城。具有讽刺意味的是,这位宦官竟是崇祯最信赖的重臣。24日,看到大势已去的崇祯,命令永王和定王两个皇子化装成平民,逃出了紫禁城,并命令周皇后自杀。接着,他又冲进宁寿宫,亲手砍伤了亲生女长平公主和昭仁公主,然后在昏暗的夜色中带着一批太监冲出宫门,逃命去了。他们出东华门,至朝阳门,又奔安定门……在城内兜了一圈也没能出城,逃生不得后,只得重返宫中。25日凌晨,崇祯帝登上钟楼,鸣钟召集百官,但无一人前来。众叛亲离的崇祯帝潦草地写下遗言:朕非庸暗之主,乃诸臣误国,致失江山。朕无面目见祖宗于地下,不敢终于正寝。贼来,宁毁朕尸,勿伤百姓!然后与宦官王承恩一起溜出紫禁城,登上了后面的万岁山(今景山)。到了此时,他已经觉察到死亡临头,已成定局,这个时候他已经既不怕死,也没有愁了,所剩的只是无穷的亡国遗恨。几天来崇祯常想着一些国事上的重大失误,致有今日亡国之祸。他有一套习惯思路,认为许多重大失误都是诸臣误国,他自己没有错误。近些日子,他眼看着将要亡国,每次回想亡国的各种缘故,有几件大事使他痛恨朝中群臣,无法忘怀。第一件,在几年前,满洲的兵力还不像今日强大,有意同朝廷言和。他同杨嗣昌都主张同满洲言和,求得同满洲息兵数年,使朝廷摆脱两面作战困境,专力对付"流贼"。不料消息泄露,举朝哗然,群起攻击与满洲言和,杨嗣昌被迫离开朝廷,出外督师,死在湖广。继任杨嗣昌主持中枢的是陈新甲,也知道国家当务之急是同满洲言和,以摆脱两面作战,内外交困之局。和议即将成功,消息泄露,又是举朝大哗,比上一次攻击和议的言论更为猛烈,他迫不得已将陈新甲下狱斩首。假如当时朝中文臣们稍有远见,避免门户之争,都肯从大局着想,使和议之策成功,朝廷暂缓东顾之忧,国力不致消耗净尽,何有今日!假如杨嗣昌和陈新甲有一个不死,留在朝廷,何有今日!尤其近几天时时在心中痛恨的是关于南迁的事,何等紧迫,满朝文臣们各存私心,大臣反对,小臣不敢坚持,致有今日!还有,关于调吴三桂来京勤王的事,又是何等紧迫,朝廷上多日议论不决,贻误军机,坐等流贼东来,致有今日!……望着紫禁城中的各处宫殿,想着这一大片从永乐年间建成,后经历代祖宗补建和重建的皇宫,从今日以后,再也不属于他了,他深感愧对祖宗。崇祯帝从十七岁开始承继的大明皇统,是一个国事崩坏的烂摊子,他不管如何苦苦挣扎,也只能使大明江山延长了十七年,却不能看见中兴。他十几年中日夜梦想要成为大明的"中兴之主",而今竟然失了江山,难怪他要抱怨"今日亡国,出自天意,非朕之罪"。十七年惨淡经营,总想中兴,可是大明气数已尽,处处事与愿违,无法挽回,十七年的中兴之愿只是南柯一梦!

当北京内城被起义军攻陷时,崇祯在煤山上吊自尽,享年三十四岁。太监王承恩和他一同自杀。三天后,人们发现了崇祯的尸体,只见崇祯乱发覆面,一只脚光着,与王承恩相对缢死。崇祯死后,南明弘光年间谥崇祯帝为烈皇帝。庙号思宗,后改为毅宗。清改为庄烈愍皇帝,庙号怀宗,葬于北京昌平思陵。

明宫秘史

第二章　大明后妃篇

红颜命薄,自古皆然。她们貌美如花、才华横溢、柔情似水、身世飘零。她们虽然拥有美艳的外表,却也有着蛇蝎般的心灵,她们或者放荡不羁,蛊惑帝王;或者心狠手辣,残害忠良。然而,不论是善良还是险恶的美人,她们都不仅仅以"沉鱼落雁闭月羞花"之容闻名天下,而且还有诸多谜团让人津津乐道。这些未解之谜所散发的巨大魅力像磁石般吸引着人们好奇的目光,并刺激着人们探究其真相的强烈兴趣。

朱元璋为何如此敬爱马皇后

中国历代开国皇帝大多有同甘共苦、贤慧能干的妻子,最为典型的便是明太祖和他的马皇后。明太祖朱元璋和他的结发妻子马皇后共同生活了三十多年,无论是在战争的艰难岁月里,还是在朱元璋登上九五之尊的皇帝宝座后,两人始终相互尊重、相互扶持,同甘苦、共患难。战争岁月中尚不算什么,但是朱元璋成为一国之君后仍然敬重、爱护马皇后,这在历代帝王中是极为少见的。朱元璋一生性格刚强,当了皇帝后,更是听不进任何人的劝告,又常常喜怒无常,动辄杀人,这时唯一可能改变朱元璋决定的人就是马皇后。人们不禁要问:作为一国的开国之君,朱元璋为什么会对这位马皇后如此一往情深呢?

马皇后是皖北宿州闵子乡人,母亲早卒,父亲马公和女儿相依为命,此时正值白莲教反叛四起,战火自山东蔓延到皖北。白莲教徒要抢夺马公的女儿,马公杀了白莲教徒,带着女儿星夜投奔好友郭子兴,并把女儿托付给郭子兴。郭子兴是定远人,在当地是一方大财主。马公死后,郭子兴就将马

氏视为自己的女儿。马氏聪明能干，善解人意，郭子兴夫妇很喜欢她。马氏就在郭府过着小姐般的生活。元末统治黑暗，各地起义不断。郭子兴也募兵起事，占据了濠州，朱元璋17岁时，濠州大灾，他的父母和三个哥哥相继死去，只有一个姐姐远嫁在外。朱元璋走投无路之下，先是出家为僧，后来投奔郭子兴。

朱元璋身强力壮，且机灵能干，很快得到了郭子兴的赏识和倚重。郭子兴的二太太张夫人见过朱元璋，觉得他相貌不凡，可以倚信，便建议联姻，将义女马小姐配给朱元璋。郭子兴为巩固自己的权位，就答应了这桩婚事。黄道吉日，朱元璋25岁时娶了小自己5岁的马氏。

朱元璋娶了主帅的养女为妻，身份陡然提高了许多，军中上下都对他另眼相看，尊称他为"朱公子"，成为夫以妻贵的典型。马氏为人精明能干，而且十分贤惠，成了朱元璋政治生涯上的好帮手。

马皇后

马氏身材修长，姿容秀丽，尤其是黑色的秀发和如玉的肌肤，更具有一种大家闺秀的秀美。马氏有一双发达的双脚，后来证明这是帮助朱元璋打天下的一双天赐的大足。最令朱元璋这位目不识丁的壮夫敬仰的，是马氏天生丽质之外的那份修养，那种端庄明智，那些知书达理所独有的超然风韵。马氏知道朱元璋出身寒苦，更知道她这位身强体壮的夫君所深藏着的是一颗出人头地的雄心。但马氏更加清楚，像朱元璋这样的人物，要想图谋大事，必须在武艺之外还得读书学习，明了历史、熟悉地理，而后才能君临天下。朱元璋敬爱自己的妻子，当然听从马氏的话，征战之余注意读书识字。朱元璋很有灵性，没过多长时间就能写诗。

朱元璋广召天下英才，认真地采纳有益的建议，势力日益壮大，占领了滁州。郭子兴想在滁州称滁王以号召天下，朱元璋觉得不妥，认为过早竖起王旗，容易招致强兵，称王暂缓为宜，郭子兴见朱元璋反对他称王，大为恼火。郭的亲信又嫉恨朱元璋，进谗说朱元璋素有野心。郭子兴便疑忌朱元璋，想分他的兵权。

朱元璋很为难,就和夫人马氏商量。马夫人让他对郭子兴更加恭顺,作战有俘获尽量献给郭子兴和他的二夫人。马氏再从中调停,两人的关系就这样又扭转了过来。据史书记载说,当时朱元璋和郭子兴及郭氏儿子的关系异常紧张,郭的儿子常构陷朱元璋,郭就把朱元璋幽禁起来,断绝饮食,夫人马氏就偷拿热腾腾的蒸馍,藏在衣内乳房旁边,带给朱元璋吃。朱元璋依此勉强度日,而夫人马氏却因蒸馍太热,烙焦了肌肤,乳房为之糜烂。类似的情况有多次,都是马夫人救朱元璋于危难。因此,朱元璋得天下以后,册立马氏为皇后,对群臣感叹地说:"不是皇后仁德,哪里有今日?我怎敢富贵了而忘贫贱之恩。"皇后马氏却说:"我听说夫妇和谐容易,君臣相处却很难。陛下不忘我,我只希望陛下不忘群臣百姓。"皇后马氏的仁德声名远播。

至正十五年(1355年),郭子兴死。朱元璋时年28岁,独率全军,闯荡天下,至正二十八年(1368年)元顺帝兵败北逃,元帝国灭亡。朱元璋在南京即位,建明帝国,为明太祖。夫人马氏册为皇后。马氏为皇后时已经35岁,生下了五个儿子。

朱元璋在发迹的过程中渐渐侍妾增多,以至将马氏养父郭子兴的女儿收为侍妾,扶为二夫人。马氏对朱元璋的贪色很宽怀和容忍,她正位六宫以后,善待诸姬妾,厚爱宫女。宫中上下对马氏非常爱敬。

马氏勤于内治,空闲时常探求古训,并常常以古训教导六宫嫔妃和宫女。马后认为宋代的贤后很多,命女史录宋代家法,朝夕省览,有一个女官进言说:"宋代家法过于仁厚,不足为法,"马后正色回答:"仁厚不比苛刻更好吗?"马后身边有位清江人范氏,素习女史,马后常令她讲解书传,谈论古今贤后事迹。有一次,范氏讲汉代窦太后,马后听完就问范氏:"黄老是什么教?如何窦太后这样喜欢?"范氏回答:"黄老讲求清静,主张无为而治,其教化所及,臣民孝慈。"马后立即说:"孝慈就是仁义,世上哪有舍仁义而为孝慈的呢?"

马皇后亲自照料朱元璋的饮食起居,亲自检查饭菜,宫女们劝她不必如此操劳,她却说:"侍候丈夫的饮食是女人的分内事,而且饮食一旦有点儿不合口味,自己不照料恐怕别人会遭殃。"马皇后就常常这样体谅他人:有时,宫女犯错,有些过失,朱元璋发怒,马后也故意发怒,吩咐将犯错的宫女交付宫正司。朱元璋事后问她这是为什么?马后回答:"赏罚须公正,人君喜怒

时赏罚会失正,而交宫正司能斟酌轻重予以施罚,这样才能公正相宜。"

有一次,朱元璋和大臣在前殿议事,议完后在殿中吃饭,朱元璋的饮食由后宫负责,朝官的饮食由光禄寺负责。马后这时来到前殿,吩咐将朝官饭菜拿来,自己尝尝,结果饭菜很凉,又没有什么味儿。马后就进奏说:"待士之道,自奉要薄,养贤要厚,如今朝官的饭食冰凉无味,不是皇帝养士之道。"朱元璋当即召光禄寺卿徐兴祖,当面切责。众人无不称赞马后。

朱元璋数兴大狱,杀戮功臣,胡惟庸逆案牵连甚众,杀死臣僚数万。太子师大学士宋濂的孙子宋慎、宋燧也牵连其中,当时,宋濂已年迈乡居,朱元璋也不放过宋濂,想派人杀死他,并抄他的家。太子听说要杀自己的老师,苦苦哀求。朱元璋不听,太子投水自尽被侍从救起。马皇后知道这事以后,便吩咐当天的膳食,全部用素。

朱元璋入宫用膳,发现全是素菜,问什么缘故。马后回答:"平常百姓家请个先生,都是礼敬有始有终。宋先生教导诸子,我为他吃素祈福。"朱元璋知道又是为宋濂求情,气得将筷子一扔,怫然离去。宋濂终于免于一死。

洪武十五年,马皇后病重,眼看就要不行了,但是她却坚持拒绝找医生给自己看病。朱元璋寝食不安,甚至命令各地祭山川神灵为皇后祈福,还征天下良医前来诊治。马皇后对朱元璋说:"人的死生都是上天注定的,这时祷祀有什么用呢? 御医诊治,如果服药没有效用,希望陛下不要因此而降罪御医。"没过多久,马后病情恶化,临终时遗言:"愿陛下求贤纳谏,慎终如始,子孙皆贤,臣民得所而已。"话刚说完,马皇后就咽下了最后一口气。朱元璋不禁抚着马皇后的尸体痛哭不止,从此以后再也没有立过皇后。

徐皇后为何要劝成祖生息

朱元璋后宫多宠,故多子孙。在二十四个儿子中,他最钟爱的是四子燕王朱棣智勇双全,相貌奇伟,酷肖自己。洪武九年(1376 年),朱棣 17 岁,朱元璋为儿子挑选王妃。他听说魏国公徐达的长女十分窈窕贤淑,自幼贞静好读书,文韬武略、琴棋书画,样样娴熟,人称"女诸生",便有心为朱棣纳聘。

徐达是明初开国元勋,武将中第一大功臣,与朱元璋是布衣之交。这天，朱元璋把徐达召进宫去，对他说："自古以来，君臣间如十分相得，即可结为秦晋之好。如今卿有淑女，正可与朕的儿子婚配！"徐达一听，当然十分乐意，赶忙跪下谢恩。于是徐达的这个长女被册封为燕王妃。徐达这个女儿，真是才貌双全、智德超人，有乃父遗风。

朱棣登基大典，改建文四年为洪武三十五年，以明年为永乐元年。册立原配徐氏为皇后，长子高炽为东宫，又大封功臣。

建文元年（公元 1399 年），朱棣为反对建文帝及其大臣齐泰、黄子澄等人的削藩，发动了"靖难之役"，以入京诛奸臣为名，向南京进兵，北平让世子朱高炽居守，但军政部署，多由徐妃悉心规划决定。当时，朱棣带兵进攻大宁（今辽宁宁城西），建文帝派去的大将李景隆乘隙想包围北平。眼看大兵压境，而北平城内实已空虚，兵少

徐达

人稀。徐妃见情势危急，一面部署将士们守城，一面亲自动员全城男女老少，特别是将士的家属，皆授以兵甲装备，登上城门，充当守城兵卒。兵甲不够，妇女们以砖石瓦砾充当武器，终于打败了李景隆军队的多次攻城，杀伤李景隆兵卒无计其数，使攻城敌方狼狈逃窜，誓死保全了北平。徐妃被赞誉为"巾帼英雄"。

朱棣回师皇城后，悉闻徐妃的雄才武略，退敌的赫赫战功，万分喜悦道："朕有汝万幸，今后让汝一辈享受荣华富贵；即刻命大军扫北安定天下……"

徐后进言道："南北连年作战，军民疲惫，不堪负担，从今以后应让百姓休养生息了。京中所遗贤才都是太祖皇帝留下的，能用的就尽量用，不要管他是新臣还是旧僚。"

朱棣听了深受感动，欣然答应。因为他在安邦治国的实践中深切地感到，"臻治必资贤才"。没有一大批贤明能干的文武之才团结在自己的周围，就不可能实现天下大治的宏愿。所以，朱棣在严厉镇压建文朝部分反抗的旧臣的同时，对跟随他"靖难"夺位的文武功臣，都给予提拔重用，给予丰厚的奖赏，同享安乐，共庆胜利；对战死的将士，也尽行追封。周、齐、代、岷四

王，全予恢复原爵，各令归国。对朱允炆的故吏，只要能够真心归附，朱棣也有选择地量才施用。

朱棣入宫时，收缴了一千多份前朝大臣们的奏章，他看也不看，除把涉及军马粮钱的统计资料留下外，其余的全部当众销毁，以消除旧臣的后顾之忧。他曾向身边的几位前朝大臣说："这里大概也有你们的奏章吧?"一个大臣回答说："我实在没写过。"朱棣认真地说："食其禄则思其事，当国家危难之际，左右大臣都无一言行吗? 我并不痛恨那些效忠建文帝的人，而是痛恨那些诱导他破坏祖宗法制的人。你们过去做他的大臣，就应该效忠于他。现在做我的臣下则当效忠于我。过去的事就不要再提了。"

郑赐原是建文朝的北平参议，在朱棣手下办事极为卖力。后被朱允炆调升为工部尚书，并曾任督师讨伐过朱棣。因此被列入奸臣的名册而遭逮捕。朱棣审问他："你到底为何叛变于我呢?"郑赐回答："我不过是对皇上竭尽臣职罢了。"

朱棣闻言大喜，遂任命他为刑部尚书。这样一来，原先朱允炆的故吏也就渐渐归附，一心一意地帮助朱棣治理大明江山了。

为了尽快改变即位初滥杀故臣所造成的恐怖紧张局面，朱棣又及时提出了"用法当以宽不以猛"的主张。他叮嘱司法机关各大臣，办理案件一定要明刑慎法，宁缓勿急。有一次，刑部送上判处死刑的三百多人的名单，请他审批。他看后说："给这三百多人所定的罪，恐怕并非个个都确实，你们再仔细地复审一遍，一定不能叫任何一个蒙冤受屈。"

刑部按照朱棣的旨令重新复审后，果然发现错案，有二十多人无罪获得释放。徐皇后幼弟徐增寿，建文帝时官拜左都督。燕王初露反状时，建文帝十分怀疑，曾召入徐增寿询问，徐增寿有心偏袒朱棣，为他掩饰道："燕王天潢贵胄，同陛下系骨肉至亲，且富贵已极，有何必要谋反?"

及至朱棣以"清君侧"的名义起兵后，徐增寿在京城做内应，把京中虚实报于朱棣，被建文帝察觉。但因军情紧急，建文帝没有来得及查清。燕王大军渡过长江，直逼石头城，建文帝慌了手脚。御史魏冕等连连参奏，告发徐增寿私通燕王，建文帝大为震怒，亲自动手，举起佩刀，把徐增寿砍死廊下。这时燕兵已攻下皇宫，建文帝惊惶出逃。燕王带兵入宫，见徐增寿惨死，抚尸大哭。

明宫秘史

追念增寿之功,永乐帝拟追封爵位,但徐皇后认为不妥,她娓娓劝阻说:"徐增寿本是淑房至亲,为国捐躯,理所当然,不应再行加封。"永乐帝不肯听劝,仍追封徐增寿为国公,并给徐增寿之子徐景昌封爵。当永乐帝喜孜孜地把这一决定告诉皇后时,徐后淡然答道:"此并非妾所愿。"也不谢恩。永乐帝自讨一场没趣,悻悻然离去。

成祖三个儿子都是徐皇后生的。长子朱高炽被立为太子后,次子朱高煦、三子朱高燧因从战有功,不免自负,常流露出夺嫡之意。徐皇后看出二子用心,对成祖说:"汉王(高煦)、赵王(高燧)不顺服太子,宜选择朝中大臣去兼任二王属官,随时窥察动静,以防患于未然。"成祖深以为然。由于皇后英明,才避免了日后一场夺嫡之乱,保住了高炽的太子位。

为了帮助明成祖笼络明文武百官的人心,她曾问成祖:"请问陛下,朝中谁助陛下治国?"成祖答道:"众卿处理大小政务,翰林的职责则是为治国引经据典。"于是,徐皇后在宫中召见众部大臣及翰林学士的眷属,赐于命服冠帔,钱钞绢帛,对她们婉言说道:"对于丈夫来说,妇人不只是在衣食方面给予照料,还应随时规劝。朋友的话,往往有听从的,也有不听从的,但夫妇之间讲话,却婉顺入耳,易于接受。我在宫中日夜侍候皇上时,很注意让皇上时时念及黎民百姓的生计。你们也应该这样对待自己的丈夫,这才是做妻子的本分。"

这以后,徐皇后又命宫中女官搜集《女宪》《女诫》做成《内训》二十篇,又把古人善言善行编成一本《劝善书》,颁行天下。

永乐五年(公元 1407 年)七月,46 岁的徐皇后忽然身患重病,竟至不起。重病中,她只有一件心事,就是劝说明成祖要爱惜百姓,广求贤才,对宗室诸王要恩礼有加,不要骄宠后妃的外家。她还嘱咐被立为皇太子的长子朱高炽说:"我一直牵挂着北平城中将士们的妻女。当年,是她们披甲荷戈浴血奋战,才守住了城池。可惜皇上北巡时,我未能随行去北平加以抚恤。我死后,望我儿能替我了却这桩心愿。"

徐皇后死后,明成祖很是悲恸。缅怀徐皇后与其朝夕相处,患难与共,恩情似海。想当初,在藩邸的时候,几次获罪太祖,多亏徐皇后从中设法调停,才幸得不受罪谴。太祖在日常说:"棣有贤妇(指徐氏)终身享受不尽了。"

朱棣越想越对徐皇后无限怀念和敬爱,特地在灵谷、天禧二寺之间,设下大斋,命文武群臣前去祭悼,并追谥她为"仁孝皇后"。六年之后,明成祖在北平附近的昌平建成长陵(以后又建茂陵、献陵、定陵、思陵等明十三陵,据说,朱棣选陵址于燕山脚下,是为了告诫子孙要御敌于祖陵之外),将徐皇后灵柩移葬长陵。

胡皇后含怨让位

宣宗的胡皇后,是锦衣卫胡荣的女儿,生得静穆端庄,又极贤淑,平日间的举止文静、不苟言笑。还有那位孙贵妃是孙主簿的女儿,在三四岁的时候,被匪人拐去,卖在张太后的母亲手里。太后的母亲进宫,便带了孙氏同去。张太后见她生得俊俏,留她在身边做宫侍。宣宗即立为东宫,照例须选妃子,由张太后做主,正妃选了胡荣的女儿,将孙氏也选为从嫔。那孙氏渐渐地长大起来,出落得秋水为神,芙蓉其面,加上一身雪也似的玉肤,愈见得妖媚娇艳,宫里大大小小谁不爱她?孙氏的性情又是活泼,尤善察人的喜怒,宣宗登基,就册立孙氏做了贵妃。明代的立后,原用金宝金册,贵妃是只有册而没有宝的,宣宗因宠爱着孙贵妃,凡是册立的礼节,差不多和胡皇后并驾齐驱。胡皇后的为人很是懦弱,任那孙贵妃怎样地做出来,她好歹一个不作声。孙贵妃见皇后可欺,自然越发放肆了,心眼里竟完全没胡皇后了。

时至明宣德三年,宣宗想到自己已年属30,尚无子嗣,不免忧心。一天,他同宠妃孙贵妃说起这事,愁容满面叹道:"皇后身子有病,不能生育;爱卿无病,也不能生育,难道朕命中无子了?"

孙贵妃一听,忙下跪,做出一番羞涩之态,奏道:"臣妾常蒙陛下雨露承恩,近一个月来觉着体内有异常征兆,红潮不至,莫非已怀麟儿不成?"

宣宗听后,大喜过望,亲自把贵妃扶了起来,又以双手合掌祈祷上天保佑,让贵妃早产子嗣,激动之余,他又对贵妃许诺道:"如若爱卿生下男儿,朕当改立爱卿为皇后!"

孙贵妃心下惊喜异常,却又装出诚惶诚恐的样子,连连摆手,说道:"皇后宝座已定,臣妾怎敢有非分之念,望陛下毋出此言!"宣宗更加喜欢,连连

明宫秘史

称赞。又见贵妃娇羞可人，醉如桃花，越觉怜爱，便一把把孙妃揽进怀里，百般抚爱。

明刻本《大明律》

比起端庄沉静的胡皇后来，孙贵妃不但生得妖娆聪慧，而且另有一功：善于百般取悦帝意。因此，她虽然屈居妃嫔之位，却同皇后尊贵无异。仰仗"三千宠爱于一身"的优势，她把宣宗玩于股掌间，几乎是百依百顺。孙贵妃趁特别受宠幸的机会，把早已存下做皇后的念头又迸发了起来，于是私下和内宫张青、赵禄密谋夺后的计划。到了十月满足，孙贵妃临盆，竟生下一位太子来。内监忙报知宣宗，一时宫中的内侍宫女人等都来替宣宗叩贺。及至三朝，宫中便大开筵宴，朝中的一班文武大臣也分班入贺，宣宗命在仁乐、丰登两殿赐宴。这一场庆贺筵宴，足闹了半个多月。母以子贵，宣宗原本对孙贵妃有所偏爱，有了儿子，也就愈加宠爱她了。

光阴如箭，看看太子已经周岁了，宣宗亲自抱着去祭告宗庙，即赐名为祁镇。孙贵妃既生了皇儿，要宣宗践那诺言，立她为后。宣宗这时有子，把应许孙贵妃的话早已经忘了，孙贵妃却一刻也没有忘记，不时把闲话来讥讽宣宗，宣宗这才记起了前事，一时倒觉为难了。因胡皇后是张太后亲自指婚的，又不曾有失德的地方，若无故废后，在情理上也说不过去。怎经得孙贵妃的絮叨，宣宗被她缠得无法，又苦思无计。便悄悄地召内阁大臣杨士奇、杨荣、杨溥、蹇义等至无极殿里，宣宗却满面笑容、遮遮掩掩地说道："朕欲废去胡皇后，卿等可有什么意见？"杨士奇、杨荣等齐声答道："今胡皇后并无失德，陛下岂可轻言废立？"宣宗正色答道："皇后身有奇疾，不能生育，怎说没有过失？"士奇顿首道："这非是失德，也不是据为废立的要旨。"杨溥接口说道："即使皇后患有奇疾，将怎样地布告天下？"宣宗愤愤地道："万代帝王，

中华宫廷秘史

不曾有过废后吗?"蹇义答道:"那是有的,宋仁宗废郭后为仙妃,当时大臣如范仲淹也曾苦谏,宋仁宗毅然决行,后来到底自悔的。但流传至今,都不以仁宗的废后为然。臣愿陛下勿独断,无信小人谗言,将来成一代有德的圣君。"

宣宗听了,不觉含愠道:"朕的主见,你们既不赞成,就暂时缓议吧!"于是三杨和蹇义等便谢恩而退。第二天一大早,宣宗又找来了这几位大臣,一张口就问他们昨天的事考虑怎么样了。杨溥从怀中掏出一张纸,上面列举了他们故意捏造的胡皇后二十件过失之事。宣宗拿过来只看了二三件,便也觉得太过分太离谱。骤然变色道:"胡皇后怎么做这样的事?你们就不怕宫庙有灵吗?"杨士奇便趁机劝道:"宋仁宗虽然废了皇后,但后来也非常后悔,请陛下务必三思。"事情暂时又搁下了。

然而,废后的想法每时每刻缠绕着宣宗。一天宣宗斥退了左右,单独召见杨士奇,再次询问处置中宫的办法。杨士奇再三推辞,宣宗再三要求,只得略略思索后问道:"中宫与贵妃有无宿怨?"宣宗道:"彼此一向和睦,中宫有病,贵妃常去探视,可见深情。"

杨士奇道:"既然如此,倒不如借着中宫有病,由陛下向她言明圣衷,导致她主动让位于贵妃。"宣宗连连点头称善。病中的胡皇后已许久不见宣宗来探望她了,然而,她根本想不到宣宗给她带来的竟是这样一番意思。君王薄情,自己多病,且又无子,软弱的她既无力抗争,又无法夺回君王的恩爱,只得忍让。自册后以来,她一贯以这种忍让态度对待新贵妃的骄纵,想不到处处宽容自抑,时时谨守妇道,换来的最终结果竟是如此悲惨。可怜她在君王面前,还强作笑容,坦然地接受了这道无异于逼她自戕的残酷命令!

宣宗得意扬扬,迅即布置,先立祁镇为皇太子,后又起草中宫让位诏书,颁行天下。任凭张太后阻止,他已不管这些了。孙贵妃实现了多年的皇后梦(从10岁进宫时,已萌生了这样的野心),可她还矫揉造作地推辞一番,才欣然接过皇后册宝。

万贵妃为何能独霸后宫

明朝的第八个皇帝宪宗朱见深是明朝皇帝中特立独行的另一个典型,

他一生的感情和命运都同一个大他18岁的女人纠缠在一起，演绎了一段奇异的老妻少夫的生死之恋，这个女人就是万贞儿。

万贵妃

万贞儿是诸城人，4岁的时候被送入皇宫。万贞儿面目清秀，为人聪明伶俐，入宫后服侍英宗的母亲孙太后。万贞儿很得孙太后的喜爱，太子朱见深出生不久，孙太后就派万贞儿去侍候太子。朱见深小万贞儿18岁，他在这个乳母的精心照顾下一天天长大，渐渐长成为一个少年，两人从未分开过。

聪慧的万贞儿深深知道朱见深的价值，为了将他牢牢地掌握在自己的手里，她处处迎合朱见深，努力琢磨养生之术，以保持美丽的身材和容貌，无微不至地照顾朱见深的衣食住行。可以说，朱见深是在她温柔的怀抱中长大的。少年太子稚嫩而单纯，从未尝过感情滋味的他怎么能抵挡得住这样一个风情万种的成年女子的刻意挑逗呢？他依恋着万贞儿给予的温柔体贴，年纪渐长后又体验到万贞儿无尽的风情，沉浸在万贞儿温情和柔情的双重陷阱中不能自拔。万贞儿像母亲一样照顾着他，又像情人一样包围着他，让他纵情欢乐，别无烦恼忧愁。

天顺八年（1464年），朱见深登基，时年17岁。此时的他，对万贞儿的爱情中混杂着缠绵的"恋母情结"。这种双重的感情足以抵挡住任何女性对朱见深的吸引。所以，尽管他身边有后有妃，有另外的性生活，但这位三十四岁的半老徐娘万贞儿在他心目中的地位，是任何嫔妃都取代不了的。本来，宪宗是想立万贞儿为皇后，而且在他心目中，万贞儿实际上就是统领六宫的皇后。然而，明朝廷却不能接受万贞儿，皇亲国戚和臣民百姓也不能容忍一个大皇上18岁的随侍宫女成为堂堂天朝母仪天下的国母。因此，宪宗不得已立吴氏为皇后，授权她正统六宫，但宪宗对这位新皇后却是一点兴趣都没有。

年青漂亮的皇后入宫之初就得不到丈夫的喜爱,心里十分不满。再加上万贞儿倚仗着皇帝对她的宠爱,恃宠而骄,在宫中作威作福,更使吴皇后憋了一肚子的怨气。有一天,她抓住万贞儿一个不合礼仪的罪名,命手下的宫女们打了万贞儿一顿。

万贞儿哪里受得了如此对待,她又哭又闹,寻死觅活,不依不饶。朱见深对皇后本无感情,心思全在万贞儿身上,见到自己心爱的女人被打,岂能容忍?于是决定废后。立后不到一个月就要废后,而且只因为一件小事,很难令人心服。于是宪宗找了一个理由,说吴皇后是在太监牛玉的阴谋之下冒立的,不但把牛玉发配边疆,还趁机废除了吴氏的皇后称号,打入冷宫。万贞儿知道皇帝一心护着自己,在宫中更是横行无忌。继吴氏之后成为皇后的王氏本来就个性软弱,再加上目睹了吴皇后的前车之鉴,更是唯唯诺诺,委曲求全,小心谨慎地看万贞儿的脸色度日。于是万贞儿无名有实地把持了后宫。

但是随着年纪渐长,万贞儿青春不再,精心保养的美丽容貌也逐渐老去了。她原本苗条的身材开始变形,变成了一个肥硕丰满的中年妇人,说话也如破锣一般沙哑难听,可是她却依然能够抓住皇帝的心。她投皇帝所好,经常身穿戎装,骑着高头大马在皇帝的辇车前扬鞭开路,皇帝十分喜欢她这身装扮和不让须眉的豪气,不但没有嫌弃她,反而更加宠爱。

对于这种诡异的情形,宪宗的亲生母亲吴太后感到十分奇怪,她曾经问儿子为什么那么喜欢和万贞儿在一起。皇帝的回答却很模棱两可,只是含糊地回答说:"我也不知是为了什么,只知道有万贵妃在身边时就觉得心安!"

成化二年(1466年),万贞儿生了一个儿子,宪宗十分高兴,册封万贞儿为皇贵妃,朱见深欣喜之余,将万氏一门尽数封官,并赏赐万氏大量金银财宝,还一心想着要尽快立这个孩子为太子。他还兴奋地派人到全国各地去祭祀山川河海、天地神灵。万贞儿也喜滋滋的,觉得自己这回终于能成为名正言顺的皇后了,再也没有人能因为她出身低下而蔑视她。只要她的儿子将来当了皇帝,她就更是权集天下的皇太后了。

可是好景不长,美梦易碎。寄托了宪宗和万贞儿全部希望的儿子在一年之后就突然夭折了。万氏因为孩子的死,再加上她年纪已大,不可能再生

国学经典文库

明宫秘史

一二二

育,心灵受到了巨大的打击。她的心变得更加扭曲,同时为了保住自己的地位,万氏便将一腔怨恨向后宫发泄,大施淫威。后宫中被宪宗临幸而怀孕的妃嫔因此受尽凌辱,被强行堕胎,个个痛不欲生。后宫中一提到万贵妃,无人不闻之色变。成化七年,她又毒死了贤妃柏氏生下的皇子,这也是宪宗唯一个在世的孩子了。

宪宗没有子嗣,自己也很烦恼,朝中的大臣们更是为此而忧心忡忡,甚至有人还直言要宪宗"广施恩泽,博爱后宫",言下之意是要皇帝不能只专宠万贵妃一人。宪宗当然也知道没有皇子的严重性,但是要他放弃与万贞儿的多年感情却万万不能。对大臣们的直言上书,他给予的回答是"这是朕的家事,朕自己会作主"。大臣们见皇帝如此固执,也没有别的办法了。

后来,有一个宫女纪氏,偶然被宪宗临幸,居然秘密地生下一个皇子,在宫中隐藏了六年才被发现。正为没有儿子发愁的宪宗当然是大喜过望,马上布告天下说皇帝有皇子了,普天同庆,只有被蒙在鼓里的万贞儿气得咬牙切齿。皇帝也知道万氏很可能会对太子不利,特意将孩子给自己的母亲抚养。

万贵妃58岁时,变得更加喜怒无常。有一次对一位宫女恼火,竟然把自己气死了。不到一年,宪宗因思念成疾,追随万贵妃去了,死时还不到40岁。他们这样生死相恋,誓死追随的深情在历代贪图美色的皇帝中是极为少见的。

方皇后被活活烧死之谜

明世宗朱厚熜先后有三个皇后,她们分别是:孝洁皇后陈氏、废后张氏、孝烈皇后方氏。世宗16岁那年,陈氏15岁,陈氏端庄秀丽,楚楚动人,尤其是娴习史书,聪慧过人,所以世宗和陈氏非常恩爱,生活也很幸福。

有一天,世宗和陈皇后在一起,张妃、方妃恭敬地捧进茶水,供皇帝和皇后品尝。当时世宗见色性起,发现张妃的手指娇嫩,便看得目不转睛。当时,已有身孕的陈皇后早就看在了眼里,顿时醋劲大发,竟一怒而起,扔下茶杯,怫然离去。尽管世宗和皇后两人十分恩爱,但是皇帝毕竟是皇帝,他也受不了有人对他这么无理。于是勃然大怒,陈皇后知道后反而觉得万分恐惧,惊吓之余不幸流产,结果由于大出血而死。陈皇后和尚未出生的孩子不幸去世,世宗知道是自己当时过于愤怒造成的后果,追悔莫及。

之后,张氏被选为世宗的第二任皇后。开始的时候张氏是顺妃,陈皇后去世,才由顺妃立为皇后。张皇后温柔和顺,从不违拗沉迷于上香祷祀的皇帝,甚至于还一味迎合,参与祭礼。非常具有一个母仪天下的皇后的风范。

但是,当时的世宗整天沉迷在古礼之中,奉祀不休,把宫中弄得乌烟瘴气。每次隆重的祀日,还要皇后一同陪祭。天长日久,张皇后不免因此而感到了烦闷。世宗觉着祭礼不过瘾,又仿照古礼,要张皇后在东郊亲祀蚕神。张皇后为此更加不满,常常面露难色。

有一次,张皇后等人正行大礼,忽然狂风大作,暴雨倾盆。张皇后娇生惯养,一下子就受不了了。惊吓、恐惧、饥寒交迫,祀礼只好草草结束。之后,张皇后竟然一病不起了。

鸳鸯形香熏

但是,没想到,张皇后病愈后又遇到玉霄帝君的生辰大日,世宗吩咐张皇后穿新制的祭衣,一同陪祭,张皇后穿上祭服,心里一惊,看着镜中的自己发呆:这像巫婆似的女人,难道是自己吗?是母仪天下的一国皇后?张皇后痛苦万分,于是拒绝穿祭服,以示反抗和不满。

此后,术士邵元节又别出心裁,编了荒诞不经的《圣女训》,让皇后以下每三天听从宣讲,听讲时还有一套繁琐的祭拜仪式。张后实在忍受不了,便直言进谏,表达自己的由衷不满和坚决反对。世宗好言相劝,张后坚持己见。世宗为此非常不高兴,于是在不久后张后被幽禁冷宫,废为庶人。张后

明宫秘史

过了两年囚禁的生活,最后抑郁身亡。

尽管这样,世宗也没从中得到任何的悔悟,反而终日祭祀祷告,练丹吃药,只求自己长寿,但后宫没有主事的皇后,又没有广延后嗣的众多嫔妃,终究不是王朝的一件好事。于是,世宗接受了大学士张孚敬博求淑女,为广皇嗣的建议,于嘉靖十年三月,同时册立方氏、郑氏、王氏、闫氏、韦氏、沈氏、卢氏、沈氏、杜氏为九嫔,仪制稍次于皇后。九嫔中世宗最宠爱的是方氏、沈氏、闫氏三人。于是,世宗立方氏为皇后,沈氏封宸妃,闫氏封丽妃。

方皇后是江宁人,她临危不乱,遇事沉着冷静和坚毅,也是一位才、色、识、胆全面的女子,最典型的事件是世宗险些被宫女勒死的杨金英案。那么这个案件又是怎样的呢?

世宗像其他那些享尽荣华富贵的帝王一样渴求生命长久,对道术的仙丹长寿异常着迷。他从一道士那里得一长寿秘诀,让宫女每天在御花园采集甘露以供。宫女每天黎明,左手持玉杯,右手拿玉簪,在先已洗净的树木枝上采集甘露。早晨天凉风冷,宫女们未明即起,露湿了衣衫,立在凉风习习的花木丛中,其凄惨可想而知,天长日久,采集甘露的宫女不胜其苦,便相继病倒,没有病倒的也是充满怨怒,采集甘露渐渐地变成了世宗惩罚失宠嫔妃和犯错宫女的一种刑罚,宫中的女子自此视采露为畏途,对他非常害怕。

九嫔中王宁嫔长得最不好看,但王宁嫔极有心计,善于迎合圣意,体贴入微,而且能诵读世宗酷爱的青词。加之王宁嫔发明了紫沉香和檀香木屑加糠末制成的香饼,放在九孔香炉中燃烧,产出异香,沁人心脾,因此,王宁嫔极得世宗的爱惜。

曹端妃是九嫔中最漂亮的一个,曹端妃淫媚世宗,渐渐独宠专房,冠绝后宫。端妃日益不可一世。其他的嫔妃、美人当然妒恨端妃,尤其是刚刚得宠旋又失宠的王宁嫔。端妃恃宠而骄,目中无人,甚至在宴会上公然颐指气使,呵斥众嫔。王宁嫔对她咬牙切齿,背后骂曹氏是骚狐狸,曹端妃耳目很多,侦知王宁嫔骂她,便到世宗面前哭诉,自然又添枝加叶,世宗大怒,吩咐召来王宁嫔,当场裸笞,打得她遍体鳞伤,哀号不已,接着,世宗便罚王宁嫔采集甘露,如果有什么怨言就杀无赦。

王宁嫔为了保全性命也忍气吞声,加入采集甘露的宫女中,并笼络杨金

英、邢翠莲两位宫女，三人常在一起互吐苦水，泣不成声，对世宗的怨恨也一天天加深。她们也开始为了摆脱自己的悲惨命运而抗争着。

世宗36岁时，严嵩私党赵文华为邀宠，假造了一只五色龟进献世宗，说是千年灵物，得于华山深谷，世宗当然兴奋，吩咐将这五色瑞龟养在御苑池中，并命采露的杨金英、邢翠莲负责照管。但是没想到，没过多久，五色龟死在池中。

明孝宗朱祐樘

为此，杨、邢二人十分害怕，于是向王宁嫔求教。王宁嫔献计说："每天采集甘露都要送到端妃的住处庆灵宫；端妃每天早起后便要到宫后御膳房亲自监视蒸制甘露，皇帝爱早寝，没有人敢去惊动；端妃走后，宫中只有两个宫女，想法哄出她们；你俩进去用绳子做个活圈，勒死皇帝；皇帝死在端妃寝宫，端妃脱不了干系；皇帝一死，宫中忙乱，谁还有工夫去管什么五色龟？"

话一说完，杨金英、邢翠莲听得目瞪口呆："要去勒死皇帝？这真是从来连想都没有想过。"但是，要逃脱一死，也只有这唯一的办法。于是二人准备冒险一试，却又觉得人手太少，三人商量的结果，又增加了张金莲、王秀兰两人。之后，她们就按照王宁嫔的计划各自行动去了。

一天，世宗到端妃宫中饮酒作乐，黎明时沉沉睡去。王宁嫔、杨金英、邢翠莲等人依计行事，但是，遗憾的是杨金英将套绳结了个死结。世宗惊醒以后，奋力反抗。杨金英便将绳子一端拴在床栏上，用力下拉。世宗被抵在那里，勒得出不了气，很快眼突舌伸，口中呼呼出声，奄奄一息。杨金英见皇上还是断不了气，吩咐二人拉紧绳子，她自己扑上去，用手勒住皇上的脖子，床上乱成一团，四个女人又手脚忙乱，更是慌的不得了。

此时，世宗趁机喘过了气，便奋力相抗。张金莲见形势不好，便在混乱中偷偷溜出寝宫，直奔坤宁宫方皇后的寝室，杨金英情急之中，拔出银钗，向皇上阴部猛刺，疼的世宗乱叫。王宁嫔等在宫外，见张金莲飞奔而去，知道大事不好，便让宫女们都赶紧离开。

果然没多长时间，方皇后带着几名太监和侍女飞奔端妃寝宫。杨金英等听到急促的脚步声知道有人来了，就想躲藏起来，却被奔进来的几个太监抓到。方皇后奔进室内，被眼前的情形惊呆了：皇上被绳子拴在床栏上，头发蓬乱，舌伸眼突，胯间鲜血淋漓，奄奄一息，弄得狼狈不堪。

看到这样的情况后，皇后镇静下来，上前解开绳索，吩咐扶住皇上，速召御医。闻讯赶来的端妃也待在了那里，方皇后接着发布了第一道命令，将所有的人看管起来，加强禁卫，没有命令谁也不许出入。等御医赶到后，立即抢救世宗，他才总算保住了性命，直到两个月后才恢复好身体。

而方皇后也正是利用了这段时间穷追主谋，查出了王宁嫔。王宁嫔知道难逃一死，便把平日痛恨的人一一牵连进去，尤其是死咬端妃，说她知道此谋，并参与其中。方皇后颁发命令，将端妃、王宁嫔、杨金英等二十余人，全部凌迟处死，家属族诛，临刑时，端妃大喊冤枉，骂王宁嫔血口喷人。王宁嫔却一声冷笑，临死也痛快了一把。

世宗康复后以方皇后救驾有功，对她更加宠幸。后来，世宗详细查问了全案经过，问清了端妃临刑时的情况，知道端妃是冤死。世宗怀念端妃，以致时常恶梦，世宗对方皇后的感激渐渐变成了仇恨，认为是方皇后杀死了他心爱的端妃。虽然世宗表面上还是礼遇方皇后，但在感情上却移宠于别的妃子了。对此，方皇后也有感觉，但是也不好明说。

嘉靖二十六年，方皇后所住的坤宁宫突然失火，火势很猛。住在坤宁宫左侧万寿宫的世宗观赏着火焰，居然不让宫人救火，还说烧了旧宫，好再造一座新宫，方皇后就这样被活活烧死。于是，之后这成了明宫的一大疑案。所以，看世宗当时的态度，有人就料定这场大火可能是世宗安排的。但是又拿不出确凿的证据，方皇后也就这么不明不白地死去了。

懿安皇后下落之谜

明朝朱元璋登基伊始，首先做的一件事就是令翰林院修订皇室家法，规定后宫、宦官不得干预朝政。可是在明朝历史上,在后宫内却有一个女子,恰恰与祖训背道而驰,干预起朝政来。但是世人并没有唾弃她,相反给予她很高的赞誉。一些史书的记载就是最好的证明。有史书记载,农民起义军攻破北京城时,这个女子在宫中被俘,后被义军将领李岩派人将其遣送回河南。这个女子就是懿安皇后。对于上述记载,一些人也表示出了不同的声音,有的说她在起义军攻入北京城时迎降了,有的则说她自缢了,诸如此类的说法还有很多。关于懿安皇后的下落,一直以来是个未解之谜。

天启元年,刚刚即位不久的明熹宗举行大婚,她的皇后是张氏,名嫣,字祖娥,小名宝珠,是河南祥符县张国纪的女儿。她长得丰姿绰约,美色天成,又知书达理,深明大义,是一位不可多得的聪明睿智的好皇后,很受熹宗喜爱,当年四月便正式册封她为正宫皇后,也就是懿安皇后。

明熹宗每天只知道玩乐,不问朝政,后来又宠信魏忠贤和客氏。懿安皇后对魏忠贤等人横行霸道、扰乱朝政的恶行十分气愤,常常借机劝说熹宗,可是熹宗总是听不进去,两人之间逐步有了一些分歧。由于懿安皇后很有心计,对国家的大事有自己的主见,而且她对客氏的许多做法十分不满,多次想召客氏到宫中,想趁机除掉她。客氏对懿安皇后也十分警觉,她担心懿安皇后控制朱由校,时时处处对张氏提防和限制。客氏在宫内大摆威风,以朱由校的母亲自居,根本不把嫔妃看在眼里,对懿安皇后也是如此。对客氏的横暴,懿安皇后非常反感,她曾当面斥责过客氏,因此,客氏、魏忠贤与张后结下冤仇,必欲铲除而后快。天启三年(1623年),懿安皇后怀孕了,客氏将懿安皇后宫中下人一律换成她的心腹,在侍候懿安皇后时粗手粗脚。终于有一天,一个宫女给懿安皇后捶背时用劲过猛造成流产。

后来,客、魏二人又把毒手伸向了懿安皇后的父亲张国纪,想以此牵扯懿安皇后,废掉懿安皇后而立魏忠贤的侄子魏良卿的女儿为皇后。造谣说懿安皇后是被张国纪收养的一个在逃杀人犯的女儿,她的父亲实际上是江洋大盗孙二。朱由校听说了之后,不辨黑白就下旨革去张国纪的爵禄,令其回籍了,但并未动张皇后。他似乎对懿安皇后还存有一些夫妇之情,懿安皇后能够在客氏等人的围攻之下得以保全。

懿安皇后非常讨厌专权擅政的魏忠贤,常常把他比作秦朝的宦官赵高,并多次在熹宗面前,影射魏忠贤心怀不轨,但是熹宗却不当作一回事。熹宗不想客氏等人伤害懿安皇后,也不想懿安皇后伤害他的这些心腹,往往是在两者之间保持沉默。

本来朱由校身体很健康,20岁刚出头,从没得过病,可是不知什么原因,从天启六年(1626年)开始,身体却日渐虚弱起来,脸相身上都出现了浮肿。到了天启七年(1627年),竟病倒在床,时发高烧,浮肿加重,饭量大减,说话有气无力,朝野上下惶惶不安。这时,京师又传出了魏忠贤预谋篡位的谣言,闹得满城风雨。懿安皇后更是忧心忡忡。自从生病之后,长时间辗转于床笫,朱由校有了反思的时间。大概出于良知的发现,朱由校性格发生了某些细微变化。他开始注意他周围的人,对懿安皇后的态度也渐渐转变了,懿安皇后因此可以经常陪伴在他的床边。懿安皇后虽然也是二十几岁的年轻女子,但她还是很有政治头脑的。她清醒地认识到:面对复杂的形势,必须沉着冷静,当务之急是解决皇位的继承问题,绝不能使客、魏的篡位阴谋得逞。如今,朱由校的病眼看无望再好,又无子嗣,懿安皇后就想到了朱由校同父异母弟信王朱由检。遵照"兄终弟及"的惯例,信王是可以名正言顺地继承皇位的,况且他素有贤名,能当此大任。于是,懿安皇后就对病中的朱由校提起了信王,说他可以托付大事,朱由校点头同意。

魏忠贤等人时刻守在宫殿内外以防不测。懿安皇后劝朱由校召见信王一次,由于客、魏防范太严未成。后来她终于找到一个机会,偷偷地安排信王和熹宗见一面。信王来到乾清宫,见到了他的哥哥。看到朱由校全身浮肿、气息奄奄,朱由检很难过。朱由校强打起精神说:"我弟将来要成为尧舜一样的君主,你要好好照顾你的嫂子。"信王听说皇帝要传位给他,还百般推辞。懿安皇后从帝后走出来,急声说道:"皇叔千万不要再推辞,现在正是国家最危险的时候,你一定要担起国家社稷的大任。"信王只是伏地叩头不敢回声。接见结束后,懿安皇后叮嘱他多加保重,随时注意事态变化。朱由校昏昏庸庸过了二十余年,只有接见信王确定继位人是他做的唯一一件明白事。在这件事中懿安皇后起了十分关键的作用,信王朱由检也正是在她的鼓励之下,才鼓起勇气入宫即位的。

天启七年(1627年)八月二十二日,朱由校驾崩,懿安皇后马上传旨,命人迎信王入宫,同时向天下宣告信王继承大统的遗诏。次日,朱由检登基,懿安皇后才放下心来。懿安皇后凭借自己的机敏果断,完成了一件力定社稷的惊人之举。朱由检登基后,对懿安皇后十分尊敬,把她尊养于宫中。因为懿安皇后屡次力劝昏庸熹宗,保全被魏忠贤迫害的大臣,民间对懿安皇后的看法也很不错。据说李自成的起义军攻入北京城之后,军师曾经命令义军不可伤害张皇后。他们进宫之后,遇到没来得及逃走的懿安皇后,曾经让宫女扶之上座,并派专人护卫。但是懿安皇后为人刚强,怎么会受她眼中的匪徒的恩惠,激愤之下上吊自杀了。

明亡之后,曾经有人自称是从宫中逃出来的懿安皇后,对于此事清代的学者曾经做过探讨,并以大量的史料证明懿安皇后确实已经自缢身亡。后来的种种传言,只不过是一些好事之徒的谣言附会罢了。

周皇后为何自缢身亡

崇祯皇帝朱由检是光宗的第五个儿子,17 岁时即皇帝位。当时,周氏是在朱由检为信王时选为王妃。当时,朱由检的母亲张皇后见美艳沉静的周氏很单薄,担心不能担当重任,母仪天下。但是刘昭妃却说:"如今虽弱,以后必会长大。"所以,周氏这才册为信王妃。朱由检即位后,周氏也被册为皇后,周皇后作为明帝国的末代皇后,在明覆亡时,毅然决然地舍身殉国,万分悲壮。在历史上也有很多人为她的精神所感动。

周皇后是一个非常俭朴的人,正位六宫以后,周皇后便裁减中宫用度。她首减淑房资用,亲事妇事,身着浣衣,注重内治。周皇后祖籍苏州,穿着江南服饰,当时崇祯对她非常宠爱,于是在宫中纷纷仿效她的穿着,当时称为"苏样"。服饰宫女是可以仿效的,但美色却是与生俱来的,谁也无法效仿。

周皇后还没有出嫁的时候,有一天,被文士陈仁锡瞧见。陈仁锡惊叹周氏的美貌,对她的父亲说:"你的女儿是天下贵人。"陈仁锡便教授周氏《资治通鉴》和经史之书。因此,周皇后知书达理,颇通文墨而且博学多才。崇祯也非常喜欢读书,各处宫室宝座左右,都遍置书籍,坐即随手翻阅。书生风度的崇祯帝自然对才色双绝的周皇后宠爱有加,时常讨论文学诗词,把她看成是自己的知己。

当时,在宫中,能与周皇后争艳争宠的是贵妃田氏。她的美色与周皇后不相上下，纤妍冷绝过之，而且多才多艺，相比之下，崇祯帝对田贵妃更加着迷，田贵妃恃宠而骄，谁都不放在眼里，包括周皇后。

渐渐地，周皇后对娇惯的田贵妃容忍不下去了，所以经常在皇帝面前对她冷言冷语。有一年，天气非常寒冷，田贵妃朝见周皇后，驱车直至庑下。周皇后故意拖拉，好半天才出室就座，受田贵妃跪拜，拜过以后，周皇后一言不发，就离开了。而另一位贵妃袁氏来朝见时，周皇后则热情接待，相见甚欢，两人亲热地说话多时，过了很长时间才离开。

这样大相径庭的对人的态度，不久就让田贵妃知道了，因此她对周皇后非常地怨恨，田贵妃受制于皇后，自己又没有办法，便向崇祯皇帝哭泣，倾诉委屈。崇祯皇帝听了当然不高兴，觉得皇后有些过分。便想办法替自己的爱妃出口气。

有一天，皇帝和皇后在交泰殿谈事，意见不合，崇祯皇帝怒火顿起，愤然推开皇后，扬长而去。可怜的周皇后金枝玉叶，哪里受得住皇上一推？当即扑倒在地上，悲泣不已。皇后为了表示气愤，自此躺在床上，拒绝进食。崇祯帝后悔自己鲁莽，就派中使持貂珰赐赏皇后，算是谢罪，并询问皇后的饮食起居；周皇后这才结束绝食，两个人像以前一样恩爱了。

没过多长时间，田贵妃不小心惹怒了崇祯帝，被斥居启祥宫，整整三个月不被召幸。心慈的周皇后这时又于心不忍。有一天，周皇后陪崇祯帝在永和门看花。周皇后见崇祯帝高兴，便乘机进奏，请召田贵妃。崇祯帝没有做声。周皇后就命用车迎来田贵妃。崇祯帝见到了爱妃，心中感念不已，两人和好，如胶似漆。宫内温暖和平静，宫外却狼烟四起，起义军横扫江南，局势危急。崇祯帝却迟迟下不了决心。

周皇后原本就打算南迁，便进言说："我在南边还有一家居！"崇祯忙问家居情况，周皇后又吞吞吐吐的。崇祯帝为国事忧心，决意茹素理政，日子久了，就容颜憔悴。周皇后关心着皇上的身体，执意亲理佳肴，进呈皇上。刚好崇祯的岳母瀛国夫人进奏，说夜梦崇祯的生母孝纯刘太后，刘太后哭着说，皇上忧劳憔悴，不能再这样下去，最后并说："为我语帝，食毋过苦。"崇祯帝拿着奏章进宫，恰遇进呈美食的周皇后，两人相向而泣，悲由心生，又抱头痛哭。

之后，李自成攻陷北京。崇祯帝也知道自己的末日到了，回到后宫，见

到周皇后,痛苦地说道:"大势已去,你为天下之母,应当赴死。"周皇后顿首恸哭说:"我事奉陛下十八年,什么都听你的,今天同死社稷,又有什么值得留恋的呢?"

说完,周皇后扶着太子、二王一阵大哭,让侍从将他们护送出宫,崇祯帝令周皇后自尽。于是,周皇后走入内室,关上门户。一会儿后,宫女出奏:"皇后领旨!"此时,周皇后已经自缢而死。皇后死了,崇祯帝又命袁贵妃自尽。袁贵妃吊上屋梁,不料绳子断了,贵妃落在地上,一会儿后便苏醒过来。

崇祯帝看到她还没死,就拔剑向贵妃肩头砍去,袁贵妃像一片败叶,倒在血泊之中。田贵妃两年前已死去。崇祯帝砍过袁贵妃,又胡乱地向其他嫔妃刺去,死伤数人。没想到,袁贵妃命大,最终还是活着。清廷非常崇敬崇祯帝的悲壮,以礼赡养了袁贵妃。而周皇后就这样含泪结束了自己的生命。

历史上的"刘娘娘"

历史上的"刘娘娘"是朱厚照的第二个著名豹房女妾,据说名为刘良女,其实"刘良女"并非她的真姓名,她究竟姓什么叫什么,谁也没有搞清楚。明朝时人有的叫她刘姬,有的称之为刘氏,只有姓而无名,就是这刘姓是其本姓还是随夫姓也是个问题。"刘良女"这个名字应该是后人给取的,"良女"二字,是"娘"字的拆分,所以明代的记载中也有把她称为"刘娘"的。后来民间戏曲扮演朱厚照在大同轧姘头那出戏叫《游龙戏凤》,其中的女主角叫李凤姐,并不姓刘。

关于武宗与刘良女之间的故事,历史上有两种不同的说法。其一是随着武宗寻求刺激心的不断膨胀,在江彬的怂恿下,武宗不顾大臣们的劝阻,经常带着几个人偷偷溜出北京,四处巡游,途中不断掠夺美女供他享用。正德十二年(1517年),明武宗又西巡大同,在偏头关稍作休息时,大索美女于太原。在被奉上的一大批美女乐妓之中,武宗一眼就发现了刘良女的绝世美色,还发现她能歌善舞。武宗大喜,返回时,仍对刘良女念念不忘,再次召见宠幸她,愈加觉得难舍难分,把她一起带回了京师,安置在了豹房。从此,这位色技双绝的美妓就日夜相伴于武宗左右。武宗和刘良女日夜寻欢作乐,武宗对其更是宠爱有加,每每称之为美人。后来,武宗特意修建了西内腾禧殿,专供刘美人享用。由于腾禧殿覆满黑色琉璃瓦,后人俗称黑老婆殿。武宗对刘美人宠幸至极,可以说是言听计从,左右随从如果触怒了武宗,刘美人往往一笑而解之,众随从便视刘美人为救星,对她俯首帖耳,见到刘美人都顿首叩见,以母事奉,并尊呼为刘娘娘。武宗经常带数骑游猎扬州城西,并宿于上方寺。刘美人见武宗天天如此,兴致极浓,为防止武宗遭什么不测,便进谏武宗,武宗于是终止。刘美人在扬州名声大噪,人人都称她为刘夫人。从上方寺到南京,武宗、刘美人所临幸的寺观锦毯铺路,旌旗蔽日。凡是武宗的一应赏赐,都写上:"威武将军镇国总督及夫人刘氏。"由此可见这位不务正业的年轻皇帝倒也是个痴情种,可叹生在了帝王家,非比寻常人啊。

另一种说法讲述的是一个爱情故事。据说刘良女原是大同代王府上的有名歌妓。武宗在巡游时,出于好玩,便假扮成一个低级军官出入于王府的教坊之间,很快武宗便发现了刘良女的艳丽姿色,于是上前主动结识了刘良女。当时年轻的武宗在那样的风月场所中并不太引人注目,别人都还以为他只是个普通的军官而已,对他的这种风流嘲笑不已。刘良女对武宗却是一见钟情,从心里认定他不是个平常人,对他另眼相看。两人就这样结下了不解之缘。这个刘氏美人也留在了武宗的心中,一留就是好几年。武宗回去后,立即派人将刘良女接了过来,将她带回京城,安置在自己的豹房中。从此两人形影不离,难舍难分,刘氏成为武宗一生中最宠爱的女人之一。后来有人根据这个故事编成了著名戏曲《游龙戏凤》,只不过刘良女在故事中变成了李凤姐,这也是游龙戏凤的由来。

武宗带着刘美人南巡回来的途中,突然游性大发,泛舟于河上,小舟给他弄翻,他也随之掉到了水中。武宗就此一病不起。回到北京不久,纵欲无度的明武宗虽然平时嬉戏中答应要封刘美人为皇后,但他还没有来得及给刘美人留下任何名分与封号就病死在他的豹房之中,刘美人从此不知所终,一个不爱江山爱美人的浪漫故事就这样结束了。有的记载上说:武宗死后,张太后派人清理豹房,发现了一个姓刘的女人,但是查不出是什么名分,就送进了浣衣房,总之,这位刘娘娘可谓是个悲剧性人物,其身后事也只能任后人评说了。

"浣衣皇后"王满堂

王满堂是明代正德年间霸州有名的美人,她之所以被后人称为"浣衣皇后"(浣衣就是洗衣的意思),是有一段传奇般的小故事的。

王满堂出身于霸州一个比较殷实的家庭,王父是个专门替人写状纸、打官司的讼师,虽说地位不高,却也见识颇广,靠着一支利笔和一张巧嘴,挣了不少财产。王满堂是王家的独生女,王父特别宠爱这个女儿。一生下来,王父就一本正经地翻字典、测字,给她取了个响当当的大名——"满堂"。王满堂长大后,长得不高不矮,不胖不瘦,模样儿俏丽,性格活泼开朗,谁看了都忘不了,霸州人人都知美女王满堂的大名。

明武宗朱厚照十五岁登基,是个贪图享乐,整天沉迷于女色的皇帝。朱厚照登基不久,便搬到特建的充满美女的"豹房"中,不再回宫,并下令各州府进选美女,以便充实和更新豹房。选美使臣来到霸州后,稍一打听,便得知了"霸州美人"王满堂的名字,召来一看,的确还算俏丽可爱,于是就选中了她。王满堂满心欢喜地跟着使臣进京去了,一路上还盘算着到时怎样取悦于皇帝,怎样搏得个贵妃之类的封号。但是王满堂到京城后,各地应选的美女也纷纷云集到了豹房。一时间,豹房中莺莺燕燕,美女如云。小小豹房自然容纳不了这么多的丽人,武宗只选了十几个特别出色的,其他的则一概遣送回乡。王满堂虽在霸州是出类拔萃的美人,可是待全国的美女集合到一块时,她也就不显得那么夺目了,加上她这时才十五六岁,毕竟还是个没绽开的花蕾,芳艳自然比不过那些鲜花正放的女人,因而也在落选之列。进京时满怀希望和憧憬的她,谁知到头来是空喜一场,因此心中凄凉无比。途中夜宿驿馆时,她做了一个梦,梦见一位头环金光、身着金衣的仙人,告诉她将有个名叫赵万兴的人来聘她,此人贵不可言,千万不可错过。梦醒之后,王满堂心中的阴霾一扫而光,她不再为此次的落选而难过,认定自己终将与贵人相伴。回到家后,王满堂把她在驿站的梦告诉了父母,两位老人也觉得自己的女儿有天命,定有贵人相伴终身。王父有个好友是个和尚,到王家串

门时,在闲谈间,王父便把女儿在驿馆得梦的情形告诉了这位好友。和尚并不以为王满堂的梦是什么神灵预示,只觉得有趣,便又不经意间告诉了他的另一位朋友——道士段长。哪料言者无心,听者有意,段长是个颇有心计的年轻人,平日里就仰慕过王满堂的姿色,早已垂涎三尺,听说这段故事后,他顿时计上心头。两天后,段长经过一番准备,化装成一个远地而来的过客,在黄昏时叩响了王家的院门,请求借宿一夜。王家房子宽敞,见来人文质彬彬,相貌端正,不像有歹心,王父便把他让进院来,一番客套后,来客自我介绍说叫赵万兴。一听这名字,王父心头一震,只说让客人稍候,自己转身跑进屋去告诉女儿说是有贵人光临。经王父一说,王满堂心情激动不已。第二天王父设法挽留住了段长,段长暗暗窃喜。王家人经过密切观察,认为这位客人不但仪表堂堂,而且头脑灵活,处事得体,确有贵人之兆。于是,王父亲自出马,用三寸不烂之舌表达了将女儿许配给客人的心意。段长不禁心花怒放,故作推辞了一阵后,便答应下来。不久,王家便为两位年轻人操办了隆重的婚事。

谁知段长野心极大,得到了如花似玉的妻子后,他又生出新的奢望,一心想循着王满堂的那个梦成为一个真正的贵人。经过一番深思熟虑后,他开始实施他的梦想。首先,他托了昔日的一些道士友人,四处散播王满堂的那个奇梦。道士的话很能蛊惑人心,很快市井中便议论纷纷,都说王满堂天生就是皇后命,而她的夫婿"赵万兴"无疑就是将来的贵人,跟着他干,往后一定能荣华富贵。"赵万兴"的名声越来越大,成了家喻户晓的神奇人物,许多市井少年主动投到他的门下,渐渐地,段长手下已结聚了一大批人马,他便仿照前朝起事者的惯例,把人拉到附近的深山里,建立起一个山寨,准备伺机行事。段长觉得自己越来越像贵人,于是他命手下的人在山中用茅草盖起了宫殿,自己自封为皇帝,并定年号为"大顺平定",同时封妻子王满堂为"大顺平定皇后",还设了左右丞相、文武大臣,并定期在茅草大殿上接受群臣的朝贺。

消息传到京城,明武宗大发雷霆,下令当地官员派兵进山征剿。段长的王国被轻而易举地捣平了,这两位"皇帝""皇后"也被活捉。地方官把段长、王满堂等人犯解押到了京城。明武宗了解了全部情况后,除了感到好笑外,对王满堂发生了浓厚的兴趣。于是,武宗处决了段长及主要谋犯,并将

王满堂没入宫中。武宗本意是想将她收到豹房中,谁知刑部官员误解了武宗的意思,以为是要把王满堂以罪犯之身没入宫中,充当奴婢,以示惩罚,于是把她分派到宫中的浣衣局做洗衣女去了。武宗等了几天,没见到王满堂,才进行追问,于是下令将王满堂由浣衣局调到了豹房来侍候自己。当年选美时的王满堂年纪还小,没有引起武宗的注意;如今的王满堂,已经成了一朵绽放的鲜花,大大勾起了武宗的胃口。王满堂见武宗又回过头来看中了自己,内心大为高兴,觉得自己的皇后梦快要实现了!这样一来,王满堂便在武宗面前使尽各种手段,把武宗迷得神魂颠倒。温存于床笫之间时,明武宗曾多次戏称要封王满堂为皇后,可是这个诺言还没有来得及实践,明武宗便在王满堂进入豹房不到一月的一天夜里,在王满堂的怀中一命归西了!

武宗驾崩后,明世宗继位。世宗派人清理豹房时,发现王满堂没有任何名分,再进一步调查,在浣衣局的名册中发现了她的名字,于是仍把她送回了浣衣局为奴,大家背地里就谑称她为"浣衣皇后"。

明宫秘史

第三章　太监宫女篇

明朝宦官任职机构膨胀，设专职掌印太监，英宗时，掌权宦官王振网罗部分官僚为党羽，形成阉党，开明代宦官专政先声，此后，宦官之祸迭起。成化年间的汪直、武宗时期的刘瑾、熹宗时期的魏忠贤等，都是权倾朝野、势力显赫的权宦。他们巧取豪夺，屡兴大狱，加剧了明朝政治上的腐败，给人民带来无穷灾难，至于明王朝那些宫女们，虽然饱读诗书，知书达礼，却往往难逃凄惨遭遇的命运，无不让人感到由衷叹惋，潸然泪下……

王振如何苦心经营获宠信

王振出生于河北蔚州，小时候特别聪明，家里人将他送进官学，希望他好好读书，将来考取功名，可以光宗耀祖，享受荣华富贵。王振也十分刻苦，刚成年时就已经是乡里小有名气的秀才了。但在随后的多次考试中，他都是胸有成竹地去，垂头丧气地回来。多次的失败让他感觉到走中举人、考进士这条荣耀的道路太难，于是他便想了另一个办法：狠下心肠进宫，等候机会当太监。因为他长得眉目清秀，并且是秀才出身，很快就被选中送到宫中。王振入宫后被派去专门负责在内书堂教小太监读书识字。由于他聪明伶俐，又有书生气，很快就引起了宣宗皇帝的注意，经过一段时间的观察，皇上认为他很老实，便任命他为东宫局郎，专门服侍皇太子（即后来的英宗皇帝）。王振认为这是自己飞黄腾达的好机会，如果得到太子的宠爱，等到太子登基称帝后也会升官发财。于是到东宫后，他察言观色，逢迎拍马，想方设法地讨好太子朱祁镇，太子在他的哄骗下很快就离不开他了。

宣德十年，宣宗忽然圣躬不豫，召太师杨士奇等托付了大事，是夜宣宗驾崩，凡在位十年，寿38岁。杨士奇等进行举哀，一面奉太子祁镇即位，以明年为正统元年，这就是英宗皇帝。又追谥宣宗为章皇帝，庙号宣宗。尊太后为太皇太后，胡皇后为皇太后，生母吴氏为贤太妃。改封弟祁钰（前太子）为郕王。当时英宗只有9岁。张太后命英国公张辅、杨士奇、杨荣等四大臣辅政。

话说英宗已有14岁了，开始亲政了。第一天，便命王振掌了司礼监，统辖内府的诸事。司礼监是明朝宫廷中二十四个宦官衙中最重要的一个。它掌管皇城里一切礼仪、刑事和各种杂役，更重要的是替皇帝管理一切奏章，代皇帝批答大小臣子上奏的一切公文。皇帝的口述命令也由司礼监的秉笔太监用朱笔记录，再交内阁撰拟诏谕颁发。野心勃勃的王振掌握了这样重要的部门，便处心积虑地加以利用，以达到自己专权的目的。

王振的地位在朱祁镇即位称帝后得到快速提升，被提拔为宫中太监地位最高的司礼监，替皇帝掌管朝廷内外一切奏章和公文，代传皇帝谕旨等，英宗把这个重要官职交给王振，是把他看成最为信赖的人，但是这也为王振后来的擅权创造了条件。在地位提升后，王振的权力欲望并没有得到满足，因为朝中有太皇太后垂帘听政，杨士奇、杨荣、杨溥三位内阁大臣忠心辅佐。王振根本就无法与他们几位相抗衡，因而自己也不敢放肆，做事非常小心，决定等待时机成熟后再伺机而动。在此后的一段时间，王振想尽办法讨好张太后和三位大臣，对他们毕恭毕敬，说尽谄媚的话，希望以此来获得他们的好感。

有一回英宗朱祁镇与一群小宦官在宫中的花园内踢球玩耍，被王振看见了。第二天王振就故意当着杨士奇、杨荣、杨溥等内阁大臣的面，跪着向英宗进言说："奴才有话要向皇上说：先皇为了玩耍，差点儿耽误了天下的大事，皇上现在又这样做，那样会把国家社稷给耽误的啊！奴才大胆说这些冒犯皇上的话，请皇上处罚我吧！"他装出一副忠心耿耿、关心国家前途命运的样子。三位辅佐大臣听后，大为赞赏地说："难得！难得！难得宦官中还有这样关心朝廷安危的人啊！"

王振每次到内阁去传达皇帝的旨意，都装出一副十分恭敬的样子，传达完之后总是自觉地站到大门外，而不是站在阁内，他的这一举动终于感动了三位辅佐大臣。后来王振再来传旨时，三位辅佐大臣还特地打破惯例，把王

明宫秘史

振请到屋内就座。但是三位大臣并不糊涂,杨荣很有智慧,而且做事有远见,他知道他们三人年事已高,便和杨溥、杨士奇商量,要提前把一些正直且有才华的大臣引进内阁,发展一些中坚力量,等到三人退位时,这些人可以来对付宦官的势力。

王振在表面上讨好杨士奇、杨荣、杨溥三位内阁大臣,事事顺从他们的意思,装出一副不干预政事的样子,但他的内心却充满了攫取权力的欲望,只要有机会他就会采用一切手段干预朝政。他常借着服侍英宗起居,旁边没有大臣的时候,劝英宗要用严厉的刑法来管理朝廷的大臣,劝皇上不要做"经筵"(正统元年大学士杨士奇提请开设的活动,日期基本固定,讲解四书五经或历史。主要为显示皇帝勤学,同时也是讲官们以求升迁的最好途径)这样的事情,更不要听信大臣们以文治理天下的道理,而应该发展军事、以武治国等等。

英宗听信了他的话,并让他带领朝中文武大臣到朝阳门外去阅兵,王振心里高兴得不得了,他抓住这个难得的机会,在阅兵比武时想尽办法压制那些真正有才能的人,把自己的亲信隆庆右卫指挥金事纪广报成骑射第一,然后又在皇上面前编造了一些好话,纪广一下子就被提升为都督金事。太皇太后张氏虽然是女流,但是她很明白事理,并且做事开明。她看到王振逐渐有揽权干政的迹象,心中很不安稳,害怕以前宦官专政的历史重演,大明王朝的天下会因此而葬送,就开始想办法提醒英宗提防宦官专政,还准备严厉惩处王振,打消他心里抓权干政的想法。

张太后让自己宫中的女官穿上军装,带着刀剑,守卫在偏殿旁边。接着,太后把英宗和英国公张辅,杨士奇、杨荣、杨溥三位内阁辅臣以及尚书胡焕等大臣召到偏殿。英宗和五位大臣见到偏殿的状况,心里感觉很奇怪,不知道发生了什么事儿。英宗按着规定站在偏殿的东边,五位大臣则站立西边。太后看看五位大臣,又看看一边的英宗,然后指着五位大臣对英宗说:"这五位大臣都是前朝元老重臣,他们受先皇的遗命辅佐你治理国家,朝廷内外的什么事情,你都必须和他们商量后再做决定,他们不赞成的事情,你可一定要记住,千万不要去做。"张太后说完这些后,沉默了片刻,偏殿的气氛好像凝固了一样。

张太后又派人把王振找来,王振站在一边仔细地揣摩要发生的事情。

突闻一声："大胆的奴才！"王振抬头一看，见张太后正用手指着自己，慌忙连滚带爬地跪下，张太后一脸怒色道："我朝自太祖定国以来就立下了规矩，不允许宦官干预国家政事，如果有人违犯的话就要将他斩首。本来要你好好地侍奉皇帝，你却心存异想，不守规矩，按照大明律法，今天就将你处死。"太后的话音一落，事先安排好的几个女官就围了过来，把刀架在王振的脖子上。王振被吓得面色苍白，整个人趴倒在地上，浑身发抖。英宗看到这样的状况也吃了一惊，他急忙给王振求情。

五位大臣也纷纷跪下来请求太后暂时免去王振的死罪。张太后看到皇上和大臣为他求情，心头的怒气才稍稍去了一些，脸色稍有缓和，说："皇帝现在还年幼，还不知道从古到今，有多少国家因为宦官的专权而灭亡啊！我看在几位大臣求情的面子上，今天就先饶了你。从此以后不许你干预朝廷政事，如果让我知道你再有违犯的话，我定要将你处死，那时候谁也不许求情。"王振抖抖索索地连忙说："是，是……"并且一个劲地磕头谢恩。

此后，张太后隔几天就会派人到内阁去查问王振的事情，国家政令是通过内阁的批准不是由王振自己决定的。王振见张太后对自己管得很紧，也不敢自作聪明，在宫中做事也就老实了很多。这时的王振左思右想，要达到自己的目的，就必须紧紧抓住英宗和培植自己的亲信。他改变了以前的策略，不直接干预朝政，而是去进一步讨得英宗的欢心和信任，并私下里在大臣中广交朋友，大量培植自己的党羽，为以后专权创造条件。很快，他就进一步获得英宗的宠信，并且在朝中取得了一些大臣的赞赏。

正统六年(1441年)十月，皇宫内的奉天殿、华盖殿、谨身殿重建竣工，英宗在内宫大摆筵宴，邀文武百官一起宴饮庆贺。按照朝中的规定，宦官没有资格参加宫宴。可这时的英宗极度宠信王振，在宴会上没有看到王振就觉得像少了什么，立刻派人前去看望。王振对皇上派来的人抱怨说："周公可以辅助成王，我怎么就不能到宴会上去坐一坐呢？"来人把王振的话报告了英宗，英宗听了以后也没怪罪他，他还觉得王振真是受了委屈，于是下令打开东华门的中门，请王振进宫来参加宴会。王振很高兴，也很得意，他刚刚来到门外，宴会上的众多官员就起身向他行礼，还高声欢迎他。这说明王振倚恃英宗的宠信，已经在暗中培植起了自己的势力。

明宫秘史

命运坎坷的郭氏

在封建皇朝中,后宫一直是以皇帝和后妃为中心的,皇帝和后妃们是后宫的主人,在后宫享受着人间最优裕的生活,而后宫的一切粗细事务,则由宫女和宦官负责:宫女的首领称为女官,女官和嫔妃不同于一般宫女,她们都是获得了名号的女子,在后宫是官,有相应的俸禄。而宫女则不同,一无所有,在宫中忙碌奔波,劳累终生,宫女留在宫廷的,除了劳累之外便就是偶尔的欢笑和无尽的血和泪,所以宫女的命运也是非常凄苦和悲惨的。

历代宫女中,她们的得幸和后宫皇后、美妃的得幸一样,也就是美色、才艺和别于其他女子的独树一帜。她们以此引起皇帝的注意,得幸于宫中,从而命运为之改观;但得幸以后的宫女是否能保持幸运,怀孕生子以至册立嫔妃以后是否能以终天年,这往往取决于当时的环境,她们自己常常无能为力,宫女得幸与否取决于皇帝,宫女得幸以后命运如何则取决于后宫的皇后和嫔妃,宫女们生活在蓝天白云下煌煌宫室的最底层,一切听任命运的安排,除此之外,也要看她们有没有好的心计和机遇。

明宣宗朱瞻基非常喜欢读书,而且雅擅文墨,是位尚文爱才的皇帝。宣宗后宫有位郭氏宫女,来自凤阳,颇有文采,才华横溢,入宫不久,便被宣宗赏识和爱幸。宣宗宠爱郭氏,封她为嫔,对她礼重得无以复加。然而,不知出于什么缘故,郭氏消受不起皇帝的疼爱,入宫仅仅二十天就突然死去,郭氏死后,宫中寒气森森,阴风不断,有人说,郭氏是爱幸得太快,受宠得太快,引起了整个后宫的怨恨和嫉妒。这真是古之所谓千夫所指、无疾而终了。也许,千女怒指怨恨之下,一个强悍的女子无济于事,而一个脆弱的女子会真的因为忧惧而因此丧命。

在郭氏临死之前,很清醒,也很平静。当时她的亲人还都健在,她知道先双亲而去是为女的不孝,然而,她的心境凄凄,忧郁烦闷已经断绝了她的生的希望,她的心已死去。"哀莫大于心死",心已死寂的郭氏自然生命之树凋零,很快会离别人世,郭氏得幸和见遇于宣宗,究竟是她的幸运还是不幸呢?

宣德青花僧帽壶

而久居深宫的宫女们真的是人人因为身处皇宫而骄傲吗？其实不然，不仅是在明朝，就是其他朝代的宫女为之感叹的也大有人在。

纪氏因何而死

在明深宫中，较之得幸的郭氏命运更为坎坷的是得幸于明宪宗的宫女纪氏。纪氏美丽、聪颖，却是一位叛酋的女儿，是平复叛乱以后掳掠入宫的。纪氏受任女史，派驻一处宫室，看管书籍。

不久后，宪宗临幸了纪氏，纪氏幸运地怀上了皇子。然而，当时的后宫是宪宗宠妃万贵妃的天下。万贵妃恃宠而骄，横行宫禁，皇后都退避三舍，不用说其他后宫女子了。万贵妃自己自儿子死后，再也不能生育，她痛恨宫中其他女子，尤其是被皇上临幸过怀孕的妃嫔宫女。她一旦得知宫中有谁怀孕，便千方百计使其堕胎！而且手法极其残忍，这让后宫的女子为之惶恐不安。

然而不幸的是，纪氏的秘密最终被万贵妃知道了，万氏派人如法炮制，而幸运的又是，被派的宫使同情纪氏，只让她吃了一点儿堕胎药，便回复万贵妃，搪塞了过去。万贵妃很得意，但她生性多疑，还是不放心，万贵妃将纪

氏遣送安乐堂,囚禁在这处宫外的冷宫。安乐堂在宫城外的西内,地点在今北京西城养蜂夹道一带。纪氏来到安乐堂,默默无闻,小心谨慎,悄悄地生下了一个儿子。这孩子就是之后的孝宗皇帝。

当时,皇子生下来,头顶竟然没有头发。这是吃的那点儿堕胎药所造成的。纪氏生下了一位皇子当然觉得很幸福,也很高兴,然而,纪氏一想到万贵妃,就心惊胆战,惶惶终日,纪氏知道这件事迟早都会被万贵妃知道,万贵妃一旦得知,后果不堪设想,皇子死于非命不说,自己也会惨死,还会牵连好心的派来强迫堕胎的宫婢。这样的后果她是无论如何也不敢去想的。

纪氏经过再三的斟酌后,决定亲手结束皇子的生命,她命守门太监张敏抱出皇子,将他溺死埋掉。张敏大惊,慌忙进言说:"皇上还没儿子,怎么能丢弃呢?"张敏不敢遵命,纪氏于是就留下了皇子。张敏买了一些粉饵饴蜜之类的食品,帮助纪氏将小皇子藏在一个隐秘的地方,细心照料他长大。

但是,此时的万贵妃对纪氏始终不放心,又多次派遣心腹,到安乐堂搜寻,但每次都是一无所获。当时,被万贵妃谗废的吴皇后也住在西内,住所紧挨着安乐堂。共同的命运将吴氏和纪氏连在一起,吴氏便加入了纪氏的行列中,共同对付万贵妃和万贵妃的心腹,一起细心地抚养皇子。她们就这样苦撑时日,皇子在艰难的困境中一天天长大,一晃就熬过了六个春秋,但是宪宗对这件事竟然一点儿也不知道。

一天,宪宗非常思念死去的儿子,百般无聊中召太监张敏替他梳理头发。对镜自照,忽见头上已有数根白发,不禁长叹道:"朕老了,尚无子嗣!"

张敏听后,一下伏倒在地,边磕头边说:"请万岁爷恕奴死罪,奴才直言相告,万岁已有子了!"

宪宗大吃一惊,忙问他说:"此话怎讲? 朕哪里还有什么子嗣?"

张敏又叩首说:"奴才一说出口,恐怕性命难保。万岁爷可千万替皇子做主,奴才虽死无憾!"

站在一旁的司礼太监怀恩也跪下奏道:"张敏所言皆是实情。皇子被养育西内密室,现已 6 岁了。因怕招惹祸患,故隐匿不敢报。"

宪宗听了又惊又喜,怀疑自己在做梦,当下传旨摆驾至西内,派张敏去领皇子前来见面。

这时,宪宗正眼巴巴地坐在堂上等候,突然看到宫门前一顶小轿停下,一个身穿红衣,散发披肩的小男孩跳了下来,直奔堂前,一见到他,便双膝跪地,说:"儿臣叩见父皇。"

宪宗突然听到有人这样向他请安。他悲喜交加,百感交集,不由掉下眼泪,一把把儿子抱入怀里,放置膝上,仔细端详,良久,才喃喃说道:"这孩子长得真像我,确是我的儿子!"

知道真相后,宪宗马上派太监怀恩将这件事飞报内阁。朝中大臣得知后万分欣喜,纷纷入贺,宪宗颁诏天下。宪宗封纪氏为淑妃,立即迁出安乐堂,住进了宫城内的永寿宫。一时间,冷寂多年的后宫又热闹非凡,宫禁也因此失去了平静。因6岁皇子尚未取名,又命礼部会议,替皇子定名叫佑樘。万贵妃得知此事,恨得咬牙切齿,终日破口大骂:"群小欺哄我!"不久,宫里出了一件特大的怪事:刚刚住进永寿宫的纪淑妃,突然无故身亡。

纪淑妃是因何而死的?没有太确切的答案,但对于这件事,显然宪宗像先前忘却了纪氏和她的儿子一样,非常失职,宪宗对万贵妃又爱又怕,一直忽略了纪淑妃。纪氏的死,他既不追究死因,也不将凶手治罪,此事便不了了之。紧接着,太监张敏也吞金自尽,从常理上判断,纪氏和张敏的死,主谋是万贵妃,当时,皇宫的险恶让人可想而知了。

客氏因何获熹宗宠信

就在天启初年官僚集团围绕"红丸""移宫"两案争斗不息的时候,明朝政坛上又悄悄地崛起了另一股政治势力,这就是魏忠贤太监集团。魏忠贤的兴起与一个美丽的农家少妇紧紧相关,这个少妇就是朱由校的乳母客氏。

按照明朝宫廷的规定,后宫的嫔妃生了孩子后,是不能自己哺育的。一般是从农村挑选一些强壮的村妇为奶妈,代为哺育。客氏是河北保定人,万历三十三年(1605年),客氏生了一个女儿没有成活,恰在这时,宫中有人为即将出生的朱由校寻找奶妈。客氏长得皮肤白皙,身材苗条健美,眉清目秀,又在18岁如花似玉的年华,奶汁非常稠厚,于是被选中,成了朱由校的奶妈。入宫后,客氏的丈夫因病死去,客氏便带着自己的儿子在北京长期住了下来。

客氏虽然是一个不识字的农村姑娘,却心灵嘴巧,非常机敏,又会做针线,很快在东宫上下混得很熟。朱由校的生母王氏对她很放心,将朱由校托付给了她。客氏深知自己的荣华富贵全寄托在这个孩子身上,对朱由校的照顾也很细心。本来皇子断奶后奶妈就要被打发出宫,但是客氏对朱由校太好了,朱由校离开她便大哭不止,不吃不喝,王氏也看着她孤儿寡母可怜,破例将她留了下来,继续服侍朱由校。王氏一死,朱由校便不自觉地把客氏当成了自己的亲生母亲。

客氏见自己把朱由校笼络住了,心中十分高兴。朱由校即位使她的野心迅速膨胀起来,她要压倒后宫那些有名分的嫔妃,使谁也不敢瞧不起她这个农家女,充分品味一下全国第一夫人的滋味。但要做到这些,仅凭她自己的力量还是不够的,于是他把眼光盯在了同样服侍皇帝的宦官身上。

明朝习俗,宦官与宫中女性,主要是宫女,也包括像客氏这样的妇女,暗中或公开结为名义上的夫妻。两宦官争一宫女之事也是很多的。客氏原与魏朝相好,见到李进忠后,便移情于他。熹宗朱由校即位,封客氏为奉圣夫人。魏朝与李进忠争客氏,意义不止于争一个后宫女子,而是争宠于熹宗,自然更为激烈,甚至夜间于宫中喧闹。熹宗也竟然过问起此事,他问客氏看中了谁,由他做主安排。客氏选择了李进忠。为了除掉魏朝的威胁,李进忠与客氏合谋,矫旨将魏朝打发回凤阳,派人在途中将他杀死。魏朝也是熹宗心腹,二人经常同卧同起,连皇帝也不能庇护他,可见魏忠贤在宫中的权势。地位改变之后,明熹宗将李进忠赐为魏姓,名忠贤。

下一个受害者是地位更高的王安。王安不同于魏朝,是顾命太监,在移宫案中与外朝大臣合作,有相当的威望。当时御史方震孺上疏请求将客氏赶出宫中和处置魏忠贤,王安也感觉到魏忠贤的威胁,奏明熹宗,欲加惩处,但真要处置时,他又手软了,只是令他改过自新。魏忠贤和客氏在外朝官僚中寻找伙伴,找到了魏忠贤的同乡、给事中霍维华,指使他弹劾王安。客、魏包围熹宗,矫旨将王安降为南海子净军,又派人把他杀害。

按照资历,王安本应掌司礼监。他一死,魏忠贤升为司礼秉笔太监。这打破了常规,因为他不识字,原没有资格入司礼监的。熹宗皇后张氏多次向熹宗谈起客氏、魏忠贤的过失。皇后主持后宫事务,有权直接处置客氏。她没有这样做,或因投鼠忌器,或希望熹宗决断。一次,张后看书,熹宗问她在

中华宫廷秘史

看什么书,她答曰:"《赵高传》。"张后用意很明确,熹宗默然。客氏和魏忠贤知道后又恨又怕,扬言说张氏并不是国丈张国纪的女儿,而是盗犯的女儿,想借此惩治张家。另一太监王体乾对魏忠贤说:"熹宗重夫妇兄弟情谊,假如以后有什么变化,咱们就全完了。"这才保全了张后家族。尽管如此,张皇后还是深受伤害。在她有身孕时,客氏和魏忠贤派亲信服侍,致使其流产。

另外一些得罪客、魏的妃嫔,连性命也难保。裕妃张氏曾经无意中得罪过客氏和魏忠贤。张氏怀孕后,客氏和魏忠贤就假传圣旨,将裕妃幽禁于别宫,不让宫女供给饮食,裕妃虽然怀孕却被活活饿死在宫中。曾经生育皇二子的慧妃范氏担心自己会落得和裕妃一样的下场,就在平时预藏食物,后来果然被客氏幽禁达半个月之久,她靠着私藏的食物活了下来。

魏忠贤与客氏两人一方面处心积虑地除去宫中一切可能对他们不利的因素,一方面向熹宗进献自己的养女,冀图能生得一男半女。然而,熹宗一生三男二女都早早夭折,魏忠贤与客氏的如意算盘始终没有拨转。

后来熹宗去世,对于客氏的打击非常沉重。信王朱由检入宫即位后,客氏就再没有居留宫廷的理由了。九月初三日离宫的那一天,客氏早早地起床,五更时分,身着哀服,入熹宗灵堂,取熹宗幼时的胎发、痘痂及指甲等物焚化,痛哭而去。两个多月以后,即天启七年(1627年)的十一月十七日,客氏被从私宅中带出,押解到宫中专门处罚宫女的浣衣局严刑审讯。审讯得出的结果令人诧异:当时宫中有八位宫女怀孕,客氏承认这八位宫女都是自己从外面带进去的婢女,是想学吕不韦的榜样,觊觎皇位。如果客氏所说是真的话,那么客氏自然是罪不容诛,于是在浣衣局被活活笞死。

一手遮天的大太监汪直

汪直是瑶族人,可以说他是王振之后的另一个著名的专权太监,他自己也常常以王振为榜样,处处仿效王振。他主要的干政时期就是掌握西厂的六年。汪直为人很狡黠,还喜欢带兵打仗。不过,他还是依靠自己出色的侦察能力获得了宪宗的信任,把西厂交给了他,从此汪直才开始飞扬跋扈起来。

汪直领西厂后，为树立权威，屡兴大狱，广罗手下。他手下有个叫韦瑛的人。韦瑛向太医院左通政方贤索取药品，方贤未给，韦瑛大怒，派人搜查，得到了片脑沉香和御墨及龙凤瓷器，就把他抓了起来。汪直甚至抓拿大臣都不通过皇上，有抓完又放的事情皇上竟然不知道。汪直利用宪宗对他的信任先后逼走了大学士商辂等忠臣，从此更加有恃无恐地欺压大臣们，大臣进见汪直居然都要跪着说话。

汪直手下的王越和陈钺是靠汪直才升官的大臣，王越有专门介绍。陈钺是一个彻彻底底的笨蛋，只是因为会拍汪直的马屁才飞黄腾达。

陈钺靠结交汪直而擢升为右副都御史，巡抚辽东。成化十五年（1479年）秋，汪直受命巡边，率飞骑日驰数百里，御史、主管等官迎拜马首。各边都御史畏惧汪直，都迎出数百里外。汪直到辽东，陈钺"郊迎蒲伏，厨传尤盛，左右皆有贿"。汪直对他更加喜欢。兵部侍郎马文升恰好奉命在辽东，不吃汪直这一套，对陈钺也很怠慢。陈钺、汪直于是对他进行陷害，终于使他丢官谪戍。汪直"年少喜兵"，陈钺给他出主意征伐伏当加，以立大功。汪直即用扶宁侯朱永做总兵官，自任监军出兵征伐伏当加。大军回来后，汪直果然升了职。王越看到陈钺用协助汪直出征的办法得到了好处，也起而效法，劝汪直出征。汪直诈称亦思马因犯边，让明宪宗下令朱永与王越西讨，汪直为监军。结果王越得封威宁伯，汪直再加禄米。汪直的出征，招致了边境的不安宁，辽东巡按强珍上表弹劾陈钺，汪直袒护陈钺，竟将强珍谪戍。于是人们称陈钺，王越为"二钺"。成化十四年（1478年），有一个叫杨福的江西人伪称自己是汪直，纠集一班无赖扮演校尉，从芜湖到福州吓得各地官吏俯首帖耳。假汪直尚且如此，真汪直就更不用说了。一个叫阿丑的小太监曾演过一出小戏给宪宗看。阿丑装扮一个醉汉，醉倒在地。另一个小太监出来对醉汉嚷道："内阁大臣到，"醉汉不理不睬。小太监又喊："皇帝驾到。"醉汉依然无动于衷，最后小太监喊："汪太监（汪直）来了。"阿丑一翻身，爬起来就跑。小太监一把拉住他问道："万岁爷你都不怕，怎么怕汪太监？"阿丑回答说："我只知有汪太监，不知有天子。"可见汪直的势力之大，可惜宪宗只是哈哈一笑，没有多深究下去。

汪直作威作福太甚，终于引起大臣们和同僚的不满。大家上奏弹劾他。

中华宫廷秘史

后来汪直自请出兵立功,当他在成化十七年(1481年)远征班师后,宪宗让他继续去宣府,过不久又把他的军队撤了回来,最后让他去南京当了御马监。

这一调动使汪直一落千丈,真是树倒猢狲散,汪直离开北京的时候,没有一个人理他。在去南京的路上,形单影只,冷冷清清,以前那种一路喧哗,前呼后拥的场面再也没有了。有人看见他在驿馆里"困卧陋床,孤灯凄凉",跟人说话的腔调也变了。路过定州(今河北省定县)时,他求一州官说:"给吃顿饱饭吧。我已不同往日,明早求拨辆马车启程就心满意足了。"了解这事儿的人感慨说:"小人得志,狂妄自大,神气得很;一旦失势,真像个丧家之犬,这实在是世人应该借鉴的。"

汪直的凄凉晚景固然是他自作自受,不过和王振比起来,汪直不算有大过。和后来的魏忠贤相比,汪直显然又仁慈了许多,只是过于跋扈了。

据说,汪直每到一个府、县,当地的官员都得跪着迎接,一旦有什么不周的地方,汪直就会这样问:"你头上纱帽是谁家的?"有一次,一个县令说:"某纱帽用白银三钱,在铁匠胡同买的。"汪直大笑,也没有责怪那名县令。从这件事看来,汪直并不是一个无赖。汪直曾经到江南,听说绍兴杨继宗是个品行很高的官员,就前往拜会。汪直看了杨继宗后,说:"人们都说杨继宗,却不料长得这么丑陋。"杨继宗冷冷地回答说:"我虽丑陋,却还不至于损伤父母给我的身体。"汪直没有吭声。杨继宗这句话,意在讥刺汪直是一个阉过的太监。后来,宪宗问汪直:"朝觐官中谁最贤明?"汪直回答说:"天下不爱钱者,唯杨继宗一人耳!"此可见汪直之大度。总的看来,汪直是个飞扬跋扈的太监,但还谈不上祸国殃民的程度。

曹吉祥政变是怎样破产的

石亨死后,曹吉祥感觉自己的处境也比较危险,于是决心铤而走险。他通过侄儿曹钦,用贪污得来的大批钱财,网罗了一批亡命之徒。一天,曹钦和他的死党一起喝酒,曹钦问他们说:"自古以来,历史上有没有宦官子弟当皇帝的?"有个姓冯的千户说:"有啊,你们本家魏武皇帝曹操就是中官曹腾的后人。"曹钦听了非常高兴,便加紧了阴谋叛乱的活动。

当时,恰好蒙古族的一个首领孛来侵扰甘凉(甘州,今甘肃省张掖县。凉州,今武威县)一带,朝廷派恭顺侯吴瑾、怀宁伯孙镗领京军征讨,命兵部尚书马昂做监军,决定在天顺五年(1461年)七月初二黎明开拔。曹钦和他的死党认为时机已到,商议在这天黎明,以京军开拔作掩护,率五百人和曹吉祥掌握的部分禁军来个里应外合,夺取帝位。

一切都准备好了,曹钦大摆酒宴,开怀畅饮,等待黎明的到来。其中有个蒙古族降将叫马哈麻的指挥官,半夜从席间溜了出来,把这一紧急情况告诉了等候早朝的吴瑾和孙镗。吴瑾写了个简便的奏折,从宫门的门缝中投进去。英宗立即抓了曹吉祥,并加强宫廷守卫,没有圣旨不许开宫廷各门。当时曹钦还不知道这些。

黎明时,皇城各门应该放行了,曹钦带领两个弟弟和五百多人来到东长安门前,见大门紧锁,戒备森严,才知道走漏了风声。曹钦认为一定是锦衣卫指挥陆杲告的密,便领兵直奔陆杲家。陆杲这时正要上朝,被曹钦等人乱刀砍死。他提着陆杲的人头,带兵闯进西朝房,把等候早朝、曾经弹劾过他的都御史寇深劈成两半,然后又在东朝房砍伤了大学士李贤。紧急中曹钦又想到了一个好办法,他逼李贤代他写奏疏,说今天的事都是陆杲逼出来的,求皇帝恕罪。写完之后,曹钦又叫李贤和他一块面奏皇上,以为这样朝门就能打开,他的人马就能闯进皇城。他们来到长安左门,卫兵坚守不开门。曹钦狗急跳墙,下令攻门,想放火烧毁城门。守军慌忙拆了御河岸墙,用砖堵住门洞。曹钦久攻不下,又去了东安门。

吴瑾和孙镗得到马哈麻的情报之后,便分头去调兵。孙镗和儿子孙钺到宣武门召集城内西征军二千人。孙镗对将士们说:"曹钦叛乱,情况紧急,杀贼有功者赏!"他带领人马杀奔东长安门。这时工部尚书赵荣,也披甲跃马,在大街上往来呼喊:"曹钦反了,杀贼的跟我来!"很快就集中了好几百人。他与孙镗会合,奋勇杀贼。曹钦向东败退,在裱褙巷口(今西裱褙胡同西口)碰上带兵不多的吴瑾,经过一阵厮杀,吴瑾寡不敌众,力战身亡。曹钦这时还想着和曹吉祥里应外合。他刚把队伍带到东华门下,就被赶来的孙镗所率领的人马团团围住。

曹钦在绝望中疯狂反抗,东华门外杀声震天,从早上一直打到中午,难

分难解。曹钦的人虽少，但都杀红了眼，格外凶猛，一度杀得官兵溃败，孙镗杀了几个败逃的士兵，才稳住阵势。这场激烈的战斗，双方损失都很惨重，孙镗的儿子阵亡，曹钦的两个弟弟被杀，曹钦也中了流矢。他见天色已晚，大势已去，拼死杀开一条血路，直奔齐化门（今朝阳门）。北京城门早已奉命全天关闭，曹钦攻不下，折向东直门、安定门，都无法出城，只好率领残兵回到家里死守。

当天晚上，官军把曹钦的宅第团团包围。当时正下着大雨，在雷鸣电闪的黑夜里，孙镗督军环攻，军士奋勇杀敌，曹钦投井自尽，其余的被官军杀个精光。

经过一整天的激战，叛乱才彻底平息。明英宗在午门连夜召见了有功之臣。第二天曹吉祥被处死。经过这件事，皇上才明白朝政的好坏，关键是要让大家都敢说话，这样才能了解情况，不至酿成大祸。

"立地皇帝"刘瑾因何被诛

刘瑾，原本姓谈，陕西兴平人，六岁时被太监刘顺收养，后来也净身入宫当了太监，就谎称刘氏，侍奉太子朱厚照，即后来的明武宗。

武宗即位后，刘瑾执掌宦官二十四司中专管娱乐活动的钟鼓司。武宗当时还是一个 15 岁的孩子，生性好嬉戏。刘瑾抓住天子年少喜好嬉戏的特点，每日进奉飞鹰、猎狗等物，供武宗游玩享乐，他也因此深得武宗信任。随着武宗玩乐享受的欲望不断增加，刘瑾也想尽办法，准备各种歌舞技艺去取悦武宗，武宗因此对他更加喜欢。后来武宗让刘瑾掌管司礼监，兼提督团营。刘瑾等人从此掌管了内府各个的重要衙门和东、西厂，终于掌握了朝廷的大权。一时间情势急转直下，朝臣们都惊呆了。此后刘瑾一方面继续使出各种手段讨好武宗，一方面在朝中大发淫威。每当皇帝上朝时，刘瑾就站立在皇帝的身边，一同接受大臣的朝拜，一点也没有退让一旁的意思，人们都在私下里称他为"立皇帝"，意思就是他是站着的皇帝。刘瑾在其专权期间，极力扩张自己的势力，广收贿赂，排除异己，孝宗为武宗留下的三位顾命大臣被他驱逐了两个。除此之外，刘瑾不断将自己的想法用法律形式固定下来,使他可以真正名正言顺地发号施令,权力达到了极限。

水满则溢,在封建王朝君主专制的体制下是绝对不能允许出现第二个权力中心的。刘瑾的倒台也是必然的事。总的说来,刘瑾最后的垮台主要是由于两方面的原因。武宗时期的明朝社会已经是矛盾重重,自然灾害不断,出现了大批避难迁徙的流民,导致了社会的动荡。刘瑾没有注意到这些,依旧派人到边境地区查勘屯田情况,并严令各地按田交税以搜刮钱财,这些事闹得民怨沸腾。庆王府的安化王抓住了这个有利时机,以"诛刘瑾,清君侧"为名起兵反叛,但在短短的十几天内就被平定了。这次叛乱虽然没持续多长的时间,但在朝廷中却掀起了轩然大波,武宗也迷迷糊糊的意识到了刘瑾过于跋扈。这次叛乱的发生为刘瑾的垮台埋下了伏笔。另外,以刘瑾为首的"八虎"集团内部出现了分裂。由于刘瑾一直想一人独掌大权,所以他时常借着武宗最宠信自己而设法排挤以前和他一起分享权力的人,许多原来刘瑾的亲信对他也越来越不满。这一点被当时成功镇压安化王叛乱的御史杨一清抓住了。杨一清是朝中的老臣,这几年刘瑾的所作所为他都看在眼里,只是杨一清的心计比较深,他深知武宗信任刘瑾,没有绝对的把握是不能和刘瑾正面冲突的。机会终于来了。平叛时和杨一清同去的还有"八虎"之一的张永,张永近年来一直受刘瑾的排挤,越来越不得志,心里对刘瑾恨之入骨。杨一清抓住了这个难得的机会,在平叛回来的路上,杨一清对张永说:"张公公您昔日本来是刘瑾的亲信,对他可谓是鞍前马后,想不到他现在居然这样对待您,连我们这些外臣都要替您抱不平了。"张永叹息道:"刘瑾是皇上最信任的人,要扳倒他谈何容易!"杨一清知道张永已动心了,接着劝道:"现在就正是扳倒刘瑾的好机会。眼下安化王的供词中提到了他和刘瑾有勾结,您不妨借着回朝面圣之机,私下里将这件事透漏给皇上,我再联络外朝众臣一起弹劾刘瑾的一切不法之事,想必大事可成。"张永其实也打着另一个如意算盘,他想只要刘瑾一死,以后自己就可以独揽宫中的一切大权。

张永回朝后,武宗果然立刻为他庆功。庆功宴过后,刘瑾先走了,张永就趁此机会把安化王叛乱的檄文和供词都呈上给皇帝过目,将安化王和刘瑾相勾结之事告诉了武宗,提醒武宗应该注意防范刘瑾。武宗这时已经有了几分醉意,他看着手中这些刘瑾谋反的罪证,心烦意乱间就同意了张永的

奏请，命他带人去抓刘瑾。张永得到圣旨，马上连夜带人闯到刘瑾家中，将其抓获。他生怕等到武宗酒醒了，一见到刘瑾又会改变主意。第二天一大早，张永就请皇帝一起去查抄刘瑾的家。在刘瑾的府中，武宗果然亲眼看见查出了大量的武器盔甲，甚至还有龙袍。武宗勃然大怒，下令将刘瑾凌迟处死。凌迟进行了三天，刘瑾被千刀万剐，行刑之时，许多人花钱买割下来的肉吃掉，以解心头之恨。"立皇帝"终于倒掉了。

郑和六下西洋始末

郑和是中国历史上很有名的太监。他的本名叫马三保，所以有人又称呼他为三保太监。郑和出生在云南一个信奉伊斯兰教的穷苦之家。他们一家人都十分虔诚，祖父、父亲都曾经亲身到过圣地麦加朝圣，因此郑和从小就从长辈的口中听闻了许多海外的奇人逸事，对航海有着很大的兴趣。后来郑和被明朝的军队俘虏，带到了北京，在燕王府里作了一个小太监。他很聪明，无论是读书还是习武都学得很快，燕王朱棣很喜欢他，并且赐他姓郑，改名叫郑和。

在燕王起兵发动的"靖难之役"中，郑和作战勇敢，更加受到燕王的信任和赏识。燕王最终打败了他的侄儿登上了皇帝的宝座，郑和因为有大功也被升了官，作了宫中的主管太监。永乐三年（1405 年），皇帝第一次派郑和为使者，与另一个太监王景弘一起带领一支船队出使西洋。郑和带的船队有士兵两万七千多人，还有各种技术人员、医生、工匠、翻译人员等等。他们乘坐着六十二艘大船，最大的一艘长四十四丈，宽十八丈，可以容纳千人，还配有当时世界上最先进的航海图和罗盘等资料、仪器，能够充分保证航向的正确和船队的安全。因为船上还带了大量的金银财宝，所以就起名叫作"宝船"，是当时世界上最大最先进的远航船舶。船队从苏州刘家河扬帆出海，经过福建后离开海岸线远行，到了今天的越南、泰国、印度尼西亚、斯里兰卡等地，在第二年九月，经过一年零三个月的航行，返回了当时的首都南京。这次返航，随船带来了许多国家的使节来朝见中国皇帝，这使永乐皇帝非常高兴，给了各国使节很多赏赐，郑和也受到了奖赏。回来刚刚几个月，郑和

就再次被派出使,从此以后欲罢不能,先后一共六次出使西洋,历时三十年之久。郑和的船队历经风险,到过三十多个国家和地区,最远曾经到达非洲的东海岸和红海沿岸,比西方航海家远航发现新大陆还早半个多世纪,是我国航海史上的一次壮举。

郑和的航海船队如此之庞大,每一次都耗资巨大又耗费了无数的人力物力,同时还担负了很大风险,那么,这到底是为了什么呢?

本来这个问题并不难解答,郑和的航海每一次都有详细的航海记录资料,保存在中央政府的资料库里。人们只要看看这个记录,就不难发现一切问题的答案。但是历史的发展并不能总是尽如人意,这件明明很简单的事也同样如此。明孝宗的时候,皇帝觉得没有远方的国家来朝见进贡,很没有面子,很想学他的祖辈的做法,派人去宣谕远国,使之威服,就叫人去查档案库中保存的当年郑和远航的航海资料。当时的朝臣认为这只是空耗人力,对国家没有好处,因此都很反对。其中有个激进的官员叫刘大夏,更是干脆一把火烧了郑和的航海资料,以此来阻止皇帝的一意孤行,皇帝见资料都烧了,也没有办法,只好放弃了这个念头。这个举动在当时是有着正当理由的,但是却给我们后人留下了一个又一个难解的谜团,只能依靠当时的具体情况进行各种推测。

关于郑和下西洋的目的,历代都有各种各样的不同说法,最常见的就是寻找流亡海外的建文帝。燕王谋反攻占了南京城后,传说并没有找到侄子建文帝的尸体,为了安抚人心,他只好发布诏书,说建文帝已在皇宫大火中丧生。但是朱棣顶着"篡位"的恶名,真正的皇帝却有传言说已流亡海外,他这个龙椅又怎么能坐得稳呢?他时时担心建文帝会从海外号召反对他的力量卷土重来,所以一直不断地派人四处寻找建文帝的下落,派往海外的就是郑和。近年来有的学者还考证说,郑和为了找寻建文帝,不但多次下西洋,还曾经三次东渡扶桑,到日本去过。

有的人很不赞同这种说法,认为建文帝根本不可能在燕王的严密监视追捕下逃出南京城,肯定已死在城中。就是建文帝未死,以他一个文弱书生,也并不值得成祖耗费这么巨大的心力去寻找他。反过来,这一派的观点认为郑和远航主要是军事目的,根据就是《明史》中记载的成祖"欲耀兵异域,示中国富强",否则他仅仅为了寻找建文帝,也不用带这么多的士兵。正是这支强大的海军力量充分显示了中国泱泱大国的军事威慑力,使得那些小国纷纷派使臣随船来中国朝见。如果真是以此为目的而进行远航,那么无疑已经达到了目的。

还有人说,郑和的航海主要是以经济目的为主。船队远航既可以满足明朝政府扩大对外贸易的要求,也可以建立起西方国家对明朝的"朝贡贸易"体系,籍此增加财政收入。而且除了官方之外,普通的沿海缙绅百姓也从中大大受益。若只是这个原因,理由是不够充分的。明朝的历代皇帝都向来遵守祖训,坚持以农立国,从未把贸易收入视为政府财政收入的主要来源,更别提主动地去拓展海外贸易市场了。而且朝贡贸易中,中国本着大国的姿态,一向薄来厚往,若想以此增加财政收入,岂不是白日做梦一样?

近年来学者的看法认为上述几种说法都有失偏颇,对郑和的六下西洋应有一个具体全面的分析。其中的前三次,可能是以安抚海外未降的臣民、加之寻找传说逃往海外的建文帝为主要目的,同时也有联系海外各国的目的。因为这三次远航实际上走的都并不太远,只是在东南亚各国中逡巡而已,后三次则是以猎奇为主要目的。通过前三次的航行,不但带回了很多外国的使节朝贡,而且带来了中国前所未见的异域珍奇之物,这时已经坐稳皇位、国泰民安的永乐皇帝对这些奇珍异宝十分感兴趣,也想了解一下中国以外的世界,所以又派郑和进行更大规模的远航,证据就是第四次、第五次远行到了非洲的东海岸和红海沿岸国家。总的看来,这种说法似乎更接近事实真相,成祖不太可能仅以某一个单一的目的而进行耗资如此巨大的远航,若说以政治目的为主,兼以其他各种目的而进行远航,还是说得通的。

明宫秘史

第四章 王爷朝臣篇

不论从道德文章还是文韬武略各方面看，英雄都是旷世奇才。他们知识渊博，论天下形势如同掌中观纹；他们腹藏玄机，帷幄之中可决胜千里之外。他们论道德可比圣贤，写文章字字珠玑，讲韬略算无遗策，藏胸中百万雄兵。这样的人才数百年才会出现一位。正如中国有句古诗所说："江山代有才人出，各领风骚数百年"。可是，关于他们，却有许多不为人知的谜案。

胡惟庸如何靠相术悦太祖

朱元璋做了皇帝，在宫中整天与妃子们寻欢作乐，时间一长，不免有些厌烦了。一天午后，闲着无事，领着贴身太监悄悄地溜出皇宫，想到外面去解一解闷。

朱元璋领着太监来到大街上，一眼瞧见前面道边有一个相面的摊儿，高飘着白布招旗，旗上大书着四个字："相不足凭。"朱元璋看到，觉得很诧异，便挨上前去，又见摊前有一副对联："风鉴无凭无据，水镜疑假疑真。"朱元璋读了，忍不住向那相士问道："你既然说相不足凭，为什么又替人相面呢？"

那相士见问，对朱元璋打量了一遍，微微一笑，指着摊儿上的下联道："你不看我这句话吗？相貌这件事，实是又真又假，在下的相术很平常，终揣摩不透是真是假，所以借此相尽天下人，看灵验不灵验，就可以定那真假了。"

那相士说着，又指自己道："俺胡铁口的相貌，照书上说，今年33可当翰林，47岁可侯拜相，可你看我，至今不过仍是个江湖术士，那相术足见得无根据了。"

朱元璋听了胡铁口的话,正要再问时,胡铁口盯着朱元璋,忽然竖起大拇指说:"我看先生的相貌,天地相朝,五岩对峙。分明是个天子相,你现在可做皇帝吗?"

胡铁口这话一出,把朱元璋说得吃了一惊,就连站在一旁闲看的人们,也都匆匆散去。因为朱元璋登基后,疑心病很重,稍有一些谣言,就捕风捉影,株连数人,尽遭杀戮。一提到做皇帝三个字是要灭族的,所以众人谁不害怕?于是都跑散了。朱元璋见此,只对铁口笑着点了点头,就领着太监回宫去了。

第二天,胡铁口刚刚摆好卦摊,就见有两个将校打扮的人走了过来,胡铁口一见,忙问:"将爷要看相吗?"

明代乌纱帽

二人也不回答,只是大声问道:"你是胡铁口吗?"

胡铁口答:"在下正是。"

二人一听,上来拖起胡铁口就走,胡铁口大叫道:

"将爷有话慢讲,不要动手。既是有事,也要等在下收了卦摊再走。"

那二人根本不理,任胡铁口大喊大叫,把胡铁口竟活活地抢走了。

胡铁口被拖得迷迷糊糊,好像进了一个像衙门的大殿。两位将校将胡铁口往地上一扔,就离开了。胡铁口知道自己凶多吉少,跪伏在地上,也不敢抬头。这时,殿上有人问道:

"胡铁口,你原名叫什么?是哪里人氏?从实奏来。"

胡铁口不知上面是什么官,也不敢抬头看,这时见问,便答道:"罪民原

名叫胡惟庸,祖籍凤阳蒙城人。"

上面又问:"你可读书识字吗?"

胡惟庸答:"罪民三年前进过学士,因为家贫,才弃学卖艺的。"

这时,上面朗声道:"胡惟庸!你抬起头来。"

胡惟庸这才敢抬起头向上观看,只见龙盘金挂,金碧辉煌,殿上悬一块巨匾,上书"谨身殿"三个金字,殿的两旁站列着锦衣校尉,殿的正中端坐一人,这个不是别人,正是昨天看相时说他有天子相的那个人。胡惟庸这时才明白过来,原来自己被带到了皇宫,上面那人,就是大明皇帝朱元璋。不觉吓得灵魂出窍,只是一味地叩头称有罪。

朱元璋昨日回宫后,想了很久,觉得胡铁口很是有点儿门道,于是今天一早就派人去把胡铁口带来,现在见他吓得只是伏地叩头,就说:"胡惟庸,你既是读书之人,朕要出题考考你。如答得好,朕可免你无罪。"

于是就出了几道题,胡惟庸都对答如流,而且答案都很讨朱元璋喜欢,朱元璋大喜,马上封胡惟庸为翰林学士,赴礼部实习三个月。胡惟庸真是一场虚惊,连忙叩头谢恩。朱元璋笑道:"你说朕能做天子,你能做翰林,朕就封你一个翰林。"

胡惟庸在礼部习了三个月礼,也居然峨冠犀带,和群臣一般的列班上朝。朱元璋每召他问事,胡惟庸都侃侃而谈,竟与上意暗合,因此朱元璋渐渐宠信胡惟庸,两个月中连提升七次,真是权倾朝贵,气焰薰人。胡惟庸也仗着圣上对他的宠信,有怨必报复,横行朝野,成为历史上一大奸臣。

开国功臣徐达之死

徐达,字天德,濠州人。史书描写他身躯高大,颧骨很高,棱角分明。他和朱元璋是从小一起放牛的朋友,也和朱元璋一样,从少年起就胸怀大志。朱元璋起义以后就把徐达叫到自己身边,从此两人一起出生入死,拼杀在元末的农民起义浪潮中。徐达为朱元璋立下了很多战功,被朱元璋视为左膀右臂。朱元璋当了皇帝以后,李善长被称作文臣第一,徐达则被称作武将第一。可是就是这位"武将第一"的大将军,最终也没能逃脱掉朱元璋的毒手。

元至正十三年（1353年），徐达参加农民起义军郭子兴部，隶属于朱元璋。跟着朱元璋取滁州（今属安徽）、和州（今和县）等地，智勇兼备，战功卓著。十五年（1355年），从朱元璋渡长江，克采石，下太平（今当涂），俘元万户纳哈出。而后率军攻克溧阳、溧水（今均属江苏）。第二年，跟从朱元璋攻克集庆（今南京），奉命为大将军领兵夺取镇江，号令明肃，授淮兴翼统军元帅。十七年（1357年），率军攻克常州，取常熟、江阴等地，阻止江浙周政权首领张士诚军西进。次年，留守应天（今南京），升任奉国上将军、同

徐达

知枢密院事。二十年（1360年）五月，长江中游汉政权首领陈友谅兵攻池州（今安徽贵池），徐达与中翼大元帅常遇春在九华山下设伏兵，俘虏斩杀陈军万余。又从朱元璋在应天城下设伏，大败陈友谅军，俘7000余人。二十一年（1361年），取江州（今江西九江），率师先行，迫陈友谅退兵武昌，并追至汉阳，升中书右丞。二十三年（1363年），从援安丰（今安徽寿县），败张士诚部将吕珍，移师围庐州（今合肥），旋从援洪都（今南昌）。在鄱阳湖之战中，冲锋陷阵，大败陈友谅军前锋，杀1500人，士气大振。二十四年（1364年），朱元璋自封为吴王，封徐达为左相国。从此以后，朱元璋有了后方基地，不再像以前一样亲自冲锋陷阵，而是改为坐镇南京，统一指挥调动部队。而徐达和常遇春两人就成为他伸向远处的手臂，随着他的命令转战各地。

朱元璋准备派兵征讨张士诚时，右相国文官李善长建议暂缓动兵，从长计议。徐达却坚定地支持朱元璋的决定，并且分析说："张士诚贪图享乐，待人苛刻，他部下的大将军李伯升等人只知道抢占美女金钱，没有什么真才实学，军队也缺乏训练，这些人都很容易对付。再说，他属下的几个军官都是文弱书生，不知天下大计，不了解战斗的事情。臣如果能奉主上的命令，率领大兵前去征讨，三吴很快就会被平定。"朱元璋听了他的话，非常高兴，马上下令拜徐达为大将军，常遇春为副将，率领二十万水师进逼湖州，数次大

败张士诚的军队，迫使守将李伯升、张天骐开城投降。张士诚逃到平江，想再聚集兵力进行抵抗。十一月，徐达挥师北上，合围平江，并申明军纪，禁掠民财。他和常遇春、华云龙、汤和、王弼等人把平江城围了个水泄不通。还在军营中建起了比城中的佛塔还要高的望台，用来监视城中的动静。他还在各处营地架设弓弩火枪和大炮，随时都可以向城中的张士诚军队发动最后的进攻。虽然胜利在望，徐达仍然保持着一贯的冷静谨慎，他派使者去向朱元璋请示攻城计划，朱元璋命人带来了回信，信中大大称赞了徐达的进兵神速，还勉励他说："将军一向有勇有谋，能够迅速地剿灭叛乱，削平群雄。现在你事事向我请示报告，这是你忠心的表现，我感到很安慰。但是战场上的形势瞬息万变，再说，将在外君令有所不受，军中的轻重缓急，还是由将军相机行事最好。我不会从中制约你的行动，这一点请你放心。"于是不久之后，徐达发动攻势，率将士破城，活捉了张士诚，一共收服了二十五万降兵。他带兵回到南京后，因为功勋卓著，被封为信国公。

后来，朱元璋已经占领了江南的大部分地区，他的实力也越来越强大。徐达又奉命以征虏大将军的身份与副将军常遇春率师 25 万，北伐元军，连战皆捷，一口气把元顺帝赶进了大漠。这时，朱元璋已经在南京称帝了。徐达回来后，因功授中书右丞相参军国事，改封为魏国公。第二年，他受命镇守北平，练军马，修城池，总领北方军事。以后又多次带兵出征北元，立下了汗马功劳。

朱元璋称帝后，每年春天都命徐达率军出征，冬天来临时就召回京城，成为常例。徐达对朱元璋保持着恭谨的态度，一回来就马上将帅印呈上，朱元璋因此很高兴，亲热的称他为"布衣兄弟"，而徐达却更加恭谨，事事小心谨慎。朱元璋曾经很随便地对他说："你的功劳很大，却还没有合适的住宅，我赐给你一幢旧宅吧！"徐达后来发现，皇帝想赐给他的旧宅竟然是朱元璋在做吴王时居住的旧邸。他大惊失色，马上跪在地上连称不敢，坚辞不受。其实朱元璋这么做就是为了试探他的忠心，因为徐达一直手握重兵，当了皇帝的朱元璋总是害怕他心怀不轨，所以总是故意地试探他。徐达就是因为非常了解朱元璋的这种个性，才凡事都小心翼翼。可是朱元璋却总是疑心，还要试一试他。他命人把徐达灌醉，趁机把他抬到吴王府邸中的床榻上休息，并让人在暗中监视着徐达的行动。徐达一醒过来，发现自己居然睡在以前朱元璋休息的地方，吓得一下子就滚落床下，跪在地上连连谢罪。朱元璋听人回报说他如此反应，才终于感到满意了。

可是，徐达虽然用自己小心谨慎的行动表示了自己的忠心，但他最终仍然没能逃脱朱元璋的毒手。朱元璋是抱着一种"虽然你今天不谋反，但是不能保证你明天也不谋反"的极端心理，在明朝的江山逐渐稳固下来时，下定了决心要除掉徐达这个功高盖主的潜在威胁。那时徐达正好得了背疽，按照民间的习惯，得这种病的人决不能吃鹅肉，据说一吃就会毒性发作，很快死去。朱元璋却假意地派人来探望徐达，还特意赐一只蒸鹅给徐达吃。徐达明白皇帝的心意，当着使臣的面，流着眼泪把整只鹅吃得一干二净。当晚，徐达就毒发病重去世了。朱元璋这才放下一直悬着的心，觉得自己终于能睡一个安稳觉了，因为这时他的所有功臣都已经被杀光了。其实，朱元璋赐给徐达的那只鹅并不一定就有毒，得了背疽也不一定吃了鹅就会死，但是朱元璋却在徐达生病的时候派人送来病人最忌讳的东西，徐达心里明白皇帝想赐死又不便明说，即使吃了鹅没事，也可能在当晚服毒自尽了。

刘伯温为什么不愿当宰相

刘伯温是明朝初年的大政治家，有人认为刘伯温的本事比诸葛亮还要大，因为诸葛亮耗尽一生心血，也只是帮助刘备三分天下，而刘伯温却是帮助朱元璋当上了全中国的皇帝。还有人把他比做鬼神，上知天文，下知地理，简直是无所不知、无所不晓，甚至有未卜先知的本领。这些夸赞之语是不是有言过其实之处尚且不谈，但是他的淡泊名利、激流勇退却是几百年来备受人们的称赞，他的一生经历在一般人眼中已经成为一则亦官亦民亦仙亦鬼的动人传说。

刘伯温在朱元璋还没有称帝之前就始终追随在他的身边，替他出谋划策，排兵布阵，一直是算无遗策，所以备受朱元璋的倚重，任为军师，凡事都要与他商量。就连朱元璋称帝登基的好日子也是刘伯温定的，因为他熟知天文，是确定上天意旨的最佳人选。在朱元璋终于如愿以偿的当上皇帝之后，刘伯温深知伴君如伴虎的道理，一心想离开这危险之地，朱元璋却不答

应，刘伯温只好留在朝中做了一个不大不小的官。时间不长他就以妻子亡故的理由请辞回乡，但是不久又被朱元璋召回京城，朱元璋亲自颁布诏书，表彰刘伯温的功绩，还要给他和他的家人加官晋爵。刘伯温这时好像真的预见到了未来，知道接受了册封必定会在将来遭到杀身之祸，所以坚辞不受。

明朝建立后，朱元璋让李善长当了开国的第一任宰相。刘伯温刚正不阿的个性使李善长大为不满，处处找刘伯温的麻烦，总想找机会杀了他才甘心。但是刘伯温颇有蔺相如一般的容人雅量，并没有放在心上。甚至是在朱元璋想撤换宰相时，他还为李善长说话，认为他虽然有一些过错，但威望很高，能够调和众将，这个宰相还是应该让他做。朱元璋听了觉得很奇怪，问刘伯温说："李善长几次三番想害你，多次在我面前说你的坏话，一心想置你于死地，你怎么还要替他说好话呢？"刘伯温回答说："现在国家刚刚建立，内外的事情还很多，实在不应该在这个时候更换宰相。宰相就像是一幢房屋的顶梁柱，怎么能够说换就换呢？如果拿一个细木更换，房屋就会因此而倒塌的。"朱元璋听从了刘伯温的建议，没有立时更换宰相。

后来，李善长因为年纪大了，自己要求辞官回乡养老，朱元璋又把刘伯温找来商量，问他新宰相应当任命何人。刘伯温从国家利益的角度出发，不偏不倚的评断当时朝中几个有可能当上宰相高位的官员。其中的一个人叫杨宪，对刘伯温一向很不错，两个人交往甚密。朱元璋本来想立杨宪为相，不料刘伯温却反对，认为杨宪很有才能，足可以做宰相，但是却缺少做宰相的宽广心胸，不能公正持平的处理政事。朱元璋又提出一个人选汪广洋，刘伯温认为他比杨宪更糟糕。皇帝又提出第三个人选胡惟庸，这一下刘伯温更是坚决反对，认为如果任命胡惟庸做宰相，没有发生事情就是国家的最大福气，批评胡惟庸桀骜不驯，成事不足，却是败事有余。从后来发生的事情看来，刘伯温对这三个人的看法是极为准确的。因为朱元璋这一次固执的坚持己见，先后任命了这三个人做宰相，结果证明他们都有着这样那样的问题，时间不长都被撤换掉了。朱元璋听到刘伯温对这些候补人选都不满意，就说到："我也知道满朝的大臣才学没有一个能及得上你的，既然他们都不合适，那这个宰相还是由先生你来做好了。"刘伯温一听，心里就是一颤，他知道自己的聪明才智在建国前是朱元璋所倚重的，但是在建国之后，这种才智反而是朱元璋最为忌惮的,所以他不敢显露丝毫的治国才能,生怕招来朱元璋更多的不满而招来杀身之祸。这时,他听出朱元璋话语中的试探意味,连忙回答说:"陛下有所不知,当宰相的人最好要平和如水,处事冷静,我的个性却是疾恶如仇,见到不平之事很容易怒火难平,这样做事恐怕会有失公允,不利于国家。而且我的身体不好,也怕不能承担这么繁重的工作,有负陛下的嘱托。"他婉转拒绝了朱元璋让他当宰相的要求,并且劝皇帝不要急于一时,应该去细心寻访人才,天下之大,总会找到合适的人选。

后来,刘伯温终于如愿回到家乡隐居,不见世人,过了几年太平逍遥的日子。朱元璋还是时常写信给他,问一些问题,他也仔细的逐条解答回报。因为刘伯温始终不肯接受皇帝的赏赐,朱元璋就命令减免刘伯温家乡青田的税收,说是让当地的百姓都记住这是因刘伯温而得到的恩惠。在朱元璋的众多功臣中能得善终而不连累亲族的人,刘伯温是极少数中的一个,这不能不说是他的神机妙算之功了。

李善长真的谋反了吗

李善长是明朝的开国功臣,在明朝建立以后官居文官第一,他的儿子娶了明太祖朱元璋的女儿,他自己又几十年兢兢业业地辅佐太祖打天下,成了明朝的开国宰相,这样的荣耀和富贵简直无人可比。但是他的功高盖主、权重一时,却引起了政敌的仇视,就连朱元璋也对他有些不放心了。最后,在他老态龙钟之年,终于被皇帝以"莫须有"的罪名杀死了,制造了这一起李善长冤案。

李善长本来深受朱元璋的宠信,他的厄运是来自胡惟庸的谋反一案。胡惟庸和李善长同是淮西派官僚地主集团的重要人物。他们有几十年的交情,又有那么一点曲折的姻亲关系,因此两人关系很好。李善长因为年老体病,不能再当宰相的时候,他就向朱元璋大力推荐胡惟庸。洪武七年,胡惟庸终于当上了宰相,他因为权势日大而横行无忌,在身边笼络了一批追随他的死党,在朝中则努力打击排斥异己,见到有上奏给皇帝的奏本中有对自己不利的内容,就隐匿不报。后来,他的野心渐大,与亲信们秘密商议起兵反叛的事。为了争取更多人支持,他几次三番派亲信去劝说李善长帮助自己,但李善长这时年纪已老,只想安安稳稳的度过余生,直截了当的绝了他的要求,还劝他要"好自为之"。不久之后,胡惟庸因为擅杀无辜被太祖怪罪,迫不得已提前反叛,却被朱元璋提前发觉,叛乱的人被一网打尽,全部被处以极刑。

胡惟庸案发生以后,就有人攻击李善长,说他是胡的死党,建议皇帝杀掉他。这时的朱元璋理智尚存,对李善长也还有些感情,他不为所动,反而向群臣说:"李善长在我刚起兵的时候就跟随我,帮助我出谋划策。后来天下平安,我封他作国公,又把女儿许配给他的儿子。他是我患难时期的心腹之交,我实在不忍心加罪他,你们不必再多说了。"因此,李善长在朱元璋对胡党的第一次大清洗时才没有受到牵连,又安安稳稳地享了近十年的清福。

洪武十八年,又有人控告李善长的兄弟李存义父子是胡党残留分子,应该处死。由于李善长的关系,朱元璋并没有处死他们,只是把他们迁到崇明一带去居住。太祖如此做,李善长却没有去向皇帝谢恩,所以朱元璋很不高兴。后来李善长又向汤和借了几百名士兵修建府第,一向猜疑心重的朱元璋知道了这件事,又在心中暗暗疑虑。紧接着又有人向太祖报告说,当初胡惟庸谋反,不但勾结了日本国,还与北元的蒙古人有秘密联络。当时驻守边塞的大将军蓝玉截获了一份他们之间往来的书信,就马上将详情寄报给了李善长。但是因为李善长与胡惟庸关系很好,又是姻亲,就把这件事隐瞒了下来,没有上报给皇帝。之后,又不断有朝臣上奏胡惟庸贿赂李善长,而人交往密切等等情况,朱元璋本来疑心病就很重,也很忌惮李善长的德高望重,在这一系列的密告之下,也不禁动摇了保住李善长的心,觉得他对自己不忠不义,开始想杀了他以免除后患。

不久,有大臣面奏太祖,说近日星相将有异变,必须杀一些朝中重臣以避免灾祸。这种荒唐的说法近乎儿戏,明眼人一看就知道是另有图谋。朱元璋也明白,这是大臣在请求他杀掉李善长的借口。他这时也终于下定了决心,以李善长勾结胡惟庸企图谋反的罪名逮捕了李善长。洪武二十三年(公元 1390 年),李善长被赐自缢而死,他的家人亲属一共七十余口全部被下令处死,唯一的活口是那娶了公主的儿子李祺,总算为李家留下了一点血脉。

其实，李善长被杀时，已经是一位白发苍苍、行动不便的八十老翁了，他又怎么可能谋反？再说这时距胡惟庸案已经十多年过去了，又有什么理由非要去追究不可呢？归根结底，说他谋反而加以诛杀，只是明太祖的一个借口罢了。朱元璋在有生之年以杀尽功臣，为子孙开路为己任，又怎么会独留下李善长这个开国功勋呢？当时的大臣都知道李善长是冤死的，可是谁都不敢明确向朱元璋提出来。只有一个叫王国用的忠直大臣，直言敢谏，在李善长死后的第二年向太祖上奏了一份奏折，逐条详细地分析了李善长之冤，认为他是绝不可能谋反的。奏折中说："按照常理，人们喜爱自己的儿子一定胜过喜爱兄弟的儿子，这是人之常情。李善长与胡惟庸的关系，不过是侄子辈的姻亲。而与陛下却是儿女姻亲。假使李善长确实想辅佐胡惟庸谋取大业，事成之后也不过是开国第一功臣而已，他自己能当上太师或国公，他家的男人不过能娶公主为妻，女人也不过封为妃子罢了，这些他不是已经都得到了吗？况且李善长又怎么可能不知道，不可以侥幸心理谋求成功的道理？当年元朝混乱之时，想要谋求大业的人多得难以计数，可结果没有一个能成功的，这些事情都是李善长所亲眼看到的。人的年纪大了，精力自然也不如从前，谁不想过的安逸一点呢？苟且偷生，得过且过的想法，李善长是有的，他又怎么会被那些亡命之徒诱惑呢？况且，他的儿子还在侍奉陛下您，而凡是做这种反叛

李善长

朝廷事情的人，必定与您有深仇大恨，或是因形势突变所致，都是迫不得以而为之。假如李善长父子真的想谋反，那他们一定不会像往常一样起居自若，谁都没有发觉他们有丝毫不轨的迹象，若说他们有意背叛陛下，是很难让臣民信服的。如果说天象显示出将要发生叛乱，朝中大臣必须应天而死，这种以杀人应验天象的做法，又怎么能被认为是上天的意思呢？如今李善长已经不幸被杀身亡，臣在这里恳求陛下您能明察此事，希望您能在将来再处置这种事情时，以李善长的事作为借鉴。李善长被冤杀了，天下的人都

明宫秘史

说：'为国家立下汗马功劳的李善长，他最后的下场又怎么样呢?'我担心这样的想法会使天下大乱，国家将陷入四分五裂。"这份奏折上报后，把太祖朱元璋说得哑口无言，实在不知该用什么话来回答他，所以只好将奏折一直扣压在宫中。其实朱元璋自己也清楚，李善长是不会谋反的，杀他也的确没什么充足的理由，说他勾结胡惟庸谋反也只是一个借口罢了，总之就是一句话，皇帝老爷说"我要杀!"，天下又有谁能够阻拦的了呢?

杨士奇是一位贤德的宰相吗

　　明代有名的贤相杨士奇历经建文、永乐、洪熙、宣德、正统五朝，仁宗时任华盖殿大学士，宣宗朝和英宗朝初期，杨士奇和杨荣、杨溥三人合称"三杨"，三人同是辅政大臣。对当朝皇帝的统治都起到了非常大的作用。

　　当时人们说，杨士奇称"西杨"，有相才;杨荣称"东杨"，有相业;杨溥称"南杨"，有相度。这三个人和衷共济，协力辅佐皇帝治理国家，开创了明朝历史上的一个盛世。杨士奇被后人评价为明于政事，待人宽和，善于处理君臣关系，而且知人善任，提拔了许多明朝有名的官员。由此，可以看出杨士奇对明朝的统治起到了相当大的作用。

　　杨士奇小的时候，家境非常贫寒，长大以后就以教书为生。由于他的才学出众，后来被推荐到明政府中任职。他非常严谨，从来不在家中谈论公事，即使是至亲好友，也听不到他谈一些朝政大事。在皇帝面前，他也表现的极为出色，处理事情总能一下子抓到问题的关键。而他身上的这些优点正是受皇帝信任的大臣的优点，所以他之后能够依据自己的优点成就一番事业。

　　当时，永乐皇帝和他的父亲朱元璋一样，并不信任他的大臣们，总是派出特务去监视文武百官的一言一行。有一天，他偶然得到一份广东布政使徐奇从任上回来后的送礼名单，心中又在暗暗怀疑。他发现这份名单上没有杨士奇的名字，就找他来询问这件事，并企图从他的口中找出些端倪。

　　对于永乐皇帝的性格杨士奇很是了解，因此很委婉地回答说："徐奇去广东的时候，百官去给他送行。那一天我正好病了，没有去，所以徐奇回来

国学经典文库

中华宫廷秘史

的时候送礼的名单中并没有我。至于其他的人是不是接受了还不十分清楚。再说,徐奇送的听说只是一些土特产,不值什么钱,大概也没有其他用意。"永乐皇帝听了认为很有道理,这才去了猜忌之心,还让人把名单给烧了,从此也就没再过问此事。

仁宗即位后,由于杨士奇的才能,把本来做东宫属官的杨士奇提拔为礼部侍郎兼华盖殿大学士,因为杨士奇以前就直言善谏,是自己的得力助手,因此非常信任他。仁宗皇帝有一次坐在便殿上正在议事,见杨士奇从外面走了进来。仁宗笑着对在场的大臣们说:"看,新任华盖殿大学士来了,一定又有正直的言论,我们一起来听听。"然后就笑着听杨士奇说话。

这一次,杨士奇果真又是来进谏的,他一见到仁宗皇帝,就开门见山地说:"皇上开恩,下诏书宣布削减每年对内廷的供应,诏书刚刚公布两天,惜薪司就传圣旨要征调枣木八十万斤,这与前面的诏书是相互矛盾的。"仁宗听了觉得他说的非常对,于是立即减去一大半。

当时尚书李庆提出一项政策:把军队中多余的马匹分发给地方官员,朝廷每年征收小马驹。杨士奇针对这件事上奏了许多次,说:"朝廷选择有才有德的人任为官员,负责治理国家。现在却又让他们去养马,这种重视牲畜、轻视人才的事,怎么能够作为天下表率呢?"

仁宗皇帝再次听了他的意见,于是下旨停止了这件事,但后来却又没了回音。杨士奇不肯罢休,又上书争辩,仍旧得不到仁宗的批示。过了一段时间,仁宗私下里把杨士奇叫了去,对他说:"朕以前哪里是忘了呢?只是因为听说李庆、吕震等人都不喜欢你,考虑到你一个人孤立无援,恐怕你吃他们的亏,所以不想因为你的提议而罢养马了。现在已经有了别的由头了。"

说着仁宗拿出陕西按察使陈智上言养马一事不便于民的奏疏。杨士奇见了非常感激仁宗皇帝的一番爱护之心。仁宗皇帝还特意下旨给言官说:"杨士奇年纪大了,偶尔上朝迟到,不要因此而弹劾他。"由此可见杨士奇非常得仁宗皇帝的尊重与信任。而杨士奇也更加敬重仁宗皇帝。

仁宗皇帝时期,各地不断发生水旱灾害,皇帝为此非常苦恼,召见杨士奇简议下诏书对百姓进行体恤宽免,免去受灾地方的租税。杨士奇又趁机提出一些免除农民拖欠的租税和柴草钱,减少官田的数量,审理冤案,减少工役等利民措施,都得到了百姓们的欢迎。杨士奇又请求安抚外逃的百姓,

明宫秘史

检举贪官污吏,宽免罪犯家属。他又让三品以上的官员各自举荐所知的人才。他的这些请求全都得到了仁宗皇帝的批准并予以执行。事实也证明,这些做法确实起到了不小的作用。

宣宗刚刚即位时,内阁大臣一共有七人。陈山、张瑛因为是东宫旧人而入阁,但是都不称职,后来调出内阁去担任其他官职。黄准因病退休,金幼孜去世,内阁只剩杨士奇、杨荣和杨溥三个人。

杨荣性格非常开朗,而且果断刚毅,遇事勇于承担。他曾经多次跟随成祖北伐,非常了解边境的具体情况,边将的优劣、关口的地形、道路的远近等等,全都了如指掌。但是他也有一个缺点,就是贪财,常常接受下属的馈赠,而且一直理直气壮,不知悔改。

宣宗皇帝了解到了他的这种缺点,又怜惜他的才干,于是很为难,就问杨士奇应该怎么办。杨士奇说:"杨荣对边防军务很熟悉,我们谁都比不上他。这些小事不应该总放在心上。"宣宗听了,笑着说:"杨荣还曾经说过你的坏话,你怎么还为他开脱呢?"杨士奇坦然回答说:"还希望陛下像原谅我一样原谅杨荣。"后来,杨荣知道了这件事,觉得十分羞愧,从此两人尽释前嫌,关系变得非常融洽,成了当朝两个非常要好的官员,一起尽忠皇帝。

宣宗去世后,年仅9岁的小太子即位,国家大事都要向太皇太后报告。太皇太后也非常信任杨士奇等三位辅政大臣,有事就派人去内阁征求他们的意见。他们也能够公正持平地处理国家的政务。但是没有几年,他们的年纪都大了,杨荣最先去世,紧接着太皇太后也去世了。小皇帝宠信太监王振,日益疏远这些老臣,王振逐渐掌握了朝廷的大权。杨士奇这时已经退休在家养病,杨溥一个人在朝中孤掌难鸣,逐渐失去了对朝廷的控制。

但是,这时的杨士奇已是年老体弱,而且他还有一个傲慢凶暴的儿子,做了许多坏事。朝廷因为看在杨士奇的面子上,一直没有动手处置他。杨士奇看着朝政大权日益落在太监的手中,政治腐败,社会动荡,不由得忧心如焚,却又已经力不从心,再加上有这么一个不成器的儿子,心力交瘁,忧虑得卧床不起,终于在他80岁的时候离开了人间。

戚继光真的斩子了吗

抗倭名将戚继光于明嘉靖三十五年至隆庆元年(1556-1567)间奋战在浙江、福建等倭祸严重的前线,大小数十战,歼倭数万人,荡平了浙、闽一带长期肆虐的倭患。他英勇善战、治军严明的事迹在他战斗过的地方广为传颂。其中,最为人们所传颂的就是戚继光斩子的故事。

嘉靖年间,倭寇数十次骚扰台州。戚继光奉命平倭,在台州数次大败倭寇。然而不久,倭寇败而复来,出没如常。为了彻底消灭倭寇,戚继光选择桃诸镇为控制点,造城立辕,招募台州、金华两府壮丁,训练新军。后来倭首海啸大王由汉奸杨通带路,绕过桃诸城,准备掳掠仙居县。戚继光得到密报,当即命自己的儿子戚英带领1000名新军,埋伏于仙居县东边杨府一带小平原,并派部将胡守仁带领新军500名,要让敌人一触即溃,并想

戚继光

方设法将倭寇引进杨府平原后,把队伍隐伏在白水洋镇西界岭头,拦截溃退之敌,将倭寇包围消灭掉。

但是,戚英是员虎将,自视甚高,认为只须在白水洋就可以全歼倭寇,于是妄改父亲的战略部署,按兵在白水洋迎战。胡守仁领兵到白水洋时,发现戚英所率新军没有按戚继光的部署行事,就劝戚英速退杨府,白水洋由他隐伏,只等倭寇进入仙居平原后,双方夹击,全歼倭寇。但戚英固执己见,拒不接受劝告。情势非常紧迫,胡守仁只好分出200名新军由牙将李彦青率领,埋伏在林交山渡口的山林中,等待暗击败倭,不使漏网的敌人逃出黄沙地带。

这一日上午,倭寇长驱进入白水洋花街时,西有戚英千名新军,北有胡守仁迎头痛击,死伤累累。倭酋知道中了戚军的计谋,率军后退,企图逃往海上。倭寇败兵在林交山渡口与李彦青200名新军展开了一场肉搏战。因

李彦青的新军连日奔波疲惫,人数又少,全部壮烈牺牲。等到胡守仁的追兵赶到渡口时,数十名残倭已向东逃窜不见踪影了。

这时,戚继光的援军已过小岭,与胡守仁军队相遇。胡守仁向戚继光报告有数十名倭寇漏网后,戚继光怒发冲冠。催兵到塘头朱溪边,安营立辕,设立行刑台,要按军法处斩戚英。

但被胜利冲昏了头脑的戚英,认为已彻底消灭了倭寇,正在忙着打扫战场,他错将换成首领衣甲的倭兵当成倭酋,准备报功。等到中军传令,他才知道自己犯了军规,只好自缚到辕门请罪。戚继光升帐,传令带罪将问罪。戚继光历数戚英擅改作战方略,盲目自大,不听忠告,设伏不周,致使残倭漏网,小胜而骄,不辨真假,忙于报功等几条罪状,无论那一条都犯了死罪,喝令推出辕门斩首。

胡守仁等将领鉴于戚英虽然有过,但斩获最多,功可补过,全体跪下请求宽免,饶小将军一死。但戚继光严肃地说:"戚英所部虽斩获最多,非一人之功,是千名将士齐心协力作战之功,戚英不能独占。我是领军主将,若姑息他,重罪不办,何以服众? 何以号令三军?"一番话说得斩钉截铁,诸将都哑口无言。戚继光当即命令胡守仁为监斩官。胡守仁接令在手,一时手足无措。但他终于将令牌掷出,戚英身首异处。

还有另外一种说法是戚继光在宁德斩子的故事。当时倭寇在福建沿海烧杀抢掠,无恶不作,朝廷换了几任大将也拿他们没办法,百姓叫苦连天。后来戚继光率八千义乌兵入闽抗倭,头一仗打的就是海上倭寇巢穴——横屿。

横屿是一个海上孤岛,与宁德的樟湾村隔海相望,涨潮一片汪洋,落潮泥泞一片,不易攻取。经过一番明查暗访,戚继光终于决定在中秋节下半夜出击,拂晓前捣毁横屿倭巢。

临行前,戚继光晓谕全军:"潮水涨落,分秒必争,只许勇往直前,不准犹疑回顾。违令者斩!"

戚继光的儿子戚狄平任先锋官,首先带领队伍出发。行至麒麟山下的宫门嘴山口时,戚狄平想知道父亲所在的中军是否跟上来,就回头朝樟湾方向望了望。跟在后面的将士以为先锋有令传达,不觉脚下一顿。戚继光发觉有人停马回头,立即询问是什么原因停步不前。中军回报说:是戚先锋回顾所致。戚继光大怒,命人将戚狄平绑至马前,斥责道:"你身为先锋,带头违令,如何叫三军将士服从军令。"于是下令按军法就地问斩。身边部将纷纷说情,都无济于事。结果,戚狄平还是在大路边被斩首示众。

戚家军扫平了横屿倭巢之后,就南下福清继续追剿倭寇。一次战斗间隙,戚继光登上闽侯吼虎山,想起爱子被斩于宁德樟湾村头,不禁伤心下泪。后人就在他曾立足思念爱子的地方建起一座六角凉亭,取名"思儿亭"。而宁德樟湾百姓则在当年戚狄平被斩的地方立"恩泽坛"石碑,以永远纪念戚继光斩子的大义之举和戚氏父子剿倭保民的恩泽。

相传,戚继光在河北迁西县主持长城防务时,也斩过一个儿子。那年冬天,戚继光得到探报,塞外朵颜部的骑兵要入犯铁门关。戚继光很快布下天罗地网,传令诸将分头行动。

戚继光的爱子戚卫国也在军营里,见将士们都领命出战,也吵着要去杀敌。戚卫国当时 13 岁,聪明伶俐,练就了一身好武艺,就是从没上过战场。戚继光见他执意要去,也想让他去锻炼锻炼,就答应了,让他随王将军到东山口埋伏。

正像戚继光预料的那样,朵颜骑兵在铁门关吃了败仗,一窝蜂向东山口逃窜。只听一声炮响,王将军和戚卫国领兵挡住去路。骑兵头领一看不好,也发狠了,咬着牙,舞着刀,向戚卫国杀来。戚卫国毕竟年幼,又是头一次上阵,看见他那凶神恶煞的样子,有些害怕,一愣神的功夫,这个骑兵头领就突出重围跑了。

戚继光听说戚卫国放跑了敌兵头领,立刻下令把他推出去斩首。众将苦苦求情,但戚继光一向治军严谨,赏罚分明,刀斧手只得从命。戚卫国死后,就葬在了铁门关。当地民间至今还流传着这个故事。

实际上,戚继光斩子,确实是有这么回事。但戚继光所斩的是"义子",名叫戚英,斩杀的地点在浙江台州仙居县的水洋镇花街的塘头朱溪边。因为戚继光出生于 1528 年,而 1561 年在名州打完最后一仗,戚继光才 34 虚岁,不可能有已成为青年将领的儿子。另据戚继光自己写的文集中的记载,他于嘉靖四十二年(1563)在仙游取得解围战役胜利后,曾去九鲤湖向九鲤仙祈祷,盼望能生子"续嗣",可见他当时还没有儿子。事有凑巧,4 年后,即隆庆元年(1567),戚继光生了个儿子,名叫戚国祚,是他的长子。因此,戚继光所斩的不是他的亲生子,而是他在义乌练兵时结义的儿子。至于为什么有这么多不同版本的戚继光斩子的故事,而且在各个地方都有流传,这大概是因为人们对戚继光太尊敬了,往往会将发生在其他地方的事说成是本地的事。

清官海瑞的另一面

海瑞固然是以清正廉洁而闻名于世,但是与此同时,他也以古怪孤僻而著名。当海瑞死去时,百姓为他痛哭流涕,不过也有人兴高采烈,许多士人都纷纷庆幸这个"偏执""疯癫""爱管闲事"的南海狂人终于死去。然而,就是在骂他的人中,也有人暗暗佩服他,例如当时的大地主何良俊,与海瑞势不两立,但是他也不得不承认海瑞是"铮铮一汉子"。海瑞作为清官,似乎已经盖棺定论,但是看看有关史料的记载,却又能发现一些海瑞不为人知的事情。比如,他性喜易妻纳妾,引起了当时不少士人的批评与不满。据说海瑞罢官在家的十几年中,曾经九次娶妻,并且毫无理由地更换正妻。所以有人批评他说"此老大概好异,做事多不近人情"。

在海瑞的一生中,确实有多次频繁娶妻纳妾的记录,先后被他收为妻妾的就有王氏、潘氏、许氏、丘氏、韩氏等人。他在六十多岁的时候还娶了两个年轻貌美的小妾,以至于引起妻妾不和,造成了二人同日自缢的家庭悲剧。他休妻也没有什么特别的理由,往往只是因为一语不和,或是一事之失,就会毫不留情地把妻子赶出家门。像他的妻子潘氏、许氏二人,被休回家,却竟然不知自己为何原因被休。

又有记载说他为人残忍冷酷,活活饿死自己的幼女。这件事是说,海瑞有一个五岁大的女儿,有一天她肚子饿了,正拿着童仆给的东西吃,不巧正好被海瑞撞见了,海瑞就厉声责问她食物从何而来,女儿回答说是童仆给的,海瑞就发怒了,责怪女儿不应该接受别人给的东西,辱没了自己的身份地位。并且命令女儿,只有把自己饿死,才能证明她不愧是海瑞的女儿。小女孩儿被父亲吓怕了,真的拒绝了家人送来的食物,一连饿了七天,活活把自己饿死了,而这时候的海瑞仍是无动于衷。试问一个五岁大的孩子,肚子饿了找东西吃,接受了童仆送来的吃食,又有什么不可以的呢?她又怎么懂得大人的那些伦理道德?自己的孩子被饿七天丧命,作父亲的海瑞竟然无动于衷,这实在是有些太过于不近人情了。难怪明代有的人说,海瑞尽管娶了这么多妻子,却没有生下一个儿子,只有这一个女儿,又被他饿死了,也许这正是天道的报应不爽吧!海瑞这种有违人性的做法,激起了许多后人的义愤。他的一生,基本上没有过正常的家庭生活,临死时身边一个亲人也没有,孤孤单单地离开了人

海瑞

世,这不能不说是因为他异于常人的个性原因造成的吧?

再如,海瑞要求别人行事不要铺张,而自己出行却又讲究排场,又极为喜欢以圣人自居,很容易就让人产生反感。还有,海瑞在处理案件时刚愎自用,只是按照自己的感觉断案,而往往不管事实真相如何。虽然大多数时候他偏向普通老百姓是正确的,但是也不乏被刁民欺骗利用之事。

不可否认,海瑞在执法时是铁面无私的,可是行事却又太过迂腐刻板。户部司农何以尚是海瑞的好朋友,曾经因为替海瑞说话而受过重刑,两人因此结成莫逆之交。可是海瑞复出就任南京吏部右侍郎时,何以尚以下属的身份去见海瑞,海瑞却鼻孔朝天,摆起了上官的架子,自己高坐在主位上,而让何以尚坐在角落里。何以尚非常生气,他说,若是单以官位来讲,这也没什么,但是,两人是好友,难道海瑞就不能以客人之礼待他吗?海瑞对他的抗议仍然不发一言,还是一副冷硬的面孔,不加理睬。最后两人不欢而散。可以想见,以海瑞如此的待客态度,假若海瑞再有倒霉的时候,何以尚一定不会再为他说话的。这件事传到京城中,大家也都对海瑞十分不满,认为他寡情少义,恩将仇报。这虽是一件小事,却也不难看出海瑞的行事为人尚有待议之处。

从以上这几个例子就不难看出问题的严重性。这些材料是否属实,许多人都曾经提出过怀疑。海瑞刚正不阿,敢说敢干,这是不容争辩的事实。但是,他不大讲究工作方法,有时操之过急,有时又不切实际,当时得罪了不

少人,受到许多攻击和诋毁,连著名的政治家张居正也因为担心他说话太直易坏事,而把他闲置起来,坐了十几年的冷板凳。其实,这些事情若是真实的,倒也并非全无道理。那只是因为海瑞过于刚直、宁折不弯的性格造成的,他待己以苛,同样也待人以苛,恨不得全天下的人都和他能一样成为道德的典范,成为伦理的圣人,而不管别人的想法如何,是否能够作得到。他并不认为这样做有过火之嫌,他坚信着"矫枉必须过直",否则就不能矫正不良风气。这样一来,他的一切行为都有了一个合理的解释。

宁折不弯的薛瑄

薛瑄是明朝有名的大理学家,他一生极力倡导程朱理学,被当时的人尊敬的称为"薛夫子"。他的性情刚正不阿,从不肯折腰下人,在他身上,儒家学者的刚直不屈、宁折不弯的风骨表现得淋漓尽致,非常为当时的士大夫所敬佩。

薛瑄自幼聪敏过人,是乡里有名的神童。永乐三年(1405 年),薛瑄十七岁。随其父教谕公薛贞和参政陈宗问外出视察,在河南荥阳的舟中,参政陈宗问偶得一联云:"绿水无忧风皱面。"让薛贞给对个下联,薛贞对不上来,薛瑄在一旁接口对道:"青山不老雪白头。"陈宗问大惊,后来专门去学堂找薛瑄,索要他的诗稿。看罢后感慨地说:"此子才泓气昌,后当成大器,非吾侪备员苟禄者比也。"

当时在位的皇帝是明英宗朱祁镇。刚当上皇帝的时候还是一个小孩子,一切听从一直在他身边服侍他的太监王振的安排。王振曾经作过小皇帝的启蒙老师,又始终在他身边细心地照顾他,所以很得小皇帝的信任,因此在朝廷上为所欲为,和朝臣们平起平坐,后来甚至还凌驾于满朝大臣之上作威作福。那时正好大理寺有个官职空缺,因为王振是山西人,他就想找一个山西同乡来做这个官。后来王振听说家在山西的薛瑄既有学问,又有能力。王振自己是大同一带人,薛瑄是晋南人,虽然离得远,总算是同乡。所以他就决定让薛瑄担任这个职位,于是薛瑄就被升为大理寺少卿。当时知道内情的人就劝薛瑄说:"你这次被提升,都是因为王公公的大力提拔,你应

该主动去见一见他,向他当面致谢才对。"薛瑄听了却没有任何表示,只是严肃地回答说:"我做的是朝廷的官,为什么要去向一个宦官道谢呢?"无论别人如何好意相劝,他就是说什么也不肯前去,同僚们都不禁为他的"不识时务"而摇头不已。

后来有一次,薛瑄正和同僚们在朝房里商量事情,王振忽然进来了。公卿大臣们一个个见了王振,都纷纷迎上前去,连连地打躬作揖,寒暄问好。只有薛瑄一个人好像没看见似的,什么表情也没有,默默地站在旁边。王振见了他,知道他的学问好,脾气也倔,反倒不以为意地主动走上前和他打招呼。薛瑄也只是拱手还礼而已,什么话也没说。那以后,薛瑄还是不肯主动地去巴结讨好王振,从不曾和王振有更密切的交往。这样一来二去,王振心里开始不高兴了,觉得薛瑄是瞧不起自己的太监身份才不肯和自己交往,自己现在权倾朝野,薛瑄却对自己不理不睬,觉得他太不通事理,开始对薛瑄心怀怨恨。

王振的侄子王山,是个花花公子,他与一个官员的小妾私通,趁官员新丧,想把这小妾据为己有,不料官员的正妻贺氏死活不肯答应。王山便诬告贺氏毒死丈夫,官司打到了大理寺。薛瑄明白王山是诬告,就驳回了案子,不予受理。这下真正惹恼了王振,他让人诬告薛瑄受贿,把他下在锦衣卫的狱中,准备处死。薛瑄有一好友刘球,给皇帝上书献策,言辞牵扯到王振,也被王振下在锦衣卫狱。王振把刘球剜目、砍首、剖尸、断肢,做样子给薛瑄看,希望他屈服。谁知薛瑄说:"辨冤获咎,死何憾焉!"仍旧在监狱中手持《易经》,诵读不已,仍像平日读书工作一样淡然处之。通政史李锡年听说此事,感叹道:"薛瑄,真铁汉公也!"王振要将薛瑄问斩,临刑时,王振家里的一个仆人忽然在厨房啼哭不已。王振很奇怪,就问是怎么回事,那仆人答道:"听说薛夫子将要行刑了。"王振听了,大为感叹,杀心顿消。这时朝内的文武官员都同情薛瑄,兵部尚书王伟等人更是极力搭救,王振慑于众怒,便取消死刑,将薛瑄放出,削职为民。

薛瑄回到故里后,开设了一家文清书院,招生讲学,为家乡的教育事业办了许多好事。后来,他又被朝廷召回任职,一直做到了礼部右侍郎并入职文渊阁,性情仍是如往昔一样宁折不弯。那时薛瑄的年纪已经很大了,再加上皇帝昏庸,权宦倾轧,朝政纷乱,就以年老力衰为理由,多次请求告老还

明宫秘史

乡,后来终于得到了皇帝的批准。在返回家乡的途中,正好遇到风雨大作,船不能行,薛瑄一家人就困在了那里。后来干粮吃完了,儿子薛淳埋怨说:"人家都好好地作官,你偏要退。看现在连饭也吃不上了!"薛瑄用手杖敲打着儿子,说:"我身虽困,而道则亨也!"说罢,继续读书诵经。薛瑄退休回到河津以后,继续设帐授徒,以教育为事业,直到病故。

薛瑄一生为官清廉,不会弄钱。做了御史官五年之后,方才有能力用积攒的俸银在京城买了两间小屋居住。这两间小屋,狭小得只能放下一桌一椅一床,这还罢了,最苦恼的是东墙没有窗户,房内的光线和通风都不好。这时候俸银也花完了,想要买木料请木匠做一个窗子也是不能。倒是薛瑄的儿子薛淳有办法,他找来一辆废弃的旧车,自己动手,拆掉车上的长木,只剩下一个底座,再拆成窗户模样。就这样对付着在东墙装了一个窗户。薛瑄下朝回来,在屋外看见儿子的杰作,不由哑然失笑:我堂堂一个御史,竟买不起窗户,这要叫京里的达官贵人和商贾富户们看见了,还不笑破肚皮? 但薛瑄还是挺欣赏儿子的创造,每日闲暇,坐在窗下读书,阳光射进来,凉风吹进来,竟是无比地惬意,立即就忘却了天之高、地之广和屋之小了。于是,他还因此兴冲冲地写了一篇《车窗记》,倒是很会自得其乐。

薛瑄的一生以"进将有为,退必自修"为自己的座右铭,还提出退休三乐,即:年至以退为乐,退后以心美为乐,终生以全节为乐。

严嵩为什么能够步步高升

严嵩自幼非常聪明,也十分好学。他的父亲因为自己一辈子功不成名不就,十分不甘心,更是把一切希望寄托在儿子的身上,对他要求很严格,一心指望着儿子能够为他圆了年轻时的仕途梦。严嵩也确实没有让他失望,写一手好文章,刚刚 25 岁就考中了进士,一举成名,也算是锐气早发的典型。

严嵩终于如愿以偿地当了官,他决心要干一番大事业,但是刚开头几年,他当的都是一些没有什么实权的官,例如翰林院庶吉士,翰林院编修等官职。这虽然说明他的学问得到了朝廷的认可,但是却远远不能满足严嵩强烈的权力欲望。这还不算,更糟的是这时候严嵩还得了一场重病,差一点儿就死了,无奈之下,他只好请了长期病假回家调养身体去了。这种默默无闻的隐居生活一过就是十年。

明武宗正德十一年,严嵩终于病愈归朝了。这时他已经将近不惑之年了。此后的十多年中,严嵩先后在北京、南京的翰林院作官,虽然还是没当上什么大官,但是多年的官僚生涯倒是为他将来飞黄腾达奠定了深厚的经验基础,他自己从多年实践中总结出了一套规律,要敢于拍马钻营,要会运用笑里藏刀,对上级和下属要用两个面孔,等等。总之全是一些作官必备的"金科玉律"。

严嵩

一直当个不重要的小翰林当然不能使严嵩满足,他这些年来一直想找条门路向上爬,只是苦无机会。经过对朝廷的仔细观察,终于有一天他发现了一条好路子,这就是礼部尚书夏言。当时,因为嘉靖皇帝为了给他的亲生父母争得一个皇帝的尊号,非常重视礼仪的缘起和制订,因此当时正在礼部尚书任上的夏言非常受宠,因为他顺着皇帝的心思办事,皇帝也投桃报李,对他的话言听计从。夏言又是严嵩的同乡,虽然按照科考登科的时间算,夏言还是严嵩的后辈,但是有实力的人才是老大,严嵩也顾不了什么面子问题了,只是一心想通这条升迁之路。

严嵩借着和夏言的同乡之谊,经常设法讨好夏言,可是总是遭到夏言的冷遇。夏言为人孤芳自赏,又是皇帝面前的红人,严嵩这个小小的翰林官儿当然不可能让他放在眼里,对严嵩的屡屡示好不理不睬是必然的。严嵩遭到这样的对待,心中也不由得充满怨恨之意,暗想以后有机会一定要狠狠报复夏言才行。不过现在这一切还言之过早。他几次想请夏言到他家赴宴,总是被拒绝。没有办法之下,严嵩决定破釜沉舟,干脆连一点脸面也不要了,直接拿着请柬跪在夏言的家门口,大声地说一些动听的邀请之辞,还表示如果夏言不能答应他的请求,他就一直跪在门口不起来了。这一下,夏言见他如此谦恭,觉得很是过意不去,总算答应了严嵩要去赴宴。严嵩一听顿时喜出望外,费了这么大力气,总算请动夏言的大驾了,就是在大街上跪了这么久,被人当作笑柄也是值得的。在家中的宴席上,他更是使出浑身解数,专挑夏言爱听的话说,又极力表现自己的文才,想博得夏言的赏识与提拔。果不其然,这一顿饭吃下来,夏言居然态度大变,将严嵩视为平生知己,还嫌相见太迟。等他见到嘉靖皇帝,又在皇帝面前大大地把严嵩夸赞了一番。没有多久,严嵩果然步步高升,时间不长就做到了礼部右侍郎的官职。看来这一跪的作用,比他在官场奋斗二十年还要有用啊!只是恐怕这当门一跪的请客办法,也不是一般人就能够做到的吧?

当上了礼部侍郎,严嵩就能有机会接近皇帝了。嘉靖皇帝迷信道教,常在宫中开设道场作法事,严嵩写的一手好文章,正好以此来讨皇帝的欢心。每逢宫中作法事,他都精心地写一篇请求神仙降临的文字呈给皇帝,写的简直是妙笔生花,好像是只要神仙一读了他写的文章就会马上下凡似的。嘉靖皇帝也因此越来越喜欢严嵩,把他视为亲信之人,每次作法事更是非要严嵩写请神文章不可。巴结好了皇帝,在朝中立稳了脚跟,严嵩可不想再继续扮演夏言的"知己"了,这时夏言已经不再是他努力巴结讨好的对象了,反而已经成为他登上权力顶峰的绊脚石了。严嵩开始想方设法地计划除掉夏言。

夏言为人恃才傲物,对下属又极为严厉,在朝中得罪了不少人,就是在面对皇帝的时候,也因为他自觉位高权重而有些怠慢,让皇帝很不高兴。严嵩的作法却与他截然相反,对待皇帝就不用说了,极尽拍马之能事,就是对待同僚下属,他也装的和颜悦色,谦恭有礼,博得满朝称赞之声。没多久他就笼络了一批人死心塌地的跟在自己身边。直到自觉羽翼已经丰满了,他终于决定要下手除掉夏言了。借着皇帝对自己的信任和对夏言的不满,严嵩在皇帝面前添油加醋地编造夏言的不是,拼命诋毁夏言。他还让他手下的人纷纷上疏弹劾夏言,嘉靖皇帝果然暴跳如雷,痛骂夏言,马上就让夏言罢官回家了。严嵩到这时才松了一口气,夏言一走,他就顺理成章地当上了内阁首辅,这可是一人之下、万人之上的最高官职了。严嵩为此努力了一辈子,这时已经六十多岁了,才终于实现了心愿。可是就是这样,严嵩对失势的夏言还是不太放心,总怕他东山再起,事实上他的担心是正确的,夏言后

中华宫廷秘史

来确实又被启用,只是有严嵩在暗中搞鬼,他在朝中无论如何也待不安稳,很快又被严嵩用计赶了下去。这回严嵩决定要斩草除根了。他派人在宫中大造谣言,还找了个借口给夏言定了个失职误国的大罪。嘉靖皇帝一怒之下,立刻就把夏言斩首示众。严嵩从此再无后顾之忧了,他只需哄好不理朝政的皇帝,朝中的大事一概由他说了算了。一时之间,严嵩炙手可热,只可怜夏言这个老夫子至死还不明白正是自己引狼入室,才最终招来杀身之祸。

扳倒严嵩的徐阶

徐阶,字子升,早年号少湖,后号存斋,松江华亭人。他自幼聪敏早慧,读书十分用功,曾经同王阳明的弟子欧阳德一起切磋学问,深受王阳明良知之学的影响。嘉靖二年(1523 年),徐阶参加会试,考中进士第三名,是为探花,当时年仅二十一岁。徐阶天生有一股文人气质,风度翩翩,很受内阁首辅杨廷和赏识,授以翰林院编修,参与经筵讲授,预修《大明会典》及祀仪等机务。后来徐阶得罪了上司张孚敬,被明世宗贬到福建延平做推官。从一个京城大吏,到一个小地方的断狱官,可以说是天壤之别,但是,徐阶并没有因此而灰心,对人说:"官大官小还不都是皇上的臣子嘛。"

后来徐阶先后视学浙江、江西。江西是王阳明的老家,王阳明的心学在明朝中后期产生了极大的影响。徐阶在江西任上推行王阳明学说,为朝廷培养了很多有用的人才。经过几年磨练,徐阶充分认识了仕途险恶和世态炎凉,在政治上逐步成熟起来。

嘉靖十八年(1539 年),皇太子出阁挑选幕僚,看中了徐阶,把他调回京城,任命为经局洗马兼翰林院侍讲,这对徐阶来说是一个重大转折。徐阶此次回京城之后不再锋芒毕露,而是学会了韬光养晦。他每天恭恭敬敬地同京城里的大员们交往,逐步博得了内阁首辅夏言的赏识,很快就从翰林院侍讲升为国家最高学府的主管官——国子监祭酒。徐阶写的青词也很出色,渐渐得到了嘉靖皇帝的青睐。有一次,吏部要选任徐阶为吏部尚书,嘉靖皇帝舍不得徐阶走,就对吏部的官员说:"徐阶在朕的左右办事很得力,他不是前朝弘文馆的官员,就不用外调了。"还赐予徐阶飞鱼服以示恩宠。

后来夏言失势，被嘉靖皇帝处以死刑，与夏言素来有仇的严嵩上台。夏言生前曾经在皇帝面前多次推荐徐阶，因此，严嵩对他十分警惕，时常在嘉靖皇帝面前说徐阶的坏话。他利用嘉靖皇帝对夏言的偏见，把徐阶说成是夏言一伙的，诋毁徐阶说："徐阶这人很有才能，但是却怀有二心，他对陛下处置夏言好像很有看法。"嘉靖皇帝听了，渐渐对徐阶有些冷落。徐阶意识到自己面临的危机，只好对严嵩曲意逢迎，以待时机。他对严嵩的屡次用计陷害，不但不予理睬，还把自己的孙女嫁给严嵩的孙子，同严嵩结亲。同严嵩一块共事的时候，尽量表现得恭恭敬敬，不露一点锋芒，就连严嵩的儿子严世蕃对他多行无礼，他也忍气吞声，不与之计较。经过几年的努力，徐阶终于解除了严嵩对自己的戒备，再次取得了嘉靖皇帝的信任。嘉靖三十一年（1552年），在严嵩的举荐下，徐阶升任为吏部尚书兼文渊阁大学士，入阁参预机务。

徐阶在取得皇帝信任的同时，严嵩却逐步失宠。严嵩由于年老力衰，没有尽力为嘉靖撰写青词，遇到嘉靖皇帝斋醮要稿子，他就让别人代写一篇，应付了事。嘉靖皇帝对于严嵩专权独断的做法渐渐有些不满。有人对嘉靖皇帝说："现在天下百姓皆知有严嵩，而不知有陛下。""文武百官畏惧严嵩更甚于畏惧陛下。"严嵩权高震主，使得嘉靖开始对他警惕起来，表面上对严嵩仍然很信任，其实内心中对他已经是十分疑忌。后来，严嵩不知为什么得罪了皇帝身边得宠的道士蓝道行。有一天，嘉靖皇帝召蓝道士作法，问他天下何以不治。蓝道士假借扶乩胡乱地写出了严嵩这两个字，解释说天下不治是因为严嵩当道，祸乱朝野，大蠹不除，天下难安。嘉靖皇帝又问："那么上仙为什么不除掉他呢？""留给皇上亲自处置。"蓝道士答道。嘉靖一生崇信道家，对道家神仙的言论无所不信。这一次虽然尚有犹豫，但也渐渐产生了除去严嵩的念头。

嘉靖四十年（1561年），嘉靖皇帝炼丹的时候不小心失火，把自己居住的永寿宫烧毁了，不得不移居到玉熙殿居住。但是，玉熙殿十分狭窄，嘉靖皇帝炼丹做法十分不方便，就召严嵩、徐阶等人来询问怎么办。严嵩年老糊涂不摸底细，竟然建议嘉靖到南宫暂住，南宫是英宗失国被软禁的地方。严嵩建议皇上到南宫居住，犯了嘉靖皇帝的大忌。嘉靖皇帝十分不满，把严嵩狠狠训斥了一顿。善于揣摩圣意的徐阶，没让皇上主动来问，就跪在地上请求主持为皇上重修永寿宫。在徐阶的督促之下，没几个月，一座辉煌壮丽的宫殿便拔地而起，嘉靖皇帝看了之后非常满意，当场嘉奖徐阶。徐阶还抓住嘉靖皇帝希望长生不老的心情，请求皇上将永寿宫改名万寿宫，就这样，徐阶抓住严嵩失势的时机，逐步取代了他在皇帝面前的地位。

徐阶对严嵩专权乱政，谋害忠臣的做法恨之入骨，他暗地里收集严氏父子的劣迹。一直到了嘉靖四十一年（1562年）邹应龙告发严嵩父子，皇帝逮捕严世蕃，勒令严嵩退休的时候，徐阶还亲自到严嵩家安慰。这一行动使得严嵩深受感动，叩头致谢。严世蕃也率妻子乞求徐阶为他们在皇上面前说情，徐阶满口答应。徐阶回家，他的儿子徐番迷惑不解，说："你老受严家父子的侮辱陷害已经那么多年，现在是该出口气的时候了。"徐阶佯装十分生气，骂徐番说："没有严家就没有我的今天。现在严家有难，我负心报怨，会被人耻笑的！"严嵩派人探听到这一情况，信以为真。严嵩已去职，徐阶还不断写信慰问。严世蕃也说："徐老对我们没有坏心。"他哪里知道，御史邹应龙正是有了徐阶在背后给他撑腰，才敢鼓起勇气在嘉靖皇帝面前弹劾他们父子。后来，嘉靖皇帝召徐阶进宫，问此事应该如何处理。徐阶这时才将几年来精心收集的严氏父子的罪证上报，使得嘉靖痛下决心，除掉严嵩父子。嘉靖皇帝派锦衣卫驰入严府，将涉嫌谋反的严世蕃逮捕入狱，并派徐阶草写诏书，勒令严嵩告老还乡。徐阶忍气吞声，韬光养晦，终于扳倒了专权乱政的严氏父子，不但报了自己的仇，还为天下苍生和冤死的诸官做了一件好事。

后来，徐阶被任命为内阁首辅。他执政以后，力革弊政，宽政轻刑，还不顾嘉靖皇帝的反对起用因"大礼议"之争被贬斥边疆的官员，做了很多好事，后世的史书把他列入"贤相"之列。穆宗即位后，徐阶仍任首辅，后来被高拱弹劾，辞官还乡。

嘉靖为何要罢海瑞的官

海瑞，字汝贤，自号刚峰，海南人，是我国明代政治家，嘉靖时期的著名清官。由于他敢于直言进谏，惩恶扬善，一心为民谋利，有"明朝第一清官"

的美誉,被老百姓尊敬的称为"海青天""南包公",其英名流传至今。

正德八年十二月二十七日(1514年1月22日),海瑞出生于海南。他的祖父曾经当过知县,伯父做过监察御史。海瑞的父亲海瀚是正德年间的廪生,读书能明大义,安贫乐道。母亲谢氏粗识史书,持家有方。海瑞四岁的时候,父亲因病去世,从此家道中落。

海瑞童年时期的生活并不殷实,父亲不幸病逝后,他和母亲相依为命,生活异常清苦。母亲很刚强,当时年仅28岁,坚持不改嫁,不求人,自己抚养海瑞长大成人。海瑞非常孝敬母亲,做官遇到难题时也常向母亲请教。在母亲的亲自督导下,海瑞自幼即诵读《大学》《中庸》等书,加上母亲为他所请的良师指点及严格要求,海瑞得到了良好的文化教育,使海瑞很早就有了报国爱民的思想。

海瑞在嘉靖二十八年(1549年)中了举人,被派往福建南平任县学教谕。他和另两个训导迎接提学御史时唯他居中不跪,被传为美谈。他说这是学校,不是衙门,不应跪接,得到了"笔架博士"的美名。嘉靖二十九年(1550年)二月,海瑞进京参加会试,结果是榜上无名。嘉靖三十二年(1553年)二月,海瑞第二次公车北上,还是名落孙山。

海瑞当了淳安知县后,抱着"知县知一县之事。一民不安其生,一事不得其理,皆知县之责。""浮沉取名,窃取官爵,非知县也"的决心,对淳安进行了大规模治理。他首先惩治那里的不法之徒。那时的县官很多都是贪赃枉法之徒,审判案件时,只要谁贿赂的钱财多,谁就有理,造成了很多冤假错案。自从海瑞来到淳安,把过去的积压案件都查得清清楚楚,老百姓都说淳安来了个"海青天"。在知县任上,海瑞的生活极为简朴,完全不同于当时官场上铺张浪费的官员。明朝的俸禄在历代各朝中算是比较低的,官员们因为俸禄远远不够支付日常用度,想方设法从百姓身上捞取钱财。海瑞却坚决不多取一分一毫,而是安于贫寒。他从来不接受别人的礼物,也从未添置过一亩土地。身为县太爷,仍旧身穿着青衫布袍,吃的也是粗茶淡饭,甚至家里吃的蔬菜都是自家仆人种的。有一年他的母亲过生日,家里没钱了,就向朋友借了些钱,到市场买了二斤肉,别的就什么都没有了。

海瑞痛恨恶霸豪强,同情人民疾苦,勇于向那些剥夺农民土地的土豪劣绅进行斗争。当时的浙江总督胡宗宪,是海瑞的顶头上司,一向对海瑞不错,经常当众称赞他。胡宗宪本人却行为不端,借着有当朝宰相严嵩作靠山,鱼肉百姓,敲诈勒索,做尽了坏事。他的儿子也不是什么好人,平日只知道为非作歹,寻欢作乐。有一次,他带着一帮人路过淳安,住在县衙的官驿里。他料想海瑞一定会花费大笔金钱,费尽心力地招待他的。可是海瑞刚刚来到淳安时就立下规矩,不管是哪里来的达官贵人,一律不准搞特殊招待。胡宗宪的儿子正等待县太爷来款待他呢,谁知驿差端上来的竟然是普通饭菜,县太爷也没有出面,顿时恼羞成怒,一下子就把饭菜给掀了,命令随从把送饭的差役绑起来毒打了一顿。听到官差的报告,海瑞想了好一会儿,终于想出一个对付胡公子的办法。他镇定地对差役说:"总督一向为政清廉,吩咐各县招待过往官吏不得铺张浪费。现在来的这个人要吃要喝,态度蛮横,一定是个冒牌货。我可不能让一个不知从哪里来的无赖坏了大人的清誉,一定得重重惩办这个奸徒。"海瑞立刻带着差役赶到驿馆,把胡宗宪的儿子和他的随从统统抓了起来,带回县衙审讯。任凭胡公子如何张牙舞爪,暴跳如雷,海瑞一口咬定他是假冒公子,将他行囊里的银子全部搜出来充公,又狠狠地教训了他一顿,才撵出县境。等胡公子回到杭州向父亲哭诉的时候,海瑞的报告也已经送到巡抚衙门,说有人冒充公子,还非法吊打驿差。胡宗宪一听,明知道自己的儿子吃了大亏,又怕这件事传扬出去会失了自己的体面,只好打落门牙往肚子里咽了。

过了不久,京城里的一位御史来到浙江视察。这位御史也是靠着严嵩的势力,一路上到处敲诈勒索,闹得地方官吏都怕他到来。这位御史却又偏要装出一副清廉的样子,预先通知各地官员,说是接待不准铺张浪费。海瑞也接到了这位御史的通知,他看透了御史虚伪丑恶的嘴脸,立即提笔写了一封信给御史说:"接到大人的通知,要求我们招待从简。可是大人在各地都是大摆宴席,享用山珍海味,我们实在难以适从。如果按照您的通知办,就怕怠慢了您;如果像别的地方一样办,又怕违背了大人的一番心意。请大人明示,我们究竟应该怎么办呢?"御史看了这封信,气得七窍生烟。他一向听说海瑞刚直,不畏权贵,又听说胡宗宪的儿子最近刚刚吃了大亏,就改变主意,不去淳安了。回到京城以后,这位御史怀恨海瑞,指使手下编造罪名,弹劾海瑞,尽管海瑞的政绩很好,还是被降为兴国知县。海瑞在兴国任知县有一年有余,后来很快因功被荐,应召入京。

嘉靖四十四年（1565年）海瑞任户部主事时，看到边境不宁，嘉靖皇帝崇信道教，一意修仙，移兴土木，劳民伤财。刚愎自用，喜欢阿谀逢迎，拒绝廷臣劝谏，以致国事日非，民不聊生，怨声载道。皇帝还大建宫观寺院，修道炼丹，一心只想成仙，不顾百姓死活。海瑞为民请命，写了一道《治安疏》上奏嘉靖皇帝。在这份奏疏中海瑞直言指斥皇帝昏庸无道，要求皇帝整治朝纲，被后人称为《直言天下第一疏》。此疏一出，震惊朝野，极大地触怒了嘉靖皇帝。海瑞在上这份奏疏之前就知道一定会触怒嘉靖，弄不好要掉脑袋，早早就买好了棺材，告别妻子儿女，遣散僮仆，并托人一旦出事就帮他料理后事，然后从容赴朝。海瑞的奏疏处处击中嘉靖皇帝的痛处，虚伪的嘉靖顿时大怒，将奏疏扔出好远，命令锦衣卫赶快把海瑞抓起来，不要让他逃跑了，最终以"骂主毁君，悖道不臣"之罪，下旨将海瑞捕入狱中，打了六十大板，又转到刑部大牢等待处置。

结果嘉靖皇帝当年就死了，隆庆皇帝即位以后大赦天下，海瑞获释并复官为户部主事，后来被任命为应天府巡抚。他仍然打击豪强，爱民如子，大力减轻人民负担，还亲自带领百姓修筑了吴淞江水利工程，为民造福。

海瑞一生为官清廉，两袖清风。据说在他临死的前三天，发现兵部送给他应得的柴火钱多了七两银子，还立即让人送回去。他死后，同僚们在清点他的遗物时，发现全部家财只有当月应得的一点薪俸，连办丧事也是同事们凑钱办的。当装着海瑞灵柩的船在江上行驶时，两岸的百姓都自动穿孝来哭送他，送行的队伍长达百里。一直到今天，海瑞在人民心目中仍然是清正廉明的象征。

宁折不弯的高攀龙

在东林党的诸多人物中，名气最大的要数高攀龙。这不仅因为他有宁折不弯的抗争精神，还在于他"家事、国事、天下事，事事关心"的那份雄心。

高攀龙，字云从，别号景逸，是常州无锡人。他从小勤奋好学，有鸿鹄之志。万历十七年（1389年），高攀龙参加会试，考中进士，在朝中担任了掌管礼仪的官员。高攀龙在读书期间，深受王阳明心学思想的影响，后来又转为

研究程朱理学,主张以实务来挽救天下危难。

做官后,高攀龙因为弹劾户部郎中杨应宿,惹恼了万历皇帝。万历盛怒之下,把他们两人都赶出京城。高攀龙被谪戍广东,做了一个偏远小县的典史。后来,顾宪成在东林书院开坛讲学,邀请高攀龙一起参加,高攀龙欣然而往,从此开始了他的东林讲学生涯。他在东林书院主讲程朱理学,在前人的基础上进一步发挥微言大义,主张修身以静。他认为:要成为有成就的人,必须讲究静读修身,提高心性的修养。但是,这并不是说高攀龙不重视出世锻炼的重要性。他一直都主张学生不能一味只谈心性,还应该重视躬行实践,经世致用,要把所学所思应用到治家治国的实践当中去,才是真正的学之大者。

后来,高攀龙干脆辞去了朝中的一切职务,专心在东林书院讲学。顾宪成同高攀龙在朝中的关系很好,两人又是同乡。高攀龙到了东林书院以后,不但教授学生读书识字,还发挥圣贤古先的微言大义,借以讥讽时政。他们不是为了讲学而讲学,而是要过问政治。每天功课结束之后,他们就带领学生到水间林下,三三两两聚在一块,相互讨论。因为他们经常讥讽朝政,品评人物,名声大噪,江南的许多官员士子都慕名前往,并逐步形成了一派具有很强实力的政治派别。

顾宪成死后,高攀龙成为东林书院的首脑,名气也逐步大起来。高攀龙的最终目的并不是只限于学术的成功,他要把学术的理想付诸于政治,实现他经国济民的鸿鹄之志。

万历四十八年(1620年),神宗和光宗相继去世,只有十五岁的皇太子继位,是为熹宗。东林党人拥立太子即位有功,受到熹宗皇帝的重用,一时间东林人士充斥朝野。高攀龙也在别人的推荐下被重新起用,坐上了光禄丞的位子,后来又被升任为光禄寺少卿。

由于后来东林党人弹劾魏忠贤,得罪了这位大权在握的准皇帝。魏忠贤及依附于他的阉党集团决心对东林党人进行大肆报复。与东林党素来有隔阂的齐、楚、浙等诸党也乘机落井下石,归附魏忠贤,双方在朝野之间展开了激烈的争斗。

东林党在开始的争斗中占了上风,浙党的首领方从哲被迫致仕,东林党人获得暂时的升迁,高攀龙也被升任太仆卿兼刑部右侍郎。但是,魏忠贤是

不会这么容易认输的,他纠集了大批朝中奸党,对东林党人进行反扑。高攀龙在如何对待魏忠贤的问题上同其他东林党人产生了分歧。依照高攀龙的想法:现在宦官专权,因而想从根本上动摇他们的根基是很困难的,不应该直接把矛头对准魏忠贤,而应该先动摇他的党羽。他把斗争的焦点指向了依附魏忠贤的崔呈秀。这种做法实际上非常愚蠢,他不但没有扳倒崔呈秀,反而使得崔呈秀投靠魏忠贤,拜魏忠贤为义父。其他政敌也都纷纷效仿,大大增加了魏忠贤的实力。

后来,朝廷让推选山西巡抚的人选,高攀龙没加考虑就推荐了自己的好友谢应祥。这件事情正好给了阉党一个报复的把柄。在魏忠贤的指使之下,御史陈九畴上书熹宗,攻击高攀龙等人结党营私,图谋不轨。魏忠贤接着借用批红的便利,以皇帝名义严厉斥责高攀龙,免除了他的官职。

高攀龙被免职之后,回到家乡,准备继续过自己归隐讲学的学者生活,谁知阉党集团并没有因为他的离去而善罢甘休。他们诬告高攀龙挟私排挤,将高攀龙削夺官籍,并假借皇帝的旨意派锦衣卫前往无锡逮捕高攀龙。高攀龙听说了之后,并不惊慌,他坦然整理好自己的文稿,遣散童仆家人,一个人去宋儒杨时的祠堂告祭了一番,从容地安排好自己的后事之后,赴水自杀,年仅六十五岁。此时的高攀龙终于明白,在这个宦官专权乱政的时代,他的政治理想是没有办法实现的。崇祯皇帝即位之后,魏忠贤等人被处死。崇祯皇帝为冤死的东林党人平反昭雪,追谥高攀龙为忠宪,赠太子少保,兵部尚书衔。高攀龙虽然死了,但是他齐家治国的治学经世思想一直为后人所推崇,成了后世文人所追求的理想境界。

杨涟因何弹劾魏忠贤

明末政坛黑暗,统治阶级内部纷争不已,先后发生了"梃击案""红丸案""移宫案"三大奇案,又出现了以魏忠贤为代表的阉党集团,在各种势力的纷扰之中,明王朝国力渐渐衰退了,国家出现了江河日下的局面。但是,中国历史上历来就不乏为民请命、敢于伸张正义的仁人志士,杨涟就是明末这种忠贞人士的代表之一。

杨涟（1572－1625年），字文孺，号大洪，湖广应山（今属湖北）人。杨涟自幼就很有胆识，读书刻苦勤奋，常以治国安邦为己任。他青年时期，"东林党"人在政坛、文坛上非常活跃，顾宪成等人以天下为己任、不甘做读死书的书呆子，评议朝政，讥讽阉党，杨涟非常喜欢，毅然加入了东林党，和东林诸君子探讨天下学问、治国兴邦之道。杨涟博学而有胆识，逐渐成为东林党中的佼佼者。

　　杨涟认为，想要救国必须先正其位，因此他热衷于做官。杨涟做官的目的并不是为了贪图个人的富贵和享受，而是为了"在其位谋其政"。杨涟学识才华出众，但是由于言辞过于犀利，每每指责朝廷弊政，屡次科考不中。随着杨涟在东林党活动的增加，杨涟的名气也日益增大。东林党内许多都是在朝的官吏，他们欣赏杨涟的才学与正直，有意提拔他。在万历三十五年（1607年）的时候，35岁的杨涟终于考中了进士，被任命为常熟县的知县，做了一地的父母官。杨涟出入官场已经多年，这是第一次做官，他的政治才能立即凸现了出来。杨涟在县令职上，公正严明，常常深入田间民舍微服察访。几年下来，常熟县政治清明、经济繁荣，司法诉讼大大减少，成为治理的典范。杨涟深受当地群众的拥戴，受到朝野人士的好评。后来，朝廷考察各县的业绩，杨涟名列第一，被升为户科给事中，不久又改为兵科给事中。

　　明代后期的各个皇帝鲜有勤于政事、严于律己者。杨涟任职中央之时，明神宗宠爱郑贵妃，又加上和前代重臣的矛盾，神宗闹脾气，已经多年不上早朝，不和朝臣见面了。郑贵妃阴险狡诈，一心想废掉太子，改立自己的儿子。杨涟深深为太子的前途和命运担忧，成为太子的拥护者。杨涟官职尚小，无法直接接近太子，更无法见到皇上，他就找机会接近太子身边的人，让他们力劝太子进宫问安侍奉，防止万一事情有变，郑贵妃假传圣旨，惑乱朝政。杨涟又联合其他大臣敦促大学士方从哲率百官进宫问安，方从哲胆小怕事，百般推诿，杨涟据理力争，旁征博引，方从哲理屈词穷，只好照办，给郑贵妃极大的震惊。

　　在为熹宗争取登基时，杨涟费尽心机，几乎是夜夜不寝，据说在这几天里由于过度操劳和过于紧张，杨涟的胡子头发都变白了，新皇帝深受感动，夸他是一个忠臣。

　　明末已经进入了多事之秋，一波未平，一波又起。这位在杨涟等朝臣舍

明宫秘史

命扶持下登位的皇帝并不是一个出色的君主,相反却更加荒淫奢靡,昏庸无能。他不分忠奸,重用宦官魏忠贤等人,放纵阉党独揽大权,肆意为虐,排斥和打击东林党人,整个国家又一片乌烟瘴气。

魏忠贤生祠

　　魏忠贤当权,忠直之士纷纷受到打击迫害,其他的人也吓得不敢出来说话,或者闭门自保,或者为虎作伥。杨涟和一批东林党人决心讨伐此贼。1624年,杨涟写好奏疏,上奏熹宗皇帝,列举了魏忠贤的二十四条罪状,揭露他迫害先帝旧臣、干预朝政,逼死后宫贤妃,操纵东厂滥施淫威等罪行。还指出魏忠贤专权,已经造成了大臣们敢怒不敢言,忠直之士遭罢斥,奸佞之臣当道的局面。朝廷上下只畏魏忠贤而不畏皇上,京城内外,只知有"九千岁"而不知有"万岁爷",请求熹宗立即对魏忠贤采取措施,以绝后患。熹宗皇帝起初还相信了杨涟,但是魏忠贤立即进行反扑。他到熹宗面前哭诉,说自己身受冤枉,杨涟等人和自己有仇才挟公报私。魏忠贤又发动熹宗乳母客氏为自己开脱,两人一唱一和,弄得熹宗真假难辨,好坏不分,最后竟斥责杨涟无端冤枉好人。

　　杨涟遭斥之后,朝廷再也无人敢于揭发阉党,魏忠贤更加不可一世。杨涟上书后还不出三个月,魏忠贤发动同党上书弹劾杨涟。魏忠贤利用手中的御批之权,矫旨责怪杨涟目无尊长,欺君罔上,欲治杨涟于死地。由于杨涟的名声过大,皇帝还很相信他,魏忠贤不敢过于露骨,就将杨涟革职为民。但魏忠贤并不肯善罢甘休,第二年,魏忠贤指使党羽继续弹劾杨涟,锦衣卫特务机构在魏忠贤的授意下捏造诉状,诬陷杨涟等人接受贿赂,押送京城审讯。各地群众听说此事之后都纷纷不平,押送杨涟的囚车所过之处,皆有百姓夹道哭送,魏忠贤趁机诬陷杨涟等东林党人"滋扰生事"。

杨涟被押送北京后受尽折磨,但始终不屈不挠,痛斥魏忠贤扰乱朝纲,魏忠贤恼羞成怒,在狱中处死了杨涟。杨涟和阉党斗争的事迹得到了后人的尊敬。崇祯帝即位之后,罢斥了魏忠贤阉党集团,杨涟也终于被平反昭雪。

李自成下落之谜

明朝末年,政治腐败,经济崩溃。陕西人李自成扯起农民起义的大旗,顺应天时民心,推翻明朝统治,建立了大顺朝。可后来吴三桂带领清军入了山海关,杀进了北京城。李自成便节节败退,转战河南、陕西、湖北、湖南,最后竟莫名其妙地失踪了。人们对他的下落一直十分关心,屡屡追查,但一直至今仍是一个未能解开的谜团。

不过,综合而言流行的大致有两种:"九宫山被难说"和"夹山终老说"。

关于李自成"九宫山被难"一说,《明史》《小腆纪年》《南疆逸史》以及同治朝的《通山县志》、嘉庆朝的《湖北通志》也都赞成此说。据清修《明史》记载:"自成走延宁、蒲圻至通城,窜于九宫山。秋九月,自成留李过守寨,自率二十骑掠食山中,为村民所困,不能脱,遂缢死。或曰村民方筑堡,见贼少,争前击之,人马俱陷泥淖中,自成脑中箭死,剥其衣,得龙衣金印,眇一目,村

闯王李自成

民乃大惊,谓为自成也。时我兵遣识自成者验尸,朽莫辨,获自成两从父伪赵侯、伪襄阳侯,及自成妻妾二人,金印一。"这一说法主要是根据阿济格向

清廷的奏报和南明兵部尚书何腾蛟给唐王的奏报。阿济格在奏报中写道："反兵逃窜至九宫山中,我军随后搜遍全山,不见李自成,李自成身边的随从共20人,被困,自缢而死。派遣一见过李自成者,前往辨认,但尸体已腐烂,不能够看清,是生是死,继续追查。"何腾蛟所写的奏报说:"在九宫山已将李自成斩首,首级不慎丢失。"但是不论是追击李自成的清军主帅,还是对李自成恨之入骨的南明王朝,当时对李自成都是生没见人,死没见尸。因此"九宫山被杀"一说便饱受质疑。

早在顺治十五年,《明史》成书以前,谷应泰做《明史纪事本末》,就有李自成"奔死湖南黔阳罗公山"的记载,加上《明史》所载前面有个"或曰",后面有个"朽莫辨",后世对李自成的死地就有争论了。而乾隆年间,《明史》刊行不久,湖南澧州知府何璘就曾著文反对《明史》的记载,认为那只是李自成"设疑代毙,以为缓追脱身之计"。而确认李自成遁迹佛门,老死夹山灵泉寺。他经过实地考察,询问当地老人,认为李自成在九宫山并未死去,在制造死去的假象摆脱了清军的追捕后,到达了湖南的澧州。但在从湖北至湖南澧州的过程中,大多数的部下见闯王大势已去,便纷纷另谋生路。于是到安福县境内,闯王甩开随从十余人,单独来到夹山灵泉寺削发为僧,成了夹山灵泉寺的祖师"奉天大和尚",法号"奉天玉",于康熙十三年(公元1674年)死于灵泉寺中。何璘断定李自成于九宫山没有被难,而在灵泉寺终老的根据有以下几个方面。

一、根据"奉天大和尚"的法号"奉天玉"来推测。"奉天"二字古为皇帝所用,一般人不敢妄用。而李自成在起义的时候曾经称自己为"奉天倡议大元帅"。且"王"字加一点成"玉",可见"奉天玉",实际上隐寓了自己曾经是"奉天王"之义。二、何璘亲自见到了曾伺候过奉天玉和尚的老僧,据老僧讲,奉天玉和尚在顺治初年来到灵泉寺,说话带有陕西口音。且寺内收藏的奉天玉和尚的画像,与《明史》记载相符。三、根据当时留在澧州的起义军余部一直没有推举新的首领,何璘认为这也是由于李自成还健在的缘故。何璘认为大顺军盘踞澧境六七年,没有另推一个统一指挥的首领,是李自成尚在夹山无恙的佐证。另外,何璘还在寺中见到了"奉天大和尚"的墓碑,碑上有言"不知何氏子""门徒已数千"。他认为所谓"不知何氏子"实际上是为李自成讳言,以防暴露身份。而"门徒已数千"实际上就是李自成残留下来的数千部下。根据这些现象之间的联系,何璘便断言,奉天大和尚就是李自成无疑,寺内奉天大和尚的舍利塔才是李自成真正的墓穴。

"夹山终老说"一出,为很多人所接受。清末民初著名学者章太炎赞同"夹山说"。据言他也到澧州进行过实地考察,还考察出李自成夹山隐居时,曾做诗百首来赞赏梅花,即《梅花百韵》,并搜集到其中的五首作为驳斥"九宫山说"的依据。此外一些出土的文物也成为"夹山说"最具权威性的证据。在澧州发现建有奉天玉和尚的墓地并有骨灰坛出土,20世纪50年代在奉天玉断碑上发现有"子门徒已数千指中兴"等句,完全是一派将领的豪言壮语。重修夹山寺时,又发现刻有《梅花百韵》诗的残版,上面残留九首诗歌;同时还发掘到"永昌通宝"铜币(永昌是李自成大顺政权的年号),刻有"永昌元年"字样的竹制扇骨、铜制熏炉等。并且奉天玉和尚墓出土的符碑上面,刻有四句四言偈语,十分接近于李自成的家乡米脂的传统随葬符碑,其中有三句和在米脂地区出土的一块符碑上的三句完全相同,这与石门的传统发葬的习俗有明显区别。另外,奉天玉和尚有一弟子,法号"野拂",他就是李自成的侄子李过,野拂所撰的碑文为何的说法提供了有力证据。

关于"夹山终老说"似乎是李自成真正的归宿,但是此说也受到一部分人的质疑。首先他们对于何璘所说的"奉天玉"即是"奉天王"进行了分析。说"奉天"是古代帝王所用之说,反对者认为"奉"字有承、信、遵等许多意思,"奉天"取尊天或信奉上天的意思有何不可? 如此解释作为一个大和尚的名字是非常正常的。而和尚以玉自名也不奇怪,用玉字取名的亦多得很,为什么非要说是王字加一点呢? 所以将"奉天玉"说成是"奉天王"是非常牵强的。

其次,他们认为墓碑上"不知何氏子"是为李自成讳言,也是讲不通的。因为和尚是"出家人",不讲姓氏,这在我国佛教史上是很常见的。许多名僧,都是不留姓氏的,如人们熟悉的苏东坡的好友佛印和尚、袁子才《随园诗话》里写的饕餮和尚、《白蛇传》金山寺里的法海和尚以及朱元璋尊敬的梵琦、忽必烈礼重的印简等大和尚,都是"不知何氏子"。所以也不能说碑文所言"不知何氏子"就是为李自成的遁迹隐姓讳言。再次,根据大顺军盘据澧境六七年没有另推一个统率的首领,是李自成在夹山无恙的佐证。反对者认为,是不是没有另推一个统率的首领,很难说。因为那是一支农民起义军

的残部,即使有,也不会像起兵的时候那样有名气,为人们所周知。

此外,目前还有一种说法是:李自成兵败后,在叔父李斌和堂兄弟李自盛的掩护下,隐居在甘肃省榆中县青城镇,而且死后埋在了青城镇黄河边的龙头堡子。

兵败后的李自成到底所归何处,目前并没有统一的看法。或许多年以后根据新的发现,我们可以对这位农民起义运动史上伟大的领导人的最终结局有个明确的认识。

中华宫廷秘史

清宫秘史

孙桂辉⊙主编

线装书局

第一章　大清帝王篇

从努尔哈赤打江山、皇太极建立大清帝国,到顺治走上太和殿最高的权力神坛,再到宣统被驱赶出紫禁城,这就是清朝十二个皇帝历史传承的过程,也是大清王朝由强盛到衰弱的历史演绎的主线。然而大清王朝十二个皇帝都有着各自不同的开端和结局,揭秘清朝十二个帝王登基、执政、权谋、死亡的真实内情,也就全然曝出大清王朝接近三百年的"绝密档案"——那一身高贵龙袍下的血腥、风流、艳情、阴谋、悬疑、谜案……

努尔哈赤为何也姓佟

清太祖的母亲是他父亲塔克世的正妻,姓喜塔他氏,名额穆齐。她为塔克世生有三子一女,长子即是努尔哈赤,还有三子舒尔哈齐,四子雅尔哈齐。此外,侧室李佳氏,生次子穆尔哈齐。继室纳拉氏,生五子巴雅喇。

努尔哈赤十岁那年,他的生母额穆齐突然去世,而由此带来的不幸,远远超过丧母的悲哀。开始是继母纳拉氏的白眼,继之是父亲的辱骂,努尔哈赤不再拥有家的温暖。加上家道中衰,生活的艰辛,使他过早地成熟。努尔哈赤十岁的时候走出了家门,加入了采集山货的行列。

传说当年努尔哈赤曾同七人结成挖人参的弟兄,但尽管八兄弟每天不辞辛苦,却是一支人参也没见到。一个晚上,坐在窝棚里的八兄弟愁眉不展。突然,外面刮起一阵狂风,接着又是一声吼叫,八兄弟往外一看,见是一只斑斓猛虎,蹲在窝棚外面。

山里人称老虎为山神爷。按照山里的规矩,挖参人遇到老虎,须轮流向老虎投掷帽子,谁的帽子被老虎叼走,谁就作为老虎的点心。于是,八兄弟一个接着一个地把帽子投向老虎,可是老虎概不理睬。但当努尔哈赤把帽子投出后,老虎叼起帽子,慢腾腾地走了。

努尔哈赤告别了众兄弟,跟着老虎走去。他爬过一座山,又是一座山,老虎始终与努尔哈赤保持一定的距离。终于,努尔哈赤被带到了一座悬崖的平台上。只见平台上长着一片绿茸茸的草,每棵草上都顶着一团红红的花。这时,老虎不见了。第二天,努尔哈赤领着七兄弟在平台上一共挖出了六十四颗大人参。

几年过后,十五六岁的努尔哈赤已经长大成人。尽管他作了种种努力,但家中仍然没有他的容身之地。他不愿再看到纳拉氏那冷若冰霜的面孔,于是,带领小他四岁的胞弟舒尔哈齐寄居到外祖父王杲的家中。后来,明廷派兵俘获了王杲,努尔哈赤也在其中。就在王杲身陷险境之际,努尔哈赤拉着弟弟舒尔哈齐一同跪倒在李成梁的马前,痛哭流涕,求赐一死。李成梁见努尔哈赤乖敏可怜,询问之后,免去他的死罪,将他收在帐下,充作亲丁。

清太祖努尔哈赤

据说,后来李成梁发现努尔哈赤脚底有七颗红痣,认为他便是星相所显示的真命天子,想要将其杀害。在李成梁小夫人的帮助下,努尔哈赤逃了出去。不知是为了躲避李成梁的追捕,还是为了躲开纳拉氏阴沉的面孔,努尔哈赤并未在家中立足,他第二次走出家门,开始了真正的游子生涯。

努尔哈赤重新走进了山林,掘人参、采山货,捕鱼猎兽。他也常常走出山林,隐姓埋名出入辽东官市,佣工于大户乃至府衙。漂泊的生活,丰富了努尔哈赤的人生经历。

传说,努尔哈赤十八九岁时,有一次在山里迷了路,漆黑的夜晚,不时传来令人毛骨悚然的兽鸣。努尔哈赤正在不知所措之际,遇到了一位抚顺的

商人佟老翁。佟老翁见其可怜，遂将其带回抚顺家中，收为佣工。

佟家虽然不是辽东巨富，却也家资富饶，是个良田万顷、牛马成群的地主兼商人。家里有着百十人的长工、短工。但佟老翁却不以佣工待努尔哈赤，时而携他下乡收租，时而与他家中闲谈。时日越长，佟老翁对努尔哈赤越器重，于是便将独生孙女嫁于努尔哈赤。

虽说这也是个传说，但是努尔哈赤娶了佟家之女却是史实。他作了佟家女婿，在佟家他找回了久已失去的温馨。但继母纳拉氏却仍然把冷漠和无情推给他，在努尔哈赤结婚这一年，父亲塔克世在纳拉氏的挑拨下，与努尔哈赤析产分家，努尔哈赤几乎没有得到任何财产。正是纳拉氏的刻薄寡恩，斩断了努尔哈赤对家的最后一点依恋，他甘愿入赘佟家。而且，从此以后，努尔哈赤不但姓爱新觉罗，也姓佟。

入赘女家，而又改变姓氏，这不仅有辱开国皇帝的龙颜，且为封建道德规范所不容。更何况，佟氏并非女真人，而是世居辽东女真化了的汉人，只因为后来佟氏家族追随清朝有功，才划归满族，佟氏也就改为佟佳氏。但在当时，还不曾被封建礼教陈规所束缚的努尔哈赤，却从不以自己改"金"姓"佟"为耻，甚至在他起兵之初给明朝的文告中，也毫无顾忌地写着"佟努尔哈赤"。

当然，佟姓并没有为努尔哈赤的后代继承下来，而努尔哈赤为何以佟为姓，却引起了后人种种猜测。有人提出努尔哈赤的五世祖董山是"佟山"的谐音，故而"佟努尔哈赤"乃是继佟山而言，根本不是努尔哈赤入赘佟家所致。但是无论哪种说法，都证明了努尔哈赤确曾以佟为姓。

努尔哈赤为何虎毒食子

努尔哈赤一共有十六个儿子，所宠爱的有长子褚英、次子代善、五子莽古尔泰、八子皇太极、十四子多尔衮、十五子多铎，以及七子阿巴泰、十子德格类、十二子阿济格等。在女真部族中，虽然没有形成固定的立嫡长的规矩，却也常常因循这种中原传统制度。于是，元妃的佟佳氏所生的长子褚英，以其既嫡且长的身份顺理成章地成为努尔哈赤王位的继承人。

褚英幼年时，正是努尔哈赤东征西讨、披甲起兵的征战岁月。他常听父亲讲述征战故事，也曾与弟弟代善和姐姐东果，一次次被父亲藏到柜子里、炕沿下，以躲避敌人的夜袭。自幼见惯刀光剑影的褚英，有着过人的胆魄和勇猛。当褚英能够替父打仗时，便成为努尔哈赤很好的帮手。

万历二十六年（1598年），年仅十九岁的褚英第一次带兵出征，随同叔父巴雅喇一同攻伐叶赫所属安楚拉库等地。褚英率领部众，星夜疾驰，以闪电般的速度一举夺取安楚拉库、内河的二十多处屯寨，并掠夺万余人畜，以赫赫战功崭露头角。努尔哈赤高兴的赐号为"洪巴图鲁"，意思是"大勇士"，并封他为贝勒。此后，褚英成为努尔哈赤身边的一员大将，开始协助努尔哈赤征讨天下。

万历三十五年（1607年），在乌碣岩大战中，褚英的兵马只有三千，而敌兵逾万。这时，主帅舒尔哈齐又拥兵五百滞留山下不战。褚英与弟弟代善率领众将兵英勇拼杀，不顾一切地沿山奋击，终于以少胜多，获得乌碣岩大捷。凯旋而归，努尔哈赤更加赞赏褚英，再赐"阿尔哈图土门"的称号，意思是"广略之人"。

此后，褚英被称为"广略贝勒"，这意味着他的才能获得了努尔哈赤的认可。十年之中，努尔哈赤两次赐予褚英封号，也奠定了褚英在兄弟之中的地位，以及无上的荣宠。这时，努尔哈赤已经五十岁，他开始注意培养儿子们，并决定从中选出继承人。

但努尔哈赤很快发现，屡立战功、在战场上骁勇无敌的褚英，却是个心胸狭窄，争强好胜的人。为此，努尔哈赤忧心忡忡，他实在拿不定主意。于是，他决定给褚英一个机会，试试他是否是一位合格的继承人。

万历四十年（1612年）六月，努尔哈赤将执政大权交给了褚英，并且封给他多于其他兄弟的人畜和银钱。然而，江山易改，本性难移，褚英掌权以后，变得更加残忍，与战场上飒爽英姿的他判若两人。

为了尽早独揽大权，褚英不惜使用卑劣的手段。他先是凌辱努尔哈赤擢用的五大臣额亦都、费英东等，并力图使其不和。然后又威胁四位弟弟——皇太极、莽古尔泰阿敏和代善，谁要是不服，就整死谁，并强迫他们发誓效忠自己。褚英如此对待五大臣和弟弟，不但使自己陷入完全孤立的境地，并且过早地暴露了自己赶尽杀绝的险恶用心。深感性命不保的五大臣和四位兄弟,决定联合起来向努尔哈赤告发褚英。对于他们所说的话,努尔哈赤心中有数,因为他很了解自己的儿子。当努尔哈赤把五大臣和四位兄弟的奏文拿给褚英看,并提醒他如果奏文所告不实,可以上书辩驳,褚英却毫不在乎地回答道:"我无言可辩。"

努尔哈赤顿时怒气冲天,不仅将褚英所得人畜银钱与众兄弟平分,还命令他不准领兵出征,连留守的资格也被取消。褚英受到如此待遇,心中自然不满,他发誓一定要报复。

恰逢努尔哈赤带兵出征,褚英便将父亲努尔哈赤、五大臣,以及诸位弟弟的名字都写在纸上,附有咒语,然后对天焚烧。这样他还不满足,又恶狠狠地诅咒道:"但愿我军战败,当父亲和弟弟们兵败而归时,我将不会让他们入城。"

如此大逆不道的狂妄之词,使得左右侍卫深为恐惧。他们预感难逃干系,于是,为褚英书写咒语者自杀身亡,其余三个人立即将褚英的行为向努尔哈赤告发。努尔哈赤震怒了,他万万没想到,希冀储位的褚英居然走上了与父为敌的道路。由于害怕遭到褚英的暗算,他决定将其斩首。但又顾虑到这么做,恐为后代子孙效仿。于是,万历四十一年(1613 年)三月,褚英被囚禁狱中。

本是死罪难逃的褚英,被囚禁后仍然执迷不悟,毫无悔改之心。努尔哈赤担心,这会带给国家、大臣和众位儿子以灾难。于是,在褚英被囚两年后,将其处死,当时褚英仅三十六岁。

努尔哈赤为什么对弟弟下毒手

爱新觉罗·努尔哈赤生于 1559 年,卒于 1626 年,生于建州(现今辽宁新宾)左卫奴隶主家庭。努尔哈赤年少时酷爱武术,骑马射箭、样样精通,很小就以武艺高强而闻名各部。他承袭建州左卫都指挥职务后,凭着自己的武功和才干统一了建州女真征服了海西女真等部,并于明朝万历四十四年建立后金,建元天命,正式称汗,同时创造满文、建立八旗制。公元 1618 年,他竖起反明的大旗,带领他的军队接连攻克了抚顺、辽阳等城,并将自己的汗国即"后金"的都府迁往沈阳。1626年，努尔哈赤身患因中箭而导致的毒疽，死于瑷鸡堡（今沈阳市南），其后代将他埋葬在福陵尊称为清太祖。

努尔哈赤为后来的大清三百年的江山事业打下了根基。其实，在努尔哈赤战场拼杀、艰难创业的背后，还有一位为大清王朝立下赫赫功劳的人物，那就是他的同胞弟弟舒尔哈齐。由于不为人知的历史原因，后人没有给予他特别的关注。可是舒尔哈齐的子孙在清王朝的政治舞台上却一直处于十分重要的地位，备受后来帝王的重视。咸丰皇帝在河北热河避暑山庄驾崩时，留下的亲笔遗诏上就清楚写出让亲王载垣、端华、尚书肃顺等八人辅政，此八人号称"赞襄政务八大臣"。端华、肃顺系同胞兄弟，当时人称"端三肃六"，而他们都是舒尔哈齐的八世孙。

努尔哈赤有弟兄五人，但称得上同胞手足的只有三弟舒尔哈齐和四弟雅尔哈齐。1583年，努尔哈赤的祖父和父亲被明军误杀，努尔哈赤继承了父祖的职位，统领建州左卫，还受封敕书、马匹。当时的努尔哈赤25岁，舒尔哈齐20岁。兄弟俩为报父祖的血仇，秣马厉兵，不出几年，就在建州异军突起，不但让周围女真各酋刮目相看，就连明朝和周边的朝鲜也都知道这兄弟二人习兵多智，志向不小。明朝当政对兄弟二人采取诱导的政策，高官厚禄，努尔哈赤晋升都督，加龙虎将军衔，舒尔哈齐也被明廷授予副都督，因此在建州内部人称舒尔哈齐为"二都督"。当时，凡军机大事，努尔哈赤兄弟二人密议，决定之后，雷厉风行。但是到了1611年（万历三十九年）建州女真内部统一，灭掉了海西女真哈达、叶赫二部，有精兵劲卒数万，虎视辽东，窥探中原有帝王之势的时候，舒尔哈齐却突然去世了。据《清实录》所记，1611年8月19日舒尔哈齐"薨，年48岁"。在日后清朝的官修史书中，舒尔哈齐对清王朝的丰功伟绩也无记载，这实在耐人寻思。

那么，舒尔哈齐是如何死亡的呢？史实中对他何以致死，丧礼如何，全没有交代。当时明朝方面的记载是"奴酋忌其弟舒尔哈齐兵强，计杀之"。"努尔哈赤杀其弟舒尔哈齐，并其兵"。明代黄道周更是详细描述了这场骨肉相残的悲剧："酋疑弟二心，佯营壮第一区，落成置酒，招弟饮会，入于寝室，银铛之，注铁键其户，仅容二穴，通饮食，出便溺。有二名裨将以勇闻，酋恨其佐弟，假弟令召入宅，腰斩之。"在清代的老档案《满文老档》中记载，1609年（万历三十七年）3月间，努尔哈赤以舒尔哈齐图谋自立为由，杀舒尔哈齐一子及一僚属,削夺了他所领的军民,两年后,舒尔哈齐死去。如果当时的舒尔哈齐拥有军队,当然不可能束手就擒。所以努尔哈赤用计囚禁,杀其亲信,是不可避免的。看来,明朝人说努尔哈赤杀害胞弟,多半不是误传。

那么究竟是什么原因使得最为亲密的兄弟两人同室操戈、骨肉相残?其中有权力之争的缘故。和努尔哈赤一样,舒尔哈齐也是明朝廷任命的管理建州女真的官员,又有自己掌控的兵马,如果他能听从兄长的指挥,自然相安无事,但舒尔哈齐偏偏又是高傲难制的人,处处要和兄长分庭抗礼,比个高低,兄弟之间难免矛盾重重。虽然舒尔哈齐不及其兄兵强马壮,他还是决心离开兄长。这对努尔哈赤来说,无疑是在自己身边又树立一个敌人,由此努尔哈赤起了杀心。关于这场内部的残杀,有人指出这不单是权力的争夺,而是一场"叛明"和"拥明"的斗争,明朝政府很注意扶持舒尔哈齐来削弱努尔哈赤的独立势力,于是重建了建州右卫。新设右卫的住址位于现在辽宁铁岭的东南。这样看来,努尔哈赤杀弟的疑案牵扯的问题还涉及很多方面,一时难以完全澄清。

不过舒尔哈齐被其兄有意诛除的史实基本上已经得到公认。清初的诸王冤案后来有不少得到了平反,惟舒尔哈齐案未得昭雪,一方面是因为努尔哈赤的子孙们不愿承认其祖有杀弟的恶名;另一方面,在清后帝看来,努尔哈赤杀弟也是出于维护大清基业的目的,因此不能推翻太祖首定的铁案。舒尔哈齐之子济尔哈朗后被封郑亲王,一直到清朝末年,舒尔哈齐子孙世代袭爵,即俗称"铁帽子王"。这一点,也可以说是清皇室对舒尔哈齐为大清帝业开创之功的酬赏。

努尔哈赤死亡真相

明朝晚期,国家政治腐败,战火四起。明崇祯皇帝继位后,希望励精图治振兴大业,但一来弊政积重难返,二来崇祯帝刚愎自用,不善用人,虽然他勤勉于政务,但仍然挽不回局势。与此同时,北方的女真族却日渐强大。满洲民族英雄努尔哈赤以十三副遗甲起兵,开疆拓土,统一了女真各部,并对中原大地虎视眈眈。

1626年正月,努尔哈赤见时机成熟,亲率八旗精锐西征,连续攻克了锦州、大小凌河、杏山、连山、塔山等,所向披靡,势不可挡。二月,后金兵攻到宁远城下。当时明朝大将袁崇焕守城,守兵只有二万人。二十日,努尔哈赤命令攻城,袁崇焕命家丁罗立施发红夷大炮,击退敌人。后来后金兵进抵城下,袁崇焕一面命士兵扔下棉油火把焚烧敌人战具,一面组织敢死队出城杀敌,击退后金兵。二十一日,后金军乘夜出击,但仍以失败告终。二十六日,清军被迫退兵。

同年八月,努尔哈赤死于距沈阳40公里外的瑷鸡堡(现今沈阳市南端),终年68岁。关于努尔哈赤之死,众说纷纭,但显然与宁远战役有关。

据说努尔哈赤在此役中炮负伤,不治而亡。《袁崇焕列传》中说,大炮击中后金军的黄龙幕,伤一裨王。《中国皇帝要录》《历代帝王传记》等均持此说,认为努尔哈赤在此役中负重伤,撤回沈阳,不久病死。《明熹宗实录》中则写道,大炮击毙后金军一大头目,后金兵用红布包裹抬走,放声大哭。有人推测,死者就是努尔哈赤。

而日本学者稻叶君山《清朝全史》引朝鲜人记载,有名叫韩瑗的译官,被袁崇焕请到了宁远,亲眼见到后金军被诱入外城。明军先从城墙往下投掷矢石,又发地炮,杀得后金兵人仰马翻,于是撤退。第二天,袁崇焕派使者献礼物给努尔哈赤,说:"老将久横天下,今日败于小子,岂非数耶?"努尔哈赤本已负重伤,见到礼物,又听到这些讥讽之语,于是愤怒而死。

依据清太祖武皇帝、高皇帝两朝实录,宁远一战的确让努尔哈赤恼恨不已,但随后他仍在继续征战。六月,蒙古科尔沁部的台吉奥巴晋见时,努尔哈赤还亲率贝勒大臣,出郊相迎十里,并对其说:"今尔我无恙,得相会足矣!"说明宁远之役并未受到重伤。

也有史书说努尔哈赤是疽发而死。宁远兵败使努尔哈赤精神上大受创伤。他对诸贝勒大臣说:"朕自二十五岁征伐以来,战无不胜,攻无不克,独宁远一城不能下耶!"他心情始终郁忿难平。又因长期鞍马劳累,且年事已高,于是积劳成疾。这年七月,身患毒疽,二十三日往清河汤泉疗养。八月初七,病情加重。十一日,乘船顺太子河而下,欲返沈阳,行至瑷鸡堡死去。努尔哈赤患的病叫"肉毒瘤",俗称"搭背疮",是老年人的危难大症,极难治愈。宁远兵败,努尔哈赤心怀忿恨,也是诱发此病的重要原因。

努尔哈赤在宁远之役受挫，忧郁而死。他死后第二年，皇太极由广宁进兵围攻宁远，实现了其父没有实现的遗愿。

努尔哈赤死后，被他的后辈子孙奉为太祖，谥号为武皇帝，康熙元年（1662年）又改谥号为高皇帝。

皇太极怎样登上汗位

皇太极（1592—1643年），即清太宗，是太祖努尔哈赤第八子，自幼聪颖过人，少言寡欢，工于心计，性情内敛刚毅。成年后随父作战，胜绩累累。努尔哈赤卒后嗣位，为天聪元年。其设文馆、理藩院，行科举，创汉八旗。十年称帝，建国号大清，其后屡破明军，使明廷关外精锐尽失。崇德八年（1643年）中风暴卒，葬昭陵，尊谥号文皇帝。

中国历代皇朝的立储即位多半都会成为一道关隘，许多人因此被杀头流放，许多人也因此得意荣升。有时候甚直就像是一次政治地震，造成社会的动荡，比如唐代的玄武门之变、东晋的八王之乱等等。努尔哈赤建立的后金是如何渡过这一关的呢？

努尔哈赤的儿子很多，而且个个都是不可多得的人才，要选出最好的一个继承汗位，令他颇为踌躇。长子褚英早死让努尔哈赤对嫡长子继承制失去了兴趣，于是把目光移向其他子侄：三贝勒莽古尔泰跟自己感情不深厚；四贝勒皇太极心术太重；二贝勒阿敏不是亲儿子。努尔哈赤找不到满意的人选，于是又回到满族传统的推举制，明确规定，待他百年之后要由八旗贝勒，即四大贝勒与四小贝勒，共同推举新汗。不知是对幼子的偏爱，还是受蒙古幼子守家习俗的影响，努尔哈赤在临终前几年，又萌生传位第十四子多尔衮、第十五子多铎的念头，但两子年幼，难孚众望。努尔哈赤在继承人的问题上朝秦暮楚，结果诱发了众多子侄对汗位的觊觎。然而最后登上汗位宝座的是不怎么被看好的皇太极，实在令人大惑不解。皇太极如何能异军突起？他到底用了什么奇巧的手段赢得了这场兄弟之争？他的汗位是努尔哈赤定立的，还是篡夺的，还是满洲贵族众望所归，共同推举的？这一切都成了今天一个扑朔迷离的谜案。

　　皇太极年少丧母,在孤独中度过了童年,这样的境遇更激发了他争胜好强、奋发图强的性格特征。父亲是他崇敬、效仿的榜样,统一女真的频繁战事更给了他磨砺锻炼的极好机会。他勤勉好学,在后金的诸贝勒中是唯一能够识汉文读汉书的一个。勇气加智慧,使他得以在天命元年后金建国时,成为掌旗四大贝勒中最年轻的成员。

　　他的表现是无可挑剔的,战场上他身先士卒、英勇作战。在萨尔浒大战、攻取沈阳的外围战中,皇太极不顾汗王的亲自劝阻,冒险冲到最危险的地方,而且只要是与太子代善共同出战,他一定冲杀格外出色、战果格外辉煌,总胜代善一筹。更重要的是他知书读史,有计谋,善于收揽人心,有贤明之称,所以他能够团结一大批年轻的女真贵族,他们思想相通、比父兄一辈有更大的雄心和更高的抱负,可称之为后金皇朝贵族中的少壮派,皇太极成为这一批人的精神和思想领袖。

　　虽然皇太极在战场上是个英雄,但是一些明清史专家认为,皇太极的汗位是从其幼弟多尔衮手中篡夺来的。清人蒋良骐的《东华录》顺治八年(1651年)二月己亥载,多尔衮声称"太宗文皇帝(皇太极)之位原系夺立",暗示皇太极篡夺汗位。据说,努尔哈赤生前已立多尔衮为嗣子,而皇太极用阴谋狡诈的手段从其幼弟手中夺取了汗位,为除去篡位障碍,还逼迫多尔衮生母大福晋那拉氏殉葬。此说受到一些人怀疑,因为努尔哈赤痛恨多尔衮生母不忠,去世前特命她殉死。

　　据多尔衮的生母也就是努尔哈赤的大福晋叙述,汗王临终的遗言是:由十四子多尔衮承汗位,由大贝勒代善辅政,待多尔衮成年后,代善归政。这完全违背了大汗生前反复训示过的八王共执国政的体制,可能是汗王的遗嘱吗?多尔衮当时才13岁,既无功业,亦无威望,怎么可能立多尔衮为嗣?须知汗王薨逝之时,诸贝勒无人在侧,只凭大福晋口述遗嘱,谁能证实?而且皇太极即位后,对多尔衮"特加爱重",大力培养提拔,多尔衮对皇太极的恩育万分感念,尽心尽力辅佐皇太极,勋劳卓著,成为皇太极最得力的助手。总之,皇太极与多尔衮兄弟感情较好,无法想象皇太极对多尔衮干下篡位、杀母的勾当。

　　还有学者认为,皇太极汗位并非夺立,而是由诸贝勒推举产生。太祖努尔哈赤生前未立太子,而是确立了八和硕贝勒共治国政的制度,为汗者需由贝勒推举产生。根据正史的记载,大贝勒代善的长子小贝勒萨哈廉议论商量好了以后,回到父亲处禀告说:"国家不可一日无君,应该及早定下承袭大事。四贝勒皇太极才德冠世,深得先汗王之心,众人也都心悦口服,理当请四贝勒速即大位。"代善说:"这正是我的夙愿。你们的提议,上合天心,下协人意,有谁会不赞成呢?"

第二天,诸贝勒大臣聚集朝会,代善便将推戴皇太极即位的意思书示二贝勒阿敏、三贝勒莽古尔泰以及小贝勒阿巴泰、德格类、济尔哈朗、阿济格、多尔衮、多铎、杜度、硕托、豪格等,众人都欢喜称善。随即请皇太极即位。

皇太极却一再推辞,说,汗父并无立我为君的遗命,若舍诸兄而嗣位,有僭越之嫌;既怕不能够继承先汗父之志,又怕不能上合天心;而且统率群臣、抚绥万姓是十分艰难的任务,自己难以胜任,等等。总之一句话,不肯。然后,众人坚请不已,从早上卯时(约晨七时许)直劝到下午申时(约午后五时许),整整十个钟头,皇太极被众人的诚意所感动,终于答应下来。

而朝鲜人的记载,则带有更多的喜剧色彩:努尔哈赤死后,代善让位其弟皇太极说:"你智勇胜于我,你应该代我继立。"诸贝勒都想立嗣后再举哀,代善便对众人说:"父亲生前欲立皇太极。"皇太极却说:"当立者应该是代善兄。"说罢连忙走避以相让。于是硕托等人去请代善,代善不出;再请皇太极。皇太极也不出。硕托等人每日数次呼号奔走于二人之间,经过三天仍无结果。代善便令硕托等人率诸贝勒六七人群拥至皇太极处,将他绑架似地抬着举着送到努尔哈赤灵前,皇太极这才接受了汗位。

上面皆大欢喜的场面虽然感人,但未免让人感觉有些假惺惺的。不过,按当时情况,民主推举皇太极为汗,还是有可能的。因为,当时人们相当崇尚武功,而皇太极的武功远远超过才十几岁的多尔衮,与代善比也不相上下;此外,在政治见解、军事才能和个人威望上,皇太极都高出诸贝勒一筹,由于后金君主专制制度尚未发展完善,遇大事需协商办理,因而推举才能卓著的皇太极即位,是不足为怪的。

皇太极之死

崇德八年(1643年)八月九日,皇太极像往常一样忙碌一整天。他先是接见了前来贡马的土默特部甲喇章京大诺尔布、小诺尔布，牛录章京根都、俄博尼、兀苏木、达赖等十五人，并对这些人员进行了赏赐。他奖励默特部东克车木章京所属诸木习礼和从人，因护送格降喇嘛来盛京有功，分别赏给银两；接着，他同皇后、诸妃在崇政殿召见嫁给察哈尔、科尔沁蒙古的女儿固伦公主等，从刚凯旋的阿巴泰征明所获缎匹财物中，选择最好的赏给科尔沁来朝的福妃、贤妃及固伦公主、诸福晋等。他接着查看阿巴泰征明所获的战利品，或因太忙，或身体不适，他没有查看完就不看了，说过几天自找时间继续阅看。诸事完毕，皇太极就回宫了。

这一天，皇太极的一切活动都很正常，没有丝毫不祥的迹象。可谁也料想不到他几个小时之后就结束了戎马征战的一生。

当晚亥时（晚上9—11点之间），皇太极端坐在清宁宫南炕上突然就停止了呼吸，时年才五十二岁。

噩耗来得如此突然，令人无比震惊！宫中的人们努力回忆皇太极去世的当天，实在看不出他有什么毛病。再追忆去世的前一天，他还亲自册封女儿与女婿固伦额驸奇塔特、弼尔塔哈尔诰命、仪仗。同时，还在崇政殿为第五个女儿固伦公主下嫁内大臣和硕额驸恩格德尔之子索尔哈举行盛大仪式，从和硕亲王以下、甲喇章京以上，以及来朝的外藩蒙古王公，还有朝鲜国王李倧的儿子等都来朝贺。如再往前追溯一下，至少也有三四个月，他都没有发生特别明显的病症。

在清代官修史书中几乎都记载说清太宗皇太极死时是"无疾而终"。这种说法作为表示他一生赫赫文治武功，死而无憾，好像是一种实事求是的定论。岂不知恰恰就是这种记载，既不符合实际，也给后人留下了一个不解之谜，因而产生了种种推测。

可以肯定，皇太极之死，绝不是"无疾而终"，事实上，他是病死的，只是清代官方史书没有公开告人。

那么，皇太极到底死于什么病？清朝官方史书没有透露任何蛛丝马迹。但朝鲜史书透露了一点信息。朝鲜人早已知道皇太极有病，如他们的史书《李朝实录》载：四月初六日，清人向长住沈阳的国王之子问药，认为皇上得的是风眩病，希望朝鲜提供中草药竹沥，而且要请名医给皇太极治病。看来，皇太极得的是什么病，需要什么药物，朝鲜人一清二楚。按他们的记载，用竹沥治风眩病,竹沥主治化痰、去热、解烦闷等病症。皇太极一生劳累,去世前几年诸事更加繁重,加上宸妃之死,精神受到打击,情志不舒,痰火上升,血热上涌,头昏眩,平素痰火重,容易引起中风症,血压升高,猝然死亡。皇太极所患病应不出这个范围,而且这是造成死亡的主要原因。

个别史书说皇太极患"痰疾"而死,恐怕不准确。痰是其他病症引起的,仅仅一个痰还构不成重病,也没有前兆。也有人认为,皇太极因怀念宸妃过度伤感而死。事实上也未必如此。在宸妃死前,太宗已患病,至宸

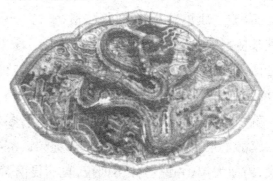

昭陵琉璃影壁上的彩龙

妃死后,皇太极连饭也吃不下,甚至还昏迷过去一次。但可以肯定,宸妃之死,加重了他的病情,给本来已患病的身体带来进一步损害,体质下降,经不起再添新病。皇太极一生备极勤劳,既驰骋于疆场,又日理繁重政务。由于长期处于高度紧张状态,没有放松的时刻,严重损害了健康,致使他积劳成疾,病兆频频发生,当潜伏的重病一朝突发,瞬息之间就夺去了他旺盛的生命。据此判断,他主要是因中风而死的。

皇太极去世第二天,诸王大臣们把他的灵柩安放在崇政殿,为他举哀三天。九月二十一日,昭陵(即今沈阳北陵)尚未建成,就把他安葬在这座举世闻名的陵宫里。

根据他生前的文治武功,十月,顺治皇帝给他上尊号:"应天兴国弘德彰武宽温仁圣睿孝文皇帝",庙号太宗。

顺治是如何继位的

清太宗皇太极突然病逝后,由于生前未立嗣子,因此诸王兄弟相互争斗,窥伺宝座,在满洲贵族内部为了争夺皇位发生了尖锐、复杂、残酷的斗

争。

　　争斗最激烈的是在睿亲王多尔衮（太宗之弟）和肃亲王豪格（太宗长子）叔侄之间展开的。崇德八年八月十日，把皇太极的遗体装殓后，暂时安放在崇政殿内。随后皇太极生前亲自统领的正黄、镶黄二旗将领拥戴豪格（即正蓝旗主旗贝勒）继位。图尔格、索尼、图赖、巩阿岱、鳌拜、谭泰、塔瞻六人到豪格家中，私相计议，立誓拥立肃亲王豪格为帝。豪格欣然同意，派人四处活动，遣何洛会、杨善往告郑亲王济尔哈朗说："两旗大臣已定立我为君，尚须尔议。"济尔哈朗也表示愿意拥立豪格为帝。

　　就在豪格为继承皇位积极活动的时候，多尔衮也在秘密准备夺取皇位，两白旗都主张拥立多尔衮，他的同母兄弟武英郡王阿济格、豫王多铎跪劝多尔衮，当即大位，并说："汝不即位，莫非畏两黄旗大臣乎？"多尔衮确实把两黄旗视为夺位的最大障碍，但对两黄旗中少数几人要立豪格，有些人要立自己为君的说法，不敢轻易相信。十三日多尔衮亲自到三官庙，单独召见两黄旗的代表人物索尼商议，索尼说："先帝有皇子在，继位者必从皇子中选出，不能立他人。"。他看到索尼的态度十分肯定坚决，已经意识到问题不是那么简单，必须认真对待。

　　十四日，在停放皇太极棺木的崇政殿召开诸王大臣议立嗣君会议，会场内外气氛非常紧张。当天凌晨，两黄旗大臣会盟于大清门，令两旗巴牙喇兵张弓挟矢，环立宫殿，随时准备战斗。而且对两白旗的行动严加戒备。会议开始，索尼、鳌拜首先发言，要求"立皇子"。这时，足智多谋的多尔衮以"八和硕贝勒共议国政"的旧制为由，命令大臣们退出会议，只召开诸王会议，索尼等人无奈，只好暂退。会场的形势骤然发生了变化，对多尔衮十分有利，因为阿济格、多铎皆能参加此会，成为他的代言人和支持者，而拥立豪格的势力却大大削弱了。

　　诸王会议上，礼亲王代善第一个发言，他说："豪格是先帝长子，理当承大统。"接着郑亲王济尔哈朗亦表示赞同。由于两位年长的亲王率先倡言，对会议有很大影响，形势有利于豪格。可是就在这个关键时刻，豪格却做了一件蠢事，他对眼前的有利形势估计过于乐观，想效法先王以谦让提高自己的身价，因此他说："我福小德薄，难当重任。"于是请辞退去。这样，会议陷入僵局。豪格看无人出来坚请嗣位，感到形势不妙，便指使两黄旗大臣举行

武荐,于是两黄旗将领佩剑而前,说:"我们受先帝皇恩,如果不立先帝之子为君,我们宁可一死,追随先帝于地下!"

因此,诸王会议围绕是否立豪格的问题展开了一场激烈争论。这时阿济格、多铎劝多尔衮即帝位,多尔衮不敢冒然接受。这时原先主张立豪格为君的代善、济尔哈朗的态度也有些动摇,当多铎提出多尔衮若不允,论长当立礼亲王。代善立刻表示:亲王若允,我国之福,否则当立皇子。我老矣,能胜此耶?"便起身离开会场。

此时,多尔衮分析了形势,虽然在会场内他占优势,但是在会场外两黄旗将领剑拔弩张,如果处理不当,就要发生火并。他为了摆脱困境,采取以退为进的办法,便对诸王说:"豪格既让退出,无继统之意,当立帝之第三子(应第九子,即福临)。但其年岁尚幼,吾与右真王(即济尔哈朗)左右辅政,年长之后,当即归政。"这个方案,一则利用豪格的谦词,否定了立豪格;二则提出立六岁的福临为帝,以满足两黄旗大臣欲立皇子的要求;三则让济尔哈朗与己共同辅政是为了削弱豪格的支持力量;四则表明自己无嗣君之意,从而提高他在诸王贝勒大臣中的声望;五则福临年幼,便于控制弄权。多尔衮的意见为多数人赞同被通过,立福临为帝,一场继统危机暂时宣告结束了。这样的结果,实际上对多尔衮最有利,既打击了政敌,又获得了实权。

崇德八年(1643年)八月二十六日,福临在沈阳正式即位,第二年改元顺治,由睿亲王多尔衮和郑亲王济尔哈朗辅政。

顺治帝为何废后

皇太极的第九个儿子爱新觉罗·福临在顺治元年(1644年)九月十九日乘御辇从沈阳来到北京,当天在睿亲王多尔衮及诸王、贝勒、贝子、文武群臣护送下,由正阳门进入皇宫。十月初一,他到南郊天坛祭告天地,然后正式即皇帝位,年号"顺治",他就是清代历史上的顺治皇帝。顺治八年(1651年)正月十二,顺治帝在太和殿接受群臣朝贺,并宣布从这天起开始亲政,当时只有十四岁。

顺治帝在其个人婚姻生活方面一直都不那么如意。顺治八年八月十三，顺治帝册封科尔沁蒙古卓礼克图亲王吴克善的女儿博尔济吉特氏为皇后，二十日，举行了隆重的婚礼。不知为什么，在新婚之夜，顺治帝对皇后的态度非常冷漠。不久，又有意疏远皇后，再不和她见面，而且一下子就是近两年的时间。顺治十年(1653年)八月，顺治帝命大学士冯铨等人，整理历史上各朝皇后被废的记载送给他阅读。冯铨等人从中得知皇后要被废的消息，非常震惊。于是，大臣们纷纷上疏，劝告顺治帝不要这样做。顺治帝拒绝了他们的请求，还骂冯铨是不明事理，沽名钓誉。顺治帝又上奏皇太后，把皇后博尔济吉特氏降为静妃，从中宫改居侧宫，并要礼部进行议论。礼部员外郎孔允樾和御史宗敦一等十四人再次上疏，建议顺治帝改变决定。顺治帝置之不理，还命诸王、贝勒、大臣集体商议。大臣们仍然坚持要皇后正位中宫，此外可再分立东西两宫。顺治帝大为恼火，命大臣们再次讨论，并谕示孔允樾引咎自责。迫于皇帝的压力，孔允樾承认了自己的过失，大臣们再次讨论后也决定按顺治帝的意思办。就这样，皇后博尔济吉特氏被废。

顺治帝废掉皇后的理由是什么？按照当时他对大臣们的说法是，因为皇后无能，所以应当废掉。那么，皇后到底怎样无能，顺治帝对此又讲不出具体的事例来。显然，这只是个借口。有人说，顺治帝好简朴，皇后喜奢侈，又有妒忌之心，所以被废。其实，这种说法也不能成立。生活在皇宫里的皇帝和皇后，到底能简朴到什么程度呢？更何况这要共同生活一段时间之后才能表现出来。而顺治帝和皇后的情况并不是这样，顺治帝在新婚之夜就对皇后不感兴趣，显然是已有成见。那么，是不是皇后长得不好呢？也不是。据说，博尔济吉特皇后长得很美丽，也很聪明。显然，顺治帝废后另有原因。

原来，以科尔沁蒙古卓礼克图亲王吴克善女为皇后，是睿亲王多尔衮的主意。那时因为多尔衮掌握军政大权，顺治帝的皇位尚且由他保护，婚姻的决定权就不用说了。所以，这门亲事就定了下来。多尔衮常常以功劳自居，十分骄横，以致当时人们只知道有多尔衮，不知道有顺治帝。顺治帝年幼的时候，对此还不介意，随着年龄越来越大，就日益感到难以忍受。另外，孝庄太后虽然下嫁给多尔衮，但多尔衮对孝庄的感情却日益冷淡。他曾背着孝庄太后，以出关打猎为名，秘密迎娶了一个朝鲜公主。后来，他听说皇太极长子豪格的妻子很漂亮，就设法谋害豪格，霸占了他的妻子。对多尔衮的这

些作为,孝庄太后当然很不满意,而这必定影响了顺治帝。随着时间的推移,顺治帝对多尔衮的不满越来越强烈。在多尔衮活着的时候,由于他大权在握,孝庄太后和顺治帝暂时压抑了这种情绪。顺治七年(1650)年十二月初九,多尔衮突然咯血而死。这样,顺治帝的顾忌也就不存在了。顺治八年八月初二,科尔沁蒙古亲王吴克善来京朝见顺治帝。但是,顺治帝考虑到和蒙古王公政治上联盟的关系,才对这门已定的亲事没有表示否认。直到结婚两年后,他才找了借口把皇后废掉。在此之前,即顺治八年二月,顺治帝已经公布了多尔衮的罪行,并削去了他的尊号和对其母亲的追封。联系这些情况看,顺治帝废后,是发泄对多尔衮的怨恨情绪的表现。

顺治十一年(1654年)六月,顺治帝又册立科尔沁蒙古贝勒绰尔济的女儿博尔济吉特氏为皇后,历史上称她为孝惠章皇后。顺治帝对孝惠章皇后也没有什么好感,责备她不懂礼节,还命令停止她应有的某些礼仪待遇,并让诸王和大臣讨论执行。后来由于皇太后的干预,皇后的这些待遇才得到了恢复。

清代宫廷的婚姻就是如此,即使是万民敬仰、高高在上的皇帝,也没有选择伴侣的自由。婚姻对于他们来说,也只是巩固政治联盟的工具。

顺治帝是否真的出家当了和尚

民间常流传说,清军入关后的第一位皇帝顺治十分痴情,为了一位妃子的病故出家当和尚。那么,历史上真有此事吗?

清崇德八年(公元1643年)八月初九,皇太极怀着入关称帝未遂的宏愿,病逝在盛京(沈阳)清宁宫内。继之而起的是一场酝酿已久的皇位争夺战。经过一番剑拔弩张的紧张角逐后,结果出人意料,拥有重权的多尔衮和豪格都未能入选,时年未满六岁的福临却被推上了皇帝的宝座。如果将顺治短暂的一生喻为一首配系复杂的交响曲的话,那么他与董鄂妃的爱情便是其中的华彩乐章。

董鄂妃是内大臣鄂硕之女,鄂硕为满族正白旗籍,隶属于地位显贵的上三旗(正黄、镶黄、正白),位居二品,但他本人并无显赫战功,且因临阵畏惧

清宫秘史

受过处分,"三世以军功袭职"不过是沾祖宗的光。按照清制,像鄂硕这样的贵胄世家,凡有年纪在十三、四岁的女儿必须报选秀女,"或备内廷主位,或为皇子、皇孙铨婚,或为亲、郡王及亲、郡王之子指婚"。

董鄂氏14岁时被选入宫,许给顺治帝的十一弟襄亲王博果尔。当时清廷规定,皇家宗室和亲王府的福晋必须轮流进宫侍奉后妃。董鄂氏作为皇帝的弟媳,自然也不例外。顺治帝所娶的皇后和妃子都是孝庄皇太后的侄女,顺治十分不喜欢她们,彼此之间也没有感情。一次偶然的机会,顺治帝碰见了进宫侍奉的董鄂氏,年轻貌美的董鄂氏令顺治一见倾心,顺治帝压抑已久的孤寂和愁苦一下子释放出来,两人互诉衷肠,炽烈的爱火在二人心中燃烧着。

后来,董鄂妃常常住在宫中,名为侍奉皇太后和后妃,暗地里与顺治帝相会。襄亲王博果尔知道了这件事,内心十分痛苦,他责备了董鄂氏。过了一段时间,顺治帝知道董鄂氏遭到弟弟的责备,很是生气,他不顾一切地想要维护董鄂氏,于是出手打了自己的弟弟。不久,襄亲王因羞愤而死。顺治帝便将董鄂氏迎入宫中,封为贵妃。

顺治幼年丧父,自小登基,名为皇帝,实则傀儡。先有雄才伟略的多尔衮摄政,后有刚毅多谋的母后临朝称制,加上宗室们的奚落,朝内倾轧不休,天下战乱频繁,逐渐形成了顺治喜怒无常、火烈急暴的脾气。而董鄂妃贤良淑德、知书达理,与顺治帝十分投契,二人恩爱有加。后来,顺治帝多次有意废后,立董鄂妃为后。但是因为孝庄皇太后和众大臣反对,才屡屡无疾而终。董鄂妃进宫后一年,为顺治帝生下皇四子,喜得顺治感叹这才是他真正第一次当父亲,称其为"第一子",并有意立其为皇太子。可惜三个月后,这位皇子夭折了,董鄂妃万分悲痛,皇后和后宫妃嫔借机打击她。失子之痛让董鄂妃心情忧郁,一病不起,没出三年,她便撒手人寰。

顺治帝是如此疼爱这位妻子,失子和失妻之痛让他愤懑和绝望。于是他下旨,全国为董鄂妃服丧,百姓三日,官吏一月。同时命令亲王以下,满汉四品以上的格格、王妃、命妇齐集景远门外哭灵,对哭得不动情的严惩不贷。后来,他又下令追封董鄂妃为"孝敬皇后",将其谥号加到14个字才肯罢休。至此,顺治心灰意冷,再也无心处理朝政。他想起自己专注的佛门,准备遁入空门,了此残生。

十月的一天,他强令自己的师兄茆溪森给他落发为僧。他的师父听说此事,急忙赶来劝阻,还将茆溪森推上柴堆,准备施以火刑。顺治不忍心连累师兄,只得答应蓄发还俗,并由一名太监替他出家,这才结束了这场闹剧。

顺治十八年正月,24岁的顺治突然染病,宫廷里没有了往日的喜庆,整个皇宫沉浸在一片紧张气氛之中。初七,朝廷下大赦令,释放所有犯人,同时传令民间不准炒豆、不准点灯、不准泼水,而这一切正是当时民间祈福天花患者的风俗仪式。顺治死后,继位者为已经出过天花的康熙,这也证实顺治的确是死于天花。但这也许是顺治精心策划的一场骗局,他很可能利用天花而亡来掩盖他出家的事实。历史上康熙曾四次上五台山,并留有诗句:

又到清凉境,巉岩卷复重。

劳心愧自省,瘦骨久鸣悲。

膏雨随芳节,寒霜惜火时。

文殊色相在,惟愿鬼神知。

很多人以此认为康熙上五台山的目的就是为了探视他出家的父亲。再者,康熙年间,两宫西狩,路经山西北部,地方供给不了御用器皿,只得去五台山求借,借来的器物都非常精致,不像一般民间所有,于是人们认为这是当年顺治在此出家时所使用过的。值得注意的是,在今清东陵中的孝陵,埋藏的不是顺治帝的棺木,而是一个骨灰罐,与其他帝王的陵墓都不相同,这也许是遵循了佛家的丧葬礼仪吧!

作为清代唯一一位为了红颜知己出家的皇帝,顺治帝可谓前无古人,后无来者。

顺治临终遗诏说了什么

顺治帝临终前的遗诏传位问题,至今仍是一个没有完全破解开的秘密。

关于嗣君的选定,魏特在《汤若望传》中披露了一些内幕:"一位继位的皇子尚未诏封,皇太后立促皇帝作这件事体。皇帝想到了一位从兄弟,但是皇太后和亲王们的意见,都是愿意皇帝由皇子中选择一位继位者。皇帝让人问汤若望的意见,汤若望完全站在皇太后的一方面,而以被皇太后所选择的一位太子为最合适的继位者。这样,皇帝最后受到汤若望的劝促,舍去一位年龄较长的皇子,而封一位庶出的、还不到七岁的皇子(康熙)为帝位承继者。当时促成这一个决断所提出的理由,是因为这位年龄较幼的太子,在髫龄时已经出过天花(康熙帝因出痘而落下一脸麻子),今后不会再受到这种病症的伤害。而那位年龄较长的皇子,尚未出过天花,时时都得小心着这种可怕恐怖的病症。"记载中谈到福临先是选中一位"从兄弟",这时还在世的"从兄弟"有四位,分别是辅国公叶布舒(兄)、镇国公高塞(兄)、辅国公常舒(兄)和辅国公韬塞(弟),虽不知福临选中哪一位,但凑巧的是这四人几乎全是满籍妃嫔所生,唯独没有博尔济吉特氏。这种故意违背"子承父位"祖制的做法,显然是有用意的。顺治帝在初三日将王熙召入宫内密谈,并有"密封奏折"之事,其实就是帝位人选的这个意见。

显然,这是孝庄皇太后很难接受的。她不仅在儿子病危时"立促"选立嗣君,而且召集亲王们共同推翻皇帝的"成命",力主在皇子中选立新帝,并请来汤若望助推。实际上,汤若望根本不是在皇帝患痘"消息传出宫外之后"才"立即亲赴宫中"的。因为这消息封锁极严,直到初七日晚(距福临咽气最多十个小时),宫内传谕释刑狱、禁炒豆等事之后,朝中大臣才确知皇帝病情,如果汤若望此时才闻讯赶来,显然没有时间参预上述诸多事情。

关于母子之间议立新帝的分歧经过,比较合理的解释应当是,顺治帝初二日卧病不起,自知不久于世,便召王熙议立继位之君等事。他既与母后分歧,于是提出以"从兄弟"嗣位做为报复和最后的抗争,并写有"密封奏折"。王熙不过是一介小小汉官,哪敢在此重大事情上擅自隐讳,于是就向孝庄太后如实禀告。太后闻讯五内如焚,立即召集诸亲王会议,并通知汤若望立刻入宫参议(因此,汤若望入宫最迟也在初四、五两日之前),坚决反对顺治皇帝的成命。福临共有八子,四个早夭,当时除康熙外尚有福全、常宁和隆禧,这些均非蒙古母亲所生。孝庄皇太后因皇后无子,只能从帝业稳定的角度考虑,提出让已出过天花的玄烨即位,尽管他是一脸麻子而有碍观瞻(此事在后来的官书及绘像中均被掩过去)。福临无奈,只得勉强答应;也可能未达成最终协议,他已到了黄泉路了。紧接着便出现了孝庄太后等人私改遗诏之事。

初六日夜分三鼓,宫内风摇树影,死气沉沉,罡风呼啸,如闻鬼哭。几名太监手提宫灯,明灭闪烁,将大学士王熙再次引入养心殿。此时,夜已深,人未寝,顺治皇帝感觉病势已重,恐再难支,忙召王熙入殿商议遗诏之事。福临在榻上强撑病体,嘱道:"朕患痘,势将不起,尔可详听朕言,速撰诏书,即就榻前书写。"王熙闻言泪满脸颊,泣不成声。顺治催促道:"朕平日待尔如何优渥,训尔如何详切,今事已至此,皆有定数。君臣遇合,缘尽则离,尔不必如此悲痛。此何时,尚可迁延从事,致误大事?"王熙只得拭泪吞声,在御榻前握笔撰诏。但他心中暗暗叫苦,未曾料到顺治皇帝特令"就榻前书写",一刻不离,这可怎么办?……

"金风未动蝉先知"。原来,被顺治帝视为亲信的王熙,早已置于孝庄皇太后的牢牢控制之下,他与顺治皇帝间的所有言谈举动,孝庄太后全悉知无遗。此刻,王熙既知皇帝秉性固执,更惧怕太后权势威严,而遗诏一经拟就盖上玉玺,就很难再更改一字,那么在孝庄太后面前如何交代?想到这儿,王熙握笔踟蹰,进退维谷,左右思量。当写完遗诏第一段后,他看见顺治皇帝已倦容满面,不由心生一计,忙奏道:"恐过劳圣体,容臣奉过面谕(请帝详细口授之后),详细拟就进呈。"顺治已气息奄奄,再无精力去想王熙这话背后的真实意图,便将遗诏大意说明。王熙忙卷起诏书,退出养心殿,方才长长呼出了一口气。

王熙退至乾清门下的西围屏(也就是耳房)内连夜拟诏,"凡三次进览,三蒙钦定",反复修改到第二天中午才算定稿。然后,遗诏交代卫贾卜嘉捧奏皇帝,顺治正在榻上更衣,很可能没有细阅,便谕:"诏书著(派)麻勒吉(大学士,与王熙共同拟诏者)怀收。俟朕更衣毕,麻勒吉、贾卜嘉,尔二人奉诏奏知皇太后、宣示、贝卫、大臣。"这夜子时,顺治皇帝即在养心殿内去世。从王熙初六日夜入殿承谕拟诏,遗诏中经三次大改动,再经麻勒吉和贾卜嘉二人之手,最后于初九日清晨才在天安门外宣读,共历时两昼三夜。就是说,孝庄皇太后等人完全有时间从容不迫地按照自己的意图修改遗诏。从顺治生前并不喜欢儿子康熙的情况来看,康熙最终登基即帝位完全可能是孝庄太后改顺治遗诏确定的。这样,孝庄太后就可避免大权旁落,将孙子扶上帝位使她名正言顺地控制了朝政。

接着,新帝幼小无法亲政,孝庄太后又拒绝垂帘听政,便由四位隶属上三旗的权臣辅政,他们分别是索尼(正黄旗)、苏克萨哈(正白旗)、遏必隆

（镶黄旗）和鳌拜（镶黄旗）。在四辅臣之中，索尼是四朝元老，资深望重，与摄政王的地位不相上下，因此后来选其孙女为皇后，可有效地以联姻加强皇帝与首辅之间的关系，进而控制其余三王的行动，这才是孝庄太后的真实意图。

康熙为什么六下江南

康熙皇帝在位期间曾先后六次到江南巡游。皇帝到各地巡幸，历代都有，是帝王一项重要的礼仪活动。但康熙皇帝在1684年、1689年、1699年、1703年、1705年和1707年连续六次南下，就让人对他南下的目的有些怀疑了。有人认为，康熙南巡主要是"赏玩川泽"，是"艳赏江南"，说白一点是为了欣赏江南的风光和美女。如果这样，他就与历史上的昏君隋炀帝差不多。那么康熙到底为什么要一次又一次地到南方去呢？

康熙登基以来，农民军余部和南明小朝廷等各种力量的强烈反抗不断，直到1662年才彻底镇压李自成农民起义军，彻底摧毁了南明小王朝，俘获永历皇帝，统一了全国。但不久，又爆发了长达八年的三藩叛乱，直到1682年才平定三藩，1683年收复台湾，清朝为巩固政权而进行的大规模军事镇压才宣告结束。至此，明末清初以来的战争进行了半个世纪，连年的战争使得人口急剧减少，土地大量荒芜，经济萧条，恢复与发展生产已成为当务之急，康熙也明白能否发展生产直接关系到政局的稳定。因此南巡实际上只是为了一个目的，就是促进生产，安抚民心。

也有人认为康熙南巡的目的是治理黄河。当时黄河从河南开封南下，经徐州、宿迁入海，黄河与运河在苏北的清河县相交，淮河、睢水流入洪泽湖内，也在清河县泻入黄河。那里河流交错，水情复杂，经常泛滥，河南、安徽、江苏、山东数省受害不断。康熙六次南巡，前三次主要是为了调查了解灾情，后三次是为了亲自部署治河。

1684年，康熙来到治河重镇安徽宿迁，作出了开挖海口、疏泄下河地区积水的决定，并命安徽按察使于成龙负责这项工作。第二次南巡时，康熙提出了自己的治河构思。但这段时间内的治河成绩，康熙并不满意。1699年

的第三次南巡,康熙亲自测量、规划、部署。第二年,他任命两江总督张鹏翮为河道总督。1703 年,为了检查张鹏翮的工作,他又第四次南巡。这次南巡中,他两次乘船下河,提出了许多具体意见。1705 年,康熙又来到黄淮流域视察,见到当时的治河工程后,他说"朕心甚为快然",对当时的下属工作比较满意。1707 年的第六次南巡是张鹏翮要求的,康熙乘船来到清河县,查看了那里的地形,并测量水位、流量,对工程中的技术性失误进行了纠正,对治河工程中毁坏民田的事情十分恼怒。

又有人说康熙南巡的目的是"观览民情,周知吏治"。南巡的山东、江苏、浙江等东南沿海各省,历来是中国封建经济文化兴盛之地,士绅集中。1684 年,他第一次南巡时亲赴曲阜,举行隆重盛大的祭孔典礼。他还不断举行各种考试,增加江浙一带入学名额来奖励文学。1705 年,他南巡到江宁,决定选拔一些皇宫内的书记抄写人员,这对于江南读书人来说,可以直接为皇帝服务,将来晋升的机会较多,所以报名者十分活跃,仅苏州一地的考生就有五百多名。每次南巡,他还要召见还乡旧臣或亲临他们的府门,为其题匾题联,以示优奖。

在南巡过程中,每到一地,康熙确也特别喜欢游览"景物雅趣、川泽秀丽者",他说自己喜爱佳美山水的兴趣与一般百姓是一样的。不过从总体上说,他南巡的主要兴趣并不在江南的山水和美色,究竟是稳定统治,发展经济,还是带着别的什么不可明喻告人的秘密?除康熙本人之外,恐怕没有人能揭开其中的真正谜底。

康熙晚年为何两次废嗣

康熙十四年(1675 年)十二月十三日,下令册立刚满周岁的皇二子、嫡长子胤礽为皇太子。这意味着胤礽长大以后,将肩负着大清朝兴旺的使命。但是,康熙晚年,就在胤礽即将实现父皇所托的时候,康熙竟然下令废掉这位皇太子。然而不久,又复立胤礽为太子,旋即又废。这二立二废,就如天上行云,变化莫测。这到底是什么原因导致的呢?

其实,胤礽是一位十分聪明的皇太子,自幼学习四书五经、骑射、言词、文学都很出色。康熙对皇太子的表现相当满意，但与此同时，由立太子而产生的皇储矛盾，也一天天尖锐起来。

问题初始于太子不孝。康熙二十九年（1690年）七月，乌兰布通之战前夕，康熙在出塞途中生病，想要返回京城，便令皇太子与皇三子到驿站前迎驾。胤礽到行宫看见康熙身体不适，容颜消减，竟然没有半点担忧之心。这使得康熙大为不满，他认为这位太子对自己没有忠爱之情，于是就让太子先回京师。后来康熙废太子时说对他已经包容了二十年，就是将这件事作为起点来说的。

后来，康熙又发现皇太子暴戾不仁，对诸王、贝勒、大臣、官员以至兵丁，任意凌辱，恣行捶挞，对检举他行为不端的人更是横加迫害。而且，太子及其属下任意勒索地方官员，鱼肉百姓。南巡时，就曾搜求民间妇女，胡作非为，无所不至。他还派人截留蒙古王公进贡的驼马，放纵奶妈的丈夫敲诈勒索。康熙素来主张宽和仁慈，节俭爱民，这些不孝不仁的行为，都是康熙一向深恶痛绝的。他认为皇太子自以为身居一人之下、万人之上，处处要求与众不同。即使是在兄弟之间也争强好胜，决不落人之后。这种特殊的地位，加上平时人人奉承、谄媚，天长日久，很容易使他忘乎所以，目空一切，妄自尊大，如此下去，怎么能担负大清朝兴旺的重任呢？于是，康熙对太子逐渐产生不满。

索额图系太子生母诚孝仁皇后的叔父、太子的外叔祖父，是竭力拥护太子的一股强劲势力。他帮助太子集结了一批大臣，私怀倡议，凡是皇太子使用的衣服饰物，都采用黄色；一切礼仪，都与皇帝相似；连太子的被褥也与皇帝一样放在门槛里面。后来康熙知道了，便命尚书沙穆哈将被褥移到门外，可沙穆哈惧怕皇太子党派，请求康熙颁旨，被康熙怒斥后革职。不久，康熙又发现内务府所属膳房人、茶房人在皇太子处出入，这是宫中所禁止的，便下令将这些人处死。索额图也因为多次违背皇帝的旨意屡遭申饬，这意味着皇太子已经失宠。

康熙四十一年十月，御驾南巡，行至德州时，太子胤礽病重。康熙决定先行回京，留太子在德州调养，并召来索额图前往侍奉。胤礽在德州与索额图朝夕相处，亲密无间，散布了许多怨尤之言。第二年，康熙便以"议论国事，结党妄行"为由，将索额图交由宗人府拘禁，不久死在幽所。至于究竟是议的什么事,结的什么党,开始并未说明,只在传谕索额图时隐讳地说:"朕如果不先发制人,你就会先下手。经过朕一番深思熟虑,还是先指出你的罪行,将你正法。"后来,在废太子的时候,可以很清楚地看清康熙的心理:"从前索额图帮助你密谋大事,朕全都知情,索性将索额图处死。"足可见康熙是将其作为一场未遂的宫廷政变加以处理。索额图的罪行就在于集结太子党,图谋篡权。在处理了索额图之后,问题不但没有解决,皇帝与太子之间的隔阂却日渐加深。康熙甚至怀疑太子要替索额图报仇而谋害于他,于是,废太子之事已经势在必行。

康熙四十七年五月十一日,康熙一行人来到承德避暑山庄围猎避暑。随行的有皇太子和皇十八子等。围猎期间,白天炎热,夜间气温又较低,皇十八子胤祄突然患病。胤祄的生母是康熙宠爱的汉族妇女王氏,即有名的密妃。爱屋及乌,康熙对其所生的幼子,也较其他诸子倍加喜爱。胤祄的病情一天天严重,导致并发肺炎。康熙为此十分担忧,随从官员恐皇上年事已高而病倒,劝康熙不要太着急。只有皇太子无动于衷,康熙因此大为生气,责备皇太子不念兄弟之情,但太子反而忿然发怒。这件事使康熙看到了太子的冷漠无情,他既伤心、又担心。做太子时尚且如此,他日登上皇位、一手遮天,诸皇子又该如何?

除此之外康熙还发现太子每到夜晚便贴近他的帐篷,从缝隙向里窥视。他怀疑太子将有异动,因而将计划提前,决心立即废掉太子。在外巡视期间,一心争夺储位的皇长子胤禔跟在康熙身边,说尽太子坏话,极力撺掇康熙废掉太子,某种程度对废太子一事起了推波助澜的作用。

九月十六日,康熙回到北京,下令在上驷院旁设毡帷囚禁胤礽,并命皇四子胤禛与皇长子胤禔共同看守。当天,召见诸王、贝勒等副都统以上大臣、九卿等在午门内集会,宣谕拘执太子胤礽之事。二十四日,正式下令废太子,并将其幽禁在咸安宫,与此同时,心爱的皇十八子病逝。这两件事,使康熙悲愤交加,心力交瘁。他多么希望诸皇子能够和睦相处,不再有伤心事发生。但是事与愿违,皇宫里的政治斗争正是由于皇太子被废,而正式拉开序幕。

清宫秘史

雍正是否改过遗诏

康熙六十一年(1722年)十一月十三日,皇宫里发生了一件令人难以置信的事情,69岁的康熙帝在这一天夜晚突然病情恶化,撒手而去。一向被看好的十四阿哥胤祯未被选中,四阿哥胤禛却当上了皇帝。于是人们猜测,雍正是否改过康熙的遗诏呢?

十七阿哥胤礼当晚在大内皇宫值班,得悉皇父康熙去世,他立即奔往畅春园,行至西直门大街时,恰遇步军统领隆科多,隆科多告诉他四阿哥胤禛(即雍正)已经登上皇位。听到这个消息,胤礼大吃一惊,立即调转马头奔回自己的府邸,而未到宫门迎驾伺候,他实在难以接受多年以来的皇位之争竟然以这种方式结束。九阿哥胤禟得知由四阿哥继皇位后,十分气愤,突然来到雍正面前质问,并表示不满。八阿哥胤禩也在深夜与三阿哥胤祉在庭院相会,秘密商量对策。稍后,十四阿哥从西宁回京奔丧,希望见到太后,问明立储之事。

几位皇兄皇弟的异常反应,表明康熙生前决无立胤禛之意。并且康熙驾崩之夜传遗诏时,胤禛并不在场。他因代行祭天大典住在天坛。听说父皇病重,便急奔畅春园,于午前到达,三次晋见父皇。当时康熙还能说话,却只字不提传位胤禛之事。八个接受遗诏的皇子大臣,包括隆科多也没有透露消息或是作出暗示。这样重要的头等大事,康熙和皇子、大臣们竟集体向胤禛保密,于理不合。后来隆科多获罪,雍正称其不在康熙身边,没有派出保护之人,前后矛盾,显然存在伪造的痕迹。并且胤禛对皇宫采取警备措施,隆科多下令关闭京师城门长达六天之久,诸王若非传令不得进入大内。于是,从雍正即位的第一天开始,他的皇位继承的合法性便受到冲击和严峻挑战。

民间流传,康熙病重时,胤禛曾进了一碗人参汤,不知怎的,康熙就死了,紧接着,胤禛便继位称帝,于是人们认为,康熙是被雍正毒死的。因为起初康熙的病情已经稳定,13日突然骤变,怎么不令人生疑呢?况且,即使不是毒死的,也可能是逼迫或是篡改遗诏。因为当时畅春园在隆科多的严密控制之中,由他负责康熙的安全警卫和执掌卫戍兵权,而他是雍正的舅舅,那时只有他能接近康熙,因此不排除他参与下毒的可能。

据说康熙十分看重十四子胤祯,康熙五十七年,胤祯被任命为抚远大将军,总领西北各路大军,代父亲征新疆和西藏。康熙亲口夸奖胤祯有带兵才能,要部下绝对服从胤祯。在康熙的遗诏中写的原文是:"传位皇十四子胤祯。"雍正杀父后,由隆科多将"十四子"改为"于四子",将"胤祯"改为"胤禛"。雍正登基后,借口杀死隆科多,据说是为了杀人灭口,让篡位之事变成永远的秘密。此外,雍正选在皇十四子返京前"谋父",也是怕节外生枝,影响自己当皇帝的大计。

有关雍正继位出于矫诏篡立的流言,当时不仅在中国传布,而且通过朝鲜来华使节,也远播海外,朝鲜国中也认为雍正继位属于篡改诏书。

细细想来,改诏篡位真有其事吗?这其中疑点甚多。清代提到太子、皇子,均是写为"皇太子""皇某子""皇某某子",这是清朝的特殊制度,不同于明朝只说"太子"。如果写作"传位皇十四子",将"十"改为"于",那就成了"传位皇于四子",这样文理不通的话,怎么能是诏书,雍正又怎么能拿它去登基呢?再者,当时的"于"写作"於",怎么改也是不行的。这是就汉文遗诏讲的,如果康熙是用满文书写的遗诏,就更不可能篡改遗诏。

况且康熙一向反对喝人参汤,他认为人参对人体有害无益。另外,从废皇太子胤礽开始,康熙就十分注意保护自己,对乱臣贼子下毒之类活动防范甚严。早在废黜太子之前,即曾将与胤礽有关的御膳房、御茶房供职人员全都处死。相信胤禛是不会那么容易下毒杀父的。

雍正六年(1728年),在湖南永兴县秀才曾静反清案中,揭露出关于雍正弑亲篡位的传言。经追查得知,这些谣言来自胤禩、胤禟、胤祯等门客太监。宣传胤禛以人参汤毒死父亲、篡改诏书的行为系胤禟的心腹太监何玉柱。雍正将有关上谕、审讯词和曾静的口供,汇集成《大义觉迷录》一书,于雍正七年刊行面世,颁布全国各府州县。雍正希望澄清事实的决心,却适得其反地引来了关于其继位的种种非议。

当然,如果雍正继位没有什么破绽,哪里来的那么多猜测呢?就当时的局势而论,似乎不难理解。因为争夺皇位是十分激烈的,不管谁当上皇帝,都会遇到来自众多政敌的种种破坏。胤禛的政敌在他的继位合法性上大做文章,是可以理解的。但是雍正为了得到皇位,是不是使出了非常的招术,恐怕将永远是个谜吧！只能说弑父篡位不是那么容易实现的,若果真是这样,我们也应该佩服其勇气和智谋,这个皇位也应该是属于他的吧！

雍正为何密用和尚参政

雍正秉性不喜华靡,日夜忧勤国事,毫无土木声色之娱。但是,皇宫之中,也有一批雍正的好朋友,他们既不是朝中大臣,也不是宦官阉党,而是得道高僧。这是为什么呢?

雍正一生勤勤恳恳,即使是在盛夏酷暑或寒冬腊月,他都坚持每天深夜批阅奏折,直到三更时分才停歇。他的生活是寂寞和枯燥乏味的,为了消磨空闲时间和排忧解愁,他只好独自饮酒、赏花吟诗。他曾写过这样一首诗来描写自己:

对酒吟诗花劝饮,花前得句自推敲。

九重之殿谁为友,皓月清风作契交。

其实,雍正也有知心朋友,他们之间的私人感情还很深厚。如推行改土归流有功的鄂尔泰,大学士张廷玉等都是他的股肱之臣。雍正还有几个御用高僧,是为他筹谋划策的亲信。传说,在上述诸案中,许多个案的谋划都与这几个和尚有关。

原来,雍正十分迷信,佛教、道教、民间的鬼神他全都相信,尤其对佛教情有独钟。他继位前的府邸就如同一所殿阁重重的寺院,处处供奉佛祖,香烟袅袅。雍正三年,他的府邸改名为"雍和宫",后来成为名闻遐迩的喇嘛寺。他年轻时曾雇人代替自己出家,同时与佛教僧侣来往密切。他当时曾宣扬佛家的出世思想,但只不过是为他积极谋位作掩护。即位后,他仍然继续尊崇佛教,把自己和诸大臣都比作真仙真圣,生来就是为凡间百姓做善事的。

雍正自称"破尘居士""园明居士",还公开招了十几个门徒,经常谈佛说经,甚至干涉佛教内部事务。与此同时,有些佛教僧侣也直接参与政治。其中,西岳华山的住持长老文觉禅师,足智多谋曾被封为"国师",在宫中直

接侍奉雍正。雍正处理军机大事,也常请文觉发表意见。他往往能提出一些独到的见解,深受雍正赏识,成为雍正的心腹。雍正意欲除掉恃功骄横的年羹尧和隆科多两个重臣时,就把他的智囊文觉请来议事。雍正对文觉开门见山地说道:"朕有一件大事想和禅师商量。朕自登基以来,隆科多与年羹尧权重骄横,逾越礼法,深恐他们泄露天机,当如何是好?"文觉答道:"陛下有所不知,只要师出有名,伺机而动,不怕旁人非议。如若除此二人,只需如此这般,轻而易举。"说着,站起来走到雍正身旁,对其耳语一番,雍正频频点头称是。后来,果然依文觉之计清除了年、隆二臣。文觉从来不公开露面,当众发表意见,但背地里却帮雍正处理了不少难题,虽无官无品,却有权有势,朝内文武大臣都对他敬畏有加。雍正十二年,雍正命其前往江南朝山,所到之处,地方官都以王公规格迎送,仪卫尊严非同一般。

　　还有一个和尚性音是京师大觉寺的住持,也是雍正颇为器重,并视为知己的人。性音佛学造诣很深,常常语出惊人。雍正即位后,性音到庐山隐居寺修行,四年后圆寂。雍正曾追赠其为国师,赐谥号,并将其著述收入藏经。然而,数年之后,雍正竟削黜其封号,从藏经中撤出其著述,令人大惑不解。据推测,可能他参与了雍正即位前的许多最高机密,其先荣后黜的经历与年、隆二人相似,如此结局并不足为怪。

　　据说雍正还有一个佛门高足超盛和尚。雍正曾亲自为超盛讲解佛旨,夸奖他听了自己的讲经后,能"直捣三关,洞命妙义",超过所有同辈僧人。北京卧佛寺重修以后,雍正命他去执掌法席。因系自己耳提面命的高足,自然在密谋大事上,免不了会参与其中,只是无人知晓此中秘密罢了。

　　至于这些御用僧人参政的详情,因无正史可考,野史又语焉不详,传说则难说可靠,留给后人的则成了一团谜。但是我们可以从中很清楚地看到,雍正采用和尚参政,是为巩固其政权服务的。正是他生性多疑,才不得不用这些在政治上与自己没有冲突、没有利害关系的和尚密谋,以达到打击政敌的目的。

说不尽的雍正之死

　　雍正十三年(1735年)八月二十三日凌晨,雍正皇帝突然暴死于圆明园

离宫中。本来他生前就有许多事情笼罩着层层神秘的面纱,加上他的死在官书中又记载不详,致使人们对雍正之死猜测纷纷,传闻不断,竟成了一桩谜案。

雍正在位期间,推行了一系列行之有效的措施,加强各民族人民之间的经济和文化交流。但是为了巩固皇权,大肆清除政敌,使清朝政权波澜起伏,血肉相残。民间传说雍正阴险毒辣,"谋反、逼母、弑兄、屠弟",尤其是采取民族高压政策迫害汉人,各地不断出现反清活动。于是,民间出现大批能人志士,想要刺杀雍正,以报心头之恨。

流传最广的说法是吕四娘入宫行刺,并取走雍正人头。吕四娘是明清学者吕留良的孙女。明亡之后,吕留良参加反清斗争没有成功,就在家乡教书为生。清朝官员劝他出来为朝廷办事,他坚决拒绝了。后来竟跑到寺庙中当了和尚,远离尘世。在寺院中,他专心致志著书立说,书里面虽然有些反清内容,但没有流传出去。雍正年间,湖南人曾静固守夷夏观,游说大将军岳钟琪,劝他举兵造反,却被岳钟琪告发。曾静在狱中供认自己曾看过吕留良的文稿,而且其反清的思想多受其影响。结果,雍正大怒,下令掘吕留良及其长子吕葆中之墓,戮尸示众,并将吕留良次子吕毅中斩首,吕氏一门都被发配到边疆。吕四娘是吕留良的孙女,她恰好不在家,机缘巧合,躲过了这场大难。作为吕家唯一的幸存者,吕四娘决心复仇,为报家仇,她练就了一身好武功,尤其精于剑术。在当时著名侠客甘凤池等的积极协助下,吕四娘始终没有被清廷抓住。

关于吕四娘怎样行刺,却又有各种说法。雍正十三年八月,擅长剑术的吕四娘混进宫中,用飞剑将雍正头砍去。清政府为了掩盖真相,制造了雍正病死的假相。另有一说是她混进圆明园当了宫女,或冒充宫女,在侍寝之时将雍正杀了。清代宫廷制度,凡侍寝的妃子,都要赤身裸体裹在被中,由太监背到皇帝寝宫。据说清军初入关时并无这项规定,这种奇特的规矩是在雍正以后才制定的。于是有人猜测这是因为吕四娘或是别的雍正的仇人之女潜入宫中,作了雍正的妃嫔,终于等到一个侍寝的机会,趁机将雍正杀死有关。这种制度是为了防止此类事件的再度发生。

还有人说,雍正是被吕四娘或另一剑客用所谓"血滴子",即口上装了许多小刀的皮口袋,套在脖子上,抽紧袋口,把他的头连皮带骨取走的。然后,在血滴子的里面浇上药水,皮肉骨血均化为乌有。因此雍正棺内只有尸身而无人头,清廷用金子造了一个假人头入棺安葬。还有传闻,说雍正死于湖南卢氏夫人剑下。相传卢某因为谋反被雍正所杀,其妻谙于剑术,为夫报仇,刺死雍正后自刎身亡。

雍正帝

但这些都是野史或传说,缺乏有力的证据,而近年来较为流行的观点是认为雍正死于丹药中毒。雍正崇尚方术,特别是对修炼功夫非常感兴趣。雍正继位之初,日理万机,操劳过度,健康日益恶化,不得不乞灵于药石。大约从雍正四年开始,雍正就经常服用道士炼制的"即济丹"。除了自己使用外,他还赐给宠臣服用。雍正曾先后召道士贾士芳、娄近垣等人入宫。雍正十二年,娄近垣离开宫禁后,雍正命张太虚、王定乾等在西苑为之炼丹。到了雍正十三年八月,他又传旨让道士在圆明园内用牛舌头黑铅二百斤炼煮。他的死极有可能是铅在体内长期积聚,毒发致命。雍正死后第三天,乾隆忽然下谕旨,将炼丹道士全部驱逐出宫。同时,告诫内监、宫女,不许妄说国事,否则"定行正法"。新君登基,百务待理,却急于对几名道士做出如此处理,是雍正死于药石的有力佐证。

但丹药中的金石之毒虽然有些燥烈,雍正一直服用长达九年的功夫,若说中毒,理应慢慢显现,他也能渐渐感到不适,决不会拖这么长的时间等着毒性爆发。从乾隆的谕旨中可以看出,雍正在世时,已经认识到服用丹药的危害,怎么可能会知毒服毒呢?于是,这种说法看似可信,又似不可信。

据清朝官方史书中记载,雍正是因病而亡,说他从患病到去世仅仅三天,发病当天还处理政务,晚上病情发作,终于不治。有人推测是一种急症,可能是中风。据说雍正执政期间,事必躬亲,日理万机,面对康熙晚年留下的内外忧患和皇室内部的激烈矛盾,常常带病处理政务,积劳成疾,心力交瘁,因而突发脑病,骤然病故也在情理之中。

总而言之,雍正帝的死因至今尚无定论。无论是死于丹药,或是因病自然死亡,我们今天都无从可考。至于那些"刺杀"传说,可能是因为雍正生前得罪的人太多,人们无处泄愤,只好编排故事来骂他。雍正归葬的泰陵仍然完好无损,如果有一天打开泰陵的地宫大门,这些争论不休的问题就会有明确的答案了。

乾隆为何替雍正平反

雍正十三年(1735年)雍正皇帝驾崩,皇四子弘历继位,为乾隆皇帝。乾隆当政之初,继承了先祖的优良传统,又吸取了前期的经验教训,决心清除旧弊,纠错补过,安定人心,做出一番轰轰烈烈的伟业。

乾隆皇帝首先对其父晚年崇信佛道,迷信祥瑞等错误做法予以纠正。雍正死后,乾隆传谕旨警告和尚:"凡在内廷曾经行走之僧人,理应感戴皇考指迷接引之深恩,放倒深心,努力参究,方不负圣慈期望之至意,倘因偶见天颜,曾闻圣训,遂欲借端夸耀,或造作言辞,或招摇不法,此等之人,在国典则为匪类,在佛教则为罪人,其过犯不与平人等。朕一经察出,必按国法佛法,加倍治罪,不稍宽贷。"

雍正皇帝晚年热衷于修炼之术,养了几个道士在西苑,他骤得暴疾,亦可能是服了道士所修炼的金石药有关。乾隆继位后宣布实行度牒制,裁汰僧道。

雍正皇帝讲求祥瑞,臣僚迎合帝意,频繁奏报嘉禾、瑞麟等吉祥景象,一而再,再而三,名目繁多,祯祥万千,用以表明大清天下一派升平吉祥景象。乾隆皇帝十分厌恶这种自欺欺人的拙劣做法,一即位就谕旨各省总督、巡抚、将军、提督、总兵等,今后"凡庆云、嘉谷一切祥瑞之事,皆不许陈奏"。

雍正年间,为了鼓励农民积极生产,创造了老农制,责令各州县官每年或三年在每乡选择一两个勤劳朴实没有过失的老农,赐予八品顶带,"以劝民稼穑"。然而一些豪猾奸民却乘机贿赂钻营,谋充此位,横行乡里,乾隆帝批准了云南巡抚张允随之建议,取消了这一制度,同时,还废除了"钱粮总吏""提牢典吏",使他们不能借此科索民财侵没官赋欺压狱犯。乾隆皇帝还假托先帝雍正遗命,废除新君登基,为避其讳,先皇帝其他皇子改名之惯例。

乾隆皇帝对宗室的最大"体恤",在于他敢推翻列祖列宗钦定的冤案,或予以彻底平反昭雪,或给予宽待。

雍正在位期间,残酷镇压政敌和对己不利的臣僚。乾隆继位后,力排众议,对其父统治时期影响很大的惩治弟兄及大臣等案件,进行了重大调整,有的为其翻案。雍正四年(1726年),雍正将八阿哥胤禩和九阿哥胤禟革爵拘禁,还黜其宗籍,另改名字,分别称阿其那、塞思黑,是满语狗和猪之意思。乾隆继位的第一年,他虽不敢明显违抗皇父之旨,但却对其作了重大的修改,认为二人"未尝无隐然悖逆之心,特未有显然悖逆之迹",阿其那、塞思黑的子孙是圣祖的支派,如俱削除宗籍,则与庶民无异。他将此事推到当时的诸王大臣身上,说是他们的再三要求,不是雍正的本意,并声称雍正晚年"屡向谕及此事,辄愀然不乐,意颇悔之",故现在谕令,"复其原位,收入玉牒",二人子孙亦"一并叙入"。

对于皇叔胤䄉和胤䄉,乾隆即位后下谕说:胤䄉、胤䄉已被拘禁数年,现欲酌量宽宥,令总理事务王大臣、宗人府、九卿会议具奏,随即释放。并在乾隆二年(1737年)四月又下谕,封赐二人为辅国公,"以示笃厚宗支之意"。后来胤䄉死时,用贝子品级祭葬,胤䄉连升四级,晋为恂郡王。

乾隆皇帝又宽待皇父所定年羹尧一案的株连人员。年羹尧革职削爵,赐死籍没后,其幕客邱鲁、汪景琪亦被处死,亲属给宁古塔披甲为奴,并将一批立功于西藏、青海的文武官员革去职衔。乾隆皇帝命吏部、兵部复查,将革职官员中的"才具可用"之人,保送吏部、兵部,酌量录用,将汪景祺的兄弟及侄子从宁古塔放回,其族人牵连监禁者,悉予宽宥。

乾隆做的另一件大事就是处死了曾静。曾静是湖南的举人,曾派其弟子张熙到川陕总督岳钟琪那里去投书,劝他举兵反清。岳钟琪听到这种议论,立刻检举。于是,已死的吕留良、其子吕葆中被戮尸枭首,其另一儿子吕毅中被斩杀,株连甚广。然而,曾静、张熙师徒没有斩杀,显失公平。

乾隆继位后,决定彻底了结此案,他说:"曾静大逆不道,虽置之极典不足蔽其辜。乃我皇考,圣度如天,曲加宽宥。夫曾静之罪,不减于吕留良,而我皇考于吕留良则明正典刑;于曾静则屏弃法外,以吕留良谤议及于皇祖,而曾静止及于圣躬也。今朕继承大统,当遵皇考办理吕留良案之例,明正曾静之罪,诛叛逆这渠魁,泄臣民之公愤。著湖广督抚将曾静、张熙即行锁拿,遴选干员解京候审,毋得疏纵泄漏。"曾静等终于伏法。

　　乾隆皇帝还推翻了其曾祖父顺治皇帝福临亲定的睿亲王"悖逆"案。此案是清朝前期一件特大冤案。和硕睿亲王多尔衮于顺治元年四月统军进关,打败农民起义军、消灭南明政权,统一全国,使其年方六岁的幼侄福临成为大清皇帝。这样一位立下显赫功勋的王爷,竟因其恃功揽权位至皇父摄政王,而被顺治视为眼中钉,一待其病故,即宣其犯了"谋逆"大罪,掘坟焚尸,削爵黜宗籍。其弟辅政王多铎虽立下大功,并已先卒,也连坐降为郡王。此举当时就引起了朝野的不满,但由于此案是顺治钦定的,一百余年无人敢涉及此事,乾隆皇帝于四十三年(1778年),冒着违犯先祖的危险,毅然推翻这一冤案,为睿亲王多尔衮和豫亲王多铎平反昭雪,恢复原爵。

　　乾隆皇帝在即位初期即推行以宽代严的方针。冒着风险与阻力,革除旧弊,替皇父纠错补过,因而受到百姓拥戴是很自然的事。

乾隆的生母是热河宫女还是皇后

　　关于乾隆皇帝的诞生地至今一直是一个谜,因而难免后世对他的生母为何人作捕风捉影之说。近几年来,有关乾隆生母的传说异闻纷纷而出,其中最盛行的便是其生母是避暑山庄的宫女李金桂还是皇后钮祜禄氏之争。不仅小说家以浓墨重彩大加渲染,某些治史者也言之凿凿。这样一来,清代正史官书中所谓乾隆帝"诞于雍和宫邸"的说法反倒被冷落在一旁,甚至被指为有意作伪。那么,乾隆帝的生母到底是谁?

　　有人说乾隆帝的生母是南方人,诨名"傻大姐",随其家人到热河营生。当时正值选秀女,临时缺一名,于是将她列入充数。后来雍正帝病重,傻大姐在侍女之列,服侍最勤,四十余日衣不解带。雍正帝感激她的恩情,并认为此女子甚有德行,于是病愈后便和她发生关系。后来,此女子在一个茅棚

内生下一子，即乾隆帝。乾隆帝继位后，常常故地重游，并将此茅棚修葺一新，留作纪念。

也有人说乾隆帝的生母是位名叫李佳氏的汉人女子。雍正帝还没有即位时，有一次去木兰狩猎，射得一鹿，即斩杀后饮其血。由于鹿血奇热，其功效能够壮阳，雍正帝一时躁急不能自持。然而清宫规矩是秋狩时不准携带妃子，雍正帝正在为难时，恰巧行宫中有位汉族宫女，虽然长得十分丑陋，仍然召来侍寝。第二天雍正帝即返回京城，后来几乎将此事都忘记了。过了近一年，此女已是大腹便便，即将临盆的样子。此事怎么也掩饰不过去，最后被康熙帝得知，颇为震怒。在严加追问下，此女承认肚中怀的是四阿哥的龙种。但是，宫中的规矩不容发生如此悖伦的事情，因此，此女子被迫在一马厩中生下一子，这就是后来的乾隆皇帝。

还有人说乾隆帝的生母就是钮祜禄氏，只是她出身卑微，家居承德，甚为贫寒。六七岁时，父母让钮祜禄氏出去买浆酒粟面，凡是她所到的店肆，生意都出奇的好，因此市人多敬佩她。十三岁时，钮祜禄氏来到京师，正值姊妹入宫选秀女，她便一同前往观看。当差的人以为她也是来选秀女的，便将她也排在队伍中。由于钮祜禄氏长得秀美娇人，因此中选，被分给当时还是皇子的雍正帝。后来有一次恰巧雍正帝患病，钮祜禄氏旦夕服侍在旁，一连五六旬，雍正帝终于痊愈，于是十分宠爱她，后来生下乾隆帝。

以上三种说法，究竟哪一个才是真的呢？或者说，事情根本就不是如上所述，而是另有他人？关于乾隆生母不是钮祜禄氏，而是热河行宫一位汉族女子的说法，有的学者提出诸多旁证。

首先，他们称《清圣祖（康熙）实录》卷二四七有这样一条记载："康熙五十年七月，皇四子和硕雍亲王胤禛赴热河请安。"据此他们认为，雍正帝胤禛并未随父皇一同前往热河行宫，然而正值七月酷暑之际，却专程前往热河请安，若不是重大事情需要请命，应该没有这个必要。以时间推算，乾隆生母此时正是大腹便便，临产在即，康熙为了要确定此女所怀的正是雍正之子，必定要在发现之后召雍正当面质问。否则，雍正何以在此时恰有此请安之举，在时间上如此巧合呢？

其次，他们举出乾隆朝曾官御史管世铭在其《韫山堂诗集》中有首诗："庆善祥升华诸虹，降生犹忆旧时宫。年年讳日行香去，狮子园边感圣衷。"

下面附有注释云："狮子园为皇上降生之地,常于宪庙忌日驻临。"清代官修的《热河志》中专门将"草房"记入狮子园中,而这草房与馆中别的亭台楼阁明显不同。据此,学者认为,上述管世铭的诗及诗注足以证明乾隆出生于承德狮子园草房中。

最后,学者认为,依照清会典规定,亲王可请封侧福晋四人,但以生有子女者为限。雍正帝当时还是皇子时,侧福晋仅二人,即后来封为贵妃的年羹尧之妹,及后来封为齐妃的李氏,皆曾生子。钮祜禄氏如果真的于康熙五十年生下乾隆帝,则不应不受封,却号为"格格",仍是小姐的身份。

然而,这些学者提出的证据是薄弱的,经不起推敲的。首先,雍正帝前往热河请安,理由可以假设若干种,一定要说他是奉皇父康熙之召,赴热河质讯山庄宫女怀孕一事,则未免过于武断。

其次,管世铭诗中所说"狮子园为皇上降生之地",只能作为乾隆降生避暑山庄的有力旁证,但不能直接证明乾隆生母是热河行宫李氏女子。至于清代将"草房"列入狮子园,并每年拨款修葺,不能不说是清代苑囿体制上的一件奇事。其实,草房虽然简陋,却很有来历。

乾隆即位后,曾往狮子园一游,后将这座园子赐给了果亲王、也是他最小的弟弟"圆明园阿哥"弘曕。此后20余年乾隆未去过狮子园,自然,也没再光顾过"草房"。乾隆三十一年,弘曕故世,乾隆皇帝再到狮子园的时候,发现这里已是一片荒凉萧瑟之状,内心深为难过,于是命内务府重事修葺。以后每年进驻山庄后10余日,即轻骑简从前往狮子园游览,而每去必往"草房"小憩,并写诗以志其事,而诗题皆为醒目的"草房"二字。

最后,《清会典》中记载清代定制为亲王侧福晋两人,而不是四人。再则,能否被封为侧福晋的首要条件是看其母家的地位,而不是生有子嗣与否。雍正的侧福晋年氏是巡抚年遐龄之女、大将军年羹尧之妹;另一位侧福晋李氏之父也是位居知府的李文烨。而名号仅为"格格"的钮祜禄氏、耿氏,以及连"格格"名号都没有的宋氏虽然都为雍正生有子女,但并未晋封侧福晋,都是因为她们出身寒微。

钮祜禄氏的高祖额亦腾是大名鼎鼎开国元勋额亦都的弟弟。到了乾隆生母钮祜禄氏这一代,已经势微,近族中没有著名人物。连钮祜禄氏的父亲凌柱也只是名不见经传的四品小官,因此,钮祜禄氏虽然姓氏高贵,但实际地位不高,虽生子但未封侧福晋,也符合清皇室之例。

由此可见,乾隆皇帝的生母是钮祜禄氏,已经成为不容置疑的事实。很多小说家从乾隆生母出身寒微着眼,提出诸多创见,对后世解决乾隆家世之谜极富启迪意义。

乾隆为何六下江南

乾隆皇帝从小就对他的祖父康熙皇帝推崇备至,康熙在位时曾经六次南巡江浙,乾隆对此更是羡慕不已。

康熙是中国历史上最有作为的君主之一,他的六次南巡主要是为了加强对东南的统治,同时治理黄河,推动江南社会经济的发展。乾隆时期,经过百余年休养生息,国力空前强大,社会经济高度繁荣。在这个时候,乾隆巡幸东南,和康熙相比,其目的已经有了很大变化。除了冠冕堂皇地"法祖省方",治理黄河、修筑海塘外,还有一个没有公开却很重要的目的,那就是游山玩水。乾隆亲口说,"江南名胜甲天下",希望"眺览山川之佳秀,民物之丰美"。于是打着孝敬母后的招牌纵情山水,而且到处捞孝子美名。可谓是乾隆南巡的一大特征。

然而,乾隆南巡却在继位十四年后才首次提出,十六年方得以举行。造成这种情况的关键原因是:乾隆认为南巡是一个极为重要的大典,如果当政初期就到东南游玩,对自己名声没有好处。他需要经过一段时间,在百姓中树立起贤明的形象后再巡幸东南。从即位到乾隆十四年(1749年),他成功地解决了西南苗民问题,降服了四川的金川土司,社会经济文化也有了一定的发展。因此,到这个时候,他开始向文武大臣暗示南巡一事,极善逢迎的地方官急忙以"江南绅士百姓殷切盼望皇上巡幸"为理由,请求举行南巡大典。乾隆得到奏折当然高兴,连忙令廷臣议论此事,大学士、九卿遂引经据典,表示南巡关系到地方军政、河务海防以及民间疾苦,必须举行。于是乾隆的江南之行就这样定下来了。

乾隆初年未能举行南巡之典的另一个原因,还和当时清政府人事变动有关。乾隆即位后相当长一段时间,在朝中管事的是鄂尔泰、张廷玉等人,

乾隆南巡图

他们都是雍正遗诏中指定的辅政大臣,资历很深,影响很大。虽说乾隆掌握着绝对权力,但对这样的先朝老臣也不敢轻看,格外尊重。然而,鄂尔泰、张廷玉凡事谨慎,为政清俭,当他们在朝时如提出南巡一事,恐怕很难不遭到抵制或反对。乾隆十年(1745年)鄂尔泰去世,十四年张廷玉退休,这样,南巡的障碍就基本消除了。一旦"道路"扫清,乾隆遂迫不及待地实施南巡之议,经过将近两年的准备,乾隆十六年(1751年)二月初八日,乾隆皇帝开始了一生中第一次江南之行,去了江苏淮安。

第一次南巡以后,乾隆还在后来的三十余年中分别举行了另外五次。第二次在二十二年(1757年),第三次在二十七年(1762年),第四次在三十年(1765年)。这四次南巡都打着奉太后巡幸的旗号。三十年后,皇太后年龄实在太大,经受不住千里辛劳,南巡之事只好暂时停止。四十二年(1777年),皇太后病逝,此后乾隆又两次南巡,一次在四十五年(1780年),一次在四十九年(1784年),到此为止,六次"法祖省方"最终结束。

乾隆历次南巡一般都在正月十五前后从北京出发,陆路经直隶、山东到江苏的清口渡黄河,乘船沿运河南下,经扬州、镇江、丹阳、常州、苏州进入浙江境内,再由嘉兴、石门抵达杭州。回銮时,绕道江宁(今南京),祭明太祖陵,检阅部队,于四月下旬或五月初返回京师,到安佑宫行礼,还圆明园。南巡从北京到杭州,往返水陆路行程共五千八百余里,陆路每日行六十里左右。御道非常讲究,标准是帮宽三尺,中心正路一丈六尺,两旁各七尺,均要求坚实、平整,不仅如此,御道还要求笔直,不得随意弯曲,为此,许多民居被拆毁,坟墓被挖掘,良田被毁坏。除此之外,凡是石桥石板,都要用黄土铺

垫,经过地方,一律泼水清尘。乾隆每到一处,备有专人介绍地理位置、历史沿革,以及风土人情,并呈地图加以说明。除行宫外,许多地方还搭黄布城和蒙古包帐房以供住宿,每隔几十里设有尖营,供乾隆小憩打尖之用。进入江南,多系水程,速度稍快,每天可走八九十里。南巡船队大小船只共千余艘,浩浩荡荡,旌旗招展。乾隆御舟称安福舻和翔凤艇。船队最前面是乾清门侍卫和御前侍卫的船只,随后则是内阁官员船只,御舟居于船队中央。御舟所用拉纤河兵约三千六百人,分作六班,每班六百人。这些河兵大多不属正规部队,而是由民壮或民夫充当。在御舟所经的支港河汊、桥头村口,设有兵丁守护,禁止民舟出入。御舟停靠的码头一般距县城一二里或三四里,码头上铺陈棕毯,设有大营约五十丈以供皇帝住宿,皇太后大营二十五丈,设在船上。此外还在码头设有四方帐房、圆顶帐房、耳房帐房,以备风浪大时使用。这些设置一般在御舟抵达之前就准备好了,第二天清早,御舟出发即予拆除。

乾隆就是如此声势浩大地举行了六次南巡,既表现出清朝国势的强大,也达到了一定的政治目的,但同时也劳民伤财,给百姓带来了许多不必要的重负。

乾隆为什么要编《四库全书》

有人说,乾隆三十八年下诏纂修《四库全书》,其目的是为了彻底掩盖他的身世之谜;也有人说是对汉族文化摧残的产物,是闭塞人们思想的工具,是与文字狱并行的文化怀柔政策;当然,也有人将其纳入乾隆的德政,认为这是一部宝贵的文化遗产。《四库全书》的价值勿庸置疑,但是乾隆为什么要下令编撰这样一部大部头的巨著呢?

清王朝是满族建立的少数民族统治的政权,为了加强集权,统治者必然要加强思想上的控制。于是,康熙、雍正、乾隆年间,文字狱不断发生,即使是一句"清风不识字,何故乱翻书",也被视为"反满"而遭到杀身之祸。被杀、剖棺戮尸、发往边疆为奴的大有人在,有的甚至还牵连到校书人、买书人、卖书人和刻书人,以及地方官吏。除了一次又一次地杀戮严惩,统治者

还不放心,于是又禁书、毁书、编书,以此来禁锢人们的思想。编修《四库全书》就是其中的手段之一。乾隆自述编修《四库全书》的宗旨时就明确地说,编《四库全书》是为了天下太平。

编修开始之日,也是查办禁书的开始。乾隆三十九年,遍贴晓谕,命令交出"违碍"的书籍,经过纪昀等检校后,再由乾隆亲阅,然后存目销毁。据记载,乾隆三十九年至四十七年,共毁书24次,538种,13862部。

那么,什么样的书属于"违碍"范畴呢?首先,记载明末清初反满抗清的书籍,或是反映明朝的节操,比如顾炎武、黄宗羲和王夫之的书籍,史可法等抗清义士,遭受魏忠贤迫害而死的左光斗、杨涟等人的作品或是讴歌他们事迹的书也都列在禁毁之列。其次是记录满人入关杀戮汉人,如扬州十日、嘉定三屠等罪恶行径的史书。第三是古今贬斥金、元的史书篇章或是诗句。第四是古书中提到夷、狄、虏,应改为彝、敌、卤。第五,那些被认为是有伤风化的书籍也要被毁掉。同时,在编修的过程中,乾隆还多次颁发谕旨,说明编纂方法。规定凡是有关君臣名分、华夷之别的地方,必须严格按照以上几项规定作修改,一字一句都不能出现差错。

于是,负责编纂《四库全书》的馆臣们便大肆修改,使一些著作失去了本来的面貌。例如:

旧抄本中记:取故相家孙女姊妹,缚马上而去,执侍帐中,远近胆落,不暇寒心。

四库本中记:故相家皆携老褓幼,弃其籍而去,焚掠之余,远近胆落。

旧抄本中记:襆中国之衣冠,复夷狄之态度。

四库本中记:遂其报复之心,肆其凌辱之志。

旧抄本中记:金贼以我疆场之臣无状,斥堠不明,遂豕突河北,蛇结河东。

四库本中记:金人扰我疆场,边臣斥堠不明,遂长驱河北,盘结河东。

旧抄本中记:何则:夷狄喜相吞并斗争,是其犬羊狷吠咋啮之性也。惟其富者最先亡。古今夷狄族帐,大小见于史册者百十,今其存者一二,皆以其财富而自底灭亡者也。今此小丑不指日而灭亡,是无天道也。

四库本中记:无

通过以上这些对照,我们可以看出,由于改动,使我们再也看不见其本来面目。鲁迅先生说:乾隆朝纂修《四库全书》,是许多人颂为一代盛业的。但他们却不但捣乱了古书的格式,还修改了古人的文章,不但藏之内庭,还颁之文风颇盛之处,使天下士子阅读,永不会觉得我们中国的作者里面,也曾经有过很有骨气的人……倘不和四库本对读,也无从知道那时的阴谋。

　　的确,编纂《四库全书》不但改动了许多古籍,还烧毁禁绝了不少的古书。进入内廷的远远少于能够编入四库的数量,而编入四库又更少于能够留下来存目的数量。因此,我们看见的《四库全书》的目录和全书,比起当时征集到的书籍,是少之又少。

　　尽管《四库全书》有很多版本,其中包含的书籍也是数量相当庞大,但从其纂修的原则和编撰过程中,我们实在很难全面肯定它。因为在保存人类文化遗产的同时,也是对人类文化的一种大规模破坏。当然,我们也不应该因为《四库全书》编撰过程中的修、删、改就不去读它,毕竟其中包含着当时学者的辛勤汗水和集体智慧的结晶。而且,嘉庆、道光以来,影印宋元本和校勘宋元本的书籍纷纷出版,这也为我们提供了互相参考的依据。

乾隆立太子始末

　　清代的秘密建储方式是从雍正皇帝开始的,而乾隆是清代第一个以秘密建储方式登上帝位的皇帝。乾隆继承皇位后,在统治中国的六十多年中,又进一步将秘密建储定为清代神圣不可更改的"建储家法"。从此,秘密建储作为清代皇帝继承的一种制度被确立下来。乾隆即位后,第一次被密立为皇储的是皇后富察氏所生、七岁的皇次子永琏。乾隆密定永琏为皇太子,首先是因为永琏为皇后所生,嫡子

"正大光明"匾

的优越地位使他的其他几个由妃嫔所生的兄弟无法与之相匹敌。同时,永

琏还因"聪明贵重,气宇不凡"而深得祖父雍正的钟爱。然而,不幸的是,乾隆三年,永琏因病去世,太子一位开始空缺,虽然皇子永琪、永瑢相继诞生,他们都没有被选为储君。乾隆九年(1744年),皇后富察氏又为乾隆诞育一子。满心欢喜的乾隆给这孩子命名为永琮,对他寄托着无限的期望。他对永琮有如下十六字评语:"性成夙慧,岐嶷表异,出自正嫡,聪颖殊常。"在这番评语中,"出自正嫡"一句,道出了乾隆选择永琮的真实主导思想。很显然,是嫡子继承的传统思想使乾隆不愿作其他的选择。正当乾隆为皇位后继有人而感到欣慰之时,突然的灾难又一次降临这个帝王之家。乾隆十二年(1747年),永琮出痘,不治而亡,年仅两周岁,乾隆还没来得及将他正式秘密册立。在不到十年的时间里,乾隆连续两次痛失亲子,这对他精神上沉重打击是可想而知的,尤其是皇后富察氏,在永琮夭亡后,悲痛欲绝,难以自拔。乾隆十三年(1748年),她随乾隆东巡,旅途的劳顿,失子的余痛使她一病不起,终于在乾隆十三年三月十一日病逝于返京的御舟之中,年仅三十七岁。然而,皇后之死却使两位皇子与皇位绝缘。当时已二十一岁的皇长子永璜首遭祸殃。永璜在皇后去世后,因为死去的不是自己的亲生母亲,故而没有表现出十分的哀痛之情,这是乾隆不能容忍的。乾隆声色俱厉,对永璜严加训斥,将"不孝"之罪加到了永璜头上,第一次公开地将皇长子永璜排除在皇位继承权之外。和永璜同时被排斥的还有皇三子永璋。永璋为纯苏佳氏所生,乾隆对他产生过好感,曾寄于希望。但皇后去世时,十四岁的永璋的表现同样不能令乾隆满意。不孝的罪名也加到了永璋头上。同时毫不犹豫地将永璋也排斥在皇位继承权之外。乾隆断然宣布,此二人不可承继大统! 为表明自己的决意,乾隆为此事还对天发了誓。

永璜和永璋并没有任何争夺嗣位的行动。他们只不过是乾隆恶劣情绪的牺牲品。永璜受此严重鞭挞,抑郁寡欢,终至染疾在身,一年以后,即于乾隆十五年(1750年)命归黄泉,年仅二十三岁。永璋也在惶惧压抑中,于乾隆二十五年(1760年)死去,年仅二十六岁。永璜、永璋这两个不得志皇子的逝去,对清代的历史不会发生什么显著的影响。但是,乾隆在恶劣情绪的支配下,由对永璜、永璋的强烈不满而引发的对公开建储制度的全盘否定,则对清代秘密建储制度的最后确立产生了重要的影响。

乾隆十三年,在痛斥永璜、永璋的同时,乾隆向内外大臣明确宣布,他将效法皇祖、皇考,今后不再明立皇太子。乾隆并为此向满汉大臣发出警告:今后在满洲大臣内,如有具奏当于阿哥(皇子)之内选择一人立为皇太子者,那就是有意离间父子、惑叛国家之人,将被"立行正法";汉大臣官员内,或者舍死务名之人,饰忠具奏,即照对满大臣的办法办理。这样的一道上谕颁发下去,乾隆仍不放心。在这以后的几十年中,他屡屡谈古论今,引经据典,历陈明立皇储之弊、密建皇储之利。孝贤皇后死后,乾隆立后又遭到严重挫折,这使他心灰意冷,发誓不复继立皇后。既然不立皇后,乾隆自然也就最后断绝了嫡子承继皇位的念头。即使是选择由妃嫔所生的皇子来继承皇位,这对乾隆来说,也存在很多困难。

从表面上看,乾隆是一个多子的皇帝。名义上,他曾拥有十七子。但在十七个皇子中,竟有十三个先他而离开人世,在那些早逝的皇子中,除了永琏、永琮而外,其中也不乏为乾隆所钟爱、欲立为皇储者。皇五子永琪,少时满语、骑射娴熟、深得乾隆垂青,准备将他立为皇储。然而,永琪于乾隆三十一年(1766年)死去,乾隆的立储之举再一次落空。而乾隆那些早死的皇子中的大多数,还没有来得及在严峻的皇父前显示其品德和才能,即永远地离开了他。为数不多的几个长大成人的皇子,又不能令他满意。皇八子永璇是乾隆诸皇子中寿命最长的一个,他死于道光十二年。然而永璇刚愎自用,不为乾隆所喜。皇十一子永瑆,诗文精彩,尤善书法,名重一时,士大夫得片纸只字,重若珍宝。乾隆深爱其才,常幸永瑆府第,并命刊其帖,"序行诸海内"。但永瑆天性隐忮,好以权术驭人;不讲信义,唯知逢迎权要;守财如命,持家十分苛虐。永瑆的这种品行,自然不会使乾隆满意,乾隆没有择其为储乃情理中事。永瑆于道光三年以狂疾致死。乾隆最小的儿子,皇十七子永璘,是一个好游嬉、不喜读书、不务正业的公子哥儿。年轻时,他屡犯宫禁,微服出游,嬉戏狭巷闾阎间。乾隆对他深恶痛绝,将其降封贝勒。永璘深知自己在乾隆心目中的地位,对皇位毫无非分妄想。以上情况表明,名义上拥有十七子的乾隆在考虑建储时,实际上并没有多少选择的余地,故而一拖再拖,直至乾隆三十八年(1773年),才下决心秘密建储。

乾隆三十八年被选中承继皇位的是皇十五子颙琰。他生于乾隆二十五年(1760年)十月,为贵妃魏佳氏所生。乾隆三十八年冬,乾隆手书颙琰之名藏于镭匣,储于"正大光明"匾后。乾隆以其事谕知诸位军机大臣。因为

是秘密建储,颙琰之名自然不为世人所知。

"十全老人"为何九进孔府

乾隆是中国历史上长寿的皇帝之一,晚年自号"古稀老人""十全老人"。年过七十谓为"古稀"。那么,"十全老人"又是什么意思呢?

一种说法是,"十全"乃十全十美之意。乾隆有十七个儿子和十个女儿。当他73岁时,已有了玄孙。乾隆自感"五世玄孙,一堂衍庆"是历代帝王不曾有过的大喜事,便在雍和宫、景福殿以及承德避暑山庄等处,写了几块"五代五福堂"的匾额,并自封为"十全老人"。

另一种说法是,"十全老人"的名称来自乾隆的《御制十全记》,乾隆自负文治武功为古今第一人。乾隆五十七年十月初三,在允准廓儿喀国王拉特纳巴都儿修贡停战议和之后,82岁的乾隆皇帝亲撰《十全记》,记述持政以来的"十全武功",谕令军机大臣将此文缮写四种文字,勒石树碑于布达拉宫前,"以昭武功而垂久远"。后来则自诩为"十全老人"。

据《十全碑》记载,所谓"十全"者,是说他在位期间的十场大胜仗,即:两次平定准葛尔部,一次征服回部,两次征服大、小金川,一次镇压台湾林爽文起义,一次征服缅甸,一次征讨安南,两次降服廓儿喀。在这些战役中,乾隆亲自遴选将帅,运筹帷幄。每逢将士出征,乾隆都要举行盛大的欢送仪式,战役结束后,都要祭告宗庙,论功行赏。又在紫禁城内建紫光阁,将有功将帅之像绘于其上,赋诗立传,并将缴获的战利品收藏其中。在承德兴建普乐寺、普宁寺、安远寺等建筑,以纪念这些历史性事件,极尽渲染之能事。

而实际上,所谓"十全"其实并非全是胜仗。第一次出征金川,因久战不下而收兵;缅甸之役,一等公明瑞死在小猛育,大学士傅恒受挫于老官屯,被迫允和;出征安南,统帅孙士毅狼狈逃回,提督战死,全军溃败;初征廓儿喀,双方并未正式交锋,自然算不得"凯旋"而归。仅此论功,"十全武功"就四次"不全"。以取胜的六大"武功"而言,也曾遭受重大挫折,损兵折将。战死于疆场,或因贻误战机而被处死的大臣,人数众多,其中有不少显赫的重臣。而且八旗士卒战斗力疲弱,不敢言战。乾隆帝自己也"庙谟常误",由于在选将、指挥上的失误,都曾导致军事上严重受挫。

这十场战役的起因与性质不同,况且并非十战全胜,称之为"十全",颇有文过饰非,讳败言胜之嫌。但经过这些战役,奠定了中国疆域广阔,多民族统一国家的基础,乾隆皇帝也是功不可没的。

那么乾隆皇帝为何九进孔府呢?

历朝皇帝为了维护统治,都高举起儒学的旗帜,十分尊崇孔子。从西汉至清朝,先后有 12 个皇帝 19 次来曲阜祭祀孔子。其中乾隆皇帝到曲阜次数最多。据史料记载,从乾隆十三年到五十五年,乾隆皇帝 9 次巡幸曲阜,祭拜孔子。至于乾隆进孔府的次数,则有不同的说法,有说 7 次、8 次的,也有说 9 次的。那么,是什么原因使乾隆如此"钟情"于孔府呢?除了尊重孔子、发扬儒学外,还有没有别的什么原因呢?于是,有人猜测,其最重要的原因可能是——乾隆的女儿曾经下嫁孔府。

据说乾隆有一个女儿,是孝贤皇后所生,乾隆十分钟爱。公主脸上长了一块黑痣,相术上说这块黑痣主灾,破灾的唯一方法就是将公主嫁给比王公大臣更显贵的人家,那就只有山东曲阜的孔家了。因为只有衍圣公可以在皇宫的御道上与皇帝并行,而皇帝到曲阜后,也要向衍圣公的祖先孔子行三跪九叩大礼,这是别的王公显贵大族都无法比拟的。因而皇帝第一次到孔府时,就说定将公主下嫁。但清廷制度,满汉不能通婚,乾隆就将女儿寄养在汉族大臣于敏中家里,然后以于家闺秀的名义嫁给七十二代衍圣人孔宪培,孔府后人称之为于夫人。于敏中一家随之搬入孔府居住,并世世代代居住于此。按照孔府家规,衍圣公的兄弟都不能住在孔府,成年后要搬到外面的十二府中去居住。而独有这外姓人家有此特权,那便是因公主下嫁的缘故。

孔宪培与公主结婚时,文武百官都有厚礼相送。有一府台,只送了一把小金斧。乾隆问起来,他说,以后留着给御外孙砸核桃吃。乾隆听了很高兴,说这把小金斧是所有礼物中最好的礼品。就因为这句话,这把小金斧成为孔府珍贵的传家宝。公主结婚后,每逢生日庆典,乾隆还派官员前来贺寿,均有厚赐。公主没有生养,过继侄儿孔庆镕为后。孔庆镕刚一出生就被抱到公主身边,并立即呈报皇上有了御外孙,为此乾隆十分喜悦。

在曲阜名胜"三孔"(孔府、孔庙、孔林)之一的孔林中,有一著名的"于氏坊",位于孔林北侧,颇为引人注目。这就是孔宪培与其妻于氏之墓。因为于氏是乾隆皇帝的女儿,所以在她死后,孔府为其立了这座牌坊,规模宏大。凡乾隆南巡或东巡时,都必定要到曲阜来。

孔府每年都要进行多次祭祀,有时皇帝还亲临曲阜祭祀,因此,孔府里有着技艺高超的戏班,每年至少要演出百余场"皮黄"(京剧)。然而,有两出戏却是一直被禁演的。一出是《打金枝》,就是因为乾隆皇帝的爱女下嫁孔宪培,孔府既然有"金枝玉叶",当然不能演《打金枝》。另一出是《打严嵩》,也是因为严嵩的孙女嫁给了 64 代衍圣公孔尚贤,所以《打严嵩》也成了孔府的禁戏。

但是,乾隆与孔府是否真的存在"姻亲"关系一事,在正史中始终未见记载。因此,此事的真假,仍是一个不解之谜。

乾隆为何禅位于嘉庆

在古代众多的帝王中,生前传位的皇帝寥寥无几。其中除意在慕古沽名之外,绝大多数是被迫的。乾隆皇帝是一个例外,他在位六十年,统治巩固;八十五高龄之时,又主动举行了传位大典,过起了太上皇生活。三年以后,方才寿终正寝。

乾隆传位的思想形成甚早。早在雍正十三年(1735 年)九月举行即位大典之时,他就焚香告天:"昔皇祖御极六十一年,予不敢相比,若邀穹苍眷佑,至乾隆六十年乙卯,予寿跻八十有五,即当传位皇子,归政退闲。"有这种念头,除受儒家禅让思想影响,企图沽名外,主要的目的是祈求长寿。康熙冲龄即位,在位六十一年,终年六十九岁,在清初帝王中已为高寿。而乾隆即位时已经二十五岁,六十岁后,将至八十五岁高龄。因而,尽管他口头上表示自己不敢比皇祖在位六十一年之数,但就其本意而言,则是希望自己在寿数上超越祖父。可以说,刚登基时乾隆的传位思想尚处于萌发阶段。

长达六十年的为君生涯,使得乾隆积累了丰富的政治经验,同时也使他尝尽了君临天下的甜头。传位思想一度发生了变化。为了找理由,乾隆二十五年(1760 年)时,他表示,只要自己的母亲崇庆皇太后健在,即使在位周

甲(六十年),也不行传位。后来,他虽然下令昭示"予葺宁寿宫,为将来优游颐养",同时向诸皇子公开提及传位这事,但在实际活动中却对传位表示了相当消极的态度。

乾隆四十二年(1777 年)正月,崇庆皇太后去世,乾隆失去了不行归政的借口。一年多以后,在乾隆皇帝东巡途中,又发生了锦县生员金从善在御道旁投递呈词,要求建储立后的事件。在乾隆看来,这是对自己坚持不行传位的挑战。为此,他气恼交加,下令将金从善斩首示众,同时还以历史上的许多帝王为例,大讲为君之难,为自己不传位的行动进行辩解。在强压之下,臣下再也不敢就此建言了,八十五岁归政的诺言几乎被完全放弃。

其实乾隆四十年(1775 年)以后,乾隆帝的身体和精神状况的不断恶化,促使他重新回到原来的立场上。四十五年(1780 年)时,乾隆因两臂疼痛一度不能弯弓射箭,三四年后,又因气滞作疼以及升降台阶步履维艰,而不得不改派皇六子永瑢代行上辛、郊祀大典。乾隆四十九年(1784 年)以后,又患失眠之症,"寅初已懒睡,寅正无不醒"。此后,乾隆的记忆力显著减退,苑中射猎用弓,仅达两力半,最多时也不过三四力。精神如此昏聩,身体又如此虚弱,使他不由又想起了即位之初许下的诺言。因而,从乾隆四十年代后期开始,凡逢节庆寿诞,乾隆无不以传位为念;诗赋词章,也时以归政为题,八十五岁传位重新提上了议事日程。

乾隆五十八年(1793 年)以后,各种准备工作皆开始着手进行。首先是加恩活动次第开展,对士子接连举行归政恩科乡、会试和嗣皇帝恩科乡、会试,并再次下令增加各直省岁试入学名数;对百姓下令普免乾隆五十九年以前全国民间积欠和嘉庆元年全国地丁钱粮;对八旗于年底普赏兵丁一月钱粮之外,再行普借半年俸饷。在这些活动的基础上,乾隆于六十年九月初三,向臣民公布了早在三十八年订下的建储密旨,立皇十五子颙琰为皇太子,次年新年举行传位大典。嘉庆元年(1796 年)九月初一,内外王公以下文武百官与外藩使臣咸集太和殿,按班序列,恭候乾隆乘舆殿内升坐,举行了全国瞩目的传位大典,乾隆的太上皇生活开始了。

这一年,乾隆已八十六岁高龄,嘉庆皇帝三十七岁。乾隆当了太上皇后,按年龄及以往朝代的规制来说,就应颐养天年,不再处理政事了,但乾隆不服老,他在退位前及退位后多次说自己身体很健康,仍能处理大事。如乾隆四十三年(1778年)，他发了一道谕旨，表示到期传位，但紧接着又为自己将来训政大造舆论，他说："朕今年春秋六十八，康强一如往时，自然应该代替上天爱养百姓，治理百官，以不负祖宗的重托。现在距乙卯年(即乾隆六十年)还有十七年，为日还长，我怎么能有息肩(即休息、退休之意)之念呢？如果朕的精力始终这样旺盛，每天都很勤勉，这不正遂了朕的意愿，这难道不是很好吗？"

乾隆六十年(1795年)，乾隆在传位诏书中对后事做了种种安排后，紧接着又宣布："朕仰承上天保佑，身体健康，一日不至倦勤，一天也不敢怠倦。归政后，凡遇有军国大事，及用人行政等大端，岂能置之不问，仍须朕躬亲指教。至于嗣皇帝，只能朝夕聆听训谕，将来知道有所秉承，不致出现差错，这难道不是国家的大福？"他认为嘉庆统治经验不足，还须学习。但嘉庆也不是无事可作，乾隆觉得自己年近九旬，对于登降跪拜等礼节，已经做得不很好了，因而须将"郊、坛、宗、社诸祭祀"的行礼事交给颙琰来做，也算"人尽其材"。乾隆还要求，部院衙门及各省题奏章疏，甚至连引见文武官员等寻常事也要"嗣皇帝一同披阅"，以便效法乾隆的所作所为。

乾隆不服老，实际上是不愿放弃权力。直到八十九岁寿终正寝也没有离开养心殿。

嘉庆为何遇刺

嘉庆元年(1796年)正月初一，嘉庆皇帝正式登基。直至嘉庆四年正月，太上皇乾隆辞世，他才真正独揽统治权力，左右着大清国的命运。嘉庆一生谨尊父辈教诲，殚精竭虑，从未懈怠。他曾粉碎了祸国殃民的和珅集团，破获清朝历史上最大一桩贪污案，把皇权紧紧掌握在自己手中。这样一位皇帝，在正式掌权后四年，居然险遭刺杀，这究竟是何人所为？又有什么目的呢？

嘉庆八年闰二月二十日早晨，正当嘉庆皇帝坐轿从西郊回宫，路过神武门将要进入顺贞门之际，忽然从西厢房山墙后面冲出了一个四十多岁的披头散发、手持利刃的汉子，直朝御辇扑去。就在这万分危急的时刻，神武门内辇道东西两侧持械肃立的一百多名侍卫、护军章京、护军校、护军，竟无一人阻拦。随御辇而行的文武大臣、太监和随从侍卫也个个呆若木鸡，只有御前大臣、定亲王绵恩、御前侍卫扎克塔尔等六人迎前拦挡。嘉庆大惊失色，慌忙下了御辇，急急逃入顺贞门内。刺客一时来不及追上皇帝，只得左右挥舞着大刀，奋力拼搏，企图杀出一条活路，但终因筋疲力尽被缚。

这是有清以来皇帝第一次遇到谋刺，是清代历史上罕见的大案要案，因此，在朝野内外引起了极大的恐慌，也出现了一些难解的谜团。

经过一番审讯调查，得知刺客名叫陈德，原名陈岳，今年四十七岁，镶黄旗人。原为山东青州府海防同知松年的契买家奴。早年曾在山东青州、济南府一带做过家奴、佣工，后又投靠在北京任护军的外甥，跟官服役。幸运的是，他被分到内务府服役，有机会出入宫中。后来，他与妻子又一同到一个官吏孟明家作厨役。这期间，他妻子病故，岳母瘫痪，两个小儿都待抚养，生活的突变使他难以承受，因此常常借酒浇愁。而每次酒醉后，都会胡闹一番。面对这样一个醉酒鬼，孟家只得将他解雇。失去了经济来源的陈德无以为生，只好先闲住在外甥家，后又寄居在旧友黄五福家。从表面上看来，是个穷困潦倒的穷老百姓。

陈德被捕后，因为是"钦犯"，于是被连夜审讯。嘉庆下旨，一定要追问其幕后主使人以及同谋和党羽。在种种酷刑的折磨下，陈德只好供出来龙去脉。然而，陈德的供述，却使很多人都不能相信。

陈德在供词中说："我因为穷困潦倒，实在过不下去日子，心里十分气恼、难过，遂起意惊驾，想要因祸得福。本月十六日，当我知道皇上将于二十日进京，就下定了主意。若得手砍退几人，直奔轿前，惊了圣驾，皇上自然什么事情都得听我的了。"

这番供述漏洞百出，疑点甚多：

其一，行刺的动机是"因祸得福"。惊驾是死罪，福从何来？这点简单的常识，谁都懂得，况且陈德还跟官服役多年，岂能用此说蒙混搪塞！至于说"因为穷困潦倒过不下去"就意图刺杀，更是无稽之谈。

其二，皇帝行踪属国家机密，神武门又是皇帝出行的必经之路，所以戒备极其森严，而且此处建筑高达三十一米，常人是不可能靠近甚至是进入的。可是陈德却能持刀并带着他的儿子陈禄儿潜入神武门，岂不是见鬼？

其三，陈德行刺之时，上百名军校和众多随行之人，眼睁睁看着皇帝惨遭杀身之祸，为何都不动声色，袖手旁观呢？

种种迹象表明，陈德一个人决干不了这样天大的事情，背后必定有人在出谋划策。

然而，无论如何询问，陈德都一口咬定是他一人所为，并无主谋。他辩称，自己是在前几天看见街上垫道，得知皇帝的进宫日期的。又说，他与其子陈禄儿是在东安门附近喝完酒后，拐弯抹角绕至神武门的。再把抓来的陈德的两个儿子及交往密切之人一一拷问，也没有供出什么有价值的线索来。陈德的儿子说"实在不知道父亲有叛逆的事情，平时没有见到有同谋的人"；黄五福说"实在不知道他这么做是想干什么"；陈德服役的家主说"陈德一直都很安分，平日里也并无闲人往来"。

经过四天四夜的酷刑拷问，也没有问出主谋与同谋者。会审官员于是拟旨上奏，嘉庆皇帝传谕道："一味动用酷刑，想要知道幕后主谋，若是他们随便说出一名官员，那么，那位官员该怎么处置呢？倒不如不审问了，让这件事成为一个谜团，就此作罢吧！"于是，陈德被凌迟处死，他的两个儿子被处绞刑。

事后，嘉庆仍然在心中怀疑，一个家奴怎么有如此胆识私闯宫廷禁地，图谋不轨呢？肯定在朝廷官员中有同谋主使者。联想到当时他为整治吏治，对朝廷内外腐败现象严加惩罚，说不定身边也有异心之人。但始终不知"主谋"是谁，也别无他法，只得以"失察"之罪，将十七名文武官员予以处分，将守卫神武门的护军章京、护军校、护军分别革职枷示或交刑部严惩，又将肃亲王永锡交宗人府议处。

一桩震动朝野的重案，至此了结。但这到底是怎么引起的，有何隐秘，至今仍无人能破解，真成了千古疑案。皇宫之中的事情，总是这么扑朔迷离，也许原本就是一件小事，只是机缘巧合罢了；但从另一方面来看，小事背后也可能隐藏着天大的秘密。至于事实的真相，我们今天怕是很难看清了吧！

嘉庆猝死是怎么回事

嘉庆帝(1760~1820年),名爱新觉罗·颙琰,乾隆帝第十五子,乾隆六十五年(1795年)册立为皇太子。父归政,尊为太上皇。嘉庆四年乾隆驾崩后亲政,先将贪官和珅赐死,继而平息了白莲教义军起事。其勤政戒惰,务实遵礼,一切以体察民情民意为本。以天朝富有四海自居。嘉庆二十五年(1820年),卒于避暑山庄,传位旻宁。尊谥睿皇帝,葬于昌陵。

嘉庆二十五年(1820年)盛夏,嘉庆帝率领大批随员、名优艺伎,马队辇舆,浩浩荡荡向木兰进发,不久抵达热河,安顿于避暑山庄,开始了木兰秋狝。嘉庆皇帝怎么也想不到,这是他最后一次进驻避暑山庄。七月二十五日,年届六十的他在毫无任何预兆的情况下,猝然离开了人世。嘉庆皇帝死后,热河行宫立即封锁消息,避暑山庄大门紧闭,限制人员出入。二十七日留京王公大臣才得悉噩耗,延至八月初二日,道光皇帝向内阁发布上谕,才告知朝廷上下。当时朝鲜国官员在盛京中江地方见清官员皆着素服,头帽拔去花翎,惊问其故,才晓知皇帝已逝。好好的皇帝为何会突然死亡呢?宫闱之事向来保密,清廷当然不会对民间公开解释死因,于是民间就产生了各种推测和传闻。

有人说嘉庆是遭雷劈而死的。嘉庆帝到达避暑山庄后,稍事歇息,即全副武装,率领满汉大臣和八旗禁旅,大队人马直奔木兰围场。他们追踪围猎多日,虎熊全无,只猎获一些野兔,连平常遍地觅食的麋鹿也甚少见。嘉庆帝非常扫兴,决定提前结束秋狝。回来路上恰遇变天,雷电交加,大地震撼,忽然平地一声雷,那么多人中唯独皇帝被击中落马。凯旋回营变成护丧返京,满朝惊恐呆然。类似的说法还有嘉庆皇帝在山庄遇疾,卧床调养,并无甚大碍,精神尚佳,照常处理政事。一日,热河上空天气骤变,雷鸣电闪,顿时寝宫即遭雷击,只有他触电身亡等等。

关于雷劈一说,还有更荒诞不经的一个版本:相传,他长期嬖宠一小太监,经常寻欢作乐,引起近侍大臣们的非议,驻山庄以后,更变本加厉。嘉庆帝的寝宫设于"烟波致爽殿",殿后有一座小楼,名"云山胜地",据说此楼正是皇帝与小太监幽会场所。有一天,他们正在此寻欢,忽然道道闪电劈开云层而下,一个火球飞进小楼,在嘉庆身上炸开,顿时毙命。嘉庆被雷击烧焦,面目全非,已经无法收殓入棺。若将事实曝光,无异于宫廷之最大丑闻。大臣们商定个办法,将一相貌身材与嘉庆相似的太监秘密绞死,再进行盛装打扮,真皇帝骸骨放在棺材底部,上面平躺着假皇帝尸体,以此掩人耳目,运回北京,祭葬了事。这个说法虽然流传很广,但没有丝毫史实根据。

根据当时的实际情况推测,嘉庆皇帝的死因大概是因为长期的操劳而导致的心脏衰竭。从登基以来,皇帝这个差使把他弄得焦头烂额,不管他为之付出多少心血,还是有源源不断的麻烦事找上门来,让他心烦意乱,没有一天轻松的日子过。

在亲政之初,嘉庆揭发出历史上最大的一个贪污案。与和珅的斗争,虽然锻炼了嘉庆帝,但付出了代价。从此,吏治腐败尾大不掉,成为嘉庆朝最大的隐患。

嘉庆八年(1803年)闰二月二十日晨,嘉庆帝带着随从、侍卫等自圆明园上马,入神武门乘御轿。突然,一个大汉从神武门西厢房南墙冲出,直奔嘉庆帝所乘御轿,事情仓促,侍卫及近驾的人们都没注意到有人奔来,一时间那人已跑到面前,皇帝的随从及侍卫这才看清,那大汉手里拿着一把短刀,面露杀气。在嘉庆帝轿旁的定亲王绵恩首先感到事情不妙,迎面上前阻拦。那人来势凶猛,举刀便刺,绵恩衣袖被刺破,未能拦住那人。这时,固伦额驸亲王拉旺多尔济、御前侍卫丹巴多尔济等五人一齐阻挡来者去路,展开搏斗。搏斗中,丹巴多尔济被颇有武功的刺客扎伤。由于侍卫们都是大内高手,训练有素,以五对一,对方渐渐支撑不住,几个回合之后即被生擒活捉。

这是有清以来当朝皇帝近距离遇到的谋刺,也是清代史上罕见的大案要案,一时在朝野上下引起极大恐慌,同时也出现了一些令人难解的谜团。

经查,刺客名唤陈德,原名陈岳,年方47岁,镶黄旗人。原为山东青州府海防同知松年之契买家奴。早年曾在山东青州、济南府一带做过家奴、佣工。后来,投靠在北京任护军的外甥,跟官服役,并在内务府当差,才得有机会出入宫中。后来,他与妻子一同到一个官吏的家人孟明家做厨役。这期间,他妻子病故,岳母瘫痪,两个小儿都待抚养,因此常以酒浇愁,因常常酒后胡闹,被孟家解雇。此后无以为生,先闲住在外甥家,后寄居在旧友黄五福家。是个穷困潦倒的百姓。

陈德被捕后,因是"钦犯",被连夜审讯,施用种种酷刑。嘉庆下旨,一定要追问出其幕后主使人以及同谋和党羽来。然而,陈德的供述,却让人不能相信。

陈德在供词中说"我因为穷苦不过,往后难过日子,心里气恼",于是"起意惊驾,要想因祸得福","本月十六日,知道皇上于二十日进京,我就定了主意"。若得手"砍退几人,直奔轿前,惊了圣驾,皇上自然诸事都由我了"。陈德这番供述漏洞百出,疑点很多:

第一,行刺的动机是想"因祸得福"? 惊驾是死罪,福从何来? 这点简单常识,谁都懂得,况且陈德还跟官服役多年,岂能用此说蒙混搪塞! 至于说"因穷苦不过"而为,更是无稽之谈!

第二,皇帝行踪属朝廷机密,神武门又是皇帝出行的必经之路,戒备极其森严,而且此处建筑高达三十一米,常人进不得前,可是陈德却能持刀并带着他的儿子陈禄儿潜入神武门,岂不是见鬼?

第三,陈德行刺之时,皇上身边有上百名侍卫和众多随行之人,眼睁睁看着皇帝有杀身之祸,为何都作壁上观?

种种迹象表明,陈德一人绝对干不了这天大的事儿,背后肯定大有人在。

然而,无论如何审讯,陈德都一口咬定是他一人所为,并无主谋。他辩称,自己是在前几天见街上垫道,得知皇帝的进宫日期的。他又说,他与其子陈禄儿是在东安门附近喝完酒后,拐弯抹角绕到神武门的。再把抓来的陈德两个儿子交往密切之人一一拷问,也没供出什么有价值的线索来。其子说,"实不知伊父者谋逆情事,平日来见有同谋之人往来";黄五福说,"实不知他闹事是何主意";陈德服役的家主说,"陈德素常原是安静","平日并无闲人来往"。

经过四天四夜的酷刑讯问,也未问出主谋与同谋来,会审官于是定拟具奏,嘉庆传谕:"若一味刑求,反肆狂吠,所言之人如何存活? 即不究问,终成疑团,所损者大矣!"于是,陈德被凌迟处死,他的两个儿子也被处绞。

事后,嘉庆仍在怀疑:一个家奴怎会有这样的胆识私闯宫廷禁地图谋不

清宫秘史

轨？肯定在朝廷官员中有同谋主使者。联想到当时他正在整顿吏治，对朝廷内外腐败现象严加惩治，说不定身边也有异心之人。但"主谋"不见别无他法，只得以"失察"之罪，将十七名文武官员予以处分，将守卫神武门的护军章京、护军校、护军分别革职枷示或交大臣严惩，又将肃亲王永锡交宗人府议处。

一桩震动朝野的重案，就这样了结。但这到底是怎么引起的，有何隐秘至今仍无人能破解？

民间对嘉庆遇刺有两个说法：一说是和珅党羽所为。和珅为乾隆时炙手可热的权臣，嘉庆初年，乾隆帝退为太上皇，嘉庆帝登基，但和珅把持朝政大权，遍置党羽，不把嘉庆帝放在眼里，屡次与嘉庆帝发生矛盾。乾隆帝死后，嘉庆帝立即将和珅处死，查抄其家产。但和珅党羽遍布朝野上下、宫廷内外。嘉庆帝处死和珅，等于给自己树立了大批敌人。

不管背后的主谋是谁，上述传闻都反映出嘉庆面临的政局是不太稳定的。在行刺事件中，嘉庆虽然没有受半点皮肉之伤，但心理打击相当大，这给他本来就很焦灼的内心增加了很大负担。

嘉庆十八年（1813年），农民起义军公然冲进他的统治心脏紫禁城，在城楼上插反旗，直逼皇后住所，意欲捣毁金銮殿。皇宫乃皇权象征，丢掉皇宫意味统治基石的崩溃。这是对他统治能力的极端藐视和否定。虽然起义被镇压了，但他再次感到了自己的无能。

嘉庆皇帝整治腐败可谓不遗余力，可总难以改观。贪官污吏盘根错节，损公肥私，专权败政，至相当严重程度，甚至出现了贪官杀清官的荒唐事！更为奇怪的是，堂堂兵部行印（即中央军事国防最高行政机构关防）竟然不翼而飞，是丢失，还是被盗？是无意疏忽失落，还是另有阴谋策划？嘉庆苦苦追查，可一直无法弄清。嘉庆从这件事上可以看出自己的王朝吏治败坏至何种地步，但是他也不知道自己怎么做才能扭转日益腐败的吏风。

让嘉庆更加伤脑筋的是社会动荡，不稳定迹象更加明显。直隶、山东、河南、四川、江南、安徽、湖北、山西、黑龙江等地，均有民间宗教活动，且教门名目数十，徒众多为农民。浙江宁波府有生员，组织破靴党，包揽诉讼，挟制官长，"甚至有动众劫掠、棍械伤人情事"。由于天灾人祸，百姓无以为生，规模不大的造反经常爆发，如嘉庆二十三年（1818年）山西省交城、平阳、霍州一带，流民聚集，大山连接，占山为王。和顺、榆次、平定、辽州等处，成为造反农民盘踞要点。他们或下山掠夺，或进入城镇劫富济贫。内蒙古、京畿和直隶地方，民被逼为盗，数十成群。

嘉庆不明白，为什么父亲（乾隆帝）在世的时候，天下太平，轮到自己坐江山，怎么会如此棘手？为了那些长期阻挠国家振兴的老大难问题，他呕心沥血，费尽心机，苦斗25载，可是依旧如斯，怎不叫他觉得失望、烦闷和伤感呢？面对日益衰败的国家，他感到无能为力，但是又无法从数不胜数的公务中抽身自拔，在这种巨大的压力之下，他的身体必然走向恶化。

嘉庆帝从病倒至死亡，还不到一天时间。虽然死前没有任何征兆，但是导致他猝死的最大原因却是长期的劳累、伤神、压抑、苦恼、忧郁和烦躁。可以毫不夸张地说，几十年来，他为治理这个封建大国殚心竭力，付出了全部心血。他曾经有扭转王朝颓败的豪情，也敞露出以振兴国家为己任的雄心抱负，但他的才能不足以带领大清帝国走向中兴，他根本无力驾驭这个动荡不安的封建后期社会。

道光是怎样当上皇帝的

嘉庆皇帝在承德避暑山庄突发疾病，仅卧床一天就离开了人世。按照秘立家法，皇帝在将咽气时或咽气后，必须立即启开鐍匣，宣布皇位继承人，然后才能发丧。嘉庆弥留之际，已经不能言语，只以手比划，要诸位大臣找出鐍匣，宣读密诏。然而，就在此时，人们发现，隐藏着天大秘密的鐍匣不见了。那么，鐍匣究竟落入谁人之手？谁又才是真正的真命天子呢？

自雍正朝起，为了防止诸皇子争夺皇位、骨肉相残，于是创建秘密立储制度。即皇帝健在期间，密写诏书，立某阿哥为皇太子，密封在鐍匣里，安放于乾清宫"正大光明"匾后。等到皇帝传位时，再取下宣读，继统即告完成。

乾隆在位时，他经常东谒西游，南巡北幸，远离京都皇宫。可能因此多了个心眼，密立诏书一式两份，一份封藏于鐍匣，放在"正大光明"匾后，一份则亲自携带，从不离身。嘉庆二年，乾清宫毁于火灾，原有匾联，均化为灰烬。嘉庆十八年，天理教造反农民进攻紫禁城，差一点用火把皇宫点着。嘉庆二十四年,宫内文颖馆失火,烧掉了几间房,幸亏被及时扑灭。而且,库银被盗,印信失窃,甚至军事国防最高机构的兵部关防都丢失了。

上述种种情况表明,乾清宫"正大光明"匾后毫无安全保障。事关王朝延续承传大局,嘉庆帝怎么会放心地让密诏呆在那儿呢?尤其在京都期间,他多半时间住在西郊圆明园。到木兰围场打猎,能不将密诏带在身边吗?

如果不是嘉庆帝猝死,镭匣风波根本就不存在。

七月二十五日下午,嘉庆病情恶化,他用手势比画着,戴均元、托津心领神会,知道皇上欲宣布密立诏书。两人仔细摸遍嘉庆帝全身,不见密诏踪影,接着监督内臣启开自京都带来的十几个箱子。真可谓翻箱倒柜,里里外外全都搜遍,仍一无所获。镭匣在哪儿?到底有没有密诏?嘉庆帝临终的比划究竟是什么意思?

这时,嘉庆帝已经停止了呼吸,在避暑山庄的王公大臣和侍卫们陷入混乱和恐怖之中。

嘉庆帝临终前既没有交代,密诏又找不出来,立储问题是否会演成争夺皇位的悲剧?对于四位皇子中长者绵宁来说,这是自然要考虑的问题。嘉庆帝共有五个儿子。皇长子为侧妃刘佳氏所生,一岁多就夭折。皇二子绵宁,嘉庆帝之爱妻塔腊皇后所生。嘉庆二年,皇后逝世,他把对皇后的恩爱全部倾注在其子身上,寄予厚望。30多年时间,尤其关心对绵宁的培养教育,时常让他代替自己祭祀天地祖宗,出巡时又令其陪伴左右,耳濡目染,体会为君之道。

当绵宁进入而立之年时,历史并没有为他提供显示才能的机会。如何树立他在满朝文武中的威信和影响,以便将来顺理成章地接班,便成为嘉庆帝常挂心上的问题。嘉庆十六年,绵宁正跟随父皇在热河行围,因猎物稀少,嘉庆帝心中不快,让绵宁、绵恺提前返京。绵宁返京不久,九月十五日正在上书房读书,忽报天理教农民造反自东华门进攻皇宫。

绵宁躲在上书房不敢出来,至午后,以为事态已经平息,准备赴储秀宫向皇后请安时,另一路造反农民攻进西华门。不久隆宗门杀声突起,撞门声大作。他虽说年过三十,但一直养尊处优,没有征战的锻炼与经验,吓得心惊肉跳,手足无措。当时,有五六个造反者越御膳房矮墙爬上内右门西大墙。若再向北去,即可到达皇后居所储秀宫。眼见灾难临头,要出大事,绵

中华宫廷秘史

宁面无血色,不知如何是好。在旁总管太监常永贵急忙提醒他:"若不用鸟枪拦打房上之人,便没有别的办法了。"虽然他手中握着鸟枪,但在大内开枪要犯忌,不敢贸然从事。经总管敦促,绵宁也管不了许多,举枪连续打倒墙上二人,其余的人也不敢再上墙了。这期间,留京王公大臣引兵入神武门,且把火器营精锐部队1000多人调进皇宫,造反者抵挡不住,三天后被镇压。

清廷镇压了天理教造反后,论功行赏,所有参与者都破格嘉奖。嘉庆帝考虑到,绵宁年过三十,既无武功,又无政绩,默默无闻。此次开枪阻止造反者,正是树立他威望的最好机会,不管绵宁当时表现如何怯软,他仍把头功给予绵宁,晋封为智亲王,可见其用心良苦。

往事历历在目,缄藏于皇后居所镉匣之密立诏书,毫无疑问,当然非绵宁莫属。所以皇后居所镉匣无影无踪,势态对他极为不利,他又不便将心里的想法提出来,可是如何结束这令人难受的皇位真空呢?

绵宁时已39岁,深悉其中利害关系,为避免节外生枝,他袖手旁观,决不参与。主持此事的,不得不落到当时职务最高、为人最持重而且最有办事能力的戴均元、托津身上。

戴均元才学优异,谦恭谨慎,深得嘉庆帝器重。嘉庆十八年秋,他出任南河总督,后积劳成疾,请假回归故里养病。当时河工尚未完竣,两江总督铁保又向皇上奏请增加费用600万两。嘉庆帝以所耗资金过大,命大学士戴均元前往河南工地实地审度。由此可见,戴均元与嘉庆帝关系笃深,非同一般。

至于托津,富察氏,满洲镶黄旗人,理藩院尚书博清额之子。托津为人诚朴,办事实心,老成公正,外省有重要大案,总任其前往审理,嘉庆帝将其倚为左右手。

皇帝密诏还没有下落,大臣们急得如热锅上的蚂蚁。经过一番商议,决定一面派人进京,面奏皇后,报告皇帝宾天的消息,另一方面则继续在皇宫和行宫中寻找,以期出现一线希望。皇后得知此事,失夫之痛如雷轰顶,五内俱焚。但她抑制住悲伤,仔细寻找宣布先帝遗诏的妥善方法。虽然大清入关以来,规定后妃不得干预朝政,但是在这样危急的时刻,如果不立即做出合理的解决,后果将不堪设想。

最后,皇后破例采取权宜之计,她以自己的名义拟了一道懿旨,说她完全理解和尊重先夫的意愿。她心里清楚,绵宁是皇帝最宠爱的已故皇后的嫡子,且自幼勤奋好学,先帝早有意将其立为太子。这是一个雄才大略、冷静明智的决策。如果她有私心,凭借自己在宫中的崇高威信,完全可以假托帝意立自己的亲生儿子绵恺为帝。可是她没有这样做,基于理智,基于对清王朝命运的责任,基于对早已形成历史现实的尊重,她无私无惧,采取了正确选择,从而受到满朝官员的尊敬。

而避暑山庄里,王公大臣们经过整夜寻找和争吵,已经疲惫不堪。就在这时,小太监带着皇后居所镨匣姗姗来迟。盒子打开了,在场所有人跪伏在地,当场宣读:"嘉庆四年四月初十日卯初立皇二子绵宁为皇太子。"一块石头终于落地,王公大臣们拥奉着绵宁即帝位,总算完成继统的顺利过渡,清王朝揭开了历史的另一页。

历史就是这样有趣,皇后居所镨匣的迟来,也从另一个侧面证明嘉庆帝猝死的真实性。道光在这样的环境下登基,看起来是不是很像一出戏剧呢?终归有惊无险,皇位还是落在道光的身上,嘉庆皇帝若是泉下有知,也该瞑目了吧!

咸丰皇帝是怎样继位的

咸丰皇帝——爱新觉罗·奕詝是道光皇帝的第四个儿子,母亲是孝全皇后。奕詝出生前,道光皇帝本来已有三个皇子。次子奕纲、三子奕继早亡,皇长子奕纬,最受道光帝的宠爱,长至二十三岁,已经出落成人。一日,奕纬的师傅强逼其背诵经书,告诉他:"好好读书,将来好当皇帝。"奕纬终究是个孩子,不耐烦地顶撞道:"我将来做了皇上,先杀了你。"道光皇帝知道这件事后,当即召见大阿哥奕纬。奕纬刚刚跪下请安,道光就气愤地踢了他一脚,正好伤及下部,没过几天就死了。三皇子的相继死去,使年近半百的道光帝悲痛万分,对于皇朝未来的继统大事隐怀不祥之兆。唯一令道光帝稍感欣慰的是,皇长子过世时,全贵妃钮祜禄氏和祥贵人均已身怀六甲,如能生得男婴,亦堪来日大用。

在道光的群妃众贵当中,全贵妃钮祜禄氏最受宠爱,其父是承恩公颐

龄,曾仕宦苏州,钮祜禄氏随父同行,备受江南山水浸染熏陶,聪慧绝伦。道光初年入宫,三年(1823年)册封为全妃,五年晋全贵妃,成为后宫中红极一时的人物。

全贵妃怀孕后,本来十分高兴,认为只要生下皇子,就能母凭子贵,但令她担忧的是同是身怀六甲的祥贵人月妊要比她早一个多月,这时谁先生下皇子,就意味着在储位之争中占得先机。为此全贵妃想出了一个好办法。

一天,宫中御医又来给全贵妃诊察,全贵妃见左右无人,便小声问道:"不知这腹中是女是男?"因全贵妃平素在宫中颇会笼络人心,与这御医熟识,因此,御医顺口答道:"当然是真龙天子。"全贵妃听罢大喜。

次日,全贵妃又特召御医入密室,对御医说道:"我想让皇子早点降生,来日如能得继大统,我必重赏,你究竟有何办法。"御医答道:"奴才并无妙法,只有从今日起服用奴才祖传的保胎速生药,皇子便可提前降生,只是……"全贵妃明白御医的意思,笑着连声说道:"那就不是你的责任了,自然不必多虑。"

于是,从这日起,全贵妃每日遵医嘱服下保胎速生药物,到六月初九日,移住圆明园湛静斋的全贵妃终于生下了皇四子,道光帝赐名奕詝。因连丧三子,道光实际上是把奕詝视为皇长子,备加喜爱。全贵妃也母以子贵,被晋封为皇贵妃。孝慎皇后去世后,于道光十四年被立为皇后,就是孝全皇后。

六天后,祥贵人也生下了一个男婴,是为皇五子奕誴,果然不出全贵妃所料,奕誴降生后,道光帝虽然也很高兴,但其兴奋程度与奕詝降生时已不可同日而语。

就这样,咸丰的母亲孝全皇后为儿子在皇位继统大战了赢了第一回合。

道光二十年,孝全皇后暴崩,临终前把10岁的爱子奕詝托给静贵妃抚养。中宫没了皇后,道光帝也无意再立,静贵妃晋级为皇贵妃,代摄六宫事,虽无皇后名分,实同中宫主人。

静贵妃小于孝全皇后5岁,入宫较晚,初赐号静贵人。后晋封静嫔,道光七年晋静妃。道光十四年,全皇贵妃继立为皇后,静妃也跟着晋升一级,为静贵妃。静贵妃也很受道光皇帝的宠爱,育有一子,就是六皇子奕䜣。

道光皇帝对这奕詝和奕䜣格外喜爱,也很重视对他们的教育,分别为他们指定了老师,奕䜣的老师是杜受田,奕䜣的老师是贾桢。两位皇子都很聪明,读书也都十分认真。

道光帝对两个的喜爱难分轩轾。道光帝曾赏给过奕䜣"锐捷宝刀",也赏给了奕䜣一把"白虹宝刀"。甚至对奕䜣的钟爱不亚于奕䜣。在奕䜣上学之前,就预赐其书室匾额为"正谊书屋"。

奕䜣生而聪颖,为诸皇子之冠;奕䜣年长,且为皇后所生,究竟选谁为储,道光帝一时之间犹豫不决。

道光皇帝晚年,最钟爱六皇子奕䜣,在大臣面前,几次流露要把皇位传给奕䜣。只是因为奕䜣"四阿哥"居长,且在宫中素以"贤德"闻名,所以犹豫不决。奕䜣老师杜受田窥探到道光的心意,万分焦虑,从自身利益考虑,必须全力帮助自己的学生。于是他苦思冥想,帮助四阿哥寻找补救办法。

一次,道光皇帝命各位皇子到南苑打猎,实际是试一试皇子们的武艺怎样。按清朝惯例,皇子读书时外出须向老师请假。杜受田沉思良久,向四阿哥耳语:"阿哥到猎场中,只坐观他人骑射,自己千万不要发一枪一矢,并约束随从不得捕杀任何生灵。回来时,皇帝一定会问何故,你可以回答:'时方春和,鸟兽孕育,不忍伤生,以干天和。且不想以弓马一技之长与诸兄弟争高低。'"

当天狩猎结束,六阿哥所获猎物最多,正在顾盼自喜之际,见四阿哥默坐,随从也垂手侍立,感到奇怪,就上前问道:"诸兄弟皆满载而归,为何四哥一无所获?"四阿哥平静地回答:"今天身体欠安,不能与诸兄弟驰逐猎场。"天色将晚,诸皇子携所获猎物复命。果然皇上询问缘故,奕䜣就把杜受田教的话说了一遍。道光皇帝龙颜大悦,对身边的大臣说:"这才是君主之度。"

平心而论,奕䜣无论文韬武略,还是健康状况,都比不上奕䜣。道光皇帝直到死前仍对传位之事下不了决心。

后来,道光重病在床,自知无回天之术,临终前最后考察两位皇子的能力和气度,决定继承人。奕䜣的老师授计说:"晋见时,皇上若在病榻上询问治国安邦大计,你应当知无不言,言无不尽。"杜受田则对奕䜣说:"你若陈条时政,论智力、口才根本比不上六爷,只有一策,皇上若自言病老,将不久于人世,你只管俯地流涕,以表孺慕之诚而已。"晋见时,皇上果然询问身后治国大事,六阿哥奕䜣无视皇上痛苦之状,口若悬河,大谈自己治国安邦的见解和抱负;四阿哥奕䜣则一如师言,面对父皇的垂问,悲伤得涕流满面,以至于不能作答。道光皇帝在病榻上,仔细观察两人的言谈举止,被奕䜣的举动所感染,对身边的大臣说:"皇四子仁孝,可当大任。"第二天,道光皇帝驾崩,领班大臣宣读密谕:"着皇四子奕䜣继位。"四阿哥终于击败六阿哥,登基做了皇帝,年号"咸丰"。

咸丰帝为何与臣子争风吃醋

　　咸丰帝初继位时,颇有整肃朝纲,励精图治之志,但无奈生不逢时。继位的第二年,就爆发了太平天国起义,起义军发展很快,咸丰帝曾变换几次统帅,派出十几万大军,也没有遏制住起义军发展的势头。眼看着江南半壁河山已经糜烂,也没有办法。咸丰于是变得心灰意冷起来,渐渐地开始懒于听政,尤其是怕看军事奏折,大部分时间都沉湎于声色之中。

　　这时候咸丰主要住在圆明园,在园子里面安置了四名汉族美女,号为四春,咸丰每天还要看戏取乐。圆明园的同乐园是咸丰帝经常看戏的地方。圆明园内升平署几个戏班轮流在这演戏,有时还召京城民间戏班进园演出。

　　一天,升平署总管安福,召进一个民间戏班进园演戏。先演出的是猴戏《安天会》,当猴子们正翻着跟头出台的时候,奏事处太监捧着一份新送来的折子,走到咸丰帝面前。咸丰帝得知讷尔经额等在怀庆重创太平军,击毙了太平军一重要将领——吉文元后大喜。

　　看罢奏折,继续听戏。这时戏台上,正有一个尼姑,身着布衣,手执拂尘,边唱边做身段。这尼姑虽淡扫蛾眉,薄敷胭脂,却没有减少诱人的魅力,她那眉稍眼角,婀娜身条,更荡漾出无限的春意。咸丰帝看时,不觉甚是喜欢,便问身边太监:

　　"台上何人?"

　　太监慌忙跪道:

　　"待奴才前去打探。"

　　不一会儿,太监回来禀报:

　　"启禀万岁爷,这位女伶名叫朱莲芬,芳龄十五,苏州人氏。"

"好！传朕的话，明天还要听他们的戏。"

"是！"太监跪答，起身要走。咸丰帝又吩咐道：

"告诉朱莲芬，一会儿朕还要听她唱两段。"

"是！"太监答应着走了。

这天，戏班演完戏后，咸丰又叫女伶朱莲芬到正大光明殿侍候自己，很晚才归，这样一连多日。

一天，咸丰帝接到一份奏折，上奏的人是御史陆懋宗，所奏内容是规劝咸丰帝不要迷恋女色，而要为江山大计着想，为祖宗家业着想，振兴朝纲，清除奸邪，剿灭南匪，重整山河。并引鉴历代王朝沉湎女色的教训。言辞切切，引证凿凿，洋洋几千余字。

咸丰帝看罢，怒从心来，大叫："好一个陆懋宗，敢出此言！"

身边太监急忙跪道：

"奴才有句话，不知该不该说？"

"有话就讲！"

"奴才听说，朱莲芬原为陆老爷所宠。万岁爷喜欢，他吃醋了。"

"果有此事？"

"奴才只是听说。"

咸丰帝急忙派人去查，结果证明太监所言确是实情。咸丰帝听罢回禀，大笑，于是在奏折上批曰："如狗啃骨，被人夺去，岂不恨哉。钦此。"并不加罪于陆懋宗。陆懋宗见了咸丰批示，也不敢再争，这件事就不了了之了。

身为一国天子，竟然与臣下争风吃醋，可见朝政之糜烂。内有昏君，外有民乱，大清的江山处于风雨飘摇之中是可想而知的。

咸丰皇帝为何英年早逝

咸丰皇帝是道光皇帝的第四子，他这一生正处在大清朝的多事之秋，忧患内外，可谓肩负重任。咸丰皇帝生于道光十一年六月初九，死于咸丰十二年七月，死时年仅三十一岁。那么，为什么咸丰皇帝年纪轻轻就病逝了呢？是与操劳国事有关吗？

其实,这大概与咸丰皇帝的身体历来就不好有关。咸丰初年,北京就有"瘸龙病凤"的童谣,是说咸丰皇帝的腿有残疾,皇后也是体弱多病。咸丰皇帝从小就身体羸弱,据说这与他没有足月就出生很有关系。根据宫中传言,当年咸丰皇帝的母亲与另一位妃子几乎同时怀孕,且咸丰的母亲稍晚。为了使自己的儿子成为大阿哥,将来继承皇位,就让太医给她吃了保胎速生药,果然,咸丰的母亲因此而早产了。这年六月十九日,皇五子奕誴也诞生了。当时皇上宠幸的妃子都有记录,奕誴胎妊本来在咸丰之前,可是结果竟推迟了十天才来到人世,可见的确是药物所致,这对咸丰的身体也是有很大影响的。

咸丰皇帝开始当政的时候,对朝政很是勤勉,很想有所作为。然而,国势日衰,内忧外患,使他常常在惊恐之中度日,甚至被逼逃亡。国内有大规模农民起义太平天国运动等,外有英法联军入侵,令咸丰头疼不已。咸丰三年夏天,太平天国北伐军打到直隶,威胁着清王朝的统治核心地区;咸丰十年,英法联军兵临北京城下,咸丰皇帝率领军机大臣和皇后嫔妃仓惶逃往热河,驻跸木兰行宫,整天沉湎于声色犬马之中,利用淫乐来排遣内心的愁闷,变本加厉地糟蹋自己,连纷至沓来的奏章也懒得批阅,懿贵妃便主动地代策代行。在这样的危急形势下,他的心境极其紧张、惶恐。再加上皇室内母子间、婆媳间、帝后间、后妃间皆矛盾重重,隔阂颇深,虽同处一宫却相互防范,争斗不已,如此环境下,咸丰心情压抑,异常郁闷。

再有,咸丰皇帝生活放荡,纵欲无度,身心受到摧残,也影响了他的身体健康。咸丰帝虽然拥有众多嫔妃,但却仍不满足,又蓄养四名汉族美女在圆明园中,命名为"杏花春""武陵春""海棠春""牡丹春"。在避暑山庄的日子,咸丰的身体一天不如一天,国事基本上都交给了懿贵妃。这种日益专宠的形势引起了权臣肃顺的惊恐,然而肃顺也是个无能的人,居然想出一条以毒攻毒的策略,找来两个民间尤物与懿贵妃分庭抗礼。一个是曹寡妇,一个是唱戏的小花旦朱莲芬。当咸丰看见这名山西籍的曹氏寡妇颇有丰韵,美艳而风流,三寸金莲纤小可爱,常喜欢在鞋上镶嵌明珠,立刻将其召入宫中;而这名京城雏妓朱莲芬,花容月貌,唱曲、作诗皆精,也被咸丰皇帝常常召来身边侍候。有一名御史陆某,他与朱莲芬也很有交隋,便上书进谏,说皇帝不该沉迷酒色等等。咸丰看了大笑,说"陆老爷子吃醋了",竟不以为然。为

了满足性欲需要，他还大量服用春药。

咸丰皇帝因为纵欲过度，身体越来越虚弱。每逢遇到坛庙大祀，常因为腿软而担心登降失仪，于是派奕䜣代替。加上内忧外患，国事艰难，于是患有吐血症。用现代医学知识判断，大约是得了肺痨。太医为他开了"疗疾法"，认为饮鹿血可以治病，又可以补阳分之虚。咸丰皇帝于是就养了一百多只鹿，每天饮鹿血医治。咸丰十年七月，英法联军进攻北京，咸丰皇帝将奕䜣留下，办理与洋人议和事宜，自己带着肃顺等大臣及后妃嫔出逃热河，竟命令"率鹿以行"，由于大臣们的劝阻才作罢。咸丰十一年春，他在热河行宫病倒，此后时危时安。只要病情稍好，仍旧娱情声色。

次年七月，咸丰皇帝病情恶化。十七日，痨疾大作，慌忙命人取来鹿血，但仓促中没来得及取到，就已经驾崩。咸丰病逝前夜，谕令六岁的皇长子载淳为皇太子，命肃顺等八大臣共同辅佐朝政。咸丰帝在忧患与淫乐中度过其短暂的一生，死后葬于清东陵的定陵。

咸丰皇帝的英年早逝，应该与他生活的时代和环境有关吧，再加上他个人的私生活极不检点，严重影响了身体健康。先天不足，后天失调，咸丰皇帝只留下一名子嗣，这是否又意味着清王朝的气数将尽了呢？也正是有了咸丰的短命，才给了懿贵妃以参与朝政的机会，才造就了统治中国达半个世纪之久的慈禧太后。

"同治"的年号是怎么来的

在清朝的十二位皇帝中用两个年号的皇帝只有两位，一位是入关前的清太宗皇太极，曾用过"天聪"和"崇德"两个年号。清入关后，只有同治皇帝拟定过两个年号，一个是"祺祥"，一个是"同治"。

"祺祥"是咸丰十一年（1861年）由匡源等拟定的。这两个字出典于《宋史·乐志》"不涸不童，诞降祺祥"一语。意思是：水枯曰涸，河流塞住了也叫"涸"；"童"是指山秃之貌，草木不生的山叫童山。"不涸不童"就是说河流畅通，山川茂盛，物阜民丰，故而"诞降祺祥"。

按清朝祖制，年号一般是皇帝举行登基大典后颁定。但以肃顺为首的八大顾命大臣在小皇帝即位不久,就忙于拟定年号,主要是考虑经济问题。

原来,咸丰皇帝逃奔热河后,官钱票迅速贬值,银价上涨,物价昂贵,民不聊生。当时京城许多富商把大量铜钱囤居起来,加剧了现钱的短缺。因此,肃顺等人想立即铸造一批新币,投入市场,使囤居者把铜钱抛出来。

这个年号被两宫太后钦准后,肃顺立即派人到云南采办铜料,开铸"祺祥重宝"大钱。八月初,肃顺等人铸造了一批新钱的样品。这些钱用上好的云南铜料铸就,正面是汉文,上刻"祺祥重宝"四个大字,背面则是这四个字的满文。这钱铸得很精致,就等小皇帝返京举行大典之后,在全国发行。

"祺祥"本来是吉祥之意,但却没给肃顺等人带来任何好运。不久,慈禧太后联合恭亲王奕䜣发动了"辛酉政变",八大臣被杀的被杀,被放逐的被放逐,这"祺祥"年号和"祺祥重宝"尚未正式颁行,就被政变者扼杀了。

政变成功后,奕䜣集团掌权,就重新集议改元之事。

为奕䜣等人搞政变摇旗呐喊,大造舆论的李慈铭,早已向肃顺改元问题发难,他说:"国朝即位改元,向来都是由大学士及军机大臣先拟定几个年号,然后送给皇帝,由皇帝亲自选定。现在新君还没有继位就先商议改元,不符合祖制。而年号又用"祺祥"二字,文义不顺,且"祺"字古来就无人使用,"祥"字惟宋少帝祥兴用之。

李慈铭在这段议论里主要说肃顺在幼帝即位前就改元是非法的。而所用"祺祥"年号又文义不顺,历史上很少有人用,进而讥讽肃顺等人不学无术,抬高自己。

李慈铭讥讽别人"文义不顺",他自己比肃顺他们也高明不了多少。在否定"祺祥"年号后,他搜肠刮肚地拟了"熙隆"和"乾熙"两个年号。其取义是大清康熙、乾隆号称盛世,而二帝又福泽最厚,享年最久,各取一字,用以喻示当今皇帝与先祖一样福祚绵长。

这个年号呈给奕䜣后,奕䜣并不满意,一是二帝之间夹个雍正,使人想到雍正时骨肉相残的忌讳。二是这两个字都是祖上所用,如今再用,不免有重复之感,毫无新意,因而奕䜣不屑地说一句:"他这是迂腐的书生之见,不能用。"

后来,经奕䜣、文祥等共同商议,最后决定用"同治"两个字。这两个字的妙处在于会意。在两宫太后看是两宫同治,在臣子看是君臣同治,在民间

看是上下一心同治，因此让人看了都觉得满意。

这个年号呈给两宫皇太后，慈安没说什么，慈禧则拍手称好。慈禧是很重名位的人，她一直对太后分东西宫，自己名分比慈安逊色而耿耿于怀。今用"同治"二字恰可表示两宫并尊，没有嫡庶之分，这是最令她满意的。当然，她也能体味到"君臣同治"这一层含义，她给奕䜣加上"议政王"的名衔，正好是"同治"二字最好的注解。

后来有好事者望文生义，又为"同治"这个年号作了一句谶语：

一国干戈净，

三台气象新。

上一句指"同"字，下一句指"治"字。并解释说，穆宗登基，改元同治，虽然在位只有十三年，但却成就中兴之盛业。其间平定了太平天国、捻军及回民起义，又兴办了洋务活动，使腐朽的清朝统治出现了一些新气象，史称"同治中兴"。

更有人声称早就从星象上看出了"同治中兴"的兆头。同治帝即位不久，咸丰十一年（1861）八月初一日，出现了"日月合璧，五星联珠"的吉兆。据星相家说，这种星相非常罕见，五星都是顺行，无迟留退逆之象，而且都在早晨一起出现，因而是大吉大利的"祥瑞"。

进而，有些人附会说，当年清军在同太平军作战中屡屡获胜，先后攻下新昌、奉新、瑞州、上高、德安、武宁、靖安、安庆等地，各路大帅纷纷告捷，不到一年，即将太平军基本平定，这些都是这一吉兆的应验。

还有人附会说：自"张"宿至"轸"宿是地上的楚界，因而当时平定太平军的将帅，大多出自两湖，尤以曾国藩为代表的湘军将帅为最。当时清政府另一大军事支柱，是以李鸿章为代表的淮军，其将帅皆系安徽人，而安徽在春秋时亦为楚地，因而这也是对这一星象的应验。

其实，所谓的"同治中兴"，既与这一年号的谶语无关，也与所谓的星象吉兆无缘。其主要原因是辛酉政变之后，在奕䜣与慈禧之间、慈禧与慈安之间建立了一种权力均衡，出现了互相依托、同心协力的稳定政局。他们重用汉臣，尤其是发挥湘军和淮军的作用，满汉统治阶级联合起来才实现了所谓"同治中兴"。

同治选后为何惹来麻烦

同治十一年，两宫皇太后开始为同治帝选后。

清代满族盛行早婚，男孩一般在 10 岁至 14 岁就已结婚。同治帝早就该大婚了，贵为天子的同治帝的婚事何以拖到这么晚呢？理由很明显，中国传统，"成家"与"立业"并举，同治帝一旦成婚，就是大人了，就可以亲政了。慈禧已经把持朝政 11 年，这 11 年里她确立了自己的权威。如果失去手中的权力，真比要了慈禧的命还让她难受。所以同治帝大婚一拖再拖，但是皇上年龄到了，就该选皇后了。

经过反复的筛选，剩下了 4 个候选人。两宫皇太后都有了自己中意的人。慈禧看中了员外郎凤秀的女儿富察氏，长得格外端庄秀丽，而且聪明伶俐，性格柔顺，只是欠些威仪，但让慈禧中意的是富察氏比较听话。如果立她为后，慈禧皇太后的地位不仅在后宫，而且在朝堂也不会动摇。慈安则中意于赛尚阿的孙女，蒙古状元崇绮的女儿阿鲁特氏。阿鲁特氏出身状元之家，书香门第，自幼受到良好教育，有德有才，稳重端庄，很有皇后的威严，且比同治帝大两岁，可以事事教导同治帝。虽然容貌差了一些，但高贵的气质是谁也比不上的。两宫太后把自己的意思透露给了同治帝，都想让同治帝选自己中意的姑娘。

同治也知道这是大事，自己也有主意。找皇后重要的是德行，皇后母仪天下，没有德行怎么能行呢！不能找比自己还没主意的小姑娘，将来自己一人掌管天下，后宫的事也不能乱。所以他听完两位太后的意见后，心里也拿定了主意。

第二天，正式选的日子到了，2 位阿鲁特氏，1 位富察氏和 1 位赫舍里氏。刚好是一后一妃二嫔。问题关键是 4 人座次怎么排，皇上到底把代表选皇后的玉如意交给谁。同治帝拿起玉如意，望着 4 个国色天香的八旗名媛，正当他鼓起勇气要递出玉如意时，慈禧怕儿子的选择不遂她意，特地关照了几句："皇上，立后可是大事，你可想明白了。这 4 位姑娘，凤秀的女儿是满洲八旗世家，乾隆爷当年立的就是富察家女儿，崇绮女儿长相一般，大

你二岁,仅是蒙古世家,自康熙爷到现在 200 多年,大清国还没出过蒙古皇后,你可想好了!"慈禧话里的意思谁都明白,同治帝感到紧张了,口干舌燥,就传唤献茶,太监送茶来,他啜了一口,忽然有了一个主意,一下子把茶水泼在地上。然后,让凤秀之女和崇绮女儿从泼了茶水的地上走过。

凤秀之女爱美,爱干净,她提起漂亮的皮袍,低着头看着地上的水,小心翼翼地从茶水上走过去。崇绮之女想的不是衣服干净与否,而是想在皇上和两宫皇太后面前决不能失了礼仪。只见她像平常走路一样,迈着端庄稳健的步子,缓缓从茶水上走过。

同治帝看见两个女孩不同的表现,转身对两宫太后说:"提衣服的爱衣,不提衣服的知礼。选后取德,选妃取貌。儿愿立崇绮之女为后。"

同治帝拿着玉如意径直走到崇绮女儿面前,一伸手把玉如意递了过去,阿鲁特氏优雅地接过玉如意,娴熟地一蹲请完安,就势一跪:"奴才谢两宫太后,谢皇上天恩!"

慈禧见此,左额头的青筋不觉地猛烈跳动,头一阵阵发晕,一连几天慈禧总觉得胸里憋了一口气,吐也吐不出,咽又咽不下,弄得非常不舒服,怎么想怎么委屈、难受。同治帝这一次违抗母命,不仅给自己的婚姻蒙上了阴影,而且给贤淑端庄的阿鲁特氏带来了巨大的灾难。

同治帝大婚,是十一年秋间的事。大婚的盛典十分隆重。大婚之后,同治帝见皇后气度端凝,不苟言笑,对她始终十分敬重。皇后知书达理,非常敬慕唐太宗的长孙皇后和明太祖的马皇后,经常规劝同治帝,让他用心读书。同治帝每当宫中无事时,也经常举出唐诗问皇后,皇后都能背诵如流,同治帝非常高兴,慈安太后对此也十分高兴。只有慈禧太后一看到皇上和皇后在一起就生气。她对穆宗说:"慧妃贤明,宜加眷遇。皇后年少,未娴礼节,皇帝毋辄至宫中,致妨政务。"她还暗地派太监监视同治帝的行动。

按宫廷循例,皇帝大婚后的日常起居由敬事房详细记载。皇帝何日驾幸何宫,哪天召见哪个妃嫔侍御,都明确记载。然而慈禧却用不着查看日记档,便可知道同治帝的全部活动,因为每天都有她指定的太监去探听清楚后向她回奏。同治帝婚后,在一后一妃两嫔中,同皇后阿鲁特氏在一起共度良宵的日子最多,其次是色冠后宫的瑜嫔,再次才是凤秀之女慧妃。

大婚刚刚半年,慈禧几次斥责阿鲁特氏皇后,说她不懂规矩,应抽出时间专门学习宫中仪制,实际是想把皇帝和皇后分开。同治帝曾竭力为皇后辩解,这使慈禧太后反倒更加生气。下令中断同治帝和皇后接触,如要妃嫔侍候,就到慧妃那里去。同治帝虽然表面上对母亲皇太后的训令唯唯遵命,但内心却充满了怨恨。他把满腹的怨恨全部迁怒到慧妃身上,偏不到她宫里去。赌气之下,同治帝由养心殿搬至乾清宫西暖阁去独宿。自此以后,皇后阿鲁特氏独栖中宫,空房寂寂。后来同治病重,阿鲁特氏前去看望,还被慈禧责罚。婆媳之间愈发不和,慈禧为了满足自己的权欲,终于逼死了阿鲁特氏。

同治皇帝死于天花还是梅毒

在晚清的皇帝中,同治皇帝的死因一直是老百姓津津乐道的话题,被称为"清宫四大奇案"之一。同治皇帝年仅 19 岁就去世,一个春秋方盛的青年为什么会突然死去? 清代官书中记载是死于天花,而民间流传甚广的是同治皇帝微服私访逛妓院,染上梅毒而死。从天花和梅毒的病症来看,甚为相似,实在很难分清同治帝究竟是死于什么病。同治皇帝在两宫皇太后的"垂帘听政"下,悠悠忽忽度过了十一个春秋,一直到 17 岁。该是同治帝选皇后的时候了,慈禧一心想让美貌艳丽但举止轻佻的侍郎凤秀的女儿当皇后,但同治与慈安皇太后都看中了清朝唯一的"蒙古状元"崇绮之女阿鲁特氏,虽然她相貌平平,但举止端庄,一看就是个有德量者。同治皇帝不顾母后的反对,坚决迎娶阿鲁特氏为后,凤秀之女只封了个慧妃。对此慈禧一直耿耿于怀,面对婚后同治与阿鲁特氏相亲相爱,更是千方百计地挑拨离间,派人监视阻止皇帝与皇后相见,又强迫同治亲近慧妃。同治帝左右不是,不能自主,因此索性谁也不亲近,终年独宿乾清宫。

在乾清宫的同治皇帝孤枕难眠,据说在恭亲王的长子载澂引诱下,经常化装成老百姓微服出宫,还去了妓院。这天回宫,给同治皇帝沐浴的小太监发现其两臂肩背等处有许多斑点,颜色淡红。经御医李德立诊治,发现这是梅毒,但他心里清楚,如果据实禀报,必然会招来杀身之祸。思前想后,李德立决定隐瞒真相,好在梅毒与天花的症状颇多相似,一般的外行不易分辨。

中华宫廷秘史

于是,李德立决定采用医治天花的方法,为同治皇帝疗病。过了不久,同治皇帝得了"天花之喜"的消息传遍了整个皇宫。

同治帝孝哲皇后朝服像

一百多年后,有位自称是李德立后人的李镇公开了李德立当时治疗同治的药方以及其中秘密。他说李德立认为同治皇帝患了梅毒,责任重大,最终难免治罪,就只好隐瞒病情。反正天花也是治不好的病,就谎称同治患的是天花,采用金银花之类,滋阴解毒。但即使不用治梅毒的"猛药"而只采用一些"温药"来进行调理,同治帝也不至于死亡。同治的病情在经过一段时间调理后,逐渐好转。但是一天,阿鲁特氏来东暖阁探望同治皇帝,当时同治神志清醒,看见皇后愁眉苦脸,泪流满面,于是问起缘由。这时早有监视太监将此事报告了慈禧太后。慈禧慌忙赶来,躲在屏风后面偷听。阿鲁特氏回答说是慈禧百般刁难,皇上甚为难过,劝说皇后暂时忍耐,待病好之后,总会有出头的日子。不料慈禧听到此处,竟然勃然大怒,立刻推倒屏风,冲出来一把抓住皇后的头发用力猛拖,一大撮头发连同头皮都被拉下来,又劈面猛击一掌,顿时皇后血流满面,惨不忍睹。慈禧又叫来太监,棒打皇后。同治十分吃惊,顿时昏厥,从床上跌落在地,病情加剧,从此昏迷不醒。后来传太医诊断,已经牙关紧闭,滴药不进,于次日夜晚死去。

在当时的情况下,虽然还没有找到医治天花的有效良药,但即使是一般的老百姓患上天花,还不至于死亡,何况是堂堂天朝皇帝,身边有的是高明的御医,怎么会那么容易就死了呢? 于是,人们常常怀疑同治皇帝患的根本不是天花,而是梅毒。但是从同治皇帝患病时期记录的脉案来看,其症状与天花更为相似。

中医学家表明,天花与梅毒的病症是有显著的区别的。天花患者患病之初,发病很急,一般都伴有发烧、脉搏加快等症状,而梅毒不会发烧。脉案记载,同治皇帝起初连续发烧7天,咽喉干痛,胸闷,头晕,四肢无力,这都是天花的症状。而梅毒不会有这些全身性的明显症状,表面上看也许像个健康人。并且天花发病带有季节性,有严格的发病时期,一般在冬春发生,同治在阴历十月末生病,十二月初死正好是冬季。从同治皇帝身上的皮疹形状来看,也与天花病症相合。那么,为什么患上天花会导致同治皇帝的死亡呢?

那是因为,同治在天花的中后期不幸患上了感冒并发症。从同治卧床到去世的37天里,可以清楚地看到同治因患感冒并发症而导致死亡的全过程。

同治帝陵寝——惠陵

同治十三年十月三十日下午,太医李德立和庄守和被紧急传召"请脉",诊断结果是不太严重。经过几天的吃药治疗,第八天,李德立和庄守和对发病以来的病情和治疗作了总结性的诊断结果,认为病情有所好转。第九天之后,同治的病情发生逆转,因为这一天他突然间"微感风寒",患了感冒,"咳嗽鼻塞,心虚不寐;浸浆皮皱,似有停浆不靥之势"。使本来已经虚弱的身体雪上加霜。天花期间最怕的就是感冒,感冒引发的并发症,有可能使患者处于生命危险的境地。因为感冒给痘毒以机会趁虚而入,从而使病菌破坏各个器官和神经系统,借助溃烂的痘盘迅速蔓延生长,形成恶性循环,加重病情,以致病入膏肓。从这以后,同治皇帝的病情每况愈下,直至死亡。

从脉案中,我们可以肯定同治皇帝患的是天花而不是梅毒,但遗憾的是,我们还不能排除脉案是御医为了掩饰同治帝的真实病情而故意伪造的可能性。至于那位自称是李德立后代所说的内幕,也为我们展现了同治皇帝猝死的另一个可供参考的原因。看来,同治皇帝真正的死因,还有待后人的进一步探索。

同治临终遗诏为什么被慈禧撕毁

清宫有个规矩,皇帝要到某妃嫔宫中,事先必须由皇后传谕那位妃子,让她事先预备,然后皇帝大驾才前往。皇后的圣谕必须加盖皇后玉玺。如果没有传谕,或有谕而未加盖玺印,皇帝即使驾临,妃嫔也应该拒之不纳。这条规矩是沿袭明朝旧制。明世宗嘉靖帝自从宫女杨金英谋逆以后,便作出了这一规定,以防不测。同治帝患重病之后,一天病情稍稍好转,忽然要到凤秀之女的宫中去。他把想法告诉了皇后,皇后拒不同意。同治一再请求,竟至于跪下不起。皇后不得已,只好盖玺传谕,同治这才欣然前往。谁知第二天早晨同治的病情突然恶化,急召太医诊治,但是已经回天无术了。皇后为此十分后悔。

有一种传说,同治临终时,在寝宫单独召见他的启蒙老师、军机大臣李鸿藻。李到达后,同治立即命令他入内,当时皇后正在同治身旁侍候,连忙躲避。同治制止她,开玩笑说:"不必回避,师傅是先帝老臣,你乃是门生媳妇。我正有重要事要说,你何必躲避。"李鸿藻见皇后在同治病榻前,急忙脱帽跪伏地上。同治说:"师傅快快请起。现在不是讲究礼节的时候。"说着,他拉住李鸿藻的手叹道:"我的病看样子是好不了了。"李鸿藻忍不住痛哭失声,皇后在旁边也哭了起来。同治又一次制止他们:"现在不是哭的时候。"他回头看着皇后说:"朕死后,必定要立一个继嗣,你如果看中了谁,现在马上就说。"皇后说:"国赖长君,古有明训。我实在不愿为了太后的虚名,抱着一个不懂事的小孩子而给祖宗社稷带来灾祸。"同治宽慰地笑了笑,说:"你懂得这个道理,我就不必担心了。"于是同治与李鸿藻商量,决定由贝勒载澍入宫继承帝位,并口授遗诏,命李鸿藻在他病榻之旁写下,共有一千余字。当时为了防备慈禧太后,此事做得十分机密。遗诏写好后,同治看了一遍,还对李鸿藻说:"不错。师傅暂且去休息,明日也许还能见上一面。"李鸿藻走出同治寝宫,浑身战栗,面无人色,他担心害怕,于是立即赶到慈禧宫中请求召见。慈禧立即召见了他。李鸿藻一进宫,马上从袖中掏出同治的遗诏奉上,慈禧看罢,怒不可遏,随手把遗诏撕得粉碎,丢在地上,大声把李鸿藻赶出宫去。接着,她下令断绝同治的医药和饮食,不许任何人进入乾清宫。稍后,同治病亡的噩耗便传出来。后来贝勒载澍遭了大祸,其中原因也可能在于此。但同治遗诏,到底写了什么后人也就不得而知了。

光绪帝曾经险遭废黜

光绪帝(1871~1980年),名爱新觉罗·载湉,醇亲王奕譞之子。同治十三年(1875年),同治死,无子,故由其继之。即位后,两宫皇太后垂帘听政,光绪十三年(1887年)亲政后,朝廷实权仍掌握在慈禧手中。光绪二十四年(1898年),他起用康有为等人,广开言路,改革科举,废罢旧臣。同年八月六日,慈禧发动戊戌政变,将其囚于瀛台,变法失败。光绪三十四年(1908年)十月,病死于涵元殿,谥景皇帝,葬崇陵。

光绪皇帝之所以登基为帝,完全是慈禧太后一手操纵的。光绪帝的生母醇亲王福晋是慈禧的亲妹妹。

光绪成人以后,其父醇亲王常常告诫他:我们一家百口人之所以能有今天,全靠老佛爷的恩典。然而光绪仍然不改变他憨直的性格。上书房总师傅翁同龢时常向光绪讲述民间疾苦和外交上的屈辱,勉励他做一个忧国忧民的仁君。光绪也公开宣称:"不愿作一名亡国之君。"此话自然侵犯了慈禧的尊严。从此以后,废黜光绪,另立新皇的念头就产生了。光绪和隆裕皇后夫妻感情冷淡,隆裕常常向慈禧告状。因此,废立的事态就越发紧迫了。

甲午之战,清兵溃败,北洋水师全军覆灭。当时为抗拒日军入侵,湖南巡抚吴大澂、甘肃新疆布政使魏光焘督师于关外,两江总督刘坤一则督师于关内。翰林学士文廷式素来清楚宫中内情,他明白外忧再加上内患,国家必将覆灭。于是文廷式前往请见刘坤一,请他为中日条约力争。刘坤一不明白他的用意,认为弱国无权力可言,争也无济于事。文廷式请刘坤一屏退左右,将宫中要废立的内幕告诉了他。文廷式说:

"此事宫中蓄谋已久,只是因为荣禄(时任步兵统领,总理各国事务大臣)提出手握重兵的封疆大吏很可能会反对,事情才没有最后决定。慈禧太后每有重大举措,必定要咨询封疆大吏们的意见,可见宫中重大的顾虑就是你们这些人。如今,封疆大吏中德高望重的只有阁下一人。我明白,力争条约内容不会有什么结果,但如果你们为条约内容都争论不休,太后就会明白废立之事难以如愿。这是釜底抽薪的办法。"

刘坤一采纳了文廷式的建议,当即请文廷式代他起草奏折。就这样,废黜光绪皇帝的计划被搁置下来。

第二年,又发生了立溥儁为大阿哥事件。此前,慈禧就此事征求荣禄的意见。荣禄却认为必须看一看外国人和封疆大吏们的反应。于是慈禧命李鸿章去试探外国使节。法国公使首先表示反对。外国报纸也就此事闹得沸沸扬扬。李鸿章再去电征求刘坤一的意见,刘坤一回电称:"君臣名分早已定下,而中外的舆论不得不顾虑。如今须共赴国难,扶大厦之将倾,正是在朝诸公的职责。"

慈禧废除光绪、另立新皇的计划就这样在内外压力下被迫流产。

光绪到底是正常病故还是为他人所害

1908 年 10 月 21 日酉刻,光绪皇帝死于北京中南海的瀛台涵元殿。仅过一天,慈禧太后在北京皇宫仪鸾殿病亡。光绪皇帝的死与慈禧太后的死,几乎是接连发生的,前后相隔才二十小时。这实在是太蹊跷,太令人费解了!

光绪的死,发生得很突然。光绪皇帝在去世之前的一段时间里,确实也是在患病。这一次患病,是在光绪三十四年(1908 年)的年初。以后就一直感到不适。据皇宫太医的诊断,其病状为:阴阳两亏,标本兼病,胸满胃逆,腰胯酸痛,饮食减少,益以麻冷发热。精神困惫,夜不能寐。依据现代医学病理分析,这大概是患了呼吸道疾病。从上述诊断看,病人已经发热咳喘,睡眠饮食失调,身体相当衰弱。但此时还不至于有生命危险,更不会突然死去。

况且病人在去世的当天,还曾发出一道谕旨:通谕各省总督、巡抚,于各所辖地区内,遍选精通医术之人,无论有官品者,或是平民百姓,迅速保送来京,为皇帝治病。如医治确有效果,被保送之人,及推荐之官员,皆予恩赏。可见,光绪本人也没有认为自己的病已经到了不可救治的地步,马上就会离开人世。一般讲,临死的人,特别是很快就要进入弥留之际的人,都会产生某种预感。

更耐人寻味的是,在光绪死去的当天,从慈禧太后的寝宫仪鸾殿很快传出懿旨,立溥仪为嗣皇帝,命摄政王载沣为监国。如果我们将视线再向前推移,那么就会发现,溥仪是在光绪临死的前一天,也就是十月二十日,由醇亲王府被接进宫的。载沣也是在同一天,被封为摄政王的。谕旨是以皇帝的名义发布的,但其内容却是在传达慈禧太后的意思。难道慈禧太后已经"知道"光绪要死了吗? 她已经为光绪的死做好准备了吗? 这些事情让人感到光绪死得实在奇怪,而正史对此讳莫如深,因此在民间就产生了几个版本的猜测:

版本之一:慈禧太后感到自己的病已无法医治,于是密令亲信太监,扼死光绪。太后不愿意看到在她死后,光绪帝重掌大权。

版本之二:光绪帝听到太后病重的消息,面带喜色。慈禧知道此事后,咬牙切齿地说:"我不能死在你的前面。"

清末名医屈桂庭在他写的《诊治光绪皇帝秘记》一书中披露:光绪皇帝在临死前三天,曾在床上乱滚。他向我大叫肚子疼得不得了。而且他的脸颊发暗,舌头又黄又黑。这不是他所得之病应有的症状。

《瀛台泣血记》则认为光绪是被李莲英害死的。宫里的大太监李莲英眼看慈禧太后的寿命已经不久,自己的靠山马上就靠不住了,便暗自着急起来。他想与其等光绪掌了权来和自己算账,还不如自己先下手为好。经过了几天的等待思考,他的毒计便决定了。

末代皇帝溥仪,在他的自传《我的前半生》一书中,对光绪被害死的说法也没有坚决否认。他写道:"我还听见一个叫李长安的老太监说起光绪帝之死的疑案。照他说,光绪在死的前一天,还是好好的,只是因为用了一剂药就坏了。后来才知道,这剂药是袁世凯派人送来的。……据内务府某大臣的一位后人告诉我,光绪帝死前,不过是一般的感冒,他看过那些药方,脉象极平常,加之有人前一天还看到他像好人一样,……病重消息传出不过两个时辰,就听说已经'晏驾'了。"

总的来说,民间几个说法都是同意"被害说",下毒手的人都被认为是光绪生前的宿敌,有人说是慈禧,有人说是太监李莲英,也有人说是袁世凯。他们都害怕在慈禧太后死后,光绪作为皇帝,定会重新掌权。

虽然光绪被慈禧所害的说法传播得很广,但还是停留在推断和猜测阶段,没有充足的证据。不过,慈禧与光绪之间的"帝后"之争确实朝野皆知,而他们之间复杂的恩怨矛盾关系正是光绪之死的焦点所在。

在光绪 17 岁之前,他和慈禧太后之间基本是相安无事的。同治皇帝死后,慈禧为了继续垂帘听政,力排众议,将自己妹妹的儿子光绪立为皇帝,自己仍旧以皇太后的身份独揽大权。从光绪 4 岁被接进宫,到他长大成人,18 岁那年大婚,及至亲政,在这漫长的十余年岁月里,慈禧在光绪身上花费和倾注了大量心血和精力。

如果说慈禧最初选择光绪即帝位,还主要是出于政治上的考虑,与她这位小外甥之间还没有什么真正的感情的话,那么此后在宫内朝夕相处的十几年里,这种情况发生了很大变化。有一次慈禧太后很有感情地同别人谈起了光绪幼年的时候,两人之间的亲子之情:"皇上(指光绪帝)本是我的亲侄子,入承大统。如果从娘舅家的角度讲,他又是我亲妹妹的儿子。我为什么不爱怜他呢? 皇帝抱入宫时,才只有 4 岁。身体不结实,肚脐间经常流湿不干。我每日亲自给他洗涤擦拭。晚上常同我睡在一张床榻上。四季寒暖变化无常,我注意为其加减衣服,调节饮食。皇帝幼年住在王府的时候,就非常害怕较大的声响。所以在宫中,我就常常陪伴他,哄着他玩。我每天都在方纸上,写上文字,教皇帝认读。为他讲授、朗诵四书和诗经。"虽然不乏为自己涂脂抹粉的嫌疑,但是也折射出她为教养光绪付出的心血。

但是自从光绪 17 岁以后,两人之间的隔阂逐渐明显了。慈禧表面上宣布"退休",从此不问政事,还政给皇帝,但实际上仍把持着军权和官员的任免权,没有这两项关键的权力,光绪就是一个傀儡皇帝。光绪试图通过变法来夺权,不但没有成功,反而被幽禁在中南海瀛台。从此以后,光绪皇帝就失去活动的自由,精神上承受着巨大的压抑和折磨。

瀛台的生活是苦不堪言的,但光绪并没有完全绝望,他在政治上还抱有很大的希望。毕竟慈禧太后长于光绪 30 余岁,光绪步入中年的时候,慈禧

已是 70 开外的垂暮老人。据曾与慈禧朝夕相处的德龄回忆,从光绪三十年(1904 年)起,也就是慈禧太后 70 岁以后,她的身体健康和精神状况,明显不如以前,太后根本已没有什么精神来监视光绪。除掉还能进些饭食之外,一切的政事,都完全不问,每天只在宫内服药。

光绪虽然身在禁宫,但对国家大事,甚至世界上主要国家发生的事情,都非常关注。因为他知道,老太后死了之后,自己仍要出来亲掌朝柄。他除了平日认真研读古籍诗书,还利用每日早朝之际,了解形势变化。德龄在她的《清宫二年记》一文中这样写道:

"每日早见皇帝,当余有眼时,光绪帝必问英文,所知甚多。余见皇帝,极有趣味。在太后面前,面容肃默,或有时如一呆子。若离开时,全然又是一人。"

光绪不仅向德龄学习英文,还不断向她询问了解西方各国风土人情、政治制度、国家间相互关系等问题。

光绪二十八年至二十九年(1902—1903 年)间,专门为慈禧太后画像的一位名叫卡尔的美国女人外出归来,回到清宫内她的画室,发现桌子上原来放着的几张戏单上面,增添了许多用红笔画的图线。卡尔断定,这是光绪皇帝的笔迹。一定是昨天皇帝在她外出的时候,曾经来到这里小坐盘桓。仔细端详皇帝所画,发现竟是一幅日本和沙俄在中国东北交战的地图。卡尔女士对此深为感慨。可见,光绪对时局非常留心。他在卡尔的画室里,把刚刚从早朝上听到的消息,进行分析和研究。虽然对朝廷政务没有发言权,但是对这方面的思考,却始终没有因此而停止。

光绪三十四年(1908 年)年初,皇帝得了感冒。但是谁也没有想到,包括光绪本人在内,这一病竟然起不来了。根据清宫遗档,光绪这次患病确实不轻。感冒导致旧病复发。光绪此时已患有痨病,也就是今天医学上所说的肺结核,时好时坏。严重的感冒使得已经比较稳定的结核病又发作起来。光绪皇帝小的时候,经常得病。进入青少年时期,体质也极差。长年腰痛,夜间遗精,睡眠不稳,精力很容易疲惫。按照中医的说法,这是体虚肾亏,而且到了比较严重的程度。

光绪皇帝的身体为何这般羸弱?按道理,光绪自小生长在王府,以后又进入皇宫,论物质生活条件以及医疗卫生保健,都属当时中国第一流的。因

清宫秘史

此身体应该是比较健康,起码不应该是如此差。

这也许跟他糟糕的精神状态有很大关系。光绪自四岁进入宫中之后,就开始受到慈禧太后的专治管理,精神上一直处于紧张和压抑的状态之中。等到长大亲政,内忧外患,老太后的处处掣肘,心情也很少舒畅。戊戌变法失败后,被禁闭于瀛台,种种精神上的折磨和打击,加上珍妃的惨死,更增添了思想上的愁闷。就这样长期承受巨大的精神负担,身体肯定被压垮。

尽管皇帝的身体已经很虚弱,但是种种的迹象表明,这时光绪的病情还不致于导致他突然去世。这件事说明,光绪此时神智还非常清醒,对治好病仍然抱有很大的信心,并不像人们通常所说的垂危快死之人。

光绪的整个治疗过程,全部都掌握在慈禧太后的手中。当时朝廷任命奕劻主持皇帝的治病事宜。为皇帝诊视治病的大夫,都必须经由奕劻选定,未经批准,不论是谁推荐的医生,或是太医院的大夫,都不得进入瀛台光绪寝宫。医生开出的处方,也必由奕劻过目。奕劻这时正是慈禧太后最得力的亲信大臣。试想,如果要达到不可告人的目的,伪造"脉案",或者写出违背事实的"脉案",那实在是很容易的事情。

还有一件事很让人值得深思。光绪三十四年(1908年)十月二十日,清政府以光绪皇帝的名义,向全国发布了两道谕旨:其一,命醇亲王载沣之子溥仪,在宫内教养,并在上书房读书。其二,授载沣为摄政王。这其中的涵义本质是确定了皇位继承人。谕旨颁布之日,正是光绪皇帝去世的前一天,慈禧死前的两天。颁布谕旨时,慈禧太后的病情已经极为严重,她的生命已经到了最后的关头。而且,慈禧本人也非常清楚地意识到了这一点。如果不是这样,慈禧太后大可不必匆匆对后事做出安排。但是,光绪还没有死去,继承人的合法性如何让天下人信服?如果光绪不死,自己死后极有可能遭到他的报复,连"入土为安"都未必能够实现,所以目前只有看着光绪死去,她才可以安心离开这个世界。

光绪到底是正常病故,还是被慈禧太后或者他人所害?至今扑朔迷离,无人知晓真正的谜底。

宣统哭着进的紫禁城

爱新觉罗·溥仪,中国最后一位皇帝,字浩然,英文名 Henly(亨利),光绪三十二年正月十四日(1906 年 2 月 7 日)生,1967 年 10 月 17 日病故。他是醇亲王载沣的长子。光绪三十四年(1908 年)十月二十一日被慈禧立为皇帝,承继大统,时年 3 岁。改 1909 年为宣统元年。宣统三年(1911 年)八月辛亥革命爆发,1912 年 2 月 12 日奉隆裕皇太后懿旨宣布退位,在位 3 年。溥仪死后没有庙号,也没有谥号,终年 61 岁。

宣统皇帝溥仪入宫时,其醇亲王母大福晋放声大哭。她冲着她的姐姐慈禧太后哭道:"害了我儿子,现在又害我孙子。虽然承位皇帝,那只是虚名,实际等于终身禁锢,为你造名。"她抱住宣统就是不撒手。但经各位王爷大臣婉言相劝,对她说不可违抗旨意,这才由侍卫及诸王公大臣抱着宣统离开。

光绪死后,宣统还在襁褓中就入继大统。宣统入宫就哭,整天不吃东西。于是传唤民间年龄与他相同的一千余小儿入宫,不叫他们行跪拜礼,溥仪这才稍微安下心来。拜见隆裕后,宣统见她与醇王福晋年龄相貌差不多,于是对她十分亲热。隆裕后把他抱着放在腿上,爱如自己生的一样,经常带他到各处游览。宣统行正式登基礼时,人员极杂,礼节也不完备。升殿时就一直哭闹不止,醇王行的是半君臣礼,扶宣统升座。这时,朝臣中也有不少掉眼泪的,醇、庆两王,更是泪如雨下,满朝官员心里都不好受。等到鸣放礼炮时,宣统这才停止哭闹。登基礼制一切完毕后,众朝臣诸王按礼节一一退朝。宣统帝溥仪入宫即位就算正式结束。

宣统被驱逐出宫始末

1924 年冯玉祥发动北京政变,决定将清朝最后一个皇帝溥仪驱逐出宫,并修改优待条件。修改后的清室优待条件是:

今因大清皇帝欲贯彻五族共和的精神，在不违反民国的各种制度下，特将清室优待条件修正如下：

（一）大清宣统皇帝从即日起永远废除皇帝尊号，与中华民国国民在法律上享有同等一切的权利；

（二）自本条件修正后，民国政府每年补助清室家用五十万元，并特支出二百万元开办北京贫民公厂，尽先收容旗籍贫民；

（三）清室应按照原优待条件第三条，即日移出宫禁，以后得自由选择住居，但民国政府仍负保护责任；

（四）清室的宗庙陵寝永远奉祀，由民国酌设卫兵妥为保护；

（五）清室私产归清室完全享有，民国政府当为特别保护，其一切公产应归民国政府所有。

修改后的优待条件，经十一月四日黄郛摄政内阁会议通过后，次日晨，让警卫总司令鹿锺麟、警察总监张璧会同社会知名人士李煜瀛前往故宫执行。

十一月五日晨，鹿、张、李来到故宫，先将电话线割断，即率军警各二十名入神武门，每通过一门，就分置军警监视其值岗卫兵，不许走动。鹿、张、李直至溥仪住所。当时溥仪正在储秀宫和婉容吃水果聊天。由内务府大臣绍英出面交涉。当绍英知道要修正优待条件并让溥仪立即出宫时，他吓得惊慌失措，但却故作镇静地指着李煜瀛说：“你不是故相李鸿藻的公子吗？何忍出此？”李笑而不答，又指鹿钟麟说：“你不是故相鹿傅霖的一家吗？为什么这样逼迫我们？”鹿钟麟说：“你要知道，我们来此执行国务院的命令是为了民国，同时也是为了清室，如果不是我们，那就别想这样从容了。闲话少说！”鹿让溥仪等三小时内必须搬出故宫。但敬懿和荣惠两位太妃说什么也不肯走。经过交涉，允许他们推迟到下午三时再搬。但到时间后仍不愿走。鹿见事不能马上决断，就故意大声告诉其随从人员说：“快去告诉外边，时间虽然到了，事情还可商量，先不要开炮火，再延长二十分钟。”溥仪听了大惊失色，于是立即答应迁出故宫。这样溥仪和皇族们匆匆坐上了国民军准备好的汽车，离开了民国成立后仍然卧踞十二年的故宫，到后海甘水桥醇王府住下。

溥仪葬在哪里

按照封建国家定制,新皇帝登极称帝以后,就要选择万年吉壤,营建死后陵寝。宣统皇帝溥仪三岁即位,刚三年清王朝就灭亡了,所以万年吉地还未来得及选定。

溥仪退位以后,根据优待清室条件,仍居住在紫禁城后半部,皇帝尊号不废,中华民国以待外国君主之礼相待,民国每年供给逊清皇室四百万两白银。这样,溥仪在这个小朝廷内继续当着所谓大清皇帝,称孤道寡。

1915年,溥仪已经10岁,清皇室决定为溥仪选择万年吉地。经步军统领江朝宗荐举,皇室花四百元路费,把精通风水的前任广东廉州府教授李青先生请到皇宫,由他卜择溥仪的万年吉地。皇室决定溥仪的陵址,在西陵境内选。李青先生在笔帖式锡泉等人的陪同下,踏遍了西陵的山山水水,经过反复详细勘测和卜算,认为泰东陵后山转东北口子地方是一处上吉佳壤,即今旺隆村北,俗名狐仙楼。那里四面环山,中间是一块平地,陵穴定在西北的山坡上,坐戌向辰,与崇陵遥遥相对。李青先生还写了一份《堪舆说帖》供皇室参阅。清皇室根据李青先生的说帖和锡皇的奏报,经过仔细讨论,初步认为这个地方可以选用。为慎重起见,又派总管内务府大臣、前体仁阁大学士、军机大臣世续亲自到西陵实地验看。世续看后很满意,向溥仪等奏报说:"内堂外堂皆在红桩界内,甚属相宜。"这样溥仪的万年吉地就定了下来,并将此地圈禁起来。

溥仪小朝廷没有自己的经济来源,完全靠民国政府的施舍维生。民国答应每年拨给的四百万两银子(以后改为四百万元)几乎年年不能兑现,小朝廷的日常开支尚且难以维持,哪有钱建造陵寝呢?更何况时局不稳,小朝廷自身难保,所以陵址虽然已经选定,但一直没能兴建动工。

溥仪1967年10月17日在北京去世,终年61岁。

1980年5月29日下午,国家在政协礼堂为溥仪、王耀武、廖耀湘举行了追悼会。会后又将溥仪的骨灰盒移放到八宝山公墓第一室。

1994年,现居海外的张世义先生在崇陵西北兴建了一座华龙陵园。为了提高这座陵园的知名度,增加效益,张世义经过不懈的努力,终于劝动了溥仪的未亡人李淑贤,同意将溥仪骨灰盒迁葬西陵华龙陵园。

　　1995年1月26日,李淑贤来到了华龙陵园,将溥仪的骨灰盒安放在铺着黄缎的灵台上。一个简单的仪式结束后,李淑贤捧着骨灰盒走到墓穴前。陵园工作人员接过骨灰盒,轻轻放入由水泥筑成的"椁"内。面南背北,盖上"椁盖",最后浇铸混凝土。中国封建社会的最后一个皇帝的骨灰就这样安葬了。这就终于为1915年清皇室选定的万年吉地画上了一个句号。

中华宫廷秘史

第二章　皇后妃子篇

一身珠光宝气，一脸骄横傲慢。这就是影视作品给现代人对皇宫内院后妃嫔贵们的固定印象。然而当我们推开这些香艳迷魂的后妃闺阁时，却发现一切的一切并非如此。这些日夜伺候在皇帝身边的女人们，关起房门是一个样，走出房门又是另一个样。这些看似高贵风雅的女人们，其实真可怜又真可怕。

富察氏为何死于儿子之手

继妃富察氏是努尔哈赤的宠妃，她虽然得到了努尔哈赤的宠爱，但并未因此而获得幸福。最终成了宫廷斗争的牺牲品，死于自己儿子之手。

努尔哈赤在废了大妃阿巴亥之后，立莽塞杜诸祜之女富察氏衮代为妃。万历十四年（1586年）前后，努尔哈赤起兵征战，打败富察氏的前夫，将她当作战利品带回宫中。当时富察氏衮代已经生下一子昂阿拉，如果不是她天生貌美打动了努尔哈赤的话，不是女真贵族出身的富察氏怎能嫁入建州都督、都指挥使世家的豪门。

在努尔哈赤的十六位妻子之中，只有一位称后，这就是叶赫那拉氏孟古，她最为贤惠，在皇太极继位后被追封为皇后。但是，她只活到二十九岁就病死了。努尔哈赤很伤感，为了表示对孟古的尊敬和怀念，举行了隆重的葬礼，祭品非常丰厚，他还一个多月不喝酒、不吃肉。以后，努尔哈赤把叶赫那拉氏埋葬在赫图阿拉附近的尼雅满山冈。

称妃的有三人，除了元妃佟佳氏（生长子褚英、代善）、大妃阿巴亥（生阿济格、多尔衮和多铎），便是继妃富察氏。富察氏是努尔哈赤年轻时期的

宠妃。当时,在努尔哈赤身边,除元妃外,还有庶妃兆佳氏、钮祜禄氏、侧妃伊尔根觉罗氏。但元妃多病早逝,兆佳氏和钮祜禄氏不得宠爱,富察氏以她的美貌击败了与她同时归顺努尔哈赤的伊尔根觉罗氏,获得了独领"六宫"的地位,很快被封为继妃。继妃富察氏为努尔哈赤生了五子莽古尔泰、十子德格类和三女莽古济。虽然她容貌娇媚,却性情鲁莽、言行粗俗。正是由于她这点性格缺陷,给自己招来了杀身之祸。

万历二十一年(1593年)秋天,以叶赫为首的九部联军兵逼建州,侍寝的富察氏见努尔哈赤仍然酣睡,便立刻将努尔哈赤唤醒,并责备说:"你是方寸大乱了吗?害怕了吗?九国联兵来攻,你居然还能睡得着?"努尔哈赤坐起来,揉揉眼睛,回答说:"我如果害怕,还能睡得着觉吗?叶赫部起兵的时候,我因为不知道他们什么时间来,所以常想这件事;现在他们已经出兵了,我就踏实了,怎么能害怕呢?"富察氏听后,不再作声。从她那率直的话语、无所顾忌的语气中,表明她当时在努尔哈赤家中的地位,但也不难看出她粗鲁的个性。地位显赫、无人敢于冒犯的努尔哈赤,一次次听到富察氏这种刺耳的责备声,不禁产生厌烦之感。

由于年龄的增长,富察氏渐渐容颜老去。再加上她自身性格缺陷,她的地位很快被叶赫那拉氏孟古取代,而后又有大妃阿巴亥争宠,富察氏逐渐失宠。她自己也很有自知之明,知道自己不是年轻貌美女子竞争的对手,于是便打消了争宠的念头,一味地将注意力转向了金银财宝,因为不停地追求财富能够满足她空虚的心灵,以及失去宠爱的无助,所以富察氏为了这种满足,竟然无视宫中的禁律。

然而宫中耳目众多,事情终于败露了。天命五年(1620年)二月,富察氏窃藏金银布帛被人发现。努尔哈赤一怒之下,迫令休妻。此时的富察氏已经年过半百,被休弃的惩罚虽令她难堪不已,但她万没想到,这会给自己带来杀身之祸。

也许是遗传吧,富察氏将自己鲁莽的性格传给了儿子莽古尔泰。再加上随努尔哈赤长年征战,形成了莽古尔泰遇事冲动、任性妄为的性格。当莽古尔泰听说母亲即将被休的事情后,他不但没有去安慰母亲,反而感到气急败坏、羞愤不已。于是这天夜里,莽古尔泰悄悄潜入母亲寝宫,将母亲杀死。

富察氏的死,无疑是一桩宫廷丑闻,事发之后,努尔哈赤竭力掩饰。他宣布富察氏是病死的,并且立即下葬。也许他是确实不知真相,也许是为了掩盖而故意回避。反正努尔哈赤没再追查,其他的人也不敢多说什么。

富察氏死后,努尔哈赤感到十分内疚,毕竟是自己的冷落和责备造成了这件事。于是,努尔哈赤将她葬到赫图阿拉,足见其已经收回休妻的决定。后来,努尔哈赤迁都辽阳,又将富察氏的陵寝也迁到东京(辽阳)。努尔哈赤死后,富察氏的陵寝再次被迁到福陵(沈阳东陵),葬于努尔哈赤身边。

大福晋为什么被殉葬

大福晋阿巴亥是努尔哈赤最宠爱的妃子,其地位只居元妃之后。她的一生,充满了曲折与辛酸,努尔哈赤死后,据说还让她殉葬。历史上关于努尔哈赤是否真的让她殉葬,至今众说纷纭。那么,究竟有没有这回事呢?

阿巴亥是乌拉贝勒满泰之女,万历二十九年(1601年)十一月,年仅十二岁的阿巴亥被叔父布占泰作为政治交易的礼物送到建州,成为努尔哈赤的妻子。这年,努尔哈赤四十三岁,尚存孩提稚气的阿巴亥,常常使努尔哈赤感到生命的活力。随着年月的增长,努尔哈赤一天天老去,而阿巴亥却日益青春妩媚。当她长成一位丰姿绰约、聪明智慧的少妇时,便很快成为努尔哈赤的宠妃,位居大福晋的地位。在阿巴亥眼里,努尔哈赤既是丈夫,也是令人敬佩的英雄。但老夫少妻的生活,常常令阿巴亥十分担心,她害怕努尔哈赤死后自己一无所有,更怕成为宫廷斗争的牺牲品。当阿巴亥听努尔哈赤说死后要将自己和儿子托付给大贝勒代善,她感到生活从此有了依靠,并且竭尽所能地接近代善。正是由于她处处在代善面前表现、想方设法吸引代善的注意,终于酿成了大祸。

天命五年,努尔哈赤的小福晋德因查告发阿巴亥私送宫中财物给外人,并指责阿巴亥与代善有暧昧关系。努尔哈赤得知此事,想要惩治阿巴亥,却又不想家丑外扬。当他想到阿巴亥涉嫌私赠布匹之事,于是下令搜查阿巴亥的居所。当时阿巴亥正随军在外,这只是她在军中的临时居所。于是,努尔哈赤又以阿巴亥私藏绸缎、蟒缎、金银、财物甚多为由,派人回阿巴亥寝宫查抄。

为了掩盖罪行,阿巴亥开始转移所藏物品。她将三包财物送到界凡山上达尔汉侍卫的家里。因为达尔汉受努尔哈赤器重,负责审理她的"私藏物品案",搜查者决不会去达尔汉家。果然,搜查者一无所获地回去了。但当阿巴亥派人去取时,奉命取物之人误入达尔汉所居的西屋,被达尔汉碰个正着。达尔汉为了不连累自己,便将被抓住的人交给努尔哈赤。这件事情无疑是加重了阿巴亥的罪过,使努尔哈赤更加愤怒。他命人杀死为阿巴亥收藏财物的达尔汉家奴,并开始了更加严厉的追查。于是,相继有人来报,在阿济

福陵棱恩殿

格(阿巴亥之子)家中的两个柜子里查到阿巴亥所藏的三百匹布,在阿巴亥母亲家中又搜出放在暖木大匣子里的银两。连平素与她亲善相好的孟古福晋也将她出卖,告发说在孟古的住处放有阿巴亥的东珠一捧。搜查还在继续,告讦者应声而起。有的说阿巴亥给总兵官妻子一匹布,又有的她说给参将妻子绸缎朝衣一件,还常常偷偷将财物给予村民。

努尔哈赤实在忍无可忍,他感到阿巴亥居心叵测,并令自己颜面无存。于是,努尔哈赤传谕众人,历数阿巴亥种种不端。他本想杀死阿巴亥,出出这口恶气,想到阿巴亥所生的孩子还小,还是决定"大福晋可不杀"。但从此以后,大福晋不得住在汗府。

当努尔哈赤攻下辽东之后,又立阿巴亥为大妃,废立前后不过短短数月,但这对努尔哈赤来说,却似度日如年。晚年的孤独与寂寞使努尔哈赤顾不得尊严,他实在太需要爱了。由于复立大妃的谕令来得太过突然,阿巴亥还没有任何的准备。她万分激动地匆匆赶往辽阳,在路上,将仅带的几件随身衣物、发饰都丢失了。这本是件小事,努尔哈赤却颇为在意,他知道这是阿巴亥的心爱之物,马上派人将失落的衣物全部找回,足见努尔哈赤对阿巴亥久别重逢之后感情的真挚。

当时,辽东政局不稳,汉民反抗暴动不断,还要为部署伐明战略,努尔哈

赤没有精力安享儿女之情，仍然只顾征战沙场。天有不测风云，宁远战败后，努尔哈赤患上痈疽。到了八月，他的病情加重，弥留之际，努尔哈赤急忙派人召来阿巴亥，他想在最后时刻与阿巴亥共同度过，足见努尔哈赤对阿巴亥是情深意笃的。

不久努尔哈赤突然发病猝死，由四大贝勒公布他的遗嘱，却令得众人目瞪口呆。原来，遗嘱是要让大妃阿巴亥殉葬。众人都瞪着一双双充满疑问的眼睛，阿巴亥更是呆若木鸡。她简直不敢相信自己的耳朵，努尔哈赤怎么会做出这样的决定呢？阿巴亥相信这不是努尔哈赤的本意，因为努尔哈赤去世前根本没有向自己提起过，更无暇立下临终遗嘱。但她能怎样？除了恐惧、绝望和悲伤外，最终还是难逃一死。万般无奈下，阿巴亥请求诸位贝勒好好照顾自己的两个幼子多尔衮和多铎，说完便放声痛哭。诸贝勒也有些感动，他们答应了阿巴亥的请求。于是，在努尔哈赤死后的第二天早上，年仅三十七岁的阿巴亥自尽而死，并与努尔哈赤同柩下葬。同时殉葬的还有庶妃阿济根和那个因告讦阿巴亥而获宠一时的德因查。

阿巴亥殉葬了，她也带走了一个令人费解的"遗嘱"之谜，努尔哈赤是否真的立下那样的遗嘱已经无从可考。但随着多尔衮和多铎的长大，并伺机称帝，我们不难看出，阿巴亥的死，多少与皇太极称帝有关。因为按照努尔哈赤的"八王共治"立国原则，八王当属平列。阿济格与多尔衮、多铎都是阿巴亥所生，他们每人掌握一旗，再加上母亲总掣其上，这样的势力是无人能及的，要想推举新的大汗，必然从他们三兄弟中选出。皇太极意识到这一点，他利用其余五旗对三兄弟的畏惧，在努尔哈赤尸骨未寒之际，趁多尔衮、多铎年幼，阿济格不能独抗，导演出一幕矫诏遗命、迫令大妃殉葬的悲剧，从而分割了三兄弟的实力。

皇太极在汗位的争夺中如愿以偿，可怜的阿巴亥只能带着遗憾长眠于地下了，同时埋葬的还有努尔哈赤遗嘱之谜。如果九泉之下的努尔哈赤能够心灵有知的话，恐怕也只有遗憾了吧！

为何姑侄同侍皇太极

明崇祯九年（1636 年）四月十一日，盛京城内张灯结彩，皇宫里钟鼓齐鸣,大政殿正在举行隆重的登基典礼。努尔哈赤的第八子皇太极,在继承其父汗位九年以后,这一天正式当上了皇帝。他坐在大政殿的中央,接受大臣们的跪拜、朝贺,看着那些分别用满、蒙、汉三种文字书写的贺表,脸上露出胜利的微笑。皇太极宣布自己国号叫作"大清",年号"崇德"。他就是清朝的第一个皇帝。

在朝贺的大臣中,两个身穿蒙古族服装的人引起了皇太极的注意。他们是内蒙古哲里木盟科尔沁部的亲王巴达里和吴克善。皇太极看着他们那虔诚的样子,平静的心情不由得泛起几丝波纹。

科尔沁蒙古位于整个蒙古族的东部,和努尔哈赤与皇太极领导的后金紧密相连。科尔沁蒙古王公是成吉思汗的后代。提起成吉思汗人们马上会想起辽阔的草原上,那个弯弓射雕的英雄。然而,正是这个英雄的后代,今天成了皇太极的臣属。正因为如此,皇太极感到分外骄矜。

最初科尔沁蒙古和大清的关系并不好。那是明万历二十一年(1593年),科尔沁部首领明安和叶赫、辉发等九部组成联军,向努尔哈赤发动大规模进攻。由于努尔哈赤机动灵活的战术以及勇敢冲锋的精神,九部联军才被打败。明安的马陷在泥淖中,丢了马鞍,最后只穿条短裤,骑着无鞍马跑了。第二年,明安主动和努尔哈赤建立了友好关系。从此,科尔沁蒙古和清的联系一直不断。努尔哈赤和皇太极把自己的女儿嫁给科尔沁蒙古王公当福晋,科尔沁蒙古王公又把自己的女儿送给努尔哈赤和皇太极作后妃。在皇太极的十五个后妃中,就有三个出自科尔沁部,而且还是姑侄两辈,她们是孝端文皇后、孝庄文皇后、敏惠恭和元妃。姑侄同侍皇太极,这在清代宫廷史上也是一件有趣的"佳话"。

孝端文皇后是科尔沁蒙古贝勒莽古思的女儿,属博尔济吉特氏,明万历四十二年(1614年)四月嫁给皇太极。这门亲事是努尔哈赤定的。在这个科尔沁姑娘来到的那天,努尔哈赤命皇太极亲自前往迎接。最后,在一个叫扈尔奇山城的地方举行了婚礼。他们婚后的生活非常和谐。努尔哈赤活着的时候,皇太极奉命出征,很少空闲,所以从未把岳父岳母接来同住。皇太极继承汗位后,用不着处处亲征,博尔济吉特氏的母亲便常来盛京城看望女儿。每次这位岳母前来,皇太极都要赏赐给许多金银珠宝、绫罗绸缎。皇太极当上皇帝后,便立博尔济吉特氏为皇后,就是历史上孝端文皇后。女儿当了皇后,做母亲的自然很高兴。第二年,这位岳母又来到盛京城,皇太极设宴欢迎。宴会后,皇太极追封已经去世的岳父莽古思为和硕福亲王,派人在他墓前立碑,封岳母为和硕福妃。孝端文皇后是个守妇道的人,她不妒忌,也不过分注意皇太极和其他妃嫔的关系,所以日子过得很平安。顺治六年(1649 年)四月十七日,她病死在北京皇宫内的慈宁宫,年仅五十一岁。她死后留下三个女儿,分别嫁给了满族大臣和蒙古王公。

孝庄文皇后是科尔沁贝勒寨桑的女儿、孝端文皇后的侄女,也姓博尔济吉特氏。她在明天启五年(1625 年)二月嫁给皇太极,这还是孝端文皇后的主意呢。原来,孝端文皇后嫁给皇太极后,在长达十一年的时间里没有生育,这使她很发愁,也使科尔沁部蒙古王公极为不安。孝端文皇后为了科尔沁蒙古在清廷中的利益和地位,也为了使自己的生活不感到寂寞,在征得科尔沁蒙古王公同意后,便和皇太极提起,让自己的侄女进宫侍奉他。皇太极早就听说这位侄女天生丽质,貌美如花,当即欣然允诺。后来,这位侄辈的科尔沁姑娘被封为永福宫庄妃,也就是后来的孝庄皇后。

孝端、孝庄姑侄两代同侍皇太极,彼此之间没有发生过一次争吵。说来也巧,就在孝庄进宫的那年,孝端文皇后生了个女孩,她是皇太极的二女,以后又生两个女孩,分别为皇太极的三女和八女。孝庄也生了几个女孩,分别是皇太极的四女、五女和七女。崇德三年(1638 年)正月,孝庄又生了个男孩,这就是后来的清世祖顺治皇帝。孝庄文皇后死得较晚,她在康熙二十六年(1687 年)十二月病死在北京皇宫中的永寿宫,年七十五岁。孝庄文皇后历经皇太极、顺治、康熙三朝,是清代历史上一个颇有影响的人。

清太宗皇太极

敏惠恭和元妃是孝庄皇后的姐姐,天聪八年(1634 年)嫁给皇太极,当时二十一岁,正在青春妙龄。为什么科尔沁蒙古王公这时又派来个女子侍奉皇太极呢?其理由与孝庄进宫时一样,此时孝端、孝庄都没有生过男孩,意味着皇帝的宝座将由别的妃嫔生的男孩继承。这对科尔沁蒙古王公来说,意义重大。当时,皇太极的继妃乌喇那拉氏已经生了豪格,侧妃叶赫那拉氏生了硕塞,庶妃颜札氏生了叶布舒,纳喇氏生了高塞,伊尔根觉罗氏生了常舒。正是在这种情况下,继姑侄二人来到清宫以后,科尔沁蒙古王公又送第三个姑娘走入了清宫。崇德元年(1636年),皇太极封敏惠为关雎宫宸妃。敏惠元妃极受皇太极宠爱,入宫后一年多,就为皇太极生了个男孩,是皇太极第八子。皇太极非常高兴,不仅设宴庆贺,还大赦天下。谁知,这次欢庆还没有结束,这个孩子就夭折了。这对敏惠元妃的打击太大了,她非常伤感,虽经皇太极百般劝慰,多方开导,也未能解除痛苦,竟至一病不起。崇德六年(1641年)九月,皇太极亲率大军攻打松山、杏山,行军途中得到敏惠元妃病危的消息。皇太极急忙返回,没等他回到沈阳,敏惠元妃已经去世。皇太极悲伤万分,他抚摸着敏惠元妃的遗体,放声大哭,几次晕了过去。

在皇太极这三个科尔沁蒙古后妃中,敏惠元妃活得最短,和皇太极只相处九年。孝端文皇后活得稍长,与皇太极相处二十九个春秋。孝庄文皇后活得最长,但和皇太极共处也只有十八个寒暑。崇德八年(1643年)八月九日夜里,皇太极在沈阳故宫凤凰楼去世,时年五十一岁。

太后下嫁是真是假

清太宗孝庄文皇太后是清初统治集团中一个具有远见卓识的重要人物,其生平跌宕起伏,政治手腕高超。至于孝庄文皇太后当时如何能胁迫多尔衮(1612—1615年)立其子,并使之辅政以成帝业,正稗史籍、口碑史料、野史轶闻,多有"太后下嫁"说,成为清初"三大疑案"之一,也是近百年来芸芸众生茶余饭后谈论清宫"秘闻"中的一个热门话题。

清代太后下嫁之谜的主角是孝庄文皇太后。孝庄文皇太后,姓博尔济吉特氏,生于明万历四十一年(1613年),天命十年(1625年)与皇太极成婚。崇德七年(1642年),皇太极在松山大战中生擒明朝经略洪承畴,之后千方百计劝其投降,以充当满族入关的引路人,均被拒绝。于是,孝庄文皇太后亲去劝降,终于以燕语莺声和温情脉脉唤起了洪承畴对家庭及妻子的眷恋,做了大清的臣子,为清一统大业立下汗马功劳。太宗皇太极死后,她又运用高超的政治手腕,笼络住了多尔衮,使其甘愿辅佐自己的幼子福临为帝,避免了清统治集团内部的分裂。顺治十六年(1659年),郑成功北伐,接连大捷,清统治集团人心惶惶,甚至准备避难于关外。最后经孝庄文皇太后出面制止,清廷政局才得以稳定。世祖福临死后,年仅8岁的玄烨为帝。孝庄文皇太后又精心扶立自己的孙儿,先是挫败了辅政大臣鳌拜的专擅,使玄烨得以亲政,继而又出谋划策,帮助玄烨平定了三藩叛乱。由此看来,孝庄文皇太后真不愧是清朝的开国功臣。

1643年,清太宗暴病而亡之后,尽管其子弟中不乏勇武善战、足智多谋、堪承大业之人,但出人意料之外的是得以继承皇位的竟是他的第九子福临。人们不禁要问:一个年仅6岁的小娃娃,如何能登上皇帝的金龙宝座,当上清朝的皇帝?是清朝无人呢,还是皇太极无长子在?福临即位既非先皇遗命,难道果真是"天定神授",生前注定?当人们揭去那种种神秘的外衣时,就不难看出福临得皇帝位,既是爱新觉罗氏家族皇位斗争的结果,也与其母的聪明才智及其政治影响不无关系。

皇太极死时已做了八年之久的"宽温仁圣皇帝"。若按封建的君位嬗替制度,即按"子承父业"的传统习惯,当立其长子豪格。皇太极生前有皇子十一人,其中豪格居长,时年已34岁,为皇太极继妃乌拉那拉氏所生。他在青少年时代就随父、祖南征北战,在统一战争中功勋卓著,故在皇父称帝、赐封诸王贝勒时便以军功被封为最高等级的和硕亲王,封号肃亲王,与诸叔辈并列为王,甚至位在封为郡王的叔父阿济格、阿巴泰等之前,而皇太极其余诸子如叶布舒、硕塞,不过十六七岁,既无战功,亦无地位。至高塞、常舒、福临、韬塞及博穆博果尔诸子则是年幼无知的稚童。论理,即皇位者非豪格莫属。

先帝既有成年皇子在,为什么舍长而取幼?是清初不拘泥于"嫡长制",还是有别的什么原因?无情的历史告诉人们,这一切正是爱新觉罗氏家族中皇位斗争的结果,福临母子不过坐享"渔翁之利"而已。

在这场争夺战中,以皇叔多尔衮为首,联合了其同母兄武英郡王阿济格、弟豫亲王多铎,伯父礼亲王代善也因当年与其母大福晋乌拉那拉氏的缘故倾向于多尔衮。另一方面,以肃亲王豪格为首,有皇太极生前的亲信大臣索尼、侍卫大臣图赖和皇帝所属正、镶两黄旗大臣的支持。郑亲王济尔哈朗虽未公开表态,但暗中支持豪格,形成了两派势力的生死决斗。

当时议立问题矛盾的焦点集中在睿亲王多尔衮和肃亲王豪格身上,两人都暗中进行积极的活动争取自立,就两人自身的条件论,可以说是旗鼓相当,两人都是有勇有谋、屡建战功、很有影响的亲王。若以军事实力论,代善领正红旗,济尔哈朗领镶蓝旗,再加两黄旗及豪格自领的正蓝旗,共是五个旗的兵力支持豪格,多尔衮所控制的则只有两白旗兵力,尽管精锐莫挡,总还是逊于豪格一分。

在诸王会议议立之时,豪格一方态度坚决,代善首先表态,豪格"当承大统",在豪格表示谦让以后,两黄旗将士张弓挟矢,环立宫殿,以武力要挟"若不立帝之子,则宁死从帝于地下而已"。代善也再次强调"当立皇子"。当时形势很明显,非皇太极之子不能立! 这里有个问题需要说清楚的是,代善与两黄旗将领所说"立皇子"其实仍然是指豪格,因为豪格是诸皇子中的第一人选,其他皇子即使不是年龄幼小,功勋、地位和影响也都没有高于豪格之上者。所以,他们坚持"立皇子"并非改议,只是换了一种说法。当然,他们没有想到这会被多尔衮钻了空子。多尔衮自非等闲之辈,"聪慧多智,谋略过人",在这样一种不可轻举妄动的情势之下,虽然确有自立之心,也不敢贸然从事,而是冷静地观察,寻找时机。阿济格和多铎劝他自立,他"犹豫未允"。多铎提议立代善,而代善却坚定地再次表态"当立皇子"。这时,机敏的多尔衮终于考虑好了对策。他的发言首先肯定对方"立皇子"的意见,这样一下子就缓和了对立情绪,使对方放松了警惕,而且再也无话可说。然后,他抓住豪格的谦辞说他"无继统之意",轻易地排除了对方再坚持豪格的可能性,也就很自然地消除了这个对手。最后,才提出他的方案:"立帝之第三子","八高山军兵,吾与右真王(济尔哈朗),分掌其半,左右辅政"。这个方案既达到了他掌权当政的目的,又尊重了对方的意见,而且还保持了双方势力和利益的平衡。到这时,豪格一方迫不得已地接受这个方案了。由此可以看出,是多尔衮首先提出立福临为帝,合情合理。

正是因为多尔衮的支持,才妥善地化解了清皇室内部一场不可调和的矛盾,避免了一场流血内乱的发生,这直接关系到此后不久清朝定鼎中原,统一全中国斗争的胜利。在这点上,多尔衮功不可没。

当然,福临之得皇帝位,与其母的地位不无关系。而孝庄与多尔衮之间的情愫,早在皇太极健在时就已产生,因为庄妃年少,美貌出众,又与小叔年龄相当(庄妃比多尔衮小两岁),故而已经结下了不解之缘。至皇太极病逝,叔嫂便接续前缘,投身到多尔衮的怀抱,不惜以太后之尊下嫁皇叔。既如此,多尔衮才全力支持庄妃所生之子,并辅保他小小年纪稳坐江山。

　　据说,多尔衮"出入宫禁,时与嫂侄居处,如家人父子"。庄妃不但因自己盛年独居寡欢,情爱之需,而且为多尔衮让位给其子,出于感激之心才与之私通。孝庄文皇太后委身于多尔衮,主要还是为保住自己儿子的江山社稷,由于多尔衮以摄政王的特殊地位,掌握着生杀予夺的权力,为了儿子和自己的将来,故而才下嫁多尔衮。

　　孝庄文皇太后通过耳目探听到,多尔衮在卧病时曾对他的心腹说了这样一句话:"如果以我为皇帝,以现今的小皇上为皇储,我哪里会得病呢?"这句话的中心是"以我为皇帝",他若真的达到了做皇帝的目的,皇储未必还属于福临。在这种情况下,孝庄母子的前途顿时变得凶吉难测,但显然是凶多吉少。孝庄文太后与多尔衮私会时,也探过他的口气,但这样的篡夺大事,又与孝庄文皇太后休戚相关,就是最亲密的情侣,也不可能透露一分一毫,何况多尔衮又如此精明、如此老谋深算?孝庄文皇太后为了防止母子俩坠入厄运,终于走出了决定性的一步,以国母太后之尊,下嫁摄政王多尔衮!

　　降尊下嫁,是孝庄文皇太后主动提出来的。据野史记载,为了更有力地制约多尔衮的野心,太后下嫁的婚礼办得格外隆重、格外豪华、格外引人注目,要办得天下人皆知。首先,通过顺治皇帝表彰多尔衮治国平天下的大勋劳,尊多尔衮为皇父摄政王。将皇叔改为皇父,已经表明了多尔衮与皇帝和太后关系上的质变。其次,以顺治皇帝的名义,发布太后下嫁皇父摄政王诏书,布告天下。再次,命礼部为太后下嫁增添新的仪注,使这次婚礼成为一次国家大典礼。最后,把婚礼定在了顺治六年(1649年)的二月初八日,因为这一天是孝庄文皇太后的生日,太后诞辰称圣寿节,原是万民同庆的日子,再加上婚礼,喜上加喜,节庆的气氛更加热烈喜兴了。

　　顺治皇帝这年已经12岁,还不懂汉文、不会说汉话,在满蒙额娘和嬷嬷的教养下,熟知本民族的习俗,母亲再嫁并不是什么令他觉得羞耻的事情,以他的聪颖和额娘们的提示,他能够理解母亲的行动意在保护他的皇位。

"太后下嫁"的关键就在太后下嫁的这个"下"字上。这一个字规定了多尔衮的名分和地位。就像公主下嫁一样,驸马的地位再高,也越不过公主的尊贵;他纵然号称皇父摄政王,也仅只等于是太后的"驸马",地位总是在太后之下的。他只能是皇帝的继父、太后的后夫,无论是名分还是等级,他都没有称帝的可能。何况婚姻关系的羁绊、以周公相许相期的激励,使他的野心几乎化为流水。他只能做那个在历史上因辅佐侄子成就帝业而德高望重的周公了。

这桩婚姻的特殊之处还在于,作为"驸马"的多尔衮自己有一个妻妾成群的大家庭。他只能用大多数时间在紫禁城与太后同宫而居,间或回王府照看照看。他的妻妾们纵然不满也不能说什么,因为论尊论贵,论才论韵,她们都绝对无法与太后匹敌。这更是对多尔衮的又一重束缚了。

不过,孝庄文皇太后也给了多尔衮极大的补偿:他以皇父摄政王的身份处理一切政事及批示本章,可以不奉皇上之命,概称诏书圣旨下发。他已经握有皇帝的权力,可以说就是代理皇帝,然而终究还是个假皇帝。因为他绝不能居皇帝之宫、绝不能登皇帝之宝座、绝不能称万岁在太和殿朝会时受诸王百官朝贺等等。天下仍然是顺治的天下,大清的皇帝仍然是福临。

太后下嫁的第二年,即顺治七年(1650年)的十一月,多尔衮仿照他的汗兄以打猎边外来消病健身,终于无效,十二月初九日病死在喀喇城。时年39岁。最大的威胁解除了,孝庄文太后大大地松了一口气;可是回想与多尔衮20多年的情爱和波折,又不免痛快地大哭了一场。十二月二十六日,顺治皇帝下哀诏于中外,称颂多尔衮的至德丰功,决定追尊多尔衮为义皇帝,庙号成宗。可是追赠的皇帝也不过当了40来天,就因生前的谋逆大罪而削爵、黜宗室、毁坟、财产入官了。直到120多年后的乾隆年间,才由乾隆皇帝本人为多尔衮平了反,恢复王爵,追谥为忠,配享太庙,并命其爵世袭罔替,成为清初的八个铁帽子王之一。

不过,从目前见到的文献及档案史料,既不能确切证明孝庄当年下嫁过多尔衮,也不能证明孝庄就没有嫁过多尔衮。如果综合分析一下当时满族社会的历史背景、满族早期的婚俗,以及当时宫廷斗争的情况,孝庄下嫁给多尔衮是可能的。首先,从清初的皇室婚姻看,他们的婚姻与汉族传统的伦理道德观念尚有很大差异,这是因满族社会正在向封建制的过渡阶段,满族

二八六

"旧俗"中那些不分辈分,乃至群婚制残余仍有影响。皇太极的后宫中就存在着姑侄三人同事一夫的怪现象。而且,皇太极后来不仅将自己的女儿嫁给妻兄吴克善之子,还嫁给其祖父之子。至于太祖努尔哈赤时期就更混乱了,如努尔哈赤既妻乌拉贝勒布占泰的侄女阿巴亥,又将自己的女儿穆库什嫁布占泰。而兄亡弟妻其嫂更视为常事,努尔哈赤的继妃富察氏便是同族亡兄之妻。皇族中这种"兄终弟及"的婚姻习俗在清初普遍存在,孝庄在皇太极死后嫁给贵为摄政王的小叔是很自然的事。

况且满族人中实行早婚,皇室中多"老夫少妻"。因而,以寡嫂年少,弟妻其嫂者不乏其人。当时多尔衮还年长孝庄两岁,加之庄妃美貌超群,多尔衮又极好声色,娶一位美丽的少妇,地位又极尊贵,也是他的追求。所以在那个时代,孝庄以寡嫂嫁给多尔衮是极可能的。但是,皇太极死后仅一年,摄政王多尔衮便挥师入关,入主中原。在汉族封建礼仪道德观的冲击下,满族人,包括皇室中那些"陋习"逐渐被剔除。所以,以前视为自然的婚姻习俗变得不再体面,以后的史书里为尊者讳,有可能便把太后下嫁的事删掉了。

但是当时的种种迹象表明,孝庄与多尔衮之间可能存在着事实上的婚姻关系。其一,福临即位时,原定由济尔哈郎(舒尔哈齐子,皇太极堂兄),时封郑亲王与多尔衮共同摄政监国,而且济尔哈朗位在前。后来多尔衮多方排挤济尔哈朗,改称"叔父摄政王",既抬高自己,又打击了别人。顺治五年后,又改称"皇父摄政王"。康熙二十六年(1687年),孝庄文皇太后病危,弥留之际嘱咐孙儿在其死后,"务于孝陵近地(其子福临的皇陵),择吉安厝,则我心无憾矣"。孝庄以皇后之尊,理应送到盛京昭陵与先帝合葬,为何反倒要留在儿子的身旁?岂不与理不合?当然,孝庄是极聪明的人,对自己的身后事早有考虑,故提出死后不回盛京的理由是"不要惊动太宗"。而且,清历朝启建的皇后陵均建在"风水墙"内,诸如孝惠、孝圣诸后,而唯孝庄皇后的陵墓建在了"风水墙"外,即昭西陵风水墙外,是想告诉人们她已不属太宗的皇后吗?另外据说,她在遗嘱中要求将她生前喜爱的新建不久的慈宁宫东王殿拆迁到遵化县孝陵近地做"暂安奉殿",康熙皇帝遵祖母的遗愿一一办理了。但据孝陵附近的故旧耄耆口碑传闻,说是当年浮厝孝庄灵柩的享殿里曾刻有太后下嫁时文武百官的贺词,将这座宫殿迁至墓地,便可掩盖此事了。

从以上种种令人疑惑的现象来分析,孝庄和多尔衮之间存在着事实上的婚姻关系是可能的,而且这种关系的存在恐怕不仅仅是出于男欢女爱的情爱需要,更主要的还是以政治利益、权势的协调和平衡为主。因此,多尔衮一死,在其尸骨未寒的情况下,少年天子福临便以其生前"谋逆"罪,毫不留情地将其削爵撤庙享,藉没家产等一系列处罚。所以,即使有"下嫁"一事,也应将太后的下嫁视为孝庄所采取的一种政治手段,是为了笼络多尔衮,使他放弃争夺皇位,扶立其幼子,从而稳定政局的一种策略。

海兰珠为何宠冠后宫

清太宗皇太极后宫中有五位后妃,包括孝端文皇后和后来的孝庄文皇后等个个都是艳丽超群的美貌佳人,然而其中最受宠爱的莫过于关雎宫宸妃海兰珠了。

宸妃是蒙古科尔沁贝勒寨桑之女,姓博尔济吉特氏,名海兰珠。她是孝端文皇后的侄女,庄妃(孝庄文皇后)的亲姐姐。海兰珠生于明万历三十七年(1609年),比庄妃大四岁。

按理说,皇太极已经在博尔济吉特氏家族中纳了姑侄二人,不应再娶海兰珠,那为何还要迎海兰珠进门呢? 原因很简单,在海兰珠入宫前,孝端文皇后和庄妃都没有生过男孩而科尔沁部的贝勒却希望本部妃子所生的男孩继承皇位,以保证本部的地位。于是有了再选佳人入宫的打算。皇太极早就听说海兰珠美貌,十分仰慕。天聪七年(1633年),孝端文皇后哲哲的母亲科尔沁大妃偕同次妃(海兰珠、庄妃的母亲)来沈阳朝见皇太极,皇太极招待极为热情,双方盛宴之际,定下了皇太极与海兰珠的婚事。

天聪八年(1634年)五月,皇太极亲率大军西征明朝的大同、宣府一带,并收降察哈尔林丹汗的部众。九月十九日,刚刚凯旋返回盛京,国舅吴克善便于十月十六将大妹妹海兰珠送来盛京与皇太极成亲。皇太极偕皇后诸妃出城相迎,设大宴,以礼接纳。前来送亲的还有海兰珠的母亲科尔沁次妃,以及其四哥额驸满朱习礼。皇太极分别向次妃和吴克善、满朱习礼赠送雕鞍马、貂裘、豹裘、貂镶朝衣、缎布、银器等物。十月廿五,皇太极为了征宣化府大同军凯旋和察哈尔诸臣举国来附,暨科尔沁卓礼克图台吉吴克善送来海兰珠这两件大喜事行庆贺礼,召大贝勒代善及诸贝勒大臣进宫,备陈乐舞,设大宴,气氛极为热烈。将海兰珠的到来与出征凯旋并列庆贺,可见皇太极对新妃的特殊重视。

海兰珠的美使皇太极为之倾倒。海兰珠入宫以后,倍受皇太极宠爱,两人情投意合,几乎形影不离。皇太极有意无意地冷落了其他后妃。皇太极将满腔的爱都倾注在海兰珠身上,在崇德元年(1636 年)册封后妃时,海兰珠被封为关雎宫宸妃,地位仅次于皇后哲哲。

姐姐被纳为妃,并且立即得宠,在普通家庭,像庄妃这样的地位,很难与之和睦相处,必然争风吃醋,闹得鸡犬不宁。但是庄妃是个很有心计并深明大义的女子,为了博尔济吉特家族的利益,她并没有像一般女子那样与姐姐争宠,相反与姑姑皇后哲哲和姐姐宸妃的关系一直很好。

海兰珠果然没有辜负博尔济吉特家族的希望,入宫的第二年,也就是崇德二年,宸妃海兰珠就为皇太极生了一个儿子,即为皇八子,皇太极顿时欣喜若狂,很快就决定立这个婴儿为皇位继承人,大宴群臣,并破天荒地颁布了大清朝第一道大赦令,大赦天下。无奈此子福薄命短,来到人世间刚半年,尚未来得及命名就夭亡了。爱子的死给皇太极和宸妃以沉重的精神打击。宸妃所遭到的打击尤重,整日郁郁寡欢,终于忧闷成病。崇德六年(1641 年)九月,皇太极正在松山战场上指挥作战,忽然传来宸妃病危的消息,皇太极大吃一惊,将军务托付给领兵的多尔衮,自己立即兼程赶回盛京,途中,他还特意派大学士希福、刚林等人骑行在前,向宸妃传达自己的问候。但当他进入关雎宫时,宸妃已驾返瑶池了,终年 33 岁,正是风华之年。皇太极悲恸欲绝,寝食俱废,乃至昏死过去,经紧急抢救,才渐渐苏醒过来。为表示对爱妃的悼念,皇太极为宸妃举行了隆重的丧礼,赐谥号为敏惠恭和元妃,这是清代妃子谥号中字数最多的。皇太极还为海兰珠安排了各种各样的祭奠活动,他多次率领王公大臣们到她的殡所祭奠,并且宣布在为宸妃发丧期间免去朝贺仪式,停止国内筵宴乐舞。胆敢违令的地位再高也要受到处罚。郡王阿达礼,辅国公扎哈纳都因为在此期间寻欢作乐而被削去了爵位。宸妃死后不到两年,皇太极也命归九泉了。皇太极对宸妃这种真情笃意,在历朝皇帝中都是少见的。

清宫秘史

宸妃死后火化，初暂安于盛京地载门外五里的墓地。皇太极葬入昭陵之后，宸妃也被迁葬到昭陵妃园寝内。

顺治的表妹皇后为何被废

顺治皇帝福临刚13岁的时候，皇室就为他选立了皇后，这位皇后是蒙古族人，居住在蒙古科尔沁大草原。她的父亲卓礼克图亲王吴克善是孝庄文皇后的哥哥，也就是福临的亲舅父，所以这位皇后就是福临的表妹。顺治八年正月，吴克善把女儿送到了皇宫。同年八月十三日举行了清朝开国以来在紫禁城第一次的皇帝大婚礼，14岁的福临与表妹博尔济吉特氏成亲圆婚，成为伉俪。

皇后天生丽质，美貌超群，而且聪明灵巧。可是婚后刚两年，小两口就感情不和，分宫而居。顺治十年九月，福临不顾群臣的多次苦谏，废掉了这位皇后，将她降为静妃，改居侧宫。

福临为什么要废掉这位聪明美丽的皇后呢？

原来这位皇后嫉妒心特强，醋劲十足。她发现众妃嫔中哪位比自己漂亮，嫉妒之意立即顿生，于是想方设法陷害，置之死地而后快。她想独承雨露，夜夜专宠，因而反对皇帝召幸其他妃嫔。另外，这位皇后生活奢侈，挥霍无度。她所穿的衣服都必须是用珠玉装饰的。她所用的餐具如果一件不是金质的，立刻大发雷霆。她的这些生活习性与福临正好相反。福临生性俭朴，因而对皇后十分反感。摄政王多尔衮死后追论获罪，福临对他极为痛恨。而这位皇后恰恰是多尔衮为其所聘，因而痛恨之意也殃及皇后。因为上面这三个原因，福临与皇后的感情逐渐破裂，婚后不久就分居了。福临起初还能忍耐，到了两年以后，终于下定决心，废掉皇后。

顺治福临的后妃都葬在了东陵，其中季陵葬两位皇后，孝东陵葬一位皇后、七位妃子、四位福晋、十七位格格。以上三十一人都有名有姓，唯独就没有那位废后。这位废后自降为静妃，改居侧宫以后，在官方的一切记载中就销声匿迹了。她是什么时候死的？怎么死的？为什么死后没葬在东陵？究竟葬在了什么地方？因为清初档案大部分遗失或毁坏，加之这些又是皇宫

帐闱秘事,讳莫如深,所以这一连串疑问已成了鲜为人知的秘密。

董鄂妃是董小宛吗

关于顺治皇帝的孝献皇后董鄂妃,社会上有各种传说。最普遍的一种就是说她是明末清初的秦淮名妓董小宛。豫亲王多铎出兵讨伐南明时,占领南京后将董小宛带回献给顺治。清末野史还盛传,董小宛是被南下的洪承畴俘获。洪本想自己霸占,因董誓死不从,才将她送入皇宫,成了顺治帝的爱妃。顺治对董小宛宠爱有加。后来,董小宛触怒孝庄皇太后被赐死。顺治竟因此把万里江山往他的儿子玄烨手里一丢,自己到五台山出家了。

到底孝献皇后是不是董小宛呢?经史学家多年考证,认为孝献皇后与董小宛原本就是两个人。

历史上确有董小宛其人,她生于明朝天启四年(1624 年),名白,字青莲,后来成为秦淮一带的名妓。她 19 岁从良,嫁给江南才子冒襄为妾。二人感情真挚,相敬如宾。清军南下时,为避战乱,夫妻二人颠沛流离,相依为命达 9 年之久,后来董小宛终因劳累过度,于顺治八年(1651 年)病死,年仅 28 岁,葬于影梅庵,当时名人赠吊的挽诗很多。这样算来,当顺治呱呱坠地时,董小宛已 15 岁。到顺治二年,顺治帝刚 7 岁,而董小宛已 22 岁,7 岁的皇帝怎么可以纳 22 岁的汉族妓女为妃子呢?孝献皇后是顺治十三年入宫的,那时董小宛已死 5 年。显而易见,董小宛绝不可能是孝献皇后。

那为什么野史能把董小宛与孝献皇后扯在一起呢?原来是她们的姓中都有一个董字,二人又都是倾国倾城的绝色佳人。在编写野史时,为了使故事情节离奇,能引起读者的兴趣,于是文人墨客采用移花接木之术,把董小宛和孝献皇后说成是一个人。

历史上真实的孝献端敬皇后董鄂氏,即董鄂妃,是顺治朝内大臣鄂硕之女。她 18 岁时入宫。顺治十五年(1658 年)生皇四子荣亲王,不久爱子病逝,董鄂妃十分伤心,身体每况愈下,于顺治十七年(1660 年)八月病逝,时年 22 岁。入宫后,董鄂妃因其美貌和贤良,颇得顺治宠爱,刚入宫一个月就晋封为皇贵妃,死后三天就被追封为皇后。但是,在顺治帝死后,她的地位

急转直下,遭到了一系列冷遇:神牌不进太庙,不系世祖谥,祭祀降格,死后没有推恩外戚,丧仪未列入《大清会典事例》等。这样的结果其实并不是董鄂氏本人的原因。而是由于因为她顺治曾两此废后,而皇后却都是孝庄皇太后的侄女和侄孙女,孝庄皇太后对此自然很不满意。皇亲国戚也更不满意顺治给她的皇后桂冠,觉得名不正言不顺。人心不服,董鄂妃倍受冷落也就很自然了。其实也可能还有一个原因,从董鄂妃死后火化看来,董鄂妃可能是患上了天花,并传染上顺治,因此半年之后,顺治也因出痘(天花症)而亡,招致皇族之恨。

另外,关于董鄂妃还有一个传说,一些史学工作者经过考证,认为孝献皇后是襄亲王博穆博果尔的妻子,而博穆博果尔正是顺治的同父异母弟。主要依据就是钦天监洋人汤若望在回忆录中的一段记载:

顺治皇帝对于一位满籍军人的夫人,起了一种火热的爱恋。当这军人因此申斥他的夫人时,竟被对于他这申斥有所闻知的天子亲手打了一个耳光。这位军人于是乃因愤至死,或许竟是自杀而死。皇帝遂即将这位军人的未亡人收入宫中,封为贵妃。这位贵妃于1660年产一子,是皇帝要规定他为将来的皇太子的。但是数星期之后,这位皇子竟去世,而其母于其后不久薨逝。皇帝大为哀痛,竟致寻死觅活,不顾一切。

汤若望是当时的钦天监监正,是德国传教士,与顺治关系比较密切,因此他的这段回忆可靠性、可信性很高。根据他的这段回忆,这位军人的未亡人当然是后来的孝献皇后,那是毫无疑问的,但这位自杀的军人是否一定是博穆博果尔,却令人怀疑。博穆博果尔是皇太极第十一子,生母为懿靖贵妃。顺治十二年十二月封襄亲王,翌年七月初三日死,年仅16虚岁,实足年龄才14岁零6个月。

也有人提出,清初有命妇轮流入侍后妃的制度,因此,持孝献皇后的前夫是襄亲王的观点的人认为,亲王的福晋是命妇,是要轮流入宫服侍后妃的,这便给顺治帝与弟媳相识热恋提供了机会。但孝献皇后的前夫是否就是襄亲王博穆博果尔却并无证据,还有待进一步考证。

乾隆孝贤纯皇后之死

孝贤纯皇后（1711—1748年），富察氏，察哈尔总管李荣保的女儿。嫁给皇子弘历后，被册封为嫡福晋，乾隆二年（1737年）册为皇后。其性情温婉，平居恭俭，不御珠翠，深得乾隆敬重。乾隆十三年死后，乾隆悲痛欲绝。其生二子二女，其中二子一女早夭，葬裕陵。

乾隆皇帝堪称大清帝王中一位风流天子，也是一位多情帝君，曾数下江南微服私访，所以野史和民间便编造出许多的逸闻轶事，为人们茶余饭后所津津乐道。关于他的第一个皇后富察氏之死，在后世流传甚广的《清朝野史大观》中是这样描述的："高宗（即乾隆）孝贤皇后，傅文忠公恒之妹也。相传恒夫人与高宗通，后（指孝贤皇后）屡反目，高宗积不能平。南巡还至直隶境，同宿御舟中，偶论及旧事，后诮讥（责备）备至。高宗大怒。逼之坠水，还京后以病殂（即病逝）告，终觉疚心（内疚），谥后号孝贤。"也就是说孝贤皇后因为阻止乾隆爷与其弟媳私通而引起高宗震怒，被逼投水自尽的。

还有一种说法是，乾隆出巡到了德州后，在船上通宵作乐；皇后在其他船上听说后，担心发生意外，遂当即来到乾隆的御舟，予以劝阻，语言严厉。当时乾隆已经喝醉了，极为愤怒，对皇后大加责骂。皇后羞怒而回，失足落水而死。乾隆酒醒后，对皇后之死极为痛悔，命庄亲王和诸王陪太后回京，自己留在德州，亲自守灵，扶棺回京。办理丧事的规格，自然比其他后妃都要高出许多。

在另一则版本的野史里说，乾隆皇帝在御舟中招幸娼妓数十人，歌舞侍宴，被孝贤皇后撞见，怒责娼妓，对乾隆言语讥讽，乾隆大怒，对皇后拳脚相加，富察氏悲愤所致，投水而死。乾隆酒醒之后，追悔莫及，所以孝贤丧仪特别隆重。

这两种说法虽略有出入，但均说孝贤皇后是落水身亡，这俱因孝贤皇后之死，确实是在出巡返回京师的舟船之上。但是宫禁规矩严格，内廷举行贺礼及筵宴，皇帝身边侍卫、太监众多，又在众目睽睽之下，乾隆怎么得以与皇后戚属勾搭成奸？还有就是，乾隆皇帝出巡时又奉随皇太后钮祜禄氏同行，

自有众多妃嫔随往,不仅有皇后一人。此时乾隆已年届四旬,不但有雍容华贵、美貌贤慧的皇后陪伴,且有妃嫔数人随侍,为何自轻自贱到招娼妓御舟之中寻欢作乐,何况有高堂圣母皇太后在凤舟之内? 所以,这些说法应属无聊文人的异想天开,皇后的死因跟吃醋是风马牛不相及的。

其实,乾隆皇帝和皇后富察氏的感情非常深厚,乾隆在富察氏去世后相当长的一段时间,乾隆完全沉浸在巨大的悲痛之中。乾隆为怀念、哀悼皇后富察氏所做的悼亡诗,婉转凄切,感情深挚,不但在御制诗中是难得的上乘之作,即与古代其他著名的悼亡诗相比也一点不逊色。

皇后富察氏,大家闺秀,美而贤慧。她在皇太后前趋走承欢膝下,恪尽孝道,与乾隆帝结发夫妻,朝夕相处,温柔体贴,至敬至诚。皇后虽出身名门望族,但生活俭朴,一生不着华服,不饰珠翠,保持着自然的丰美。乾隆还没有做皇帝的时候,就和富察氏成婚了。新婚之际,夫妻俩恩爱缠绵,伉俪情深。在乾隆眼中,富察氏的一言一行,一举一动都是那么的迷人,那么的可爱,她简直就是完美的化身。古往今来,一切贤淑女子,有谁能超过眼前这位姑娘? 在富察氏眼里,夫君是那么英俊、那么睿智,虽贵为皇子,却对自己体贴入微,相敬如宾,一种终生有靠的欣慰之情便油然而生。尤其是想到有一天或许他将担承大清的统绪,富察氏便从心灵深处感到激动和亢奋,同时,又有几分畏惧和恐慌。

他俩成婚第二年(1728 年)十月,富察氏为乾隆生下了一个漂亮的小女孩。然而,仅过两年,此女就不幸夭亡。雍正八年(1730 年),富察氏生下儿子永琏。永琏是一个长相俊秀,天赋极高的孩子,乾隆夫妻对他异常宠爱,作为祖父的雍正皇帝对这个孩子也十分疼爱,认为他长大以后,定是一个能够担承君国子民重任的治国之材。他曾暗示乾隆:将来做了皇帝后,应立永琏为继承人。喜上加喜的是,次年(1731 年)富察氏又为乾隆生下一个千金,这就是固伦和敬公主,乾隆与富察氏有了一对活泼可爱的小儿女,其兴奋、满足之情可想而知。

公元 1735 年,雍正去世,乾隆即位,富察氏成为皇后。从此,她除了对乾隆深挚的夫妻之情外,又增添了一份"母仪天下"的庄严责任感。为了使自己以及妃嫔们的一言一行都符合儒家规范,有助于乾隆治国安民,富察氏特建议乾隆将历代妃嫔、皇后中最为贤明的 12 人的像绘于内宫之中,组成宫训图 12 幅,其中有"西陵教蚕""太姒诲子""姜后脱簪""樊姬谏猎""燕姑梦兰""许后奉案""婕妤当熊""班姬辞辇""马后练衣""徐妃直深""昭容评涛""曹后重农"等,乾隆亲自撰写赞辞,使妃嫔们有效法的榜样。

过去,宫中常用金丝银线织成荷包进呈皇帝,富察氏认为这一做法过于奢侈,于是将其革除,她仿照满族在关外的传统,用鹿羔毯绒为乾隆制成佩囊,提醒他不要忘记祖宗创业的艰辛。乾隆九年(1745年),蚕坛筑成,皇后于是率众妃嫔等行亲蚕礼,"求桑献茧,效绩公宫"。说到皇后率妃嫔行"亲蚕礼",也是仿效古制。作为封建帝王,往往标榜自己如何勤于政务。每年还要于农时举行"耕耤礼","亲蚕礼",用"皇帝亲耕"来表白自己关心民生衣食。康熙皇帝就曾在西苑的承泽园内亲自种过水稻,称"御稻",搞了一块试验田。同时在园左右设立蚕舍,养蚕缫丝织帛。雍正即位后,效法其父,很重视农业生产,提倡利用荒山坡地种树植桑,以资民生衣食。并于西苑北郊建先蚕祠,设蚕坛、观桑台、亲蚕殿等,以备后妃等行亲蚕礼。乾隆也遵祖制而行。皇后率先垂范,身体力行,每年值蚕茧收获之后,便率领妃嫔宫人缫茧成丝,并命官为染织制成御衣,"以朝以祭,皆其所供也"。当然,偌大个清朝并不在乎皇后及宫人所获的一点蚕丝制衣,而贵在提倡纯朴节俭的精神。对皇后这种崇俭去奢之举,乾隆感到由衷的宽慰。

富察氏温柔贤慧,对乾隆皇帝一往情深,关怀备至。富察氏深知大清帝国的传统,女人不能干政,她也深知乾隆的个性,他敏感的自尊心不能容忍别人对自己的君权有丝毫侵犯。对为君之难,为后妃者只能体谅,不能分担。自己所能做到的就是用默默的爱去抚慰皇上,使他放松,使他愉快,用自己全部身心去体贴他,将自己作为丈夫最安全、最舒适的避风港。一次皇上患疖疮,经御医治疗虽已初愈,但医嘱仍需将养百日方可完全康复。皇后闻知后,虽然既要在太后前承欢,又要摄六宫事,同时还要鞠养教诲子女,多有劳累。但她仍不用其他妃嫔,每天亲自奉侍榻前。每到夜晚,则睡卧于皇上寝宫外,以备随时奉茶倒水。皇上养病期间,她亲视医药,从无懈怠,直至百日,乾隆皇帝身体完全康复,强健如初,才到回本宫。一百天后,乾隆身体康复如旧,富察氏却消瘦了许多。当左右大臣恭贺皇上龙体复原,洪福齐天时,乾隆心想,有富察氏这样的贤妻,就是朕最大的福气。这个时期的清朝宫廷,真是充满了温馨与和谐,乾隆无内顾之忧,一心一意治理国家,整饬吏治,革除弊政,施恩于百姓,在民众中享有崇高威望,史书载:当时"万民欢悦,颂声如雷",民间甚至出现了"乾隆宝,增寿考,乾隆钱,万万年"的歌谣,大清帝国出现了政通人和、国泰民安的繁荣景象。

然而,命运似乎故意与这对恩爱夫妻作对。乾隆三年(1738年)十月十二日,他们视若心肝的儿子、年仅9岁的永琏竟突患寒疾,当即死亡。这对乾隆和富察氏都是极其沉重的打击。永琏年纪虽小,但品性淳良,悟性极高,酷爱读书,言谈举止中洋溢着帝王之家特有的富贵之气。乾隆在他身上寄托着莫大的希望。即位不久,就仿雍正当年成例,将永琏秘密定为皇储,并亲写传位密诏,将其藏于乾清宫"正大光明"匾后面,万一有一天自己发生意外,群臣就可以从匾后取出诏书,立永琏为帝。并对大臣们说:秘密建储并非长久之计,等将来皇子(指永琏)年纪大一些,知识增加,道德巩固树立,不可能被邪恶思想引诱变坏以后,朕仍将颁布诏书于天下,公开册立皇太子。然而,现在愿望落空了,乾隆将当初自己亲手写下的密诏给大臣们看,不禁泪如雨下,悲痛万分。

这场灾难最大的受害者是皇后富察氏。噩耗传来,她悲恸欲绝。她无法相信,昔日天真活泼的儿子竟会永远离去,永琏那清秀的脸庞、悦耳的声音,不断在她脑海里出现,以致她无法吃饭、无法安寝。她将永琏玩过的玩具、看过的书、用过的笔都默默收藏起来,她不敢看,又不能不看,她不敢想,又不能不想。曾多少次,她在梦中怀抱娇儿,醒来方知两手空空,唯有以泪洗面。第二天,当她去见皇太后、乾隆的时候,还不得不强装笑脸,她不愿因自己失子的哀伤,过多地影响母亲和丈夫的情绪,就这样,她用自己柔弱的身躯承受着悲伤。

为了让皇后开心起来,乾隆对她比以前更加细腻体贴。乾隆十年(1745年)夏,富察氏又有了身孕。这对于富察氏来说,真是天大的喜事,抚摸着腹中的婴儿,她由衷地感到幸福。现在,她将自己全部的心血都用于哺育这个未出世的孩子,想象着他的性别、长相,出生后清脆的啼哭以及充满稚气的一举一动。孩子,使她几乎绝望的心灵又燃起了希望的火花。看着富察氏逐渐红润的脸庞,太后和乾隆心里顿然轻松了许多。乾隆私下对富察氏说:若所生为儿子,朕将来必立之为太子。富察氏一听此言悲喜交集,她想到了永琏,也想到了腹中的婴儿,更为皇上对自己的关怀和恩爱而感动万分。

乾隆十一年(1746年)四月八日,富察氏生下了一个健壮的男婴,取名永琮,即含福隆寿永,以延宗祀之意。不仅如此,乾隆在内心已将这个小小男孩作为皇位继承人,希望用良好教育精心培养他,使其长大以后,能承担统治天下的重任。在他心中,未来的皇位早已非永琮莫属。可是,上天偏偏不让他们长久地沉浸在幸福之中,当永琮刚满一岁零八个月的时候,在大年三十(农历十二月二十九日)竟因出痘不治而亡。乾隆看到自己和皇后所生的儿子及自己定的皇位继承人一个接一个夭亡,开始感到前所未有的恐惧和疑惑,他悲恸,更多的是不解,为什么不幸偏偏降落到嫡子身上?他哀叹说:本朝还没有以皇后所生嫡子继承皇位的,朕一意孤行,想做先人没有做到的事,可是嫡子早亡!

　　这次打击,把富察氏彻底摧垮了。八年之中,两丧爱子,前后所生四个孩子,竟有三个夭亡。对任何一个母亲来说,都是难以承受的打击。皇后富察氏除了在皇太后、皇帝面前强装笑脸外,整日郁闷无语,常常一个人望着渺渺苍穹,轻声呼唤着永琏、永琮的名字,有时她甚至热切期待着到另一个世界去拥抱自己的孩子。

　　痛失二子,对孝贤皇后的打击太沉重了。就在永琮死后不足三个月,即乾隆十三年(1749年)正月,皇后富察氏含悲忍痛,随驾奉侍皇太后巡幸山东。为尽儿妇之道,皇后在太后前仍强颜欢笑,侍膳承欢,耐心服侍。乾隆皇帝率皇后等奉母巡游,也有个目的,就是为使皇后饱览山川景色,以释愁怀,减轻失去爱子的悲痛。为了让皇后心情愉快,乾隆特让富察氏的弟弟、户部尚书傅恒一同前往,负责办理巡幸中内阁事务。这是一次颇为壮观的旅行,庞大的巡幸队伍一路游山访古,时走时停。过卢沟桥,憩弘恩寺,览古涿州,驾临曲阜,登泰山,诣玉皇庙,阅兵于济南,泛舟于大明湖上。皇后陪侍太后、皇上,一路上观赏东土的山光水色,风俗民情,似乎一时忘掉了心中的痛苦。

　　其实,富察氏的兴奋与兴趣不过是为了不让乾隆以及太后失望,她内心的忧伤依然如故,而且与日俱增。当她路过乡村城镇,看到平民家的孩子到处活蹦乱跳便心如刀绞。山东的暮春,乍晴乍雨,冷暖不定。习惯于北方寒冷、干燥气候的富察氏在济南开始感到不适,太医诊断为寒疾,乾隆闻讯,立即下令推迟回銮,以便她在济南休息几天,使身体早日康复。然而,富察氏却不愿因自己而导致众人长时间滞留外地,而且京师还有许多政务正等待着皇帝回去处理,更重要的是,如果在济南停留时间太长,势必引起皇太后的怀疑,而她却不愿意太后为自己的健康过分操心。见皇后执意要回京,乾隆只得答应,但皇后的身体实在太虚弱了,再加上旅途的劳累,使她根本无法抵御疾病的侵袭。三月十一日(公历4月8日),龙船行到德州的时候,富察氏病情突然恶化,惊慌失措的乾隆令将其火速抬往御舟,并调集良医会诊。这个时候,随驾的诸王、大臣也得到消息,纷纷前来问安。然而,为时已晚,病入膏肓的富察氏早已奄奄一息,到半夜时分,竟溘然长逝,和永琮去世的时间,仅仅相隔三个月!

乾隆皇帝本就对这位少年结发之妻感情深厚,情深义重,今日一旦永诀,心中哀痛不已。然又远离京师,在外舟行途中遇皇后丧事,只好强忍悲痛,安排太后等人回京事宜。他一面命皇亲庄亲王允禄与和亲王弘昼二人恭奉皇太后御舟缓行回京,自己则留在德州安排皇后殡殓事宜,然后扶棺返回京师。皇后梓棺经通州抵京,由东华门入苍震门,于皇后生前居住的长春宫暂时安厝,先已命王公大臣及公主王妃以下,大臣官员命妇、内务府佐领、内管领下妇女分班齐集,身穿缟服跪迎入宫,皇帝亲自临视皇子祭酒。为了筹备皇后富察氏大丧礼,乾隆皇帝特擢派履亲王允祹、和亲王弘昼、户部尚书傅恒、工部尚书哈达哈、户部右侍郎舒赫德、工部右侍郎王和等总理丧仪,为皇后举行一系列隆重的丧礼。

乾隆皇帝念与富察氏22年伉俪情深,痛悼皇后之丧,频频举行祭奠活动。既到皇太后居住的畅春园请安,也要抽空到景山观德殿皇后梓宫前奠酒哀悼一番。直到这年闰七月,皇后之丧已逾四月,仍祭奠不辍。到冬季十月,孝贤皇后梓宫移至京东静安庄,乾隆帝也车驾亲送。而且,在一年之中每月都有一、二次去静安庄致祭。试想乾隆皇帝乃一国之君,又值平定金川之乱期间,日理万机,竟如此忙中偷闲,频繁举行悼念活动,足见皇上对孝贤皇后的依恋之情。一直到周年之后,仍时常到皇后殡所奠酒举哀,说不尽的怀念,道不完的情思,直到十七年十月入葬直隶遵化州(今河北遵化县)清东陵胜水峪地宫,即后来乾隆皇帝的裕陵。嘉庆四年,乾隆皇帝寿终正寝,与之合葬地宫,这一对恩爱夫妻到冥间相伴去了。

皇后富察氏死后也为之举行过隆重的册谥礼,谥曰"孝贤皇后"。说起皇后获谥，"孝贤"，还有一段故事。早在三年前，即乾隆十年（1745年）正月，乾隆皇帝一位宠妃高佳氏病逝，追封皇贵妃，命谥号"慧贤"。当时皇后在身边，见谥高佳氏慧贤名号，便请求道："吾他日期以孝贤可乎？"这本来是夫妻间一句戏言，因为当时富察氏年仅34岁，身体也好，乾隆皇帝当然不以为意。不想事过三年，竟戏言成真，皇后年纪轻轻，竟突然病逝。乾隆皇帝在考虑追谥名号时，便想到皇后当年所求，以及其一生的贤淑品德，于是谥以"孝贤"，既名副其实，又履了前约。48年后，他传位其子，当了太上皇，这时他已86岁高龄了。这年暮春，他又来到孝贤皇后墓前，以酒相祭。当年他亲手种下的松树，如今已高入云天，触景生情，想到昔日夫妻二人相约偕老，不仅感伤万分，曾专门赋诗记其事，并说："偕老愿虚，不堪追忆。"由此来看，乾隆对孝贤皇后的爱情是真挚绵长的。

乾隆皇帝对孝贤皇后的悲悼和怀恋，是出于对她人品德性的敬重。他曾对皇后短暂一生做了较全面的评述："皇后富察氏，德钟勋族，教秉名宗，作配朕躬，二十二年，正位中宫，一十三载。逮事皇考，克尽孝忱，上奉圣母，深蒙慈爱。问安兰殿，极愉婉以承欢，敷化椒涂，佐忧勤而出治，性符坤顺，宫廷肃敬慎之仪，德懋恒贞，图史协贤明之颂。覃宽仁以逮下，崇节俭以提躬，此宫中府中所习知，亦亿人兆人所共仰者。兹于乾隆十三年三月十一日崩逝，惟内佐久藉赞襄，追念懿规，良深痛悼……从来知臣者莫如君，知子者莫如父，则知妻者莫如夫，朕做赋皇后挽诗，有圣慈深忆孝，宫壹尽称贤之句，思惟孝贤二字之嘉名，实该皇后一生之淑德。"

乾隆对结发妻子的爱恋是毋庸置疑的，但是在民国时候为了给清政府脸上抹黑，许多文人大肆杜撰，说皇后的死是由于乾隆的风流韵事，其实大多是没有根据的捕风捉影，不足为信，可当作茶余饭后的笑谈来听罢了。

乾隆那拉氏皇后为何削发

那拉氏皇后（？—1766年），乌拉那拉氏，左领那尔布的女儿，嫁弘历（即乾隆）为侧福晋，乾隆二年（1737年），封娴妃，进贵妃。孝贤皇后去世后，册封皇后。乾隆三十年（1765年），随乾隆南巡，因与乾隆生隙，愤而剪发,第二年死于北京(有人说死于杭州)。其性情刚烈,对乾隆的多情屡次唠叨,致使乾隆对之生厌。她死后仅以贵妃仪葬丧。生二子一女,女早夭。

乾隆的正妻富察氏死后,乌拉那拉氏被立为皇后,她小乾隆帝七岁。大约在十三四岁时经选秀女中选,当时乾隆皇帝尚在藩邸为皇子身份,是雍正皇帝赐之为侧室福晋。乾隆即位后,于乾隆二年举行册立后妃典礼时,年方20岁的乌拉那拉氏被册封为娴妃。由于她的温柔贤慧,颇受皇太后钮祜禄氏的喜爱,乾隆十年十一月奉懿旨升娴贵妃,对她的温柔婉顺大加褒奖。

和出生显贵之家的富察氏不同,其父那尔布只官至左领,家道并不富有,和满洲勋贵们相比,也不引人注目。那拉氏是一个颇有心计的女人,她身材娇小,体态文弱,举止稳重,言语婉转,在和太后的言谈应对中,总是流露出一种天然的恭顺之情。现在,富察氏既然去世,皇太后决定将那拉氏作为乾隆第二位皇后。太后是这样想的,资历深的妃嫔和乾隆处的时间长,知道乾隆的脾气,了解他的喜好,肯定比一般女子更懂得怎样去抚慰他。而且,这些资深妃嫔和自己当年一样,服侍皇帝一二十年,任劳任怨,勤勤恳恳,也有功于皇家,应当酬劳。既然要从资深妃嫔中选立皇后,当然要从当年雍正帝赐给乾隆的几个妃子中挑选,最符合这些条件的就是那拉氏了。就这样,身为侧福晋的那拉氏自然被皇太后选中了。

乌拉那拉氏入主东宫以后,生活并没有因此而幸福。在中国封建社会里,生活在帝王之家,谁都会有伴君如伴虎之感。而一朝得罪于君王,即使是身为尊贵的皇后也无法掌握自己的命运。终于有一天,乾隆三十年(1765年),乾隆一次南巡途中,乌拉那拉皇后不知什么缘故触怒了皇上,被先期送回京师,幽系深宫,不久便凄惨地死去了。

在那拉皇后病死10余年后,乾隆皇帝才在群臣中披露了皇后生前曾经"自行削发",原因是"精神失常,迹类疯迷"。于是,民间开始盛传清宫中有一位"削发皇后"。令人不解的是,既然皇后削发,为清朝俗所不容,那拉氏为什么做出如此有悖常理的事情?又是什么原因竟使皇后患了"疯迷"之症,使乾隆皇帝对她恩断义绝,几乎要废掉她呢?由于宫禁森严,宫闱之事秘而不宣,所以此事至今仍有争议。

关于乾隆夫妻在杭州反目一事,官文极为忌讳,对其前后经历,不加任何记述,所以史学界至今没有发现详细可靠的原始记载(大概也不可能发

中华宫廷秘史

现），但以下两点是确切无疑的：第一，这次南巡开始以前，乾隆与皇后那拉氏之间就已经出现隔阂，到江苏、浙江一带，乾隆对皇后的表现尤为不满，帝后关系已经趋于紧张。乾隆三十一年（1766年）七月，乾隆回忆此事说："去年春天，朕恭奉皇太后巡幸江浙地区，正玩得高兴的时候，皇后性忽改常，在皇太后面前，不能恭尽孝道，到了杭州，她的所作所为尤其违背正理，举动竟与发疯无异。"这段话清楚表明：在南巡到江苏、浙江时，乾隆就已经感到那拉氏对自己不够恭顺，说她在皇太后面前不能恭尽孝道不过是托辞罢了。

第二，在杭州，乾隆和那拉氏曾发生过激烈争吵，以致夫妻反目，那拉氏极度绝望，竟要剪发出家。对皇后剪发一事，乾隆最初避而不言，只是责其"迹类疯迷"，十余年后，因民间谣言迭出，乾隆才将此事真相部分公开，他说："那拉氏本朕青宫时（即为皇子时）皇考所赐侧室福晋，孝贤皇后崩后，循序进皇贵妃，越三年，立为后，其后自获过愆，朕优容如故。国俗忌剪发，而竟悍然不顾，然朕犹曲予包容，不行废斥。"然而，乾隆没有说明那拉氏的"过愆"是什么，为什么会突然剪发。

对于皇后削发的原因，野史有几个版本的说法。其一是乾隆三十年（1765年）闰二月，皇上率领后宫佳丽、皇子王孙及王公大臣等奉皇太后钮祜禄氏巡幸江南，车驾抵杭州时，皇上在饱览了西子湖畔的美景之后，又想到苏杭二州历来为出美女的地方，何不也去领略一番？于是乔装打扮，仅带两名心腹太监微服私访，登岸冶游。不料此事却被随驾南巡的乌拉那拉皇后知晓，便到皇上面前涕泣谏止，恳请皇上以国事为重，龙体为要，不要在外眠花卧柳，有失体统。然而，乾隆皇帝哪里听得这些逆耳之言，于是大为光火，责骂皇后患了疯病，命人将其先期送回京师，然后打入冷宫幽禁起来。也有的说乌拉皇后被废之后已经心灰意冷，看破红尘，不肯回宫，便断然自行削发为尼，入杭州某寺中修行去了，从此晨钟暮鼓，伴其终生。

为人们茶余饭后津津乐道的还有《清宫奇案》中的"乾隆休妻"的故事。在这个故事中将乌拉皇后描述为是一位本性耿直、端庄美貌的女子，入宫后虽贵为皇后，但极尽妇职，对乾隆皇帝的风流不羁自然时有约束。由于乌拉那拉皇后对皇上的规劝出自爱护，使之也无话可说。在宫中既然难以为所欲为，便借奉母出游巡幸江南之机，以便追蜂逐蝶，摆脱宫禁约束。因此，乾隆皇帝自然不愿时时管束自己的皇后留在身边，所以皇后几次奏请随驾同行,以便在太后膝下承欢尽职,但乾隆皇帝均未许准。皇上启驾那天,皇后不再请旨,便自行令宫女收拾停当,便以恭侍皇太后南巡以尽儿妇孝心为由,自登太后凤舸,一同下江南去了。由于扈驾出巡的王公大员、侍卫太监及宫妃等人员极多,太后凤舸又行驶在前,而皇帝的龙舟又殿后,因此乾隆帝并不知皇后已随同前来。这支庞大而气派的皇家船队,一路之上,彩旗招展,鼓乐喧天,前拥后扈,浩浩荡荡,顺大运河南下。及至济南(其实乾隆皇帝至孝贤皇后丧事后从未入济南城)地方,乾隆听侍臣说济南风光宜人,街市十分繁华,不亚于江南水乡,于是立即传旨泊岸,登陆观光。为了不引人注目,乾隆仅携太监数人微服出行。在饱览了济南的山光秀色之后,这位风流天子竟步入青楼楚馆,到那些俏丽的丝竹女子中寻欢作乐。继之,一些侍臣为讨得主子的欢心,竟然挑选了几十名"夜渡娘"引到龙舟上为皇上吹打弹拉,轻歌曼舞。乾隆皇帝一边欣赏歌舞,一面开怀畅饮,好不快活。

这日至黄昏时分,龙舟上的阵阵丝竹乐曲之声仍不绝于耳。乌拉那拉皇后闷坐舟中越听越气,于是回到凤舸之中,奋笔疾书一道谏章,谈古论今,痛陈利害。写就之后,双手捧着登上龙舟,但此时夜已深,这里的宴乐也偃旗息鼓,皇上业已安寝。乌那拉皇后在这夜阑人静之时,猛一抬头,但见桅杆上红灯高悬,心中不由得一惊。因为清宫规制,有红灯高悬,是皇上已召幸妃嫔侍寝的标志。而皇后主内政,摄六宫,清楚地知道并未召幸某位妃嫔,何况又在出行途中,何故有红灯高挑?其中必有隐秘。

想到这里,那拉皇后真是又急又气,也就顾不得内监的劝阻,径直闯到皇上卧榻之处。而此时正在拥妓而眠的乾隆皇帝听得外面有喧闹声也一时惊起,只见皇后未经通禀旨准便来到榻前,顿时恼羞成怒,大发雷霆,反诬皇后忤逆,并急唤内监侍卫:"皇后贱人,深夜入内,无内监传达,其欲图谋不轨,着火速拉出,严惩不贷!"可怜那拉皇后闻言跪倒在地,声泪俱下,仍苦苦哀求看在多年夫妻的面上,请皇上看过谏章再行发落。乾隆无奈,便恨恨地从皇后手中一把夺过谏章。不看则已,这一看更是怒火中烧,大骂皇后"大胆贱人,竟喻朕为贪恋酒色的隋炀昏君"。于是将谏章撕得粉碎,并朝皇后劈头盖脸打去。此时此刻,那拉皇后见皇上如此绝情,已悲痛欲绝,但仍跪地爬行,拼命抱住皇上一条腿,苦苦哀求,请皇上息怒,听她把话说完。但盛怒中的乾隆皇帝哪里还听得进她的话,一面痛骂,还一脚将皇后踹出好远。

此时内监奉命一拥而上，将皇后拖拽出去。乌那拉皇后遭此辱骂加拳脚之苦，满心委屈。第二天皇太后对儿媳的痛苦不但不理解，反听皇上一面之词，也责备皇后失礼，只劝皇后暂居行宫，待皇上气消后再回京师。至此，那拉皇后已完全绝望了。她不愿再见到负心的君王，也不愿再受深宫精神上的折磨，情愿在此地落发为尼，苦度余生。

有的人从生理学的角度分析，那拉皇后发病削发时年届47岁，正处于更年期，而身为皇后，上有太后、皇上需要处处尽礼，周到服侍，下有众多后宫佳丽需要周旋调教，整日束缚在严格的礼仪之中，抑郁的情绪得不到发泄，此时倘若遇到一些不尽如人意的事情，便易引起情绪过激之举，甚至一时失去理智，做出削发这类触犯宫规的事情。而作为夫君的皇上不但不予理解、劝导和抚慰，反而见责斥骂迫令回宫等寡情寡义的做法，使之病情加重，最后危及生命，中年伤逝。说到底，那拉皇后的削发之举根源在于她的生活遭遇和刚烈的性格。

乾隆皇帝回到京师，本想以那拉氏有病为由而废黜。但此议引起朝中文武大臣的反对和抵制，有的不惜丢掉乌纱和性命，用"死谏"来保皇后。刑部侍郎觉罗阿永阿上疏力谏皇上不可废皇后，结果阿永阿被罢官去职并罚戍黑龙江，后来老死边陲。乾隆皇帝虽然处置了几位谏阻废后的大臣，仍阻止不了廷臣的反对和议论，所以只好保留皇后的名号，但也不过名存实亡。因为此后在事情发生不足三个月的时间里，皇上就下令将乌拉那拉皇后的夹纸册宝四份全部收回，即皇后一份、皇贵妃一份、娴贵妃一份、娴妃一份，实际上等于将皇后进宫以来所有册封全行销毁。六月，又钦点大学士傅恒为正使、协办大学士为副使，持节册封令贵妃魏佳氏为皇贵妃，实际上由这位皇贵妃取代了皇后的位置。而前皇后则被彻底打入冷宫。

乾隆三十一年（1766年）七月十四日，正当乾隆皇帝率领众妃嫔、皇子皇孙及王公大臣等在承德木兰围场追逐獐狍野鹿、飞禽走兽，兴高采烈的时候，乌拉那拉皇后却凄凄惨惨，病逝于清冷的深宫之中，走完了她不满五旬的人生旅途。当皇后病逝的噩耗传到承德木兰围场的时候，正在兴头上的万岁爷并没有什么哀痛的表示，他并未停止游猎，也未赶回京师筹办皇后丧事，仅打发皇后所生亲子回京料理后事。看来他对那拉皇后已无半点感情可言了。不仅如此，他还命令对她以皇贵妃礼安葬，不许她永远拥有单独的地宫,她的棺椁是寄存在纯惠皇贵妃苏佳氏的地宫中,当然更无碑记勒石,每年的祭辰及清明、中元、冬至、岁暮这些重大的祭日均不享祭,更不要说配享宗庙了。人们不仅要问以"椒房之尊"的中宫皇后丧葬祭祀为何如此简略? 死后又何由仅以皇贵妃礼降等安葬? 如此大事与孝贤皇后相比相差悬殊,怎能不引起朝野哗然? 而且还有官员为谏争皇后丧礼而丢了性命? 也许这些答案都关系到乾隆皇帝隐秘的私生活,所以秘而不宣。

纵观乾隆的一生,在他周围虽然不乏女性,可是他的家庭生活并不幸福。30多岁的时候,与他心心相印的孝贤皇后去世,所生爱子夭亡,对其打击沉重可想而知,中年丧妻亡子对任何人来说,都是人生的一大不幸。而继孝贤皇后之后,在乾隆的生活中,竟没有再出现一个他所倾心相爱的女人,竟未能重新开始和谐、美满的生活,对真挚爱情的绝望,使他进一步沉湎于物欲之中,从而导致他的生活方式发生巨大的变化,这一变化不但给当时处于深宫中的另一个女人那拉皇后带来了巨大的痛苦,进而发生削发为尼这样一个惊世骇俗之举,而且促成当时政治风气的转变,官僚们纷纷效法皇帝,穷奢极欲,贪污腐败盛行,从而加快了大清王朝的由盛转衰。

历史上的香妃

相传回部有一位王妃,姿色妙丽,生来就带有一种独特的香气,人称"香妃"。在清朝平定新疆的战争中,乾隆得知了这件事情,便嘱咐西征大将军兆惠务必弄明白。后来,兆惠将军打败了大小和卓,将香妃带回京城。乾隆帝十分喜欢,专门建了一座宝月楼给她居住,楼外是一色的维吾尔毡房,同时将仿造土耳其式建筑的洛德堂作为她的沐浴之所,希望以此讨得香妃欢心,以解她思乡之苦,谁知香妃始终念念不忘国破家亡之恨,常随身带着一把匕首,不管乾隆如何施计讨好,她始终不屈从。后来太后得知此事,担心皇帝有所闪失,便趁乾隆祭天住清斋宫之际,将香妃召入慈宁宫赐死。

那么,历史上究竟有没有这样一位传奇女子呢?

实际上,在乾隆的42位后妃中,的确有一位来自西域回部,她的封号为"容妃",意思是容貌出众的女子。容妃来自新疆和卓氏家族,"和卓"在波斯语中就是伊斯兰教首领的意思。她是大小和卓波罗尼都的远房妹妹,乾隆二十二年(1757年),霍集占和波罗尼都兄弟二人发动反清叛乱时,香妃之兄图尔都和五叔额色尹协助清军平息了叛乱,立下了显著功勋。三年后,他们受到乾隆的召见,图尔都27岁的妹妹也被应召入宫,册封为"容贵人",此时乾隆皇帝已经50岁。

容贵人很幸运,入宫后两个月,宫中移自南方的荔枝树居然结上了惹人喜爱的荔枝,而且多达两百多颗。宫廷喜气洋洋,大家以欢愉的心情,接受了这位给后宫带来喜气的西域美人。贵人在清廷后妃八个等级中,位居第六,贵人的前面有皇后、皇贵妃、贵妃、妃、嫔。乾隆很喜爱容贵人,在她入宫的第三年,即乾隆二十七年,由皇太后降旨,册封容贵人为容嫔。她的哥哥、原封一等台吉的图尔都也追功同时晋爵,进封辅国公。容嫔在乾隆帝心中占有十分重要的地位,她不仅姿色迷人,还长于舞剑和骑射。她入宫以后,一直身着维吾尔服装,其姿容俊俏和独特的西域情调,使多情风流的乾隆皇帝神魂颠倒。乾隆三十三年六月,皇太后又降下懿旨,晋封容嫔为容妃,此时,她刚35岁。在容妃四十寿辰和五十寿辰时,乾隆皇帝都赏了她大量珍宝玩物和重达450两的银元宝。每年四季,她不断得到八方封疆大吏们进献的干鲜果品。她先后九次随侍乾隆帝前往风景秀丽的热河行宫避暑,并前往木兰围

新疆苏公塔

场,与乾隆皇帝打猎。乾隆三十年,乾隆第四次南巡,容妃是随行的六位后妃之一,她有幸饱览了江南园林之美和湖山之胜。乾隆三十三年,她又随乾隆东巡,游历了东岳泰山,拜谒了曲阜孔庙。乾隆四十三年,乾隆拜谒满洲龙兴之地一盛京,容妃已列入六位妃嫔的第二位。这次她参加了在福陵、昭陵祭祀清朝缔造者努尔哈赤和皇太极的隆重典礼,并在盛京故宫的凤凰楼和崇政殿,与皇帝一起接受了诸王大臣的叩拜。由于后妃中只有她是回族人,因此无论在宫中还是出巡途中,她的膳食都由皇帝指令专门安排,遵从

回民习俗,食用多为羊、鹿、鸭、野鸡、乳品和各类素菜。

容妃美丽动人,她的家乡有一种沙枣树,移入宫中,奇香无比,系天然生成,因此有人称她为香妃。乾隆五十三年四月十九日,容妃离开了人世,终年55岁。当年九月二十五日,她的灵柩被送往河北遵化昌瑞山南麓的清代帝后陵园中安葬。

至今令人迷惑的还有香妃像,传世的有三副,其中两幅是油画,一个是身穿欧式盔甲的半身像,即1914年古物陈列所展出的"香妃戎装像",一个是身穿西式长裙的全身像,即"香妃洋装像"。另一副是一旅行家摄于裕陵寄赠孟森的,据说是祭祀时所用的神像,即"香妃旗装像"。前两幅油画据说为郎士宁所作,但画上并无郎士宁属款。目前中外学者基本否定这两幅为香妃画像,因为一则画中人面貌并无维吾尔女性的特征,二则作品的风格也与郎士宁不同。第三幅画像上是一位身着红色满装的年轻少妇,眼窝微陷,鼻梁隆起,圆脸庞,颧骨稍高,是回部女子带着柔媚娇怯的典型相貌。从笔法看,也似出自郎士宁之手。容妃的头骨经过有关部门的复原,认为她是圆脸庞,高颧骨,前额稍突出,与肖像颇为吻合。另外,乾隆在香妃死后三年吟咏香妃生前所居的宝月楼,曾有"卅载图画朝夕似"之句,可见香妃确曾有过一幅画像,而且是被乾隆帝挂起经常观看以释怀念之情的,由此繁多现象,基本可以确定这幅"香妃旗装像"就是香妃(容妃)的画像。

容妃从数千里外的雪原来到繁华的京师,进入神秘的皇宫,登上嫔妃的宝座,生前享尽荣华,死后安卧在崇隆的宝顶之下。然而二百年后当人们重新看到她的时候又是怎样的呢?

——她的墓室常年浸泡在积水之中,停放在金卷宝床上的红漆棺椁,已被盗墓人用利刃砍了一个长1.75米、宽0.6米的大洞,棺中空空无物。她的头骨滚落在棺木外的西侧,附近是她那条长85厘米的花白发辫。身骨已经融蚀,陪葬宝物大都荡然无存,惟有零星散落的珍珠、宝石。从棺头正中金漆手书的阿拉伯文《古兰经》"以真主的名义"来看,她是信奉伊斯兰教的,而且她的信仰在死后也和生前一样受到了尊重。

慈禧为何得到咸丰皇帝的宠爱

慈禧在二十七岁的时候就已经掌握朝中大权，以垂帘听政的方式，实现着自己的野心。她把持大清政权达半个世纪之久，这一切，都是始于深受咸丰的宠爱。那么，她是怎样在众多后宫佳丽之中脱颖而出的呢？

慈禧本名叶赫那拉兰儿，是满洲镶黄旗人。她从小聪颖过人，胸怀大志，以为入宫后前程必然灿烂。咸丰三年，她如愿进宫，成为一名宫女。一年后，被分配到离京四十里的圆明园执役，住在"桐荫深处"。皇上一年难得去圆明园几次，"桐荫深处"又是在比较隐秘的地方，等于是打进了冷宫。于是，她进宫后很长时间，竟然连皇帝的面都没见着。

慈禧太后

然而，命运就是这么眷顾兰儿。当时太平天国运动正在高潮，清兵屡战屡败，咸丰皇帝心烦意乱，索性躲进圆明园内，寄情于声色。兰儿听说每日饭后，皇上必定坐着八个太监抬的小椅轿，到"水木清华阁"去午睡片刻，有时经由"接秀山房"前往，有时打从"桐荫深处"经过。富有心计的兰儿算准了时刻，天天精心打扮，哼着小曲，希望以自己婉转的歌喉吸引皇上。

苍天不负有心人，兰儿的歌声终于吸引来了万岁爷。一天，她在圆明园凭栏远眺，不禁哼起了一首江南小调，曲中流露出一股幽怨之情。恰好此时咸丰帝乘凉舆在园中游玩，被歌声打动。杏花、春雨、江南、美人，咸丰帝一下子对兰儿生出了百般怜爱。这一晚，叶赫那拉兰儿沾到了天子的雨露，受到了皇上的宠爱。接下去一连几晚薄暮时分，兰儿便洗过了兰花浴，轻匀脂粉，通体熏香，专等皇上宠召。

不久后,兰儿就被封为"贵人",住进了"香远益清楼"。过了一段时期,又搬到"天地一家春",开始帮着皇上批阅奏章了。咸丰六年,即兰儿二十一岁时,她怀上了身孕,咸丰一高兴便晋封她为懿嫔。三月二十三日,懿嫔为皇上生下一位皇子,取名载淳。皇上终于有了儿子,这自然是一件天大的喜事,虽然当时中国南方烽火连天,但宫中却热热闹闹地大肆庆祝,满朝文武也都欢天喜地。由于满足了咸丰帝盼子心切的愿望,兰儿更是如鱼得水,因子而贵。咸丰一高兴把懿嫔封为懿妃,等到皇子周岁时,再封为懿贵妃。至此,叶赫那拉兰儿已经是后宫中的第三号人物了。

但是,在那个封建宗法制度十分严格的时代,嫡庶之分也泾渭分明,不可越雷池一步。历史上皇后夺取庶出的儿子为己有,亲生母亲遭受废黜甚至被杀之事比比皆是。然而,懿贵妃却很幸运,比她小两岁的皇后钮祜禄氏并不争风吃醋,善良本分,加上懿贵妃处心积虑,曲意逢迎,博得了皇后的好感,甚至在皇帝面前为她美言,这也使懿贵妃得以一帆风顺地朝上爬去。

由于咸丰皇帝体弱多病,再加之当时内忧外患,皇上烦心连奏章都懒得批阅,懿贵妃便主动代策代行。

咸丰十一年,咸丰帝病逝。

此后,二十六岁的年轻寡妇携着一个懵懂无知的孤儿,挑起了大清帝国首脑的重任。她以一个女人少有的胆识、谋略和才干,联合皇后、恭亲王发动政变,除掉了八位顾命大臣,垂帘听政,把握权柄。在此后的四十八年统治生涯里,同治、光绪两个皇帝都成了她手中的傀儡。

咸丰帝宠幸的"四春娘娘"揭秘

咸丰皇帝登极初期,内忧外患接连不断,国家每况愈下,就像即将倒坍的大厦一样。野史记载,咸丰皇帝面对如此残局,知道大势已去,难以挽回,于是万念俱灰,刚即位时的那股励精图治、锐意进取的劲头早已烟消云散了。他为了消愁解闷,天天以醇酒和美女为乐,纵情声色,不理朝政。他为了昼夜淫乐,广搜天下美女,将姿容出众者分置圆明园各楼台亭馆之中,这样他无论走到哪里,都会有众多美女陪他玩乐。其中有四位美女,丰姿绰约,艳丽超群,最受咸丰帝宠幸。咸丰帝给这四个美人分别起了四个雅号,即牡丹春、海棠春、武陵春、杏花春。因为都带春字，故称"四春娘娘"。这四春娘娘宠冠后宫，夜夜专房，六宫粉黛被冷落一旁。这下引起了当时还是懿妃的慈禧的刻骨嫉妒和仇恨。咸丰帝死后，慈禧被尊为皇太后，垂帘听政，掌握了生杀大权，于是对四春娘娘进行残酷报复，最后将她们蹂躏而死。因为这是民间野史，没有引起人们的注意，更没有多少人去相信。

无巧不成书。在中国第一历史档案馆清宫档案里发现了这样一条记载："咸丰九年四月十一日敬事房传旨：长春宫女子海棠春封为禧贵人，次序在吉贵人之次。"说明海棠春果有其人。五个月以后，长春宫里的另一位女子被封为庆贵人，次序在禧贵人之次。前面所提到的吉贵人原来也是一个宫女，在皇后宫中当差，是于咸丰八年五月被封为吉贵人的。这三位宫女出身的贵人，后来分别被封为禧妃、庆妃、吉妃。在定妃园寝内共葬了四位妃子，除这三位妃子外，还有一位璷妃。虽然还未查清她的生平、姓名，但却查到了她的父亲是全如，一名主事，她的位次在禧贵人之前。同时我们还查知吉妃是园户清远之女，姓王。禧妃是内务府某厨役的女儿，而庆妃姓张。

这四位妃子，有三人都出身宫女，她们的家庭地位和身世都比较低下。看来她们之所以能够被选入宫，受到皇帝的宠爱，晋封为妃，完全凭的是靓丽姿色。她们四人位次排在一起，同日被封为嫔，又一起被尊为妃，其中的禧妃又明确记载唤叫海棠春，可以推想，这四妃很可能就是四春娘娘，但其中的一些情节与民间传说仍有许多不同之处。

丽妃是被害死的还是病死的

丽妃是咸丰皇帝的妃子，她温顺贤明，端庄美丽，深受咸丰皇帝的宠爱。但在现代影视剧中，特别是《火烧圆明园》和《垂帘听政》中，丽妃被说成慈禧的情敌。在咸丰帝死后，慈禧利用垂帘掌政之权，残酷地害死了丽妃。其实，这是剧作者凭空编造出来的，与史实根本不符。那么历史上的丽妃真实情况又是怎样的呢？

据史书和清宫档案记载，丽妃是主事庆海的女儿，他他拉氏，道光十七年（1837年）二月二十七日生，比咸丰帝小6岁，比慈禧小2岁，与慈安同岁。咸丰元年年底选秀女时，丽妃和慈禧同时被选中。丽妃被封为丽贵人，

慈禧被封为兰贵人。咸丰二年(1852年)二人同时入宫。咸丰四年(1854年)丽贵人晋封为丽嫔。咸丰五年(1855年)丽嫔为咸丰帝生下了一位皇女,三天后被封为丽妃。咸丰帝死后,同治帝尊封她为丽皇贵妃。同治十三年(1874年)又被尊封为丽皇贵太妃。

多年来,丽妃身体一直多病,经常服药。光绪十六年(1890年)十一月十五日因病而死,终年54岁。她死后第三天,光绪皇帝亲自到灵前奠酒、行礼。她的金棺暂安在田村殡宫,到光绪十九年(1880年)四月十八日才葬入定陵妃园寝。她的宝顶在前排正中,是园寝中最尊贵的位置。

丽妃所生的皇女是咸丰帝的唯一女儿,其活泼可爱很受咸丰帝和众妃嫔的喜爱。同治九年她被封为荣安固伦公主。按照当时清朝规定,只有正宫皇后嫡生的女儿才能享此殊位。丽妃生的女儿应属庶出,只能称呼和硕公主。

从丽妃在咸丰皇帝病死后不断被晋封,其女破格封为固伦公主以及她在园寝的葬位来看,丽妃并未有被迫害的迹象。相反地,她还受到了一系列的优待,这说明她与慈禧之间的关系并不像民间传说的那样恶劣。

慈安皇太后是慈禧害死的吗

光绪七年三月初十日(1881年4月8),清宫廷内发生了一件大事:皇太后慈安暴死宫中。慈安之死,当时宫中王公大臣深感意外,如今依然是个披着层层神秘色彩的难解之谜。据说她是被慈禧太后给毒死的,也有的说她是自杀而死。那么,慈安究竟是怎么死的呢?

慈安太后是满洲镶黄旗人,姓钮祜禄氏,生于道光十七年(1837年),其父穆杨阿曾任广西右江道。后来,由道光亲自主婚,将慈安许配给其四皇子奕䜣为妻。没几年,奕䜣登基,年号咸丰,慈安也相继被封为嫔、贵妃,乃至皇后。咸丰十一年(1861年),咸丰死在热河行宫,年仅五岁的小皇子继位,是为同治。这时,慈安被尊为"母后皇太后",慈禧则被尊为"圣母皇太后"。经过北京政变,慈安、慈禧在养心殿设座,共同垂帘听政。

慈安生性懦弱,不善言辞,人称东太后,但由于她是咸丰的结发妻子,因而相当受人尊敬。即使是慈禧的亲生儿子同治皇帝,也将慈安看成是亲生

中华宫廷秘史

母亲一样，凡事都愿意与她一吐而快。

慈禧虽然通过垂帘听政掌握了国家政权，但她更想独揽所有大权。据说，咸丰临终前写了个遗诏，收藏在慈安手里，内容与慈禧有关。本来这是件非常机密的事情，却被慈禧太后的亲信得知。此后，慈禧昼思夜想，竭力想知道遗诏的具体内容。于是她千方百计地派密探到处侦察、询问，无奈经过多年奔波和努力，始终一无所获。

同治皇帝亲政后仅两年就病死了，这时另立光绪为帝。由于光绪年纪尚幼，仍然由两宫皇太后垂帘听政。然而，慈禧突然称病，不理朝政，所有事情必须由慈安处理。对于不善于过问政治的慈安来说，无疑是强人所难，尤其是当时清政府已经病入膏肓，内乱频仍，外患不止，这严重伤害了慈安的身体健康。加上同治皇帝死后，拖了好长时间才举办安葬仪式，此间慈安太后为这件事过度操劳，心力交瘁，等把同治埋葬之后，自己却身患重病，卧床不起。

慈禧抓住这次机会，经常来探望慈安，每次都亲自喂慈安喝药，说一番劝慰的话语。慈安见她这般殷勤照顾，心中大为感动，对慈禧也更加信任和爱戴。由于心情放松了，没过几天，慈安的病情就大为好转，也能慢慢地下床走动。这时，慈安从袖中抽出一张纸，递给慈禧。只见上面写道："西宫凭着母以子贵，必然独断专行，此人不可信赖。若是她安分守己，则相安无事；若是她不尊礼节，你就召集群臣，按朕的旨意，将她立即处死，以绝后患。"

慈禧看后，吓出一身冷汗，心中暗自庆幸自己沉住了气，没有采取夺权的实际行为。慈安将这张纸放在火上烧掉，说道："你我二人就如亲生姊妹，不需这些东西桎梏。"慈禧得到了她想要的东西之后，心中大喜，随口又把慈安姐姐赞不绝口地夸奖了一番，然后回到寝宫。

咸丰遗诏被慈安当着慈禧的面烧掉之后，慈禧也就更加肆无忌惮起来。据说，慈安有一次下朝后前往慈禧住处，刚一踏进门槛，只见慈禧仅穿着睡衣，与宠监李莲英并坐在一起，亲热异常。慈安为此十分恼火，便借训斥李莲英为由，旁敲侧击地指责慈禧，弄得慈禧十分难堪。于是慈禧怀恨在心，伺机报复。

慈禧和李莲英为了阴谋得逞，先把慈禧宫中的两个传膳太监派去给慈安用，过了半个多月，忽然在一天午饭前，把两个小太监叫到慈禧宫内，让他们在传膳途中把毒药放在碗里，当时两个小太监非常害怕。迫于慈禧的威

胁,他们只得在李莲英的监视下,按照指示行事。而这两个传膳太监,也在慈安暴卒的那天夜里失踪了。

慈安究竟是不是被慈禧以这种方式毒死的,已经无从考据。还有的说是慈禧曾给慈安送了一盒点心,将其毒死。

也有的说,慈安是自杀而死。由于慈安与慈禧垂帘听政多年,表面上慈禧十分尊重慈安,背地里,慈禧却将慈安当成是一尊木偶,随她任意摆布。慈安虽说无能,但对慈禧的虚情假意还是非常清楚的。特别是在慈禧立光绪以后,结党营私,以扩充自己的权势。慈安虽有所闻,但慈禧羽翼已丰,也奈何她不得。为了退出与慈禧的权力之争,慈安曾多次表示不愿与慈禧一同继续垂帘听政。但是众大臣不允许,慈安只得继续听政,但寡言少语,一切由慈禧作主。然而,就在慈禧称病,不能临朝,由慈安一人独理政务的时候,慈安却遭到慈禧的暗中诽谤攻击。这使得一再退让的慈安实在接受不了,恼恨之余,"吞鼻烟壶自尽"。

也有的说,慈安一向身体不大好,同治早逝、慈禧独断专行加重了她的病情。慈安之死,纯属病死。当慈安死讯传来的时候,首先表示怀疑的是御医薛福辰。他认为自己给慈安把脉,仅是小病,连药都不需要服用,怎么会突然病死了呢? 前一天还见过慈安的大臣左宗棠、方擢、李鸿藻也说,慈安面庞红润,不像生病的样子。

那么,慈安究竟是被毒死,还是自杀,抑或是病死的呢? 从很多史料来看,慈安绝非自然死亡,她的死,一定与慈禧有关。这位与世无争的善良皇太后,终于成为慈禧爬上独权地位的垫脚石。她的死,再一次表明宫廷政治斗争的残酷性。

慈禧西逃途中秘闻

在义和团反抗八国联军的战争中,慈禧太后一面暗地里向帝国主义献媚求和,一面假意表示支持义和团的反帝斗争。但是,八国联军仍然照样发动了对北京的侵略。1900 年 8 月 13 日,北京城硝烟弥漫,溃败下来的官兵、向外地迁逃的居民充斥在大街小巷,人来人往,鬼哭狼嚎,乱作一片。八国联军已经占领离北京只有三四十里的通州,城内到处传播着八国联军明天就要大破城门的消息。慈禧太后吓得魂不附体，一天之内接连五次召见军机大臣，但到场的人一次比一次少，最后到场的只有三人：刚毅、赵舒翘、王文韶。王公大臣出入皇宫，都是慌慌张张、吵吵嚷嚷的样子。慈禧看到这种情形，心里更加发慌，手足无措，最后决定与光绪一同西逃。

临动身前，慈禧召见嫔妃们前来请安。她声色俱厉地宣布："今天我和皇上西巡，除隆裕皇后和瑾妃外，其余嫔妃都暂时留下不走。"嫔妃们个个神色紧张，吓得呆若木鸡，谁也不敢说话。只有珍妃请求光绪帝留在北京，主持议和。珍妃是光绪帝平时最宠爱的嫔妃，两人心心相印情投意合。慈禧对珍妃早就恨之入骨，她顿时大发雷霆，命太监将珍妃推入宁寿宫外的井内淹死。光绪帝请求慈禧免她一死，但慈禧根本不予理睬。光绪眼见自己心爱的珍妃被架走，既不敢怒，也不敢言，急得用拳头捶自己的脑袋，心中充满了怨恨、恐惧、悲痛和内疚。

召见完毕后，慈禧和光绪等人，什么也顾不上携带，便慌忙出走。慈禧穿上宫女们准备的蓝布长衫，叫太监李莲英把她的头发挽成便髻，改扮成汉人装束，农村妇女的模样。光绪也摘去朝冠、朝珠，脱掉龙袍，换上一件旧长衫，准备出逃。一路上跟跟跄跄，跟头趔趄，一直步行到紫禁城后门，丢下都城和江山，坐上骡车向西北方向逃命去了。跟随慈禧出逃的，还有端郡王载漪、吏部尚书刚毅、刑部尚书赵舒翘等王公大臣和各路官兵2000余人。此时，八国联军已经进入北京。

"强兵压境全无术，开府骑猪作鼠逃"。慈禧一伙逃离北京后，就像被狗撵着的兔子，慌不择路，只管亡命，其狼狈之相可想而知。他们赶到昌平，州官早已不知去向，而且城门紧闭，他们没法进城，只得继续前行。到了日薄西山的时候，在霞光的照耀下，慈禧一行人抵达昌平的贯市。慈禧、光绪整天滴水未进、粒米未沾，只觉口干舌燥，肚子饿得咕咕直叫。太监们左找右瞧，终于在农家里赊来半碗高粱，慈禧、光绪欣喜若狂，也不顾生熟，抢着吃起来，连掉到地上几颗也不放过，又捡起来放在嘴里。没有水喝，太监们从地里采摘来一把干秸秆，慈禧也嚼得津津有味。事有凑巧，这天晚上从西北方面吹来一股寒冷气流，天气突然变得阴冷不堪。慈禧一伙人却身穿单衣，直冻得上牙打下牙，四处寻找睡觉用的东西，却什么也没有弄到。最后拿来当地一位妇人未晒干的粗布被子，慈禧只得将就着盖上。夜间，点着豆秸取暖，大伙不分尊卑，横七竖八躺在地上休息。慈禧躺在那里，想到自己在宫

清宫秘史

里，吃的是山珍海味，喝的是玉液琼浆，盖的是锦衣裘被，眼前落到这步田地，不由得鼻子一酸，低声哭泣起来，真是"梦绕云山心似鹿，魂飞汤火命如鸡"。慈禧一伙就这样疲于奔命，忍饥挨冻地度过了两天。

第三天，慈禧到达怀来县，知县吴永急忙前来迎驾。虽然事先得到通知，也匆忙准备了蔬菜、瓜果、海味，但被退败的散兵游勇抢劫一空，最后只剩下一小锅绿豆小米粥。谁想到，慈禧饥不择食，吃得津津有味。吴永看在眼里，记在心上，想办法又找来 5 个鸡蛋，慈禧又一气吃掉 3 个，剩下 2 个赏给了光绪。回到县衙，吴永翻箱倒柜，找出一些旧衣服奉送给慈禧、光绪、皇后和瑾妃。慈禧一伙的仪容才显得稍微整齐了些。慈禧在怀来县徘徊观望了两天，看到议和无望，只得继续向西前行。

9 月 7 日，慈禧到达山西崞县，10 日到达太原，10 月 1 日又由太原前往西安。一路上，随行的皇族亲贵、太监、军队，像恶狼一样到处搜刮勒索，闹得人心惶惶，百姓四散逃避，商店停市。

慈禧在西逃途中做的第一件事，就是发布懿旨：一面要求官兵对义和团"痛加铲除"；一面授权奕䜣、李鸿章尽快与帝国主义议和。第二件事就是推卸自己的"宣战"责任，将她利用过的主战派大臣刚毅、徐桐等斩杀治罪。

在西安，慈禧把巡抚衙门作为行宫，院内外装饰一新，俨然就是一座新的"紫禁城"。慈禧本来是来西安避难的，却仍不忘记过着纸醉金迷的腐化生活。每顿饭光菜就有 100 多种，鸡鸭鱼肉，燕窝海参，极尽奢华。一天的伙食，要吃掉 200 两银子。对此，慈禧置百姓苦难于不顾，竟恬不知耻地说："过去在北京皇宫，一天的伙食费，用 2000 两银子，今天可算是节约了。"

自 10 月 26 日到达西安，慈禧一直是在紧张、恐惧、痛苦中度过的。她深恐列强把她列为祸首而加以惩办，整天愁眉苦脸，心神不定，手足无措，恶梦连连。一天天难熬的日子，使她的长脸变得更显消瘦，眼睛也陷得更深了。12 月 22 日，慈禧接到李鸿章电告的"议和大纲 12 条"后，又惊又喜，看到列强既没有将她列为祸首，也没有要她归政光绪，如获大赦，感激涕零，当即就以"敬念宗庙社稷，关系至重，不得不委曲求全"为词，要奕䜣、李鸿章毫不犹豫的照办。1901 年 9 月 7 日，奕䜣、李鸿章代表清政府正式在《辛丑条约》上签字。

1901 年 10 月 6 日，帝后回銮。整个西安大街悬灯结彩，锣鼓齐鸣。光行礼车就有 3000 辆，满载着搜刮的金银、绸缎、古董、玩器等。行礼车后是开路的马队，马队后是大小太监和官员。接着是光绪、慈禧、皇后、瑾妃、大阿哥坐的五抬黄缎大轿，各王公大臣紧随其后。千军万马，浩浩荡荡，像一条大龙，弯弯曲曲在大街上穿行，和从北京逃跑时相比，不知道要威风多少倍。

慈禧自西安启程后，取道河南、直隶回京。沿途都要修建行宫，每五六十里一座宿站，供过夜住宿之用。每二三十里一座打尖站，供吃饭休息之用，沿途道路都用黄土细纱铺垫，不知要耗费多少人力、物力。

11月6日，慈禧在开封度过了她的67岁生日。不久，发布懿旨，撤去大阿哥的称号，立即出宫。1902年1月7日，到达北京。结束了她一年零五个月的逃亡生活。

慈禧回京后10天，就举行盛大宴会，招待各国驻华使节及其夫人，极尽献媚求宠之能事。从此，清政府完全成为"洋人的朝廷"，慈禧成为洋人的"管家婆"。慈禧的西逃，虽然充满了艰难困苦，但她仍然顽固不化，为了自己一时的贪图享乐，大兴土木、劳民伤财，给国家造成了更为深重的灾难。

珍妃为何得到光绪的宠爱

珍妃，镶红旗，满洲，他他拉氏，生于光绪二年二月初三，为礼部左侍郎长叙之女。光绪十四年(1888年)十月和她的姐姐同时被封为嫔，时瑾嫔15岁，珍嫔13岁。光绪二十年，两人同时晋封为妃。

不过由于珍妃当时年纪太小，一开始并没有受到光绪皇帝的注意，反倒是她的姐姐瑾妃因为年纪与光绪皇帝比较相近，加上其性格娴静温婉，较多地得到光绪皇帝的召幸。不过，光绪皇帝对瑾妃实在谈不上深厚的感情，只是因为皇太后太严厉，皇后其貌不扬，让人一见就倒胃口，而且还是慈禧太后强塞给自己的。瑾妃毕竟是一个年轻的女人，虽然淡淡的像杯白开水，但是在永和宫却可以使他暂时忘掉周围的烦心事，并得到瑾妃小心翼翼的侍奉。

机灵聪慧的小珍妃不久便摆脱了刚刚进宫时的拘谨，她那心直口快的孩子气很快完全显露出来。慈禧太后平日所见的宫女、妃嫔们一个个都是低眉顺眼，大气不敢出。这时突然出现了一个天真烂漫、飒爽麻利、又绝顶聪明的小女孩，便由新鲜而生怜爱。她竟然不把她当作儿媳妇看待，特别是当她发现珍妃虽然年纪小，但博通经史、擅长吟诵、颇好棋弈、能书善画之时，就常常召珍妃到自己身边解闷，珍妃几乎成了慈禧太后的红人。

这位没有引起皇帝宠爱、心高气傲的珍妃，虽然深得宫中权力人物慈禧太后的垂爱，却没有学会作应声虫。她依旧保持着心直口快的性格，加上年轻幼稚、胸无城府，往往会做出些令宫中人大吃一惊的举动来。对她自己来说，这似乎是只图一时痛快、不计任何后果的冲动，实际上是她疾恶如仇天性使然。于是，她在如一泓浊水的清宫里又掀起了一次波澜，使宫中的另一位热血青年、她的丈夫——光绪皇帝终于注意到她，真正开始了她和他生生死死交织在一起的情缘。

清朝历代帝王汲取明王朝的教训，始终限制和皇帝、后妃朝夕相处的内侍的权力，以避免他们势力膨胀，形成难以控制的宦官专权。但是到了清朝末年，一些大太监由于受到慈禧太后的宠信，有恃无恐，变得飞扬跋扈起来，贪得无厌，到处勒索。无论谁人进得宫来都免不了被太监敲竹杠。上至堂堂的大清国皇帝、嫔妃，下至经常入宫的王公大臣，常常被逼无奈，只好迁就那些贪婪的太监，从而使宫廷中勒索之风愈益猖狂。由于在慈禧太后面前始终没有人敢于揭发，故而成为清廷的一道黑幕。

慈禧太后是大清帝国皇帝、后妃的第一号权力人物，这是无人不知的事情。那些靠看主子眼色过日子的太监当然是最势利的人了，所以，他们常常犯上作乱，竟向堂堂的大清帝国皇帝收取请安的费用。光绪皇帝每天都要向慈禧太后请安，且做事极为小心谨慎，唯恐慈禧太后不悦。太监们摸准了光绪皇帝害怕慈禧太后这一点，便毫不客气地给光绪皇帝规定请安门例的价钱，每次请安都要交纹银 50 两，如果不交那就想坏主意难为。光绪皇帝担心慈禧太后怪罪，只好暂时忍一口气。皇后、妃嫔见太后的宫门费自然也少不了，只是比光绪皇帝逐级减少而已。她们只有乖乖地向太监们支付这一笔笔

珍妃

贿赂金才能够安身，否则的话，就难免饱受凌辱，复不许告退。

珍妃、瑾妃自然也是太监们敲诈的对象，性情迥异的姐妹俩对于贪得无厌的太监有着截然不同的态度。娴静柔懦的瑾妃在捉襟见肘时，只有愁眉紧锁，暗自流泪。珍妃则不然，她有一种不怕虎的劲头，不愿意忍受那些阉人宰割。难得她小小的年纪就有这股不畏权势、敢于与恶势力抗争的胆量和勇气。她哪里知道，这清宫里乌烟瘴气、邪恶横行，完全是那老佛爷慈禧太后纵容默许的结果。慈禧太后本人私生活方面败德坏行、奢靡无度，正是群小得势的最好条件。整个宫廷中的太监差不多都抱她的粗腿，愿当她的心腹耳目。她当然要对忠于自己的群小施以恩惠。实际上，她也用不着花一文钱，只要对太监们的歪门邪道，所谓的财路，睁一只眼闭一只眼假装没看见就可以了。连慈禧太后也没有料到，她所怜爱的小珍妃竟然像一匹烈性马，给她出了这道难题。一天，珍妃又按照惯例去向慈禧太后请安，守门的太监毫不客气地拦住珍妃索要红包，珍妃顿时火不打一处来，脸一沉，大声地说："今天，珍主没有银子了！"说着，珍妃连正眼都没有看那讨厌的太监就径直进入了慈禧太后的寝宫。她再也不想压抑自己的满腔怒火了，连珠炮似的向慈禧太后揭发了内侍太监对宫眷们的勒索和扰害，戳穿了宫廷内部开销浪费极大的事实。她的态度是那样坚定，语调激昂，言词激烈，掷地有声，丝毫没有任何掩饰，最后她说："孩儿想请老祖宗明鉴，千万不要让这些群小再肆意为恶下去，应该制止陋规，整肃宫廷。"

听惯了奉承话的慈禧太后哪里受得了这种质问。珍妃的这番话使思想上毫无准备的慈禧太后张口结舌，目瞪口呆。一向伶牙俐齿的慈禧太后被抢白得一时语塞，无言以对。她强压怒火，用温和的语调，好像十分慈祥地劝说珍妃道："孩子呀，你别这么生气了，看为这些奴才气坏了身子，不值得。你先消消气，去去火。这些不争气的东西！看我怎么狠狠地惩罚破坏宫里规矩的奴才。"老谋深算的慈禧太后用几句敷衍的空话对付了珍妃。涉世未深的珍妃当然不会再闹下去，轻信了慈禧太后的话。

当珍妃在清宫内一石激起千重浪的时候，光绪皇帝也以惊奇和倾慕的眼光注视着他的小妻子。虽然在霸道横行的慈禧太后手下，光绪皇帝常常显得懦弱无能、唯唯诺诺，但是他毕竟有着自己的思想，不甘永远在太后的淫威下苟且一生。在光绪皇帝的眼里，珍妃不再是低眉顺眼、供人玩赏、喜时召来、厌时挥去的小妾，她是宫中唯一的年纪虽小，但有见识、有胆量、有

才华的奇女子。他有些懊悔,上天赐给自己这么丰厚的礼物,为什么自己愚钝得不早些接受。不过,相见恨晚的感觉,更使这对年轻人全身心地将感情奉献给对方,朝朝暮暮相偎相伴,情浓意浓,祈祷着爱情久久长长。

慈禧太后是如何虐待光绪皇帝的

年轻的光绪皇帝想要成就一番事业,不受慈禧太后的控制,最终召来的是劳燕分飞的下场。珍妃被打入冷宫,光绪帝则被囚禁在瀛台。瀛台是座人工岛屿,四周碧水荡漾,是紫禁城内别有情趣的游乐之所。它三面临湖,只有一个小桥与外界联通。就是这样一个人间仙境,一下子变成囚禁光绪皇帝的水牢。正值盛年的光绪皇帝在这不胜其寒的清冷孤寂的小岛之上,消磨掉了 10 年的时光。

光绪皇帝亲眼看着一班太监撤去了瀛台通向对面岸上的桥板,割断了他通向自由之路的唯一途径,然后换上了吊桥。有人送饭或出入时,便把吊桥放下,用后再把吊桥收起。慈禧太后的用心很明显,她决不宽待光绪皇帝,而且要让他永远懊悔自己的过失,在毫无希望中消磨生命。有时或许是为了做样子,光绪皇帝会被押着送到养心殿,还穿上全套龙装,接受百官的朝拜,陪坐在太后的一旁,当然批阅奏折这样的差事,早已无须劳他驾了。朝罢之后,光绪帝又被押回孤岛上。慈禧太后去颐和园也一定要把光绪帝带在身边,否则她不放心。

在瀛台,光绪帝受到百般虐待。寒冷的冬天,窗纸破损,也无人过问。光绪帝忍受不住凛冽的寒气侵袭,遂告诉太监立山,裱糊一下窗纸。立山虽然受到慈禧太后的宠信,但也怜悯光绪皇帝的寒苦处境,擅自做主为他糊好了窗户。结果,此事被慈禧太后得知,先把光绪皇帝痛斥一顿:"祖宗崛起于漠北,冒苦寒建立王朝,你怎么就这么怕风怕冷呢?"接着,她又把立山召来,赏几记耳光大骂一顿。立山为给光绪皇帝糊窗纸,几乎遭遇不测。

一天,天降大雪,气候寒冷。慈禧太后心血来潮,命太监给光绪皇帝送去一件用狐皮制作的衣服,并对送衣服的太监说:"你可以对皇上说,皇爸爸念万岁爷寒冷,穿上这件狐皮衣服可以暖和些,今日虽然下大雪,正好是吉日。这件衣服上的纽扣都是金的,乞求万岁爷注意。"接着,她特意叮嘱那太

监道："最后这两句,你要反反复复地、不断地说,看皇上怎样答复,回来禀报。"太监把衣服送给光绪皇帝,皇上说了句"我知道了"便不吭声了。只见那太监把慈禧太后让说的话重复了十多遍,光绪皇帝完全明白了皇爸爸的险恶用心,气愤地说："我早已经知道了。你可以回去禀报太后,太后要想我自杀不成吗! 这根本就不可能。我还没到该死的时候,这也不是我死的地方!"太监慌忙将光绪皇帝的话原原本本地禀报给慈禧太后。慈禧太后听着听着就变了脸色,数日都一直阴沉着脸。从此以后,慈禧太后虐待光绪皇帝更加变本加厉。

　　本来刚刚囚禁光绪皇帝的时候,每天要为光绪皇帝准备两席饭菜,除了他份内的一席外,另一席则为慈禧太后所赐。后来,慈禧太后干脆不再赏赐光绪皇帝,让他吃干冷变硬的食物! 太监们见主子如此,他们便有过之而无不及,给光绪皇帝的饮食更加随便,有时是随意敷衍一下,有时是不按时送到。于是光绪皇帝又开始被迫忍饥挨饿,实在无奈便采摘一些华英充饥。

　　而挨撑与挨饿一样难受。一次光绪皇帝奉命去慈禧太后处,恰逢太后吃汤圆,他一见便心里开始发怵。因为慈禧太后虽然上了年纪,却食欲极好,吃东西有如饕餮,而且只要她开口赏给人吃东西,就不容对方不吃,否则就会立即大发雷霆。光绪皇帝给慈禧太后请安后,慈禧太后问他："皇上用过膳了吗?"光绪皇帝不敢说已经吃过了,就含糊地回答："尚未。"慈禧太后就让人给他五粒汤圆,见光绪皇帝吃完,就问："怎么样,好吃吗?"光绪皇帝觉得比自己在瀛台吃的不知好上多少倍,所以说道："好吃。"慈禧太后又赐给他五枚,光绪皇帝看着汤圆害怕,不过还是慢慢吃下。可是,慈禧太后又赐给他汤圆。光绪皇帝实在是吃不下去了,皱着眉头说："已饱死我了,实在是不能在吃了。"闻听此言,慈禧太后马上翻脸,并大声呵斥道："我赏给你吃汤圆,你可以违抗吗? 既然你说这汤圆好,又怎么能够不吃呢?"在慈禧太后的厉声训斥下,光绪皇帝极不情愿地将汤圆放入口中。可是肚子里早就已经装得满满的,吃下去的东西已经直顶嗓子眼,怎么也咽不下去,又不能不吃,于是光绪皇帝只好先将汤圆放入口中,然后盯住慈禧太后不注意自己时,再把汤圆吐到袖口中。就这样,光绪皇帝又接受了慈禧太后赏赐的两碗汤圆。后因慈禧太后需要办其他事,才没再继续赏赐下去。等光绪皇帝回到囚禁他的瀛台,两袖都是汤圆了。

　　光绪皇帝在这无聊、无奈的日子里,最想念的就是他真心爱着的珍妃。

每当回忆起他们共同度过的美好时光，就会加倍思念同病相怜的苦命人。终于，他在身边太监的帮助下，用一种极为巧妙的方式，乘着夜色，悄悄地找到了囚禁珍妃的地方。这对苦命的人儿，在一个月明星稀的夜晚，终于听到了彼此十分熟悉的声音，在昏暗的光线下看到了熟悉的身影。据说，光绪皇帝和珍妃的幽会，在被囚禁的两年时间里几乎没有间断过。对于这对不幸的情侣，冷宫相会虽然丝毫也不能减轻任何痛苦，却不失为绝望生活中的一丝慰藉。

也就在珍妃被贬入冷宫，过着凄惨的囚徒生活的时候，慈禧太后还在玩弄着新的政治阴谋，那就是蓄意废除光绪皇帝。本来早在甲午战争之后，慈禧太后就不满意光绪皇帝这个徒有其名的儿皇帝，有过废帝的打算，并且还煞费苦心地进行过一些舆论准备，希望人们，特别是驻守各地的封疆大吏和驻在北京的外国人能够接受这一决定。

极为阴险的慈禧太后曾经强迫光绪皇帝赌博、吸食鸦片等，然后别有用心地命令李莲英及内务府的人员在外面到处制造谣言。另外，慈禧太后还在宫中询问过封疆大吏对她废除光绪皇帝会持何种态度，因奕䜣等人反对，才暂时没有成为现实。

戊戌政变之后，慈禧太后更想趁机废除和杀害光绪皇帝，另外找个新傀儡，于是到处散布不利于光绪皇帝的谣言，说他已经被康有为进的红丸毒死，说他病重，又是淋病，又是腹泻，又是遗精，又是咳嗽。八月初十日还发布了上谕，命各地良医前来诊治。英国驻华公使举荐法医为光绪皇帝诊治，结果却说只要在报刊上刊登诊治情况，各地谣言便会自行消失。对于这种不合作的态度，慈禧太后当然不高兴。

于是当战火烧到京城时，慈禧太后仓皇逃窜，并在离开紫禁城之前，处死了被她打入冷宫多年的珍妃。而慈禧去世前一天，光绪皇帝也突然死去。也许，慈禧太后是死得心满意足了。这对可怜的恋人之间真挚的爱情，成为皇宫政治的牺牲品。

隆裕皇太后是庸才吗

光绪帝的父亲是咸丰皇帝的胞弟醇亲王奕譞，母亲是慈禧的胞妹，因此

光绪本身就兼有爱新觉罗和叶赫那拉两个家族的血统。隆裕太后叶赫纳拉氏是慈禧胞弟桂祥的二女儿，因此她也是慈禧的内侄女。21岁的叶赫纳拉氏被封为皇后，完全是慈禧的主意。两人的结合，无疑是亲上加亲。而光绪对于这位比他大三岁的表姐，却毫无好感，心中一直闷闷不乐。

隆裕相貌平平，长脸高额，瘦弱微驼，但容貌并不是大问题，咸丰皇帝的皇后钮祜禄氏与同治皇帝的皇后阿鲁特氏都算不上是美人，但她们与各自的丈夫感情都十分融洽。隆裕得不到光绪的喜爱，关键是在于隆裕是慈禧而不是光绪选中的皇后。本来在光绪亲政前，帝党和后党就逐渐形成，光绪与慈禧在政治上一直处于互相夺权的斗争之中。光绪帝势单力孤，需要人在身边安慰鼓励，偏偏自己的妻子也是慈禧太后的人，还需时时提防，怎么还会有感情呢？

这一桩包办婚姻虽然耗资巨大，十分隆重，但大婚前一个多月，太和门突然起了一场大火，虽然大婚时临时用纸扎起来一个逼真的"太和门"，这件事却已被许多人看作是不祥之兆。而光绪皇帝除了大婚之夜在皇后宫中住了一晚之外，再也没有亲近过皇后。两人关系的恶化，隆裕自己也要负一定责任。她从未对光绪表示过体贴和关心，更不用说是理解和支持了。她依仗有慈禧撑腰，常常与光绪发生冲突，而且每次都要占上风。据说有一次光绪偶尔心情很好，想和隆裕多说几句话，隆裕却不等他开口，板着脸转身就走，给皇帝一个下不来台。还有一次，隆裕向慈禧告状，说皇上骂她，慈禧很是恼怒，责怪光绪不知感恩，并与光绪几天都没说话。隆裕与光绪的关系如此，那她是不是很受慈禧的喜爱呢？慈禧对穿衣打扮很是挑剔，偏偏她这位儿媳妇不但相貌不佳，而且一向以俭朴著称，服饰也不大讲究，可谓与慈禧的志趣迥异。慈禧对于隆裕没有能力笼络皇帝、没有生下一儿半女也感到万分失望。但由于这位儿媳妇是她自己挑选的，不能向任何人承认自己的失误，唯一的表示也只能是平日对她爱理不理，大约一个月内顶多说上一次话。

当时宫里除了光绪帝的后妃，还有同治帝的几个妃子，她们和隆裕都是平辈的妯娌。慈禧太后去世后，宣统皇帝继位，已经升为太后的隆裕要求同治的妃子向她行叩拜礼，并要自称奴才。同治妃中的瑜贵妃最为能干，曾经颇受慈禧太后的赏识，自然对隆裕不满，于是在送慈禧太后灵柩奉安之后，她坚决不肯回宫。坚称："宣统皇帝既然在皇统上兼为同治帝和光绪帝之

国学经典文库

清宫秘史

子,现在同治的皇后已经去世,同治后妃这一辈,以我最长,那么为什么宣统皇帝独以隆裕皇后为母,而以我为奴呢? 与其回宫做奴才,不如随慈禧皇太后于地下。"后来经过大臣们的调停,瑜妃等被封为皇太妃,并加了"月费",这场冲突才算平息。从这场风波来看,隆裕不顾妯娌之情,一心只想把别人踩下去,那么她在瑜妃等人心目中的形象,实在也好不到哪里去。

至于宫女太监,隆裕给他们留下的印象又如何呢? 有位老宫女说:"隆裕是皇后,小事不沾手,大事吹五呵六。""隆裕主子专拿猫狗和底下人撒气,她养猫没有过半年的,也就可以知道她的脾气了。"一进腊月,宫中忌讳很多,所以当差也心惊肉跳,但是宫女们最要提防的,还是隆裕,她们常将隆裕发脾气称为"刮旋风"。

对于宣统皇帝,隆裕根本谈不上母爱,她只是每天照例赐给小皇帝一些吃食,并听太监们汇报皇上"进得香"之类,从来没有真正关心过他的胃口。一次溥仪吃栗子撑着了,太后竟让他吃了一个多月的糊米粥,溥仪每天嚷饿,也没有人管。

隆裕在宫中也不是没有一个贴心人,太监小德张是她一生唯一信任的人。在小德张的怂恿下,隆裕在宫中大兴土木,建造水晶宫以自娱。隆裕的奢侈行为,使小德张得以从中中饱私囊,而隆裕对这些花费则不闻不问。清朝最后一位皇帝溥仪让位时,隆裕力主共和,据说是袁世凯贿赂小德张,小德张再向隆裕进言说:所谓"共和",只是把载沣的权力移交给袁世凯而已。隆裕信以为真,于是力排众议,赞同共和。

民国时期的历史学家辜鸿铭曾经高度赞扬隆裕皇太后,将她比作是普鲁士的路易丝王后。据说,路易丝王后在拿破仑使普鲁士蒙受耻辱的日子里,一遍又一遍重复着歌德的名句:"不靠眼泪来度日","终于感动了整个德国民族,使他们不仅作为一个民族崛起并击败了拿破仑"。在辜鸿铭看来:"我们中国人从内心珍视我们的隆裕太后的这一时刻,不久也会到来——谁能说,现在我们的隆裕太后所忍受的痛苦,不会激发帝国四亿沉默的人民奋起进击,坚决反对并制止这场疯狂的革命,并最终在暂时萎靡不振的皇室领导下,建造一个崭新的、纯粹的现代中国呢?"

不管隆裕是一时被蒙蔽还是发自内心地赞成共和,也不管像辜鸿铭那样的人对她寄予怎样的希望,时隔不到一年,大清的最后一位皇太后却抱病而终。临终前,隆裕太后以自己的口气写成清帝退位诏书,显得颇为开明得体、冠冕堂皇。她这一生，毁在了那桩包办婚姻中，而且在宫中也不得人心。隆裕就是这样庸庸碌碌，临了干了件不是她本意却非常轰动、为进步人士寄予深切希望的伟大事件。她的死意味着清代皇室已经走到了末路。

珍妃坠井真相

光绪十四年（1888年），清廷为皇帝选后、妃时，慈禧为了选她的侄女做皇后，将同时参选的侍郎长叙的两个女儿，封了"嫔"的称号。姐姐封瑾嫔，妹妹封为珍嫔，也就是后来的珍妃。

珍妃姐妹出生在世宦家庭，满洲镶红旗人。祖父裕泰，做过陕甘总督。父亲是礼部侍郎。伯父为广州将军。姐妹俩虽然生长在一个家庭里，但她们的修养和素质大不一样。姐姐相貌不如妹妹漂亮，而且气质平庸，性格脆弱固执，依附于隆裕皇后。妹妹比光绪帝小五岁，自幼聪颖好学，性情开朗，兴趣广泛，写得一手好字，而且能够左右手同时写字，画也画得很好。

入宫后不久，通过日常的接触，妹妹珍嫔与皇帝光绪之间建立起了真挚的感情。两人经常在一起攀谈品评宫中收藏的书画，观赏御花园里的花木。珍嫔喜欢穿男性服装，经常扮作英俊的少年，很让光绪着迷。珍妃的聪明伶俐起初也颇得慈禧太后喜爱，光绪二十年（1894年）正月，在慈禧六十岁庆典的时候，珍嫔晋封珍妃。

1898年，光绪帝推行戊戌变法，珍妃全力支持，慈禧太后十分怨恨。戊戌政变后，光绪帝被囚于瀛台，珍妃则被削去封号，禁于景运门外的北三所，慈禧太后谋废光绪，珍妃公开"抗辩"，为光绪帝"讼冤"，恳求宽免，慈禧太后对她恨之入骨。光绪二十六年（1900年）七月，八国联军进攻北京，慈禧太后仓皇出逃，临行前夕，珍妃被慈禧太后下令溺死在宁寿宫外的井中，年仅25岁。慈禧太后杀死珍妃后，就挟持光绪帝西逃了。八国联军入城第二天，珍妃的尸体由留宫内监从井中捞出，草草浅葬于京西田村，后来葬入崇陵妃园寝西宝券内。慈禧太后回銮后，为了钳制舆论，掩盖自己杀害珍妃的罪行，伪善地宣称珍妃因随扈不及殉难宫中，并追封珍妃为恪顺皇贵妃。

珍妃坠井溺死的真相到底是怎么回事？历来人们说法不一。

一个说法是因珍妃请求"皇上留京"，触怒了西太后，西太后于是下令将

她扔到井里。珍妃入宫时年仅13岁,不但年少貌美,又赋性聪颖,擅长琴棋书画,慈禧也很喜欢她,她给精神上深受慈禧压制的光绪帝带来短暂的安慰和欢乐。但是,正位中宫,慈禧亲侄女的隆裕后不免受到冷落,她其貌不扬,难以取悦皇上,加之生性骄横妒嫉,又乏女性温柔,常恃太后至亲,在慈禧前拨弄是非,致使皇上心爱者受罚受辱,皇上自然迁怒于皇后的无德,如此恶性循环,使得帝、后的感情更加破裂。

珍妃井

珍妃年轻美丽,喜欢穿衣打扮,加之心灵手巧,常穿些时新衣裳。又因当时外国的摄影术早已传入中国,珍妃得之,于是在闲暇吟诗作画之余,穿上心爱的时装,摆弄相机,留下几张倩影,以打发宫中沉寂的岁月,本是可以原谅的。怎奈皇后在慈禧面前危言耸听,挑拨是非,引起慈禧的不满。夫妻、婆媳间的这些感情纠葛,本属家庭琐事,但因这些事发生在帝王之家,那么家事也与国事有着极为密切的关系。当时正为中日甲午之战爆发,清统治集团内部在"战与和"的问题上发生了严重分歧,光绪皇帝与慈禧太后在政见上就颇多不同,矛盾逐渐激化,形成了主战的"帝党"与主和的"后党"之间的激烈斗争,而珍妃及其眷属也被牵连进来。

在戊戌变法的三个多月中,慈禧太后基本是住在颐和园,隆裕皇后及瑾妃也都跟了过去,只留下珍妃陪伴皇帝,这成了后来慈禧严厉惩治珍妃的借口和理由。其实,珍妃支持光绪皇帝变法图强,只不过给予其精神上的鼓励、安慰罢了。珍妃仅一弱女子,无一兵一卒之权,又常年居深宫,不可能参与运筹帷幄,直接参与国家大事。慈禧太后以珍妃协助光绪变法为名,将珍妃施以刑杖,并摘去了她身上所佩戴的簪珥等首饰,囚禁于紫禁城内最偏僻的钟粹宫的北三所。慈禧还专门派了两个宫女,监视珍妃。平时不准她出

门，门自外反锁。慈禧太后还立下了一个规矩，以后珍妃不准再见皇帝。

光绪二十六年七月二十一日（1900年8月15日），八国联军侵入北京，慈禧太后胁迫光绪皇帝，离京出逃。本来，光绪曾要求留下来，在京城同西方列强谈判。但是慈禧担心会因此而失掉对光绪的控制，于自己不利，于是拒绝了光绪的请求。

在临出京前，慈禧命宫内所有妃嫔前来请安。珍妃也被从钟粹宫的北三所带来。就在这个时候，珍妃仍然没有忘记给予光绪支持。她冒着触怒太后的危险，请求将皇帝留京，主持朝廷的正常事务。慈禧大怒，以"扰乱后宫，不守本分"为名，令太监将珍妃推入乐善堂后的井中致死，人们后来便将这口井称之为"珍妃井"。

还有一种说法是珍妃因为出天花，请求不随慈禧西行，慈禧索性将她淹死在井里。太监小德张过继孙张仲忱在《我的祖父小德张》一文中记述了珍妃死时的情景：当年八国联军攻到京郊廊坊时，宫内一片混乱，大太监李莲英命众太监全部换上便装，"老祖宗也来到御花园旁，在养性斋前换上了便装。各宫妃嫔陆续到来，光绪皇帝也从瀛台过来，换上了青衣小帽。这时老祖宗把珍妃叫来，让她换好衣服一齐走。不大一会儿，珍妃披散着头发，穿着旗袍来了，老祖宗大怒说："到这时候了，你还装模作样，洋人进来，你活得了吗？赶紧换衣服走！"珍妃说："皇阿玛，奴才面出天花，身染重病，两腿酸软，实在走不了，让我出宫回娘家避难去吧！"老祖宗仍叫她走。珍妃跪在地上还是不走，老祖宗回过身来大喊一声，叫崔玉贵把她扔在井里，崔玉贵立即把珍妃挟起来，不几步就是那井口，头朝下就给扔了下去，随即便把井口堵上。

据考证，珍妃当时确实正患天花，病卧在床，又在囚禁之中，其状之惨是可以想象的。小德张说当时珍妃披头散发，言其面出天花，两腿酸软，无法扈从西行，恳求放归母家休养避难，是合乎情理的，珍妃当时身患天花重症，若随行，等于在途中白白送死，所以她跪地不肯走，因为逃难途中不但得不到将养治疗，就其颠簸劳累也难逃活命。然而，慈禧这个恶毒的女人，岂能给她一线生机？何况后妃回母家养病，清朝也无此先例，所以逼珍妃投井自尽，后被推落下井。

曾在紫禁城内应聘而为宣统皇帝英文教师的庄士敦也同意"留京被拒说"。珍妃在慈禧太后出宫前，曾跪在冷酷无情的太后面前，乞求她不要强迫皇帝随其出走。珍妃是皇帝最宠爱的妃子,她知道他愿意并渴望留下,去面对联军的司令官们。在皇家命运空前危机之际,除了她,还有谁有权向这个掌握着他们命运的独裁者提出这个可怜的祈求呢?在不能再耽搁的情况下,据说太后没有给跪在面前恳求她的珍妃任何回答,而是对她的随从太监勃然大怒,命他们把泪流满面的妃子扔进井里。

但是也有人说珍妃并没有讲过"皇上留京"一语,珍妃坠井是慈禧太后用封建的贞节观,诱逼所致。太监王祥自称亲眼看见珍妃被丢到井里,他回忆说:"庚子年七月二十日,宫里乱七八糟的,西太后和光绪皇上都改变了装束,就要逃出宫了。就在这个当儿,她亲自率领瑾妃和御前首领太监崔玉贵、王德环到了宁寿宫,把珍妃从三所(囚禁珍妃的场所)里提出来。珍妃在这里不知道已经受了多少折磨。她被提到西太后跟前,我们从门缝里看到了她战战兢兢憔悴的样儿。

"慈禧太后究竟同她说了些什么,没有听见。后来在场的太监们传说,慈禧太后对她说,现在太后同皇上就要离京了,本来想带她走,但是兵荒马乱的年月,万一出了什么事,丢了皇家的体面,就对不住祖宗了,让她赶快自尽。还听太监们传说,珍妃对慈禧太后说,皇上应该留在北京。但是还没有等珍妃说明道理,慈禧太后就冷笑一声,抢白她说:'你死在眼前,还胡主张什么?'"

"我们从门缝里只看到珍妃跪在慈禧太后面前,哀求留她一条活命,口里不断地呼叫:'皇爸爸,皇爸爸,饶恕奴才吧!以后不再做错事了……'慈禧太后气狠狠地呼喝:'你死去吧!'在场的人,有的眼里含着泪,木然呆站着,大概谁也不忍下手。光绪和瑾妃也眼泪汪汪的。慈禧太后怕时间耽搁久了,就接连喊叫快点动手。崔玉贵走上前去,把珍妃拽过去,连挟带提地把她丢到井里去。"

除了上述两种说法,还有一种说法。说是珍妃"行前未尝见过太后",光绪帝也是"辛丑始知妃死的"。太监信修明回忆说:慈禧太后在出宫之前夕,惟虑珍妃,留守宫中不妥,带走也不妥,因而传令将珍妃投入乐寿堂后西所井中。诸老太监闻言均已回避。小太监崔玉贵不敢远离。太后生气说:"玉贵把她推下去,你们都该杀。"崔玉贵不敢违抗,将珍妃推落井中。

光绪是清朝最不幸的一个皇帝,在他38年的一生当中,只有珍妃能给他痛苦的生活带来一丝快慰。珍妃的一颦一笑、一言一语都给光绪皇帝孤寂的生活增添了无限的春光。充满活力的珍妃使光绪皇帝获得了真正的青春。珍妃用她的纯洁、她的热情唤起了一国之君光绪皇帝未泯的个性和向上的精神;她的出现打破了光绪皇帝孤寂压抑的生活,给他的生命注入了新的青春活力;她的刚毅、她的勇气,增添了光绪皇帝奋发有为的信心和勇气,而他们的爱情绝唱也格外令人感动,给紫禁城阴冷的黄昏增添了几分悲剧的色彩。

紫禁城"四妃之首"瑾妃

瑾妃(1874~1924 年),他他拉氏,珍妃之姐。光绪十四年(1888 年),年十五,与珍妃同时被选,封瑾嫔。次年二月入宫。光绪二十年(1894 年)正月,晋封瑾妃。同年十月,与珍妃同降贵人。光绪二十一年(1895 年)十月,仍复瑾妃位号。光绪三十四年十月二十五日(1908 年 11 月 18 日),宣统即位,晋封瑾贵妃。辛亥革命后,清皇室又尊为端康皇贵妃。民国十三年九月二十二日(1924 年 10 月 20 日)病死,年五十一,葬崇陵妃园寝。

珍妃的姐姐瑾妃的结局比她的妹妹珍妃好多了。光绪二十六年(1900年)七月,瑾妃随慈禧也逃出了京城,一年多以后才返回皇宫。光绪帝死后,宣统帝溥仪尊封她为皇考瑾贵妃。1913 年 3 月,溥仪又尊封她为端康皇贵太妃。

据末代皇帝溥仪回忆,隆裕皇太后死后,瑾妃就成为紫禁城内幸存的四妃之首(另外三妃是敬懿皇贵妃、庄和皇贵妃、荣惠皇贵妃,她们三人都是同治帝的妃子)。瑾妃其人以后变得也很专权,自己俨然成了皇太后,效法慈禧,让溥仪叫她皇额娘,经常管教溥仪,不把皇帝放在眼中。为此,溥仪在一些人的怂恿下,公开与瑾妃吵了一架,使瑾妃下不来台,溥仪也为此付出了沉重的代价。瑾妃为了出这口气,把溥仪的奶奶、母亲召进宫,对她二人施加压力。她二人可吓坏了,一齐跪下来苦苦哀求,答应劝溥仪给瑾妃赔礼道歉。最后溥仪经不住祖母和母亲的苦劝,被迫给瑾妃道了歉。溥仪的母亲个性极强,从未受过别人的训斥。这次窝了一肚子火,回到家便吞鸦片烟自杀了。瑾妃听了这个消息以后,吃惊不小,深怕溥仪追究此事,于是也改变了对溥仪的态度,两人关系有了明显的缓和。

瑾妃死后,溥仪又谥之曰温靖皇贵妃。

末代皇后的爱恨情仇

1923 年,民国政府对宣统溥仪复辟一事给予了宽大处理。溥仪方得生活上的自由。这年冬季,溥仪举行了大婚,并定农历十月十三日上午十时为婚期。北京城紫禁城外的街道人山人海,人头攒动。人们都想目睹末代皇帝的结婚大典仪式。

那天的三更时分,内监传命,以銮舆迎接新人。去的时候,从东华门出去,走北池子景山东街,过地安门,沿途观看的人是成千上万,沿途都有军警保护。

紫禁城内,张灯结彩,鼓乐齐鸣。十二时,迎娶的队伍浩浩荡荡地出发了。有马巡保安队、游缉队、京师的宪兵,都骑着高头大马,一崭齐地行走着。宪兵过去,是全体武装步兵一大队。步兵的后头是警察厅武装的警察。又有一大队警察厅的军乐队,继之是总统府的军乐队。后面就是清室的宗人,个个翎顶辉煌,蟒服朝珠。随后是皇宫全副卤簿仪仗,除了绣金龙的大旗,金瓜银钺、罗伞绛幡外,还增添了牛角和大鼓各一百对,紧接着才是一顶三十二人抬着的彩舆,涂金的顶部,正中是一只很大的金凤凰,凤背上有一个小金顶,周围有九只小金鸾,嘴里都衔着长长的璎珞,绣幔四垂,角上都含流苏,舆夫一例穿红绸绣衣,红缨帽上拖黄绷。銮舆后是执长缨枪的侍卫,骑着骏马,蟒袍金冠。提灯提炉的宫监列为雁行,金炉里面香烟缥缈。

从皇城沿走安定门,过十字街,进东安门,进入东华门。一路上,到处是红、黄两色的装饰。自乾清门到大殿,都用红缎毯铺地,殿上灯烛灿烂,自有说不尽的华美。殿旁列着大钟巨鼓以及古时帝王祭太庙的乐器,器上尽扎彩绸。乐工数人也穿着绣衣侍立奏乐。这时,溥仪已穿戴龙袍,在乾清宫西暖阁等候。銮舆一到,由福晋、命妇等率女官、太监等上前请皇后降舆。这时,从凤舆中走下来身穿大红锦绣的"龙凤合同袍"头上盖着绣着龙凤的红色盖头的新娘,烛光摇曳下,凤钗银钿夺目生辉。按照传统,皇帝和皇后新婚第一夜,要在坤宁宫里一间不过十米见方的喜房里度过。由于这一切都是按照过去满清皇帝册立皇后的排场与仪注行事,溥仪虽然早已逊位,此时却俨然恢复了皇帝的尊严,他所册立的婉容也俨然是昔日大清帝国的皇后了。

婉容,字慕鸿,郭布罗氏(《清史稿》记"敦博勒氏",意同),达斡尔族人,是前内务府大臣荣源之女,满洲正白旗人。曾祖父长顺曾是吉林将军。她与溥仪同庚,比溥仪大约三个半月。由于端康太妃得到溥仪父亲和叔叔的赞同,认为婉容家境富有,相貌、血统都比文绣好。于是溥仪答应立婉容为后,放弃首先相中的文绣。婉容嫁时年方十七岁,不仅容貌端庄秀美、清新脱俗,且琴棋书画无所不通而在贵族中闻名遐迩。婚后第三天,她和溥仪一起在东暖阁接受各国驻华使节的贺礼,这是婉容以皇后身份第一次公开露面。当时,她梳着满族式的"两把头",高高的发髻上缀满了绒花;身穿的黄缎织花旗袍显得华艳照人,使见多识广的外国使节夫人们无不惊叹这位皇后的娇美容颜和高雅仪态。当时的大小各报,也以极大篇幅做了绘影绘声的实况报道,其盛况可谓空前。

新婚燕尔,溥仪和婉容本应相依相伴、颇为和美。但溥仪不了解这其中的甜美,一心一意要从事恢复祖业,即便是在新婚之夜,也还是为这个问题而耿耿于怀,竟至于把新婚妻子抛撇在洞房里,独自一个人跑到他单身时代所居住的养心殿里来琢磨这个盘踞不去的心中疑难,完全不顾被抛撇在洞房里的婉容是何心情。在没有出宫之前,溥仪和他的后妃关系如何,由于溥仪自传中没有这方面的叙述,实际情况难以揭秘。婉容是出身富家的贵族千金,何况民国时代的大家闺秀都懂得崇尚时髦,爱好西洋的物质文明,所以婉容对于各式各样的物质享受都十分在行。她有机会接触社会上的各种新事物,所以谙熟很多宫内享受不到的"洋"玩意儿。她爱看外国电影,喜欢吃西餐,会骑自行车,还略通英语。住在紫禁城的那段日子里,由于母仪天下的荣耀和新婚燕尔的欢愉,婉容过得还算惬意,她的柔情与活泼也给溥仪带来了很多快乐,溥仪渐渐把婉容引为知己,不仅依从婉容的习惯和爱好,还特意聘请了美国教师专门教授婉容英文。而这时候的婉容也确实给了溥仪很多柔情,在紫禁城两年多的时间里,她几乎每天都用英文给溥仪写信,并且在这些情意绵绵的短信下方以"伊丽莎白"落款,因为她非常喜欢溥仪给她取的这个与英国女王相同的名字。

1924 年 11 月,被驱出紫禁城后,溥仪于次年 2 月移居天津张园。在庄士敦的陪同下,他带着婉容和文绣第一次进入了宫外的世界。按照《修正清

清宫秘史

室优待条件》，溥仪已"永远废除皇帝尊号"，而婉容也随之失去了徒有其名的"皇后"身份。

婚后，婉容和文绣在宫中时相处融洽。至今还存有她们的往来书信，后、妃关系恶化是，到天津居住时才变坏的。文绣，字蕙心，是满族鄂尔德特氏端恭的女儿，她是与婉容同时被分别圈定为后、妃的。按清代礼制，她在溥仪与婉容举行大婚的早一天进宫，当时她年仅十四岁，文绣从小接受的是三从四德的封建教育，虽然相貌不如婉容姣好，但性格却比婉容温顺宽厚。溥仪待文绣开始时也还较平等，比如一些适宜后、妃参加的活动，溥仪总是让婉容、文绣一起出面，为了学习英语，溥仪也给文绣请了教师。但是，婉容却对此大为不满。婉容的争宠好胜，一方面是她的性情所致，更主要的是由于宫内枯燥、寂寞的生活决定的。婉容虽然得到了皇后的高贵身份和衣食豪华的生活，但是紫禁城的高墙束缚着她的自由，尤其是夫妻关系间的难言之隐，更使她深深地陷于痛苦之中。

出宫后的婉容似乎精神焕发了一阵，她一改宫中的装束，换上了时装旗袍和高跟皮鞋，还烫了头发，再加上她纤柔秀美的音容笑貌，一时成为租界中的"摩登女性"。更使她兴奋的是，天津这座繁华的商业城市给她提供了既时髦又风流的消遣方式。对她吸引力最大的则莫过于到各大百货公司购物，这种物质刺激后来竟发展成婉容、文绣之间争宠的手段。溥仪后来在《我的前半生》中称之为"竞赛式的购买"，他回忆道："婉容本是一位天津大小姐，花钱买废物的门道比我多。她买了什么东西，文绣也一定要。我给文绣买了，婉容一定又要买，而且花的钱更多，好像不如此不足以显示皇后的身份。"当时，朝廷经济状况早已大不如前，财政支出和各种开支难以应付，当然必须对这种竞争挥霍的糜奢行动有所抑制。然而婉容却抬出她的身份来，以为皇后的地位远高于妃嫔，如要裁节，也只能裁文绣的开支，而不可能限制她自己的消费。这种争执，一方面固然出于爱慕虚荣，其内心的潜意识，也还是出于妻妾争宠。

新的环境并没有改善婉容与溥仪的关系，他们之间始终没能建立起普通夫妇间的那种恩爱、真挚的感情。一个原因是当时溥仪在清朝遗老们的怂恿下正一门心思想着复辟，更主要的原因就是他自己后来才领悟到：我不懂爱情为何物，在普通人心中夫妻关系是平等的，在我来说，夫妇关系就是主奴关系，妻妾都是君王的奴才和工具。虽然遇到什么应酬场面溥仪也让

中华宫廷秘史

婉容出面,但在溥仪的眼里,婉容只不过是应景的摆设。无聊和孤寂使婉容的精神日益颓废,常常夜不能眠,最终患上神经衰弱症。用鸦片疗治,却使她染上吸毒的瘾。

1931年秋,曾在社会上轰动一时的"淑妃革命",使溥仪的家庭生活骤起波澜——文绣因忍受不了不平等待遇而离家出走,最终与溥仪协议离婚。比较文绣与婉容二人的照片,婉容显然要比文绣漂亮。但是不知道出于什么缘故,溥仪在他的妻妾之间,似乎对文绣特有偏爱,所以在与文绣离异之后,对婉容产生了极大的反感。婉容反对溥仪到东北去做日本人的傀儡,恐怕也是溥仪厌恶婉容的原因之一。也许在婉容的想法里,热心政治的丈夫一定会疏忽自己的妻子,所以她宁愿守住丈夫过平淡的普通人生活,也不愿溥仪受日本人的利用去搞什么伪政治。

1934年,溥仪不顾婉容和其他人的劝阻,登上了"伪满洲国皇帝"的宝座。成为满洲执政府的傀儡后,他更是对婉容置若罔闻。但时隔不久,不仅溥仪感到"执政"的职权只是写在纸上的,一切都要听从日本人的安排;就连婉容也察觉她的一举一动都受到监视,甚至不能走出大门一步。原有的苦闷和新添的愁思使婉容的旧病日渐严重,不到两年的时间便由神经衰弱而发展到精神失常的状态,发作起来常把屋里的摆设摔得粉碎。

婉容虽然在精神上呈病态,并且颜面已渐露青灰色的烟容,但她仍不失为一个俏丽的女子,在身体好些的时候,她还是要悉心打扮起来,或以其他方式享受一下的。根据1934年"帝宫"档案记载,婉容一年内仅单、夹旗袍就做了二十七件,所用的质料不仅有中国传统的丝绸,还有各种花色的日本、印度、法国的上等毛、绸、纱料。她每个月可以有三千元的月例钱,供其衣食之外的花销。她还养了五六只哈巴狗。这些通人性的小动物给了她不少乐趣。然而,伪政府的院子就是婉容的禁地,除了1934年溥仪第三次登基做伪"满洲国"皇帝之后,日本方面在雍仁亲王代表天皇"访满"时,为了炫耀中日"亲善"而让婉容随溥仪在勤民楼参加了一次接见外,她在以后的近十年中再也没有以"皇后"身份公开露面。这对极好虚荣的婉容来说是极大的打击!

经过这一次打击之后,婉容的精神受了极大的刺激,仅仅两年的时间,昔日如花似玉的婉容竟成了一个完全不能控制自己的疯子。她已经不懂得控制自己的情绪了。她已经不懂得梳洗打扮,整天喜怒无常。唯有一个习

中华宫廷秘史

惯还保留着,就是每天还要吸食鸦片。打这儿以后,抽大烟抽得更厉害了。其实早年在北京的皇宫里时,婉容就抽大烟。开始时,是溥仪主张她抽的,因为婉容每到月经来时就痛经,有时候患头痛病。溥仪就让她抽大烟。一是治肚子病,二是想以此来麻醉她。一来二去,婉容抽上了瘾,越抽瘾越大,一直抽到两腿发软。在伪满洲国后期,婉容因长期躺着在床上抽大烟,几乎走路都很困难。

婉容被关在屋子里与外界隔离起来,失去了往日优雅的仪态,变得蓬头垢面,溥仪不许任何人看望她。她病得最严重时两腿已不能下地走路。由于长久关在房子里,本来就有眼疾的婉容,眼睛更见不得光亮,要用扇子遮着从扇子骨的缝隙中看人。她偶尔也有清醒的时候,每逢这时,她就哭着骂她的父亲荣源,骂他为了自己要当国丈而断送了女儿的一生。自从婉容精神失常之后,家里的人在北京给溥仪找了一个叫谭玉龄的中学生。溥仪跟谭玉龄结婚七年,直到谭玉龄被日本人害死,婉容始终不知道有这么一回事。据1937年溥仪的妹妹给溥仪的信中所说,婉容因吸毒的缘故,面容已变得十分丑陋,所照的照片也藏起来不肯给人看见。

婉容是旗人中闻名遐迩的美人,她相貌姣好、身材出众,仪态不凡。而文绣不仅相貌平平,而且生性不善言辞、沉默寡言。生活中,婉容一直百般刁难文绣,文绣是平民出身,母亲是个洗衣服的,所以她的生活方式和婉容相差很大,太监们对文绣也十分尊重。到了天津后,婉容更是天天和溥仪打马球,出去游玩,文绣感到无趣、压抑。文绣和溥仪不但只有夫妻之名,而且备受婉容皇后的欺负,由于孤苦难挨,不堪忍受,毅然与溥仪诉之法律,决然离婚,掀起一场中国历史上绝无仅有的妃子与皇帝打离婚的风波。本来皇权至高无上,皇后嫔妃可废可贬可处死,离婚是不允许的事。然而,皇权已经落地,时代已经不同,溥仪终于答应妥协,签了离婚协约。为了顾及皇帝的面子,以示权威犹存,溥仪以皇帝身份又传谕道,曰:"淑妃擅离行园,显违祖制,应撤去原封位号,废为庶人。放归母家居住,钦此。"这些文字只是装点一下门面,一旦离婚,溥仪还有什么权力来限制文绣?离婚后,文绣并没有回到母家,而是将获得的生活费用来办了一所学校。她没有再嫁,而是亲自任教,把身心全部献给了孩子。史料记载,文绣在和溥仪离婚后一直有恋人,但受"永远不得再嫁人"的压迫,一直也没有结婚,直到1950年,她才得以解脱,和一位前国民党军需官刘振东结了婚。但婚后没多久,刘振东就因病去世了,文绣也在1953年因心肌梗塞结束了凄苦而颠沛流离的一生。

1945年,日本投降。撇下了一大群皇亲国戚,溥仪这个儿皇帝也仓皇出逃了。剩下的人只有另想办法。11月份,天气渐冷,这一行人由大栗子沟迁到临江县城住下来。不久,临江解放,他们又随着解放军从临江转到通化,经过八个月颠簸流离的生活,于1946年4月又回到了长春。这时,婉容的身体更加虚弱,多亏福贵人李玉琴的同情和照应,才使这位遍尝世态炎凉的昔日皇后得到了一些人际间的温暖。但是,由于战争的动荡,解放军很难再带着这么多皇族眷属行军作战,所以让他们自谋生路,于是人们先后离去,连关心过婉容的李玉琴也要走了。李玉琴事后曾回忆说:"当时她看我来请安,就伸出枯瘦如柴的手握住我。我悲痛难忍,泪流满面。她眼光露出惊慌焦急的样子,嘴里发出两声'呵! 呵!'带着哭腔的凄凉声音,含混不清地说了一句什么。她也流泪了! ……我给婉容抚平衣服,盖好被,摸摸她枯瘦如柴的手。她转过脸来看看我,一脸的痛苦表情。很快又变成冷淡的样子,又转过脸去。"其实,婉容在长春有不少亲友,他们靠国戚的身份曾经得到过那么多的荣华富贵,但这时候却没有一个人来接她走。后来,解放军撤出长春,只好带着婉容一起走了。不久,婉容病死在敦化,终年41岁。

1962年,38岁的李淑贤嫁给了57岁被改造成一名公民的中国末代皇帝溥仪。溥仪在1967年去世,李淑贤于1997年去世。在李淑贤生命的最后两年,记者胡敏英成为她的最知心朋友。她毫无保留地向记者吐露了他们的婚姻生活。

"溥仪原来就有生理残疾。新婚之夜,我在悄悄期待中看着丈夫一声不吭地陪着我默默独眠。多少个夜晚过去了,可夫妻生活在我们之间竟一次也没有过,我渐渐生出了一种无以名状的烦恼。每到入夜,只要一听到丈夫那震耳的呼噜声,就更加难以入睡……

"有一天,我突然从护士那里得知:丈夫原来是有生理残疾! 得知这一情况时,真如五雷轰顶:我哭着去找媒人,媒人也十分震惊,万分后悔地说:'哎! 本来是为了促成你们做件好事,可这不是把你坑了吗?'"

"回到家里,溥仪向我长跪不起,抬着头含着泪水哀求说:'别离开我! 你就是找男朋友我也不嫌弃。'此刻我看到过去皇权在握,九五之尊的高大'皇帝',竟成这般模样,我既心疼又好笑,赶紧说:'快起来吧!'可是溥仪就是不站起来,一定要我亲口答应不离开他! 可我那时多想有个可爱的孩子,多渴望成为一个母亲呀！忍不住将委屈的眼泪一滴滴撒落在溥仪的脸上，哽咽着默默扶起了下跪的溥仪，告诉他今生今世永不分离！……直到后来我才明白，就是因为溥仪不能过正常的夫妻生活，才造成当年宫中淑妃文绣闹离婚，婉容皇后与人私通。”

《清史稿》里有一段关于婉容皇后的记载：“宣统皇后，敦博勒氏，总管内务府大臣荣源之女。逊位后，岁壬戌，册立为皇后。”这就是婉容，这就是在战乱动荡年代中国最后一位皇后——婉容。

“老佛爷”称呼由来

佛祖以慈悲为怀，所以凡是宽大为怀、乐善好施的人，人们都美称之为“佛爷心肠”。在清廷内宫，太监、宫女，甚至一些官员却称慈禧太后为“老佛爷”，这就有点让人奇怪了。

这个在清朝末年专政达半个世纪的妇人是以心毒手狠闻名于世的。在她手上，一些亲王、重臣惨遭杀身之祸，一些后、妃被折磨致死，至于太监、宫女、仆役，她更视为草芥，随意杀戮，即使是亲生儿子，也难免遭她的虐待。“佛爷”的称号怎么会同她联系起来？直至现在，人们从一些资料、图片上，终于知道了它的来龙去脉。

据说，慈禧六十多岁的时候，常在垂帘听政的闲暇时间参禅拜佛，不过在她心目中，神佛并非那么神圣。她认为自己的地位并不比神佛次，于是自己装扮起神佛来，扮的佛像之一就是救苦救难的观世音菩萨。她头戴毗卢帽，身着满服，或坐或立；坐的时候，左手放在膝盖上，右手持一串珠；立的时候，左手执净水瓶，右手执柳枝。背后悬挂一条大横幅，上书“普陀山观音大师”，还让她宠幸的太监李莲英扮成善财童子，她的亲信奕劻的女儿（四格格）扮成龙女，侍立左右。她自己对这种举动十分得意，特令人拍摄成巨幅照片，悬挂在她的寝宫里。

李莲英善于为虎作伥、讨慈禧的欢心，慈禧亲昵地称他为“小李子”，他常常在慈禧处恃宠插科打诨，让慈禧非常高兴。他扮善财童子侍立时，便高呼慈禧为“老佛爷”。慈禧听了十分受用，重重奖赏了他，还要其他人从此也这样称呼她。后来有人写了一首七绝，如实地记录了这件事。诗中写道：

垂帘余暇参禅寂,妙相庄严入画图。

一自善财承异宠,都将老佛当嵩呼。

就这样,"老佛爷"这个称呼朝野上下不胫而走,成了慈禧的另一个通俗的称呼。直到今天,一些描写慈禧的小说、戏剧、电影、电视作品当中,人物都是作这样的称呼。

慈禧敛财全曝光

慈禧在咸丰皇帝死后,利用嗣皇帝幼冲的有利时机,诱胁慈安太后,勾结恭亲王奕䜣等人,发动祺祥政变,从诸王公大臣手中夺取朝政大权,慈禧一跃成为清王朝的最高统治者。她曾总揽同治、光绪两朝的军国政要,主宰清朝的一切。其统治时间长达半个世纪之久,是仅次于康熙、乾隆而位居其三的清代独裁统治者。

慈禧在她统治的半个世纪期间,干了大量祸国殃民的坏事,罪行累累,真可谓罄竹难书。

以下是她几个为利熏心、聚敛财富的秘史,在此曝光,让我们更清晰地看透她的真面目——

幕后老板

慈禧太后是个非常好财的人,到了晚年尤其厉害。她常常和太监李莲英谈起前门外的万元号和东四牌楼四大恒的事。

前门外的万元号,是鸦片战争后北京最早开办的一家专门经营洋货的商店。它的资本雄厚,洋货齐全。当时所有从外地运往京城的洋货,都先运到万元号的货仓。由它挑选以后,剩下的再让给其他洋货店销售,万元号实际上就是北京最早垄断洋货的货庄。至于四大恒,它们是开设于东四牌楼的四大银号,因为店名起首第一个字都是"恒",所以叫四大恒,在清朝末年京城的金融界中很享盛名。由于四大恒信誉好,所以官私汇兑多由它们来承担。它们的银票甚至可以在广州、上海这样大的商埠流通。更让四大恒获利的是它们兼办捐纳这桩极肥的差事。

当时清朝外省的官吏和海关常常以进奉的名义贿赂慈禧太后,如珍奇洋货和银币这类东西。然而这些进奉之物的进京都瞒不过万元号和四大恒的耳目。所以慈禧太后常为它们知道自己进财的底细而苦恼。可巧这时候西城有一家山西商帮开的老银号泰源歇业了,于是李莲英就私下和慈禧太后商量准备把这家银号接收下来。由于慈禧碍于清代家法不准皇室经商的规定,因此便让李莲英出面,以他的名义接着开这家银号而且仍用泰源老字号。新开泰源银号的本金三百一十万元,而其中李莲英只有十万元,其余都属慈禧太后所有。泰源开业后,慈禧太后暗示了内务府,于是不久原由四大恒承担的捐纳和向宫廷的汇兑业务,则都由泰源一家银号承办了。不仅这样,慈禧还在前门外廊坊二条开了一家洋货绸缎店,并仍以李莲英出面,店号用泰昌,这是慈禧亲自定的,据慈禧说因为前号有源字,后号必要有昌字,这样才会财源不断,年年昌盛。万元号得知泰昌是李莲英的买卖,于是只好退避三舍了。

自从慈禧太后这两号买卖开业后,外面向慈禧以进奉为名的贿赂就专由泰源和泰昌经手了。因为有慈禧太后作后台,买卖也就越做越大。然而正当这两号生意蒸蒸日上的时候,义和团进了北京,庚子年五月大栅栏的一把火,烧尽了泰昌洋货绸缎店。西城的泰源当八国联军进京后也遭到了大肆抢劫。四大恒遭抢时,联军用了三天时间才把抢得的银子运完;而泰源遭抢时,联军也用了近两天时间才把银子运走。泰源和泰昌就这样在外国列强的掠夺下结束了生命。即便受此大劫,慈禧太后通过它们还是赚到了成千上万两的银子。

贪索货物

土产品进贡朝廷历代相沿,早在战国时的著作《禹贡》中就有详细的记载。后来史书中专辟“方物志”一目备查。朝廷漫无止境地索需,必然会成为扰民的苛政。清代中期广西的桂圆、新疆的哈密瓜,都因为路途遥远,运费过高,经过边疆大臣的启奏而罢贡了。可是到了慈禧太后三次垂帘时,虽然她年事已高,但奢侈之心不衰,又加之海、陆交通比以前方便多了,于是像福建的荔枝、江苏的蜜桃、安徽六安州的茶叶、楚皖的冬笋,真是不一而足,无奇不有,应时按景地送到了京城。慈禧得到这些东西总是非常欢喜的。

这些珍奇异物都是通过朝廷的命官以鱼肉百姓的手段而得到的。他们表面上说是由官给价而向民众买来的,实际上所给的价钱只不过十之二三,有时连这十之二三都不给。像福建的佛手、盛京的香水梨实际上就是地方官一文不花从百姓那里白拿到手的。外任官吏为了取悦慈禧太后,常常将从当地百姓手中夺到的土产品交内务府代为进奉。其代进的种种费用,都为内务府官员中饱了。一年到头都有各地官吏的进奉,因此内务府官员的收入只此一项就十分可观。由于有势力的太监对此事不能插手获利,于是他们便另辟一条路,想将此项财源独揽到手。这条路便是他们通知江浙三织造(三织造,为南京、杭州、苏州三处所设之官,其官都为太监充当,专管织造之事。)以及粤海、淮安两关,说明日后如奉慈禧太后之旨采办贡品输送来京,应直接向敬事房(敬事房为康熙十六年所设,它是首领太监的办事处。)交纳。同时解释说这样做可以又快又省事,避免许多周折。敬事房承接此项差使后,各地官员纷纷将贡品托它代为进奉,认为这样可以直接交给慈禧太后。于是内务府的这项外快就十去其八了。

有权势的太监并不以此为满足。他们还广泛地购买津沪之地的各种新闻纸(报纸),专门浏览报纸上的广告。凡见有精奇的舶来品,就请慈禧太后传谕购买,而又以江海、津海两道经手其事。留声机初到上海时,唱盘中所灌的多半是舞曲、广东戏曲和上海名优唱的京剧。当时的价钱很高,大号的留声机价钱得百两以上银子。当时驻上海的苏松太仓道员料到慈禧太后见报后必要购买,于是他便急忙买下四台,并配以小洋狗四头,这些专门训练过的小狗能随留声机放出的舞曲翩翩起舞,很是逗人喜欢。道员派专人随北上轮船运到京城,同时一面打电报给敬事房,请求代向慈禧进奉。

慈禧也就在这个时候,从报上见到了留声机这种洋玩意,正要询问左右怎么买到。李莲英便以驻上海的苏松太仓道员电奏告知了慈禧。没过几天,留声机的声音便传遍了宫院。当时那位道员正因营私舞弊被人怀疑参奏。但由于留声机的传声,洋犬的摇尾,使得慈禧太后最终免予对他的追究了。由此可见晚清政治是何等腐败。

挪用军费

颐和园的石舫,有两层楼那么高,是整块石头雕成的。它的东边是听鹂

馆和百丈亭,南面是昆明湖。

当年,慈禧太后为了过五十大寿,说要修万寿园。这事她让贴身太监去筹办。这个贴身太监一见是慈禧太后的差事,哪敢怠慢!可是这样一个大工程,去哪里找钱呢? 他就和慈禧太后商量。慈禧太后说:"去找军机大臣。"

贴身太监心想:这就怪了,修万寿园是内务府的事,怎么找军机大臣呢?可是太后说了,不找也不行呀。他就去找军机大臣。

军机大臣为何许人也? 正是光绪他爹。军机大臣原来是一个亲王,因为同治死了没有人继位,就从他家里把个四岁的光绪选进宫里。这个没有实权的亲王,一下子当上了军机大臣。他为了讨好西太后,一上任,就大修"三海",这三海就是前海、中海、后海,还设立海军衙门,总理海军事务。

贴身太监找到他,一说这修万寿园的事,他就明白了。他想,这是叫我用海军军费修园呢。可是动用海军军费,总得有个幌子呀。他脑袋一晃,想出了一个主意,干脆就说训练海军得了。

于是,就打着训练海军的旗号,拨了海军费。慈禧太后知道后,满心高兴,又增加海军费一百万两,准许他连海防捐、海关税都可动用。

这工程一修可就大了。整个颐和园,修得山上山下一片辉煌。修完,就挂出一块牌子叫水操学堂。弄了些水师学员,在昆明湖上折腾开了。

这天,慈禧太后的生日到了。整个颐和园张灯结彩,钟鼓齐鸣,文武百官都来祝贺。西太后头一个犒赏海军衙门。然后带领百官出去观赏湖光山色。

走到长廊西头,过了听鹂馆,穿过百丈亭,一看,这儿有个石头大兵船,上头有石缆石炮,很是威武,就是炮口正对着万寿山。慈禧太后一看,就恼了:"怎么在这儿修了这么个怪物,赶紧给我拆掉!"

这时,贴身太监说:"老佛爷息怒。这兵船不能没有。不然这海军军费可不好……"

正说到这里,军机大臣也凑上来说道:"老佛爷,这无非摆个门面罢了,请不必介意。"

慈禧太后想想也有道理,可就是感到这个兵船放在这颐和园里太难看,就说:"把炮拿掉吧。"

大臣们都清楚,慈禧太后要的是雕楼画舫,自己好饮酒作乐。这样,就把石炮拆掉,重新修成一座十分豪华壮观的石舫。

慈禧太后这回可乐了。后来,她索性又把水操学堂也给鼓捣出去了,使颐和园变成了她独享的皇家园林。

巧立名目

据说,颐和园修成以后,慈禧要求在万寿山上、佛香阁西侧,用纯铜铸造一座亭子。她的想法是:万寿,就是长生不老;"铜"字与"童"字谐音,"铜亭"就是"童亭",寓有永远年轻的意思。但是,当时连续向外国侵略者割地赔款,搞得国库空虚,百姓贫困,要这么多的铜是十分艰难的;不过,慈禧不会管这么多。李莲英知道了慈禧的想法,就献计说:俗话说,积少成多,滴水成河,何不向官民募捐?慈禧连连摇头说,不行不行,一是民众铜钱不多;二是即使民众有铜钱,也不会献出来。至于那些当官的,个个都只知道搜刮,不愿拿出半个铜子来。

"老佛爷放心,只要有一个巧妙的名目,民众再没有钱,也会捐的。"慈禧盯着李莲英,示意他继续说下去。李莲英接着说:"这个名目,就是:'国难当头,爱国义捐。'"

慈禧笑了:"没有想到,你这小脑袋瓜儿还有点用处。"

"全靠老佛爷教诲。"李莲英嬉皮笑脸地说。

就这样,慈禧下令在颐和园东宫门外摆设九口大缸,经由此处的行人,进出此处的官员,都必须往缸里投捐铜钱,不过说法不同:对老百姓说是"爱国义捐";对官吏则说是为慈禧捐献,要是"爱国捐",就没有几个官吏愿意出了。

谕旨一出,附近的老百姓怨声载道。他们想,朝廷修颐和园花了那么多的钱,却要逼穷苦民众拿出活命的铜钱去"爱国",谁相信这种鬼话?但是,王法大如天,再苦也得出。有的人为了躲避那有如拦路虎一样的大缸,只好绕远道走。官员们,特别是那些阿谀奉承的官吏,真把铜钱一袋一袋地倾倒进缸里,不到一年,九口大缸,都装满了铜子和制钱。一过秤,四十万斤还多。

铸铜匠根据画好的图样动手铸造。这时,阴阳先生提出,既然要铸造"童"亭,亭柱的基础应该用两对童男童女来垫。慈禧便下令在颐和园所处

的海淀抓来四个童男童女,给他们灌满了水银,埋在铜亭的四根柱脚下面,上面用汉白玉雕凿成四个须弥山形的铜柱基础。

一座别致的建筑物修成了,梁、柱、椽、瓦、檐、匾、楹都是铜铸的,但看上去却全像是硬木制的。慈禧高兴地来看这个含有让她童年永在寓意的亭子。风辇来到亭下,她望了一下耸立在危崖上、似乎泛着绿光的飞檐,心里忽然想起埋在下面的四个孩子,耳边也似乎听到了孩子临死前的哀叫,眼前晃动着孩子们拼命挣扎的形象,顿时浑身瘫软,头昏眼花,直叫:"快回去!快回去!"侍从们不知道发生了什么事,只得后队变前队,匆匆赶下万寿山。

从这以后,孩子们撕裂人心的喊叫声,总萦绕在慈禧耳边,使她惶惶不可终日。她下令在铜亭坐落的崖后悬挂了一幅一丈多高的佛像,每逢月初、月中,都请和尚在这里焚香念经,超度亡灵。又在亭子背后更高的崖上盖了一座"五方阁",像是一座招待所,让"五方"怨鬼、幽灵,都来这里安居,不要惊扰慈禧,保佑慈禧福寿康宁。这当然无济于事,不久她便怀着恐惧的心情死了。

末代皇太后隆裕

生日风波

农历正月初十这天是光绪帝隆裕皇后的生日。皇后和太后的生日应称之为"千秋日"。按照清宫内的规矩,每逢皇后千秋佳节的时刻,宫内就要由皇帝赐宴,同时还要张灯结彩,搭起戏台请名优演戏。为此,一个千秋佳节就要耗资几千两甚至上万两的白银。

比起慈禧太后来,隆裕皇后在清宫中还算是位注重节俭的人。光绪壬寅年隆裕的生日,正赶上慈禧和光绪刚刚结束了逃难的生活,回到京城没有多久。因为外敌入侵,国内动乱,所以当时无论是国家还是个人都深深地感到财力匮乏。正因为如此,隆裕皇后便呈请光绪皇帝下旨,停止今年自己生日的一切庆祝活动。

光绪见呈十分欢喜,于是便采纳了隆裕皇后的主张。马上下达了停止一切庆祝活动的谕旨。当时御前大臣和各部院的堂官,正在为庆祝皇后千秋吉日作搜寻玉如意的准备。但是由于当时京城距洋人劫掠后时日不久，此物实在难以找到。所以，当听说光绪皇帝下了停止一切祝寿活动的御旨后，大家都称颂皇上的英明。

说起如意这东西，本取古时蚤杖之名，它是搔背痒的工具，因用这东西搔痒可如人意，所以给它起个名字叫作如意。清朝如意多以玉石制成，其一端为云形或芝形，称为如意头。一端为斜方形，称作如意尾。一般长一二尺不等，中间略呈弓状，往往在其尾部系以金丝线或红丝线。也有木如意，多半以花梨木或紫檀木等珍贵硬木制成，其头尾嵌上名贵玉石，如意为吉祥的象征，因此多在祝寿时呈献或赐予。

当慈禧听到光绪下旨停止隆裕皇后生日的一切庆祝活动后，心里老大不高兴。这是因为她自从西安归来，早就想好好地召名优来宫中演几场戏了。然而碍于国事未定，恐怕无缘无故就唱起戏来，会招致臣下的非议。所以一直没下旨演戏。眼下隆裕皇后的千秋日即将到了，正好借此机会，好好地看上几场戏。但万万也没想到，光绪居然下旨停止活动，越想越不是滋味，越想心里越生气。

按照清宫的家法，皇后的千秋日，太后必须到皇后的宫中行赐寿之礼。虽然庆寿活动被宣布停止了，但家规并没有废除。所以皇后千秋日的当天，光绪帝和隆裕皇后便在皇后宫中的庭院准备接驾。这天天气不错，帝后坐在一起。不多时慈禧便驾到了。入宫后仅是四下环顾一周，稍稍坐了一会儿便离去了。她的脸上颇有怫然之色。

正当光绪和隆裕对慈禧这样表现还不知其究竟的时候，忽然听到慈禧太后传谕隆裕宫中的刘太监。当这位太监见到慈禧后，她便追问皇后所坐的锦裀怎么如此漂亮，而且和自己宫中的很相似，想必是有人将自己宫中的锦裀偷走了，为了买隆裕皇后的欢心而献给了她。刘太监回奏慈禧从没有这等事。慈禧硬说他与隆裕皇后串通一气，一味护着隆裕皇后。结果这位被召去的刘太监挨了慈禧的一顿毒打后才被放回隆裕皇后宫中。紧接着当天晚上，慈禧又下了一道谕旨，说隆裕皇后千秋日典礼疏误，有碍外廷，特此罚俸三月。隆裕皇后万万没想到因为自己要节俭而适得其反引起一场风波。

效仿“垂帘”

隆裕皇后,是清朝从大清皇宫正门迎进的最后一个“正宗”皇后。

隆裕后既说不上美丽,又庸碌迂腐,无才无识,但她爱忸怩作态,摆皇后架子;加上她同慈禧的特殊关系,光绪皇帝一直就不喜欢她。戊戌变法失败之后,光绪帝被囚,慈禧命隆裕皇后去守候光绪帝,光绪帝一见她就生气,有一天两人吵了几句,光绪帝便愤怒把她的发簪摔得粉碎。这发簪是乾隆时期珍传下来的。隆裕向慈禧哭诉,慈禧自思,自己的权威再大,也难以将他俩硬拉在一起,只好叫隆裕皇后在别的房内分住。为了打发寂寞的时光,隆裕皇后便致力于养蚕,从孵化、饲桑叶、结茧架、缫丝等全过程,她都亲自动手。

光绪帝宠爱珍妃,隆裕皇后情同潜废,她恨光绪帝,在“帝党”与慈禧为首的“后党”斗争时,她倾向于慈禧,但她也不满慈禧的横蛮和专制,因此对“后党”也不全力支持。她近二十年的皇后生活,就是在这个夹缝里消磨掉的。

光绪帝去世后,慈禧决定由两岁多的溥仪当嗣皇帝,溥仪的父亲载沣任监国摄政王。慈禧太后临终前还指定立隆裕为太后,遗旨中规定,遇有重大事件,由摄政王随时向隆裕太后请示施行。载沣是个软弱无能,优柔寡断的人,这就使隆裕太后成了清朝末年的决策人之一。她甚至想仿效慈禧搞“垂帘听政”,但前有监国摄政王挡道,她终究不敢贸然行事。

隆裕太后的心计、手腕都远不如慈禧,但她仍学到了慈禧的一些坏作风。慈禧宠信太监李莲英;她宠信太监张兰德(小德张)。慈禧挥霍无度,她也步其后尘。光绪帝去世后不久,她不顾清廷关于“国服”期间不能建宫殿的陈规,在皇城东部大兴土木,修建专供娱乐的“水晶宫”。当时国库空虚,军费不足,她也毫不念及。她无理取闹的行径,也有慈禧的遗风。如摄政王任命毓朗、徐世昌为军机大臣,命令颁发不几天,隆裕就找麻烦,逼迫摄政王免去两人的职务。两人唇枪舌剑,吵了一大架。

革命军初起时,隆裕太后主张镇压,但小德张受了袁世凯的贿赂,怂恿她赞成共和,说共和之后,太后的尊严、享受不会受损害,只是取消了摄政王,同摄政王有矛盾的隆裕太后欣然信从。在开皇族会议商讨这个问题时,恭王溥伟极力反对共和。第二天,他要面见隆裕太后专陈自己的意见。隆裕大怒,骂道:"国家被他们闹得这样糟,糟到今日这种地步,他们还想闹,我不愿意见他们。"接着她便下了逊位诏书,令"袁世凯以全权组织临时共和政府",为野心家袁世凯篡权帮了大忙。

宣统帝溥仪逊位以后,历时近三百年的清王朝倒台了。根据"优待皇室条件",皇帝的尊号仍然保留,帝、后暂居住在宫内。此后的隆裕太后就成了残存的"溥仪小朝廷"宫闱的管家婆,或者念佛,或者同太监、宫女们在宫苑内游玩消遣,生活上完全失去了正轨。起居无时,饮食不节,侍从人员时时都背着零食果品相随,供她无节制地贪食,不久便得了膨胀病,临死前已不能言语,由小德张在枕边说:"太后欠安,宫里的事务请旨由醇王管理。"连说了三次,隆裕太后微微点点。过了好一阵子,她才缓慢地吐出几个字:叫小皇帝过来。随侍太监慌忙抱来溥仪,隆裕太后眼睛模糊地指着溥仪说:"皇帝太小了,你们不要为难他。"说完就归到西天去了。

清朝后妃中的"惟一"

在清代众多的后妃之中,有许多后妃有着不同于其他后妃的独特经历,如果辑录下来,让人看了很有趣味。

唯一一位做太皇太后的皇后是清太宗皇太极的孝庄文皇后博尔济吉特氏。她的孙子康熙登极当皇帝后,她由皇太后成为太皇太后,此后又过了27年才离开人世。按照她本人生前的意愿,她死后没有与丈夫合葬,却埋到了儿子顺治帝的陵墓附近。这在清代后妃中是仅此一例。

唯一一位既未当过皇后又不是皇帝生母的皇太后是道光帝的静贵妃博尔济吉特氏。咸丰帝10岁时生母病逝,由她抚育照顾,和自己的亲生儿子恭亲王奕䜣养在一起,当她病危时,已经继承帝位的咸丰尊封她为康慈皇太后,可惜她只做了九天皇太后就死去了,死时44岁。

唯一一位本是皇后,却在皇帝死后没当上皇太后的人是同治帝皇后阿鲁特氏。因为同治帝没有儿子,他死后,其生母慈禧太后为继续当皇太后以把持权柄,立了与同治同辈的载湉为皇帝(即光绪帝),而阿鲁特氏只得了一个"嘉顺皇后"的虚号。

唯一一位死于宫外的皇后是乾隆孝贤皇后，皇帝的后妃们大都是去世于宫中、苑囿或亲生儿子的藩邸，但乾隆帝的孝贤皇后却死在外边。孝贤纯皇后富察氏随乾隆南巡途中路经德州，突然发病死在船上，年37岁。

唯一一位死于木兰围场的妃子是贵人霍硕特氏，随乾隆巡幸木兰围场时死在行宫，被追封为恂嫔。

唯一一位被废黜的皇后是顺治帝的第一位皇后博尔济吉特氏。她与顺治帝一直感情不和，当了两年皇后就被贬为静妃，从此打入冷宫。

唯一一位死后用妃子丧仪的皇后是乾隆帝的第二位皇后那拉氏。她本来很受宠爱，从妃子逐级晋升，继富察氏之后被立为中宫，但在随乾隆南巡的途中，不知遇上什么不顺心的事，使起了娘娘的性子，竟自做主张地把头发剪了，使乾隆大为恼火，打发她先回了北京，回京的第二年就死了。死后丧仪被降用皇贵妃等级。这种遭遇在清代皇后中也是仅此一例。

唯一改嫁过的妃子是清太祖的继妃富察氏。她在嫁给清太祖努尔哈赤之前曾经嫁过别人，并且生有一子。

后妃嫔贵怪异事

一家四人同侍一夫

皇太极的后妃中，皇后哲哲是宸妃和庄妃的姑母，姑侄三人同嫁一夫。这已经很新奇了，但大清皇宫中，更有甚者，那就是顺治帝的后妃中竟出现了姑侄四人同嫁一夫的异怪事。

顺治帝废后的父亲吴克善与贞妃的父亲曼珠习礼（也称满珠习礼）是同胞兄弟，那么废后和贞妃则是一爷之孙的堂姐妹；孝惠皇后与淑惠妃都是绰尔济的女儿，而绰尔济的父亲察罕又与吴克善、曼珠习礼为弟兄，这样孝惠皇后和淑惠妃又同为废后、贞妃的侄女。废后、贞妃、孝惠后、淑惠妃姑侄四人同嫁顺治帝，在清帝后妃中仅此一例。孝惠皇后、贞妃、淑惠妃三人都葬在了孝东陵内，唯独废后自降为静妃，改居侧宫以后，悄无声息，不知死于何年，也不知葬于何地。

我国在十七世纪中叶，中原地区早已进入发达的封建社会。但在北部的少数民族地区仍然存在着原始社会的许多遗俗。婚嫁比较随便自由，"嫁娶不择族类"，"父死则妻其后母，兄死则妻其嫂"的习俗还比较普遍。不分长幼辈分更是屡见不鲜。所以姑母、侄女同嫁一夫不足为奇，直到清末还残存着这种现象。比如同治皇帝立崇绮的女儿为皇后，同时又纳崇绮的妹妹为妃子。姑母、侄女同嫁一夫、侄女当皇后、姑母当妃子。随着一夫一妻制的确立，这种不分辈分的现象于是被彻底消灭。

难产而死的皇后

在旧社会，听到民间某妇女因难产而死，并不感到十分奇怪，如果身为一国之母的堂堂皇后也死于难产，则实在让人难以相信。而恰有一位清朝皇后是因难产而死的，她就是康熙的孝诚皇后。

孝诚皇后是玄烨的元配皇后，赫舍里氏，满洲正黄旗人。她的祖父索尼是四朝元老，在康熙初年，是四大辅臣之首。她的父亲噶布喇是领侍卫内大臣。赫舍里氏出生于顺治十年（1653年）十二月十七日，康熙四年，孝庄文皇后冲破权臣鳌拜的百般阻挠，毅然决定立这位大清功臣的孙女为皇后。这一举措对于巩固大清的江山社稷、康熙的皇位是有很大好处的。康熙四年（1665年）七月七日行纳聘礼，九月初八大婚，年仅十三岁的赫舍里氏正位中宫，立为皇后。婚后小夫妻格外恩爱，幸福美满。婚后四年，孝诚皇后生下了皇子承祜。因为是皇后所生，属于嫡出，又因为承祜天生的聪明、英俊，被康熙和孝诚皇后视为掌上明珠，未想到承祜命短，四岁就夭亡了，给了康熙和孝诚皇后以很大的精神打击。两年以后，在康熙十三年（1674年）五月初三日，孝诚皇后又生一子，因难产，孝诚皇后于当天死去，年仅二十二岁。她是清朝死时最年轻的皇后。她生的这个皇子就是后来两立两废的皇太子允礽。

孝诚皇后死时，还没有营建陵寝，梓宫只得移放在京北沙河巩华城殡宫。康熙二十年（1681年）三月初八日葬入景陵地宫，和他一起入葬的还有康熙的第二个皇后孝昭仁皇后。

孝诚皇后最初的谥号叫仁孝皇后，雍正元年改谥为孝诚皇后。经累朝加谥，最后谥号全称是：孝诚恭肃正惠安和淑懿恪敏俪天襄圣仁皇后。

清宫秘史

子女最多的皇太后

清朝的11位皇太后中,有8位生育过子女,生育子女最多的当为孝恭皇后乌雅氏,她一生生了3个儿子,3个女儿,共6个,在清朝皇太后中没有超过她的。

乌雅氏虽然称孝恭皇后,又当上了皇太后,其实生前并未在皇后宝座上坐过。她生前只是康熙皇帝的一名普通妃子。乌雅氏的父亲威武是护军参领,中级武官。她家隶属满洲正白旗。乌雅氏十几岁时就被选入宫。由于她生下了一名非同寻常的皇子,才使她改变了命运,由一名普通妃子一跃成为清朝的皇太后。这位皇子就是雍正皇帝胤禛。《清实录》和泰陵圣德神功碑文中,对乌雅氏生育胤禛作了神奇的描述:孝恭皇后"尝梦月入怀,华彩四照。诞生之夕,祥光煜爚,经久弗散,阖宫称异"。孝恭皇后生育胤禛时刚十九岁,一年后才被封为德嫔。十九年生皇六子允祚。二十年晋德妃。二十一年生皇七女,二十二年生皇九女,二十五年生皇十二女,二十七年生皇十四子允禵。康熙驾崩,乌雅氏痛不欲生,不吃不喝,意欲殉死,追随先帝共赴阴府。胤禛跪在乌雅氏面前,一边哭,一边苦苦哀求说:"皇考以大事遗付冲人,今圣母若执意如此,臣更何所瞻依?将何以对天下臣民?"胤禛最后表示:如果圣母仍坚持要殉死,那么我这个皇帝也不当了,我也随圣母一起死。在这种情况下,乌雅氏只得作罢,答应不再殉死。因为胤禛当了皇帝,母以子贵,乌雅氏由妃一下子升为皇太后,拟定的徽号是仁寿皇太后,还未来得及行上徽号礼,乌雅氏就于雍正元年五月二十三日病死了,终年六十四岁。当年九月一日与康熙一同葬入景陵。

生前就为自己请谥的皇后

谥号,是古代对已死的帝王、后妃、大臣、名人一生功过进行评价后所给予的称号。人死了才有谥号。一个人得什么样的谥号,生前自己是不知道的。然而乾隆帝的原配皇后富察氏在生前就向皇帝请求赐谥。这种做法不仅在大清王朝仅此一例,就是在中国历史上也是罕见的。

富察氏知书达理,深明大义,对待公婆极尽孝道,每天问安行礼,侍奉周

详,深得雍正世宗和皇太后的称赞。富察氏身为乾隆帝皇后,统御六宫,处事公平、条理分明、仁慈宽和、深受妃嫔、太监和宫女的尊敬。皇贵妃高佳氏、富察氏在乾隆即位前就是侧福晋,皇后富察氏从不摆皇后架子、耍皇后威风,待她们亲如姐妹,从不争风吃醋、钩心斗角。乾隆十年(1745年),皇贵妃高佳氏死后,皇后富察氏为失去这位知心的妹妹而伤感不已。乾隆决定赐给高佳氏的谥号是"慧贤皇贵妃"。在议谥时,皇后正在场,她对这个谥号非常赞赏。她流着泪对皇帝说:"我朝皇后的谥号上一字都用孝字,倘若我死后能得到'孝贤'的谥号,我将终身用这两个字来激励自己。"三年后,皇后死于东巡途中。贤后的去世引起了乾隆的巨大悲痛。为悼念爱妻,乾隆写了多首挽诗,还写了一篇《述悲赋》,记叙了皇后一生的美言嘉行。按通常做法,皇后的谥号先由大臣们拟定几个,由皇帝圈定。这次皇后的谥号乾隆决定由自己亲自确定。乾隆想起了皇后生前的请求,认为"惟'孝贤'二字之嘉名实该皇后一生之淑德"。乾隆决定赠谥为孝贤皇后,既符合她生前的美德,又满足了她生前的愿望。

孝贤皇后死时,裕陵还未建成,只得将梓宫安于京师东北郊的静安庄殡宫。乾隆十七年(1752年)裕陵完工,同年十月二十七日,孝贤皇后及慧贤、哲悯两位皇贵妃入葬地宫。孝贤皇后的谥号经嘉庆、道光两朝加谥,最后全称为:孝贤诚正敦穆仁惠徽恭康顺辅天昌圣纯皇后。

死后无陵寝的皇太后

孝庄皇太后,布木布泰,为康熙皇帝的祖母,13岁时就嫁给了皇太极,后被封为永福宫庄妃。皇太极病逝之后,孝庄皇后31岁,正值春秋鼎盛之时。她为了辅佐福临、玄烨两代幼主,倾注了自己的全部心血,为大清王朝做出了重要贡献。因此她赢得了后代子孙们的尊敬和爱戴。

康熙二十六年(1687年)十二月二十五日,孝庄文皇后在慈宁宫去世,终年75岁。康熙帝将祖母孝庄文皇后的梓宫停放在东陵的暂安奉殿内。康熙十五年(1676年),在清政府全力平定三藩叛乱的紧张日子里,康熙帝派大臣在孝陵附近相中了自己的万年吉地,建起了景陵,在康熙二十年(1681年)安葬了孝诚皇后、孝昭皇后。在营建景陵的同时,还营建了景陵妃园寝。康熙还为孝惠章皇后营建了孝东陵,并为她举行了隆重的永安大典。可是让人不解的是，一直到康熙帝死，也没给祖母孝庄文皇后建陵，其梓宫在暂安奉殿停了35年之多，这到底是什么原因呢？至今也未给出合理的答案，仍是一个不解的谜。

封号一样的嫔妃

皇帝贵为天子，无一不是妻妾成群，而每位妻妾都要由皇帝给其一个名分。这样，众多的妻妾中就难免出现封号相同的情况。在清代，这种情况为数不少。

光绪的爱妃他他拉氏13岁入宫，被光绪帝封为珍嫔，后晋升为珍妃，因被慈禧投入井中淹死而名垂青史，而早在60多年前的道光年，道光帝就封过一个珍妃了。不同的是道光帝的珍妃赫舍里氏初入宫时赐号为珍贵人，道光五年（1825年）四月晋为珍嫔，八月即晋为珍妃。

另外，康熙晚年有一个很得宠的妃子和妃瓜尔佳氏，比康熙帝小29岁，18岁时被册为和嫔，36岁晋为和妃。康熙死后，她在雍正、乾隆两朝屡受尊封，一直活到86岁高龄，她的谥号是怡皇贵妃。相隔三代之后，道光帝也立了一位和妃纳喇氏。作为皇帝的妃子，她有一段不同于其他妃嫔的经历。在道光帝还是皇子时，她只是皇子府邸中的一名使女，因得到皇子绵宁的宠幸，于嘉庆十三年（1808年）为道光生下了长子奕纬。道光的父皇嘉庆帝因这位没有名分的儿媳生了"龙孙"，破例赐封她为皇子侧福晋，道光帝入承帝位后封她为和嫔，过了一年又晋封为和妃。

太皇太后博尔济吉特氏在她丈夫清太宗皇太极在位时，受封为西永福宫庄妃；过了二百来年后，隔了顺治、康熙、雍正、乾隆四代，嘉庆帝也封了一位庄妃王佳氏，而这位庄妃的命运远远比不上她的先人，仅做了两年半妃子就死了，连个儿女也没留下。

康熙帝曾立过一位成妃戴佳氏，为康熙生下了第七个儿子、淳亲王胤祐；而道光帝也有一位成嫔钮祜禄氏，她不知为什么失宠于道光，被降为成贵人，但在道光死后却屡受晋封，被同治帝尊为皇祖成妃，之后又被尊为成贵妃。她一生经历四朝，死于光绪十四年（1888年）。

第三章　宫女太监篇

历朝历代的深宫内院，无不饱含着不幸宫女的无助呼喊，那一个个鲜亮生动的少女，自从被选入宫，便再也难寻儿时的天伦之乐，再也难圆青春少女的玫瑰梦。

而被强行剥夺男儿根本的太监们，则不仅是皇宫内府更是中国封建年代催生的怪胎畸儿。这些拿捏着不男不女腔调的太监们"给老佛爷请安"时，又有谁听得出他们心底的悲吟？

太监怎样净身

中国有太监历史相当久远。大约是从战国时期（公元前175年～前221年）到清朝末年，上下共两千多年，历朝历代的宫廷之内，从来也没有离开过他们的影子。太监，说白了就是割去了男性生殖器的男人，又称阉人或宦官，古时又称寺人、阉宦、中官、内官、内臣、内侍、内监等。如果真要考究起来，当源于古五刑之一的宫刑（也叫腐刑）。《书·占刑》："宫辟疑赦。"传曰："宫，淫刑也。男子割势，女子幽闭。"那么历史上为什么宫中要有太监？

原来内廷之中，宫殿林立，面积广阔，比如洒扫宫院、搬运杂物、勤杂事务以及服侍帝后妃嫔等，很多工作需要重体力劳动，这些事宫女们又不能胜任，因而不得不由男子承担了。但是宫廷之内，绝不允许男女混杂，这是一条严格的禁律。就连皇太子成年以后，也要另赐府第，搬出宫去。这样，宫廷之内既需要男劳力，又不让男子进入，所以就以宫刑的方法，阉割了男子生殖器，成为一种具有男子的体力，又完全失去男子性功能的人，和宫女一样，成年累月生活在宫内，以供驱使。

其实，太监并不是单纯在宫内服劳役的人。他们之中，可以封官晋爵，担任宫中的事务或管理政务。太监的事务,设置单独的机构管理,或隶属于某一政府衙门。战国时,赵有宦者令。秦、汉的宦官属少府。西汉初高后纪八年,诸宫官、宦者令,皆赐爵关内侯,食邑。据《后汉书·宦者传》记载,还可"享分土之封,超登公卿之位。"隋代置内侍者,管理内侍、内常侍等。唐朝时高宗龙朔二年,改监为中御大监、少监,设置官名。宋代设内侍省,以宦官主管,有内侍、殿头内侍、高品内侍、高班内侍等官职。唐、宋时太监的权势,甚至扩大到直接统领军队。辽置太府秘书、都水等监,全以太监充任。明朝设置十二监、四司、八局,共二十四衙门,各设掌印太监。清朝以前的太监,有的比较贤明,比如明成祖朱棣,率军进入云南,收留了昆明回族人马三保,后来充当太监,赐名郑和。其人曾七次下"西洋",史称"三宝太监",为中外文化交流做出很大贡献。但权赫一世、专横跋扈的太监,也不乏其人。明代中期,朝政荒废,大权旁落于太监之手。太监的权势日益扩大,趋炎附势,拉帮结派,残杀异己,成为"阉患",人们称之为"阉党",如太监王振、王直等。明正德时太监刘瑾,掌管司礼监,与阁臣焦芳等勾结窃权,到处安插党羽,大乱朝纲。明万历年间太监魏忠贤,为司礼秉笔太监,与朱常洛的奶母容氏(保定定兴人,后封为奉圣夫人)狼狈为奸,专断国政。他自称"九千岁",仅次于"万岁皇帝",下有五虎、五彪、十狗等名目,从内阁六部到各地都抚,都有他的党羽。他又密设东厂、西厂等特务组织,镇压"东林党"人,顺我者昌、逆我者亡。死于他手中的仁人志士和无辜百姓不计其数。

清代鉴于前明太监肆虐为患,顺治皇帝屡降"明训",规定太监不准谈论政事,更不准干预政事,违者处以极刑。还规定太监的品位不得超过四品。当时限制太监权力的条例很多,也颇严厉。如雍正时太监苏培盛,虽然受了殊恩,被授为宫廷监都领侍,但只赏赐四品官衔,官职并不太高。但是到了慈禧太后掌握政权的时候,就废置不顾了。慈禧的得力太监安德海(小安子)、李莲英、张兰德(小德张)等,破例赏赐三品官衔顶戴。

另外,清朝为防止太监仗势欺人、招摇勒索,还立有太监不许出京的"祖训",违犯者即刻处死。

清朝太监,差不多每代都有两千人左右,慈禧当权时多达三千多名,直到宣统溥仪退位前,还有八九百名。清初管理太监的机构,有十三衙门。康熙废除了十三衙门,改由内务府总理其事。在宫廷内设敬事房,设总管太监二人,管理宫中太监调动升迁等一切事务。太监,大致分三类:一类是在太后、皇帝、皇妃、妃嫔身边的太监;一类是各处的太监,有总管、首领;再一类是一般太监。总管太监分配事务时,先选择相貌端正、口齿伶俐、体格强健、聪明能干、娴熟礼仪的,分配各宫侍候帝后妃嫔。其次则分配到大内各殿(如养心殿等)、各宫(如储秀宫等)、各门(如隆宗门等)、各处(如奏事处等)、各房(如御膳房等),这些地方各有首领,各有专责。具体工作项目颇多,除了随侍左右,执伞提炉,伺候饮食起居之外,据《宫中则例》记载有:"传宣谕旨、引带、对臣工、承接题奏事件;承行内务府各衙门文移、收复外库钱粮、巡查火烛;收掌文房书籍、古玩字画、冠袍履带、鸟枪弓箭;收贮古玩器皿、常用物件、功臣黄带、干鲜果品;带领御医各宫请脉、外匠营造物件;供奉列祖实录圣训、御容前和神前香烛;稽查各门大小臣工出入;登记翰林入值和侍卫值宿名单;遵藏御宝;登记起居注;鞭笞犯规宫女、太监;验自鸣钟时刻;煎药;唱戏;充当道士在城隍庙里念经焚香;为皇帝做替身在雍和宫里充当喇嘛"等等,也有分配到各王府的。粗笨一些的太监,分配到各宫院,打扫庭院、搬柴运炭、刷洗便桶(宫内没有厕所)、整理花木、饲养鸟鹿金鱼等,这些太监,实际就是杂役,没有品级,永远得不到皇帝的赏识,一辈子不会有什么出头之日,只有老死。

那么当太监的,都是些什么人呢?他们的来路各有不同:有的是在封建社会里,由于受地主的压迫,苛捐杂税,横征暴敛,再加上天灾人祸,生活贫困不堪,为了找一条生路;有的人家被迫将亲生孩子送进宫中,当了太监;有的是被恶人拐骗的孩子,转手卖给太监;有的是看到乡邻原也是穷人,一旦当了太监,在家乡置地买房,一跃而为富有之家,于是也将自己的孩子送去当太监,以图将来发家致富;还有的因本人犯有罪行,当了太监,就可以逃避刑责。清朝以前的太监,不分地域,各地人都有。清代太监以河北河间、易县、交河等十余县的人最多,这就形成一种乡土关系,其他各省人很难跻身于太监行列之内了。

正常人"净身"后才能充当太监。所谓净身,就是割去男子生殖器的雅语。每当宫中老太监多了,人手不足应用时,清代由内务府主办、由总管太监主管,招收十几岁的男童(也有二十几岁的成年人)为新太监。愿为太监的,通过所在州县报名申请,也有宫中太监提名推荐的。报名申请的,写出姓名、籍贯、年龄、家庭成员、三代情况。经州县审查,报府再审后并转到总管太监。这里应该提出的是,三代中如有诈骗、盗窃行径的,不能收录,这是

太监的大忌。总管太监审查合格后,就通知本人进京。再由主事太监亲自谈话,反复询问:当了太监,绝了后嗣,家庭断了香火,有无顾虑?一辈子生活在宫中,远离亲人,能否做到?终生侍奉皇上,为皇宫服役,是否心甘情愿?等等。当本人表示一切均无问题,甘愿一生侍奉皇上时,才算最后通过。如果这时稍有迟疑,立即不录,退回原籍。从录取后起,为期三个月,每日膏粱厚味,保养身体,单等选定吉日净身了。

光绪年间,北京有个人叫"小刀儿刘"的,是著名的阉割手。吉日那天,将被阉者带入一间房内(即手术室),这间房从天花板到地面,四周墙壁以及手术床、布单什物等,统统都是红色,说是被阉者如果当时看见一点血迹,就可导致发疯致死;由于房内各处都是红色,或沾血迹,也不明显。被阉者上床仰卧后,褪去衣裤,正对屋顶上有一横梁,嵌有铜环一枚,系红绳一根垂下,将生殖器系好,拉直绷紧,这时床边一侧有人仍问有无反悔之意,连问三次,待被阉者三次郑重表示决心时,才开始下刀。床边另侧的"小刀儿刘",早已备好刀器,这刀器是一戒指,刀刃呈半月状,套在右手中指上,刀刃藏在手掌心内,左手持熟鸡蛋黄两枚,送入被阉者口内,趁他咀嚼蛋黄,干涩难咽之际,说时迟,那时快,一刀将生殖器切下,红绳遂即拉向上方,悬在半空,这时被阉者剧痛难忍、但满口蛋黄,喊叫不出,立即昏死过去。接着将一干净苇管插入尿道内,伤处敷好"刀煎药",包扎停当,弄到另屋,慢慢等待苏醒。此后的时日,即是调养伤口,不许喝水,只吃软饭,每日移动一下苇管,防止黏连,小便时,尿从苇管流出。一连七七四十九天,伤势痊愈,就成为太监了。然后拜老太监为师,学习礼仪,如何请安,如何侍奉应对。他们学习到一定时间之后,才被分配到宫廷里当差。

清宫太监私生活

人们以为太监住在宫廷,从不与外界接触,殊不知太监在宫外也有他自己的私人住宅。总管太监、首领太监等高一级的,除按时到宫内应差外,宫内无事时就回到各自的住宅,他们的家,有小太监、奴仆、使女等伺候。有的太监也娶名义上的妻子,有义子义女,生活豪华,与官宦之家完全一样。据说太监李莲英就有不少义子义女,他死后,义子义女们分得了许多金银、房产。一般太

中华宫廷秘史

监积蓄多的，或买房，或赁房，都安家居住。穷苦的太监，有几个人租一两间民房或庙房的，一起合住；在宫中每天工作休息时，则都散居在各宫"小蹋蹋"（即宫中供休息的小屋）内。人们不禁要问：太监已经阉去外生殖器，为什么还要娶妻成家？你可知道，太监不但娶妻，还频频涉足于烟花柳巷。原来太监虽然不能进行性交活动，但还有性要求。

太监的收入高低不等，差异也很大。少数有权势的，如安德海、张兰德、李莲英、崔玉贵、冠连材、刘德盛（梳头刘）等，他们品级高，俸银、俸米、月例多，再一个由于成天围绕在太后、皇帝、后妃周围，博得主子的欢心，各种恩赏也多。另外，各省封疆大吏、道台、知府等以及各部官吏，为欲面朝皇上奏事，必须给太监"纳金"或馈赠，求得引见。纳金馈赠得多，引见得快，纳金馈赠得少，引见得慢。如果不花费，太监就不理不睬，推诿拖延。希望得到引见的官吏还蒙在鼓里，每天可怜巴巴地干等在会馆或旅店里。等候日久，开支花销越大，还得托人疏通，将银两送上，不用多时，即可得到引见了。引见一关，犹如拦路抢劫，没有银两，休想通过。以李莲英来说，各省官吏如想升迁调转，少不了要将金银器皿、翠玉玛瑙等珍贵文物送到他的手中，他就会在慈禧面前多说好话，极力推举。更有甚者，李莲英与庆王奕劻上下串通，卖官鬻爵，根据官职大小、地方肥瘠，价码多寡不一，少则一二万两，多则十万两左右。这已是清末官场中人人皆知的事。据说李莲英与袁世凯密谋夺权一事，袁世凯一次即送李白银二十万两。慈禧于庚子之后，要修建颐和园，一面挪用海军军费，一面下谕旨：凡王公大臣、贝子、贝勒，在京各部尚书，在外省督抚等，都要奉献银两。这时，北京各大建筑厂商，则纷纷通过李莲英从中斡旋，包揽下这项发财的工程。颐和园的工程完毕，在地安门黄化门西口路北建造住宅一所，一文不收，白送给李莲英。宅院富丽堂皇，不亚于王公宅府。室内隔扇，一色楠木或黄松；落地罩、天圆罩均仿颐和园式样雕刻。住宅路北及路南，建盖房廊马圈二百余间。另外，李莲英在京城内的房产不下百余处，其家乡还置有土地若干顷。太监张兰德入宫当太监时本是一个穷光蛋，由于得到慈禧的赏识，青云直上，权大财广，在家乡置房买地，在京城购置住宅，开设商店多处，不几年工夫，竟成了一名阔太监，财产仅仅次于李莲英了。一般太监，品级不高或没有品级的，他们的收入，只靠有数的俸银、俸米、月例，最低的月银二两，米二斗，制钱六百，生活比较清寒。唯一盼望的是宫中遇有喜庆大事，如新年元旦、皇帝大婚、慈禧办寿等，可以得到一些恩赏，或随大溜儿晋升一级。为了将来出宫后，安排晚年生活，平时不得不省吃俭用，自己留点积蓄。

太监的伙食，也是有等级的。一般小太监，每月饭银二两，都吃大锅菜饭。在各宫服役的太监，每月饭银五两，每餐一菜一汤。各处的首领太监，每月饭银十两，每餐三菜一汤。总管太监、首领太监，每月饭银五十两至一百两，每餐菜汤数十道，山珍海味，自不必说了。太监的服装，都是按季节更换的。夏季一般穿红青官纱袍褂，冬季穿红青缎绣蟒出白凤毛袍褂。无品级的，按季穿布褂，没有补服顶戴。有品级的，按品级穿戴。像李莲英，穿的是蟒袍补褂，三品顶戴。

但是太监毕竟是皇帝的奴才。在宫内对于帝后妃嫔恭谨逢迎，一言一行，都要合乎规矩，不得稍有差错。如果漫不经心，失去尺度，或犯有什么错误，即便是受帝后器重的太监，也要挨一顿训斥。至于一般太监，错误轻的由各宫总管太监处以杖刑；重的送交内务府处理；再重的则送刑部处刑。平常因为些许小事挨打受气，更是司空见惯的事了。

常言道："养儿防老。"人在垂暮之年，都希望子孙们照顾赡养。太监没有子嗣，晚年依靠谁呢？当然阔太监已有大量积蓄，早就备置产业，老年出宫后，尽可在家使奴唤婢，养尊处优，以尽天年。而一般穷太监，年老出宫后，无依无靠，孤身一人，唯一的归宿就是到道士庙当道士。有人要问：老太监只当道士，为什么不当和尚？这是有原因的。远在明朝时期，有些太监考虑到晚年的归宿，于是联合一些太监，大家集资修建道士庙，如北京西便门的白云观、钟楼后娘娘庙的鸿恩观、旧鼓楼大街的清虚观，还有京西一带的数十处道士庙，多是太监捐资兴建或重修的。很自然道士庙就成了太监老年安身立命之所了。还有一些一贫如洗的太监，道士庙也不收留，只能流落街头，沦为乞丐。

说起来，近乎荒唐的是，太监死后，无论贫富，一定要将当年净身时的干瘪生殖器装入布袋，放在棺内，名曰"高升"，意思是来生可为完人。因此"高升"二字，成为太监的忌讳，大凡太监高升品级，人们只能道贺，当面不得以"高升"二字恭维。还有，太监还忌讳人家称他为"老公"。在人际接触中，对一般太监，只能称张公、李公、张爷、李爷，或张太监、李太监，对总管太监或各府的大总管，则称张总管、李总管。太监"高升"，当年净身的生殖器怎么保存下来？这有两种情况：一种是太监自己保存。一种是保存在当时净身手术者处。上面提到的"小刀儿刘",当年是一家不小的富户,他的钱财并不来源于净身手术费,因为这是一项"官差",所得费用并不太多,主要的是"小刀儿刘"保存有许多太监的阴干生殖器,哪个太监发迹了,他死后必然高价买回生殖器,少则数百两,多则数千两不等。有三五个出高价的太监,就是上万两财富。至于一般太监,没什么油水,几十两也可成交。太监死后的丧葬,贫富也是有悬殊的。清代的太监如张兰德、李莲英、刘德盛等,都有各自的茔地,并且都具一定规模。普通太监,没有能力自置茔地,大多葬于京西恩济庄太监义地。这块义地,占地很大,前有大门,周有围墙,义地内松柏成林,显得肃穆幽静。至于当了道士的太监,死葬则由道观来处理了。

1911 年大清封建王朝覆灭了,近千名太监被遣散离开了皇宫,大多数散居在北京民间。一二十年后,随着岁月的流逝,他们也就逐步绝迹了。细算起来,这类特殊人群在我国延续存在了两千年之久,可以说是人类社会中一件可悲的现象。

顺治朝太监偷妃子

据野史记载,孝庄皇后为了能让自己的儿子福临(顺治皇帝)顺利称帝并牢固地坐好皇位,公然不顾满清皇宫祖制下嫁当时的摄政王多尔衮。对母亲的下嫁,顺治皇帝不仅没有领情,相反他认为这是前所未有的奇耻大辱。母亲的下嫁,使顺治皇帝的心底深处始终有一种不可愈合的创伤。这种心灵的伤害太深了,以致于影响到他宫内宫外的生活。顺治皇帝一生多疑,他不相信任何一个女人,他的皇后与嫔妃被他看管得牢牢的,就像囚犯一样,得不到一点儿自由。他甚至残暴到不准皇后及嫔妃探望父母的地步。

可往往压制得越狠,反叛得越强烈,顺治皇帝蒙受一向尊敬的母亲不贞之羞辱,同时也未能逃妃子偷情命运。

他的爱妃,年轻貌美、如花似玉,但耐不住深闺的寂寞,竟与阉割未净的太监偷情,怀上身孕。本来,顺治皇帝是一无所知的。宫中太监为阉人,没有生殖器,少数人没阉净,可能会有性的冲动,但不能成事实。可仁和宫却有一个太监,与其说是阉人,不如说是个正常的男人,也算他幸运,也算他不幸,反正有个硕贵妃瞄准了他。

那天,硕贵妃百无聊赖,顺治皇帝有两个月都没宠幸她了,二十二岁的少妇难耐深宫的寂寞,但又无可奈何,别说是男人了,周围连一个雄性的也没有,有的只是宫女和阉人太监。硕贵妃觉得浑身酸疼、四肢无力,便让宫女为她捶捶背、捏捏腿。这天也真巧,宫女全有事去了,宫中只有一个十九岁的小太监,名叫王仁,这个王仁生得白白净净的,一双凤眼就像一个大姑娘,而且王仁还长着一头的卷毛,如果是个姑娘,他一定是个大美人,说不定有皇妃之命。

二人日久生情,三个月后,硕贵妃怀上了身孕。这可把她吓坏了,顺治皇帝近几个月根本没宠幸过她,这肚子里的孩子如何处置呀。没有更好的法子,只好让王仁从宫外偷偷买来堕胎药,硕贵妃服了药,浑身发颤,眼冒金花,宫女不知实情,慌慌张张禀告顺治皇帝。一听爱妃病得不轻,顺治皇帝亲驾仁和宫探视,太医仔细地把脉,可他总吞吞吐吐,不露真言。聪明的顺治皇帝看出有些不对劲儿,便将太医唤到东暖阁,顺治皇帝一摆手,太监、宫女全退下了。

"万岁爷,奴才说了真话,命就难保了。"

太医跪在地上,一个劲地磕头,顺治皇帝不耐烦地说:

"快说,大胆奴才还敢讨价还价!"

"说,丢人现眼的是硕贵妃,反正说不说,我这条老命都难保。"

那太医心一横:

"皇上,贵妃并没有疾病。"

顺治皇帝显然有些恼了:

"没病怎又如此虚弱!"

太医难为情地说:

"贵妃娘娘是堕胎所致。"

"什么,堕胎,当真吗?"

顺治皇帝不敢相信自己的耳朵,他知道,既然太医说出了口,那就一定是真的,因为借给太医三个胆子,他也不敢欺瞒国君。

顺治皇帝难过又痛苦地低下了头。两天后,那个硕贵妃自缢身亡,那个太监王仁暴死。

太监声刘与印刘

清朝入关以后,鉴于历代宦官的流弊,对宫廷太监的机构进行了改革,制定了宫规宫法。顺治十三年时设立了清代宫监十三个衙门,把太监人数大量压缩。清朝早期和中期太监的品级很低,最高不能超过四品衔。然而到晚清,由于慈禧弄权,朝纲紊乱,所以太监官衔有到二品的。因此在晚清太监中才有安德海、李莲英为虎作伥、狐假虎威的奸监。当然也有规规矩矩作风正派之士,同治年间的太监刘德泰、刘德山就是其中的二位。

刘德泰是慈安太后宫中的总管太监。下面的人均称呼为声刘。这是因为同姓的太监其下属即他们的徒辈,不便直呼他们的名字,而又便于区别他们,因此在背后谈到他们时,常以各种不同的关系在其姓前加字,如声刘、印刘、皮硝李、玉器李等等。加声字是因为他能唱而且声音洪亮。加印字是因为他掌管御玺。加皮硝字是因其父辈制皮弄硝。玉器李也是因世业玉器行。又如前面提到的安德海,称小安子,实别于刘老安子,凡此种种不一而论。至于皇帝、太后、皇后以及御前大臣、总管内务府大臣便对他们直呼其名。但慈禧太后却呼小安子、小李子。

这个太监刘德泰长时间侍候慈安太后,小心谨慎,二十多年如一日。慈安太后是个崇尚节俭的人,她常为慈禧豪华奢侈的行为而生气。又因为自幼把同治皇帝扶养成人,但是当他长大后,却好声色而不求进取。因此慈安太后的心里很不好受,常常闷闷不乐,吁叹不已。太监刘德泰看在眼里,记在心上。为了解除慈安太后的忧郁,于是他常常在闲暇的时候给她讲些滑稽可笑的故事,使她能忘却心中的烦恼。后来慈禧阴谋地将慈安太后毒死,声刘实在悲痛难忍,心想既然慈禧能这样对待慈安太后,无疑对自己也会下毒手,越想越没出路,最终他便服毒自杀了。

太监刘德山,人称印刘。他是安德海的师兄,但忠佞截然不同。同治即帝位之后,他一直掌管御玺。这差使在宫内是至关重要的。他做事小心翼翼,严守规章制度。同治皇帝长大了后,特命太监刘德山为御前总管,而仍然兼管御玺这差使。由于皇帝对他重用,所以办事越加谨慎和认真了,毫无恃宠骄奢之举。

同治大婚以后，同治皇帝常不以国家为重，而是常近声色之乐，疏于政务。有个澂贝勒是恭王之子，本是个纨绔之徒。他常常引导同治寄宿于烟花青楼。太监刘德山见此情景常常对同治进行劝谏。同治皇帝开始还听，后来渐渐地就讨厌再听刘德山的劝谏了。日复一日，后来同治帝的身体越来越糟了。一天同治帝又要出宫去寻花问柳，刘德山得知后，便跪在地上一边哭一边劝谏皇帝要以国家社稷为重，如再这样下去，皇上还岂能保住身体啊！同治皇帝却置若罔闻，仍要出宫去。这时印刘便拉住同治皇帝的衣襟不让他去。同治皇帝大怒，便命手下的人重重地责打了他一顿。印刘的臀部鲜血淋淋，但他仍苦谏同治皇帝不要出宫，最后同治皇帝终于没能出去私混。同治死后，光绪继位，慈禧曾想仍让印刘掌管御玺。但这时由于他年老体弱而且多病，就答应他奉祀同治陵墓的请求了。

小太监内宫遭残害

随时而降的"厄运"

"四书"上有句话，叫"智者乐，仁者寿"，慈禧也以"智者、仁者"自居，将她在颐和园常住的宫殿取名"乐寿堂"。这个有美好名字的地方，其实是一个罪恶的渊薮。

有一次，光绪帝去颐和园见慈禧，向她报告英俄联军侵占我帕米尔问题，并请示对策。正在跟宫女和格格们玩棋的慈禧听了完全不当一回事，冷漠地说："荒凉的边远之地有什么了不起，他们要占由他们占去好了！"

光绪帝没有想到，她竟然说出这种不以国土为念的话，难道她没有听清楚是怎么一回事吗？他想再明白地报告一遍。"亲爸爸——"光绪帝刚刚开口，慈禧把头一扭，厌烦地说："我已经说了，别再啰嗦！"然后使劲地吸烟管。烟管很长，一个小太监跪在地上给她点火。光绪帝和慈禧的谈话吸引了小太监，他没太注意，点燃烟斗以后，火柴又挨近了慈禧长长的衣角。慈禧闻到衣服的焦味，四下一瞧，发现是自己的衣服烧着了。几个太监、宫女急忙上前弄灭了火。

对光绪帝的到来，慈禧本来就生了一肚子无名之火；又发生了这件事，她更气得脸色铁青。她起身把吓得瘫在地上的小太监狠狠踢了一脚，吼道："把这个瞎了眼的混账东西拉出去，乱棒打死！"

在一旁的光绪浑身战栗起来，他想为那个可怜的孩子求求情，但又不敢，也无用。

"事情完了，还傻站着干什么？"慈禧喝斥完，就扔下光绪帝，起身回寝宫去了。因为一点小事就置小太监于死地。

慈禧在政治上是"顺我者昌，逆我者亡"，在日常生活上也是这样。有一天，她想玩棋，可是李莲英不在，身边只有一个小太监。慈禧问他会不会下棋，小太监回答会。慈禧让他摆好棋，陪她解解闷儿。了解内情的人都知道，跟慈禧下棋，不管你棋艺多高，只能输，不能赢。天真无邪的小太监不懂这套自欺欺人的把戏，便认真下起来，慈禧的棋艺本来不行，很快就被小太监杀得人仰马翻，无还手之力，不由得股股怒火涌上心头。小太监只顾自己下得顺手，完全没有注意到大祸已经临头，他从自己的底线突然驱出一车，直捣对方腹地，高兴地叫道："将老帅！"慈禧一看：双车错，完了！她忍不住猛地掀翻棋盘，对小太监狠狠打了一记耳光，厉声喊道："来人，把这个不知高低的小混蛋给我重打四十大板！"

小太监经不住酷刑的折磨，疼痛钻心，而且羞辱难忍。他想，伺候这种人，将来肯定不会有好日子过，便于当晚投入昆明湖自杀了。

要命的"震天雷"

乌鸦俗称老鸹。皇宫城内古柏高槐，树林茂密，颇为幽静。入晚时分，乌鸦成群纷纷落于槐柏枝头。第二日晨曦，则又结阵蔽天向东飞去，日落则归，此事经历二百年而不变。过去京城曾有一首竹枝词中写道："晨鸦东去暮西归，早叫蓑衣晚无雨。"为什么京城的乌鸦早晨要向东飞呢，其原由恐怕有两个：一是东方最先露出曙光，二是东边平川万顷觅食最易。

京城的人对待乌鸦的好恶因人而异。有的人认为它全身皆黑，叫声可恶，是一种不祥之鸟；有的人则认为乌鸦是反哺之鸟，因而可爱。清宫里的人对待乌鸦的好恶也有所不同。掌祭祀的官吏认为它是神鸟，常于朔、望之日焚香而拜，其俗相沿不改。据说这是因为朔望之日皇帝往宫城东边的社稷坛祭祀，逢此日期则须惊起乌鸦令其先于平时而向东飞去,避免惊扰圣驾。又宫中各大殿堂之上,常常落有乌鸦,且冬日必在向阳面的琉璃瓦上过夜,但瓦上从不见鸟粪。至于宫中太监对待乌鸦的态度就是另个样了。他们非常憎恨乌鸦。这是因为人们常常管太监叫乌鸦。把太监称乌鸦,一是太监净身后,声带发生了变化,又常常以"咋"回复主子的吩咐,而这变了音的"咋一咋一"之声和乌鸦的叫声非常相似;二是过去人们崇拜圣人,圣人曾言:"不孝有三,无后为大"。由于太监无后,因而便成了不孝之首,为人所鄙视。这种鄙视太监的人又常常与他们厌恶乌鸦联系起来,就将太监称作乌鸦了。

宫里太监因为厌恶乌鸦,所以他们便以不同的办法捕捉乌鸦,并把它们杀死。有时他们爬到高大的树上去掏老鸹窝,掏到鸟蛋就把它煮了吃,捉到雏鸦就在它们身上涂了油,放在火上烧着吃,并取名为"烧雏鸦"。捉成龄的乌鸦时,他们便在一根高粱秆中间拴上食饵,两边插上拴有绳套的竹签,待乌鸦一捉食时,高粱秆失去平衡,绳套就落在捉食乌鸦的脖子上,这时它必然一惊而飞,绳套也就随之拉紧,一只活老鸹就这样落在太监的手里了。捉到活乌鸦之后,太监便将它的腿上拴上个大号的"麻雷子"(爆竹的一种,爆炸力较大),待点着引线后,就把这只老鸹放了,老鸹刚刚飞入空中,"麻雷子"一声巨响,就会将这只老鸹炸得血肉模糊。太监们以此为乐,并将这空中的一响,称之为"震天雷"。

光绪癸卯年(1903年)冬季,有一天,慈禧正在宫内闭目养神,忽听空中一声巨响,随后"啪哒"一声,一个东西落在廊前。慈禧忙唤李莲英查个究竟。李莲英出去见是一只被炸得血迹斑斑的老鸹,忙向慈禧禀明。慈禧听后,便命李莲英把肇事者抓来见她。

不多时,李莲英便将一个全身直打哆嗦的年轻太监带了进来。慈禧开口便说:"你知罪吗?"小太监跪在地上,连忙说:"奴才知罪,奴才知罪。"慈禧把脸一沉,吩咐左右将他拉出去打四十大板,小太监哭着说:"求老佛爷饶我这次吧!日后再也不玩'震天雷'了。"慈禧听说这玩意叫"震天雷"更加怒不可遏了,气呼呼地说:"好啊!你要震天了!我让你震。"于是吩咐左右将他交慎刑司处以"气毙"之刑。这"气毙"刑就是将犯人捆绑之后,用七层白绵纸沾上水塞上耳口鼻,令人窒息而死。可怜的小太监因这一"震天雷"就这样被慈禧残酷地要了命。

光绪贴身太监与子母石

颐和园玉澜堂正殿前,有一对守门石。传说这石头是一雄一雌,日日夜夜,冷眼相望,又说雄的是光绪,雌的是慈禧,人们管它叫"子母石"。

1898年光绪皇帝"戊戌变法"失败以后,被慈禧囚禁在中南海的瀛台。有一次,慈禧去颐和园游玩,光绪和珍妃留在紫禁城里,她不放心,就把他们两人也带了去。光绪和珍妃虽然同去颐和园,但两人不能见面。

到颐和园后,光绪被囚禁在玉澜堂的隔室,用一堵厚厚的墙把他和外面隔绝起来。他在屋内,透过窗户,看着外面的景物,无限伤心:看鸟,鸟啼哭;看花,花流泪;看天,天昏暗。他孤苦伶仃,更是想念患难中的珍妃。可满腹心事,又不能向他人吐露。

光绪的凄苦,只有他的贴身太监王商能领会。一天晚上,太监王商趁慈禧睡了,买通了看守珍妃的宫女,偷偷地把珍妃带到了玉澜堂来和光绪会面。两人相见,有说不完的知心话,真是难分难舍。牛郎织女,天河相隔,每年七月初七,还能相会一次;而他们两人,这次相见后,就不知要到何年何月才能见面了。他俩说了哭,哭了说,月过中天了,珍妃还不忍离去。真是"相见时难别亦难"。

正在这个时候,传来了殿外小太监的咳嗽声。光绪的贴身太监王商一听,不好!这个声音表明不是西太后来了,就是西太后的亲信来了。这是王商早就布置好了的,他把那些亲信小太监安排在外面值班,如果见西太后或她的亲信来,就以咳嗽为号,一个传一个。

怎么办?珍妃此时再走,已经来不及了。西太后要是知道了这事,不仅光绪和珍妃有吃不完的苦头,连王商和那些小太监们的脑袋也都得搬家。光绪吓得浑身哆嗦,珍妃含着眼泪对太监王商说:"我死了不要紧,只是把你们害了。"王商连忙说:"圣上、珍主子自请放心,奴才有办法。"说完,他走到殿东南角的那个穿衣镜后面,用手一拧,穿衣镜的镜框就开了,里头是个小暗室,正好容一个人。珍妃藏了进去,王商再用手一拧,框又关上了,严丝合缝,不露半点痕迹。原来,这是王商为了防备万一,早就请人准备好的。不到万分危急时不用,平常也不对任何人说。

一会儿，只见灯火通明，前护后拥，李莲英领头，后边一群宫女拥着慈禧太后到玉澜堂来了。原来，那天晚上，有个慈禧的亲信小太监发现夜深了，玉澜堂里还有灯光，就起了疑心，想来看个究竟，却被光绪的小太监挡了回去，说圣上夜读，不准干扰。那个小太监就报告了慈禧，慈禧是多疑心狠的家伙，就亲自来了。

慈禧太后来到，光绪连忙跪迎。慈禧太后坐定后，发现只有光绪秉烛夜读，王商作伴，没有什么可疑之处，就假仁假义地说："皇上要保重身体，不要操劳过度……"光绪的心此时正七上八落，他只担心珍妃被人发现，对慈禧说的话，一个字也没听进去，只是说"好好""是是"。慈禧见自己说了那么一大通"关心"的话，光绪连一句"谢谢亲爸爸"的话都不说，火了。她指着门口左边的那块守门石生气地说："你呀，无情无义，简直是块石头！"她这一嚷，光绪吓了一跳，连忙跪下说："是，是，孩儿是块石头。"慈禧太后恶狠狠地瞪了他一眼，一抬屁股，走了。

慈禧走了后，光绪站在门口，对着右边的那块石头，喃喃地说着："我看你的心呀，比这石头还要冷呢！"

从此，颐和园里的太监、宫女们就把这两块石头叫"子母石"，而且一直流传到现在。

安德海是怎样当上总管太监的

皇宫里的太监真是数不胜数，安德海这个小太监却能够穿梭于京城与热河之间，周旋于两宫太后与八大臣左右，并为两宫太后垂帘听政助了一臂之力。那么，安德海是如何一步一步爬上高位，成为慈禧最信任的太监呢？

安德海是直隶南皮人，在家排行老二，后来权势大了，宫里人都称他"安二爷"。清朝时的南皮，是个出太监的地方，来自那里的太监，互相勾结，得势之后，竟能荫庇宗亲，炫耀乡邻。因此，安德海对此十分向往羡慕，他自己在家"净身"，待伤养好之后，托人说情进了宫里。

安德海初入宫时拜认的师傅就是咸丰皇帝十分宠爱的叶赫纳拉氏兰儿寝宫的首领太监刘印成。安德海时常在兰儿跟前走动，兰儿见他聪明伶俐，嘴甜心细，对他十分喜欢。安德海在咸丰宫中负责传谕召幸嫔妃之职，因此兰儿

也着意笼络于他。自从兰儿生下皇子载淳后,地位不断晋升,安德海也十分清楚兰儿的地位,为了自己以后的利益,安德海充分利用自己御前太监的特殊身份,把立脚点移向兰儿这边,这不失为左右逢源,进退有据的聪明之举。兰儿更是紧紧抓住安德海这条内线,以便随时了解咸丰皇帝的动向,设法使自己讨得皇上的欢心,永不失宠。

再说,慈禧嫁给咸丰后不久,大清朝即面临着内忧外患的危机。太平天国的义旗,席卷大清半壁江山;英法联军借机挑起第二次鸦片战争,并从天津派兵,长驱直入,威胁着北京。咸丰见大势已去,无奈之下,只好带着皇后、贵妃以及皇子等人一同移居热河行宫避暑山庄。命恭亲王奕䜣为全权大臣留驻北京。

公元 1861 年,咸丰皇帝在避暑山庄驾崩了。临终前留下两枚象征皇权的玉玺和一份交由皇后保存的密诏,并由肃顺、载垣等八大臣辅政。但是肃顺等人扶持新皇帝继位,行事专断,根本不把两位皇后放在眼里。慈安太后素来性情温厚,从不过问朝政,对此也无异议。只是慈禧却大不相同,她颇有一点才气,擅于玩弄权术,咸丰在世的时候,她就经常协助咸丰处理政务,甚至代为签发奏折,对一些国家政策很有独特见解。因此,慈禧对肃顺、载垣等人把持朝政、专断独行耿耿于怀,不时劝说慈安垂帘听政。慈安本来无意干政,被慈禧百般劝说,倒也心动起来。

于是,慈禧决定密召恭亲王奕䜣来热河商议大计。由慈禧拟好旨,盖上两玺印,只是正在发愁由谁送出去。因为当时肃顺、载垣等人控制着热河的局势,诏书不可能大模大样地送出。慈禧忽然想起太监安德海,咸丰驾崩之后,安德海由咸丰跟前的御前太监转至两宫太后跟前伺奉,是个能够信用之人。两宫太后主意已定,即由安德海怀揣密诏,星夜兼程,赶往北京。据说,为了不让肃顺等人发现,慈禧打断了安德海的肘关节,将密诏放入其中,声称安德海犯错,将他撵出宫去。安德海忍着剧痛,骑马奔回北京。

新帝继位的诏书一下,京城里的王公大臣,纷纷来到恭亲王府邸。按照常理,恭亲王奕䜣是咸丰帝的异母兄弟,又身兼要职,最有资格作皇帝的监护人。因此,众人议论纷纷,都要求恭亲王辅政。正在恭亲王与众大臣商议之际,忽有太监悄悄来报"大内太监安德海自热河到来,在殿外等候王爷"。恭亲王闻报,料知有机密要事,便告辞诸位大臣,走出殿外,召安德海进内府议事。

安德海风尘仆仆,随恭亲王进入内堂,请安完毕,安德海即将热河行宫内的形势,如皇帝如何遗训,八大臣怎样独断专行,以及两宫太后孤立无援的情况细说了一遍。说到痛时,安德海竟声泪俱下。恭亲王听得又悲又急,迫不及待地问道:"两位皇太后有何圣谕?"安德海忙取出太后密诏,恭亲王接过来一看,只见上面写道:"形势紧迫,恭亲王奕䜣速来热河。"短短两行字,可见势态之危。看完以后,恭亲王与安德海细细商议对策,直到次日清晨,安德海才匆匆离去,马不停蹄地返回热河行宫。

奕䜣赶到热河时,当即被肃顺、载垣等人拦下。奕䜣说:"此次仓促到来,是为了拜见两位太后。"只听人群中有人说道:"两宫太后与六爷是叔嫂名义,叔嫂相见恐有嫌疑,还是不见为好。"奕䜣早就料到有此一遭,暗想觐见太后只有另谋他法,于是答道:"诸位所言却也不错,只好拜托诸位代为请安便是了。"当下拜别肃顺等人。

恭亲王回到寓所,却见太监安德海早已在此等候。奕䜣将刚才一番情景说了一遍,想必进宫是不可能的事情。安德海低头沉思,忽然心头一亮,竟想出一个妙计。这天傍晚,夕阳西下之际,避暑山庄门外来了一辆车子。只见从里面走出一位身穿宫娥服饰的妇女,侍卫也没阻拦,安德海便扶着她走进宫去。这位妇人不是别人,正是恭亲王奕䜣所扮。奕䜣见了两位太后,商议共同除掉肃顺等人,然后再装成妇女,由安德海领出门去。

当慈禧、载垣等护送咸丰灵柩回京,奕䜣当即捉拿了八大臣,是为辛酉政变。八大臣死的死,废的废,一场你死我活的权力之争宣告结束,慈禧如愿以偿地垂帘听政。安德海由于从中穿针引线,为慈禧夺权立下汗马功劳,被破格提升为四品总管太监,当时不过才二十几岁。按照清制,首领太监的人选必须在三十岁以上,何况是总管太监。自此,安德海成为慈禧跟前的大红人。

安德海为何被诛杀

安德海为人精明乖巧,最会阿谀奉承。入宫之后,知道慈禧太后权势大,就寻找各种机会逢迎拍马。二十几岁就当上了总管太监之职,成为慈禧跟前的大红人儿。但是,安德海也是清朝晚期第一个死在屠刀下的太监。

是正义战胜了邪恶,还是做了权利争斗的牺牲品?

早在热河行宫避难时,安德海就发现慈禧非常喜欢看戏,高兴之时,私下也能哼上几曲。慈禧在热河行宫闲来无事,不免显得烦躁,于是安德海想到了在宫中搭台唱戏的主意。他来到慈禧面前,说道:"眼下国泰民安,海内平静,太后也该歇息几日,享享清福。奴才刚才听人说,京城中有个戏班子,唱念做打都很不错,不妨召进宫来,也好让太后舒舒心,乐一乐。"慈禧正愁无事可作,偏这小子会想法儿。于是笑着说:"就依你的主意,将他们召进宫来,好好操练几日,再在宫内搭个戏台,闲暇之时,我也瞧上一瞧。"安德海连连称"是",慈禧看戏看得高兴,常常赏赐一大笔银钱,安德海当然不在话下。

安德海为慈禧垂帘听政冒死送密报,立下汗马功劳。慈禧想了解慈安、同治皇帝等人在宫中的活动,安德海就利用自己在内廷的耳目,为慈禧刺探情报,提供消息。很快,安德海就成为慈禧的心腹,被破格提升为总管太监。

得势以后的安德海,依仗着慈禧太后的撑腰,更加目中无人,气焰嚣张,甚至连慈安太后与同治皇帝也不放在眼里。他以同治皇帝是个小孩子为名,时常出难题进行刁难。据说,同治对他恨之入骨,经常用小刀子砍掉小泥人的头,并喊着:"杀小安子!"

对于外廷大臣,安德海也滥用权力。一次,恭亲王奕䜣要面见慈禧。这时,慈禧正在与安德海说话,于是便找借口,拒绝接见。奕䜣气愤之极,大骂安德海:"不杀安德海,不足以对祖宗,振朝纲。"

朝中大臣对安德海的行径非常不满,不断有人上书弹劾参奏,以内监擅权,违反祖宗家法等罪名,要求予以严厉惩处安德海,但是都被慈禧一一袒护过去。以致宫内宫外,无人再敢惹他。

同治八年,皇上刚刚过完 14 周岁的生日。按照清朝制度,皇子 16 岁即要办理婚姻大事,况且是筹办皇帝大婚,更要早早准备。于是,两宫太后颁下圣谕,派恭亲王等会同内务府、礼部、工部,预备大婚典礼。历来清宫皇帝所用衣物,都是由江南织造贡奉。同治大婚,所用织物数目巨大,需要派钦差大臣督造。不知天高地厚的安德海,忘记自己是个太监出身,向慈禧进言,让他去督办。慈禧有些犹豫,大清祖制,不准内监出京。但经不住安德海一再请求,于是说道:"你要去便去,只是这事还得秘密进行。"安德海听后,满心欢喜,连连叩头谢恩。

安德海自恃是慈禧太后的宠监,在紫禁城内,除慈禧太后之外,即是他安德海说了算。依仗慈禧的权势，安德海在宫内欺上压下，无所不为。今日竟然猖狂到连祖宗家法都不放在眼里。只想出京走走，趁此机会显示一下他的特殊地位，以满足其炫耀之心态。这安德海还没有启程，却早已把风声传遍整个紫禁城。二百余年来，太监还未有能走出京门之人，他算头一号，况且奉旨督办龙衣，这是何等光宗耀祖的事情，宫内有多少太监对他羡慕不已，但在同时，也有更多的人知道，安德海即将大祸临头！

当时同治皇帝表面上对安德海去南方采办龙衣一事表示同意，但在背地里，马上告诉了慈安太后，并说："安德海出都门一步，即斩之。"慈安畏惧慈禧的势力，劝同治不要在近京地方动手，同治向慈安推荐了山东巡抚丁宝桢。丁宝桢曾镇压捻军有功，此人对同治也十分忠心。

安德海整理行装，于同治八年六月出京，浩浩荡荡的一个大车队穿城而过，直奔通州而去。在通州换乘太平船两艘，外加小船数只，声势浩大。安德海身穿四品文官补服，站立船中，美女俊男，前呼后拥，俨然钦差大臣一般。

进入直隶境内，地方官趋炎附势，听说是钦差过境，自然前去奉承。见是赫赫有名的总管太监安德海，更是唯唯诺诺，唯命是从。安德海趁机大肆搜刮，要多少银两地方官都得如数奉上。安德海好不得意，威风凛凛，由直隶南下山东。一路上游山玩水，随心所欲，勒索金银财宝数不胜数。

然而，山东巡抚丁宝桢为官清廉正直，不喜欢趋奉权势。一日，丁宝桢正在府中观阅公文，忽然接到德州知府赵新汝的来函，说是钦差安德海奉命南下，督办龙衣，所过之处，责令地方供奉。丁宝桢颇为惊讶，心想太监怎能出都门，莫非忘了祖训，还是另有缘由？当即亲拟奏稿，派属下飞驰至京，托恭亲王代为承上。

奕訢一见丁宝桢的奏章，心中暗自高兴。原来，安德海仗着是慈禧的御前宠臣，竟不把恭亲王放在眼里，且常常干涉政务，他三番五次在慈禧面前，鼓动重修圆明园。适值内患刚平，外患未解，国库空虚，哪有财力重修新建。因此，军机处接连回奏太后，不宜大兴土木，惹得慈禧很是不满，对恭亲王的成见也愈来愈深。此后，安德海还在恭亲王与慈禧太后之间挑拨离间，加深叔嫂间的矛盾。

奕訢带着丁宝桢的奏折面见慈安太后，两人商定重办小安子。起初，慈安害怕慈禧不允，奕訢说道："安德海违反祖制，擅出都门，罪不可恕。"并力

中华宫廷秘史

陈安德海的罪状,劝慈安机会难得,不要再犹豫。慈安一狠心,提笔下了谕旨,命山东巡抚丁宝桢,以安德海违反祖制的罪名,就地正法,不必解回京师审讯。谕旨盖上了皇帝的玉玺,由驿站的快马,连夜急发山东巡抚衙门。丁宝桢接到谕旨,刻不容缓,立即在济南诛杀安德海,并将其尸体裸露省城,示众三日。

慈禧得知安德海被杀的消息时,木已成舟,无可奈何。但对慈安从背后捅的这一刀,忌恨到了极点。她决不会放过对她的权势造成威胁的人,从肃顺、载垣等开始就是如此,所以才有后来慈安被慈禧毒死的传言。

安德海的死的确是死有余辜,但这何尝不是宫廷政治斗争的又一个牺牲品呢?

李莲英为何获得慈禧的宠信

李莲英自光绪初年被提升为总管太监到光绪三十四年(1908年)卸任出宫这三十多年的时间里,在清宫历史上、极至近代中国历史上扮演着一个极其微妙而不容忽视的角色。清朝皇宫里大大小小的太监数不胜数,为什么偏偏李莲英出人头地,爬上高枝了呢?

李莲英原名李英泰,祖籍是直隶河间府大城县人。道光二十八年出生,兄弟五人,李英泰排行老二。其父李玉以修鞋为业,家境贫困。咸丰初年,全家跟随抬皇杠的进了京城,定居在海淀大有村,仍以修鞋度日。由于熟皮革最重要的工序是用硝来揉,李莲英后来便得名"皮硝李"。咸丰四年,由于生活所迫,李玉把年仅7岁的李莲英送到专门净身的地方净了身。两年后,李玉托熟人将李英泰引荐入宫,赐名莲英。

由于李莲英相貌俊俏,心灵嘴甜,就被留在了当时还是懿贵妃的慈禧身边,在储秀宫做了一名小太监。懿贵妃十分喜爱梳妆打扮,讲究衣着和金银首饰,还很注重发型。当时,宫里从太后到宫女都是千篇一律、几十年不变的老式发型,这早已使她感到厌烦。当时京城里正流行一种新的发式,既新颖美观,又高雅脱俗,懿贵妃得知后,跃跃欲试。她让老太监给她梳了好几次都不满意,因此心中很是不高兴,也就不再提此事了。

一天,太监们在临时休息的房间内闲聊,偶然提起这件事。说者无心,听者有意。颇有心计的小太监李莲英心想,如果自己能够梳出这种新发式,也就可以长期留在懿贵妃身边,那今后的前途也就有希望了。于是,每当有外派出宫采买的机会,他都积极前往,借机混入娱乐场所,仔细观察年轻妇女的时髦发式,多方请教梳头的技巧。功夫不负有心人,经过一段时间的模仿、苦练,他终于熟练地掌握了几种新的发式的梳理方法。

于是,李莲英主动找到当时储秀宫的总管太监刘印成,毛遂自荐给懿贵妃梳头。踌躇满志的李莲英忐忑不安地跪倒在懿贵妃的身后,从前面的大镜子里,仔细端详了一番贵妃的脸型,凭着前一阵子摸索出的经验,大胆地做起了一种新的发式。懿贵妃从镜子里看着身后这个年轻太监认真的模样,不由得产生了好感。很快,李莲英梳好了头,插戴好金银首饰,又别上一支鲜艳夺目的牡丹花。懿贵妃坐在镜前,左右端详了半天,欣赏着新的发式,甚为满意。

李莲英不仅在梳头上下功夫,还在其他方面千方百计讨懿贵妃欢心。每天早晚两次,在梳头之后和卸妆之前的按摩,也使懿贵妃深感适意。因此,李莲英在懿贵妃的心目中渐渐成了一个贴心的太监。当时,懿贵妃为了笼络还是咸丰御前太监的安德海,就让李莲英跟安德海学艺。这期间,李莲英的地位逐渐上升,同治四年,已被晋升为首领太监,并赐六品顶戴花翎,地位仅在安德海之下,成为慈禧跟前的宠臣。

有一天,李莲英奉慈禧太后之命,前往弘德殿察看同治皇帝用功的情况。刚走到殿外,只听见两个小太监窃窃私语,走近一听,猛然听见安德海在外犯事被捕,吓得李莲英急忙跑回长春宫,报告慈禧。慈禧心中不免疑惑起来,命李莲英快去探明究竟。李莲英心想这事必定是要经过恭亲王,于是,径直前往恭王府探问。奕䜣见李莲英奉命而来,知道无法隐瞒,只好以实相告。李莲英得知事情原委,就对恭亲王说:"慈禧太后的性情,王爷也是晓得的,倘若太后得知全部过程,恐怕王爷的日子就不好过了。"奕䜣勉强应道:"遵照祖制,理应这样办。""太后若是不依,您老人家又当如何?"恭亲王哑口无言,李莲英告辞转身要走。奕䜣急忙拦住:"李安达慢走,本王一时没有主张,还请安达帮忙出个两全其美之计,也好渡过这一难关。"李莲英见此情景,微笑着说:"大公主在内,很得太后的欢心,可以从中周旋。奴才见机行事,也可替王爷解围。或可就此大事化小,小事化无。"恭亲王这才安下心来。

对于安德海的事,李莲英如此热衷,其中秘密不言而喻。他可以周旋于慈禧、慈安两位太后,皇上与恭亲王之间,见机行事,左右逢源,讨得各方面的欢心。同时安德海死了,也意味着李莲英有出头之日。为安德海的事四处奔波,也落得个有仁有义的名声。不过,安德海被杀对他来说,也敲响了一个警钟,前车之鉴不可忘怀。聪明绝顶的李莲英学会了在这最高权力阶层中,如何保护自己,免受危害的生存之道。

李莲英回到长春宫,劝说慈禧,这都怪安德海太招摇。恰巧大公主前来拜见,替她父亲奕訢求情,慈禧这才息怒,说这次饶过恭亲王。大公主走后,李莲英顺势说:"太后恩德无量,已经施恩饶过恭亲王,难道还要去与东太后争个高低?况且安总管已不在人世了,就是与东宫吵翻,也是于事无补。不如从长计议,更显太后心胸宽大,若能这样,那东太后必会感恩不尽。"

慈禧太后见李莲英聪明伶俐,语语中意,比安德海更有心计,于是起了李代桃僵的意思。慈禧颁下懿旨,一一陈列安德海的罪状,并谕令各级官员整饬朝纲,博得满朝文武和天下百姓的一片喝彩。慈安太后、同治皇帝与恭亲王等人提心吊胆、苦心筹措的好事,就这样被慈禧的高姿态顺手牵羊地拿去了。在这个意义上,她把对手打得一败涂地,更加巩固了她的统治地位。

晚清权监之祸不但没有就此根除,反而愈演愈烈。在慈禧太后的支持下,李莲英很快就接替了安德海的位置,被晋升为总管太监,官至四品。在紫禁城中稳坐了近40年,占据了晚清权监史上的重要地位。

李莲英是真太监还是假太监

作为清末宫廷的首席太监,李莲英也和他的"主子"慈禧太后一样,有着太多的故事和太多的谜。不过,人们提起他最容易想到的是:他究竟是不是真正的太监?

之所以会有这样的猜测,是因为他与守寡的西太后慈禧之间的主奴关系非同一般。他不但多年担任清宫的总管太监,还被特赐二品顶戴,超过清朝祖制太监最高品级四品的规定,而且还经常得到慈禧太后的一些特殊的恩典。

李莲英机敏聪明,干事麻利,善于察言观色,侍候西太后体贴入微。得幸后更是小心谨慎,不恃宠而骄,胆大妄为。西太后日益宠爱李莲英,几年间宠

春不衰,形影不离。据说,西太后和李莲英一同并坐看戏,凡是李莲英喜欢吃的东西,西太后多在膳食中替他留下来。李莲英40岁寿辰,西太后赏了他大量的珍品、蟒缎、福寿御字。由于西太后的宠爱,以至于军机大臣和封疆大吏也竞相进献寿礼,巴结这位小李子。李莲英的这种待遇绝不是一般太监所能享受的,即使是皇亲国戚、王公大臣,也不容易享受得到。因此人们怀疑李莲英是不是真太监,是有一定理由的。

在一些野史中记载,李莲英刚入宫时,是一位十六七岁、相貌秀媚可人的美少年,可与武则天的男宠"荷花六郎"相比,因此人们就把光绪七年慈禧患产后之症归罪于李莲英。

另外,还有一段有趣的记载。当时著名学者王先谦督学江苏,很多人传说是他贿赂李莲英得来的。王先谦怕传闻弄假成真,有碍自己的清名,就上书弹劾李莲英,奏折中言及李莲英并非太监。慈禧看后大怒,"解李衣而众示之",然后罢了王先谦的官。类似的故事听起来很有意思,但不见得符合真实情况。慈禧太后是何等尊贵,怎么会做出"解李衣以示众"这样荒诞不经的事情来呢?

李莲英虽为太监,后经慈禧允许,娶下了京城名妓马芙蓉为他的"大福晋",过继嗣子四人。于是有人怀疑,李莲英是否是真的太监。其实,宦官娶妻古来就有,在东汉时已很时髦。到了唐代,宦官娶妻养子之风更加盛行,只要财力允许,连一些中下层宦官也要讨个老婆。像这种畸形婚姻关系历朝历代都不鲜见。作为李莲英这样的总管太监,不仅有钱有势,而且积蓄丰富,他们虽然丧失了男根,但仍然羡慕正常男人的生活,希望获得有家有室的乐趣,以此弥补强烈的自卑心理。

那么,李莲英到底是不是真太监呢?追根溯源,还得从清代的太监制度说起。许多资料都表明,和前朝各代相比,清代对于内监"纯度"的控制是最严格的。太监在进宫之前要到专门的地方去阉割,伤好之后,还要经过严格的检验才能入宫。除了这最初的"防线"以外,太监每年还有严格的检查制度:"清代的内务府就一年春秋两季检查太监,二次净身,三次净身的都有。通过贿赂漏检的,当官要掉脑袋。太监的家都是穷到底的,有钱的人谁也舍不得割去命根子,净身后托人巴结一份差使,净身不干净,谁敢给引见啊!

与防范太监相对应,清宫里对年轻妃后也有严格的防范制度,这就是值夜。按照清制,在后、妃寝宫里值夜的,只有宫女,没有太监。以慈禧太后的储秀宫为例，只要过了晚上八点，也就是"宫门下钥"的时间，没有差使的太监就必须离开储秀宫，值夜的太监也只能在室外巡逻。"上夜"的宫女至少有五个，各司其职：门口有两个，负责门户，只要寝宫的门一掩，不管职位多么高的太监，不经过老太后的许可，若擅自闯宫，非剐了不可，这是老祖宗留下的家法。在室内值夜的人也各有职分：更衣室门口一人，静室门口外一个，最重要的是卧室里的一个人，成为"侍寝"，要记住老太后睡觉和醒来的时间，起夜、喝水的次数等等。这样一种安排，当然主要是

李莲英

为了侍候后、妃，其次，也有限制年青的后、妃的意思。

通过以上这些宫中规矩，我们可以看出，其实宫中之事并非人们想象的那样简单。应该说，中国的太监制度由来已久，为了保证皇帝在宫禁中的"绝对特权"，这项畸形制度到清末已经发展完善到了顶点，发生"宫闱秘事"的可能性，也自然早已被降到了最低点。所以不管是安德海还是李莲英，他们与慈禧太后的"秽乱宫闱"的故事，都只不过是好事者茶余饭后闲聊的话题。

据说李莲英在死前嘱咐家人为他装个木制生殖器，以便带着完整的躯体去见列祖列宗。但不知为什么，李莲英的墓中只有一个头骨，这也是不解之谜。面对慈禧太后这位中国近半个世纪里实际上的最高统治者，并且又是一个喜怒哀乐变化无常的女人，李莲英以一个卑下奴才的身份，能够在这样一位主子面前几十年如一日荣宠不衰，实在是一个奇迹。

李莲英怎样与珍妃结怨

李莲英是有清以来权势最大的太监之一，被赐以二品花翎顶戴，蟒袍补

服全袭,始终受慈禧太后的宠信。他善于甜言蜜语,投其所好,逢迎巴结,哄得慈禧太后舒舒服服的,使得一向刁钻的慈禧太后对他是温和慈善,恩宠有加。李莲英得到慈禧太后的眷顾与厚爱,不但横行宫中,而且还打起了光绪皇帝与珍妃的歪主意,异想天开,做起了成为皇亲国舅的美梦来。

原来,李莲英有个妹妹,名叫李莲芺,年方二八,美貌超群。李莲英做太监后,李家逐渐富裕起来。李莲芺在家还读了几年书,略通文墨。李莲英见自己的妹妹长得楚楚动人,并且还有些才艺,便打起了如意算盘,既为妹妹找个终生享受不尽的好去处,又为自己寻条好退路。

于是,有一天李莲英趁慈禧太后高兴,便把盘算已久的事向慈禧太后奏请:"启禀老佛爷,奴才家有个胞妹,人品尚可,还未择配,想叩觐太后天颜,侍奉皇太后,若蒙天恩俯允,奴才合家老小,均感洪恩之大。"慈禧太后对李莲英向来是有求必应,于是当下传旨,准许李莲英的妹妹进宫。光绪十七年(1891年),妹妹李莲芺进了宫。李莲芺既漂亮妩媚,又善解人意,与她哥哥一样四面讨好,颇得慈禧太后的欢心。慈禧太后便令其常侍左右,还传谕宫中人等,一律称其为李大姑娘。这是有清以来对汉人前所未有的殊遇。

李莲英把光绪皇帝和隆裕皇后之间的不和早就看在眼里。虽然光绪皇帝极宠爱珍妃,但他觉得自己的妹妹比珍妃漂亮多了,只要有机会,还怕迷不倒皇帝?这位李大姑娘在太后身边遇到光绪皇帝时,总是笑容满面,秋波频递。后来,李莲英又趁隆裕皇后向慈禧太后状告光绪皇帝与珍妃之机,替慈禧太后出了一个让妹妹到光绪皇帝宫中去的主意,名义上是让李大姑娘替慈禧太后监视光绪皇帝与珍妃的行动,实际上则是为妹妹接近光绪皇帝创造条件。

虽然李莲芺有几分姿色,却不能打动光绪皇帝的心。李大姑娘见光绪皇帝深深地爱恋着珍妃,对她几乎是视而不见,便改变策略,开始借机在光绪皇帝面前主动进攻,卖弄风情,全然不顾自己奴才之妹的身份。不料,光绪皇帝根本不予理会,他将所有的情爱都倾注到珍妃的身上,爱得是那样深、那样真,连隆裕皇后和瑾妃都早已被他忘到九霄云外去了,就不用提身边其他的女人了。

李莲英见光绪皇帝对妹妹始终是一种不理不睬的冷淡态度,只好叩请慈禧太后玉成美事。慈禧太后因为喜欢李大姑娘乖巧,便向光绪皇帝试探地提及此事,光绪皇帝当场就断然拒绝。他找了个很得体的理由:"皇爸爸

中华宫廷秘史

应该还记得祖宗家法吧！汉人不许进宫，更何况是阉人之妹，纯属不成体统，儿子不敢违背祖制。"慈禧太后见光绪皇帝搬出祖宗家法，她也无法反驳。

后来，李莲英在京城不断置产建宅，大肆挥霍。这年，他又在北京新建一所外宅。前门外灯市大街一带有一家木器铺为李家新宅提供了一套古朴典雅、雕工精细的家具，李莲英十分满意。他命人拿出一笔钱给木器铺掌柜，谁知这个木器铺掌柜硬是一文不收，甘愿孝敬。李莲英见他执意不要钱，还对自己表示敬奉之意，心里美滋滋的。于是李莲英就大包大揽起来："那好，你既然不肯要钱，我也就不再勉强了，这样吧，我为你向朝廷请奏一个官职吧！"那木器铺掌柜一听，连连谢绝："小的自幼学徒，斗大的字识不了几个，蒙总管老爷抬举，这套家具孝敬您老是应该的。至于官职，小的实在不敢当。"李莲英一听，哈哈大笑，满不在乎地说："识字不识字，有什么关系，这官我让你当，你就当得成。"不容分说，事情就这样定下来了。

时隔不久，江南某地知县出缺，李莲英知道以后，想起对木器铺掌柜的许愿，就奏请慈禧太后把这个职位准给木器铺掌柜。慈禧太后也答应了。李莲英以为大功告成，就差人给木器铺掌柜报喜去。不料，半路杀出个程咬金。原来，光绪皇帝已经准珍妃之请，把这个职位委派给珍妃的老师文廷式的亲戚。现在是两人争一个缺，该如何是好？光绪皇帝一时没了主意，他请翁同龢帮忙，看应该怎样处理此事。翁同龢说："既然如此，皇帝不如降旨，举行殿试。想必这个木器铺掌柜的只会拉锯动斧，不是有学问之人，肯定会露馅，等殿试之后，再面奏太后定夺，李莲英也就无话可说了。"于是，光绪皇帝传旨让木器铺掌柜的进宫殿试。木器铺掌柜一见宫中来人请他进宫，喜出望外，以为是李莲英将一切都办妥，对着圣旨磕头谢恩。

木器铺掌柜一连小跑进了宫，传旨太监把他带到毓庆宫，等待他的主考官正是光绪皇帝十分器重的文廷式。文廷式让太监给木器铺掌柜放好纸张笔墨后，很严肃地让他即景赋诗一首。这木器铺掌柜根本提不起笔来，他心虚气短，满脸冒汗，也不知道怎么从皇宫跑出来的。当李莲英得知殿试时木器铺掌柜出尽洋相，十分恼火，自然少不了在慈禧太后面前诉说光绪皇帝和珍妃的种种不是。

慈禧太后对珍妃参与职官的任命自然也大为不快。因为这种大事，只有她才有权过问、决定，决不容许他人涉足。特别是最近一个时期以来，她

还发现了一种可怕的苗头,那就是光绪皇帝与珍妃已不仅仅是感情上的情投意合,而且在志向、思想、主张等许多方面越来越接近,有了不少共鸣。于是,此后慈禧太后处处压制珍妃,并最终将她害死。这一切都源于在诸多小事中,珍妃无意中得罪了李莲英,最终导致引火上身。

李莲英为何不得善终

宣统三年二月初四,已经出宫的李莲英因病去世,时年六十四岁。1966年,在北京海淀恩济庄,人们发现了李莲英的坟墓,墓里陪葬品样样都是稀世珍宝。奇怪的是,在他豪华富丽的棺木里,只有一颗腐烂干净的骷髅头!头部以下的被子里空空荡荡,连一节骨头也没有!这是为什么呢?

李莲英生于1848年,直隶河间府人。7岁净身,9岁入宫,当了小太监。12岁那年,一个偶然的机会,使他得到慈禧的赏识,从此平步青云。安德海死后,李莲英凭着自己的聪明才智,周旋于慈禧、慈安、同治皇帝与恭亲王之间,圆满完成了任务,对日后慈禧操纵朝政,驾驭天下立下了大功。很快,慈禧封他为总管太监,官授二品,外赐黄马褂一件。

据说李莲英为人圆滑,左右逢源,面慈心狠,工于心计。一次,慈禧派他随醇亲王去检阅李鸿章办的北洋水师,实际是作为暗探摸清水师兴建的费用到底是多少。原来在京城时,醇亲王都是要求助于李莲英的,而这次随行的李莲英却一反常态,对醇亲王恭敬极了。按照清朝祖制,太监的最高品级只能是四品,因此,李莲英特意将二品顶戴换成了四品顶戴,穿上布衣、布鞋。在海船上,给他预备的仅次于醇亲王的豪华专舱不住,坚持住在醇亲王的套间里,为他递烟递茶洗脚,把醇亲王侍奉得舒舒服服。李莲英还假装谦逊,逢人便点头哈腰,口口声声说此次就是侍候王爷的,其目的就是要使众人对他毫无戒备,他才能到处刺探实情。果然,他不负慈禧的厚望,不但了解了水师所需费用,还察知了李鸿章将水师余款存于国外的消息。他的假象,始终没被人识破。

李莲英过四十大寿的时候,慈禧太后特意赏赐了一桌饭菜,但他只请了老一辈的太监、同辈的好友和几个徒弟,而且除去贴身的几个徒弟外,也不接受外人的朝拜,悄悄过了一个生日。而且,平常日子太监们犯了错,李莲

英总是恩威并施,暗中维护,所以太监们都服他,也愿意和他亲近。

李莲英凭借这些手段,深得慈禧太后的喜爱,他跟随慈禧太后四十余年,权势甚大,朝中的王公大臣,甚至是光绪皇帝都有求于他,有九千岁之称。光绪皇帝和慈禧太后相继死去,李莲英托辞年老体衰,请求出宫。隆裕太后念李莲英在皇上临终前曾多次帮助皇上,又是太后生前的宠臣,特恩准辞职回家养老。李莲英死后,隆裕太后亲赐祭坛,并赏银一千两治丧,葬于清代"御赐"恩济庄太监坟地。李莲英的墓建在一个虎皮石墙的院落里,墓前建有牌坊。他的棺材是紫红色金丝楠木做成的,四角各有一个乒乓球大小的宝珠,还有金烟碟及珍珠、翡翠、玛瑙,不计其数。其中最罕见的是一颗钻石帽正,比英国女王伊丽莎白的那颗还大。还有三件宝物:一柄汉朝的清玉土浸剑,一只汉朝的满黄浸玉镯,一件宋代的清玉褐浸环,堪称无价之宝。

据考证,他的墓里宝物俱在,墓壁完好,肯定没经过任何盗墓和发掘。他才死了55年,尸骨不可能腐烂到一点也不见的程度。结论只能是,他死以前,就已经"身首异处"了。

他死后尸体分家,肯定是被人所杀。那么是谁杀了他呢?

有人猜测,他可能是因为讨债,被人暗杀于河北、山东交界之处的。据说李莲英的私产有500余万两白银,眼红他财产的人早就要下手。再加上李莲英生前对人勒索甚多,伤害了许多人。当初,因为慈禧健在,"大树底下好乘凉",等到慈禧一死,他没了靠山,有人对他暗下毒手,也是有可能的。

还有人说,他的确是病死的。他的后人曾说他是善终,是因得了痢疾,医治无效病故的。由得病到病终,前后一共四天时间。他一生虽然享尽了荣华富贵,但始终因为自己是个太监,为"半残之身"而羞耻,认为死后没脸去见自己的列祖列宗,于是留下遗嘱,死后只留头颅,将身体舍弃掉了,这个猜测还是由一定道理的,但是,这方面的依据却一点也没有。

还有人说,他是被暗杀的。因为当时正值辛亥革命爆发前夕,暗杀成风。李莲英是慈禧的鹰犬,与慈禧狼狈为奸,卖国求荣,干尽了坏事,为了打击封建势力和旧王朝,革命党人杀害了他。但是这种说法更是毫无根据,杀一个年迈的已经出宫的老人对革命起不到任何重要的作用,也丝毫不会对当时的政治形势有任何的帮助!

这位在慈禧左右呼风唤雨的人,为什么不得好死呢? 至于李莲英是否真的被人杀死,至今仍是一个谜。

小德张是怎样成为慈禧身边红人的

大清王朝前后共 200 余年，到了 19 世纪末 20 世纪初已是日薄西山，当年金戈铁马、摧枯拉朽之势早已荡然无存。大清的气数已尽，乱哄哄的晚清政治舞台上，演出一幕幕宦官为害的闹剧，你方唱罢，我登台。安德海、李莲英已经把晚清的宦官专政推到了登峰造极的地步，小德张的出场，把这场闹剧搅得更是乌烟瘴气，也为清代的权监弄权乃至整个清朝统治敲响了丧钟。

小德张原名张春喜，是河北静海河间府人。他自幼失去父亲，家境清苦，与老母、胞兄三人相依为命。12 岁那年正月，张春喜与胞兄奉母命到姑妈家去拜年。跨进姑妈家的院门，见院当中停着一辆漂亮的马车，张春喜油然升起羡慕之情，不禁说："若是咱家也有这样的马车那该多好啊！"站立在一旁的表哥冷冷一笑，带着讥讽的口气说："像你家那穷样，连饭都吃不饱，一辈子也别想有这样的马车。"张春喜听了羞得满脸通红，一气之下拉了哥哥的手转身跑回家去。他哭着对母亲说："咱家何时才能有个出头的日子呢？如何才能发财，争回这口气呢？"母亲想了想说："好孩子，咱一无钱，二无地，如何能发得了财？倒是听老人们常说：想发财，当太监。果真能当了太监，就可有套马车，有房有地，而且每天都可以陪王伴驾呢！"

张春喜听了母亲的一番话，渐渐停止了哭泣。谁知这无意中的一席话，却对张春喜触动很大，在他那幼小、单纯的心中留下了深深的印象。几天后的一个傍晚，母亲在柴房里发现了奄奄一息的张春喜，原来他已经将自己阉割了。母亲见此情景，痛不欲生，扑倒在儿子身上，大声哭喊起来，后悔不该对孩子说起当太监的事。谁知小小的张春喜竟会有这样大的勇气和决心，邻居们都说这孩子很有出息，将来必定能出人头地。

两年后，经人引荐，张春喜被送到慎刑司学习宫中的规矩礼节。由于光绪帝的皇后隆裕小名中有"喜"字，为了避讳，张春喜改名张兰德。

进宫以后，张兰德先在宫内的戏班里学戏。由于他外表清秀漂亮，聪明机灵，又吃苦耐劳，很快就替下了原来戏班的大主角——小生，在慈禧太后五十大寿日的演出中，大出风头，博得慈禧的赏识，被调到慈禧身边，在储秀宫当差。

初到储秀宫,张兰德只是个不起眼的小太监,负责管理太后的一些文房用品。慈禧本人极好风雅,常常与皇后公主们赋诗对词,偶尔来了雅兴,也信手描上几笔丹青。张兰德深知,要想有朝一日能像李莲英那样身居要职、有权有势,必须得到慈禧的宠信。由于他很有心机,善于察言观色,无论慈禧走到哪里,都随身携带慈禧喜欢用的几件用具,做到随叫随到、随来随用。因此,慈禧很满意。

一天,宫女簇拥着慈禧太后赏花,慈禧心情愉快,雅兴又起,令张兰德笔墨侍候,挥毫泼墨。众人自然大加赞赏,慈禧也颇为得意,随口问起张兰德的家世、姓名。张兰德如实禀告,慈禧听了道:"这张兰德叫起来总觉得不太顺口,李莲英叫小李子,你以后就叫小德张吧!"张兰德急忙叩头谢恩。

从此以后,小德张的名字在紫禁城内慢慢传开,并越叫越响,无人不知、无人不晓。小德张还真是吉星高照,逐渐得到慈禧的重用。后来又兼管慈禧的衣服、头饰等贴身物品,官位荣至尚衣总管。慈禧太后年轻时就喜欢装饰打扮,对衣着、服饰很讲究,她的衣服数量超过宫中任何一位后妃、格格。管理服饰是一件极其重要的职责,只有她宠信的人才能得到这份荣耀。

清明前后,万物复苏,一夜春风,吹开柳芽春花。慈禧携同众官眷乘兴前往颐和园游春,清晨起驾时,天空晴朗,万里无云,众人前呼后拥,兴致勃勃。这天正好是小德张值班伺候,也随驾同行。慈禧兴致很高,登万寿山,游昆明湖,谈笑风生,偶尔还吟出几句诗来助兴。忽然间刮起了大风,夹带着阵阵寒意。早上游春,众人都换上了色彩鲜艳的春装,抵不住这袭人的春风,慈禧不由得打了个冷战,裹紧了衣衫。这时小德张赶紧走到慈禧身后,为她披上一件斗篷。慈禧见他如此细心,知道未雨绸缪,很是欢喜,自然少不了夸奖一番。

从那以后,小德张格外留意太后的生活习惯,每次外出,总是大包小包地带上一大堆东西,随时备慈禧急用。渐渐地,慈禧觉得身边的这个小太监很有当年小李子的机灵劲,也就更看重他了。

一天清晨,慈禧起床后,觉得浑身酸痛,懒洋洋地倚靠在床边,没有食欲。小德张见慈禧一天都没用膳,眼珠子一转,一个讨好慈禧的主意萌生了。傍晚传膳时间已到,仍然没有用膳的意思。小德张壮着胆子上前跪奏:"奴才看老佛爷这几日不思进膳,大概是吃腻了这几种吃法,奴才斗胆准备了两样小菜,想请老佛爷换换口味,不知老佛爷意下如何?"慈禧听了来了兴趣,知道若是没有十足的把握,这奴才也不敢提出,便对小德张说:"那就传上来吧,让我也尝尝你的手艺。"小德张应声退下,不一会儿功夫,带着两个太监手捧食盒进来,摆上几样菜,只见红黄绿白,阵阵香味扑鼻,样子也很诱人。慈禧慢慢夹起一点,放在嘴里细嚼慢咽,终于露出一丝笑容。小德张终于松了一口气,还没等他反应过来,慈禧又对他说:"从今天起你就到寿膳房去吧,赏你五品顶戴,管理寿膳房的差事。"小德张赶紧叩头谢恩。

自从到了寿膳房,小德张须臾不敢掉以轻心,每日里挖空心思为慈禧调配膳食,慈禧对他也很满意。渐渐的,小德张成了慈禧形影不离的重要人物,地位自然也就越来越高。慈禧移住颐和园后,小德张也随驾前往,专管太后一日三餐。每逢后妃来颐和园,慈禧总是让她们来品尝小德张的手艺。小德张在众妃嫔的眼里,也留下了聪明能干的印象。

几年的宫内生活,小德张已由一个不懂世事的乡村小子变成为一个深谙仕途的投机者。他清楚地知道,在慈禧身边伺奉,吉凶难测,必须处处小心、随机应变,一件事、一句话,都可能引来杀身之祸,也有可能让他一步登天。于是,小德张小心谨慎,时刻提醒着自己,处处讨慈禧的欢心。慈禧宫中二总管太监崔玉贵死后,小德张成了仅次于李莲英的第二号人物,权势也愈来愈大,成为晚清权监的集大成者。

小德张如何促成清帝退位

宣统三年秋天,全国 24 个省有 14 个省宣布独立自治,脱离清王朝统治。外国列强见有机可乘,开始干预中国内政。各国驻京外交使团一致要求清政府重新起用两年前被罢退的袁世凯,以支撑岌岌可危的清朝统治。迫于内外压力,清政府任命袁世凯为湖广总督,统率南下的北洋新军镇压革命。袁世凯对此任命并不满意,迟迟不见动静,清政府无奈只好任命他为内阁总理,至此清政府的军政大权皆落在袁世凯一人手中。

袁世凯举兵南下攻克汉口之后,返回北京重新组阁,摄政王载沣已形同虚设,只好辞去监国重任,不再参与朝政。这时,中华民国临时政府在南京正式成立,孙中山为临时大总统。迫于内部封建旧官僚和外部帝国主义的直接干涉,孙中山领导的民国政府,同意南北议和,在清帝退位、袁世凯赞同

共和的前提下,把政权交给袁世凯。袁世凯当即表示赞同共和,他开始积极策动各方势力胁迫清帝退位。

袁世凯又找到了曾救过他命的太监小德张,亲赴小德张府上,寒暄之后,先谢过当年的救命之恩,开始转入正题。袁世凯说:"张公公自然明白,当前革命党人已在南京建立了中华民国临时政府,若有朝一日成了气候,统一全国,爱新觉罗氏的江山也就不复存在了,那时公公的前途可就更加渺茫了。若是太后肯让皇上退位,我袁世凯还能保证清室贵族享有优厚待遇,公公的利益更是不在话下,自可安居乐业,颐养天年。这是袁某为公公着想,不知公公意下如何?"

这正在小德张预料之中,只是没想到来得这么快。听了袁世凯的这番话,小德张暗自思忖着,大清气数已尽,眼下革命党人士气正旺,大有灭清之势,何不趁早留一条后路,另投新主,以防将来有不测。于是小德张说道:"袁大人的为人,我早已知道,皇上逊位之事不是我们做奴才的所能干预的,但是我会尽全力规劝太后识时务,以促此事早日办成。"袁世凯听了大喜,满脸堆笑,献上纹银三百万两,以示酬谢。

南京民国政府的成立,使京城上下一片哗然。北京外国公使联合上书清政府派人议和,南方议和的条件之一就是清帝逊位。此项条件传至紫禁城,大小群臣都大惊失色,宫内宫外一片混乱。隆裕太后急忙召开御前会议,商议对策,皇族与众大臣个个垂头丧气,盘算着自己的退路。隆裕太后早已六神无主,痛哭流涕,满朝文武也哭成一片。

回到坤宁宫,隆裕太后仍然哭个不停,小德张见时机成熟,上前跪奏:"太后不必难过,事态已经到了这种地步,实非太后之过,乃大清气数已尽,众位王爷纷纷离去,看眼下形势怕是对付不过去了,太后就是再支撑也是枉然,不如考虑提出合适的条件,坚持皇室特权,今后太后和皇上的生活也好有个保障。"隆裕太后怀抱宣统皇帝说:"他们都已离去,我们母子二人又能依靠何人呢?""总理大臣袁世凯,当年慈禧太后在位时,受我大清恩惠,又蒙太后施恩,免其死罪,今日又得重用,他自然会知恩图报,况且他深得洋人的信任,与南方革命党人也有过交往,肯定会将此事安排妥当。不如召他一议,也许会有个结果。"

事到如今,隆裕太后也没有别的办法,只好宣召袁世凯进殿。袁世凯早已等在宫门外,听到召见,立刻随小德张来到御前。隆裕太后尚未开口,已是泪流满面,对袁世凯说:"众家亲王走的走,逃的逃,大清江山气数已尽,逊位之事势在必行。袁爱卿亦是朝中元老,惟有你可出面商议此事,你且下去拟道旨来,待我阅后再定。"

袁世凯领旨退下,很快就草拟了三道谕旨,呈于隆裕太后审阅,太后逐项看过,示意取过玉玺,小德张急忙转身取来递给太后。隆裕双手颤抖,满脸是泪,盖过之后,已是浑身瘫软。

第二天,正式颁布三道谕旨,一道宣布清帝逊位;二道提出优待清室的条件;三道安定民心,稳定时局。落款为宣统三年十二月二十五日,即中华民国元年二月十二日,大清王朝宣告结束。

清帝逊位后,隆裕寂居在紫禁城内,郁郁寡欢。至次年冬季,隆裕积愤成疾,病重之时,小德张日夜在隆裕身边侍奉。隆裕太后一死,宣统小皇帝归瑜太妃养育,在紫禁城内,大总管小德张也没了靠山。想到他平日里在宫内积怨甚多,只有迅速出宫方为上策。因此,安葬隆裕回来,瑜太妃传唤小德张,小德张不敢前往,借故推辞,草草收拾好存在宫内的东西仓惶出宫,名噪一时的大总管太监小德张,从此结束了他做太监的生涯。

小德张

小德张出宫后,搬到自己置办的在北京永康胡同的住宅,这是一座模仿故宫御花园养性斋的样式建造的。此外,他在天津英租界置办楼房 12 幢,小德张晚年离开北京到了天津,就是住在其中最大的一座花园楼院内。他还利用在宫内收取的贿赂,置办了大量的产业,如在静海河间老家置地 10 余顷,在北京郊区南苑置地 20 顷,另外,还开设了两个当铺,与他人合开了绸缎店,出宫后的生活就是依靠这些产业的受益。小德张晚年在天津英租界私宅内居住,如同在紫禁城内,平时极少外出,也从不喜欢与宾友交往。在此之后,他很少参与政事,几乎与世隔绝,慢慢地也就被世人所淡忘了。

哪些人才能当宫女

　　宫女,是生活在各代王朝皇宫内的人物,而这已是十分遥远的往事了。眼下,我们只能在戏剧或电影里看到宫女的形象:她们个个年轻貌美、苗条曲柔、举止轻盈、娇娜动人。人们以为她们生活在帝王之家,好似那天上人间。但实际上,宫女是皇帝的女奴,她们和太监一样,在皇宫里日夜操劳,伺候主人。她们的一生,有诉不完的苦难情、洒不尽的辛酸泪。千百年来,各代文人写出了多少诗篇,寄予了无限的同情与怜悯。唐·张佑祜《宫词》道:"故国三千里,深宫二十年。"唐·元禛《行宫》道:"白头宫女在,闲坐说玄宗。"这些诗句,描绘出宫女深居大内,孤独幽思,心情凄凉,几十年过去了,直到白发苍苍,还没有获释。以她们的青春年华,装点着宫廷的生活情趣,将大半生宝贵光阴,白白地葬送在皇宫红墙之内。想想看,这种情景是何等悲惨。

　　宫女的起源,据考要先于太监。《周易·剥》有"贯鱼与宫人宠"的记载。《周礼·天官·宫人》记述周朝已设专管君主日常生活事务的女官。唐·颜师古《隋遗录》:"(炀)帝尝幸昭明文选楼,车驾未至,先命宫娥数千人迎祷。"表明宫女又称宫娥;唐孟东野《和蔷薇花歌》:"忽惊锦浪洗新色,又似宫娃逞妆饰。"又说明宫女也称宫娃。

　　清朝不由民间挑选汉人宫女,宫女一个来源是由内务府三旗"包衣"(包衣,满语奴仆之意。清未入关前,对所获各部落的俘虏,编为正黄、正白、正红、正蓝、镶黄、镶白、镶红、镶蓝八旗,属正黄、正白、镶黄这上三旗的,隶内务府;属下五旗的,隶王府)人家选入的。按照清代规定,内务府旗人享有特权,出生下来即有俸米,各旗的女孩有被选宫女的义务。女孩们只要年届十三四岁,内务府即造册进呈皇帝,以供御览挑选。选择的条件与明朝一样,合乎条件的,就被选入宫,名之曰"当差"。一般是三年,期满后放出宫。如果得到主子的赏识,可延期放出,三年、五年,那就没有准儿了。但也有的可能成为答应、常在、贵人、嫔、妃的。女儿入宫当宫女,分明是一桩苦差,所以有些人家花钱贿赂内务府主管人员,假报残废,即可免选。也有些贫寒人家,一则为了减轻家中经济负担,二则女儿入宫三年,凭着这个经历,可以嫁

到有声望人家。还有的人家希望女儿入宫，如能博得主子的欢心，借此以夸耀门庭。

清宫宫女的命运

各旗新宫女被选中后，在地安门内雁翅楼聚齐，然后进宫。由大总管太监、二总管太监及各宫首领太监、回事太监等，分别收为徒弟，教她们学习宫廷礼仪以及应对、进退，见什么等级的人如何叩头、如何请安等当差的规矩。各种礼仪、规定等都学习熟练后，经过一段时间的考察，才分配到各宫正式当差。同治、光绪年间宫女初入宫门，首先要拜慈禧太后，称"老佛爷""老祖宗""主子"；再拜皇帝，称"万岁""皇帝"；再拜妃嫔，称"小主子"，还要拜本宫姑姑。所谓姑姑，是本宫中较有资格的老宫女。她们的权限大，可以调遣宫女的工作。如果宫女伺候不当或得罪了她们，就要挨她们的责打。

宫女在宫中应差，有很多约束：工作时不许随便说话，要做到寂静无声，要始终保持面带笑容，哪怕是刚受过责罚，也绝不许对人哭丧着脸，还得强作笑颜。当听到或见到什么可笑、可惊的事，不许乱说乱笑；应该笑的时候，只能嫣然一笑，不许笑出声音，更不许哈哈大笑。笑和说话，不许露齿。站立或走路时，身体不能乱摇乱摆，头不许摇晃，宫女与宫女之间，不能乱说乱道，不许逾越自己的工作范围。主子对宫女说话时，宫女自己答称"奴才"或只应声"嗻"字，不许多嘴。说完话不能扭头就走，必须退着身子出去。请安时，身子要直，叩头要稳，不许忙手忙脚。还有一项严格制度，哪个宫的宫女必须在本宫应差，不许越宫门一步，绝对不许串宫，违犯者，或打或杀，由首领太监掌管。但受主子的差遣到某宫传话或送东西、办事，则属例外。以上这些要严格遵守，稍一不慎，出了差错，立即遭打受罚，或罚跪，或罚充杂役，但有一条，打宫女不许打脸。宫女挨打虽是常事，但不能任意打死。乾隆帝的惇妃汪氏，鞭笞宫女致死，乾隆帝弘历将惇妃降为嫔，并将该宫首领太监郭进忠、刘良等革去顶戴，罚钱粮二年。总管太监五人未能劝阻，各罚钱粮一年。所罚的钱粮一半由各太监俸粮内扣除，一半命惇妃代交。同时罚惇妃一百两白银，为死者殓葬。不过，没过多久，惇妃又复封为妃了。

宫女平时穿的是布褂或绸袍，外罩丝绸大坎肩。夏季多穿些浅色如淡

色绸袍,春、秋、冬穿深色如紫红色绸袍,袖口、领口、裤脚处,绣出鲜艳的花卉、蝴蝶,以争奇斗艳。头发梳大独辫,大红辫梢,右鬓戴绒花,花样随季节更易,如牡丹、菊花等,喜庆时戴红喜字花。穿寸底鞋,鞋帮绣四季花卉。每月发二两胭脂钱,但平时不许涂脂、抹唇、描眉,每遇宫中有喜庆大事,比如元旦、慈禧的"万寿日"等,才允许涂脂抹粉,梳妆打扮,同时还要穿一色深红衣服。

　　宫女的早点,是吃各样米粥、烧饼、蒸食、春卷等,午餐有米饭、肉菜,晚餐多为各种蒸食。凡值夜班宫女,有一餐夜宵,有馄饨、汤面、各种点心。

　　宫女有闲余时间,就做些女红,如以丝绒线编织各种香囊络子,织出"万蝠流云""盘长""万字不到头""方胜""斜象眼""大料花""菊花"等,煞是好看,自己佩戴,也有托小太监带到街市上卖给香蜡店,换几个零钱用。凡是在慈禧跟前当差的宫女,待遇比较优厚,每月初二日可享受家人探视一次。其他各宫的宫女,往往一两年才得与家人见上一面。下一等的宫女,待遇低,吃穿差,干的是粗活,没人待见,入宫以后就很难见到家人了。

　　在储秀宫当差的宫女,她们的工作最具有宫女的代表性了。储秀宫是慈禧的寝宫,围绕慈禧的生活起居,宫女们各有专责:有管铺床叠被的,有管四季衣服的,有管四季鞋袜的,有管便溲"虎子"的,有管焚点松香、熏炉、手炉的,有伺候梳洗的,有侍茶、侍烟的,有烧地炉暖炕的,有擦抹桌椅摆设的,有擦抹砖地的,有管灯火的,有擦拭玻璃窗的,有专管传递文件奏折或到各宫传话的,有夜间值班的等等。每日天快亮时,慈禧起床,粗使宫女用水桶抬水,以备盥洗之用。宫女们先向慈禧跪安,太监刘德成(梳头刘)梳头,慈禧梳洗完毕,用银耳、莲子、百合及各色点心,然后乘舆去养心殿办公听政。慈禧退朝还宫时,在宫门外等候的太监先传递消息,姑姑们得知,不喊话,用右手食、中二指在左掌心轻轻一拍,一个传一个,大家都知晓,于是宫女们马上各就各位准备自己应做的工作。慈禧进屋,更衣换装后,接着喝茶、吸烟。她喜欢吸水烟,一般的水烟袋烟管短,吸烟者得一手托烟袋,一手自己点燃纸煤儿吸烟,她用的是银制珐琅水烟袋(又名"仙鹤腿烟袋"),烟管有二尺余长。吸烟时,她不自己点烟,由侍候的宫女单腿"打千",跪在她的左下手,左手托着水烟袋,右手执着点燃的纸煤儿点烟。宫女口吹纸煤儿着火时,不许溅出火星,也不许吹扬纸灰;侍茶的宫女,要从慈禧的右方双手捧茶盘递茶,平平稳稳,不许洒出一点水来,这都是规矩。

清宫秘史

骄奢淫逸,是多少个皇帝的本性。如唐朝宫廷有"肉屏风"之说,皇帝午睡时,尝命数十个裸体宫女并排站在床边周围,还美其名曰"遮风"。按说皇帝有的是三宫六院、众多妃嫔,但蹂躏宫女的勾当,则是司空见惯的事。据传:清朝皇帝要"临幸"宫女了(一说经皇后批准),降旨下来,主管宫女的太监即将宫女的花名册进呈"御览"。大内的宫女何止千百,皇帝除贴身宫女外,张三、李四并不认得,只凭花名册上的名字、年龄,凭着一时好恶,看哪个名字顺眼,用朱笔一点,就算决定"临幸"谁了。太监于是就通知本人,于是这个宫女便立即停止日常工作,香汤沐浴,梳洗打扮,静候"临幸"。这夜,皇帝早到某宫等待,只等二更时辰,该宫女脱光衣服,一丝不挂,被一太监用黄绫被包起,扛在肩上,疾步送往宫去,门外站着两个太监值班,开门迎接,屋内不点灯,漆黑一片,太监将黄绫被包往皇帝床上一放,倒退步离去,将屋门合闭。这一夜只许皇帝恣意蹂躏宫女,宫女不但不能有一丝反抗,也不许表露缠绵柔情或形态放荡,如被门外值班太监听得,转报太后或皇后,反抗的定个逆君之罪,放荡的定个惑君之罪。第二天五更,门外值班太监梆子一敲,宫女必须马上应声下床,不得稍有怠慢。这时一太监马上进屋,又以黄绫被将宫女包起,送回原处。此后一月,如果怀孕了,就提升为嫔,为皇帝生儿育女,如果没有受孕,那么皇帝早已把她忘在脑后,各不相关了。

和明朝一样,清朝老宫女的归宿,有的十分悲惨可怜。她们由于种种原因,很难得到主子的欢心;或者得罪了主事太监、本宫姑姑或是伺候小主子,而小主子又遭皇帝或太后的冷遇,宫女也跟着陷入厄运,这些宫女,进宫时正值豆蔻年华,随着日月流逝,十几年或廿几年后,人老珠黄了,遣放出宫时,家中父母早已过世,归家不得,只得嫁给一般旗员,或嫁给太监。也有的在宫中当差多年,养成孤僻性格,只好独身一辈子;还有的嫁不了人,只好投亲靠友做佣人维持生计,了此一生。

伺候过老佛爷的缪氏和李氏宫人

在慈禧的宫眷当中有两个人值得一提,一个是岁数大点的缪素筠;一个是岁数小点的李大姑娘。这缪素筠原本是云南人,光绪八年(1882年)随丈夫入四川,而丈夫不幸在四川任官期间染上了病。为求医曾辗转来到了京

城,然而到京后不久丈夫就死了,留下一个未成龄的孩子,家境日渐贫困。为了生活,缪素筠只得凭借自己早年学成的一手好字画,天天靠卖字卖画度日。说到她的字画,当时京师的文人雅士无人不知无人不晓。她那恽派花鸟,形象逼真,画工细腻;她那灵飞经体的小楷使人见后无不赞叹。她家居琉璃厂的西南园,自从她卖字画之后,就有不少名门闺秀来向她学字学画。飘泊异乡的缪素筠时时思念她那远在千里之外的家乡云南,可是靠卖字画赚来的钱只能糊口度日,根本没有回乡的川资。

光绪十六年(1890年)盛夏,一天慈禧正在南海乘凉,无意中看见光绪皇后(慈禧的内侄女)手中拿的折扇上画着松鼠葡萄,取过来一看原是缪素筠仿恽派之作,慈禧立刻爱不释手。次日她便传谕召缪素筠进宫。数日后慈禧见到缪素筠。她那彬彬有礼的举止,很得慈禧高兴。不久便命她在如意馆行走。这如意馆乃是专供宫廷绘画的地方,里面有不少知名画家,然而却无女性,因此缪素筠到这里后觉得很不方便。慈禧知道后就把她调到了自己的身边。由于她能为慈禧写字作画,因此慈禧表面上对她很是器重。除每月给她俸金二百两外,还经常赏赐给她不少珍品,如翠戒、玉环之类。按宫廷的规矩,宫女、女官见了太后都要跪拜,然而慈禧特准缪素筠可以免跪拜礼。在表面器重缪素筠的同时,慈禧又常常拿她开玩笑。比如她长得矮胖,慈禧就当着人说她像不倒翁。又比如她是缠足,每次慈禧游三海时又必须让她跟着,一日游玩下来,累得缪素筠举步艰难。

就这样她在慈禧身边一待就是十年。直至庚子年才被准假回籍。虽然在这十年之中缪素筠得到了不少俸禄和赏赐,但她确像笼中的鸟儿一样被锁在了宫中,成了个御用画师。到了晚年,她常常在街上见到提笼养鸟的人,便以数倍市价的钱买去,然后开笼放鸟入林。有好奇的人问她为什么这么做,她便反问道:你们哪知道笼中鸟的滋味?

至于李大姑娘则是另外一种人了。她是太监李莲英的妹妹名唤莲芜。她没进宫前,时时想着哥哥在宫中那样得势,为什么自己就不能进宫去呢?一天她和李莲英提起进宫的事,李莲英略加思索一下就答应了她的要求,并准备把她引到光绪皇帝的宫中。没想到李莲芜要进宫的消息先被慈禧知道了。于是慈禧就让她哥哥将她带来先见自己。光绪十七年(1891年)李莲芜便进了宫,慈禧见她又聪明又伶俐,长得又俊俏,就把她留在了自己的身边,并称她为大姑娘。因此李大姑娘这称呼就这样被叫开了,致使许多人不知道她的名字。

中华宫廷秘史

在慈禧身边她很会观察太后的举止,迎合太后的心意,慈禧对她也就另眼相待了。每日慈禧用膳时,总是李大姑娘和缪素筠侍候左右,她俩能和太后同桌吃饭,而其他人就只能在旁边站着。

有一次,醇王的福晋入宫来看望慈禧,李大姑娘也在场。这位福晋乃是慈禧的妹妹。当她向慈禧请安之后,慈禧便向她赐座,福晋不由得吃了一惊,因为过去请安后慈禧从不赐座给她,所以她就迟迟不敢坐下。慈禧见此情景便沉下脸来对她说:"我给你座岂是为了你,你不坐大姑娘怎敢坐啊!你别忘了人家是小脚(李大姑娘是汉人),而你是大脚丫子。你能老站着,可人家不能老陪你站着呀!"福晋听后心里非常愤怒,但是不敢反驳一句,只好坐了下来。

李大姑娘自进宫来就和慈禧、皇后、李莲英串通一气。由于光绪帝爱恋珍妃,并不喜欢皇后,所以皇后时时向她的姑妈慈禧告皇帝的状。就在这时,李莲英便给慈禧出了个主意,让李大姑娘到光绪宫中去,说这是为监视皇上的行为。实际上这是他妹妹进宫前他就想好了的。想让她妹妹到光绪的身边,自己好效法汉代的李延年。只恨妹妹一进宫就被慈禧看中了,自己的妙算才一时不能如愿。现在好容易找到了这样一个机会。让妹妹进光绪宫中一来可买慈禧和皇后的好;二来想这下子接近皇帝这条路就可铺平了。谁知光绪并不是风流好色之君,李大姑娘虽有国色天香,但终不能打动光绪的心,光绪依然爱恋着珍妃。这就使李大姑娘妒忌珍妃之火越燃越烈,致使她多次在慈禧面前搬弄是非陷害珍妃。由于她的陷害,珍妃不知受了多少苦和罪。

时间荏苒,岁月飞逝。光绪二十六年(1900 年)初,李大姑娘已是三十好几的人了。这时内务府的一个官员由于年前丧了妻子,便用重金贿赂了慈禧想得到李大姑娘。慈禧也知道李大姑娘早就应出宫选配了。于是就以太后指婚的名义把她嫁给了这个内务府官员。临出宫这天,李大姑娘依然恋恋不舍太后和皇后,哭得简直像个泪人儿。后来有人曾为李大姑娘写过两首七言诗。其一是:"偷随阿监入深宫,与别宫人总不同。太母上头宣赐坐,不教侍立绣屏风。"其二是:"汉宫谁似李延年,阿妹新承雨露偏。至竟汉皇非重色,不将金屋贮婵娟。"

寇太监死谏西太后

寇太监名连材,十五岁入宫任慈禧太后的梳头太监。他聪慧勤快、办事得力,深得慈禧的喜欢,又让他兼掌会计、奏事等职司。他秉性正直,亲眼看到慈禧骄奢淫逸的种种丑行,常常加以规劝。开始,慈禧并不把他这样一个小孩子的话当真,责骂几句便算了。过了一段时间,慈禧派他去伺候光绪帝,实际上是让他充当一名坐探。寇连材又为光绪帝所受的虐待深抱不平。特别是他看到慈禧一方面教唆光绪帝赌博、抽鸦片,一方面又让李莲英在外面散布说皇上"失德",不能做天下人表率,为废黜皇帝大肆制造舆论。

这些事让寇连材又气又恼,且忧心如焚。他每天愁眉苦脸,别人都说他有疯病。有一天早上,慈禧睡醒了,仍躺在帐中养神。寇连材跪在床前痛哭流涕。慈禧掀起帐子一看,气冲冲地问什么事,这么早就来。寇连材哭诉说:"国家处在危险苦难之中,老佛爷还这样纵情游乐,挥霍无度,长此下去,怎么得了!老佛爷不为天下国家考虑,也应该为自己想一想,不要再这样了!"慈禧把帐子猛一甩,大骂道:"完全是个疯子、狂徒!滚出去!"

事后,寇连材请了五天假,回家诀别父母,并把自己在宫中的一本记事本交给弟弟。回宫之后,他呈上一个奏折,条陈十件大事,如太后不要独揽朝政,应归政于皇上,停止游乐,不要修缮颐和园,免修铁路,革掉李鸿章的职,抵抗日本侵略,最后一条是说皇上无子,可选贤者立为太子,以续大统。慈禧看了,认为肯定有人指使,便亲自严加审问。寇连材说,完全是自己一个所为,并无任何人指使。慈禧命令他背诵几条,他果然背得一字不差。慈禧再细看奏折,发现错别字不少,多处文理不通,也就不再疑心了。她问:"你知道不知道祖宗的规矩:内监有言政事者斩?"

"奴才知道,不过奴才不怕死,要怕就不上奏折了!"

"好哇,既然如此,就不要怪我不仁了!"她立即命内务府慎刑司把寇连材囚禁起来,后来又移交刑部按律处理。刑部判以斩刑。当捆到菜市口执刑时,寇连材脱下一个碧玉扳指交给刽子手,要他动作利索一些;又将一个玉佩,一块金表赠送给来向他告别的内监。然后神色不变,安定自若地上了刑场,时年仅十八岁。

有人认为,一个小小太监的生命,慈禧向来是视如草芥,为何对寇连材要亲自审问、处理呢? 一是她想挖出别人;二是寇连材实在是一个惹人喜爱的孩子。有人认为慈禧当时认为寇连材人小可爱,当时并不想杀他,如果他悔过哀求,给慈禧一个台阶下,也不一定让他死,谁知寇连材铁骨铮铮,至死不渝,慈禧一无所获且骑虎难下只得将他杀死。

　　但真相究竟如何? 史上恐怕无人能说出。不管怎样,寇连材一个小小太监竟敢违清制上奏而不顾生死,其精神为后人所钦佩。

第四章　王侯将相篇

国学经典文库

王公、重臣是大清朝廷的栋梁，也是大清天子治理天下的左膀右臂。三百余年中，王公重臣们演绎过多少威武雄壮的历史话剧，又给后人留下了多少扑朔迷离的千古之谜？让人难解难拆，又令人难舍难弃……

什么是"铁帽子王"

"铁帽子王"，是指世袭罔替的王爵，其身份高贵且封爵牢固。在从后金算起的大清三百来年的历史中，获此殊荣的满洲贵胄仅有十二家，他们分别是礼亲王、郑亲王、睿亲王、豫亲王、肃亲王、庄亲王、克勤郡王、顺承郡王、怡亲王、恭亲王、醇亲王和庆亲王。

按清朝典制，皇族封爵共有十四等，即和硕亲王、亲王世子、多罗郡王、郡王长子、多罗贝勒、固山贝子、奉恩镇国公、奉恩辅国公、不入八分镇国公、不入八分辅国公、镇国将军、辅国将军、奉国将军和奉恩将军。大清王朝封爵的方式有两种，一种是因军功受封，叫军功封；一种是以皇帝直系子孙受封，叫恩封。乾隆时曾规定：以军功得封者，无论王、贝勒等爵，均世袭罔替即世代承袭本爵，永不降封；恩封王、贝勒等爵，均每世递降一等承袭，即亲王爵递降至镇国公，郡王爵递降至辅国公，贝勒递降至不入八分镇国公，贝子递降至不入八分辅国公，镇国公递降至镇国将军，辅国公递降至辅国将军，再往后则以本爵世袭罔替。宗室中无爵禄者则称"闲散宗室"。

在十二家"铁帽子王"中，礼亲王、郑亲王、睿亲王、豫亲王、肃亲王、庄亲王、克勤郡王、顺承郡王八家都是其祖先在清朝开国以及入关统一时期立下过汗马功劳而受封的，因为他们的功劳卓绝，所以王爵世袭罔替，没有子嗣后代或嗣王有了罪过革去爵位的则以旁支承袭王爵奉始封祖先祀。国家庆

清宫秘史

典、岁时节令、或诸王议事奏闻,列衔次序以礼亲王居首位。其他怡亲王、恭亲王、醇亲王和庆亲王四家铁帽子王则是因为和皇帝有着特殊的关系而受封爵位的,都属于恩封。

这十二家"铁帽子王"的大致情况是这样的:

礼亲王,始封祖为和硕礼烈亲王代善,是清太祖努尔哈赤的次子。天命元年(1616年),努尔哈赤称汗,封代善为和硕贝勒。顺治五年(1648年)十月,代善病逝,赐祭葬,立碑纪功,乾隆四十三年(1778年)配享太庙。代善于清太宗崇德元年(1636年)进封为和硕礼亲王。礼亲王一支王爵共传十世,十二王(其中两人被削爵)。

郑亲王,始封祖为郑献亲王济尔哈朗,是清太祖努尔哈赤弟弟舒尔哈齐(曾封庄亲王)第六子。小时被努尔哈赤抚养,初封贝勒,在崇德元年(1636年)四月进封为和硕郑亲王。顺治十二年(1655年)五月去世,立碑记功,乾隆四十三年(1778年)以辅佐幼帝顺治的特殊功劳配享太庙。郑亲王王爵共传十世,十七王(其中五人被削爵)。

睿亲王,始封祖为清太祖努尔哈赤十四子多尔衮。初封贝勒,崇德年(1636年),封多尔衮睿亲王。多尔衮生前位极人臣,显赫一时,死后不久却被清世祖顺治帝废尊号,黜宗室,毁坟墓。直到乾隆四十三年(1778年),才被乾隆帝平反昭雪,还其睿亲王封号,追谥"忠",配享太庙。多尔衮因身后无子,过继其同母弟多铎之子多尔博为后,承袭爵位。睿亲王爵位共传十一世,不算追封的共计八王。

豫亲王,始封祖为清太祖努尔哈赤十五子豫通亲王多铎。多铎幼时封贝勒,顺治六年(1649年)因出痘病逝。乾隆四十三年(1778年)配享太庙,多铎死后,后世子孙袭封者曾一度被改封号为信亲王,到乾隆四十三年(1778年)才恢复原封王号。豫亲王世爵共传九世,十三王(其中二人被削爵)。

肃亲王,始封祖为清太宗皇太极长子肃武亲王豪格。豪格自幼随父祖出征,初封贝勒,入关后以围明都北京有功进封和硕贝勒,崇德元年(1636年)封肃亲王。顺治元年(1644年),豪格因与多尔衮不和,被多尔衮削去爵位。后被多尔衮迫害致死。直至顺治八年(1651年),清世祖顺治帝亲政,才得以为其长兄豪格平反昭雪,恢复原封号,谥封号上称肃武亲王。肃亲王世爵共传九世,十王。

中华宫廷秘史

庄亲王，始封祖为清太宗皇太极第五子承泽裕亲王硕塞。顺治十一年（1654年），硕塞死，其子博果铎承袭爵位，改封号为庄亲王。庄亲王一支共传八世，十一王（有二人被削爵）。

克勤郡王，始封祖为礼亲王代善长子岳托。岳托自幼随父祖辈出征，屡建战功，于崇德元年（1636年）封成亲王。后因恃功倨傲，两次获罪，封爵两度降至贝子。崇德三年（1639年），岳托病死军中，诏封克勤郡王。此后其后世子孙的爵位曾一度变为衍禧郡王，平郡王等，到乾隆四十三年（1778年）仍恢复原来封号。克勤郡王世爵共传十三世，袭封郡王共十七人（其中有三人被削爵）。

顺承郡王，始封祖为代善的孙子勒克德浑，其父是代善第三子隆哈璘。隆哈璘通满、汉、蒙三种文字，屡建战功，崇德年间病死后被追封为颖亲王。勒克德浑是隆哈璘次子，顺治五年（1648年）被封为顺承郡王。顺承郡王爵共传十世，十五王（其中三人被削爵）。

怡亲王，始封祖为怡贤亲王允祥，他是清圣祖康熙帝的第十三子。因康熙时与皇四子雍亲王关系十分密切，雍亲王当了皇帝后，即封允祥为和硕怡亲王。怡亲王世爵共传八世，九王。

恭亲王，始封祖为恭忠亲王奕䜣。奕䜣是清宣宗道光帝第六子。宣宗遗诏立皇四子奕詝继宣宗位当上皇帝（咸丰帝）后，即封奕䜣为恭亲王。光绪二十四年（1898年）四月，戊戌政变前夕，恭亲王病死，诏谥为忠，配享太庙。恭亲王世爵传三世，共二王。

醇亲王，始封祖为醇贤亲王奕𫍯，是清宣宗道光帝第七子。咸丰时封醇郡王，其福晋是慈禧太后的胞妹。同治十一年（1872年）晋封亲王。光绪十六年（1890年），醇亲王病死，配享太庙，因是光绪帝的亲生父亲，称"皇帝本生考醇贤亲王"。

最后一位世袭罔替的铁帽子王是庆亲王奕劻。他是清高宗乾隆帝第十七子庆僖亲王永璘的孙子，初承袭辅国将军，咸丰帝时晋封贝子、贝勒。光绪十年（1884年），命管理总理衙门，封庆郡王。慈禧六十岁生日时封亲王。庆亲王于1913年在天津病死，由于清王朝已先于庆亲王消亡，所以他的王爵还没有来得及世袭。

郁郁而亡的肃亲王豪格

　　豪格作为大清朝开国皇帝皇太极的长子,他理应成为帝位继承人;作为顺治皇帝的长兄,他本可安享尊荣。然而他在放弃继承皇位之后,得到的却是惨遭幽禁的厄运⋯⋯

　　顺治三年初(1646年),豪格被任命为靖远大将军,统军入川,讨伐张献忠。十一月二十六日,清军抵达距西充不到百里的南部县。驻守保宁(今阆中)的大西军将领刘进忠降清,于是在降将的带领下,豪格率部日夜兼程,直奔张献忠六十万军队的营地——西充凤凰山。翌日清晨大雾弥漫,咫尺之隔,只闻其声,不见其人。当清军悄然逼近营门时,张献忠才知大事不好,未及披甲,仅腰插三矢即仓促上阵。在刘进忠的指点下,豪格一箭射去,半披飞龙蟒袍的大西皇帝应声而倒。

　　在胜利的鼓舞下,豪格挥军南下,翌年八月平定全川,旋即兵进遵义,风驰电掣般地扫荡着西南边陲。从此豪格声名远播,名扬四海。顺治五年(1648年)一月二十七日,豪格自遵义胜利回京。然而,等待他的不是皇恩浩赏,而是一个策划已久的陷害他的阴谋。

　　顺治五年(1648年)二月十三日,豪格部将希尔艮、阿尔津彼此"争功不决,下部讯问"。在入川作战时,护军统领哈宁噶曾陷入重围,护军统领阿尔津、苏拜以及希尔艮均奉命救援,上述人都认为自己率军先到,对方后至。阿尔津、苏拜依仗多尔衮撑腰,把争功的事一直闹到京城。"下部讯问"后,"护军统领噶达浑、车尔布俱供:希尔艮在后是实",希尔艮遂被降爵,至此希尔艮争功事即该了结。但多尔衮却利用这起争功案把矛头指向豪格,便以"军中不将希尔艮冒争情由勘实"而罪及多罗贝勒尼堪(努尔哈赤之孙)、固山贝勒满达海(代善之子)及护军统领鳌拜等高级将领八人。又以"固山额真觉罗巴哈纳、议政大臣索浑既不将希尔艮争功缘勘实;肃王欲以有罪杨善之弟机赛为护军统领,又不劝止"为由,而将巴哈纳、索浑降爵。显而易见,希尔艮争功案不过是多尔衮手中的一块石头,抛出这块石头只是一个信号。

　　此后二十天,又经过一番紧锣密鼓的准备,贝子吞齐、尚善、吞齐喀、公札喀喇、富喇塔、努赛等赤膊上阵,大打出手,讦告郑亲王济尔哈朗"当两旗大臣,谋立肃王为君,以上(指顺治帝)为太子",迁都北京时,将原定后行之正蓝旗在镶白旗前行,致令肃王福晋在豫王福晋以及英王福晋之前行;将"原定后行之镶蓝旗近上立营,同上前行"。因涉及当年"谋立肃王"事,故郑亲王以及两黄旗大臣均被系公堂"齐集质讯",规模之大,堪称空前。

"谋立肃王"的旧帐,又被提起。紧接着吞齐等告发图尔格、索尼、图赖、锡翰、巩阿岱、鳌拜、谭泰、塔瞻,在皇太极死后"往肃王家中,言欲立肃王为君","私相计议","互相徇庇",频频出入肃王府第,"期隐不奏"。

济尔哈朗以及两黄旗大臣欲立肃王为君,是在诸王册立新君之前。在仍然保留军事民主制残余的开国时期,推举继承人本来就是天经地义之事。在当时不仅两黄旗大臣积极参与此事,就是多尔衮所左右的两白旗大臣也多次密谋,商议拥立多尔衮为君。即使到了顺治二年(1645年)底,多尔衮还洋洋自得地跟诸王、贝勒以及满汉大臣谈起当年被拥戴的情况。这次旧事重提,只不过是多尔衮为打击豪格而借题发挥。

审讯结果,不言自明。郑亲王济尔哈朗被革掉亲王爵位,罚银五千两;两黄旗大臣凡参与拥立豪格者(只有早已倒戈的巩阿岱、谭泰除外)均受到严厉制裁,或被革职,或被夺爵,或被发配沈阳看守昭陵(皇太极陵寝),就连已故的图赖、图尔格亦被革世职。

两天后,豪格也被推上牺牲的祭坛。三月初六,在多尔衮的一手策划下,诸王、贝勒、贝子、大臣会议,以"豪格出征四川已及二载,地方全未平定",隐瞒希尔艮冒功一事以及欲升杨善之弟机赛为护军统领等所谓罪名,而将豪格判处死刑。年仅十一岁的顺治帝对"如此处分,诚为不忍",议政大臣会议在征得多尔衮同意后才将死刑改为幽禁。豪格从四川凯旋仅一个月就遭此厄运,这一切都在多尔衮的精心策划之中。

被幽禁的豪格心情极度抑郁,忧虑、痛苦、愤怒一齐袭来,一腔热血都在往上涌,头像被撕裂一般。谁也不清楚这位阶下囚究竟在哪一天、哪一个时辰愤然辞世的,人们只知道他在被幽禁后一个月左右即死去,终年四十岁。

顺治为什么清算多尔衮

清军入关后,清政府随之把政治统治中心由盛京转到北京,清政府在摄政王多尔衮的统一中原的决策下迅速分几路出兵,很快完成了统一大业,可以说顺治朝前期,朝政大权主要在摄政王多尔衮手里,多尔衮也为了清朝的统治的巩固做了巨大的贡献。但多尔衮的专权也同时引起了顺治帝的反感,进而发展为憎恨。以至于在多尔衮尸骨未寒之时,顺治帝就对其进行了清算。

顺治十七年十月,多尔衮死后,阿济格以"同母兄"的地位,企图继承他摄政王的位置。然而阿济格的实力,已不足一旗(被罚夺了不少),远比不上多尔衮当年兼制四旗的雄风。

结果,阿济格失败,被捕下狱,赐死。顺治皇帝亲政。郑亲王济尔哈朗重新得势。此人在顺治元年正月,把辅政的大权拱手让多尔衮一人独揽;在顺治四年七月,连辅政的名义也被多铎替代了(多铎在顺治六年三月去世)。这使他对多尔衮充满了忌恨。

顺治皇帝亲政后很快恢复了三个堂兄弟的亲王原位:褚英的儿子尼堪(敬谨亲王),代善的儿子满达海(巽亲王),阿巴泰的儿子博洛(端重亲王)。这三人本是多尔衮所用,分管吏、户、礼、兵、刑、工六部,被称为"理政三王"。

顺治八年(1651年)二月,济尔哈朗与理政三王,先把掌有兵权的多尔衮死党何洛会,连同何洛会的弟弟胡锡,一并凌迟处死,然后叫多尔衮的旧日亲信苏克萨哈、詹岱、穆济伦检举多尔衮,说他曾经私制黄袍,上面装了八个"补子"(补子是衣服上的方形的装饰),与黑貂皮的马褂,又储藏了大东珠(朝鲜来的大珍珠)与素珠(纯白的珍珠)。这些,均是皇帝才能用的东西,而多尔衮却用来放在自己的棺材里面。多尔衮而且颇想把正白旗、镶白旗调驻永平,准备篡位。

济尔哈朗与理政三王及所谓内大臣(统率宫内侍卫的大臣),根据苏克哈萨等人的检举,向顺治皇帝上奏,说多尔衮确是大逆不道。他们又补充了一些罪状,说多尔衮生前所用的仪仗、音乐、侍从,以及所住的府第完全同皇帝所用、所住的一样;说多尔衮追封了自己的生母乌拉纳喇氏为"孝武皇后",把她的牌位放进太庙,祔享努尔哈赤之旁,僭妄之至;说多尔衮甚至说过,太宗文皇帝(皇太极)按照次序,不该继位;他拿这句话威胁"皇上"(顺治),岂不该死? 至于逼死豪格,娶豪格的寡妇尤其"悖理"。结论是:"臣等从前畏威吞声,今冒死奏闻,伏愿重加处治。"年方十四岁的顺治皇帝,觉得济尔哈朗等人所奏颇有理由,便下旨削去多尔衮的追尊之号(成宗义皇帝);把他的牌位与他的生母乌拉纳喇氏的牌位,搬出太庙;不许多尔衮的过房儿子多尔博(多铎所生)袭封为和硕睿亲王,把多尔衮的财产全部充公。同时,把他的所有亲信(除了苏克萨哈等三人),一律治罪。于是,刚林、祈充格、谭

泰、巩阿岱、锡翰、罗什博尔惠等也一概处死。范文程被革职留任。可怜的是谭泰,他曾经补告多尔衮一状,却未讨到好。

有道是人在势在,人亡势亡。当多尔衮在世之时,势焰熏天,免不了有饮恨的大臣,欲趁机报复,加之幼主顺治也怀隐恨,欲治其罪以泄恨,由此看来,多尔衮在死后遭到清算也就不足为奇了。

阿济格谋政未成死于狱中

阿济格,为努尔哈赤第十二子,只是多尔衮同母兄,被封英王。《清史列传·宗室王公传一》,第一个是礼亲王代善,第二个就是阿济格。《鞑靼漂流记》描写阿济格的形象说:"听说是个粗野人,考虑问题粗率,所以从来不过问政务。看来年纪近五十岁,麻脸,身材魁梧,眼神令人望而生畏。为人慓悍,在交战时,攻城陷阵,无往不胜。大明和鞑靼交战之际,屡建军功。"

阿济格十五岁开始戎马生活,但此人有勇无谋,性情暴躁蛮横,而且一意孤行,与人争执动辄以兵刃相见。他又好财物女色,常向部下索取妇女。清军攻克皮岛时,牛录章京徐大祯获一美妇,阿济格先后索取四次而没有得手。徐大祯回沈阳,阿济格竟派人前往追寻。

皇太极去世,他竭力支持多尔衮夺位,坚决反对皇太极长子豪格嗣位。在诸王公议立福临承统的会议中,他中途退出,此后即称病不出,对皇太极丧事概不来往,直到多尔衮发怒,才勉强参加皇太极的完殓丧仪。

多尔衮专权后,罢济尔哈朗辅政王职,代之以其弟多铎。不久,多尔衮的政敌豪格被囚毙狱中,便以阿济格代豪格为正蓝旗主旗贝勒,其子劳亲封为亲王。阿济格还不满意,派人向多尔衮说:多铎功小,不应优异,济尔哈朗为叔父之子,不当称叔王,"予乃太祖之子,皇上之叔,何不以予为叔父?"多尔衮予以斥责,说他无自知之明。多铎为他同母弟,且当时已死,他却依然在妒忌。

多尔衮死后,阿济格欲承袭摄政,即派三百骑兵,赶往京城,企图让多尔衮所管两白旗大臣归附自己,派人往告郡王勒克德浑:"原令尔等三人理事,今何不议一摄政之人?"又诈言多尔衮悔以多尔博(多铎之子)为嗣子,曾取劳亲入正白旗,且暗示端亲王博洛速推阿济格摄政。两白旗大臣心存疑惧,各率部属执兵刃严防,阿济格大怒,威胁镶白旗的阿尔津等说:"两旗之人,戈戟森列，尔主在后何为？可速来一战而死。"阿尔津等回去告诉额克亲、吴拜等五人，他们经商量后说："诸王得毋谓我等以英王为摄政王亲兄，因而向彼耶？夫摄政王拥立之君，今固在也，我等当抱王幼子，依皇上以为生。"并向济尔哈朗等告发阿济格欲谋乱夺政。

多尔衮灵车返京时，行到石门，与阿济格之子劳亲相遇。阿济格让部下大张旗帜和劳亲合军，环丧车而行，父子左右居首而坐，济尔哈朗于是派兵监视。

十二月二十六日，王公大臣会议阿济格之罪，顺治帝将阿济格幽禁，劳亲降为贝子。阿济格手下前锋统领席特库"闻摄政王丧，不白之诸王"，被斩，抄家，还有不少人被处死、鞭责、革职，由此兴起一场大狱。

阿济格被幽禁后，给妇人三百供役使，这种供应也是很奇特的。阿济格却暗藏大刀四口，用三百妇人暗掘地道，与其子及心腹合谋越狱，后被人告发，其子被贬给诸王为奴。这一来，更使他发狂了，便在狱中厉声高叫，声称要堆集衣物焚烧监房，吓得监守的毛海等人慌忙退出，不敢再进来。当天下午，禁卒忽闻院内拆房摔瓦之声，急忙奏报，诸王以阿济格悖乱已极，不可再留，最后由顺治令阿济格自尽，时年45岁。

阿济格的性格本来很粗暴蛮横，这时因争权而被投入监房，发生这种狂人的心理，原是很符合情理的，当初豪格在禁所时，就有类似的发疯行为。凡是有野心的人，当他的野心受到压制、打击时，往往会变成狂人。

阿济格的罪状，最严重的是不尊敬多尔衮，可是处罚阿济格及其亲信的实质意图就是为了打击多尔衮的白旗势力，如正白旗的骨干罗什、博尔惠、额克亲、吴拜、苏拜五人，其实并没有多大过错，却以"动摇国是，蛊惑人心，欺罔唆构"的罪名，有的被斩首，有的被革职。多尔衮死后，他们已预感到政局将有重大变化，行事已很谨慎，额克亲、吴拜又明言坚决拥护顺治，不肯顺从阿济格。济尔哈朗等会议时，也承认额克亲"从直供吐，且原非奸佞巧辩之人"，却仍须"除宗室为民，籍其产一半，全夺所属人役。"总之，阿济格在多尔衮死后的种种行为，确是很狂妄，和朝廷对抗，而济尔哈朗等借此惩罚，也是为了报复宿怨，这是出于派系的斗争。

顺治五年(1648年)，皇太极长子肃亲王豪格(正蓝旗)，也即多尔衮死敌，当年被多尔衮构陷，死于狱中。时隔三年，多尔衮的同母弟阿济格被下狱，后令自尽，这不仅仅是个人的存亡问题，而是反映入关前后，在爱新觉罗氏的血统上，始终有斗争的火花在闪烁着。

阿济格死后,葬于北京左安门外韦公(明太监韦霜)祠旁。顺治十一年(1654年),谈迁北游时途经其地,并写下一首七律《英王墓》,下半首说:

花门一望种苜蓿,南苑今为饮马池。

英王敢战气如虎,胡床解甲罗歌舞。

邸第斜连鸡鹊旁,妖嬛尽隶仙韶部。

急管繁弦春复春,日周日召浸情亲。

倏焉日匿西山下,高冢祁连宿草新。

阖庐寂寞殉剑锷,桓山石椁三泉涸。

燕昭墓上穿老狐,几度酸风叹萧索。

花门原指回纥衙帐所在地,阿济格为满人,这里指他的军营。鸡鹊本是汉代宫观名。周公、召公为周文王之子,为周代辅幼主成王的开国功臣。祁连是山名,比喻高冢。吴王阖闾死后,曾以利剑殉葬。桓山典出《孔子家语·颜回》,后喻兄弟离散之悲。燕昭王为召公之后,其墓在今北京附近。

此诗的大意,先回溯英王阿济格当年征战的威武形状,营幕中歌舞的奢豪,王府的华丽斜连宫苑。因为他本是周召那样辅幼主的宗亲,如今却墓地荒凉,骨肉伤残,落日之下,只有酸风吹落一片残叶,萧索凄惨的场景就可想而知了。

鳌拜被除始末

鳌拜是大清开国功臣费英东的亲侄子,满族瓜尔佳氏人,归属皇太极直辖的镶黄旗。他年轻时就常随皇太极出征南北,在战场上表现十分勇猛,为大清建国立下显赫战功,因而深受皇太极的信任和宠爱。

公元1637年,皇太极发兵进攻明朝重地辽宁皮岛,贝子硕托、英郡王阿济格领兵多次攻击都未拿下。在军情危急时,年轻的鳌拜自告奋勇挺身而出,立下军令状:"不得此岛,勿复见王。"战斗时,鳌拜冒死勇敢搏战,跃登城墙,强行登岛成功,然后率先举火引导后续部队冲上该岛。鳌拜此役首功,超升三等男爵,赐号"勇士",后又擢升为镶黄旗护军统领,成为清王朝最得力的主要将领。

皇太极病故后,在议立新君时,英郡王阿济格、豫郡王多铎、郡王阿达礼、贝子硕托等贝勒大臣,想拥立睿亲王多尔衮,两黄旗中多数大臣欲拥立

故主之长子肃亲王豪格，索尼、鳌拜等八大臣至肃王府中秘密议定拥立肃亲王。八月十四日，八旗王公大臣于崇政殿集会议立君，索尼、鳌拜等两黄旗大臣于大清宫门盟誓，令两旗巴牙喇兵张弓挟矢，环立宫殿，两黄旗大臣进入崇政殿，索尼、鳌拜首先倡议拥立皇子，说："吾等属食于帝，衣于帝，养育之恩，与天同大，若不立帝之子，则宁此从帝于地下而已。"在索尼等以"兵谏"来威逼诸王必立皇子的压力下，多尔衮放弃了继兄为帝的打算，建议立皇太极第九子六岁的福临为君，自己与郑亲王济尔哈朗摄政，才平息了这场即将爆发的八旗诸王相战的烈火。

多尔衮当上摄政王后，索尼、鳌拜、遏必隆继续效忠幼主，"终不附睿王"，"不惜性命，与之抗拒"。多尔衮勃然大怒，革尽索尼所有官职，除籍，免死赎身，罢黜为民，徙居盛京昭陵，其弟子侄任侍卫者，一律革退。鳌拜降一等男，两次定罪论死，罚银赎身。遏必隆被除籍没收家产之半，革世职。

因为鳌拜等冒死力争立皇子，付出了重大代价，因此顺治亲政以后，立即对他们委以重任，官复原职，并加官晋爵。其中鳌拜晋为二等公，任领侍卫内大臣、议政大臣，加少傅兼太子太傅。

顺治十八年（1661年）正月顺治帝去世，年仅八岁的皇三子玄烨即位，是为康熙。顺治留下遗嘱，任命自己最信任的索尼、苏克萨哈、遏必隆、鳌拜四人为辅政大臣，辅佐年幼的康熙。康熙年幼即位，朝政尽归辅政四大臣管理。入关之前，索尼等四人官职并不高，他们之所以能一跃成为主持军国要务的辅政大臣，主要是因为他们坚决效忠于皇太极和顺治，反对多尔衮图谋称帝。这四大臣中，索尼是四朝元老，资格最深，人品也颇公正；遏必隆、苏克萨哈名望较卑微，凡事俱听索尼主裁。但索尼年老多病，管不了多少事。鳌拜在四大臣中位于最末，只因他随征四方，自恃功高，横行无忌，朝中文武官员多半都怕他，连索尼都不放在他眼中，他想把索尼诸人一一除掉，趁康熙年幼，好独揽大权。只有苏克萨哈不服，经常和鳌拜争论。因此鳌拜暗中设法，先从苏克萨哈下手。

苏克萨哈是正白旗人，鳌拜是镶黄旗人。顺治初年，睿亲王多尔衮曾把镶黄旗应得地，给了正白旗，另给镶黄旗右翼地，旗民安居乐业，已二十多年。鳌拜借口多尔衮"欲住水平府"，将镶黄旗应得之地给与正白旗，以坏地换好地，使本旗镶黄旗领得田地十分"不堪"，现应改正，决定园地调换。宗人府会议照准，于是命直隶总督朱昌祚、巡抚王登联，会同国史馆大学士苏纳海，处理换地的事宜。这些安居乐业的旗民无缘无故要迁徙，不免要多费财力;况且原地易还,彼此各有损失,各有困难,自然而然民间怨恨起来。苏纳海、朱昌祚、王登联等认为此事不可执行,请求停止圈换。康熙召见四大臣,将他们三人的奏章交阅。鳌拜发怒说:"苏纳海拔地迟误,朱昌祚阻挠国事,全是目无君上,照例应一律处斩。"康熙问索尼等人:"卿等以为如何?"遏必隆连忙答道:"应照辅臣鳌拜议。"索尼也随即说:"臣意也是如此。"只有苏克萨哈属正白旗,坚决反对调换旗地,不同意将苏、朱、王三人处死。鳌拜怒目而视,恨不得将苏克萨哈吞进肚中,转向康熙说:"臣等所见皆同,请皇上发落!"康熙犹在迟疑,鳌拜便索性走向御座前,提起御用的殊笔,写下了"苏纳海、朱昌祚、王登联,不遵上命,立即处斩"十七个大字,匆匆出宫,索尼等也跟随了出来。鳌拜就将此旨付与刑部,刑部提拿苏纳海、朱昌祚、王登联三人,绑出了市曹,一同斩首。

康熙见鳌拜这副恣意妄为、傲慢霸道的情形,便有意亲政,私下让给事张维赤等联衔奏请。贝勒王和大臣都表示赞同,只有鳌拜一人默不发言。康熙六年(1667 年)七月,十四岁的康熙正式亲临朝政。可是骄横的鳌拜仍行辅政,视年轻的康熙为傀儡。

此前一个月,索尼病死。苏克萨哈就感到很难与鳌拜共事,产生了隐退的想法,于是他便向康熙请求辞掉辅政一职,准允他去守护先帝陵寝,以使"俾如线余息,得以生全"。康熙感到有点蹊跷,就命议政大臣明奏上来。苏克萨哈要求辞职守陵,其实际用意是向皇帝抗议鳌拜的独断专横,逼使鳌拜交出权柄。苏克萨哈这一招果然激怒鳌拜。鳌拜也不是省油的灯,他清楚苏克萨哈的用意,他于是召集同党一起捏造了苏克萨哈二十四条大罪,拟将苏克萨哈及其长子内大臣全克旦处以碟刑,其子六人,其孙子一人,兄弟之子二人,还有同族人前锋统领白尔赫图、侍卫额尔得等一律处斩。康熙没有批准鳌拜这个请求。鳌拜上殿,当面与康熙争辩,康熙仍不同意。鳌拜急了,竟"攘臂上前,强奏累日",把康熙吓得胆颤心惊。逼了几天,康熙被迫批准了鳌拜的全部要求,只将苏克萨哈的碟刑改为绞刑,算是对有功之臣的一点微小的照顾。可怜苏克萨哈征战几十年,功勋之家却落得一个灭族的悲惨结局!

索尼病死,苏克萨哈处绞,辅政四大臣剩下鳌拜和遏必隆了。遏必隆与鳌拜同为镶黄旗人,而且懦弱无能,一贯附和强者,不敢树敌。鳌拜更加肆无忌惮,为所欲为,颁行章奏,自列首位。遏必隆甘居其后,事事都听鳌拜摆布。甚至在康熙面前,"办事不求有理,稍有弗意之处,即将部臣叱咤",朝见时，"乃施威震众，高声喝问"，完全不把年轻的康熙放在眼中。

康熙八年（1669年）元旦，鳌拜率诸臣上殿贺年，身穿一袭黄袍，式样和质料俨如皇帝，所不同者，只是帽子上订了个红绒结，而康熙戴的是一颗龙珠，康熙虽已亲政，但朝廷实权仍操在鳌拜手里。鳌拜大肆结党营私，把其党羽包括兄弟子侄都安插到朝廷各个部门，六大部的首脑几乎全是他的人。这样，鳌拜便牢牢控制了政局。每有大小事件，如任免官员、实施政策等，诸臣都先到鳌拜家里议定，然后再通知康熙实行，这等于把康熙置于傀儡无用的地位。康熙对此很恼火，但一时也没有办法。

鳌拜势焰日炽，进逼不已。据说他还图谋暗杀皇帝，托病不上朝，要皇帝亲自去探视。小横香室主人所著的《清朝野史大观》记载："（鳌拜）尝托病不朝，要亲往问疾，圣祖幸其第，入其寝。御前侍卫和公见其色变，急趋至榻前，揭席刀见，圣祖笑曰：'刀不离身，满洲故俗，不足异也。'"还多亏康熙善于应变，将紧张的形势化于无形。

"是可忍孰不可忍"，鳌拜及其党羽的所作所为引起康熙的深深忧虑。鳌拜集团的存在是对皇权的严重威胁。为了夺回权力，康熙决计除掉他。但鳌拜手握兵权，掌握朝中大权，其势力广布朝廷上下，弄得不好，会招来一场大乱。所以康熙不敢兴师动众，冒然行事，而于暗中准备计擒鳌拜。他依靠长期侍卫他的亲信索额图和明珠，拉拢一部分朝臣。

康熙召索额图进宫密谋。索额图是索尼的儿子，做了康熙的侍卫，以忠诚任事得到康熙的信任。密谋后，将鳌拜的亲信派往各地，离开京城，又以自己亲信掌握了京师的卫戍权。康熙召集侍卫和武士说："你们都是我的股肱亲旧，你们怕我，还是怕鳌拜？"大家说："怕皇帝。"康熙于是坚定了除去鳌拜的决心。他以陪伴自己娱乐为名，下令在八旗子弟中挑选身体强壮的十来岁孩童进宫，共选了十多个长得结实、机灵的。康熙让这些孩童天天练习并表演角斗、摔跤。鳌拜进宫奏事，康熙也不让他们回避，故意让他看见孩子们在摔跤玩耍，有时康熙也混在其中，玩得兴高采烈。鳌拜看在眼里，心中暗喜：康熙毕竟是个孩子，贪玩，胸无大志，不务政事，自己得以继续专权。为了麻痹鳌拜，康熙对他更敬重有礼，这使他更加坦然，对康熙毫无心存戒备。经过一段时间的培养训练，这些孩童都成了康熙的心腹。康熙八年五月，康熙在有了一定准备之后，认准了时机，果断地采取了行动，鳌拜大摇大摆地刚刚跨进宫殿门坎，脚步还没站稳，突然从两侧跳出一群孩童，一拥而上，把鳌拜按住，等到鳌拜缓过神来，纵有过人臂力，都已无济于事了。

权重势雄的鳌拜就这样束手被擒了。这一年,康熙只有十六岁。

逮捕鳌拜后,康熙立即指令康亲王负责审讯。与此同时,鳌拜集团的成员也纷纷落网。经审讯,列出鳌拜罪状三十条,其中与结党篡权有关的二十三条,不敬太皇太后的二条,对册立皇后妒忌、私买奴仆的五条。又经康熙亲自当面核实,鳌拜一一招认。大臣们都要求判鳌拜死刑。康熙念其在朝廷效力年久,特给以宽大处理,免死,改为禁锢终身,后来鳌拜被囚死于禁所。为防止株连,对互相揭发告密的,公开制止。同时,又对被鳌拜迫害的官员,一律平反昭雪。一场大案,只用十天就干净利落地处理完毕。

鳌拜被拘的事件,据《清史稿·圣祖本纪》载:"康熙八年,上久悉鳌拜专横乱政,特虑其多力难制,乃选侍卫拜唐阿年少有力者,为扑击之戏。是日鳌拜人见,即令侍卫等缚而系之。"

鳌拜与汉族文化格格不入,主张"率祖制,复旧章",凡事都要"遵照太祖太宗例行"。对文人则施行高压政策。江南"奏销案"中,"江苏省道赋绅衿一万三千五百十七人;下部斥黜有差"。探花叶方霭只欠交赋税一文钱,也遭处分,因此民间有"探花不值一文钱"的嘲讽。康熙二年大兴文字狱,庄廷鑨因修《明史》得罪,株连甚众。西方传教士汤若望所编的新历书"时宪历"被顺治采纳。顺治死后,鳌拜将汤若望下狱,拟处死刑。恰好北京发生地震,上天示警,孝庄太后出面干预,汤若望才免死获释。但汤若望的"时宪历"自此废止不用。采用清历史学家的"大统历",却错误百出。

但公平地说,不能因为鳌拜跋扈被杀或残杀无道就将他说得一无是处。在康熙初年,继续实行轻徭薄赋政策,开垦荒地,并多次蠲免田赋丁银,甚至康熙三年谕令尽免。鳌拜辅政八年中,先后蠲免钱粮一百七十四次,涉及十六个省的七八百个府州县卫。老百姓受惠不少。清初四川残破,人丁稀少,鳌拜等允许各地无业之人,由官府"措处盘费,差官接来安插",并命各省文武官员,"有能招民三十家入川,安插成都各州县者,量与记录一次,有能招民六十家者,量与记录二次,或至百家者,不论俸满,即准升转"。鳌拜辅政时期推行的另一项重大德政,是实行"更名田"。康熙七年十月,"命查故明废藩田房,悉行变价,照民地征粮"。由于明朝藩王多已死于兵役,庄地均为地主、佃农占有,清廷此举无异是以新庄主的身份,向占有庄地之人勒取价银,故遭到占有、耕种的明庄主者激烈反抗,难以实行。

鳌拜等便明智地修改了这个规定,于康熙八年(1669年)三月初八日下谕:"今思既以地易价,复征额赋,重为民累,着免其变价,撤回所差官员,将见在未变价田地,交与该督抚,给与原种之人,令其耕种,照常征粮,以副朕爱养民生之意。"无人耕种的余田招民开垦,直隶、山东、山西、陕西、甘肃、河南、湖广等省,多达二十余万顷,占当时全国耕地总数的二十分之一。鳌拜为了减少征战,与民休息,对台湾郑氏政权采取以防为主,以攻为辅,以抚为主,以剿为辅的方针,利用郑氏内部派系矛盾激化的机会,大力招劝其部降清,削弱了郑氏政权的力量,为日后统一台湾创造了有利条件。

鳌拜此人十分复杂,不是三言两语就可以盖棺定论,但有一点可以肯定,他不是一个特别聪明的人,因为如果要夺权,就趁康熙年幼及早下手,不过是一夕之间的小事;如果没有篡位的野心就趁早规规矩矩,不必最后闹得里外不是人。估计他也不是真的有魄力想谋反夺位,否则康熙对他的处罚不会那样轻。若真的心怀不轨,为何康熙探病时他床边放了刀子又没有刺杀的行动。也只能说鳌拜充其量是一位成功的武将,却没有统御江山的胸襟与气度。

一字不识的总督

雍正品评督抚优劣,往往以鄂尔泰、田文镜、李卫三人为标准。而李卫在当朝是个颇有争议的人,雍正虽然常常严辞训诫他,但李卫一直被雍正宠信偏袒。那么,雍正到底看中他哪一点呢?

用常规的标准看李卫做官的条件,真可谓一无足取。李卫家虽是豪门,本人却没读过什么圣贤书,甚至可以说是个文盲,走不通科举入仕的路,他就出钱捐了个兵部员外郎。不是正途出身的官向来是不得重用而被人轻视;论为官之道,李卫更是不苟于时,抗不上驯。据说,他做户部郎中时,有一个亲王兼管户部,是他的顶头上司。李卫曾劝谏该亲王不要滥收浮费,亲王不听,李卫就耍手段捉弄了他,结果搞得这位亲王尴尬不堪。论秉性,李卫向来都是尚气恃才、矜己傲物,这与当时谦让有礼、温文尔雅的平和大臣风度格格不入。看长相,李卫虽是一魁梧丈夫,但却是满面麻子,这在很讲究为官相貌的古代社会,的确天资不利。

但雍正一登基,就派遣他去云南任驿盐道。想来,雍正是想试探李卫的才能而让他去盐法很乱的边陲云南,并不是有意贬他。李卫果然不负所望,到云南不久,盐务整顿一新。雍正二年,雍正提升他为云南布政使,仍兼管

盐务。次年，擢李卫为浙江巡抚，不久又命他兼管两浙盐政。雍正五年，又将李卫提升为浙江总督并兼摄巡抚事。雍正七年，加兵部尚书衔，再加太子少傅衔。雍正十年将李卫调回朝廷，暂署理刑部尚书，随后授直隶总督，直至雍正去世。从李卫的经历中可以看出，在八年左右的时间里，他从一个四品道员，成为官居一品的封疆大吏。

有人猜测，李卫可能是雍正做皇子时的藩邸旧人，早就受知于雍正，所以，他很快飞黄腾达了。但这种说法缺乏有力的史料证据。也有人认为是雍正的用人原则与李卫个人素质和才能相符，才是雍正重用李卫的真正原因。

雍正用人向来不讲究资历、出身，只要某官吏有才干、不贪污，对皇帝、国家忠心无二，雍正对其一些缺点是采取宽容态度的。如果某人确有才干，雍正会不畏人言予以重用。

首先李卫对皇帝的提拔之恩感戴不已，对雍正忠心不二。这一点，雍正一开始就心里有数。他曾向李卫的顶头上司云贵总督高其倬表示："此人（指李卫）但取其心地。"这句话是雍正二年时在高其倬的奏折上批示的。以后，雍正屡次表示，李卫"一片公忠"，"颇有为国报效之诚"等等。可见，雍正对李卫的信任是奠定在"忠"基础上的。

其次李卫不贪贿，操守良好。其实，雍正对李卫能否当官很不放心。他曾警告李卫不要阳清阴贪，同时，又暗中调查李卫的操守到底如何，得知他一直不改操守后，才放心。

第三，李卫有治理地方的才干。雍正刚即位时，地方政治腐败，吏治废弛、社会治安混乱，老百姓对此非常怨恨。针对这种情况，雍正才决意用李卫这样的敢为人先、勇于任事的人去做地方官。正是由于李卫敢于碰硬、不畏人言，甚至不把顶头上司放在眼里，毫无顾忌地将一些贪官劣员庸才几乎清洗一空，地方吏治得到整顿，这无疑符合雍正整顿吏治的心愿。例如，有一次，鄂尔泰的弟弟鄂尔奇犯法，身为直隶总督的李卫"毅然直陈"，密参鄂尔泰，得到雍正的嘉许。鄂尔泰的眷宠和地位远在李卫之上，鄂尔泰当时是户部尚书兼步军统领，鄂氏一家可谓当朝数一数二的显贵势家，李卫敢于如此碰硬，其胆识可见一斑。李卫对下属和百姓非常好，所以，他在地方上很有威信。同时，李卫任职过的云南、浙江、直隶，都是社会治安难于调理的地方，真正危害社会的盗贼一直屡禁不止。李卫善于缉盗，被雍正称为督抚中最能"查究匪类"的人，所以，他所到之处社会秩序都有相当的改观。这才是

雍正之所以重用李卫的根本原因。

当然，雍正在称赞李卫"勇于任事""一片公忠""实心任劳""秉公持正""敢勇廉洁"的同时，也责怪他"狂纵不密""矢口肆骂""任性使气""精率无礼""矜己傲物"，并告诫李卫注意"涵养"。不过，雍正这些责怪词句，都是李卫的同僚们告密时说的。雍正将这些话及时写给李卫，同时，又对告密人曲加解释，并对刻意诋毁，别有用心的人加以打击，足见雍正对李卫的袒护。

弘晳发动的政变为何流产

弘历当了皇帝后，受到极大伤害的除了弘历的同父异母哥哥弘时外，莫过于废太子胤礽第二子、嫡长子弘晳了。雍正可以对自己的亲生儿子弘时狠下毒手，永绝后患，但对弘晳则碍于康熙遗嘱，未便下手，从而导致乾隆即位后一次"流产的政变"。

康熙弥留之际，除交代了帝位传承大事之外，还郑重嘱托雍正说："废太子、皇长子性行不顺，依前拘囚，丰其衣食，以终其身。废太子第二子朕所钟爱，其特封为亲王。"康熙原本是很想将皇位传给自己的嫡长子胤礽和嫡长孙弘晳这一对父子递相承袭主持的，无奈事机杂出，天不由人，才被迫放弃了这个他认为最完美的方案。但这位很重感情的老人并未因此丝毫减弱对他们的爱心，很有可能康熙晚年时常为此感到不安，甚至愧疚，到他即将辞别人世，决定将帝位交给胤禛、弘历这一对父子时，自然想对胤礽、弘晳父子有所补偿。雍正忠实地执行了上述遗嘱，雍正二年胤礽病逝，追谥理密亲王。至于弘晳，登极之时即封其为郡王，六年又进封亲王。

但弘晳这个帝梦成空的皇孙同弘时一样，对弘历的继位，也有一口无论如何也咽不下的恶气。不同的是，弘时是在弘历即位未成事实之前，被迫强咽下了这口气，而弘晳则是在弘历即位既成事实之后，终于把这口恶气吐了出来。

乾隆即位以后，以庄亲王允禄为中心，逐渐形成了一个以近支宗室王公等组成的政治集团，他们暗中相互串联，行踪十分诡秘，与年轻的新皇帝相对抗。这一集团除允禄外，主要有理亲王弘晳、宁郡王弘晈、郡王弘升、贝勒弘昌、贝子弘普和镇国公宁和这些乾隆的叔伯兄弟。他们当中弘晳以昔日

东宫嫡子自居,心怀怨望,自不待言;但允禄及其他弘字辈的兄弟则不然。允禄在雍正时封庄亲王,乾隆即位特命总理事务,又赏亲王双俸,兼与额外世袭公爵,在乾隆诸叔中,庄亲王允禄可谓恩宠最隆。弘普与宁和都是允禄之子,弘普于乾隆元年封贝子,宁和则得了那个"额外世袭公爵",这两个人也可称为受恩于乾隆者。弘昌与弘晈参与这个政治集团更不好理解。他俩是乾隆十三叔、怡贤亲王胤祥之子,胤祥与雍正关系非同一般,雍正称其为"自古以来无此公忠体国之贤王",去世后令配享太庙,还打破祖制,命怡亲王王爵世袭罔替。弘晈于雍正八年封宁郡王,弘昌则于乾隆初由贝子晋封贝勒。弘升是乾隆五叔、恒亲王允祺的长子,康熙末封世子,但这亲王世子到雍正五年八月时被削去了——当时乾隆三兄弘时不寻常地死去,弘升的被革去世子看来很耐人寻味,不过,乾隆即位后,将其赦宥,封郡王,用至都统,还受命管理火器营事务,他参与暗中反对乾隆的党派活动,真不可思议。

乾隆对这个怀有敌意的政治集团有所察觉是在乾隆三年的时候,只是缺乏足够的证据,才迟迟没有采取行动。到第二年秋冬之际,有人告发弘晳等人与庄亲王"结党营私。往来诡秘",乾隆才下令宗人府查讯此案。经过宗人府的一番审办,最后奏请将允禄、弘晳、弘升革去王爵,永远圈禁,弘晈、弘昌、弘普、宁和俱革去本身爵号,宗人府在拟罪请旨的奏折上,特别指出理亲王弘晳在听审时"不知畏惧,抗不实供"。值得注意的是,乾隆在最后裁决此案时,说庄亲王允禄"乃一庸碌之辈",弘升不过"无藉生事之徒",弘昌则"秉性愚蠢",弘普则"所行不谨",弘晈"乃毫无知识之人",而所列弘晳罪行之严重、居心之险恶,则大不相同。乾隆称弘晳向自己进献鹅黄肩舆一事,若是自己不受,那么,弘晳将自己留用。虽是这个罪名,也只是革去亲王,免于圈禁,仍准其郑家庄居住。

但是事情并未终结,后来弘晳又受到重罚。其一方面是因为他以旧日东宫嫡子自居,仍然期望有朝一日取乾隆帝位而代之。更重要的是,乾隆四年十月间到十二月,允禄、弘晳等结党一案案情急转直下。有一个叫福宁的人,是弘晳的亲信,来到宗人府告弘晳有弥天大罪,乾隆震怒,命平郡王福彭、军机大臣讷亲严切审讯得知。在审讯有关案犯时,巫师安泰的口供最骇人听闻。据安泰供称,他曾在弘晳府中作法,自称祖师降灵,弘晳随口问了以下几个问题,请神作答:

"准噶尔能否到京?"

"天下太平与否?"

"皇上寿算如何?"

"将来我还升腾与否?"

这些问题活脱脱勾画出一个唯恐天下不乱、企图东山再起的政治失意者的嘴脸。更为严重的是,弘晳不仅窥视皇位,梦想复辟,而且已经开始付诸行动了。经过平郡王福彭等的继续审讯,弘晳已经仿照管理宫廷事务的内务府之制,设立了掌仪司、会计司,俨然以皇帝自居!所以乾隆帝怒不可遏地斥责弘晳"居心大逆",命交内务府总管,在景山东果园永远圈禁,其子孙亦革去黄带,从宗室中除名。

随着昔日东宫嫡子弘晳被永远圈禁于阴森蔽日的高墙之中,从康熙晚年开演的宫廷争储闹剧也就落下了最后一幕。

纪晓岚如何巧骂权贵

清朝怪杰纪晓岚不但才学出众,而且品德也好,他虽然身居官门,但却从不趋炎附势,他从来就没有把那些脑满肠肥而胸无点墨的公卿权贵放在眼里,有时兴致一高,还会痛快淋漓地把他们嬉笑怒骂一番。

纪晓岚的家乡有个横行乡里、大肆搜刮民脂民膏的贪官。有一次,纪晓岚回乡省亲,恰好碰上这个贪官为母亲做寿而大摆宴席。为了炫耀自己的地位,他强拉硬拽地把纪晓岚请到家中。酒过三巡、菜过五味之后,主人拿出事先准备好的一副泥金寿联,请纪晓岚题联。纪晓岚早就听说过他的恶名,决意要作弄对方一番。他提笔在上联上写了一句:"这老婆娘不是人。"来宾一看,大惊失色,主人更是气晕了头,还未等他发作出来,纪晓岚又写出了下句:"西天王母下凡尘",还未等写完,立时就有人大声喝彩。纪晓岚又在下联上写了一句:"养的儿子真是贼"。来宾又变得鸦雀无声了。众人都知道,这是在骂主人贪赃枉法。纪晓岚笔锋一转又添上一句:"偷得蟠桃孝母亲"。这位贪官看完,心知纪晓岚是在骂自己,但当着这么多人的面,又不好发作,真是哑巴吃黄连,有苦说不出。

当朝的一位内阁学士70寿诞,许多专爱结交权势的文武大臣、门生故吏纷纷送礼祝寿,纪晓岚也接到了请束,无法推辞不去,也就只好去凑凑热闹。在宴席上,一些势利之辈正想赋诗呈对,为这位大学士歌功颂德。纪晓岚是知名的学者,所以,大家自然忘不了推荐他写几句。纪晓岚才学虽高,

但书法不精,万般无奈之下,只好提笔歪歪斜斜地写了四个大字,众人一看纪晓岚写的字,顿时哑口无言,因为不论是字体还是内容都不敢恭维,本来热热闹闹的场面一下子冷清了下来。这位大学士不看则已,一看差点背过气去。原来纸上赫然写着"真老乌龟"四字。此时,只见纪晓岚不慌不忙地又加上了几个小字,变成了一篇"颂词","真正宰相,老臣元勋,乌纱盖顶,龟鹤延龄。"纪晓岚把骂人的四个字改成了冠冕堂皇、雍容华贵的颂词,满座惊叹不已! 大学士细细品味,也找不出什么毛病来,但那"真老乌龟"四字还是那样大得刺眼。从此之后,这位爱弄权的大学士就有了一个绰号——真老乌龟。

乾隆即位时,和珅曾有过拥戴之功,所以,乾隆做了皇帝后,对和珅也是另眼看待,封他为尚书,位极人臣。和珅曾多次见到纪晓岚用一些诙谐幽默的话把乾隆逗得开怀大笑,每当此时,他总有一种莫名其妙的失落感,老是想找机会把纪晓岚当众侮辱一番,以解心头之恨。有一回,正值乾隆大寿,在花园大摆宴席,百官都来朝贺。作为乾隆宠臣的和珅和专替乾隆说笑解闷的纪晓岚一大早就来了,闲来无事,二人走到了一块儿。正在这时,一名太监牵着一条狗走过来。和珅灵机一动,指着这只狗,大声问纪晓岚:"纪晓岚,你说这是狼(侍郎),是狗?"因为纪晓岚当时任职侍郎,所以和珅的问话是一语双关,骂纪晓岚是狗。周围的大臣们一听此话,当时就有人禁不住笑出声来,和珅也暗暗得意。不料纪晓岚却一本正经地指着狗对他说:"和大人竟然连这种畜生都不认识? 此物尾巴上竖(尚书)是狗,下垂为狼。"和珅当时位居尚书,纪晓岚并不在意他的官职比自己高得多,也一语双关地回骂和珅是狗。此语一出,乾隆和众大臣们哈哈大笑,和珅偷鸡不成反蚀一把米,好不尴尬! 从此,和珅也很知趣,自知在口舌上绝不是纪晓岚的对手,也就不敢再故意为难他了。

纪晓岚有时不经意间也会把玩笑开到乾隆皇帝头上。在他负责编修《四库全书》时,有一年盛夏的一天,天气特别热,纪晓岚索性脱去上衣,光着膀子边看边写。突然外边一声高喝:"万岁驾到!"众人一时慌了手脚,纷纷穿上长衣服准备接驾。因为纪晓岚脱光了上衣,再穿衣服已来不及了,他急中生智,一头钻到了一张带台布的桌子下面。乾隆进来以后,唯独不见纪晓岚,看看书案上,他写的字还墨迹未干,周围又没有藏身之处,便断定纪晓岚一定是躲在桌子下面。于是,便故意坐着不走,并示意众人不得出声。纪晓岚在下面呆得久了,浑身像从水里捞出的一般,实在是受不了啦! 他听到屋

清宫秘史

子里静悄悄,以为乾隆已经走了,便低声问道:"老头子走了没有?"这下可捅了马蜂窝,乾隆勃然大怒,喝道:"纪晓岚,你给朕滚出来!"纪晓岚只好爬出来,找了件衣服穿上,连忙跪下谢罪。乾隆说道:"你给朕讲清楚,什么叫'老头子',说得好则罢了,说得不好你休想活命!"纪晓岚不慌不忙地说道:"陛下息怒,人们都称您万岁,一万岁还不老吗? 陛下乃万民之首,首者,头也。至于子字,历来都是对圣贤的尊称。合在一起不就是老头子吗?"纪晓岚的一番话,直说得乾隆忍俊不禁,当然也就不会再杀他了。

纪晓岚学富五车,才高八斗,发生在他身上的奇闻轶事真是让人大开眼界,不得不赞叹他的才华!

和珅为什么深受乾隆帝宠爱

和珅是乾隆朝第一权臣,结党营私、弄权害政、吏治败坏、贪污纳贿,权柄在手达二十多年。他之所以能骄横跋扈,自然是深受乾隆帝的宠信所致。但是,乾隆帝不是昏庸的君主,他治国安邦,刚毅老练,能对和珅的劣迹毫无察觉吗? 乾隆帝长期宠信和珅的奥秘究竟何在?

原来,乾隆帝在二十岁当太子的时候,有一次进宫,发现父皇雍正的一个妃子正对镜理妆,容色娇媚,秀丽无双,十分美丽。他不觉动心,于是悄悄走到她的身后,用双手蒙住她的眼睛。妃子吃了一惊,以为是同伴开玩笑,随手拿起梳子向后扔去,正好打中乾隆的额头,留下一道齿痕。随后,这件事情被母后发觉,怀疑这个美艳的女子是故意来为害太子的,便赐此女自尽。乾隆帝知道后,不敢为她说情,却歉疚在心,又愧又悲,内心十分后悔。他用手指在妃子颈上按上印记,默默许诺道:"是我害了你,如果你泉下有知,等二十年后,再来与我相聚。"此后,乾隆心中常常想起这位美人,而且每次都感到深为惋惜。

乾隆中期,有一天,他到圆明园中闲逛,发现随从中一个唇红齿白的美貌少年似曾相识,却怎么也想不起来在哪儿见过。回宫后,乾隆忽然想到,这个少年与二十年前屈死的妃子极为相似。于是立刻命人密召少年入宫。经过反复端详,不但面貌相似,这个少年的颈上也有个痣,宛如手指的印记。乾隆信奉佛教,相信"生死轮回",他认定此少年就是那个妃子投胎转世,因而对其倍加怜爱。经过询问,知道此人名叫和珅,出身于满洲正红旗,还是个官学生,颇通文墨,因此,乾隆立即把和珅提升为宫中总管。

和珅骤升要职,自然十分感谢,侍奉乾隆格外尽心。乾隆帝常令他跟在身边,有问必答,句句称旨,令乾隆十分满意。和珅日受宠任,乾隆帝似乎日夜都少他不得,爱怜之深甚至比汉哀帝对男宠董贤都甚。乾隆帝似乎感到,对和珅宠爱一份,就能减轻一份对那个妃子的负罪感。在和珅身上多施恩惠,就等于是对妃子的报答。乾隆帝待和珅超过了一般的妃子,无论到哪里去,总要把和珅带在身边,有时晚上还让他在御书房陪寝。正是有了这种异常的亲密关系,和珅才直步青云。

当然和珅受到乾隆帝的宠信绝不仅仅是其仪表貌似那位妃子,而是由于他最能体察"圣意"、顺从"圣意",事事让乾隆这位好大喜功、喜夸、性喜奢靡、浪费无度的皇帝感到满意。和珅之所以能够永久占住乾隆的心,全靠"伺意"两个字,也就是"先意承志"。乾隆喜欢什么,和珅先就猜到,赶快准备。乾隆决心要做什么,和珅也立刻遵办,办得至少在表面上妥帖。不应该做的事,只要乾隆想做,和珅决不反对。因此,乾隆特别喜欢和珅,认为凡事让和珅处理,他就满意,即使有人弹劾和珅,他也充耳不闻。

和珅从一名侍卫,升至户部侍郎,军机大臣,直至文华殿大学士,封一等公。他的弟弟和琳也沾了他的光,飞黄腾达,当上了兵部尚书。后来,乾隆帝还把自己的第十个女儿和孝公主嫁给了和珅的儿子丰绅殷德,和珅与乾隆成了儿女亲家。在外人眼中,和珅一家与乾隆皇帝简直就是一家人,谁敢对和珅说半个不字!

和珅恃权自横,贪得无厌。凡是呈献的贡品,上品必先入和珅家,次者才送进宫里。和珅喜欢的东西,可以直接从皇库中拿出,而不经谕批。在蓟州,和珅还建造了坟茔,茔中竖立享殿,开隧道,人们称之为"和陵"。面对和珅的独断专权,朝臣们都争相趋炎附势,巴结和珅,朝中大臣亦多是和珅的党羽。和珅势盛一时,连他的家奴为非作歹也无人敢管。

直到乾隆晚年,和珅一直受宠不衰。乾隆六十年,乾隆帝要禅位给太子,自己称太上皇,和珅大为吃惊,怕太子登基后自己要遭殃,便极力劝阻。以前,和珅怎么说,乾隆便怎么行,但这次却坚决不从。乾隆帝对他说:"我这次决心已定,不用再多说了。我和你有缘分,所以能这么长久相处。如果换别人的话,恐怕就不许你这样了,以后你检点一些为好。"这话明摆着,他对和珅贪赃枉法、弄权害政的所作所为不是不知道,而是睁一只眼闭一只眼罢了,况且和珅并未威胁他帝位的安全。

和珅见乾隆主意已定，于是也只好赞同。在立储君的前一天，和珅因为早知此事，便派人呈给嘉庆帝一柄玉如意，表示自己拥戴有功，这种邀宠的做法令嘉庆十分反感。等到乾隆以太上皇的身份训政，和珅专权更加恣意妄为，以至嘉庆有事奏报，也必须经过和珅代为转达。和珅还推荐自己的老师吴省兰替嘉庆帝抄录诗稿，以窥探嘉庆帝对自己的看法。嘉庆知道和珅的用意，吟咏间不显锋芒，和珅便很心安理得。凡此种种，使嘉庆帝对和珅怨恨在心，只是碍于太上皇的面子，隐忍不发。

四年以后，乾隆帝以八十八岁高龄寿终正寝。他的儿子嘉庆帝立即宣布和珅二十条大罪，将其逮捕入狱，并令其自尽。和珅家被抄，金银财宝数额之巨，令朝野上下大为吃惊。其中的珍珠宝石不计其数，金银数百万两，当铺钱庄数十处，房屋上千间，良田上千顷，大车几十辆……从和珅家抄出的家产总值八亿多两，而清政府一年收入才七千万两。这就是说，和珅的全部积蓄，相当于全国二十年收入的一半还多。由此可见，和珅确实是个巨贪。后人对此大加渲染，民间有谚语道："和珅跌倒，嘉庆吃饱"。

福康安是乾隆的私生子吗

乾隆皇帝在位六十年，而他本人则活到了八十八岁，这真是古来罕见。无论文治武功，乾隆都有骄傲的资本。但吏治腐败、贪污成风、贫富悬殊，也是他统治时期抹不掉的污点，而他的风流韵事更是给后世留下了数不尽的轶闻佳话。其中，他与内务府大臣傅恒的妻子"偷情"的故事就曾被人们广泛流传，并说福康安就是他俩偷情生下的儿子。那么，事实究竟是否如此呢？

传说乾隆帝自认为自己是个太平天子，不免想尽情享乐一番，于是大兴土木，扩建圆明园。工程完成以后，乾隆便亲自陪同太后到园中游玩，还发了一道圣旨，令后妃以下，凡公主、宗室、命妇，以及近属，都准入园游乐。

当时正是春季，一天，风和日丽，乾隆帝护着皇太后，从迎驾的两列妇女中走过。忽见其中一位美貌的命妇，使他怦然心动。这个丽人正是内务府大臣傅恒的妻子。只见她鸭蛋脸、柳叶眉，面若桃花，肤如凝脂，粉腮上的两个酒窝和鬓边插着一朵红花，更使她艳压群芳，令乾隆帝魂不守舍。在随意闲游时，两人眉目传情，均生爱意。回宫后，乾隆帝就害起相思病来，整天无精打采,茶饭不思,连朝政也懒得去处理,念念不忘傅夫人那妩媚的面容,恨不得一下子把她拥入怀中,以解相思之苦。

终于,这个机会来了。在皇后寿辰那天,乾隆听说傅夫人要来祝寿,心花怒放,精神大振,便早早退了朝,到乾宁宫赴宴。席间,他特意与傅夫人又是联诗,又是让酒,说说笑笑,好不亲热。此后,傅夫人在他的有意安排下,常常被召入皇宫陪皇太后散心,有时还留在宫中歇息,乾隆终于把这个猎物捉到了手。两人不时偷偷地寻欢作乐,一个是风流倜傥的天子,一个是娇楚动人的美妇,两人恰是干柴烈火,燃烧在意乱情迷的惊喜之中,不能自拔。

没有不透风的墙,很快,皇后觉察了他俩的私情。但是因为傅夫人是她哥哥傅恒的妻子,自己不好说破,只能把苦水咽在肚子里,于是,整日闷闷不乐。这年冬天,皇后的亲生儿子,已被密旨立为皇储的八岁小皇子永琏,突发急病而死。几年后,皇后虽又得子永琮,但也在二岁时患天花不幸夭折。这两次打击使她从此一蹶不振,只感到活着没有意思。为了给她解闷,乾隆帝下旨东巡,陪她散心,不料在途中她偶感风寒,竟一病不起。虽经名医诊治,仍无起色,终于在途中死去。乾隆帝与皇后本十分恩爱,只因为与傅夫人有私情,才稍稍疏远了她。其实乾隆不知道,他与傅夫人之事,才是皇后患病的真正原因。

皇后生前既贤淑又节俭,深受乾隆敬重。她死之后,乾隆便回京为她大办丧事,并追认为"孝贤皇后",特颁谕旨,命令为其立碑,还亲撰碑文。乾隆帝对皇后的娘家也格外恩遇,皇后的兄弟们,有的封侯,有的封爵,全家有十四人得到爵位。皇后的哥哥傅恒被提升为保和殿学士,兼任户部尚书,这一切是对皇后的褒奖,是不是也算对傅夫人的答谢呢?

乾隆帝与傅夫人的私情,只有一些宫女知道,傅恒始终被蒙在鼓里。后来傅夫人生下一子,满月时抱入宫中,请乾隆帝赐名。乾隆帝见此子肥硕健壮,面容很像自己,故十分喜爱,遂赐名福康安。至于乾隆帝到底是不是福康安的生父,还无法详考。但乾隆和傅恒夫妇的关系的确有许多令人费解之处,他对福康安的特殊关照尤其令人注意。他称孝贤皇后的死是"变故""事故",也给人以有隐情存在的感觉。

福康安生于乾隆十八年(1753 年),自幼乾隆即将他带到内廷,亲自教养,待之如同亲生儿子一般。福康安长大成人以后,乾隆对他更是委以重任,生前封贝子,死后赠郡王,成为一代宠臣之最。福康安 19 岁时,即以头等侍卫统兵随定西大将军温福征剿大金川,此后担任过吉林将军、盛京将军、成都将军、四川总督；陕甘总督、云贵总督、闽浙总督、两广总督、武英殿大学士等要职。参加过平定大小金川、镇压台湾林爽文起义、击退廓尔喀入侵等重大战役。福康安作战英勇，足智多谋，但生活奢侈，他统率的大军所过之处，地方官都要供给巨额财物；前线血肉横飞，而福康安的兵营之中仍歌舞吹弹，余音袅袅不绝。但乾隆对福康安的信任却丝毫不减，他承认自己和福康安的感情有如家人父子。乾隆早就想封福康安为王，让他像诸皇子一样享受荣华富贵，只是碍于家法，不能如愿。于是便令福康安率军作战，建立军功，以为封王的基础。所以福康安每次出征，乾隆都精心为他挑选将领，选派劲旅，使其必胜。而其他将领也迎合乾隆旨意，有意不取胜争功，以归美于福康安。不幸的是，乾隆还没来得及封福康安为王，他就去世了，对此乾隆悲泪长流，赠谥文襄，追赠嘉勇郡王，配享太庙。在清朝中，除清初如吴三桂等为平定各地反抗势力立下赫赫战功的军功将领以及蒙古等少数民族领袖外，异姓封王者仅福康安一人。因而不少人惊叹乾隆对福康安的特殊恩宠，进而怀疑二者之间是否有异乎寻常的特殊关系，比如说福康安是乾隆的私生子。

然而，这种说法毕竟缺乏第一手证据，不过，有一个事实值得重视：福康安的两个哥哥福灵安、福隆安都娶皇室之女，成为额驸，福康安自幼即被乾隆宠爱，为什么乾隆偏偏不将公主下嫁给他，使之成为地位显赫的额驸？是否是因为福康安本系龙种，与皇室有血缘关系的缘故呢？

总之在乾隆朝，孝贤皇后一门确实是当时最为显赫的官宦人家之一。追究其原因，不少人认为是由于乾隆对孝贤皇后的去世极为悲恸，进而情及外戚之故，至于乾隆与傅恒夫人之间有无暧昧关系，至今无确实材料证明。

六世班禅为何突然死于紫禁城

乾隆四十五年（1780 年），乾隆皇帝七十大寿。早在头一年，为乾隆办万寿节，宫里宫外就忙活开了，这几年乾隆帝年年做寿，却唯有这一次格外挂在心里，一则："人活七十古来稀"，作为"古稀"老人来说，做好寿，能延年益寿；另外，参加万寿庆典的不仅有外藩诸王公、外国使臣，还有黄教大教主、六世班禅也要自雪域高原来内地，亲自为乾隆皇帝祝寿。

历代班禅从未到过内地，六世班禅来为乾隆皇帝祝寿，是自五世达赖进

京朝觐以来,达赖喇嘛、班禅大师中第二个走出雪域,觐见清朝皇帝的高僧。有关班禅入觐之事,早在康熙年间已有所议。康熙皇帝多次敦请五世班禅取道蒙古高原来京会面,五世班禅亦有此意。当时清政府正用兵西北,康熙帝亲赴前线指挥,很想利用蒙古人对班禅的崇拜,达到稳定蒙古高原,争取蒙民支持统一西北的目的,但是未能如愿。乾隆帝继位之初,正是五世班禅晚年,行动不便,因此一直没有机会召见。

六世班禅法名巴丹益喜,是后藏南木林宗扎西则溪卡人。生于乾隆三年(1738年)十一月。乾隆五年(1740年),乾隆皇帝批准了七世达赖喇嘛和驻藏大臣纪山关于五世班禅转世灵童的认定手续,次年主持了六世班禅的坐床典礼。乾隆三十一年(1766年),乾隆皇帝册封六世班禅"敕封班禅额尔德尼之印"。这是继圣祖康熙在五十二年(1713年)敕封五世班禅之后,第二次敕封班禅名号。乾隆有意抬高班禅在蒙藏政教社会中的地位,联络感情,而且早就有想邀请六世班禅进京朝觐之意,只是因为西藏到内地道路遥远,行动不大方便。这次,当六世班禅听说要为乾隆皇帝举行七十万寿庆典的消息后,便要求前来祝寿。这样他可以直接到达热河,避开内地的炎热气候,也能领班颂经,宣扬佛教,会见蒙藏王公贵族。"一人来朝而万众归心"必然会使祝寿活动大放光彩,因此,可以说这是千载难逢,举世瞩目的良机。

五世达赖进北京,顺治帝曾特为达赖修建黄寺。这次班禅六世来承德,乾隆皇帝也要仿照顺治帝的做法,修庙建寺,供其居住,于是有了以后规模宏大的须弥福寿之寺。须弥福寿之庙位于普陀宗乘之庙的东侧,占地面积达37900平方米。整个庙宇的平面布局和主要建筑具有日喀则扎什伦布的特征,建于山麓,大红台位于全寺正中,将寺分割成前中后三个组成部分,前部以碑亭与后部琉璃万寿塔的布置,形成山体的前导和后续。奉乾隆皇帝的旨意,内务府在北京备办了很多佛像、法器,都是在北京先办好,再运往承德。其设置陈列,都是极其精美的。

乾隆四十四年六月,班禅从后藏日喀则扎什伦布寺出发。自六世班禅启程东行,乾隆皇帝就一直密切关注班禅行程。班禅启程的同一天,热河各寺庙和京城雍和宫等大寺都诵经祈祷一日,祝班禅额尔德尼路途平安。一路上,乾隆皇帝不断下发谕旨,殷切关注班禅的行程和健康状况,并派人送来食物和衣服,表示欢迎。

乾隆四十五年(1780年)七月二十一日,六世班禅一行抵达热河。这天晴空万里,阳光灿烂,滦河、武烈河蜿蜒流淌,避暑山庄周围群山起伏,苍莽雄劲,奇特突兀。离热河数十里外,衣着绚丽朝服的清廷官员们轮番策马前来迎接班禅。内、外蒙古各部王公贵族,新疆回部首领,章嘉呼图克图,敏珠尔诺门汗及各寺院堪布、扎萨克喇嘛、大喇嘛、苏拉喇嘛、领经喇嘛等千余僧俗云集于道路两旁,翘首盼望班禅大师到来。

当班禅一行徐徐靠近欢迎的人群时,顿时锣鼓喧天、掌声雷动。人们欢呼雀跃,涌向王前来。简单的欢迎仪式后,内大臣及皇六子陪同班禅到大佛寺前的幄帐内休息。为迎接班禅,乾隆让人在大佛寺前广场临时搭起御用黄幄,又备好御轿停在黄幄一侧。班禅大师进幄内饮茶之后,乘御轿入宫,拜见乾隆皇帝。

这一天,为了接见西方的活佛,乾隆早早就起来了,虽然他已是"古稀"老人,但仍然神采奕奕,兴奋地等待着班禅来宫内会面。班禅乘坐的御轿刚一露面,鼓乐齐鸣。至宫门时,随行人员下马步行,班禅受殊遇可乘轿直至皇帝寝宫门前。乾隆皇帝面带喜色,站在依清旷殿前等候,王公大臣数万人在两廊下站班侍候。班禅下轿手捧哈达上前跪叩,恭请圣安。乾隆皇帝高兴地询问班禅一路情况,并挽着班禅大师的手臂,入殿内同坐宝座上。对与班禅的友好谈话,乾隆皇帝特别高兴,两人真是相见恨晚。

承德的祝寿活动完毕以后,乾隆皇帝要到东陵和西陵祭祖,于是由皇六子陪同六世班禅一行离开承德,于九月初二抵达北京,并兴致勃勃地游览了圆明园、南苑、香山、万寿山等处。班禅大师在雍和宫为乾隆皇帝讲授佛经,在北京广做佛事,为众僧授戒,弘扬佛法可谓功德无量。本来,班禅在北京过得很惬意,准备在黄寺过冬,第二年再返回扎什伦布寺。不料,十月下旬,班禅患了重病。一开始他只是略感鼻塞,以为是鼻炎。后来逐渐厌食,侍膳官发现大师手心、脚心显现红疹,怀疑为天花,这才决定向乾隆奏报。乾隆闻讯十分着急,彻夜难眠,第二天凌晨早早起来,就到黄寺病榻探视病情,慰问班禅。回宫后,乾隆命御医诊视,怀疑是天花。就这样,班禅大师服药一个多月,十一月初一开始高烧,第二天病情突变,黄昏时,奄然圆寂。

翌日凌晨,乾隆在众臣簇拥下来到黄寺,一见大师遗容,泪流满面,痛心疾首地叫道:"朕之喇嘛啊!"当即昏厥过去,苏醒后,乾隆帝高举哈达到大师灵前祭奠。班禅大师的丧事极为隆重,班禅之死,乾隆很是悲痛。六世班禅圆寂时,年仅42岁,比乾隆帝小近30岁,但班禅大师博学多才,为人谦逊,很识大体,敬重皇帝的美德,深为乾隆帝喜爱。两位忘年之交短暂的相处,给敬佛、奉佛的乾隆皇帝沉重的打击。四十七年（1782 年），乾隆为了纪念班禅，选择他生前在西黄寺内曾居住过的后楼前，建筑了六世班禅额尔德尼的衣冠石塔，取名"清净化城塔"，并亲手撰写了汉满蒙藏四体碑文。

方伯谦被杀是罪有应得吗

人们常说，中日甲午黄海海战中，济远舰管带方伯谦因为贪生怕死，在海战尚在激烈进行的时候，首先挂起表示本舰受重伤不能再战的白旗，率舰逃出阵外，驶回旅顺基地。广甲舰见济远舰逃跑，也尾随其后撤回，慌乱中触礁搁浅。济远舰、广甲舰的退出，使北洋舰队的阵势出现严重混乱，被日军各个击破，最终导致海战的失败。战后，水师提督丁汝昌向李鸿章报告海战情形，以济远舰首先退避，将队伍牵乱，广甲舰随之而逃，请求严办。李鸿章根据丁汝昌的报告上报军机处，请将济远舰管带方伯谦即行正法。军机处依报同意，随即，方伯谦在旅顺被斩首。广甲舰管带吴敬荣则只受到"撤职留营"的处分。

从方伯谦被杀的那时起，就有很多人为他喊冤。那么，方伯谦被杀究竟是罪有应得，还是千古奇冤呢？

因为方伯谦被杀是丁汝昌和李鸿章一手造成的，北洋海军中的许多将士敢怒而不敢言。一位化名为"冤海述闻客"的方伯谦部下，专门写了一篇鸣冤的文章，记述黄海海战当时的情况。在黄海大东沟海战中，由于丁汝昌指挥不力，战斗刚开始，北洋舰队就阵形不整，加上旗舰的督旗一开始就被击落，整个舰队失去统一指挥，各自为战，结果被日舰分割包围。扬威、超勇着火，经远、致远沉没，广甲遁逃，而济远舰也中炮弹数十处，后炮座因放炮不停，炮针及螺钉俱震动溃裂，致炮不能旋转。大炮放至数十余，出炮盘熔化，钢饼钢环都毁坏不能用，全船各处通语管也都被击坏。济远舰损坏严重，只好保船西驶，先回旅顺港。他严重声明，济远舰是因为毁坏才先回基地，绝不是临阵脱逃。丁汝昌等人诬陷方伯谦，不经审讯就将其正法，纯粹是挟私报复，并借此杀人灭口，掩盖自己指挥不力的罪行。

一百多年来，方伯谦的家属和后代更是没有停止过喊冤。方伯谦被杀不久，他的继室葛氏联合北洋舰队的闽籍官兵家属，在一件百衲衣上绣满了一百个"冤"字，然后身穿这件衣服上京告御状。清廷虽然没有因此为方伯谦平反，但还是赐给葛氏一副羊毫粘金粉写的长联作为安慰。葛氏带着长联黯然回到福州，安葬方伯谦后，自己吃斋念佛了此残生。

经过海军界专家的研究，他们认为，传闻黄海海战时方伯谦怕死，不敢在驾驶台上指挥作战，而躲避在甲板下船舱中有重护钢保护之处，这其实是海军章程的一个规定。因为管带是全舰指挥作战的高级人员，是全舰的指挥中枢，如果指挥中枢出现了问题，很容易使军舰陷于瘫痪的境地。所以当时海军造舰，都在甲板下特造一间有厚甲环绕保护的小舱间，称为指挥塔。在这个指挥塔里，罗经、舵轮、话管等各种航行及作战设备应有尽有，管带可以在此塔内指挥作战。海军章程的规定如此，所以不存在怕死还是不怕死的问题。与方伯谦同为管带的刘步蟾和林泰曾都曾经受到过类似的攻击，这都是当时士大夫的无知和不求甚解造成的。

而传说方伯谦由于避匿船舱不敢开炮还击，幸赖水手李仕茂、王国成攘臂而起，在没有管带命令的情况下自动开炮退敌。这完全是莫须有的罪名，而且是不可能发生的事情。因为军舰上水手和炮手是两种不同职业的人，炮手一般需要4—6名的协同合作才能发射出一枚炮弹，况且要准确射击还需专业训练，水手是不可能代替炮手的。

20世纪80年代，在方伯谦的老家福州发现了一件记录甲午海战实况的手稿，该手稿是参加甲午海战的广甲舰管轮卢毓英所作。广甲舰在逃跑时搁浅，已经回到基地的方伯谦当时奉命回航相救，卢毓英就是被济远舰救回来的。在这篇杂记中，卢毓英历数济远舰管带方伯谦在丰岛海战和黄海海战中英勇作战的经过。在丰岛海战中，济远舰以一敌三，在予以敌舰重创后胜利回师。对于这次海战，卢毓英给予方伯谦以极高的评价："伟哉，方公！惜哉，方公！中国数十年培育水师人才，仅方公一人耳！"在黄海海战中，我方阵势出现混乱状态，是由于战术上的轻敌和提督丁汝昌指挥不力造成的，并不是因为济远舰的撤出才将船伍牵乱的。而且，真正首先逃跑的是广甲舰而不是济远舰。广甲舰在济远舰的后面，一看到致远舰被击沉，顿时全军胆落，心愈慌乱，在未受一炮的情况下就仓皇逃离现场，慌乱中触礁搁浅。而济远舰因为与敌军迎战持久，炮多炸裂倾倒，无从应敌，才被迫撤出战场的。从先后来说，广甲舰比济远舰逃离现场早，从性质上来说，广甲舰是畏敌逃命，而济远舰是因为受到重伤不能再战才撤出战列的。

卢毓英还指出，方伯谦冤案是丁汝昌一手造成的，一来丁汝昌可以报私仇，二来可以掩盖自己指挥不力，三来可以庇护同乡心腹吴敬荣。方伯谦和

丁汝昌在刘公岛曾经争地建房，后又争夺同一个妓女，此女嫌丁汝昌太老而嫁给方伯谦，因此，丁汝昌一直怀恨在心。两人平日结下了仇怨，在海战后丁汝昌抓住方伯谦先回旅顺的把柄，乘机报复，制造了方伯谦冤案。甲午海战的失败在很大程度上是因为丁汝昌指挥不力造成的，因此陷害方伯谦，把海战失利归罪于方伯谦，就可以找到替罪羔羊，为自己推卸责任。同时，方伯谦被杀，既没有经过任何的审讯，也不给他任何申辩的机会。当丁汝昌和李鸿章等人通过密电谋划请旨处死方伯谦前，却故意支开方伯谦，让他率领济远舰去拖搁浅在暗礁上的广甲舰。一直到死，方伯谦自己都蒙在鼓里，毫不知晓。

其实，济远舰是否真的丧失了作战能力才退出战场的，当时只要到舰上检查一下不就一清二楚了吗？但是，如果真是丁汝昌有意要陷害方伯谦的话，恐怕也没有这个必要了。

林则徐突然死亡的原因

林则徐，字少穆，福建侯官人。嘉庆进士，历任道员，巡抚、总督等职。他为官清正，办事认真，具有强烈的爱国思想。在帝国主义列强侵入我国大门时，他是抵抗派领袖，第一个奋起组织抵抗，坚持严禁鸦片，惩办走私活动，从而揭开了近代中国反侵略斗争的序幕。在任钦差大臣赴广州查禁鸦片时，迫使英美鸦片贩子缴出二百三十七万多斤鸦片，并于虎门当众销毁。他又是最早放眼世界，探求新知的开明的朝廷大员，他为反抗外国列强，挽救民族危机，不囿于传统旧习，"日日使人刺探西事，翻译西书，又购其新闻纸"。后来受投降派的诬陷，被革职流放新疆。在新疆，他既重视发展生产，又关心民间疾苦，整顿河工，兴修水利，救灾放赈，为开发边远地区作出了很大贡献。被重新起用后，仍恪尽职守，刚直不阿。66岁那年，任钦差大臣，在赴广西上任途中，不幸突然死亡。他的死震动了朝野上下，咸丰皇帝特别颁发了《御祭文》和《御赐碑文》，盛赞其一生的业绩，士大夫们也纷纷以各种形式悼念他。这样一位既爱国又干练的边疆大员，一位名震中外，誉满海内的大人物竟突然在奉旨赴任的途中亡故，不能不让人产生种种猜疑和传说。

《清史稿》与《闽杂记》都认为他是因病而死的。说他患痔漏很久，体质衰弱不堪，抵潮州时又患痢疾，医治无效，死于普宁行馆。林则徐的《讣文》

和林则徐的儿子林汝舟《致陈子茂书》则说，因当时林则徐奉旨赶路，日夜兼程，没有服药，所以途中吐泻情况很严重，后来又转为"胸口结胀""痰喘发厥"，引发了心肺日痴，元气大亏。病危时，本来脾虚胃寒，庸医却以参桂热药进补，结果喘咳加剧，舌蹇气促，不幸病亡。一般官书记载也持病死说。

林则徐

还有人认为林则徐是被洋商买通了厨子投毒谋害致死。《果庵随笔》说，自从广州禁烟，当地的洋行不法商人对林则徐恨之入骨。后来听说林则徐任钦差大臣赴广西，怕再遭他的打击，不能再从事违法勾当，于是花重金买通了林则徐家的厨师，设法在食物中下毒。到了普宁时，这个厨子在粥中放人了巴豆，巴豆剧毒，能使人大泄，结果林则徐泄泻不已，委顿而亡。别人劝林则徐的儿子追究其事，但按清例，凡毒死者须开棺验视，家人不忍心这样做，只得作罢。当地的官员虽也有耳闻，但不愿多事，也未予以追究。《东莞县志·逸事余录》更明确指出，这个谋杀案的主谋是广东十三洋行总商伍某，他在林则徐查禁鸦片时曾被锁拿于越华书院，故而忌恨在心，特派亲信携巨款贿赂林则徐的厨师下毒，终于得逞。

另外，据说林则徐临死前曾三次呼喊"星斗南"，认为"星斗南"是福建方言，与广东的"新豆栏"发音相同。林则徐为何这样喊叫呢？人们推测，是因为新豆栏是广东要地，是洋商聚居地区，他在死前已发觉自己是被洋商所害，但为时已晚。况且当时人们还猜解不出"星斗南"是何含意，错过了破案的机会。持这一说法的有《今传星楼诗话》《拜林文忠小像》及《林则徐传》等。

有人认为，林则徐临终前大呼"星斗南"不是"新豆栏"的同音字误，而是他对星相的极大忧虑。据说林则徐在赴任途中看见一颗亮星闪耀，以为是"乱民"兴旺的兆头。他呼"星斗南"是寄托"出师未捷身先死"的憾恨。还有人说，林则徐临死前的那天晚上，弥留之际的林则徐恰好看到夜空中一颗巨星坠于北辰星位，这种异常天象令他震惊不已。他知道中国居星斗之南，北方的俄罗斯将成为中国的最大威胁，因此挣扎着大呼，是在提醒国人要防范沙皇俄国的侵略。这些说法，迷信成分很重，有些牵强附会，不足使人信服。

虽然至今"病死说"与"毒死说"仍未能弄个水落石出，但人们对林则徐

的崇敬之情是念念不忘的,诗云:

痛惜林文忠,将星陨闽漳。

天若遣此老,鼠贼安足当!

亲王受封统丐帮

慈禧捕杀、贬黜了顾命八大臣之后,走上了控制朝政大权的路,心里非常得意。一天,她想到皇宫外面去兜兜风,开心开心,便拉上慈安太后一同去北海划船。她们坐在游艇上,看着太监一桨一桨划起的绿波,或者看看远处湖面荡漾的白塔、绿树的倒影,蓝天、云彩,真是让人心旷神怡、其乐无穷。当她们正沉醉在美丽的景色中,忽见一株柳树下窜出一个赤条条的男人,纵身跳入水中,游到离游艇不远的地方洗起澡来,根本不把两位太后放在眼里。慈禧一见,以为是辅政大臣们的同党要来行刺,便命令太监奋力划到团城北侧上岸,慌忙进入团城,同时令卫士速将湖中人抓来问罪。

她们落座不久,卫士们已将游水人带到,仔细一看,不是别人,正是咸丰帝的五弟瑞亲王奕誴。这时候的他只穿一条裤衩,身上还滴着水。

奕誴选在两位皇太后划船时来游泳,是有意气气她们。因为慈禧掌控大权以后,把老六奕䜣封为"议政王",总领军机,食双份俸禄;封老七奕譞为天下兵马大元帅;对他老五,除了原封的瑞亲王之外,没有任何新的晋封。他心中大为不满,认为两位嫂嫂太偏心眼,看不起他。他特来戏弄戏弄她们,出出这口窝囊气。

慈禧见奕誴一脸傲气,知道他心中不服气,便拿腔拿调地质问:"老五,先帝仙逝不久,尸骨未寒,你竟公然赤身裸体,跑到两位皇嫂面前洗澡,用心何在?你知道不知道祖宗的规矩,朝廷的条律?"

奕誴仗着自己是她们的同辈,毫不畏惧地反问道:"既然皇上尸骨未寒,做妻子的人不在宫中居丧守灵,却跑到这里来寻欢作乐,难道你们就不知道祖宗的规矩,朝廷的王法吗?"

几句话问得慈禧张口结舌,无话可答。她自知理亏,不好再充胖脸,便假惺惺地退让说:"五弟说的在理,为嫂的知道了!"说完又令卫士们赶紧伺候五王爷穿好衣服,别着了凉。

慈禧的报复心很强,回到宫中,便下了一道"两宫懿旨":封瑞亲王为

"御前行走"，统领天下的叫化子。这个衔头虽然给奕誴带来了一份新的俸禄，但他却成了一个乞丐头儿也就是"丐帮帮主"。他受了慈禧的侮辱，却又说不出口。

当然这故事只是民间传说，不足取信。

曾国藩想过拥兵自立吗

曾国藩（1811—1872 年），是中国近代史上最具影响的人物之一。他从湖南一个偏僻的小山村以一介书生进京赶考，28 岁便考中了进士，从此之后，他一步一个台阶地走上仕途之路，并成为军机大臣穆彰阿的得力门生。先后任翰林院庶吉士、累迁侍读、侍讲学士、文渊阁直阁事、内阁学士、稽察中书科事务、礼部侍郎及署兵部、工部、刑部、吏部侍郎等职，直到一品官位。曾国藩所处的年代，是清王朝由乾嘉盛世走向没落、衰败的转接期，此时内忧外患接踵而来，交相煎迫。曾国藩曾因母丧返乡，却恰逢太平天国横扫湖湘大地，清王朝统治岌岌可危，曾国藩因势在家乡组建了一支湘军，为清王朝镇压太平天国运动立下汗马功劳，被清封为一等毅勇侯，成为清代以文人而封武侯

曾国藩

的第一人。后历任两江总督、直隶总督，官至一品，死后被谥"文正"。

曾国藩一生功过，让人争论不休。他曾被人推许为孔子、朱子以后，再度复兴儒学的先哲；建树功业、转移运世的伟人贤者，清朝咸、同中兴第一名臣。但也有人骂他是民贼、元凶、汉奸、民族罪人、擅权滥杀的"曾剃头"、好名失德的"伪君子"，可谓毁誉参半。早在曾国藩镇压太平天国起义军时，就有人责其杀人过多，送其绰号"曾剃头"。到了 1870 年"天津教案"，不少人骂他是卖国贼，以致曾国藩也觉得"内咎神明，外咎清议"，甚至有四面楚歌之虑。辛亥革命后，一些革命党人说他"开就地正法之先河"，是遗臭万年的汉奸，建国后的史学界斥其为封建地主阶级的卫道士、地主买办阶级的精神偶像、汉奸、卖国贼、杀人不眨眼的刽子手等等，把他骂得狗血喷头，一无是

处。

让后人产生疑问的是:曾国藩镇压太平天国运动的过程中,手握重兵,掌握地方大权,有没有过推翻清王朝并取而代之的想法? 他不但自己不做皇帝,还在镇压太平天国运动后,主动解散了湘军,并强迫曾国荃离职回家。

曾国藩为什么要这么做呢? 一般认为有三点原因:

(1)是他根深蒂固的忠君思想使然。他深受晚清理学大师唐鉴的影响,起兵的目的相当明确:就是保卫明教;保卫地主阶级利益;保卫清政府。其个人追求是做一个中兴之臣,封侯拜相,光宗耀祖。曾国藩深受中国传统儒家思想的浸染。他学习孜孜不倦,苦读日夜不息,尤其在京参加朝考进入庶常馆学习后,"日以读书为业"。勤于求教,不耻下问,博览历史,重视理学,还读了大量的诗词古文,才华横溢,满腹经纶。由于他博览群书,涉猎文献,所以在政治上有自己的独特观点:若要统治者"内圣外王",要自如地运用儒法思想治理天下。他推崇程朱理学,曾提出治理天下的办法,涉及吏治与廉洁,选材与用材,物质与财用,兵力与兵法等。尽管其手下部将王闿运、曾国荃等屡次劝进,都被他严辞拒绝。

(2)是称帝条件不具备。南有曾国藩,北有僧格林沁,这两人被清王朝倚为肱股之臣。当时科尔沁亲王僧格林沁最受器重,拥有一支以强大的骑兵为主的庞大队伍,不同于八旗兵,战斗力极强,而且部署在中原河南腹地,虎视东南,也使曾国藩不能轻举妄动。

(3)曾国藩起兵是以保卫明教和忠君保国相号召,一旦称帝,实属不忠不义,大逆不道,人心必失。就湘军内部来说,左宗棠名下者为楚军,李鸿章名下者为淮军,湘、楚、淮虽有关联,但湘军实已分裂。以英国为首的国际在华势力已决定扶持清政府。这些因素,曾国藩不会考虑不到。因此,尽管曾国荃等一再劝其取清王朝而代之,曾国藩打定主意不为所动。

曾国藩是中国传统文化熏陶出来的"修身、齐家、治国、平天下"的典型知识分子。他认为"功不必自己出,名不必自己成","功成身退,愈急愈好"。他认为古人修身有四端可效:"慎独则心泰,主敬则身强,求人则人悦,思诚则神钦。"曾国藩不信医药,不信僧巫,不信地仙,守笃诚,戒机巧,抱道守真,不慕富贵,"人生有穷达,知命而无忧"。

这些是他成为清朝中兴名臣的思想基础。曾国藩从外表而言,也是典型的知识分子:"貌之过人者,眼作三角形,常如欲睡,身材仅中人,行步则极厚重,言语迟缓。"

当时,太平天国首都天京(南京)被攻陷后,还有余部三十万人活动于各地,北方的东西捻军方兴未艾,外国列强环伺中华,虎视眈眈,如果曾国藩乘机称帝,战乱又起,中国统一的前途和命运又会经历更多磨难,人民更会置身于水深火热之中。曾国藩没有称帝野心,只做中兴之臣,客观上对维护国家统一、抵御外强侵略起到积极作用。

权臣李鸿章是如何与洋人打交道的

李鸿章(1823—1901年),字少荃,安徽合肥人。李鸿章因镇压捻军、太平军有功,先后担任江苏巡抚、两江总督。1870年,李鸿章任直隶总督,兼北洋大臣,掌握着清政府的军事、外交和经济大权。李鸿章对内血腥镇压进步的和爱国的群众运动;对外主张妥协退让,签订了《马关条约》《中俄条约》《辛丑条约》等丧权辱国的一系列不平等条约。那么,李鸿章作为清政府的重要权臣,为什么冒天下之大不韪甘愿签订那些割地又赔款的不平等条约呢?

李鸿章所处的晚清时期,内忧外患夹击着摇摇欲坠的清王朝,为挽救政治危机,清廷指令各省举办团练,镇压太平军。为维护地主阶级利益,李鸿章积极筹建地主团练武装,编练淮军,疯狂镇压农民起义军。在上海,李鸿章雇用英法军官,购置洋枪洋炮,把淮军武装和训练成苏南最凶恶的镇压太平军的反动武装。1865年,淮军扩充到了六七万人,成为镇压捻军的主力。李鸿章因镇压农民起义"功勋卓著",受到清廷的青睐,先后升任江苏巡抚、两江总督。李鸿章也在镇压农民革命运动的过程中,与外国反动武装结下"深厚的友谊"。臭名昭著的洋枪队先由美国人华尔统领,后由英国人戈登接任,他们与李鸿章勾结在一起,血腥屠杀太平军将士,对中国人民犯下滔天大罪。李鸿章在与外国人打交道的过程中,非常崇拜洋人,认为外国人先进、强大,根本无法抵御,对外国人只有妥协、退让;并可以借助他们镇压本国人民的反抗运动。清政府实权人物慈禧太后极力主张对内血腥镇压,对外屈膝求和,保住她可以一手遮天的太后宝座。权臣李鸿章当然明白这其中的秘密。农民起义成功后就会推翻清王朝的统治,政权颠覆,皇亲贵戚,满朝文武都要沦为阶下囚,性命难保,而外国人坚船利炮攻打中国,为的是经济利益,只要割地赔款就能讲和。况且这些损失可以转嫁到老百姓头上,清王朝依旧可以维护自己的统治。因此,李鸿章忠实地执行着慈禧的反动政策,深受慈禧赏识,官位越升越高,成为大清帝国对外媾和的全权代表。

1884年,中法战争开始,法军击沉福建水师七艘军舰,占领边境重镇镇南关。老将冯子材指挥中国军民在镇南关歼灭法军一千多人,乘胜追击到越南谅山,打得法军大败。在中国节节胜利,士气大振的时候,李鸿章却上书慈禧"乘胜即收,乘胜议和,免得法国增兵,坐失求和良机"。于是,中法签订《天津条约》,条约承认越南为法国保护国;允许法国进入云南、广西贸易;减轻税收;中国若修铁路,须经法国同意。中国打了胜仗,却虽胜犹败,签订了一个丧权辱国的条约,举国哗然。

1894年,中日甲午战争爆发,海军提督丁汝昌率领北洋舰队返航旅顺途中,遭遇日舰突袭,中国海军将士浴血奋战。旗舰"定远"号受创后,"致远"号管带邓世昌担负起指挥北洋舰队的重任,"致远"击中日旗舰"吉野"号后紧追不舍,不幸被鱼雷击中,全舰官兵壮烈殉国。"扬威"号被方伯谦的"济远"号撞伤后,被日寇击沉。黄海海战,北洋舰队受到重创,但主力犹存。李鸿章强令北洋舰队大小兵舰十五艘、鱼雷艇十三艘缩藏在威海卫军港,不准出海迎敌,叫作"避战自保"。日寇出动二十五艘军舰,两万多人,在成山角登陆,抄袭威海卫炮台,封锁住北洋舰队出海口。中国水师困毙刘公岛,全军覆没,提督丁汝昌、管带刘步蟾自杀殉国。李鸿章的消极避战导致了北洋舰队的全军覆没。

李鸿章赶紧向日方屈膝求和,赴马关春帆楼谈判。日本首相伊藤博文步步紧逼,李鸿章在日方的淫威下妥协退让,在条件十分苛刻的《马关条约》上签字。答应割让辽东半岛、台湾、澎湖列岛,赔偿军费两亿两,开放沙市、重庆等四个通商口岸,允许日本人在各口岸自由办厂……

1901年,李鸿章又代表清政府与八国联军头子瓦德西及十一国公使签订了鸦片战争以来最不平等的条约——《辛丑条约》:战争赔款四亿五千万两,北京至山海关共十二城镇允许外国驻兵,设东交民巷为使馆区……

李鸿章对洋人奴颜婢膝的另一个原因,就是依靠洋人支持,兴办他的"洋务",发他的"洋财"!李鸿章对外国人妥协退让,使外国人非常满意,支持他做官、发财。在侵略者的帮助下,李鸿章先后兴办了江南制造总局、金陵制造局等军事工业;兴办了轮船招商局、开平煤矿、上海机器织布局、天津电报局等民用企业,李鸿章的军事、经济实力大增,成为举足轻重的人物。

李鸿章签订了不少丧权辱国的条约,受到中国人唾骂。后来,李鸿章终于背负着"卖国贼"的骂名,忧郁而终。

六品官请杀李中堂

晚清时期,掌握军政外交大权的直隶总督兼北洋大臣李鸿章,在中日甲午战争爆发后,死心塌地站在昏庸专横的投降派慈禧太后一边,一味避战求和导演了清军平壤战役、九连城战役、大连旅顺战役等一连串的溃败。虽然人人痛恨之,但无人敢指陈其奸。当时,竟有一位小小的六品京官安维峻,怀着一颗忧国忧民之心,不畏权贵、不惧斧钺,上了一道《请诛李鸿章疏》,提出杀李鸿章以振奋人心,并指责慈禧太后专权误国。一时震动中外,成为中国近代反帝史上具有赫赫声名的人物。人称之为"陇上铁汉"。

安维峻,字晓峰,号槃阿道人,甘肃秦安人。光绪八年(1882年)考中举人,由于他气质刚廉,品性孤直,不阿权贵,不结朋党,虽然有才有智,却始终仕途不顺。直到光绪十九年(1893年),才迁都察院福建道监察御史,六品京官。作为一个忧国忧民的正直言官,安维峻能做到的,就是恪尽职守向朝廷上疏,纠正君臣之失。

据考查,在中日甲午战争爆发后,仅半年时间,安维峻就上疏四十一道,全是关于甲午战争的条陈,所言均是有关国家安危。尤其是光绪二十二年(1896年)十二月初二,当他听说李鸿章勾结太监李莲英,怂惠慈禧太后明谕光绪帝与日本议和的消息后,义愤填膺,痛不可忍。决心以命拼一疏,连夜草奏《请诛李鸿章疏》,争取能挽回局势,力阻和议。疏中写道:

"皇太后既归政皇上矣,若犹遇事牵制,将何以上对祖宗,下对天下臣民。至李莲英是何人斯,敢干预政事乎? 如果属实,律以祖宗法制,李莲英岂复可容?"

此时,正值慈禧太后六十岁寿辰,她提走海军经费大修颐和园,准备举办万寿盛典,生怕战争冲击了她做寿,只要和解,不惜卖国。而李鸿章更是忧虑他存放在日本的巨额赃款受到损失,尤其怕战争削弱了他的淮军和北洋海军,造成战后自己的地位下降,所以一味避战求和。特别是开战后,他竟暗通日本使节,放走日本间谍船;甚至接济日本人煤、米、军火,对清军前敌粮饷火器,则故意克扣勒索。他"闻败则喜,闻胜则怒",奖励阵前逃将,惩罚抗敌将士,一心一意要将战争引向失败,用以压制主战派,为他的主和路线创造条件。李鸿章的倒行逆施引起了广大民众的切齿痛恨。而慈禧却放

手让李鸿章大干卖国勾当。

《请诛李鸿章疏》在历陈李鸿章求和卖国的种种事实后,说道:

"准冀皇上赫然震怒,明正李鸿章跋扈之罪,布告天下。如果将士有不奋兴,倭贼有不破灭,即请斩臣以正妄言之罪。"

真是大义凛然,光昭日月!

此疏如投枪匕首,刺中了投降派的要害,慈禧太后岂能容之?光绪帝怕慈禧太后借此将其投入大狱,迫害主战派,于是以安维峻"听凭传闻"为借口,事先将其革职,谪戍军台效力赎罪。

然而,安维峻的这一爱国正义行动,却获得了士大夫及人民群众的广泛支持和同情。登门慰问者络绎不绝,为其饯行者不胜枚举,赠钱赠物者数不胜数。临行时,在京的友人,特地选择了明朝爱国志士、因劾奏权奸严嵩而被斩首的杨继盛的故宅为安维峻饯行。士大夫们纷纷赠诗送行。乌里雅苏台参赞大臣志锐特制"陇上铁汉"印章一枚相赠,京师大侠王五亲来保镖,馈赠车马行资。甘肃赴京会试举人侯乙青、李维坚亲自护送他到张家口。到了戍所,都统以下官吏都敬以客礼。人们都深为感叹说:"可见公道在人心,晓峰于此不朽矣!"

安维峻在御史任上,前期所上奏折也没有一疏是阿谀应景之作,主要是进言整顿吏治和革除科场积弊,正是当时清朝政治腐败的焦点。他有胆有识,不避权贵,上至朝廷大臣,下至地方疆臣督抚、学政、道员,只要是腐败者,都难逃他的举劾。如贪赃枉法的礼亲王世铎、保举子侄窃取高官的李鸿章、为冒籍举人取保的新疆巡抚陶模、用官银替舞弊举人付枪手酬金的甘督杨昌,渎职的广东学政徐琪等等。

他在《力阻义和疏》中还极有远见地指出:如果与日本议和,将滋长列强瓜分中国的野心。他沉痛地说:"至此以后,将赔兵费,割重地,视为救急之良图,无复自强之一日矣。"这一切竟不幸被他言中,甲午之战以后,列强掀起了瓜分中国的狂潮。

1897年,沙俄侵占了中国旅顺、大连,中俄新约使中国东三省成为沙俄的势力范围。安维峻在贬所张家口听到消息后,夜不能寐,在《次韵答钟愚公》诗的"自注"中说:

"闻中俄新约之夕,梦中呓语作不平声,室人初唤醒时犹曰:此疏终死必上。既而知是梦,付之长叹息而已。"

一个戴罪之人,已无上疏之权了,但仍念念不忘报国除奸。真是难能可贵！可惜，他的报国之志再也不能实现了。到了 1898 年，他贬谪军台虽已三年期满，朝廷却下谕旨，延长戍期。当年，戊戌变法失败，光绪帝也被软禁。安维峻希望清室中兴的幻想彻底破灭了。

安维峻以一个小人物而彪柄史册，正义永垂千古，浩气可贯长虹，受到后人的永世怀念。

左宗棠因何遭冷遇

清朝末年的左宗棠可以说是功高盖世、名满天下的英雄人物。他为清政府效尽了汗马功劳，尤其是新疆叛乱之后，左宗棠在光绪元年出任钦差大臣，督办新疆军务，率楚军入新疆，迅速而有力地平定了这场叛乱，使两疆之地得以重归于清。因此当他凯旋归朝的时候，就连慈禧对他也倍加优待。当时的左宗棠真是位极人臣，显赫异常。述职归朝的左宗棠并无居功自傲的言行，而仍尽思如何报效朝廷。然而年事已高位至军机大臣的左宗棠，却没能久居朝廷，不久就被调出京城充任两江总督去了。清廷如此对待左宗棠，曾使很多在朝在野的人为他惋惜，觉得朝廷就这样把左宗棠贬到外疆太不公平了。可是左宗棠却能欣然领命，不把出京外任当作苦差使。其原因是左宗棠天性豪放，对内任还是外任都不介意。早年曾做过两江总督、湖南巡抚的幕僚，出身军旅南征北战的左宗棠，一直不拘烦琐的礼节。等到战事平定后，述职来京，他对朝廷中的这套繁文缛节很不习惯，尤其是不熟悉朝廷上那种客套的问答。比如有一次慈禧召见他，慈

左宗棠

禧用慰劳的语气对他说："你在外面待久了，现在来到京城，每天上朝都要起得很早，想必多所不便吧！"左宗棠听后便接着用湖南话答道："早什么！臣过去在军中，五更天就给弄起来了！"还没等他说完，在朝的同班大臣都掩口笑了起来。然而尽管一时不习惯朝廷上的烦琐礼仪，但左宗棠还是遇事谨

慎,在与同僚相处的过程中,也是相当谦虚和蔼的,绝无盛气凌人之势。因此从未给人留下功高压主的印象。

左宗棠在外征战之时,对于在慈禧身边的太监李莲英就有所耳闻。李莲英的所做所为使左宗棠非常气愤。因此当左宗棠归朝后对李莲英便不加理睬,这就让李莲英非常恨他,但奸诈狡猾的李莲英又深怕左宗棠长居朝廷,于自己多有不利,于是便想以拉拢的手段软化左宗棠,以便使自己仍可以在朝廷中胡作非为。经过一番苦思冥想之后,李莲英便于光绪庚辰年(1880年)冬月命人从江南运来野山荽一竹筐;自己又在京城内命人精选上等红辣椒数斤,以纯正小磨香油炸过,并放入红糖和熟芝麻,用十个瓷罐盛满封好,择一吉日派一小太监携带这两样礼物,随同自己登门拜访左宗棠。当他到左府后,便百般献媚地对左宗棠说,您德高望重,想必府上样样齐备,奴才没什么可以孝敬您的,想大人世居湘地,今特备您家乡特产和京地自家特制的椒荽油,请您尝尝鲜。左宗棠听后不觉一笑,便对李莲英说,我虽然是湖南人,但是已经多年不吃辣椒了,如果吃了必要火气上攻,到那时若再遇李总管,必然要给您一脚。总管还是收回去罢!李莲英再三表示让左宗棠收下,但左宗棠最终也没有收下李莲英送来的礼物。

李莲英自从吃了这个闭门羹以后,觉得左宗棠这人实在无法软化,于是便在慈禧面前造谣说,左宗棠家门之上有一副对联,联上写着"天下衣冠京邑盛,中兴人物楚材多。"他还经常向人解释这副对联。慈禧听后忙问李莲英左宗棠是如何解释的。李莲英便小声对慈禧说,左宗棠讲他这副对联的前一句是说京城里的皇亲国戚都是衣裳架子,什么大事都办不了,只是摆设而已;后一句是说,若是没有我们湖南人南征北战啊!洪秀全早就占了北京的清国老巢了。慈禧听后,心里很不是滋味,觉得若是长期留左宗棠在京朝,恐怕对自己也没什么好处。于是便以海疆多事,两江总督又找不到合适的人选,左宗棠的威望高,正可镇服海疆为理由,将左宗棠打发出外了。

左宗棠遭遇冷待,是李莲英的一句话所致?还是慈禧本就嫉恨左宗棠日益升涨的权势?这恐怕只有慈禧太后一人心里最清楚了,局外人却不得而知。

邓世昌是怎么殉国的

邓世昌,近代杰出的爱国海军将领。在黄海海战中,奋勇抗击日舰进攻,壮烈殉国。邓世昌为广东番禺人,以优异成绩毕业于福建船政学堂。他精于驾驶和海测,历任"东云""振威""飞霆""镇南"炮舰管带。他办事勤勉,治军严明,具有强烈的爱国思想。1894年在黄海战役中,他指挥"致远"号巡洋舰积极投入战斗。在舰伤弹尽即将沉没之时,他毅然决定撞向日军主力舰"吉野"号;但"致远"号不幸被鱼雷击中,邓世昌与全舰官兵壮烈牺牲。那么,邓世昌是怎么牺牲的呢?邓世昌是近代中国自己培养出来的第一批优秀海军军官。他"执事惟谨","治事精勤";刻苦钻研海军战略战术理论,注重实际指挥操练,全面提高海军实战能力。1881年和1887年,邓世昌分别到英国纽斯卡尔港和朴利茅斯港接"扬威"号和"致远"号巡洋舰,他抓紧机会学习西方海军的先进技术和经验,应用到中国海军训练课目中。在接驾"致远"号返航途中,他安

邓世昌

排全舰官兵尽快适应新舰,"终日间变阵必数次","时或操火险,或操水险,或作备攻状,或作攻敌计",时时演练,将"致远"舰训练成一只战术精湛的主力战舰。

邓世昌治军严明,率先垂范,深受官兵爱戴。由于船上生活枯燥艰苦,许多北洋海军军官搬到岸上居住,船上水兵也登岸放松嬉戏。邓世昌则坚守在巡洋舰上,与广大官兵同甘共苦,日日训练不辍,积极备战。邓世昌身正言正,鼓舞将士坚守军人节操,为国尽忠。他常常"在军激扬风义,甄拔士卒,遇忠烈事,极口表扬,慷慨使人零涕"。因为平时有邓世昌的爱国主义教育,在黄海海战中,才会发生全舰官兵同仇敌忾,视死如归,英勇殉国的壮烈之举。

1894年9月17日,北洋舰队护送中国陆军赴朝鲜登陆,返航途经黄海北部大鹿岛西南海域时,与日本联合舰队主力遭遇,爆发了世界近代海战史上规模罕见的黄海大海战。开战前,北洋舰队十艘军舰由五叠雁行小队阵仓促改列为不太整齐的横雁阵列迎敌。交战初始,北洋舰队提督丁汝昌受伤,旗舰"定远"号信号装置被击毁,北洋舰队失去统一指挥,各自为战,十分被动。

在这危急时刻,邓世昌在"致远"号升起大旗充当旗舰,成为日舰攻击主要目标。邓世昌命令"济远"号和"经远"号向自己靠拢,又发信号,让各舰集中火力攻击日本旗舰"松岛"和装备精良的"吉野"号。"济远"号拒不执

行命令,退出战斗。邓世昌率"致远""经远"两舰向日舰"吉野"号冲击,打折了日舰"西京"号舵机,"西京"狼狈逃窜。"吉野"号是日寇主力舰,击沉它就会打乱日舰阵脚。"致远"紧紧咬住"吉野",发炮击中"吉野"。而"致远"号因升为旗舰,受到日舰腹背夹击,也多处中弹受伤,舰体倾斜,即将沉没。邓世昌指挥的"致远"舰共发炮一百余发,重击日舰,将弹药用尽。"吉野"号发现"致远"弹尽伤重,就气势汹汹地逼近了"致远"。邓世昌深知"吉野"号是日本海军号称"帝国精锐"的头号主力战舰,对北洋舰队构成极大威胁,决定拼死撞沉"吉野"号。他激励全舰官兵道:"吾辈从军卫国,早置生死于度外,今日之事,有死而已!""然虽死,而海军声威弗替,是即所以报国也。"全舰将士热血沸腾,决心与敌同归于尽,以死报国。"吉野"号发现"致远"号要撞沉自己,就边逃跑边放射鱼雷。一枚鱼雷击中"致远"舰身,锅炉爆炸了,舰艇一片火海。全船二百五十名官兵齐立甲板之上,遥望祖国,随舰而没。

邓世昌坠落海中后,他的随从刘忠游近他,送来救生圈。邓世昌摆手道:"事已至此,誓不独生,必与舰共亡。"随即闭目自沉海中。他有一条爱犬"太阳犬",从不离开他左右。这时,太阳犬凫过来,叼住他的发辫,要把他拖出水面。邓世昌猛力挣脱,怎奈爱犬死不松口,邓世昌咬咬牙将爱犬的头按进水中,义犬亦随他殉国。英勇不屈的中国海军将领就这样沉入黄海怒涛中。

邓世昌在黄海海战中壮烈殉国的消息传来后,全国上下一片悲愤,各界群众自发组织祭奠,敬献匾额二百九十二块,挽幛二百二十九幅。光绪皇帝被邓世昌的忠烈气节所感动,口谕"此日漫挥天下泪,有公足壮海军威"的挽联,还特为邓世昌写下祭文、碑文各一篇,将他与西汉李广,三国周瑜、唐代哥舒翰相提并论,高度评价邓世昌的忠贞爱国行为。清政府对邓世昌破格抚恤,追赠太子少保、赐祭葬,入祀京师昭忠祠。邓世昌因其忠烈爱国的浩然正气,受到全国人民的世代怀念和敬仰。

康有为是否图谋围园杀后

康有为(1858～1927年),字广厦,近代改良派领袖,广东南海人。出身官僚地主之家,光绪进士,授工部主事。1898年依靠光绪发动变法维新运动,失败后逃亡出国。1917年参与张勋复辟活动,也告失败。其一生著作颇多,有《新学伪经考》《孔子改制考》《大同书》《中庸注》等。1895年4月,日本逼签《马关条约》的消息传到北京,康有为发动在北京应试的1300多名举人联名上书光绪皇帝,痛陈民族危亡的严峻形势,提出拒和、迁都、练兵、变法的主张。"公车上书"揭开了维新变法的序幕。在维新人士和帝党官员的积极推动下,1898年6月11日,光绪皇帝颁布"明定国是"诏书,宣布变法。新政从此日开始,到9月21日慈禧太后发动政变为止,历时103天,史称"百日维新"。

康有为

新政措施虽未触及封建统治的基础,但是这些措施代表了新兴资产阶级的利益,为封建顽固势力所不容。清政府中的一些权贵显宦、守旧官僚对新政措施阳奉阴违,托词抗命。慈禧太后在光绪皇帝宣布变法的第五天,就迫使光绪连下三道谕旨,控制了人事任免和京津地区的军政大权,准备发动政变。

1898年9月21日凌晨,慈禧太后突然从颐和园赶回紫禁城,直入光绪皇帝寝宫,将光绪皇帝囚禁于中南海瀛台;然后发布训政诏书,再次临朝"训政"。戊戌政变后,慈禧太后下令捕杀在逃的康有为、梁启超;并逮捕谭嗣同、杨深秀、林旭、杨锐、刘光第、康广仁、徐致靖、张荫桓等人。9月28日,在北京菜市口将谭嗣同等六人杀害;徐致靖处以永远监禁;张荫桓被遣戍新疆。所有新政措施,除7月开办的京师大学堂外,全部都被废止。从6月11日至9月21日,进行了103天的变法维新,以戊戌政变宣告失败。

在政变的过程中,康有为究竟有没有图谋围颐和园、劫制甚至杀死慈禧太后的计划,至今没有定论。

康有为本人否认曾图谋围颐和园、捕杀慈禧太后。他在《上摄政王书》中说:"戊戌春夏之交,先帝发愤于中国之积弱,强邻之侵凌,毅然维新变法以易天下。其时慈宫意旨所在,虽非外廷所能窥伺,就令两宫政见小有异同,而慈孝感召之诚,终未尝因此而稍杀。自逆臣世凯无端造出谋围颐和园一语,阴行离间,遂使两宫之间常有介绍,而后此事变遂日出而不穷,先帝所以备历艰险以迄今日,实惟此之故。"这里,康有为指明是袁世凯捏造了维新人士谋围颐和园的情报,慈禧听信其虚报,引发种种事变。

金梁先生曾经把"以兵围颐和园"的事情,当面问康有为。康有为勃然说道:"怎么会有这种事情?我朝以孝治天下,小臣面对,谁敢妄言?这都是荣禄、袁世凯等辈不学无术,借危词以邀权势罢了!"

然而有不少资料都显示,康有为等确曾图谋围攻颐和园、谋杀慈禧太后之意。戊戌政变时,清政府就以康有为犯有"谋围颐和园,劫制皇太后"之罪,通缉追捕他。袁世凯《戊戌日记》说,维新志士谭嗣同,在政变发生前夜访袁世凯,要袁世凯派兵围颐和园,并有"不除此老朽,国不得保"等语。梁启超《戊戌政变记》中叙述谭嗣同夜访袁世凯详情,当时谭嗣同说:"荣禄密谋,全在天津阅兵之举,足下及董、聂三军,皆受荣禄所节制,将挟兵力以行大事。……若变起,足下以一军敌彼二军,保护圣主,复大权,清君侧,肃宫廷,指挥若定,不世之业也。"显然,康有为等维新派,确曾希望利用袁世凯的军事力量,武力制服慈禧为首的顽固势力。

康有为的密友王照逃亡日本后,与犬养毅的笔谈中说:"围禁慈禧之谋,蓄之已久,南海(康有为)因言用兵夺权之计,余已再三面驳,故又令他人言之,以全颜面,然深信此净友必不泄也。"康有为还要王照游说聂士成,率军保护光绪帝。

谭嗣同好友、湖南会党首领毕永年所写日记《诡谋直纪》,也证实康有为确有"围园杀后"密谋。毕永年的日记里有这么一段记录,康有为曾召毕永年到自己的房间,告诉他说:"汝知今日之危急乎?太后欲于九月天津大阅时弑皇上,将奈之何?吾欲效唐朝张柬之废武后之举,然天子手无寸兵,殊难举事。"又说:"吾已奏请皇上,召袁世凯人。吾欲令汝往袁幕中为参谋,以监督之何如?"毕永年认为袁世凯若有异志,以其一人之力无法驾驭袁。康有为又曰:"或以百人交汝率之,何如?至袁统兵围颐和园时,汝则率百人奉诏往执西后而废之可也。"后又有人告诉毕永年:"顷梁君谓我云,先生(指康有为)之意,其奏闻皇上时,只言废之,且俟往颐和园时,执而杀之可也。未知毕君肯任此事乎?"

还有材料说,康有为计划在袁世凯围颐和园时,另派人捕杀慈禧。英国传教士李提摩太是康有为替光绪帝聘请的新政顾问,康有为、梁启超、谭嗣同曾分别与之商讨保护光绪帝的办法,所以李提摩太应是当时维新派谋划的知情者。他在《留华四十五年记》中说:"(慈禧)下谕秋天要在天津阅兵,皇帝恐怕在检阅的借口之下,慈禧将要夺取所有权柄,而把他放在一边。维新党催着他要先发制人,把她监禁在颐和园,这样才可以制止反对派对于维新的一切障碍。皇帝即根据此点召见荣禄部下的将领袁世凯,计划在他的支持下,带兵至京看守她住的宫殿。"还说:"维新党都同意要终止反动派的阻力,唯一的办法就是把慈禧关闭起来。"

康有为到死也没有承认他曾经密谋围攻颐和园,戊戌政变以后,除了康有为和梁启超,参加这一密谋的人都已去世了,由于证据不够充足,所以这一历史疑云仍让人们不能拨开。

从"廉洁亲王"到复辟先锋

善耆,字艾堂,号偶遂亭主,为清朝第十代也就是最后一代肃亲王,他生于同治五年(1866年)八月二十七日。光绪十二年(1886年)封为二等镇国将军。光绪二十四年(1898年)袭肃亲王爵,时年三十二岁。光绪三十三年(1907年)任民政部尚书。光绪三十四年(1908年)兼宗人府左宗正。宣统三年(1911年)改任理藩院大臣。同年九月被摄政王载沣罢去一切职务。善耆的政绩与建树主要是在光绪二十六年(1900年)前后任崇文门监督期间,当时他既有清除弊端的锐意,也有改革旧习的决心,而且为官尚属清廉。崇文门是对进京物品,诸如柴米油盐、烟酒茶布以及奢侈物品征税的关口,这历来被认为是个"肥缺",不仅能收受贿赂,且能分享部分税款,是个日进斗金的地方,历来为一些大员所垂涎。正副监督每年更换一次,从各部院满员尚书、侍郎及各旗正、副统领中选人出任。每年七月二十五日,由户部奏请皇帝进行更换,八月初二日到任办公,一年下来监督可得几万两银子。光绪二十六年(1900年),善耆到任后,把原由经济人包揽上税从中抽厘的弊病,改为官员直接验货收税,减去了中间盘剥的层次,同时给办事人员增加了薪俸。善耆联任两届监督,第二届正值庚子事变之后,局势趋于稳定,贸易往来日臻兴盛,各地货物纷纷送往京师,因此这一年的税收竟达百万余两,而且全部上缴国库。孙宝瑄在他的一则日记中,对善耆有这样几句评语:"得材干之人易,得廉洁之人难;得廉洁之人易,得廉洁而能体下情之人难。使天下办事人,尽如肃王,何患不百废俱兴耶!"孙宝瑄在京之时,与善耆交往甚密。《忘山庐日记》中经常记述造访肃邸的事,所以对善耆只有溢美之词,而无贬低之句。其实善耆在任之时,虽有些德政,但剥削客商的手法也是极其苛刻的。他不仅提高了税率,而且连客商的行李也上税,弄得进京的商人苦不堪言。

善耆在世的年代，正值清王朝急骤衰败之时。帝国主义频频入侵，朝廷昏庸腐败，签订了一个又一个丧权辱国的不平等条约；同时，国内阶级矛盾日益加深，捻军未尽，义和团又起，致使清政府处于风雨飘摇之中。善耆虽在宗室王公之中，为官尚称清廉，但已无法挽回清王朝灭亡的局面。在力阻清帝退位的问题上，他又被隆裕皇太后告诫为"不可妄生异想，致累和局。"于是组织宗社党，开始了他的复辟活动。

在清末民初的复辟派中，善耆的态度比较顽固，这不仅仅因为他是皇太极的嫡传子孙，更主要的还是不甘心自己权势、财产和利益的丢失。善耆在诸王中可算作首富，除了祖上遗留下的金银财宝及家产外，还拥有"耕地三十余万亩，牧场地一百二十多万亩。"加上实领的年俸五千两，实领的俸米一千四百九十六点二五石，每岁收入相当可观。如果清王朝灭亡，这一切都将失去，所以他一定要千方百计设法保住支离破碎的清政权。清末民初政治风云变幻莫测，以载沣为首的皇族内阁，眼见大厦将塌，因而把一线修复的希望，寄托在东山再起的袁世凯身上，希望由他出任内阁总理大臣，与孙中山领导的革命共和政府斡旋。这位被认为怀有不二之心、深为清廷内阁所依靠的重臣，正好利用这次机会来实现蓄谋已久的野心。他一面谋划当民国政府的大总统，一面胁迫清帝退位。在清帝退位的问题上，朝廷意见纷纷，最后隆裕皇太后屈从于袁世凯的压力，准备退位。而善耆、载沣、溥伟、良弼、铁良等人的态度则异常强硬，他们极力反对退位，并联合一部分宗室贵胄于1912年1月组成"宗社党"，以"匡复"大清为宗旨，四处活动。这些复辟派，煽动一些莠民土匪，滋扰社会，造谣惑众，宣传复辟，反对民国，并要组织武装队伍，欲与国民革命军一决雌雄，多方派出亡命之徒，寻机暗杀民国政要，为此深遭革命党人及民国政府所忌恨。不久，良弼被革命党人彭家珍炸死，促使宗社党放弃前议，其组织也迅速瓦解，清室退位得以实现。南北议和刚定，袁世凯做了中华民国政府的第一任大总统。宗社党成员的活动并未就此而止，1913年初，满族人联庆（此人与善耆是姻谊关系），因谋刺袁世凯未遂，被处以死刑。善耆的儿子宪章，因携带违禁品，被步军统领衙门于同年1月17日拿获交审。善耆本人也被列入悬赏通缉名单之中。他预感到在京组织活动难以立足，于是经日本人川岛浪速策划，乘火车潜出北京到秦皇岛，再改坐日轮逃到旅顺，开始了他联络日本人，组织满蒙独立，分裂祖国的活动。

善耆"匡复"大清的计谋破灭之后，又在日本参谋本部的策划下，搞起了满蒙独立。所谓满蒙独立,乃是日本侵华集团企图利用善耆等组织的宗社党,勾结盘据在我国兴安岭一带的马贼头目巴布扎布,趁举国上下一致反对袁世凯称帝的时机,在东北地区发动武装叛乱,阴谋建立"满蒙王国"。但是,袁世凯的皇帝梦只作了83天,在全国人民的一片声讨中破灭了,日本帝国主义分割我国领土的阴谋也随之宣告破产。日本大隈内阁鉴于中国政局的变化,不得不重新修改他们的对华政策,即令宗社党的头目于两个月内解散;令巴布扎布所属之部,暂时退出日本在我国东北的管辖范围以外,满蒙独立的计划也以失败而告终。

善耆为达到复辟清王朝的心愿,在上述活动中,竟不惜以损害和出卖我国东北的森林与矿产等资源为条件,向日本财阀大仓喜八郎按年利七厘借得一百万日元巨款。借款合同第二条规定:"乙方(肃亲王)以土地、山林、牧场、矿山、住宅、水利等,作为上述借款之担保,用另纸开列清单,作为本合同之附件。"为了更进一步声明对所承担借款条件的诚意,善耆又专门向大仓喜八郎写了"备忘录"。文曰:"肃亲王为大仓喜八郎男爵曾提供借款事,深表谢意。并约定:将来事成之时,愿以满洲吉林、奉天省内松花江及其支流流域,不属民间所有之森林采伐权益,以及对江上流放木材征收租厘等各项事宜,做为与大仓男爵或其继承人的合办事业,而将其一切经营之权,委与大仓男爵。"不论善耆如何竭尽全力,逝去的历史再也不会倒退回来。宗社党的解体,满蒙独立的失败,都证明了凡逆历史潮流而动,必定要被历史的洪涛所吞没,到头来只能是枉费心机而已。

善耆经多次活动均未能使大清"光复"。他在定居旅顺时,每每训诫家人曰:"宗社既亡,未来命运难卜,而如今家人得共聚一堂,未见离散,得全性命,深值庆幸……昔日汉光武滹沱河啜麦,芜娄亭饮豆粥,卒能兴复汉室完成大业,望尔等各守其分,勿辞劳苦。"正是这种复辟思想的不断灌输,影响了他的一些子女,使他们走上了一条背叛祖国的犯罪道路。善耆有正妃一名,侧妃四名,生有二十一个王子和十七个王女。其中长子宪章,次子宪德均考封不入八分辅国公。第七子宪奎(即金璧东)曾任伪满铁道部守备队中将司令,后又任黑龙江省省长、长春市特别市长。第十二子宪均在伪满洲国军队中,曾任少将军医等职。第十一子宪原、第十七子宪基参加了日本参谋本部扶植溥仪组织东北政权的活动,在被溥仪任命的黑龙江将军张海鹏部下,宪原被任命为步兵上校参谋处长,宪基被任命为上校参谋。第十八子宪开、第二十一子宪东,均为川岛浪速所收养。第十四女显玗,日名川岛芳子,

即著名日本间谍金璧辉。

善耆有一位妹妹名叫善坤，是第九代肃亲王隆懃的第三个女儿，光绪十三年（1887年）下嫁喀喇沁扎萨克亲王爵多罗都楞郡王旺都特那穆济勒之子贡桑诺尔布。贡桑诺尔布后于光绪二十四年（1898年）承袭喀喇沁王爵。婚后，善坤自恃郡主身份，异常骄纵，不把贡王放在眼里，贡王受其凌辱则敢怒而不敢言。善坤思想比较开化，不受封建礼教所束缚，经常策马扬鞭奔驰在草原之上，并于光绪二十九年（1903年）协助贡王办起了毓正女学堂，以教育旗中女子。她亲自主持女学堂一切事务，不时发表演说，还延聘日本女教师河原操子给学生授课，自己也向其学习日语，深受日本文化影响。清政府退位之后，居住在北京西山附近的穷苦旗民子女，没有条件接受文化教育，善坤以喀喇沁王福晋的名义，领衔上奏仍住在紫禁城内的小朝廷。经隆裕皇太后"恩准"，在香山静宜园一带办起了静宜女子学校。后来经热河都统熊希龄在财力上的大量援助，静宜女子学校很快发展了起来，以后的香山慈幼院也是在这片被"恩准"的皇家禁园中修建起来的。民国初年，蒙古王公多聚集于北京，贡王也居住在地安门外太平街胡同，并在蒙藏事务局主持工作。善坤不甘闲居，也出来协助贡王从事联络蒙古上层人物的活动。由她发起成立了一个"蒙古王公福晋联合会"，将在京的蒙古王公福晋组织起来，每月集会一次。

在有关善耆的秘闻中，有几件事很能反映其生平爱好及某些作为，从中也可看出善耆的豪爽性格。

善耆的书法很好，他能写一手八分法的好字。由于政务繁忙，往往命人代笔，以满足索字者的需求。凡亲书之字，所盖印章为"松壶"二字；属代笔之作，则盖"烟云过眼"之章。

善耆工诗词，且又用句诙谐。一天有客来访，谈起近来外面传说的关于某人以名字工对词句的故事。善耆笑着说："照这样说起来，我的名字叫善耆，不是可以对恶少了吗！"在座者都"叹为工绝"。有位客人以"人淡如菊"请善耆对下句，他应声而说："后来其苏。"大家都称赞他思路敏捷。

清末王公贵族之中，喜好京剧者不乏其人，善耆就是其中的佼佼者。他不仅工须生而且擅演武生，其武功之勇捷可与外号称为"杨猴子"的著名京剧武生杨月楼相媲美。他于光绪二十年（1894年）在府中成立票房，是当时北京诸票房中享有盛名者，至民初解散。这个票房的主要成员除善耆外，还有载涛、载洵、红豆馆主溥侗等人，经常在府中演出，有时还献演于内廷。

光绪三十三年（1907年），善耆在民政部尚书任上，曾明令在西珠市口内、

煤市街南口外开设了名为"文明茶园"的戏院,它的规模与当时的广和楼相似。戏院楼上为女座,楼下设男座,以示男女分开,取消了女人不能到戏院看戏的戒律。这一旧习的革除,在当年首善之地的北京,无疑是一件轰动京城的大事,善耆为此得了个"思想开化"的美名。北京的东安市场,也是善耆在当民政部尚书时,奏准皇帝,在王府井大街北头原八旗练兵场上改建起来的。

宣统二年(1910年)二月,在北京后海临近鸦儿胡同的一座小桥下,发生了一桩谋炸摄政王载沣未遂的大案,罪犯汪精卫等被捕后,拟处死刑。汪在狱中写了一份谋杀经过的供词,时任民政部尚书的善耆看后,认为汪精卫是个"其才出色,其志可悲"、不可多得的人物,"与其杀掉,莫若令其改变志向,为国尽萃。"于是说服了摄政王,免了汪精卫一死。汪精卫后来叛变革命投靠日本,抗战期间任南京伪国民政府主席。为了报答当年善耆的救命之恩,他已准备派善耆第十四子宪立出任驻日大使。不料汪精卫于1944年死在日本,此事未成愿。

谁"害死"了袁世凯

袁世凯,北洋军阀首领,中华民国临时大总统。他专制独裁,复辟帝制,成为骂名千古的"窃国大盗"。袁世凯是河南项城人,早年投靠淮军将领吴长庆,督办山东防务;因镇压朝鲜兵变有功,被李鸿章保荐为"驻扎朝鲜总理交涉通商事宜"的全权代表。甲午战争期间,袁世凯到天津小站督练新军,奠定了他一生事业的基础。戊戌变法期间,向慈禧出卖维新派有功而被宠信,又血腥镇压义和团运动,升任直隶总督兼北洋大臣。建立了庞大的北洋军阀政治集团。武昌起义后,重掌实权,勾结帝国主义绞杀辛亥革命,窃取了中华民国临时大总统职位。袁世凯建立专制独裁政权,解散国会,篡改约法,接受了日本灭亡中国的"二十一条"以换取日寇的支持,复辟帝制,改元"洪宪"。袁世凯的倒行逆施遭到全国人民的愤怒声讨,他不得不宣布撤消帝制。两个多月后,袁世凯死去。据说,袁世凯死前只是喃喃重复:"他害死了我,他害死了我!"这是怎么回事? 袁世凯到底是在说谁害死了他?

一种说法是认为袁世凯帝制失败,众叛亲离,忧郁成疾而死。《袁氏盗国记》认为他"盗国殃民,丧权乱法,在中国为第一元凶,在人类为特别祸首,其致死固宜。益以年老神昏,兵亡将变、人心怨怼、体面无存,袁氏心非木石,顾前思后,能不自疚? 此即袁氏病死之真因。"袁世凯的子女也认为袁世凯因"内外交攻,气恼成病而死"。袁世凯是被谁气死的呢?

通常认为是四川督军陈宦背叛,宣布"代表川人,与项城告绝,自今日始,四川省与袁氏个人断绝关系"的通电,令袁世凯"疾益剧,至是殂。六月六日,愤疾而死"。陈宦是袁世凯的亲信,也是帝制拥护者,颇有军事实力。袁世凯派陈宦带兵入川前,陈宦前来辞行即行三拜九叩之大礼。《曹汝霖一生之回忆》叙述道:袁世凯十分惊异陈宦的举动,陈宦解释说恐怕不能出席袁世凯的登基大典了,因而先行恭贺。袁世凯假装糊涂说,既然改变国体,就要废掉跪拜之礼。陈宦又跪下,伏在袁世凯脚边,连嗅袁世凯足靴三次,极其恭顺虔诚,让袁世凯十分宠信,视为心腹。因此,当陈宦5月22日反戈宣布独立时,袁世凯仿佛挨了当头一棒,心窝好似被刺一刀,受到致命打击。此后,袁世凯的另外两个亲信:陈树蕃和汤芗铭于5月26日和29日分别宣布陕西独立、湖南独立。亲信的背叛让袁世凯恼恨至极,生生被气死了。

也有人认为袁世凯是怨恨杨度,气恼而死。杨度一直宣扬君主立宪,反对共和,他揣摩袁世凯心意,炮制《君宪救国论》,为袁世凯复辟帝制大造舆论。杨度又发起"筹安会",策划复辟帝制。让袁世凯以为民心可欺,皇帝梦可成。结果,却让袁世凯铤而走险,骑虎难下,作了八十三天皇帝就被轰下台。袁世凯思前想后,悔恨交加,因此"匿避天津之杨度回京,比至,项城已不能语,但怒目视杨,似以自恨为杨所误者。……越六时而项城死。"杨度心有所感,他为袁世凯所写挽联透露心中疑虑道:"共和误中国? 中国误共和? 百世而后,再平是狱;君宪负明公? 明公负君宪? 九泉之下,三复斯言!"

也有人认为是其子袁克定一力怂恿袁世凯复辟称帝,自己好作"太子",帝制失败后,袁世凯追悔莫及,恼恨袁克定而死。袁克定是袁世凯的大公子,腿有残疾,才能平平,却对权力十分着迷。如果袁世凯的大总统到期卸任,凭袁克定的各方面条件没什么希望当选新任总统。但是,如果袁世凯称帝,天下就是袁氏的,袁大公子就是当然的"太子",皇帝的班儿自然由他克定来接。因此,袁克定绞尽脑汁要把袁世凯推向帝位。袁克定先是哀求袁世凯最宠爱的六姨太大吹枕边风,说动奸诈多疑的袁世凯抓住时机称帝,之后袁克定又积极以"筹安会""请愿团"为复辟帝制大造声势,作好准备,为袁世凯称帝推波助澜。袁克定还隐瞒国内反对帝制的真实情况,假造《顺天时报》欺骗袁世凯,让袁世凯错以为万民拥戴,心安理得地登基称帝。袁世凯每日里读着歌功颂德的报纸,不禁心花怒放。直到有一天,大臣赵尔巽来访,发现报纸的异样,把实际的报纸与袁世凯家中的特制报纸相对照，袁世凯才知反袁怒火已经席卷全国了，袁世凯又惊又怕，无奈退位。袁世凯羞愤交加，气怒而死。

但也有人说袁世凯是病死的。《袁氏盗国记》叙述道："五月二十七日，经中医刘竺笙、肖龙友百方诊治，均未奏效；延至六月四日病势加剧，即请驻京法国公使馆医官博士卜西京氏诊视病状，乃知为尿毒症，加以神经衰弱病入膏肓，殆无转机之望。"《张謇评传》也说"袁世凯患尿毒症，前列腺肿胀，如及时采取外科手术治疗，绝无生命之虞，可是在医疗方案上，大儿子袁克定相信西医，主张动手术；二儿子袁克文则竭力反对，相持上下，贻误时机，终致不治。"袁世凯因治疗不及时而毙命。

还有一个传说，是袁世凯不吃药导致病情加重而死的。据说，袁世凯在老家养病时，曾有术士算定他的寿命不过五十八岁。袁世凯询问破解之法，术士只说极难，非得龙袍加身不可。袁世凯表面没说什么，却在术士的酒中下毒，杀人灭口。此后，袁世凯心怀异志，觊觎皇位，还真的复辟帝制，龙袍加身了。无奈的是，全国人民反对，各省独立，帝位不保，总统之位也占据不住，忧愤成疾，性命难保。袁世凯昏迷之间就好像看见术士前来索命，医生给他服药，他越看越像药死术士的毒酒，说什么也不喝。身边之人知道隐情，但谁也不敢张扬。医生没办法改用针灸，始终无效，袁世凯于是病重而亡。

其实，袁世凯称帝违背民心，倒行逆施，举国共愤，一片讨伐之声。帝国主义列强考虑在华利益，也对他施加压力；袁世凯的亲信部下冯国璋、段祺瑞也逼他交出权位；各省纷纷独立……袁世凯在内外交迫，众叛亲离的境地里，忧愤成疾，气恨而死。死时五十七岁，到底没有活过术士所说的五十八岁。

不过，造成袁世凯死亡的直接原因是什么，人们一直搞不清楚，这个秘密也只有留待后人去慢慢破解了。

特别提示：

本书在编写过程中，参阅和使用了一些报刊、著述和图片。由于联系上的困难，和部分作品的作者（或译者）未能取得联系，对此谨致深深的歉意。敬请原作者（或译者）见到本书后，及时与本书编者联系，以便我们按照国家有关规定支付稿酬并赠送样书。

联系电话：010-80776121　　联系人：马老师